공간의 철학,
그 해석학적 해명

강학순 姜學淳

독일 마인츠대학교에서 철학박사 학위를 받았다. 안양대학교 기독교문화학과 철학교수, 독일 쾰른대학교 객원교수를 역임했으며 국제하이데거학회 정회원, 한국해석학회 편집위원, 한국철학회 감사, 한국하이데거학회 회장을 역임했다. 저서로는 *Die Bedeutung von Heideggers Nietzsche-Deutung im Zuge der Verwindung der Metaphysik*(하이데거의 형이상학 극복에 있어서 니체-해석의 의미), 『존재와 공간─하이데거 존재의 토폴로지와 사상의 흐름』(문광부 우수학술도서, 열암학술상 수상도서), 『하이데거의 숙고적 사유─계산적 사고를 넘어서』(대한민국학술원 우수도서), 『학문 연구의 동향과 쟁점』(대한민국학술원 제12집, 공저) 등이, 역서로는 『해석학의 이해』(E. 후프나겔), 『현대의 철학적 인간학』(K. 로렌츠) 등이 있다. 현재 안양대학교 명예교수, 경희대학교 미래문명연구원/인류사회재건연구원 특임연구원이다.

공간의 철학,
그 해석학적 해명

초판 1쇄 인쇄 · 2023년 11월 27일
초판 1쇄 발행 · 2023년 12월 5일

지은이 · 강학순
펴낸이 · 한봉숙
펴낸곳 · 푸른사상사

주간 · 맹문재 | 편집 · 지순이 | 교정 · 김수란, 노현정 | 마케팅 · 한정규
등록 · 1999년 7월 8일 제2-2876호
주소 · 경기도 파주시 회동길 337-16(서패동 470-6)
대표전화 · 031) 955-9111~2 | 팩시밀리 · 031) 955-9114
이메일 · prun21c@hanmail.net
홈페이지 · http://www.prun21c.com

ⓒ 강학순, 2023

ISBN 979-11-308-2119-1 93100
값 43,000원

학술총서 62

The Hermeneutics of Space

공간의 철학,
그 해석학적 해명

강학순

 푸른사상
PRUNSASANG

> "우주는 공간으로 나를 한 개의 점처럼 에워싼다. 그러나 나는 사유로 우주를
> 포용한다."
>
> ― 파스칼, 『팡세(*Pensées*)』에서

"빛보다 먼저 공간이 생겨났다." "점에서 시작된 우주 공간은 빛보다 더 빠르게 팽창한다." "우리의 우주 외에 무한히 많은 평행우주(parallel universe)가 있다." 이런 주장들은 현대과학적 공간론의 정론(定論)이다. 말하자면 우주 공간은 빅뱅으로부터 생겨나서 어떤 생명체보다 앞서 주어져 있고, 계속하여 평행우주 및 다중우주(multiverse)로 펼쳐진다. 우주의 '창백한 푸른 점(pale blue dot)'인 지구별 위에서 영위되는 신체를 구유(具有)한 인간의 삶이란 필연적으로 공간과 결합되어 있다. 그리하여 나의 정체성은 반드시 공간과 장소와 함수관계를 이룬다. 우리가 일상에서 경험하는 공간은 내가 그곳에서 살 수 있고, 거기에서 나 자신의 가능성을 투사하고 실현할 수 있는 삶과 역사의 터전이며 통로이다. 무엇보다 인간이 공간과 시간을 만나면 역사를 형성한다. 왜냐하면 인간은 시간과 공간의 무대 위에서 개체적 · 공동체적 삶의 텍스트와 서사(敍事, narrative)를 엮어가기 때문이다.

무릇 공간은 우리에게 시간처럼 아주 친숙하고 자명한 개념이다. 그 이유는 모든 경험은 반드시 시간과 공간 안에서 이루어지기 때문이다. 누구나 지도와 내비게이션, 캘린더 및 시계를 사용하듯이, 공간은 시간과 더불어 개인 및 사회로 구성된 인간 생활을 규정하는 존재론적 기반이며, 동시에 세계를 알 수 있는 인식론적 준거(準據)이다. 또한 그것은 사회적 존재의 근본적 준거틀이기

도 하다. 모든 경험은 시간과 공간의 형식으로 주어지며, 모든 법칙이 시간과 공간의 함수로 설명된다. 나아가 공간은 시간과 함께 인간의 제약된 삶과 유한한 존재를 이해할 수 있는 근원적인 지평(horizon)이다. 무엇보다 공간은 객체의 외면성을, 시간은 주체의 내면성을 이해할 수 있는 이해 양식이기도 하다.

그럼에도 불구하고, 우리는 공간의 의미를 제대로 알지 못한 상태에서도 '공간'이란 용어를 사용하고 있다. 실은 공간의 개념에는 다양한 층위(strata)와 의미층들이 있다. 인간이 속해 있는 공간의 의미는 바로 자신의 존재 의미와 직결된다. 예컨대, 나의 몸과 마음(혼)을 키워낸 특정 나라와 고장, 그리고 내가 속한 공동체의 공간, 수학한 학교 공간, 다니는 직장 공간, 거주하는 주소지 및 생활하는 활동 공간 등은 그 사람이 누구인지에 대한 기초적인 데이터와 정보를 제공한다. 특히 공간은 인간의 정체성과 자유의 문제와 직결된다. 왜냐하면 공간은 인간의 사고와 행동 그리고 삶에 영향을 미치고, 더구나 우리는 공간적 구속으로부터 벗어나서 해방의 공간에로 향하는 자유를 갈망하기 때문이다.

저자는 서양철학을 전공하면서 처음부터 지금까지 존재론(Ontology)에 관심을 가지고서 존재의 근본 범주인 공간 연구와 그것에 접근할 수 있는 해석학적 연구를 오랫동안 천착해왔다. 저자의 해석학과 공간 연구를 위한 수업 시대 및 대표적 연구 이력은 다음과 같다. 1980년대 초 독일 하인리히하이네대학교(Düsseldorf) 철학과 석사과정에서 A. Diemer, R. May 교수로부터 철학적 해석학 및 법해석학을, 독일 요하네스구텐베르크대학교(Mainz) 철학과 박사과정에서 G. Funke, R. Wisser, E. Hufnagel 교수로부터 현상학과 해석학을 공부하면서 해석학에 관심을 가지게 되었다. 이로써 존재론적 해석학에 대한 학위논문인 『하이데거의 니체 해석의 의미』(Peter Lang, 1990)를 출간하였다. 이런 학문적 관심의 연장으로 E. Hufnagel 교수의 『해석학의 이해』(1995)를 번역하였다. 그리고 쾰른대학교 철학과의 '후설-아카이브(Husserl-Archiv)'에서 현상학과 해석학에 관한 중요한 문헌 연구를 하였다(2001, 2003).

그 후 공간 문제를 다룬 『존재와 공간』(2011), 해석학 문제를 다룬 『신학적 해석학』(2009, 공저), 근본주의에 대한 해석학적 비판을 다룬『근본주의의 유혹과 야만성』(2015), 실존론적·존재론적 해석학을 다룬『하이데거의 숙고적 사유』(2021)와 그리고 최근 10년 동안의 국내외 해석학 연구의 동향과 쟁점을 정리한「해석학의 동향과 쟁점」(『학문 연구의 동향과 쟁점』[공저], 대한민국 학술원, 2022)을 저술하였다.

그간의 공간 연구와 해석학 연구를 집대성하여 이제『공간의 철학, 그 해석학적 해명』(2023)을 내놓게 된 것이다. 이제까지의 공간과 해석학 관련된 연구 결과는 국제 하이데거학회와의 학술적 교류, 한국해석학회(현 한국현대유럽철학회), 한국현상학회, 한국철학회, 한국기독교철학회, 한국문명학회, 경희대 미래문명연구원에서의 학술발표, 토론, 논문 게재 및 출판을 통해 이루어져온 것이다. 이 책은 공간의 철학에 대한 해석학적 해명으로서 '공간의 해석학'이란 명칭으로 서술될 것이다. 특히 여기서는 과학적 공간론을 배제하거나 부정하지 않고, 하나의 타당한 해석으로 받아들이고 수용한다. 동시에 그것의 한계를 드러내고, 그것의 의의를 재해석하고자 한다. 이는 과학을 마주하는 철학이 해야 할 과제이기도 하다. 그리고 지배적인 과학적 공간론에 의해 배제되거나 소외된 다른 공간 해석들과 그 의미를 밝히고, 나아가 전자와 후자의 대화를 시도하고자 한다. 이로써 존재론의 핵심주제인 공간에 대한 철학적 연구의 새로운 지평이 열리기를 기대한다.

출판계의 어려운 상황에도 불구하고, 전문적인 인문학 서적인 본서에 대한 출판을 흔쾌히 허락해주신 푸른사상사 한봉숙 사장님과 난삽한 원고를 심혈을 다해 교정해주신 편집부 선생님들께 깊은 감사를 드린다. 그리고 본서의 탄생을 위해 오랫동안 격려와 응원을 아끼지 않으신 모든 선생님들과 그리고 아내와 온유네 가족에게도 고마운 마음을 표한다.

2023년 서호변 우거에서
常和 강학순

차례

제2부 공간해석학의 기본 주제와 논리

제3부 공간해석학의 주요 쟁점과 주제 확장

제4부 현대 공간 해석의 변곡점과 이론적 유형들

제5부 '공간과 장소'의 해석학

제6부   공간 해석의 지평 융합과 상보성

공간에 대해 상식적인 통념(endoxa)과 과학적·상식적인 지식을 지녀야만 우리는 일상생활을 영위할 수 있다. 말하자면 과거·현재·미래의 시간 의식과 3차원의 공간에서 위와 아래, 앞과 뒤, 좌와 우의 방향, 위치, 장소에 대한 올바른 인식과 태도를 통해 정상적인 일상적 삶이 가능하다. 더구나 인간을 포함한 어떤 존재자도 시간과 공간과 관련되지 않고는 존재할 수 없다. 공간은 인간의 사고와 삶을 변화시킨다. 그러나 우리는 공간적 존재임을 망각하고서, 우선 대개 공간의 의미와 가치를 실용성·효용성·기능성으로 이해하는 통속적·도구적 공간관에 머문 채로 살아간다.

근대 이후로 공간의 존재는 한갓 수학적·역학적·기술적 대상으로서 탈신비화되어 있다. 즉 근대과학에 의한 '공간의 물화(物化)' 현상이 보편화되고 있다. 또한 근대철학에 의한 '공간의 관념화'도 문제로 지적된다. 물론 반과학적이거나 과학적대적인 '공간의 재신비화'를 부르짖는 심층생태학적 입장도 공존한다. 저러한 통속적이고 신비적인 공간관을 넘어서서 공간 존재와 공간 현상의 경이로움과 근원성과 그리고 의미 연관성에 대한 관심은 철학적 문제의식으로만 남게 된 것이다. 근대 이후로 점진적으로 공간에 대한 인간의 의미와 공간이 인간에 대해서 가지는 고유한 의미, 그리고 그것의 다차원적인 의미가 우리의 삶의 영역에서 사라져가고 있다. 오로지 균질적이고 동일한 차원으로서의 공간 이해, 즉 공간의 동질성과 일원성이라는 의미만이 공간 연구에서 부각되고 있다. 그 이유는 공간에 대한 특정한 해석이 한 시대를 지배하고 있기 때문이다.

오늘날 상식화된 공간관은 근대 이후의 과학적 공간관에서 유래하며, 후자는 근대의 표상론에 근거한 공간에 대한 기하학적·수학적 해석이다. 이른바 "철학은 우주라고 하는 이 위대한 책 안에 적혀 있다. 이 책은 언제나 열려 있어서 우리가 열고 읽어나갈 수 있지만, 이것을 이해하기 위해서는 먼저 그 언어와 이를 구성하는 글자를 파악해야 한다. 이 책은 수학이라는 언어로 적혀 있다."[1] 이런 갈릴레이(G. Galilei)의 우주에 대한 해석은 유일하거나 절대적인 해석이 아니라, 우주 공간의 다양한 층위와 차원의 해석들 중의 하나에 불과하다.

첨단기술 시대에는 공간과 관련된 장소 정체성의 문제와 '장소 상실'의 현상이 두드러지게 나타나고 있다. 또한 공간의 위상학적 다의성이 소멸되고 있다. 어디를 가도 무차별적이고 몰개성적인 장소를 쉽게 만날 수 있다. 사물이 차지한 고유한 공간인 장소의 고유성과 지역의 특수성이 사라지고, 이른바 "무장소성(placelessness)"[2] 내지 '비-장소(non-place)'가 회자된다. 더구나 컴퓨터에 의해 구축된 가상공간에서 물리적 거리나 현실공간은 더 이상 유일한 삶의 조건 또는 공동체 생활의 근본 바탕이 될 수 없는 것처럼 보인다.

이러한 상황이 가속화되는 시점에서 기존의 일상적이고 전통적인 공간 개념과 지배적인 공간 패러다임으로는 공간의 본령과 첨단 과학기술 시대에 등장한 이질적인 새로운 공간 현상과 그에 따른 문화 현상을 이해하고 설명하는 데 있어서 분명한 한계와 난관(aporia)에 직면하게 된다. 실제로 공간에 대한 과학적 접근과 철학적 접근 모두 실제로 인류를 위기에서 구하기도 하고, 동시에 위협하기도 한다. 왜냐하면 그것들은 일상적 실용성과 유용성을 제공하기도 하고, 동시에 '공간의 물화'와 '공간의 관념화'를 불러올 수 있기 때문이다.

---

1   G. Galilei, "Il Saggiatore", in *The Controversy on the Comets of 1618: Galileo Galilei, Horatio Grassi, Mario Guiducci, Johann Kepler*, Stillman Drake and C. D. O'Malley(trans.) University of Pennsylvania Press, 1960. pp.183~184. https://www.jstor.org/stable/j.ctv4v327m.2

2   E. Relph, 『장소와 장소 상실』, 김덕현 외 역, 논형 2005, 282쪽.

이제 공간에 대한 참된 이해에 도달하기 위해서는 자연과학 안에서 규정된 공간 개념과 함께 그 이상의 것이 필요하다. 왜냐하면 자연과학의 인식 방법은 이해의 한 형태이긴 하지만, 그것을 통해 담보되는 확실성이 진리를 보증하는 충분조건은 되지 못하기 때문이다. 경험적 관찰을 중시한 아리스토텔레스(Aristoteles)는 일찍이 자연학자도 공간에 대한 철학적 지식이 있어야 함을 강조한다. "자연학자는 무한에 대한 지식뿐만 아니라 공간(또는 장소)에 대한 지식, 즉 공간이란 것이 있는지 없는지, 공간의 존재 방식 및 과연 공간이란 무엇인지에 대한 지식도 있어야 한다."[3] 현대에 와서 물리학의 인식론을 연구한 실증주의자인 슐리크(M. Schlick)도 과학을 '진리 추구의 작업'으로 정의하고, 철학을 플라톤의 대화편들 속에 묘사되어 있는 소크라테스가 가장 분명하게 보여주고 있는 '의미를 탐구하는 활동'이라고 정의한다.[4] 슐리크는 과학철학자로서 과학과 철학의 중요성을 공히 인정한다.

무엇보다도 공간 문제는 횡단적 · 다학제적 연구(trans−multi−interdisciplinary study)의 주제이다. 그것은 자연과학과 사회과학 그리고 인문학이 다루는 공통 주제에 속한다. 학문간의 융합적 · 횡단적 사유를 통해 갈등하고 대립하는 다양한 공간론들을 대화의 장으로 소환하여 그것들의 학문적 영역을 재배치하고 연결시킬 수 있는 연구가 필요하다. 따라서 공간에 대한 이러한 융합적인 연구를 위한 이론적 틀로서 '공간의 해석학'이 요청된다. "현대 사유는 학문 세계 전체를 가로지르면서(횡단하면서) 사유해야 하는 것이다. 그것은 수학(위상학, 급변론, 무한소미분 등), 자연과학(복잡계 이론, 분자생물학, 프랙털 이론 등), 인간과학(언어학, 정신분석학, 인류학 등) 같은 구체적이고 실증적인 담론들과 광범위한 대

---

3   Aristoteles, *Physik, Vorlesung über die Natur. Griechisch-deutsch(Φυσικὴ ἀκρόασις)*, H. G. Zekl(hrsg.), Band 1: Buch I−IV. Hamburg, 1986, 208a26−208a32.

4   M. Schlick, "The Future of Philosophy"(1932), *Moritz Schlick Gesamtausgabe*. vol.6. F. Stadler, H.J. Wendel(hrsg.), Wien, 2008, pp.371~392. https://link.springer.com/chapter/10.1007/978−3−211−33116−3_22

화를 통해 진행되어야 한다."[5]

'공간해석학'은 일반적으로 수학과 물리학의 분야 중 하나로서 공간의 구조와 특성을 이해하고 해석하는 데 초점을 둔 학문 분야이다. 또한 지리학 분야에서는 공간 해석을 위해서 지리공간 분석론(Geospatial Analysis)을 다룬다. 여기서는 기존의 공간의 해석학과는 질적으로 다른 차원의 '철학적인 공간해석학'을 다루고자 한다. 이는 공간의 철학에 대한 해석학적 해명이다. 전통적으로 서양철학의 출발부터 공간과 시간은 철학에서 우주론, 형이상학, 존재론, 인식론에서 중심 주제로 다루어져왔다. 따라서 지금까지 공간의 철학은 여러 관점에서 분절된 이론 체계로 존재해온 것이다. 말하자면 공간에 대한 철학적 이론들은 철학 내부적 구획과 경계로 인하여 서로 분리되고 개별화된다. 더욱이 공간 이론에 내포되어 있는 철학적 의미를 과학자는 모르고, 철학자는 과학적 공간 이론을 모른다. 따라서 양자를 아우르는 과학적이면서도 철학적인 공간 이해가 필요하다. 물론 양자 사이에는 연속성과 불연속성, 그리고 방법론에서 공통성과 특수성이 발견된다. 하지만 이 책에서는 양자 사이에 수립될 수 있는 유사성, 즉 상사관계(homology)[6]에 초점을 맞추고자 한다. 이제 과학과 철학은 기초학문 내지 보호학문으로서 공동전선을 펼칠 필요가 있다. 그리고 서로의 한계와 위험성을 직시하고서, 서로를 견제면서도 협업하는 단계로 나아가야만, 인류의 지속가능한 미래를 위한 윤리적인 책무를 다하는 학문들이 될 수 있을 것이다.

이런 맥락에서 '공간의 해석학'은 격자화된 과학적 · 철학적 · 인문사회과학적 공간 담론 안에 갇혀 있는 개별화된 이론들을 연결시킬 수 있는 융합적인 관점을 제공할 수 있다는 전제하에서 논의를 출발하고자 한다. 여기서 융합이란 소위 '미분화된 아메바적 통합'이 아니라, 오히려 분화에 기초한 학문간의

---

5   이정우, 『사건의 철학 : 삶, 죽음, 운명』, 그린비, 2002, 135쪽.
6   P. Ricœur, 『텍스트에서 행동으로(*Du texte à l'action. Essais d'herméneutique II*)』, 박명수 · 남기역 편역, 아카넷, 2002, 194쪽.

대화를 통한 '횡단적 소통과 융합'을 의미한다. 이제 '진리 추구의 파편화' 경향을 넘어서 공간 존재와 공간의 진리에 대한 입체적이고 다각적인 융합적 연구가 필요하다.

'공간의 해석학'의 목표는 다양한 공간 담론들의 다름과 차이를 배제하거나 무조건 수용하는 단순한 통합이 아니라, 그것들이 서로 부딪히는 지점까지 들어가서 대화를 시도하는 작업이다. 이를 통해 서로간의 갈등과 비대칭을 상보성 속에 융합시키고자 한다. 이 융합은 반드시 자기성찰과 상호비판의 과정을 거쳐야 한다. 그것은 복잡하고 상호 대립되는 해석에 열려 있는 태도를 견지한다. 이러한 태도란 공간에 대한 서로 충돌하고 갈등하는 이론들이 계속 만나고 대화함으로써 법정에서 논고·진술·변론을 통해 판결을 이끌어내듯이, 어떤 담론적 합의를 도출하는 것이다. 이는 객관적 설명의 가능성이 확보되는 '해석의 합리성'을 존중하면서 대화와 소통의 논리와 방법을 추구하는 공간에 대한 해석학적 연구가 될 것이다. 이 연구를 위해서 포스트모던 시대에 앞서가는 '해석학'을 방법론으로 원용하고자 한다. 포스트모던 해석학 연구를 이끌어가는 카푸토(J. Caputo)는 다음과 같은 바티모(G. Vattimo)의 견해에 동의한다. 즉 "바티모에게 포스트모던 시대는 '해석의 시대'이고, 해석학은 탁월한 포스트–형이상학적이고, 포스트–모던한 철학이다.[7]

오늘날 '새로운 공간(New Space)'의 시대 속에서 여러 분야에서 공간 담론이 무성하다. 철학 분야에서도 다양한 공간철학적 논의가 활발하다. 그러나 '공간의 해석학'이란 명칭으로 공간 연구를 수행한 저서는 국내외적으로 드물다. 물론 공간해석학과 관련된 연구들은 존재한다. 공간 해석에 대한 저자의 지속적인 관심과 연구를 바탕에서 저술된 이 책의 의도와 목표는 다음과 같다.

첫째, '공간의 해석학'은 공간에 대한 철학의 접근 방식을 근본적으로 바꾸어놓음으로써 공간철학의 연구 방향을 재정립하기 위한 입론(立論)이다. 이를

7　J. Caputo, 『포스트모던 해석학(*Hermeneutics: Facts and Interpretation in the Age of Information*)』, 이윤일 역, 도서출판b, 2020, 175쪽.

통해 공간 연구를 위한 새로운 방법론과 그것의 원리 및 방향성을 제시하고자 한다. 그것은 기존의 공간에 대한 이해와 설명을 해석학의 프리즘을 통해 재해석함으로써 공간론의 갈등과 난제들을 일별(一瞥)하여 그것들을 해결할 수 있는 단서를 제공하고자 한다. 이로써 기존의 공간 연구가 가진 한계를 넘어선 공간 연구의 새로운 지평을 열어 공간 연구의 새로운 패러다임을 제시하고자 한다.

둘째, '공간의 해석학'은 융합적 관점을 구성하려는 철학적 매트릭스(philosophical matrix)이자, 동시에 일체의 공간 연구의 학문적 플랫폼(platform)이다. 그것은 기존의 다양한 공간론을 융합하여 과학적 공간론 및 인문사회과학적 공간론과의 내적인 연관을 밝힐 것이다. 알려진 바대로, 현대 해석학은 영미 철학과 대륙 철학의 가교의 역할을 한다. 여기서는 다양한 공간 담론들의 유사성(resemblance) 보다는 상사성(simulitude, homology)에 방점을 두고자 한다. 이는 다양한 공간 해석들에 열려 있으면서도 그것들이 지닌 갈등을 해소하기 위해 옳은 해석과 잘못된 해석을 판단하는 기준을 찾아보고, 참된 공간의 의미와 해석에 다가가고자 하는 시도이다. 나아가 이것은 기존의 경직된 학문적 경계를 무너뜨리는 탈경계적 학문의 성격도 지닌다. 그러나 이런 시도는 다양한 공간 해석들을 더 높은 하나의 체계 속으로 용해시키려는 '메타 해석학(meta hermeneutics)'의 추구는 아니다. 오히려 여기서는 다양한 공간적 이론들이 접속하고 교차하는 노드들(nodes, 마디들)을 연결시키는 융합적 네트워크를 구축하고자 한다.

셋째, 공간의 해석학은 공간 연구에서의 '설명과 이해의 이분법'을 넘어선다. 일반적으로 설명은 과학의 전유물이고, 이해는 철학 내지 인문학의 전유물로 해석되어왔다. 그러나 과학에서도 설명과 이해가 작동하고, 철학 안에서도 설명과 이해는 상호작용한다. 더 나아가 기존의 설명과 이해라는 개념도 수정이 필요하다. 따라서 '공간의 해석학'은 설명과 이해 내지 해석이 상호침투하면서 교차하고 순환하는 리쾨르(P. Ricœur)의 '설명과 이해의 변증법'을 내적인 논리 내지 준거점으로 삼는다. 말하자면, 더 나은 설명이 더 나은 이해를 낳고, 그 역(逆)도 가능하다. 리쾨르는 설명과 이해의 변증법을 텍스트 해석에 적용한다. 여기서는 공간은 설명의 대상이면서 동시에 이해의 대상이라는 입장을 견지한다. 따라서 '설명의 해석학'과 '이해의 과학'도 가능하다. 그 이유는 공간도 어떤 의미를 함축하는 '의미 형성체(Sinngebilde)'라면 그것은 설명되고·이해되고·해석되어야 할 대상으로서 넓은 의미에서 텍스트가 될 수 있기 때문이다.

넷째, '공간의 해석학'은 철학적 공간론과 과학적 공간론의 지평 융합을 시도한다. 여기서는 양자 사이의 대화를 통해 타자를 인정하면서도 그 타자에 머무르지 않고 자신의 지평과 타자의 지평을 융합하는 지평 융합이 필요함을 밝히고자 한다. 왜냐하면 설명과 이해는 보편적이며 모든 활동들의 근저에 놓여 있기 때문이다. 과학에서 중시하는 관찰과 실험도 인간의 문화활동으로 중시되어야 한다. 과학은 넓은 의미에서 인문학에 속할 수 있고, 동시에 인문학의 학문성도 과학의 그것과 궤를 같이한다. 공간에 대한 과학적 질문과 인문학적 질문은 만날 수 있다. 그 둘의 차이성을 인정하면서도 그것들의 상호성을 연결시켜 융합하는 것이 필요하다. 따라서 본서에서는 철학적 공간론과 과학적 공간론 이분법 이전의 차원인 '해석학적 장(hermeneutic field)'의 차원, 말하자면 양자가 다 해석학적 전제를 가지고 있음에 주목하면서 그러한 점을 기초로 논의를 펼치고자 한다. 이로써 과학에 의한 '공간의 물화'와 철학에 의한 '공간의 관념화'를 넘어설 수 있는 변증법적인 논의 지점을 확보할 수 있을 것이다.

다섯째, '공간의 해석학'은 공간 연구 분야에 새로운 철학적 방법론과 전망을 제공하는 데 기여할 것이다. 이는 공간철학과 해석학을 연결시키는 새로운 연구 분야를 제시할 것으로 기대한다. 이 연구는 오늘날 눈부신 IT기술의 발달로 인한 '확장현실(extended Reality : XR)' 속에서 도시계획·건축·디자인 연구 분야를 위한 이론적 틀을 제시할 수 있을 것이다. 예컨대, 첨단기술적 현대사회에서 인문(人文, 인간의 무늬)을 참고한 공간 설계 내지 계획의 실천을 고찰하는 '건축해석학'이 요구된다. 이러한 요구에 부응하여 '공간의 해석학'은 인간의 거주 공간에 대한 참된 정주 의식과 생활공간을 위한 생태적 환경의 보존을 담보할 수 있는 지속가능한 생태적 생활공간 정립, 예컨대 미래지향적인 '스마트 시티(smart city)'와 '에코 시티(eco city)' 그리고 '슬로시티(cittaslow)' 조성에 가이드라인을 제시할 수 있을 것이다. 왜냐하면 공간 설계 내지 공간 계획의 존재론적 기반은 생활세계(Lebenswelt)이기 때문이다. 결국 공간의 해석학은 공간 이론 및 공간 실천의 존재론적 토대가 될 수 있다. 나아가 이는 지속 가능한 지구촌의 미래 문명의 비전을 위한 철학적 기초를 제공하는 데 기여할 수 있을 것이다.

제1부

공간해석학의 기초

공간해석학은 해석학을 연구 방법론과 도구로 삼아서 해석학적 관점에서 기존의 공간철학을 재해석하고자 한다. 우리의 논의를 시작하는 단계에서 처음으로 다루어야 할 과제는 공간해석학은 어디에 기초해야 하는지를 다음과 같은 과정을 통해 밝혀보는 것이다. 이는 공간해석학 연구의 선결 과제와 기초적인 토대 놓기에 해당한다. 첫째, 공간해석학 연구의 단초와 방법, 둘째, 공간해석학 연구의 배경, 셋째, 공간 해석을 위한 해석학의 기초 개념을 순차적으로 살펴보고자 한다.

먼저 '공간해석학 연구의 단초와 방법'에서는 공간해석학 연구의 전제와 현대과학 이론과 해석학의 친연성, 즉 내적 관계, 그리고 공간해석학의 연구와 방법을 다룬다. 다음으로 '공간해석학 연구의 배경'에서는 '시간'으로부터 '공간'에로의 전회와 '새로운 공간'의 등장, 그리고 공간해석학 연구의 필요성과 그 목표를 다룬다. 마지막으로 '공간 해석을 위한 해석학의 기초 개념'에서는 이해의 기본 조건으로서의 선입견, 해석의 전제로서의 이해의 '선구조'와 해석학적 '으로서-구조', 해석학적 순환, 영향사적 의식과 이해의 역사성, 해석의 본질적 구조로서의 지평융합을 다룬다.

제1장

공간해석학 연구의 단초와 방법

1. 공간해석학 연구의 전제

공간에 대한 이해는 크게 상식적인 공간론과 수학적·과학적 공간론 그리고 철학적 공간론으로 나누어 살펴볼 수 있다. 여기서는 주로 철학적 공간론을 다루되, 과학적 공간론과 인문사회과학적 공간론을 융합적 관점에서 함께 고찰하고자 한다. 공간은 객관적 실재(reality)로서 존재자의 가장 기본적인 범주에 해당한다. 더욱이 철학적 공간 개념은 자연 개념과 세계 개념의 성립 근거이다. 공간 존재를 근원적으로 해명하는 철학적 공간론은 과학적 공간론의 토대와 전제가 된다. 물론 과학적 공간론이 철학적 공간론의 토대가 된 것도 부인할 수 없는 사실이다. "특히 고대부터 현대에 이르기까지 공간에 대한 철학은 물리학의 성과에 영향을 받았으며, 철학적 상상력은 물리학적 공간 이해의 방식을 변화시키는데 영향을 주기도 하였다."[1] 그러나 역사적으로 철학적 공간론과 과학적 공간론의 배타적·양립적인 갈등 관계도 쉽게 확인할 수 있다.

그러면 우리의 주제인 '공간해석학'이란 단적으로 무엇인가? 일반적인 시각 궤도에서 보자면, 공간해석학은 한편으로는 공간철학의 한 부분으로 규정될

---

[1] 이현재 외, 『공간에 대한 철학적 이해』, 라움, 2016, 12쪽.

수 있다. 공간해석학은 기존의 철학적 공간론인 존재론적 공간론, 인식론적 공간론, 실천철학적 공간론 등과 내적으로 연결되어 있다. 다른 한편으로는 그것은 모든 철학적 공간론을 포괄하는 융합적인 공간철학으로 자리매김될 수 있다. 그 이유는 모든 철학적 공간론은 해석학적 전제와 요소를 함축하고 있고, 나아가 철학 그 자체가 해석학일 수 있기 때문이다.[2] 일찍이 아리스토텔레스는 『오르가논(Organon, ὄργανον)』의 「해석에 관하여(perí hermēneías, Περὶ ἑρμηνείας)」라는 논문에서 의미를 지닌 하나의 명사와 시간적 함의를 지닌 하나의 동사의 결합만이 로고스를 낳는다고 본다. 니체(F. Nietzsche)는 진리의 해석적 특성을 언급하면서 "사실은 없고 해석만 있다"는 것을 설파한 바 있다. 즉 순수 사실(faktum brutum)은 없고 '해석된 사실'만 있다는 것이다. 양자역학을 이끈 하이젠베르크(W. Heisenberg)도 "사실은 해석에 달려 있다"는 입장을 취한다. 이런 점에서 해석을 바꾸면, 사실에 대한 해법이 보이고, 또한 해답도 달라질 수 있다.

수학에서 "해석학(analysis)은 미적분학(calculus)을 포함하여 이로부터 비롯된 극한, 급수, 연속성, 미분, 적분, 측도 등의 개념을 다룬다. 그것은 이를 활용하여 함수들의 성질들을 연구하는 학문이다."[3] 반면에 철학사에서 논의된 해석학이란 원래 문자화된 모든 기록과 텍스트 그리고 기념물을 해석하는 원리와 규칙을 다룬다. 따라서 공간해석학의 연구 대상은 주로 공간 경험과 인식에 대한 표현들과 이론들 및 담론들이다. 이런 점에서 일체의 다양한 철학적 공간론들은 '공간해석학'으로 수렴될 수 있다.

일반적으로 근대의 과학적 공간 이해는 관찰 대상으로서의 공간과 떨어져서 보는 것이고, 해석학적 공간 이해는 공간을 보는 것 속에 자기가 들어가 있으면서 보는 것이다. '철학적 해석학'을 주창한 가다머(H.-G, Gadamer)에 의하면,

---

2   신승환, 『해석학 : 새로운 사유를 위한 이해의 철학』, 아카넷, 2016. 저자는 해석학을 철학으로 자리매김하고자 한다. "존재론적 해석학은 오늘의 시대에 필요한 사유의 새로운 길을 제시할 것이다. 그러기에 존재론적 사유 없이 철학은 자신이 가야 할 길을 찾지 못한다. 이것이 이 철학을 해석학으로 자리매김 하려는 것이다."(295쪽)

3   https://terms.naver.com/entry.naver?docId=2098121&cid=44413&categoryId=44413.

"이해를 하는 사람은 어떤 의미 있는 일이 관철되는 사건 속에 이미 들어와 있다."[4] 그리고 "정신과학적 인식에서는 인식 주체 자신이 더불어 사고의 대상으로 편입되는데, 이것은 물론 '방법'으로서의 한계일지는 몰라도 학문의 한계는 아니다. 방법이란 도구를 가지고 탐구될 수 없는 것을 오히려 진리를 보증하는 질문과 탐구의 원칙을 통해 진정으로 추구될 수 있는 것이다."[5]

그러면 해석학(hermeneutics, ἑρμηνεύειν)이란 무엇인가? 해석학은 단적으로 '이해란 무엇인가?'를 묻는 데서 출발한다. "그것은 말 그대로 이유[理] 속에 녹여 넣는[解] 것을 뜻한다. 우리 감각에 나타나는 특정한 현상들을 그것들을 이해 가능하게 만들어주는 어떤 이론 속에 녹여 넣는 것이다."[6] 가다머는 소크라테스(Socrates)의 문답법(maieutike, μαιευτική)의 전통을 계승한다. "사람들에게 필요한 것은 끊임없이 궁극적인 물음을 묻는 것뿐만이 아니라, 여기에서 그리고 지금 무엇이 실행 가능한가, 무엇이 가능한가, 무엇이 옳은가에 대한 분별력이다."[7] 현상학적 해석학자인 리쾨르(P. Ricœur)도 저러한 문답법을 계승한다. "전제 없이는 어떠한 질문도 제기될 수 없고, 질문 없이는 어떤 가설도 수립될 수 없으며, 따라서 어떤 것도 더 이상 연구될 수 없다."[8] 해석학은 고대 그리스의 철학적 문답법에서 유래한다. 해석학의 원조인 아리스토텔레스도 해석을 '참과 거짓을 판별할 수 있는 발화 행위'라고 정의한다. 해석을 이렇게 정의함으로써 수사학(rhetoric, τέχνη ῥητορική)과 시학(poetic, ποιητική)은 해석론의 전망에서 배제

---

4 H.-G. Gadamer, 『진리와 방법 (1) : 철학적 해석학의 기본 특징들(*Wahrheit und Methode; Grundzüge einer philosophischen Hermeneutik*)』, 이길우 외 역, 문학동네, 2012(이하 *WM 1*). H.-G. Gadamer, 『진리와 방법 (2) : 철학적 해석학의 기본 특징들』, 임홍배 역, 문학동네, 2022(이하 *WM 2*), 447쪽.

5 H.-G. Gadamer, *WM 2*, 448쪽.

6 이정우, 『사건의 철학 : 삶, 죽음, 운명』, 그린비, 2002, 33쪽.

7 H.-G, Gadamer, *Wahrheit und Methode, Grundzüge einer philosophischen Hermeneutik*, Tübingen, 1975(이하 *WM*), xxxv.

8 P. Ricœur, 『해석학과 인문사회과학(*Hermeneutics and the Human Sciences: Essays on language, action and interpretation*)』, 윤철호 역, 서광사, 2017(이하 *HH*), 424쪽.

된다. 왜냐하면 변론술인 수사학이나 시학은 청중을 감동시키는 것을 목적으로 할 뿐, 참과 거짓의 판별 문제와는 전혀 관계없기 때문이다.[9]

　현대 초기의 '방법적 해석학'은 분석적·설명적인 자연과학과는 전혀 다른 '이해적·기술적(記述的)'인 정신과학의 전유물로 이해되어왔다. 해석학은 우선 실증주의적·경험주의적 과학관 비판에서 출발한다. 말하자면 초기 해석학은 자연과학만이 진정한 지식으로 인정될 수 있는 것에 대한 기본과 모델을 제공한다는 과학주의의 지적인 제국주의에 대항하는 반발로서 전개되었던 것이다.[10] 그러나 현대 후기 해석학은 과학과도 손을 잡는다. 그 이유는 과학이 해석학과 접점이 있고, 과학도 해석학적 함축을 지닌다는 입장을 지니고 있기 때문이다. 해석학을 '이해의 보편적 기술'로 간주한 슐라이어마허(F. Schleiermacher)로부터 가다머, 리쾨르, 하버마스(J. Habermas)는 서로의 관점의 차이에도 불구하고, 해석학적 보편성을 마련하고자 한다.

　여기서는 현대 해석학의 거장 리쾨르의 해석학을 모범으로 삼아서 논의를 전개하고자 한다. 그가 공간론을 직접 다루지 않았고, 그의 해석학의 한계를 인정하면서도, 그의 논리를 전유하여 공간해석학에 접목하여 원용하고자 한다. 리쾨르에 의하면, 여러 가지 해석은 동일한 차원에서 서로 부딪치는 것이 아니라, 각기 다른 차원에서 이루어진다. 무릇 해석은 메시지를 밖으로 내어놓는(aus-legen) 행위이다. 따라서 철학의 임무는 서로 다른 차원에서 삶을 이해하는 노력들을 이어주는 것이다. 여기서는 리쾨르의 모토인 "더 많이 설명하는 것이 더 잘 이해하는 것이다"라는 입장을 따르고자 한다. 그의 해석학은 설명을 품은 이해, 즉 '설명과 이해의 변증법적 종합'을 시도한다. 그러므로 해석학이란 여러 가지 철학 가운데 하나가 아니라, 철학 그 자체가 된다. 그리고 인문과학(human sciences)의 '방법론'이 해석(Auslegung) 또는 텍스트 해석의 절차와 동

9　R. Palmer, 『해석학이란 무엇인가?』, 이한우 역, 문예출판사, 2001, 47쪽.

10　R.J. Bernstein, 『객관주의와 상대주의를 넘어서 : 과학과 해석학 그리고 실천(*Beyond Objectivism and Relatvism: Science, Hermeneutics, Praxis*)』, 황설중 역, 철학과현실사, 2017, 218쪽.

일한 절차를 발전시키므로, 인문과학은 해석학적 학문이라 말할 수 있다.[11] 이 책에서 다루고자 하는 공간해석학은 다음과 같은 전제들을 설정하고자 한다.

첫째, 공간해석학의 의미 지반은 몸과 마음을 지닌 인간 존재이다.

둘째, 공간해석학의 탐구 지반은 공간에 대한 경험적 영역과 이해의 영역이다.

셋째, 공간해석학의 논리는 '설명과 이해의 변증법'이다.

넷째, 공간해석학은 학문간의 대화와 소통의 논리와 방법을 추구한다.

다섯째, 공간해석학은 다양한 공간 담론들과의 지평 융합을 시도함으로써 공간에 대한 융합적 연구를 수행한다.

2. 현대 과학이론과 해석학과의 친연성

오늘날 과학철학의 논의 속에서 '대화적 합리성 모델'이 거론된다. 이 합리성에는 선택, 숙려, 해석, 사려 분별, 이성적인 불일치 등이 포함된다. 나아가 육감·직관·추측 등도 과학적 탐구에서 일정한 역할을 한다고 본다. 이런 논의에 의하면, 우리가 자신의 언어적 지평에서 벗어나는 것과 선이해를 제거하는 것이 어렵다.[12] 이런 논점이 현대과학과 해석학이 만나는 지점이다. 근대의 과학적 공간론은 해석학적 입장과는 그 길을 달리한 바 있지만, 현대과학의 공간 이론에서는 해석학과의 친연성(親緣性, affinity), 즉 내적 연관성을 보여주고 있다. 따라서 과학적 공간 설명과 해석학적 공간 이해는 절충되는 것이 아니라, 오히려 상호 보완적인 융합을 도모한다. 공간해석학은 설명과 이해의 양자택일이 아니라, 상이한 차원에서 공간 해석의 다양성을 수용하여 종합하면서 융

---

11   P. Ricœur, 『텍스트에서 행동으로(*Du texte à l'action. Essais d'herméneutique II*)』, 박명수·남기역 편역, 아카넷, 2002(이하 *TA*), 226쪽.

12   위의 책, 320쪽 이하.

합하고자 한다. 왜냐하면 이성적 관찰과 철학적 사유의 대상으로서의 공간 개념은 시대에 따라, 사람에 따라 다양한 의미를 지니고 있기 때문이다. 특히 정보화 시대에 있어서 자연과학적 사실들과 해석의 문제를 천착한 카푸토(J. Caputo)는 현대과학에서의 혁명적인 변화, 즉 과학 연구와 해석학과의 연계성을 다음과 같이 서술한다.

> 과학을 하는 데에는 상당히 많은 해석적 기술이 수반된다. 이론적 가설을 제안하는 것, 증거를 해석하는 것, 자료를 읽는 것, 실험을 고안하는 것, 방법으로 처리되지 않는 변칙을 다루는 것, 증거가 빈약할 때조차도 열의를 가지고 아이디어를 고수하는 것, 과학사회의 모든 사람이 당신이 무모하다고 생각하는 등등에 대해서 말이다. 이것은 특별히 역사가들이 과학에서의 혁명적인 변화를 연구했을 때 사실로 판명되었다.[13]

특히 현대의 '신과학운동(new science movement)'은 종래의 기계론적 세계관에서 출발한 자연과학 사상을 근본적으로 반성하고, 새로운 유기체적 세계관에 입각한 과학사상을 모색하는 운동으로서 '철학의 과학화'에서 '과학의 철학화'를 요구하고 있다. 그것은 서구의 분석적 사고와 동양의 직관적 사고의 종합을 시도하는 단면을 엿보이게 한다.[14]

이런 맥락에서 해석학적 방법과 과학적 방법인 포퍼(K. Popper)의 '근사치 접근 방식(way of approximations)'에 주목하고자 한다. "모든 과학적 이론들과 모델들은 사람들의 진정한 본성에 대해서 근사치들에 불과하다. 그러나 이 근사치에 포함되어 있는 오차는 종종 아주 작아서 그러한 연구 방법을 의의 있는 것으로 만들어주고 있다."[15] 포퍼에 의하면, 어떤 이론과 모순되는 확실한 사례가

---

13 J. Caputo, 『포스트모던 해석학 : 정보시대에서의 사실과 해석(*Hermeneutics: Facts and Interpretation in the Age of Information*)』, 이윤일 역, 도서출판b, 2020, 16쪽.

14 김용정, 『과학과 철학』, 범양사, 1996, 99쪽.

15 J. Gleick, 『카오스 : 새로운 과학의 출현』, 박래선 역, 동아시아, 2013, 311쪽 이하.

발견되었다면, 그 이론이 절대적 진리는 아님이 입증된다. 하지만 그 이론이 근사적(近似的, approximate) 진리일 수는 있다. 어떤 이론이 근사적 진리를 잘 포착한다면, 다시 말해 그 이론이 충분히 강력하다면 설사 절대적 진리가 아님이 확실이 입증되었다 하더라도, 그 이론을 폐기해서는 안 된다.

무엇보다 포퍼는 전통적 경험론의 독단론과 방법론인 귀납법에 대해 비판적이다. "포퍼는 일생 동안 귀납주의와 싸움을 벌였다. 그는 귀납적 방법은 어떠한 과학적 방법도 될 수 없는 하나의 신화에 불과하다고 주장했다. (…) 포퍼는 이런 전통적 경험론을 독단주의로 비판하면서 우리의 인식은 언제나 틀릴 수 있다고 주장한다. 그러므로 가장 직접적인 관찰 기록인 기초적 진술도 틀릴 수 있다는 것이다."[16] 따라서 그는 독단론에서 벗어난 근사치 이론, 즉 좋은 이론을 발견할 수 있다고 확언한다. "우리의 기대가 부적절하고 패배를 인정하지 않을 수 없을 때에도 우리는 그 기대를 고집한다. 이런 독단적 행동은 어느 정도까지는 필요하다. 그것은 우리의 추측을 세계에 부과함으로써만 다룰 수 있는 상황 때문에 필요하다. 더욱이 이 독단주의는 우리로 하여금 근사치 접근 방식에 의해 단계적으로 좋은 이론으로 다가갈 수 있도록 해준다. 우리가 너무 쉽게 패배를 인정하면, 우리가 거의 옳았다는 것을 발견하지 못할 수도 있다."[17] 결국 포퍼는 모든 종류의 독단론과 비합리주의와 광신주의에 비판적이다. 그리고 '포퍼-헴펠 이론(Popper-Hempel theory)'이라 불리는 신실증주의의 통합과학운동(unified science movement)에서도 '가설-연역적 설명 이론(hypothetico-deductive explanation)'과 '포괄법칙적 설명 이론(covering law explanation)'을 제시한다.

인문과학이 자연과학의 설명 이론으로 포괄될 수 있다는 통일과학의 이념을 유지하면서도 정신과학의 주요 방법인 이해의 방법을 보조 수단으로 간주한

---

16 이한구, 「비판적 합리주의의 중심 주제와 쟁점들」, 『철학과 현실』 54, 철학과현실사, 2002, 195쪽.

17 K. Popper, *Conjectures and Refutations: The Growth of Scientific Knowledge*, Routledge, 1963, pp.64~65.

다. 여기서는 특정 사실에 대한 설명과 이해의 상호 보완적 관점을 강조한다. 따라서 '설명적 해석학'이 거론된다. 그것에 따르면, 역사에 있어서 '행위의 의도성'을 인정하는 한, 그것은 '이해의 대상'이고, 동시에 '역사적 행위'는 '설명의 대상'이라는 것이다.[18] 이런 점에서 포퍼는 과학의 해석학적 함축을 밝혀주고 있다.

중요한 것은 현대물리학에 있어서도 실험의 해석을 모형이나 이론이라고 부르며, 모든 모형이나 이론들이 근사치라는 사실을 깨닫는 것이 연구의 근저를 이룬다는 사실이다. 최근의 물리학도 철학 못지않게 실증적인 '공간 현상'에 대한 연구를 넘어서서 '공간 개념'에 대한 연구를 수행한다. "물리학을 전공하지 않은 사람들은 물리학자가 엄청나게 복잡한 계산으로 하루를 보낸다고 생각하겠지만, 물리학의 핵심은 계산이 아니라 개념이다. 이 세상이 돌아가는 이치를 개념적으로 이해하는 것, 그것이 바로 물리학의 목적이기 때문이다."[19]

현대의 귀납과학을 선도한 슐리크(M. Schlick)도 '진리의 발견'을 목표로 하는 과학과 그리고 '의미의 발견'을 목표로 하는 과학의 차이를 언급하면서도 과학자도 언어를 사용하여 이론을 구성해야 한다고 다음과 같이 역설한다. "앞에서 말한 바와 같이 과학자는 두 가지 일을 한다. 과학자는 명제의 진리성을 밝혀야 하며, 동시에 명제의 의미도 밝혀야 한다. (…) 과학자가 자신이 과학을 할 때 사용하는 명제들 속에 숨어 있는 의미를 밝히는 일을 하고 있을 때에는 언제나 과학자가 아니라 철학자이다."[20]

더욱이 현대사회에서 인문학은 과학의 성과를 도외시할 수 없고, 또한 과학이 인문학의 중요한 주제가 되어야 한다는 인식으로 라투르(B. Latour)는 '과학 없는 인문학은 원숭이 놀음'에 불과하다는 말과 함께, 과학과 인문학이 내적으

---

18 이한구, 『역사학의 철학 : 과거를 어떻게 재현할 것인가?』, 민음사, 2007, 489쪽.

19 E. Witten, "Interview", *Superstrings: A Theory of Everything?*, P.C.W. Davies and J.R. Brown(ed.), Cambridge University Press, 1988, pp.90~91.

20 M. Schlick, "The Future of Philosophy"(1932), *Moritz Schlick Gesamtausgabe*. vol.6. F. Stadler, H.J. Wendel(hrsg.), Wien, 2008, p.49.

로 통합할 수 있는 '과학적 인문학(humanités scientifique)'[21]을 주창한다. 이런 지적 상황하에서 공간 연구에서도 과학과 해석학의 친연성에 주목하고자 한다. 상식적으로 생각하는 '공간'은 감각적으로 직관할 수 있는 자명한 실재이고, 동시에 인식 가능하고 계측 가능한 객관적 대상이다. 즉 공간은 거리와 방향 그리고 경계들로 구획되고 배열된다. 그래서 그것은 측정되고 객관적으로 탐구될 수 있는 대상이 된다. 이러한 공간관도 존중되어야 하지만, 그 공간관이 지닌 한계를 분명히 하는 것도 필요하다. 우리는 공간 밖에서도 공간을 관찰하지만, 공간 안으로 들어가서 공간을 인식하고 체험한다. 그래서 공간을 다차원적인 관점에서 인식하고 이해하려고 하면, 공간과학과 함께 공간해석학이 필요하다. 우리는 모름지기 공간 속에 존재하며, 공간에 여러 다양한 의미를 느끼면서 행동하고 있다. 공간에 의미가 발생하는 이유는 그 공간을 체험하는 인간이 그 공간 속에 포함되기 때문이다.

이 지점에서 우리는 공간해석학을 이해하기 위한 기초로서 서양철학사적 공간론과 현대의 과학적 공간론에서 나타나는 대표적인 주장들의 중요한 변곡점들을 간략하게 살펴보도록 하자. 플라톤(Platon)은 『티마이오스(*Timaios*, *Τίμαιος*)』에서 "우주는 정사면체인 불, 정팔면체인 공기, 정이십면체인 물로 이뤄지는 정십이면체의 형상을 하며, 수학적으로 비례된 부분으로 분할이 가능한 입체 구조이다."[22] 그는 수학을 인식의 확실한 기초로 삼는다. 공간은 지각 가능한 것도 아니고, 더구나 크기가 있으면서 정신으로 이해할 수 있는 것도 아니고, 오히려 수학적인 대상에 속한다. 아리스토텔레스는 『자연학(*Φυσικὴ ἀκρόασις*)』에서 모두가 장소는 그 어떤 것이라고 말하지만, 오직 플라톤 한 사람만이 장소가 무엇인지 숙고하였다고 전한다. "그러나 공간의 존재를 확고한 사실로 받아들인다고 해도, 그것이 무엇인가 하는 질문은 여전히 어렵다. 그것이 어떤 한

---

21 B. Latour, 『브뤼노 라투르의 과학인문학 편지 : 인간과 자연, 과학과 정치에 관한 가장 도발적인 생각』, 이세진 역, 사월의 책, 2012, 45쪽.

22 Plato, 『티마이오스(*Τίμαιος*)』, 박종현 · 김영균 역주, 서광사, 2000, 55e, 157쪽.

덩어리인지, 아니면 그런 것과는 다른 어떤 개체인지 여전히 알 수 없다. 따라서 우리는 그것이 어떤 종류에 속하는지부터 결정해야 한다."[23] 그리고 "공간이란 무엇인가 하는 질문은 우리에게 많은 난점들을 제공하는데, 모든 관련 사실들을 검토할 때마다 다른 결론이 나오는 것 같다. 게다가 이전 철학자들은 이런 공간에 관한 난점에 대한 기술도, 그 해결책에 대한 어떤 성과도 만들어낸 적이 없다."[24]

근대의 합리론과 경험론을 종합한 칸트(I. Kant)는 공간의 이중적 성격을 '공간의 경험적 실재성'과 '공간의 초월적 관념성'이라고 한다. 그에게 공간이란 '시간'과 함께 "감성의 선험적 인식 원리"[25]이다. 말하자면 시간과 공간은 자연 개념의 성립 근거인 것이다. 칸트는 자신의 시공 개념들이 훗날 과학이라고 부르게 될 미래의 형이상학의 근간이 될 것이라는 확신을 가졌지만, 인과율이 적용되지 않는 현대의 '양자론(quantum theory)'의 세계에서는 그런 입장은 지지를 받지 못한다. 예컨대, 객관적 공간의 재현으로서의 지도도 제작자의 선이해와 전제가 깃들어 있다. "지도는 공간 안에서 구체적 방향 설정을 이미 전제하는 방식으로 공간을 재현한다. 더욱이 어떤 지도는 공간이 재현되는 구체적인 장소나 영역에 우선권을 부여할 수 있다."[26]

최근의 공간 연구의 성과들에 따르면, 공간 개념은 일반적으로 생각하는 것처럼 자명하거나 명료하지 않고, 오히려 다의적이고, 애매하고, 불확실하고, 개연적이라는 것이 중론(衆論)이다. 이런 입장과 궤를 같이하여 오늘날 공간의

---

23   Aristoteles, *Physik*, *Vorlesungen über die Natur*. H. G. Zerkl(hrsg.), Hamburg, 1986, 209a3 -209a4.

24   위의 책, 208a33-208a36.

25   I. Kant, 『순수이성비판 1』, 백종현 역, 아카넷, 2021(이하 *KrV 1*), A224, 454쪽; R. Rorty, 『철학 그리고 자연의 거울』, 박지수 역, 까치글방, 1998. 로티는 칸트의 시공간의 특성을 다음과 같이 정리하고 있다. "칸트의 주장에 따르면, 물리적인 것은 공간적-시간적이고, 심리적인 것은 비공간적이지만 시간적이며, 형이상학적인 것은 공간적이지도 시간적이지도 않다는 것이다."(29쪽)

26   J. Malpas, 『장소와 경험 : 철학적 지형학』, 김지혜 역, 에코리브르, 2014, 77쪽.

비가시성·모호성·상대성·관계성 등을 논하는 것이 일반화되어 있다. 예를 들면 아인슈타인(A. Einstein)도 역학(力學)에서 자명하다고 생각하는 '공간' 및 '위치'라는 말을 무슨 의미로 이해해야 하는지가 분명치 않다는 입장을 견지한다. "무엇보다 먼저 우리는 공간에 대해서는 최소한의 개념도 수립할 수 없음을 솔직하게 인정하고 '공간'이라는 모호한 낱말을 사용하기를 완전히 피해야 한다. 우리는 '공간'이란 표현 대신에 '사실상 강체(剛體, rigid body)인 기준체에 대한 상대적 운동'이라는 표현을 사용하여야 한다."[27] 이와 같이 아인슈타인과 베르그손(H. Bergson)도 공히 공간의 관념적 형식에 대해서 자연과학적·형이상학적으로 비판한다.

현대물리학에서 공간은 시간과 일체화된 4차원 '시공(時空, spacetime)'으로서 통합되면서 물질로부터의 공간의 독립성이 부정된다. 민코프스키(H. Minkowski)에 의하면, "앞으로 공간 자체, 그리고 시간 자체는 그림자 속으로 흐릿하게 사라질 운명에 놓여 있다. 그리고 이들의 일종의 연합체만이 독립적인 실체를 지니게 될 것이다."[28] 심지어 '양자중력 이론(theory of quantum gravity)'에서는 공간의 '존재(being)'와 '비존재(non-being)' 모두를 부정하는 극단적인 입장을 피력하고 있다. '초끈 이론(superstring theory)'에 의하면, 우리는 10차원의 시공간에 살고 있는데, 말하자면 3차원 공간과 1차원 시간 외에 6개의 공간 차원이 존재한다는 것이다. 나아가 최근의 '루프 양자중력 이론(Loop Quantum Gravity)'에서도 우리가 알고 있는 공간과 시간은 존재하지 않을 수 있다고 단언한다.

오늘날 많은 물리학자들은 공간을 존재 자체의 기본 요소로 간주한다. 그들은 결국 공간만이 존재할 뿐이며, 심지어는 물질까지도 아주 작은 형태로 오그라든 공간에 불과하다고 믿는다. 이렇게 본다면 공간은 실재의 전체이자, 동시

---

27 A. Einstein, 『상대성의 특수이론과 일반이론(Über die spezielle und die allgemeine Relativitätstheorie)』, 이주명 역, 필맥, 2020, 21~22쪽.

28 R. Penrose, 『황제의 새 마음 : 컴퓨터, 마음, 물리법칙에 관하여』, 박승수 역, 이화여자대학교 출판부, 1996, 308쪽에서 재인용.

에 존재하는 모든 것의 가장 기본적인 본질에 해당한다.[29] 특히 '불확정성의 원리(uncertainty principle)'를 발견한 하이젠베르크(W.K. Heisenberg)를 매료시킨 플라톤의 『티마이오스』에서의 '코라(chora, χώρα)' 개념이 새롭게 음미된다. 플라톤은 세 가지 근본 존재들을 가정한다. 첫 번째 존재들인 형상들은 한 단계 구체화됨으로써 '파라데이그마(paradeigma, παράδειγμα)', 즉 본(本)의 역할을 한다. 우주는 이 '파라데이그마'를 본떠서 만들어진 것이다. 다른 하나로 '물질-공간(matter-space)'이라 번역할 수 있을 '코라'가 등장한다. 이것은 생성의 모태 및 터전이라고 할 수 있다. 마지막으로 '파라데이그마'를 보고서 '코라'를 빚음으로써 우주를 만든 '제작자(Demiurgus)'가 있다. '파라데이그마'는 설계도이고, '코라'는 재료이며, 그리고 제작자는 장인이다. 그런데 '파라데이그마'에 따라야 할 '코라'가 그것에 완벽하게 복종하지 않는다. 그러나 '코라'는 이성의 설득에 어느 한계까지만 굴복하고 더 이상은 설득되지 않는다. 세계는 우선은 코스모스(cosmos, κόσμος)이지만, 이 질서는 완벽하지 않다. 따라서 지진, 해일, 병 등이 존재하며, 자연과학적으로도 비결정성(예. 불확성의 원리)이 발견되곤 한다. 이는 데미우르고스(Demiurgus)도 어쩔 수 없는 '코라'의 본성이라는 의미이다.[30]

공간의 아르케(arche, άρχή)와 본질 그리고 의미를 탐구하는 공간과학과 공간철학의 역사는 상호 연계되고 교차되면서 고대로부터 지금까지 이어져왔다. 공간에 대한 과학적 연구는 주로 기하학, 수학, 천문학, 물리학, 지리학, 지질학, 건축학 등에서 다루어진다. 아리스토텔레스가 공간을 설계하고 지어가는 건축가를 철학자에 비유하였거니와, 칸트도 건축을 철학적 관념과 동일시한 바 있다. 전술한 바와 같이, 공간의 철학은 물리학으로부터 영향을 주기도 하고, 그 반대로 후자는 전자에 의해 영향을 받기도 한다.

그러나 근대 이후의 '공간의 과학(science of space)'은 가설 검증과 논리실증주

---

29 M. Wertheim, 『공간의 역사 : 단테에서 사이버스페이스까지 그 심원한 공간의 문화사』, 박인찬 역, 생각의나무, 2002, 52쪽.
30 이정우, 앞의 책, 350쪽 이하.

의와 과학주의에 입각하여 공간을 분석하고 모델링하는 학문이다. 공간과학적 접근에 깃들어 있는 공간에 대한 가정, 즉 공간은 평평한 표면 같은 곳, 비어 있는 곳, 그 순수한 원형질은 본질적으로 균질한 곳, 결론적으로 사회적 과정들과 분리된 일종의 무대나 배경 같은 존재라는 가정이다.[31] 라이헨바흐(H. Reichenbach)에 의하면, 여러 연구와 관찰들로부터 가설을 세우는 것은 '발견의 맥락(context of discovery)'에 의한 것이고, 그 가설을 실험을 통해 입증하거나 반증하여 강화하거나 폐기하는 것은 '정당화의 맥락(context of justification)'에 의한 것이다. 과학적 가설 및 이론이 합당한가?, 그것이 증거에 의해서 지지되었는가? 실험에 의해서 입증되는가? 엄중한 시험을 통해 용인되었는가? 이 질문들은 지식의 정당화에 대한 질문들이다.[32] 잘 알려져 있듯이, 포퍼의 '추측과 논박의 방법'도 실제로 가설을 만들고 귀결을 연역하며, 그리고 그것을 시험하는 것이다. 과학철학자이고 논리실증주의자인 슐리크는 진술의 의미가 그것의 '검증 방법(verification methods)'이라고 선언한다. 따라서 진술은 그것이 검증 가능한 경우에만 의미 있게 되거나, '인식적 의미'를 지니게 된다.[33] 프래그마티즘(pragmatism)의 창시자 퍼스(C.S. Peirce)도 '진리'를 '방법'으로 대체하고자 한다.

이런 흐름과 질적으로 다른 시각 궤도 안에서 현대 현상학을 주도한 후설(E. Husserl)은 의미에 관한 경험주의 이론을 비판하면서 진술의 의미에 대한 이해는 직접적인 통찰 내지 직관적 인식에 의해 알 수 있다는 것이다.[34] 물론 공간에

---

31 D. Massey, 『공간, 장소, 젠더』, 정현주 역. 서울대학교 출판문화원, 2015, 8쪽. 오늘날 시공간의 거시적 공간을 설명해줄 수 있는 것이 평탄한 무한 공간 모델이라고 보는 견해도 있다. B. Greene, 『우주의 구조 : 시간과 공간, 그 근원을 찾아서』, 박병철 역, 승산, 2022 참조. "앞으로 차차 알게 되겠지만 우주 공간이 휘어져 있지 않다는 증거는 천문 관측을 통하여 지금도 계속 쏟아져 나오고 있으며, 우주 공간이 비디오게임의 배경화면처럼 생겼다는 확실한 증거도 없으므로 평탄한 무한 공간 모델은 시공간의 거시적 구조를 설명해줄 가장 유력한 후보라고 할 수 있다."(354쪽)

32 I. Hacking, 『표상하기와 개입하기 : 자연과학철학의 입문적 주제들』, 이상원 역, 한울 아카데미, 2020, 48쪽.

33 위의 책, 104쪽.

34 E. Husserl, *Logische Untersuchungen*, Den Haag: M. Nijhoff, 1975. 제1장 「경험과 의미」

대한 과학적 가설을 입증할 수 있는 감각적 지각을 매개로 하는 관찰과 실험을 통한 지식은 존중되어야 한다. 왜냐하면 그것은 논리적으로 완벽한 명징성을 추구하고, 나아가 우리의 일반적인 상식의 근거가 되기 때문이다. 논리적 엄밀성과 체계적 자명성을 지닌 수학과 자연과학은 이미 학문으로서 존재하며, 그것들은 보편성과 필연성을 지니고 있다. 그러나 관찰 및 실험을 매개로 한 공간에 대한 지식은 이론 의존적이고, 동시대에 인정된 지식체계와 역사적 맥락으로부터 자유롭지 못하다. 따라서 그것은 상대적이고 제한된 지식으로 간주될 수 있다는 비판적 입장도 공존한다.

과학철학 내부에서도 쿤(T. Kuhn)은 방법론적인 과학의 단일성에 의문을 제기하면서 과학이 역사 바깥에 있지 않고, 역사적인 제한성을 지니고 있음을 분명히 한다. 파이어아벤트(P. K. Feyerabend)도 『방법에 반대하여(Against Method)』에서 과학의 발전 과정에 있어서의 모든 방법론을 거부했으며, 과학적 지식을 다른 종류의 지식과 구분할 수 있는 어떤 특성도 존재하지 않는다는 과격한 주장을 펼친다. "모든 방법론은 그 나름의 한계를 가지며, 지속적으로 지지될 수 있는 유일한 '규칙'은 '무엇이든 좋다(anything goes)'라는 것이다."[35] 파이어아벤트는 단 한 가지 방법의 무조건적 독점, 즉 방법론적 단일주의에 반대한다. 그 이유는 모든 방법론은 그 나름의 한계를 지니고 있으며 진보를 방해하기 때문이다. 또한 리오타르(J.-F. Lyotard)도 과학의 '거대담론(grand narratives)'을 비판하면서 과학적 지식 역시 자신의 울타리를 스스로 허물고 이전에 비과학적 이야기들이라고 격리시켜왔던 '설화적 이야기(narration)'로 확장해가지 않으면 안 된다고 한다. 근대과학에 있어서는 과학과 이야기, 즉 대상지시적 과학적 담론과 이야기식 설화는 갈등 관계를 유지한다. 그러나 이제 지식의 정보화가 급격하게 이루어지는 사회에서 과학적 지식과 설화적 지식을 구획하려는 이데올로기는 근

참조.

35 P. Feyerabend, *Against Method: Outline of an Anarchistic Theory of Knowledge*, Verso, London · New York, 2010, pp.295~296.

대적 유산으로 남아 있을 수밖에 없다. 이 과학적 담론들과 이 담론들에 의해 배제되었던 설화적 지식이 서로 엉켜 있음을 과학자들은 스스로 인정하지 않을 수 없는 시대를 살고 있다. 과학적 담론 자체는 이미 지시적 논의를 넘어서 규범적이고 평가적이며 감정 표현적 담론 질서에 의존하고 있다.[36]

더욱이 전통적인 인식론적 · 의미론적 실재론을 반대하는 '반실재론(anti-realism)'에서도 어떠한 사물의 객관적 실재성은 부정되고, 나아가 검증 초월적인 언명의 진위를 묻는 것이 부정된다. 그것은 알 수 있거나 주장할 수 있는 진리의 개념을 주장하며 배중률과 검증 초월론을 거부한다. 반실재론에서는 우리가 이론을 아무리 많이 사용할 수 있을지라도 이론이 올바르다고 믿게 할 확신을 주는 이유가 없다고 주장하면서 이론적 존재자는 허구이거나, 논리적 구성물이거나, 세계에 관해 사유하기 위한 지적 도구라고 간주한다.[37] 일찍이 아인슈타인 역시도 가설과 관찰의 관계를 논하면서 관찰에 의한 대상 인식은 가설이 먼저 설정되어야 가능하다고 보았다.

공간 문제를 논구하기 위해서는 먼저 근대적 과학관과 그것과는 다른 새로운 과학관을 주창하는 현대적 과학관을 참조해야 한다. 현대과학에 대한 관점은 20세기에 와서 커다란 변화를 겪는다. 1960년대 이후 전통적인 논리실증주의에 입각한 과학철학은 관찰의 이론 의존성과 과학이론의 패러다임적 변화, 그리고 인식론적 다원성을 주장하는 새로운 세대의 철학자들로부터 계속하여 공격을 받는다. 또한 기계적인 세계관을 거부하는 생태주의적 세계관 역시 반환원주의적 분위기를 확산시키는 데 기여한다.[38] 특히 반환원주의적 과학관을 견지한 핸슨(N.R. Hanson)은 관찰에 우위를 두는 환원주의적 입장에 대해서 관찰 그 자체도 이론 의존적이라는 비판을 가한다. 즉 사실에 대한 서술이란 항상 '이론 적재적(theory-laden)'이기 때문에 개념적 틀이나 이론의 제약을 받지 않

---

36   김영필, 『현대철학의 전개』, 이문출판사, 1998, 97~98쪽.
37   위의 책, 69쪽, 78쪽.
38   임경순 · 정원, 『과학사의 이해』, 다산출판사, 2017, 472쪽.

고 사실 그대로를 기록하는 관찰 문장이란 존재하지 않는다는 것이다.[39] 즉 이런 '이론 적재적'이란 말은 모든 관찰 용어와 관찰 문장은 그것과 더불어 이론의 부하(負荷)를 갖는다는 뜻이다. 비가역 과정의 열역학을 체계화한 프리고진(I. Prigogine)에 따르면, 과학자는 자기의 환경으로부터 떨어져 나올 수 없고, 사실 과학자는 자신이 생활하고 있는 사회에 대단히 의존적임을 밝힌다.

일찍이 칸트에게서 철학적 질문은 과학적 질문이 논하는 사실 문제(quaestio facti)가 아니라, 권리 문제(quaestio juris), 즉 "대체 이것이 어떻게 가능한가?"라는 가능성의 조건에 관한 질문이다. 왜냐하면 실재가 모두 물리학의 법칙으로 축약될 수 있는 것은 아니고, 과학은 실재의 총체성을 설명하지 못하기 때문이다. 그의 '비판철학'은 경험과 인식의 가능성에 대한 보편적이고 필연적인 조건들을 밝히고 정당화해주는 것이다. 칸트는 시공간이 객관적 실재가 아니라, 오히려 사물들의 관계 내지 틀, 즉 인간 의식이 사물을 지각하는 틀이라고 생각한다. 이런 점에서 공간의 과학도 어떤 철학적 전제하에서만 가능하다. 따라서 공간의 철학은 공간에 대한 모든 자연과학 연구에 앞선 선결 조건이자 이론적 전제이다. 예컨대 유클리드(Eukleides, Euclid) 기하학도 아리스토텔레스의 연역적 기초 위에 정립된 것이다. 뉴턴(I. Newton)의 절대공간 이론도 고대 원자론을 재생시킨 가상디(P. Gassandi)의 공간의 형이상학적 고찰에서 영향을 받은 결과물이다. 말하자면 뉴턴은 세계를 파악하는 인식론적 기초로서 절대공간을 전제했던 것이다. 아인슈타인은 결국 공간실재론을 수용한다. 현대과학은 무엇보다 공간의 실재성을 인정하고 있으며, 또한 공간을 물리적 실체로서 파악한다.

이 지점에서 주목해야 할 것은 근대과학과 달리, 현대의 과학은 해석학과 친연성이 있다는 점이다. 그 이유는 최근의 해석학은 객관주의와 상대주의를 넘어서 있으면서 사태의 개연성을 추구하기 때문이다. 객관주의는 다양한 이론

---

39 N. R. Hanson, 『과학적 발견의 패턴 : 과학의 개념적 기초에 대한 탐구』, 민음사, 1995.
임경순 · 김춘식 편저, 『과학기술과 공간의 융합』, 한국학술정보, 2010, 22쪽.

들 간에는 평가 가능한 구조틀이 있다고 본다. 그리고 상대주의에서는 다수의 이론들·패러다임들·언어게임들의 구조틀에 인간이 종속될 수밖에 없다는 입장이다. 하버마스는 모든 사회적 인식에는 본질적으로 해석학적 차원이 있고, 해석학은 실증주의적 사고방식의 한계를 드러내는 데 기여할 수 있다고 본다.[40] 더욱이 가다머는 개연성에 의해 도출되는 진리 주장을 옹호한다.

특히 리쾨르는 해석을 성급한 결론에 유보적인 열려 있는 과정으로 파악한다. "해석은 어떠한 봄(vision)도 결론을 내릴 수 없는 열려 있는 과정이라는 것이 철학적 해석학의 가정 자체이다."[41] 따라서 모든 해석은 이미 이해 과정에 수반된다. 여기서는 전통적 지식 분야에서 중시한 합리성과 객관성 그리고 환원주의와 위계적 통일 이념을 따르지 않는다. 또한 인식론적 상대주의·반과학적 신비주의·무책임한 회의주의를 수용하지도 않는다. 현대의 철학적 동향은 객관주의와 상대주의의 극복을 중심축으로 선회하면서 진행되기에, 이런 흐름의 중심부로 들어가서 논의를 전개하는 것이 필요하다.

우리의 논제인 '공간'이란 시대와 사회에 따라 해석학적인 이해의 틀에 의하여 인식되어온 것이다. 이것은 공간을 바라보는 방법만이 아니라, "무엇을 볼 것인가?" 그리고 "어떻게 볼 것인가?"를 규정하면서 공간 이해의 방법론과 문제 영역 그리고 해결 기준을 제시하며 특정한 공간 패러다임의 구성 요소가 된다. 이 패러다임은 사물과 가치들의 세계를 일정한 틀에 맞추어서 인지하는 해석학적인 이해의 틀을 말한다. 그것은 세계를 바라보는 방향과 그 방향에서 세계의 의미를 파악하는 일종의 의미 연관 구조의 형태이다. 탈경험주의 노선을 취하는 쿤의 공통분모로 약분할 수 없는 '불가공약성(incommensurability)' 개념에서는 서로 다른 두 개의 이론 체계가 서로 완전하게 번역은 안 되지만, 그래도 부분적인 번역의 가능성, 즉 해석의 가능성을 허용하고 있다.[42]

---

40 R. J. Bernstein, 앞의 책, 331쪽 이하 참조.

41 P. Ricœur, *TA*, 48쪽.

42 임경순·김춘식 편저, 앞의 책, 23쪽.

고전물리학에서 중시하는 철저한 객관주의적 관점은 현대 '양자역학(Quantum mechanics)'의 등장으로 흔들리기 시작한다. 아인슈타인의 '상대성이론' 및 보어 (N.H.D. Bohr)의 '상보성 원리(complementarity principle)'와 하이젠베르크의 '불확정성의 원리(uncertainty principle)'로 대표되는 양자역학 등의 현대물리학은 최초로 관찰자의 입장, 즉 주관적(상대적) 요소를 수용한다. "자연에 대한 객관적 기술이라는 고전물리학의 목표가 제한된 범위 안에서만 타당한 근사치일 뿐임을 밝힌다. 요컨대, 현대물리학은 데카르트–뉴턴의 기계론적 자연관과 세계상의 한계를 명백히 드러내면서 새로운 자연관과 세계상에 눈뜨게 만든다."[43]

상보성 원리는 고전적으로 서로 배타적 개념인 입자성과 파동성이 양자계에 대해서는 상호 보완적으로 작용한다는 원리이다. 양자역학의 기초가 된 연구를 한 하이젠베르크에 의하면, 관찰이 사건의 결과에 결정적인 역할을 수행하고, 현상은 우리의 관찰 여부에 따라 달라진다.[44] 그의 '불확정성의 원리'에 의하면, 관찰자의 관찰 행위가 전자 위치에 미세하게 영향을 끼치므로 정확한 전자 위치를 파악하는 것은 원론적으로 불가능하다는 것이다. 즉 위치를 측정하면 운동량이 불확정적이 되고, 운동량을 알면 위치가 불확정적으로 된다. 말하자면 양쪽을 동시에 다 알 수는 없다. 따라서 우리가 관찰하는 공간은 공간 그 자체가 아니라, 과학의 방법론에 노출된 공간 자체의 일부에 불과하다.

이런 점에서 "사실은 해석에 달려 있다"는 하이젠베르크의 입장은 사실을 탐구하는 자연과학도 해석학적 요소를 지니고 있다는 것을 분명하게 밝혀주고 있는 셈이다. 그의 논지(論旨)는 다음과 같다. 자연과학에서 보편적인 법칙의 개념은 항상 완벽하게 정확해야 하며, 이를 달성하려면 결국 수학의 관념을 사용하는 수밖에 없다. 일반 언어를 사용해서 원자에 대해 말하는 일은 불가능하다. 과학 및 이론물리학은 수학적 언어를 사용하지만, 그것을 설명함에 있어서

---

43 김선하, 「새로운 과학문화를 위한 해석학적 모색 : 설명과 이해의 변증법」, 『철학논총』 제 38집, 새한철학회, 2004, 168쪽.

44 W.K. Heisenberg, 『물리와 철학 : 근대과학의 혁명(*Physics and Philosophy: The Revolution in Modern Science*)』, 조호근 역, 서커스, 2019, 59쪽.

는 일상언어를 사용해야 한다. 이럴 경우 해석학적 고려가 요구된다. "단어의 의미가 본질적으로 불명확할 수밖에 없다는 사실은 물론 예전부터 알려져 있었으며, 따라서 특정 단어를 어디에는 사용하고 어디에는 사용하지 않을지의 경계선을 확립하는 '정의'를 내릴 필요가 생겼다. 그러나 정의를 내리기 위해서는 다른 개념의 도움이 필요하며, 따라서 결국 해석이나 정의가 끝나지 않은 상태의 개념을 빌려올 수밖에 없는 상황이 발생한다."[45] 그에 의하면, 실제로 일상언어 내지 자연언어의 사용은 단어들의 다의적인 가치에 의존하고 있다. 해석은 묻고 대답하는 놀이에서 대화자들이 자기들의 대화를 구조화하는 문맥의 가치를 공동으로 결정하는 과정이라는 것이다.

주목할 것은 하이젠베르크가 『부분과 전체』에서 '이해'라는 주제를 매우 빈번하게 제기하고 다양한 맥락에서 이 주제를 깊이 있게 다루고 있다는 점이다. 어떤 의미에서 과학은 이 세상에 대한 이해를 토대로 적절한 해석을 내놓는 체계적인 행위라고 볼 수 있다. 그런 면에서는 인류 최초의 문명에서 공통적으로 나타나는 신화나 전설도 이러한 이해의 한 형태였다고 볼 수 있다. 다시 말해서 인간 존재가 가능하기 위해서는 어떤 식으로든 주위 세계를 인식하는 행위가 요구되며, 과학 역시 그러한 행위의 한 가지 방식이다. "과학의 진보란 다만 단순히 우리가 새로운 사실을 알고 그것을 이해한다는 데 머무는 것이 아니다. 오히려 그것은 이해한다는 말이 무엇을 의미하느냐 하는 것을 항상 되풀이 새롭게 배워나가는 것이다."[46] 그의 이해라는 주제에 대한 천착은 소위 '불확정성의 원리'의 발견으로 이어진다. 또한 논리실증주의(logical positivism)에 대해 비판적 입장을 견지한 콰인(W.V.O. Quine)은 '존재론적 상대성' 논변에서 해석과 재해석의 유의미성을 강조한다.

절대적으로 말해서 어떤 이론의 대상이 무엇인지를 말한다는 것은 아무런 의

---

45 위의 책. 211쪽.
46 W.K. Heisenberg, 『부분과 전체』, 유영미 역, 서커스, 2022. 3장. 「현대물리학의 '이해' 라는 개념」(1920~1922), 57~86쪽.

미가 없지만, 대상들에 대한 어떤 이론이 다른 이론 속에서 어떻게 해석 혹은 재해석이 가능한가를 말하는 것은 의미 있는 일이다.(⋯) 우리가 도달하게 된 상대주의적 논제는 다음과 같다. 즉 어떤 이론을 다른 이론 속에서 어떻게 해석되거나 재해석되는가를 넘어서 그 이론의 대상이 어떤 것이지 말한다는 것은 아무런 의미가 없다. (⋯) 원초적으로 채택되고 궁극적으로 불가해한 존재론을 기반으로 하는 배경이론에 상대적으로 말하는 경우에만 하위이론과 그것의 존재론은 의미가 있다.[47]

오늘날 '공간'은 수학자뿐만 아니라 물리학자와 지리학자 그리고 건축가들을 위한 공동 관심사와 연구 주제임이 분명하다. 현대의 공간철학자 르페브르(H. Lefèbvre)의 영향을 받은 마르크스(K. Marx)와 여성주의로 지리학의 지평을 넓힌 매시(D. Massey)는 공간을 비판적으로 재인식하는 작업에 몰두하고 있다. 매시에 따르면, 공간은 우리가 일반적으로 생각하는 것처럼 저 바깥에 고정적ㆍ독립적으로 존재하는 '평평한 표면'이 아니고, 오히려 그것은 시간과 뒤얽혀 사회관계 속에서 늘 역동적으로 변화하는 것이다. 매시는 공간의 상호 관계성과 다중성(multiplicities), 그리고 지속적 구성 및 동시성을 강조한다. 매시는 우리에게 공간에 대한 사고와 인식이 부족하다고 지적하면서, 부족한 것의 예시로서 우리가 인식에서 존재를 인식하지 못한 점과 공간을 동시대적 다중성으로 인식하지 못한 점, 그리고 공간을 급진적 동시성(contemporaneity)으로 인식하지 못한 점과 공간의 구성적 복잡성에 대한 인식에서 실패한 것을 지적한다.[48] 공간과 장소는 문화적ㆍ지역적ㆍ역사적 차이에 의해 다양하게 나타난다. 매시의 눈으로 보면, "장소는 서로 다른 삶의 궤적들(trajectories)이 접촉하고 교차하는 마디들(nodes)이다."[49]

이 지점에서 우리는 과학도 인간을 탐구한다는 사실을 강조할 필요가 있다.

---

47 W, V, O, Quine, *Ontological Relativity and other Essays,* New York, 1969, pp.50~51.

48 D. Massey, 앞의 책, 34쪽.

49 D. Massey, 『공간을 위하여』, 박영환 역, 심산, 2016, 285~297쪽.

실제로 인간의 올바른 이해를 위해서 과학적 바탕이 필요함은 자명하다. 그리고 과학도 인간의 활동으로서 자연을 이해하고 해석할 뿐만 아니라, 심지어 조작하기도 한다. 과학이론도 철학처럼 개념에 대한 논쟁을 수행한다. "과학 이론의 변화와 과학이론에 관한 논쟁은 종종 경험적 지지에 관한 질문보다는 개념적 쟁점에 달려 있다."[50] 호킹(S.W. Hawking)에 의하면, 우리는 그저 아주 평범한 별에 사는 진화한 원숭이에 불과하지만 우주를 관찰하고 이해하기에 인류가 특별한 것이라고 한다. 그것은 말하자면 관찰하고 이해한 것을 인간의 언어를 통해 '설명하고 해석하는 능력'이다. 우리는 이런 설명과 해석을 통하여 어떤 스토리를 만들고, 나아가 그것에 기초해서 역사와 문명을 창조할 수 있는 것이다.

현대의 수학적 공간인식도 계속 확장되고 있다. 특히 프랙털(fractal) 구조는 쥘리아(G.M. Julia)가 특별한 복소수열(complex sequence)이 수렴하는 집합에서 생겼다. "오늘날 구불구불한 해안조차도 프랙털 수학으로 파악되고 있다. 세계의 수학적 구조가 끝없이 넓은 지평으로 확대되면서 밝혀지고 있는 것이다. 형상철학은 그것이 함축하는 초월철학적 그림자만 제거한다면, 지금도 여전히 핵심적인 사유 요소인 것이다. 덮어놓고 공간적-수학적-논리적 사유를 비판하는 것은 현대철학에 다소간 피상적인 눈길에서 비롯된다."[51] 자연 속에서 예컨대, 해안선, 눈송이, 번개, 나뭇가지 등에서 자기 유사성과 한없이 반복되는 순환성을 가진 프랙털 구조가 발견되지만, 바위, 모래, 물결, 구름 등에서는 그런 구조가 발견되지 않는다는 것이다. 따라서 어떤 구조나 법칙성도 어떤 조건과 제한된 범위 속에서 나타나는 것이다.

이상에서 살펴본 대로, 현대과학과 해석학은 친연성이 있음을 확인할 수 있다. 양자의 소통과 만남을 통해 사태의 본연과 구조가 더 잘 밝혀질 수 있을 것

---

50 I. Lauden, "A problem solving approach to scientific progress", I. Hacking(ed.), *Scientific Revolutions*, Oxford, 1981, p.144 이하.

51 이정우, 앞의 책, 186쪽.

이다. 이런 점에서 공간 연구에서도 보다 나은 공간 인식과 공간 이해를 위해 다학제적 융합 연구가 요청된다. 이러한 요구를 충족시키기 위한 연구가 바로 공간해석학이 될 것이다.

3. 공간해석학 연구의 방법

현대의 해석학이 학문으로 보편화될 수 있었던 것은 슐라이어마허, 딜타이(W. Dilthey), 하이데거(M. Heidegger), 리쾨르, 하버마스, 아펠(K.-O. Apel), 투겐트하트(E. Tugendhat), 바티모(G. Vattimo)의 역할이 크다. 잘 알려진 바대로, 현대 해석학은 현대 철학과 사회·문화이론 그리고 문학비평 및 미학에 광범위한 영향을 미치고 있다.

공간해석학에서 핵심 키워드는 공간과 해석이다. 해석의 어원인 헤르메스(Hermes)의 역할은 번역, 매개, 전달(소통), 설명, 해석이다. 따라서 해석함(hermeneuein, ἑρμηνεύειν)은 인식, 이해, 설명, 설득을 수반한다. 그것의 라틴어 번역어인 '에나로(enarro)'는 '충분히 말해주다', '자세히 설명하다', '해설하다', '풀어서 이야기하다'를 의미한다.[52] 여기서 중요한 것은 전달해야 할 메시지는 하나인데, 해석자에 따라 여러 가지로 설명될 수 있다는 것이 문제이다. 한 시대에 통용되는 다양한 앎을 비판적으로 검토하고서 그 내용을 심층적으로 재구성함으로써 바른 삶을 위한 지혜를 제공하는 것이 철학 본연의 자세이다. 따라서 현대철학이 추구해야 할 가장 중요한 과제는 바로 이러한 융합적 관념의 틀을 마련하고, 이를 바탕으로 현대과학의 성과를 심층적으로 재구성해내는 작업이라 할 수 있다. 그런데도 한편으로는 현대의 과학과 철학은 실질적으로

---

52 최재천, 「모든 학문의 길은 생물학으로 통한다」, 김광웅 편, 『우리는 미래에 무엇을 공부할 것인가 : 창조사회의 학문과 대학』, 생각의나무, 2009. 생물학자인 최재천은 인간만의 고유한 특징으로서 '설명'의 능력을 강조하면서, "나는 설명한다. 그러므로 존재한다"라는 명제를 제시한다(170쪽).

그 내적 연계를 상실하고서 각자 별도의 길을 걷고 있는 것이 오늘의 실정이다.[53] 현대 초기의 해석학은 우선 근대의 영국의 경험론과 프랑스의 계몽주의 유물론이 연원하는 실증주의와 대척점에 놓여 있다. 그러나 현대의 신실증주의와 분석철학에서도 해석학과의 새로운 만남을 시도한다. "과학의 해석학적 차원의 회복은 철학적 해석학 자체, 특히 가다머가 완성시킨 철학적 해석학과의 만남으로 인도한다."[54]

여기서는 리쾨르의 해석학을 연구를 위한 핵심 도구로 삼고, 하이데거와 가다머의 해석학을 참조하면서 공간해석학을 논구하고자 한다. 이 논의에서는 현대 해석학의 세 거장인 리쾨르, 가다머, 하이데거의 입장들의 공통점과 차이점을 병치시키고자 한다. "이해의 과정에서 차이성을 이해하는 것도 하나의 이해이며, 차이성을 이해한다는 것은 이미 자기와 다른 것, 차이성, 해석학적 거리를 부분적으로 돌파하여 차이성이 지시하는 실재에 참여하는 것을 의미한다."[55]

무엇보다 리쾨르의 해석학은 하이데거와 가다머에게 빚지고 있으며, 하이데거 이후의 해석학의 계보를 잇는다. 그들과의 차이를 통해 자신의 통합적 해석학을 제시했음에도 불구하고, 리쾨르의 해석학은 하이데거의 존재론적 해석학과 가다머의 철학적 해석학의 자장(磁場) 안에서 가능한 것이었고 그것을 넘어서는 것이다. "나의 관점은 하이데거, 가브리엘 마르셀, 가다머의 영향을 받으면서 이러한 주관적 관념론으로부터 끊임없이 멀어져왔다."[56] 리쾨르는 인식론적 해석학으로부터 존재론적 해석학에로의 전환의 노선에 동의한다. 정신과학의 기반이 되는 해석학의 존재론적 전제를 중시한다. 존재론적 해석학에서는 "우리가 어떻게 아는가?"라고 질문하는 대신에, "이해하면서 존

---

53 한국철학회 편, 『현대과학과 철학의 대화』, 한울아카데미, 2021, 21쪽 이하.

54 R. J. Bernstein, 앞의 책, 322쪽.

55 김경재, 『해석학과 종교신학』, 한국신학연구소, 1994, 75쪽 이하.

56 P. Ricœur, *TA*, 281쪽.

재하는 이 존재 양태는 무엇인가?"[57]라는 질문이 선행되어야 한다. 리쾨르의 해석학은 모든 이해의 방법들을 포용하면서 하이데거와 가다머의 존재론도 전유한다. 그러나 전자의 해석학은 하이데거와 가다머에게 머무르지 않고, 더욱 넓은 차원으로 확장되며, 인문사회과학적 지평과의 적극적인 대화와 융합을 시도한다. 리쾨르의 해석학은 세분하자면, 하이데거의 실존론적·존재론적 해석학 및 가다머의 철학적 해석학과 구분하여 일반적으로 '방법론적 관념론'과 '구성적 관념론' 그리고 '주관-객관-상관관계 해석학'이라 칭해진다.

또한 리쾨르에 의하면, 현상학도 해석학적 전제를 가지고 있다. 그는 현상학적 해석학의 전제가 현상학이 자신의 방법을 해석(Auslegung), 주석(exégèse), 명료화(explicaton), 해석(interprétation)하는 것임을 인정한다.[58] 리쾨르는 현상학이 선입견 없는 주관의 반성 위에 과학성을 정초하고자 하는 관념론적인 면모를 지닌다는 사실만으로 현상학과 해석학이 대립할 필요는 없다고 주장한다. 그는 현상학을 바탕으로 해석학을 정당화하고자 하는 시도는 불가능하더라도, 해석학을 바탕으로 현상학을 갱신하고자 하는 시도는 가능하다는 입장을 취한다. 소위 '해석학적 현상학'이라고 일컬어지는 입장은 선입견에 의존한 상태에서 이루어지는 '해석'으로부터 시작하여 초월론적 자아를 탐구하는 과정으로 나아가고자 한다. 우주 상징·꿈의 상징·시의 상징 같은 우리 자신에 대한 다양한 해석들은 우리 자신이 누구인지에 대한 기술을 가능하게 하는 조건이라는 것이다. "현상학은 해석학이 넘어설 수 없는 해석학의 전제로 남아 있다. 다른 한편으로, 현상학은 '해석학적 전제' 없이 스스로 성립될 수 없다."[59] 이런 점에서 현상학과 해석학의 비교 연구[60]는 필요하다.

그러나 리쾨르는 후설의 현상학과 존재론적 해석학을 계승하면서도 독자적

---

57 위의 책, 97쪽.
58 위의 책, 65쪽.
59 P. Ricœur, *TA*, 36쪽, *HH*, 18쪽.
60 이남인, 『현상학과 해석학 : 후설의 초월론적 현상학과 하이데거의 해석학적 현상학』, 서울대학교 출판문화원, 2022, 참조.

이고 융합적이며 통합적인 해석학 담론을 펼친다. 리쾨르는 동시대 철학자들과는 사뭇 다른 지적 행보를 걸었던 '대화의 철학자' 내지 '소통의 해석학자'로서 수많은 타자와 치열하게 대화한다. 실재하는 것들에 대한 반성을 요구하는 '반성철학(Philosophie réflexive)'에서 시작하여, 그것을 확장하여 정신현상학, 종교현상학, 성서해석학, 언어학적 구조주의, 분석철학의 의미론, 정신분석학, 이데올로기 비판, 역사학, 사회학과의 생산적인 대화를 통한 넓은 사유의 폭을 보여준다. 그러한 대화를 통해 그는 앎을 행동으로 이끄는 실천적 지혜의 길을 모색한다. "그는 자신의 철학의 체계적인 구성을 포기하고, 여러 학문들의 특징을 분석하고 해석하면서 해석들의 정합성을 발견하려고 시도한 해석학적 편력의 철학자라 할 수 있다."[61]

우리의 논의와 관련하여 중요한 지점은 다음과 같다. "리쾨르가 해석학적 전통에서 전해 내려오던 자연과학의 방법론인 '설명'과 인문과학의 방식인 '이해' 사이의 구별을 철폐하고, 객관적인 설명과 주관적인 이해가 서로 대립적인 것이 아니라, 상호 보완적인 관계에 있다는 확고한 입장을 견지한다."[62] 그는 자기 해석의 긴 경로를 수용하는 해석학적 현상학, 즉 이러한 다중적이고 상충되는 해석에 대한 해석학적 고려를 통과함으로써 매개되는 '해석학적 현상학' 혹은 '현상학적 해석학'을 제안한다. 또한 리쾨르의 해석학의 논리는 '설명과 이해의 변증법'과 '전유와 거리두기의 변증법' 그리고 '사건(event, événement)과 의미(meaning, le sens)의 변증법'과 '과학과 이데올로기의 변증법'이다. 이러한 리쾨르의 논리를 원용하여 공간의 해석학은 공간 이론들 사이의 대화 가능성과 융합성을 밝혀보고자 한다. "리쾨르의 해석학적 사유를 통해서, 계몽주의적 차원에서 과학적 지식이나 합리성을 고양하는 권위주의적 과학문화가 아니라, 오히려 과학기술을 인간화하고 동시에 이야기할 수 있는 새로운 과학문화의 가능성을 발견하게 된다. 그 속에서 비로소 과학기술이 독주를 멈추고,

---

61 P. Ricœur, *TA*, 435쪽(역해).
62 김선하, 앞의 글, 166쪽.

다양한 계층의 많은 '자기'들의 이야기와 합주를 이룰 수 있는 무대가 마련될 것이고 융합을 지향할 것이다."[63]

정통적인 해석학자인 그롱댕(J. Grondin)은 리쾨르에 대해 '윤리학 없는 해석학은 공허하고 해석학 없는 윤리학은 맹목이라는 점'을 일깨우며 해석학의 실천적 의의를 추구했던 학자라고 평가한다. 철학적 해석학자인 그라이쉬(J. Greisch)는 리쾨르의 철학적 해석학에서 특기할 만한 것은 해석에 관한 여타의 학문들이 단순한 백과사전이나 방법론만을 가진 것과는 달리, 해석학적인 문제에 철학적 차원을 부여하고 해석의 일반 이론을 개념화하고자 노력한다는 점이다.[64] 이런 점에서 리쾨르의 통합적 해석학은 과학을 품을 뿐만 아니라, 전통과 현대의 이질적인 문화에 기초하고 있는 다른 공간론과의 소통을 가능케 한다. 리쾨르는 전통과 해석의 관계를 다음과 같이 요약한다. 즉 "전통은 해석의 은혜로 산다. 해석 덕분에 전통은 이어지고 살아 있게 된다."[65]

특히 리쾨르의 해석학은 여러 가지 학문을 종합하는 모습으로 나타난다. 그는 철저하게 해석학을 철학 작업으로 이해하면서 현상학에서 출발하였지만, 정신분석학을 받아들여서 의미 해석 갈등을 푸는 해석학으로 발전시킨다. 리쾨르는 프로이트(S. Freud)의 작업을 충동의 에너지론에서 의미의 해석으로 전유하면서 정신 분석을 해석학의 영역으로 끌어들인다.[66] 그는 단순히 이론들을 절충하지 않고 종합하는 것은 철학이 해야 할 가장 중요한 작업으로 간주한다. 따라서 의식철학을 수정하는 이론들을 종합하면서 해석의 편재성·매개성·소통성을 중시한다. '자기 이해'의 목표를 향해서 가는 철학함의 길에 여러 가지 인간 이해가 끼어든다. 그래서 거기에 구조주의도 들어오고, 프로

63 위의 글, 181쪽.

64 J. Greisch, "Paul Ricoeur", Denis Huisman(ed.), *Dictionnaire des Philosophes*, Paris 2009, pp.2454~2458.

65 P. Ricœur, 『해석의 갈등(*Le Conflit des interprétations*)』, 양명수 역, 한길사, 2012(이하 *CI*), 53쪽.

66 P. Ricœur, 『해석에 대하여 : 프로이트에 관한 시론(*De l'interprétation: Essai sur Freud*)』, 김동규·박준영 역, 인간사랑, 2013, 참조.

이트의 정신분석학, 성서해석학, 현상학과 접목된 해석학, 상징해석학이 거론된다. 또한 칸트의 변증론과 종교론이 중요하고, 헤겔(G.W.F. Hegel)의 정신현상학, 후설의 현상학도 해석학 안에서 제자리를 찾는다. 물론 그는 칸트에 의거해 헤겔의 관념론적이고 목적론적인 역사를 비판한다. 그리고 '과학과 이데올로기의 변증법'[67]을 다루면서, 양자를 분리시키지 않고 가까이 가는 것이 필요함을 역설한다.

저자는 리쾨르의 입장에 동의하면서 일체의 과학적 · 철학적 공간론 모두를 여러 차원에서 행해지는 일종의 해석학으로 간주한다. 공간해석학에서는 비합리주의와 광신에 문을 열어주는 '무한한 해석의 놀이'[68]를 추수(追隨)하지 않는다. 따라서 여기서는 해석의 다양성을 인정하면서도 해석의 오류 및 이해의 오류, 즉 잘못된 이해, 오해, 몰이해, 잘못된 편견을 넘어서고 수정하면서 공간 해석의 정당화를 위해서 전제해야 하는 원칙과 충족해야 하는 조건을 숙고하고자 한다.

이제 리쾨르의 해석학을 좀 더 깊이 이해하기 위해서는 그에게 결정적인 영향을 미친 가다머의 철학적 해석학과 하이데거의 존재론적 해석학의 고유성, 말하자면 다른 근대 학문과의 충돌된 지점을 매개로 하여 공간해석학의 고유성을 살펴보기로 한다. 가다머와 하이데거의 해석학은 우선 과학주의, 실증주의, 논리실증주의, 객관주의 및 토대주의에 대해 비판적이다. 두 사람은 당대의 주류 학문인 신칸트주의 · 신헤겔주의 · 지식사회학과 거리를 둔다. 그러나 둘의 비판의 목표가 되는 것은 과학이 아니라 과학주의이다.

플라톤, 아리스토텔레스, 헤겔, 딜타이, 키르케고르, 후설, 하이데거의 영향을 받은 가다머는 하이데거의 '존재론적 해석학'을 '철학적 해석학'으로 계승한다. "이해라는 것은 현존재의 근원적인 실현 형식, 세계-내-존재(In-der Welt-sein)이다. 물론 이해라는 것은 실용적 목적이나 이론적 관심 여하에 따라 다

---

67 P. Ricœur, *HH*, 428~432쪽.
68 R. J. Bernstein, 앞의 책, 19쪽.

양한 방향으로 분화될 수도 있지만, 설령 그렇다 하더라도 이해가 존재의 능력 내지 가능성인 한에는 이해는 현존재의 존재 방식이다."[69] 그리고 "현존재의 구조가 피투되는 기투(geworfener Entwurf)라는 것, 현존재가 스스로의 존재를 실현하는 방식이 곧 이해하는 것, 이것은 정신과학에서 이루어지는 이해의 전 과정에도 해당한다."[70]

가다머는 근대적 의식에 대한 독특한 허위와 과학적 방법의 맹목적 숭배, 그리고 과학의 익명적 권위에 대한 비판과 아울러 우리의 역사적 상황 밖에 위치하는 아르키메데스 점을 찾는 데 대한 비판을 가한다. "이와 같이 정신과학은 자연과학과는 전혀 다른 학문성과 그 기원을 가지고 있다. 인문주의적 전통과의 단절이 결국 정신과학 내부에서조차 방법론에 집착하는 것으로 이어졌다면, 정신과학에서 중요한 것은 '진리 요구의 정당화'라는 과제를 위해 이러한 인문주의 전통을 다시금 회복하는 것이다. 이른바 '영향사적 의식' 안에서 성취되는 지평 융합을 통해 전통과의 연계성을 확보하면서 방법으로는 도달할 수 없는 진리의 영역을 복원시키려 한다."[71] 따라서 그는 해석학의 방법론보다는 인간의 세계 경험 내지 해석학적 경험을 중시한다.

가다머는 오해와 잘못된 이해가 해석의 조건임을 명시한다. "오해가 있는 곳에 해석이 있다."[72] 오해는 얼마든지 일어날 수 있으며, 심지어 피할 수 없는 것이기도 하다. "해석학이란 잘못된 이해를 피하는 기술이다." 또한 "잘못된

---

69 H.-G. Gadamer, *WM 2*, 128쪽.

69 H.-G. Gadamer, *WM 2*, 128쪽.

70 위의 책, 134쪽.

71 정연재, 「철학적 해석학과 개념사」, 『개념과 소통』 no.9, 한림대학교 한림과학원, 2012, 110쪽.

72 F. Schleiermacher, *Hermeneutik*, M. Kimmerlé(ed.), Heideglberg, 1959, pp.15~16. P. Ricoeur, *TA*, "가다머 이전에 해석학을 오해 개념과 연결시킨 사람은 슐라이어마허이다. 오해가 있는 곳에 해석학이 있다. 그러나 오해에 선행하고 오해를 포함하는 이해가 대화의 모델이 되는 질문과 대답이라는 운동에 의하며 오해를 이해와 재결합시킬 수 있는 방법이 있다는 확신과 신뢰가 있기 때문에, 해석학이 존재한다. 오해는 이해와 동질적이며 이해와 같은 종이라고 할 수 있다."(367쪽)

이해는 당연히 생겨나기 마련이므로 이해는 철두철미하게 의식적으로 추구되어야 한다"[73] 가다머에 의하면, "슐라이어마허의 보편적 해석학의 이념은 낯섦의 경험과 오해의 가능성이 보편적이라는 생각에 바탕을 둔 것이다."[74] 그에게 슐라이어마허의 해석학은 진리 탐구에 봉사하는 기능을 가지며 객관적 사태를 탐구하는 영역에 속한다.

일찍이 칸트는 기하학을 "공간의 성질들을 종합적이면서 선천적으로 규정하는 학문"[75]이라고 정의한다. 이에 반해, 가다머는 공간의 학문인 기하학의 공리들은 종합적 선험적 직관도 아니고, 더욱이 실험적 사실도 아니라고 한다. 그것들은 한갓 언어 사용에 의한 규약일 뿐이다. "기하학은 우리가 만들어내는 형상이 어떤 용도로 사용되는지에 좌우된다. 하지만 기하학에서는 '원(圓)'은 원 자체를 의미한다."[76] 가다머의 비판에 의하면, "유클리드 기하학의 공리는 논리 체계를 모범으로 하는 학술적 독백이고, 또한 이론 체계에 대한 추상화 작업이다."[77] 그는 기하학의 다양한 모습을 부여하는 이름을 플라톤 대화편 '제7서한'에서 '원'의 예시와 아인슈타인의 '일반상대성이론'에서 찾는다. 여기서 가다머는 문제를 제기한다. "유클리드의 진리란 자명한 이성을 담고 있기에 이와 같은 인식의 역사적 기원에 어떤 '질문'도 던지지 않았다."[78] 무엇보다 결론이 성립하기 위해서는 먼저 의문 제기가 필요하다. 가다머에 의하면, 기하학의 증명은 논리의 추론이 아니라 그림이다. "유클리드 기하학이 시각화될 수 있다는 이유에서 특수한 것이라 할지라도 우리가 사는 실제의 모습은 아니다. 유클리드 공리에서 나오는 '직선'의 정의는 시각적 직관의 이미지,

---

73 위의 책, p.30.
74 H.-G. Gadamer, *WM 2*, 20쪽.
75 I. Kant, *KrV 1*, B40, 246쪽.
76 H.-G. Gadamer, *Griechische Philosophie II*, Tübingen, 1985(Band. 6), p.97.
77 임연정, 「유클리드 기하학과 플라톤 기하학을 구분짓는 증명으로서의 '질문'에 대한 가다머의 해석」, 『감성연구』 23권, 전남대학교 호남학연구원, 2021, 37쪽.
78 H.-G. Gadamer, *WM*, p.123.

즉 지성의 습관 때문에 생긴 이미지이다."[79] 그리고 "가다머에게 기하학은 '지평 융합'의 계기로서 자신의 경계선을 넘어 새로운 질문으로 이어진다. 이는 의문을 배제한 '닫힌 지평'이 아니다. 이것은 서로에게 끊임없는 질문과 대답을 통해 세계에 대한 가능성으로 나타난다는 것이 가다머의 입장이다."[80]

하이데거는 근대의 '주체 형이상학'을 '존재역사(Seindgeschichte)'의 퇴락 현상으로 보고, 그것을 변형극복(Verwindung)하고자 한다. 현대철학 내부에서 모든 현상을 '선험적 주관성'에로 환원시키려 했던 후설과는 달리, 하이데거는 현존재의 현사실성(Faktizität)을 보다 더 근원적인 사태 자체로 이해한다. 이를 통해 그는 '인식론적 해석학'에서 벗어나 '존재론적 해석학'으로 전환을 시도한다. "하이데거는 더 이상 근거를 규명할 수도 없고 다른 근거에서 파생한 결과물이 될 수도 없는 현존재의 현사실성 내지 실존이 현상학적 문제 제기의 존재론적 기반이 되어야 하며, 전형적 보편성의 본질적 특성을 가리키는 코기토(cogito), 즉 순수 사유가 그 기반이 될 수는 없다고 본다."[81]

하이데거의 해석학은 자연과학의 설명과 대비되는 정신과학의 방법이 아니라, 존재자의 존재를 은폐로부터 벗겨내는 '근원적인 해석학'이다. 그는 해석학적 방법이 자신의 존재 물음에 가장 적절하게 적용된다고 본다. 인식론적 이해는 대개 형이상학보다 앞선 것이지만, 하이데거는 그러한 이해를 '파생적인 이해'로 간주한다. 전기 하이데거는 해석학을 현존재인 인간이 지닌 '염려(Sorge)'의 구조를 파악하는 작업이라 규정한다. 그의 존재 물음이 인간의 의미를 찾게 해준다. 그 의미는 해석으로 구성된다. 따라서 그의 해석학의 과제는 이 존재자를 그의 존재의 근본 구조 위에서 해석하는 일이다.[82] 그의 해석학은 현상학의 근본 정신과 상통한다. "문제가 되는 것은 비판으로서의 비판이 아

---

79 임연정, 앞의 글, 44쪽.

80 H. G. Gadamer, *WM*, p.270.

81 H.-G. Gadamer, *WM 2*, 121쪽.

82 M. Heidegger, *Sein und Zeit*, Tübingen, 1979, p.38.

니라, 사태를 들추어내고 이해를 끌어내는 작업으로서의 비판이다."[83]

하이데거의 새로운 이해(Verstehen) 개념은 '실존 범주(Existezial)'로서 규정되고. 그것은 무엇인가에 정통함 내지 익숙함을 의미한다. 이러한 이해는 현존재의 인식 능력이 아닌 존재 방식으로서 객관적으로 주제화되지 않는다. 현존재가 존재자에 대한 구체적인 해석을 할 때, 그 존재자의 존재 가능성을 세계의 지평 안에서 선행적으로 이해해야 하며, 그렇지 않을 경우 현존재는 그 존재자를 바로 그 존재자로서 해석할 수 없다. 그는 선이해(Vorverständnis), 즉 '이해의 선구조(Vorstruktur des Verstehens)'를 밝힘으로써 주체와 대상을 이분법적으로 분리한 근대적 인식론적 구조로는 사태의 근원적 이해에 도달할 수 없음을 분명히 밝힌다.

이런 하이데거의 존재론적 해석학의 관점에서 근대 형이상학에서는 '공간의 본질'이 망각되어 있는바, 이는 '존재 사유'를 통해 극복될 수 있다고 확언한다. 그에 따르면, 근대의 과학적 공간은 실재의 기반이 되는 공간이 아니라, 여러 단계의 추상화 과정을 통해 형성된 구성물이다. 따라서 표상에 의한 대상의 파악은 시간의 본질과 공간의 본질에 대해서는 제대로 알 수가 없다. 갈릴레이(G. Galilei)에 의하면, 양으로 잴 수 있는 것은 양을 재야 하며, 양으로 잴 수 없는 것은 잴 수 있도록 만들어야 한다. 하이데거는 양적이며 연장성을 갖는 기하학적으로 측정 가능한 공간보다도 우리가 생활하고 거주하는 '삶의 권역(Gegend, 方域)'에 관심을 가진다.

이상의 논의를 요약하자면, '공간의 해석학'은 리쾨르의 현상학적 해석학을 모델로 삼아 기존의 공간철학을 재해석하고, 나아가 다양한 공간 해석들에 대한 융합적인 이론을 정립하는 것이다. 이는 기존의 공간론들의 갈등들을 변증법적으로 종합해나가는 것이다. 예컨대, 공간 연구에 대한 실증주의적 방법까지도 배제하지 않고 하나의 해석 방법으로 포괄하면서 그것을 지양시켜나

---

83 M. Heidegger, *Prolegomena zur Geschichte des Zeitbegriffs*(Summer semester 1925), P. Jäger(ed.), Frankfurt a.M., 1994.(GA. 20), pp.167~168.

가는 것이다. 그것은 새로운 해석의 가능성에 대한 지평을 열고, 공간을 좀 더 풍요롭고 다양하게 해석할 수 있는 장으로 이끌어준다는 데에 그 의의가 있다.

제2장

공간해석학 연구의 배경

공간철학은 어느 시대나 공간에 대한 일시적인 착상(Einfälle)이나 통속적인 개념(Volksbegriffe)에 대해 물음을 제기한다. 철학에서 배태된 과학도 철학적 질문을 공유함을 부정할 수 없다. 아리스토텔레스는 공간의 존재를 확실한 사실로 받아들인다 해도, 그것이 무엇인가라고 하는 질문은 어렵다고 본다. 그것은 크기는 있어도 지각가능한 몸체 자체는 없다. 그래서 '개체들 안에서 공간은 무엇의 원인인가'를 묻는다. 그는 인과관계의 4가지 모드(mode) 중 어느 것도 공간으로부터 기인할 수 없다고 본다. 즉 "① 물질적 원인이 아니고(아무것도 그것으로부터 만들어지지 않기 때문에), ② 개체의 형태와 정의라는 의미에서 원인도 아니고, ③ 어떤 것의 목적도 아니며, ④ 변화의 원인도 아니다. ⑤ 공간자체가 존재 물음이라면 그건 어딘가에 있어야 한다."[1]

과학과 해석학의 문제를 연구한 번스타인(R.J. Berstein)은 제임스(W. James)의 절대주의 비판에 동조하면서 인식과 이해의 오류 가능성을 인정한다. "우리 시대의 지배적인 풍토는 오류가능성을 인정하는 것이다.(…) 완전히 새로운 과학을 발견했다고 주장하며 선험적 주관성의 구조에 대해 필연적 인식에 도달

---

1   Aristoteles, *Physik, Vorlesungen über die Natur*. H. G. Zerkl(hrsg.), Hamburg, 1986, 209a20-209a25.

할 수 있다고 믿었던 후설 같은 철학자도 선험적 현상학이 개방적이고 역동적이며 협동적이고 오류 가능일 수 있는 여러 방식들을 강조하고 있다. 그러므로 절대주의는 더 이상 살아남을 수 있는 선택의 여지가 없는 것이다."[2] 포퍼도 합리성은 방법에 있다고 주장하면서 우리의 모든 지식은 오류 가능(falliable)하다는 입장을 취한다. 그리고 해석학은 그 의미 자체가 모호한 일반성으로 용해되어 의미가 없고 천박한 상대주의에 결합될 위험이 있을 수 있다는 것이다.

이에 반해 해석학의 한계를 다른 차원에서 노정시킨 바티모(G. Vattimo)의 비판적 입장도 참조해야 할 지점이 있다. 그에 의하면, 해석학은 이해의 과정에 대한 메타이론을 성립시키고자 하지 않는다. 오히려 그는 『해석을 넘어서(Beyond Interpretation: The Meaning of Hermeneutics for Philosophy)』에서 해석학은 계속되는 해석의 역사 속에서 '이해', '진리', '경험', '세계'에 대한 전통적인 편견을 없애는 새로운 해석을 제시해야 한다고 주장한다. 들뢰즈(G. Deleuze)도 철학사 연구의 시기에 해석과 설명의 중요성을 강조하면서 "사유함이란 언제나 해석함이다. 다시 말해 한 기호를 설명하고 전개하고 해석하고 번역하는 것이다."[3]

들뢰즈가 제시하는 해석의 아포리아(aporia)의 극복은 존재론과 인식론 가운데 있다. "해석학의 아포리아에 대한 고찰은 해석의 문제가 보편성과 개별성, 그리고 객관성과 주관성 중 양자택일의 문제가 아니라, 두 차원을 변증법적으로 지양해야 한다는 것을 보여준다."[4] 이런 점에서 리쾨르가 해석학에서 상대적 우월성의 범주를 강조하는 것은 설득력이 있다.

---

2   R.J. Bernstein, 『객관주의와 상대주의를 넘어서 : 과학과 해석학 그리고 실천(Beyond Objectivism and Relatvism: Science, Hermeneutics, Praxis)』, 황설중 역, 철학과현실사, 2017, 32쪽.

3   G. Deleuze, 『프루스트와 기호들』, 이충민 역, 민음사, 2004, 145쪽.

4   이윤미, 「해석학의 흐름에서 본 갈등과 소통의 가능성」, 『현대유럽철학 연구』 제64집, 한국하이데거학회, 2022, 153쪽.

하나의 해석은 개연성을 가져야 할 뿐만 아니라, 다른 해석보다 더 많은 개연성을 가져야 한다. 해석들 간의 갈등을 해결하는 상대적 우월성의 범주는 존재하며, 그 범주는 주관적 개연성의 논리에서 쉽게 도출될 수 있다. (…) 만일 하나의 텍스트가 얼마든지 다양한 방식으로 추론될 수 있다는 것이 참이라면, 모든 해석이 동등하다는 것은 참이 아니다. 텍스트는 가능한 구성들의 제한된 장을 제시한다. 확인의 논리는 우리가 독단주의와 회의주의의 두 극단 사이에서 오락가락하는 것을 허용한다. 하나의 해석을 옹호하거나 거부하는 것은 얼마든지 가능하다. 또 해석들을 대면하고, 그것들을 중재하고, 합의를 추구하는 것도 얼마든지 가능하다.[5]

이러한 현대철학의 동향과 쟁점 속에서 철학적 공간론은 해석학과의 만남이 요구된다. 그러면 이제 어떠한 배경적 특징들이 공간해석학 연구를 어떻게 추동(推動)하고 있는지를 살펴보고자 한다.

1. '시간'으로부터 '공간'에로의 전회

철학사적으로 '공간'은 근대로부터 20세기 전반부까지 '시간'에 비해 상대적으로 주목을 덜 받아왔다. 특히 시간 개념에 기초를 둔 근대의 진보이념, 역사철학, 유토피아주의, 역사적 유물론, 창조와 생성의 형이상학 등에서 논의된 시간담론이 당대의 공간 담론에 비해 주도적 지위를 가졌던 것이다. 19세기의 역사주의는 시간의 해석적 맥락 속에서 역사적 상상력을 통해 사회 내지 사회적 존재를 인식하고자 한다. 역사주의는 시간의 축과 독립된 개인적 자아의 축, 그리고 인과율적 법칙의 축을 중심으로 전개된다. 이 역사주의에서는 역사와 과학을 동일시한다. 따라서 이런 역사주의는 시간과 시간성에 특권적인

---

5   P. Ricœur, 『해석이론 : 담화 그리고 의미의 과잉(*Interpretation Theory: Discourse and the Surplus of Meaning*)』, 김윤성 역, 서광사, 1998(이하 *IT*), 135쪽 이하.

위치를 부여하는 반면, 공간이나 공간성은 평가절하하거나 그것들에 대해서 침묵한다. 대표적으로 헤겔의 역사철학에서 이런 현상을 엿볼 수 있다. "헤겔은 전통적인 공간 위주의 사유를 시간 위주로 바꾸어 '변증법'에 새로운 의미를 부여하고, 수학 중심이 아닌 역사 중심의 사유를 전개했다."[6]

하이데거의 『존재와 시간』이나 베르그손(H. Bergson)의 『창조적 진화』, 또는 바디우(A. Badiou)의 『존재와 사건』 같은 저서들도 한결같이 시간의 문제를 철학의 중심에 두고 있다. 특히 '순수 지속(durée)'으로서의 시간을 강조한 베르그손은 자신의 철학을 한마디로 "시간은 존재하고, 그것은 공간에 속하는 것이 아니다"라고 단언한다. 말하자면 시간이 존재할 뿐 아니라, 그것이 공간과 구별된다고 덧붙인다.[7] 그러나 화이트헤드(A.N. Whitehead)는 『과정과 실재』에서 공간을 가정상 열등하고 제한된 상태로 간주하는 19세기의 공간론에 대해 비판적인 입장을 전개한다.

또한 후기구조주의적 시각에서 공간 담론을 철학적 사유의 중심으로 가져왔던 푸코(M. Foucault)는 다음과 같이 지적한다. "베르그손부터였던가, 그 전부터였던가? 공간은 죽은 것으로, 고정된 것으로, 변증법이 아닌 것으로, 부동적인 것으로 인식하며, 이와 반대로, 시간은 풍요한 것으로, 비옥한 것으로, 생명력 있는 것으로, 변증법적인 것으로 인식한다."[8] 그리고 푸코는 현시대를 '공간의 시대'로 규정한다. "현시대는 무엇보다도 공간의 시대일 것이다. 우리는 동시성의 시대에 살고 있다. 우리는 병치(竝置)의 시대, 가깝고도 먼 시대, 나란히 서 있는 시대, 흩어져 있는 시대에 살고 있다. 우리는 시간을 통해 전개되는 오랜 삶의 경험보다는 각 지점들이 서로 연결되도 서로 얽혀 교차하는

---

6   이정우, 『사건의 철학 : 삶, 죽음, 운명』, 그린비, 2002, 22쪽.

7   안호영, 「공간은 어떻게 인식되는가?—철학과 과학에서 본 공간」, 『새한영어영문학회 학술발표회 논문집』, 새한영어영문학회, 2007, 15쪽.

8   M. Foucault, "Questions on geography", C. Godon(ed.), *Power/Knowledge: selected interviews and other writings, 1972~1977*, London, 1980, p.70.

네트워크를 경험하는 세상에 처해 있다고 나는 믿는다."[9]

바야흐로 20세기 후반기에 철학담론에서 '공간의 시대'가 시작된다. 현대는 시간보다는 공간서사 중심시대로 접어든다. 공간은 구조주의와 탈근대주의 그리고 탈역사주의에서 논의의 핵심 주제로 다루어지고 있다. 실재의 제 1범주로서의 공간은 과학적 세계상에서도 가장 기초적인 범주이다. "20세기 말부터 공간은 여러 학문에서 다시 주목받게 된다. (…) 철학에서도 역사주의적 근대에 대한 반성 혹은 해체의 과정에서 공간은 직접적으로 혹은 은유적으로 부각되고 있다."[10]

잘 알려져 있듯이, 구조주의는 서사 대신 구조를, 통시성 대신에 공시성을, 시간 보다는 공간을 강조한다. 구조주의 사유는 기본적으로 공간의 사유이고, 구조라는 말 자체가 이미 공간적 개념이다. 물론 이 때 공간이란 물리적 공간이 아니라, 오히려 법칙적 · 논리적 공간을 의미한다. 구조주의의 기본 단위는 논리적 요소이다. 이 논리적 요소들이 계열을 형성하고, 이 계열들이 일정한 장을 형성한다. 바로 이 논리적 장인 법칙 · 이론 · 구조가 문화적 선험적 조건으로 작동한다. 따라서 현실은 구조의 표현이기에 구조주의는 철저하게 '공간적 사유'를 구사한다. 구조주의에서 중요한 것은 어떤 요소의 실질적 성질들이 아니라, 그것의 위치와 자리인 것이다. 요소들은 장 전체에서 그것들이 차지하는 위치에 따라 의미를 가지게 된다.[11] 구조주의를 요약하자면, 첫째, 이 세계를 합리적으로 사유하는 것, 둘째, 장개념에 입각해 사유하는 것, 셋째, 공간성을 중시하는 사유이다.[12]

푸코가 속해 있는 후기구조주의 사유는 '선험적 계열학', 즉 장(field) 개념을

---

9   M. Foucault, "Of other space", *Diacritics* vol.16, No.1. S, The Johns Hopkins University Press, 1986, p.22.

10   도승연 외, 『현대철학과 사회이론의 공간적 선회』, 라움, 2011, 8쪽.

11   위의 책, 36쪽.

12   이정우, 앞의 책, 45쪽.

중심으로 한 '선험적 위상학'이다.[13] 구조주의에서는 주체가 의미를 만들어낸다는 주관 중심적 사유를 일종의 환상으로 본다. 그러나 후기구조주의에 와서는 구조주의가 자연적 '법칙'이라고 보았던 상당수의 구조들이 '인위적 코드'로 이해된다. 그러면서 주체의 역할이 새로운 방식으로 논의되기 시작한다. 라캉(J. Lacan), 푸코, 부르디외(P. Bourdieu), 들뢰즈, 바디우(A. Badiou) 등이 대표적이다. 중요한 것은 우리가 서 있는 담론사적 지점은 주체 해체의 시대가 아니라, 새로운 주체들의 시대라는 점이다.[14] 구조주의와 후기구조주의의 차이는 다음과 같이 비교된다. "구조주의가 공간성, 법칙성, 이성을 바탕으로 한다면, 후기구조주의는 공간을 바탕으로 시간을, 법칙성을 전제로 우연성을, 기호 중심에서 신체나 물질 중심으로 나아가는 과정이다."[15]

현대의 공간 담론을 열었던 푸코가 주장하는 세계는 세 가지 공간들로 구성된다. "일상적이고 동질적인 기능을 수행하는 정상적이고 현실적인 공간인 호모토피아(homotopia)와 한 사회 구성원들이 꿈꾸는 비실재적 · 비현실적인 공간인 유토피아(utopia), 마지막으로 여타 공간들과는 절대적으로 다른 헤테로토피아, 이렇게 세 개의 공간이 존재한다."[16] 이질적인 공간인 헤테로토피아는 어떤 사회적인 공간 속에서 서로 다른, 혹은 정반대에 있을법한 특이한 모든 공간을 일컫는 신조어이다. 여기에는 공통의 장이 존재하지 않는 공간, 이질적인 것들이 그 이질성 그대로 마치 외딴섬처럼 가로놓여 있는 공간을 말하며, 서로 무관하고 무질서하게 보이는 세계, 즉 자리를 잃어버린 장소를 의미한다.[17] 그는 오늘날 도처에 저러한 헤테로토피아들이 산재해 있음을 지적한다.

---

13 위의 책, 156쪽, 159쪽, 212쪽.

14 위의 책, 166쪽 이하.

15 이동성, 「후기구조주의에서의 의미의 문제 : 들뢰즈의 사건을 중심으로」, 『동서언론』 제10집, 동서언론연구소, 2006, 263쪽 이하.

16 김효진, 「공간에 대한 인문학적 사유와 유아교육에의 함의」, 『유아교육논집』 제24권 5호, 한국영유아교원교육학회, 2020, 260쪽.

17 丸田一(마루타 하지메), 『장소론 : 웹상의 리얼리즘과 지역의 로맨티시즘』, 박화리 · 윤상현 역, 심산, 2011, 57쪽 역주 53번, 59번.

페미니즘적 시각에서 현대공간론을 펼쳐온 매시(D. Massey)는 베르그손의 공간 이해를 강하게 비판한다. 그 이유는 베르그손이 공간의 특성을 순간적이고 정적인 것으로 계량적으로 분리되는 차원으로 인식하기 때문이다. "베르그손의 문제점은 공간을 무시했다는 것이 아니라, 공간을 역동성이 없는 것으로 재현하고, 공간을 시간과 반대되는 것으로 관련시켰다는 점이다."[18] 또한 "공간은 종속적 범주에 해당하며, 중요하지 않은 나머지의 범주에 속하며, 시간의 반대에 해당하며, 시간성이 부족한 반대적인 것으로 정의되며, 모더니티 속에서 시간과 관련하여 덜 중요한 것으로 고통받고 있다."[19]

현상학을 학문으로 정착시킨 "후설에 의하면, 뉴턴 역학과 칸트 인식론의 바탕이 된 유클리드 공간은 3차원 공간이 이념적으로 추상화된 것이다. 이 3차원 공간은 다시 인간의 생활세계를 기반으로 한 '체험의 공간성'에 의해 구성된 것이다."[20] 후설을 이어 메를로퐁티(M. Merleau-Ponty)는 심리학과 생리학 등의 과학적 연구결과를 활용해서 객관적 공간에 대한 실존적 공간의 우위성을 입증해 낸다. 하이데거는 시간을 강조하면서도, 공간이 시간과 나란히 있지 않고, 또 시간 속으로 용해되지 않으며, 더욱이 시간으로부터 연역되지도 않음을 표명한다.[21] 그에 의하면, 과학적 공간은 실재의 기반이 되는 공간이 아니라, 여러 단계의 추상화 과정을 통해 형성된 구성물이라는 것이다. 따라서 근원적인 차원에서 공간은 오히려 장소(place, Ort)로부터 이해되어야 한다는 것이 후기 하이데거의 공간론의 핵심이다. 나아가 들뢰즈에 있어서, "공간은 닫힌 전체가 아니라 끊임없이 변화하는 장이자 생성하는 어떤 무엇으로 설명된다."[22]

---

18 D. Massey, 『공간을 위하여』, 박영환 역, 심산, 2016, 288쪽 이하; C. Gordon, 『권력과 지식 : 미셸 푸코와의 대담』, 홍성민 역. 나남출판, 1991, 101쪽.

19 D. Massey, 위의 책, 67쪽.

20 서도식, 「공간의 현상학」, 『철학논총』 제54권 4호, 새한철학회, 2008, 352쪽 이하.

21 M. Heidegger, "Platons Lehre von der Wahrheit", *Wegmarken*, Frankfurt a.M., 1976(GA. 9), 334쪽 각주 a).

22 김효진, 앞의 글, 260쪽 이하.

현대철학의 방법론 중 하나인 해석학에서는 새롭게 이해된 공간 개념을 수용할 수 있는 여지를 제공한다. 해석학은 맥락적 사유로서 기본적으로 관계와 상황 그리고 맥락을 중시한다. 그리하여 그것은 나와 너, 나와 자연, 나와 역사, 나와 세계 간의 말접한 연관관계를 중심으로 이 세계를 이해하기 때문에 어떤 것으로 고립된 존재로서 공간을 받아들이지 않는다. 공간은 이제 나에 의해 체험되고 의미부여된 친숙한 곳으로 이해되어야 한다는 것이 해석학적 공간 이해의 요체이다.

특히 문화연구를 중심으로 펼쳐진 소자(E.W. Soja)의 '포스트모던 공간론'에서는 '공간적 전회(spatial turn)'의 철학적이고 방법론적인 이론화를 시도한다. 그리고 그는 비판적 사회이론에서의 공간의 재부상을 목격하면서 사회적 현실을 파악하기 위한 '공간적인 언어들'이 출현하고 있음을 강조한다.[23] 소자는 특히 푸코의 헤테로토피아를 포스트모던적 공간의 기본 개념으로 받아들이고 있다. 헤테로토피아는 균질적인 공간이 아니라, 타자들이 공존하는 이질적인 혼효적(混淆的) 공간이다. "헤테로토피아는 하나의 실재 장소에 여러 공간들, 즉 그 자체로 양립불가능한 여러 현장들을 병치시킨다.(⋯) 완전하고 잘 배열된 우리의 공간이 흐트러지고 불완전하며 뒤범벅이 된 또 하나의 실재공간이 되는, 즉 타자의 공간을 창출하는 것이다."[24]

또한 문화학과 사회과학의 관점에서 되링(J. Döring)과 틸만(T. Thielmann)에 의해 편집된 『공간적 전회』로 묶여진 논문집이 책으로 소개되고 있다. "우리는 공간에서 무엇을 읽는가?"라는 질문을 단초로 하여 '공간적 전회'라는 하나의 일관된 주제를 중심으로 매우 긴밀하게 통일된 지형을 형성하며, 공간 담론과 관련된 지리학, 사회과학, 매체철학, 문화학, 영화학 등등의 다양한 분야에 대

23 E.W. Soja, Vom "'Zeitgeist' zum 'Raumgeist', New Twists on the Spatial Turn", J. Döring, T. Thielmann(hrsg.), *Spatial Turn: Das Raumparadigma in den Kultur — und Sozialwissenschaften, Bielefeld*, 2008, pp.241~262; E.W. Soja, *Postmodern Geographies: The Reassertion of Space in Critical Social Theory*, London, 1989.

24 위의 글, pp.25~27.

한 구체적이고 풍부한 논의들을 담고 있다. 문화학과 사회과학의 공간적 전회, 그리고 공간적 전회와 인문지리학으로 크게 나누어서 공간적 전회를 논구하고 있다.[25]

또한 그로츠(E.A. Grosz)에 의하면, 공간과 시간은 동일 구조를 지니고 있으며, 둘은 하나의 전체로 존재한다고 본다. 즉 공간과 시간은 분리되지 않는다. "유클리드 기하학과 같이 뉴턴 역학과 공간적 형태를 일직선 위의 점들 사이에서, 관계에 의해 재현되는 사건들 사이의 시간적 관계로서 환원한다. 심지어 오늘날 숫자의 연속과 시간적 관계를 동일시하는 것은 시간은 공간과 동일구조라는 것과, 공간과 시간은 연속, 하나의 전체로서 존재한다는 것을 가정하는 것이다. 시간은 공간과 공간적 모델에 대한 종속을 통하여 재현될 수 있다."[26] 이런 입장은 칸트가 시간과 공간을 확실하게 구분한 것과 비교된다. 이를테면, 공간과 시간은 선험적 영역이지만, 공간은 외부 객체의 이해양식이며, 시간은 주체 자신의 내부성의 이해양식이다. 칸트에게는 공간과 시간은 확연히 구분된다. "이런 점에서 시간과 공간은 둘 중의 하나로 환원될 수 있으며, 시간과 공간은 단지 서로 구분되는 것이다. 공간의 한편에, 동적인 동시성의 통합적 시간성(integral temporality)이 존재한다. 그리고 시간의 한편에, 상호관계의 실천을 통한 변화의 필연적 생산이 있다."[27]

공간해석학에서는 시간의 공간에 대한 우위성과 공간의 시간에 대한 우위성을 주장하지 않는다. 그 이유는 시간과 공간은 동일 구조로서 시공(space-time) 개념 속에서 자리하기 때문이다. 이를 현대과학적 공간론이 입증할뿐더러, 현상학적·해석학적 공간론에서도 이 입장을 지지한다. 다만 여기서는 현대학적 담론의 중심에 시간보다는 공간이 들어서 있다는 점을 부각시키고자 한다.

---

25   J. Döring, T. Thielmann, 『공간적 전회(*Spatial Turn*)』, 이기숙 역, 심산, 2015, 7~52쪽.

26   E. Grosz, *Space, Time and Perversion: Essays on the Politics of Bodies*, New York and London, 1995, p.95.

27   D. Massey, 앞의 책, 110쪽.

2. '새로운 공간'의 등장

오늘날은 기존의 공간 개념들과는 질적으로 다른 '새로운 공간(New Space)'의 시대가 활짝 열렸다. 전통적으로 공간은 기하학이 다루는 중심 주제이다. 실로 플라톤이 찬양한 기하학이란 인간 지성의 탁월한 작품이다. 기하학은 공간을 탐구하고 재단하는 학문이다. 기하학적 공간은 절대적 의미에서 비어 있는 것이다. 그것은 질적인 특성이 없이 완벽하게 순수하고, 거기서 다루어지는 형태들은 순수한 양적인 것이다. 이러한 순수한 특성들은 기하학적 공간이 인간 지성에 의해 구성된 '인위적 공간'으로부터 나타난다.[28] 그러나 삶의 터전인 공간은 기하학적 공간과 일치하지는 않는다. 아리스토텔레스는 다음과 같이 양(量, quantum)에 대한 탐구를 수학 내지 기하학으로 간주한다.

> 셀 수 있는 양은 여럿이며, 잴 수 있는 양은 크기이다. 그런데 여럿은 연속되지 않은 것들로 잠재적으로 분할될 수 있는 것을, 크기는 연속된 것들로 분할될 수 있는 것을 뜻한다. 크기 중 하나의 차원으로 연속된 것은 길이이고, 두 차원으로 연속된 것은 넓이며, 세 차원으로 연속된 것은 깊이다. 이것들 가운데 한정된 수가 여럿이며, 한정된 길이가 선, 한정된 폭은 면, 한정된 깊이는 입체이다.[29]

우리는 근대의 과학적 실재론과 현대의 과학관을 구분해서 볼 필요가 있다. 근대를 계승한 20세기 초까지는 과학은 실증적·객관적인 지식 탐구로 파악된다. 그러나 20세기 중반 무렵 이후에는 과학이 지니는 객관성과 합리성에 대한 회의적 견해가 점차 확산되기 시작한다. 따라서 과학과 수학의 영역에서도 공간 개념의 변화가 발견된다. 말하자면, 현대의 일군의 수학자·과학자들은 상식적으로 알려진 3차원의 공간 개념을 넘어서서 미시세계와 거시세

---

28 안호영, 앞의 글, 16쪽.

29 Aristoteles, *Metaphysics*, W.D. Ross(ed.), 2 vols., Oxford: Clarendon Press, 1924(Reprinted 1953 with corrections), V. 13 chapt., 1020a8-14.

계 사이에 있는 질적으로 '다른 공간'을 탐구한다. 오늘날 물론 그렇다고 해서 기존의 3차원의 공간이 전적으로 부정되지는 않는다. 이 '다른 공간'이란 말하자면, 비유클리드 공간, x-차원의 무한 공간, 시공간(spacetime), 휜 공간(warped space), 입자(particle), 장(field, 중력장, 전자장, 양자장, 통일장), 루프(loop), 보이드(void), 초공간(hyperspace), 스핀 네트워크(spin network), 웜홀(wormhole) 등의 새로운 공간 개념들이 등장한다.

전술한 바대로, 컴퓨터에 의해 구축된 가상공간에서 물리적 거리나 현실공간은 더 이상 유일한 삶의 조건 또는 공동체 생활의 근본 바탕이 될 수 없는 것처럼 보인다. 최근에는 '공간 컴퓨팅(Spatial Computing)'의 새로운 공간의 시대를 논한다. 애플은 공간 컴퓨팅을 '디지털 콘텐츠를 물리적 공간과 매끄럽게 혼합하는 기술'로 정의한다. 마치 디지털 콘텐츠가 물리적 공간에 있는 것처럼 보고, 듣고, 상호작용할 수 있게 해준다는 것이다. IT 분야에서는 가상현실(VR)·증강현실(AR)을 포함하는 확장현실(XR)과 메타버스, 공간 컴퓨팅을 비슷한 개념으로 본다.[30]

잘 알려져 있듯이, 아인슈타인은 공간을 새롭게 정의한다. 그에 의하면, 무한수의 공간이 있으며, 그것들은 서로에 대해 움직이고 있다. 공간은 '전자기장(electromagnetic field)'이다. 그리고 시간과 공간이 하나의 시공간의 두 측면이다. 상대성이론은 공간과 시간에 대하여 고정관념과는 다르게 생각하도록 요구한다. 말하자면, 일반상대성이론은 중력의 힘을 명확히 설명하면서 공간과 시간에 대한 우리의 지식을 근본적으로 바꾸어놓는다.[31] 이른바 '양자중력학(theory of quantum gravity)'에서는 공간과 시간의 존재에 의문을 제기한다. 나아가 사변적인 '루프 양자 이론'에서는 세상을 진정으로 이해하려면, 기존의 공간과 시간 개념을 과감히 버릴 필요가 있다고 단언한다. 왜냐하면 보이고 경

---

30   https://v.daum.net/v/20230713153014596.

31   C. Rovelli, 『만약 시간이 존재하지 않는다면 : 인간의 시계로부터 벗어난 무한한 시공간으로의 여행』, 쌤앤파커스, 2021, 18쪽.

험할 수 있는 세상은 실재가 아닐 수 있기 때문이다. 즉 공간적 실재에 대한 기존의 고정관념에 대한 근본적인 회의가 생겨난 것이다.

무엇보다 20세기 후반의 기술혁명과 정보혁명은 물리적 공간 패러다임을 넘어서서 새로운 공간 개념을 탄생시킨다. 이제 우리는 바야흐로 '디지털 우주(digital planet)'에로의 이주민이 된 것이다. 예컨대, 정보공간, 전자공간, 사이버 공간, 디지털 공간, 하이퍼리얼한(hyperréel) 공간, 하이브리드(hybrid) 공간, 유비쿼터스(ubiquitous) 공간, 교감적 공간(acute space), 매개적 공간(in between space), 역공간(liminal space), 메타버스(metaverse)의 공간 등이다. 그리고 테크놀로지에 의해 '시공간의 압축 현상(time-space compression)'이 두드러지게 나타난다. 여기서 전자공간은 현실의 물리적 공간과는 전혀 다른 차원의 공간이다. 그것은 비물질적 · 비현실적 · 비가시적 공간으로서 기존의 공간 개념으로는 전혀 다른 개념화할 수 없는 '새로운 공간'이다.

특히 '사이버공간(cyberspace)'은 물리적 현상에 근거를 두고 있지 않기 때문에, 물리학 법칙의 적용을 받지 않고, 나아가 그러한 법칙의 한계에 제한되지도 않는다. 사이버공간 자체는 물리주의적 세계관 내에서는 존재하지 않는다. 그것은 물질공간 바깥에 있는 어떠한 물리학 방정식도 포괄할 수 없는 근본적으로 새로운 종류의 공간이다.[32] 베네딕트(M. Benedikt)는 그 공간을 다음과 같이 정의한다. "전 지구적 영역으로 네트워크화된 것이며, 컴퓨터가 만들어내는 다차원적이고 인공적인 가상공간이다."[33] 왜냐하면 사이버공간은 물질의 소립자나 힘이 아니라, 비트(bit)와 바이트(byte)로 이루어져 있기 때문이다. 종래 우리의 활동 공간인 장소 개념도 재편되고 있다. "1990년대 전반 인터넷의 상용화로 별안간 등장한 웹(web) 공간은 소비 · 상업 · 정치 · 표현 · 커뮤니티 등의 장으로 기능하며, 지역에 필적할 수 있는 활동 장소가 되고 있다."[34]

---

32 D. Massey, 앞의 책, 54쪽.

33 M. Benedikt, *Cyberspace: first steps*, MIT Press 1991, p.122.

34 丸田一(마루타 하지메), 앞의 책, 139쪽.

이제 우리의 일상 속에 들어온 새로운 우주(planet)인 디지털 공간은 동일성과 타자성이 혼재하는 공간이며, 형식논리학의 법칙인 모순율, 동일률, 배중률이 용납될 수 없다. 이제 컴퓨터와 정보 · 이동통신을 매개로 공간 단축 · 공간 압축 · 공간 변형의 함의를 지닌 공간 개념의 혁명의 시대가 도래한 것이다. 멂과 가까움이 소멸되는 디지털 공간과 문자매체와 인쇄매체를 뛰어넘는 디지털 미디어 공간의 시대가 온 것이다. 여기서 유비쿼터스 공간은 서로 이질적인 물리공간에 전자공간을 연결해 물리공간과 전자공간이 하나로 통합되고 함께 진화하고 있다. 이를 두고 '4차 공간혁명'이라 일컫는다. 이 공간혁명의 마지막 단계인 유비쿼터스 혁명은 물리적 공간과 사이버공간을 연결하고 통합하여 하나의 단위로 작동하도록 하는 혁명이다.[35]

또한 신박한(very fresh and new) 공간 개념으로 부상한 '메타버스(metaverse)'는 현실세계와 같은 사회 · 경제 · 문화 활동이 이뤄지는 3차원의 가상세계를 가리킨다. 메타버스는 아바타(avatar)를 활용해서 단지 게임이나 가상현실을 즐기는 데 그치지 않고, 실제 현실과 같은 사회 · 문화적 활동을 할 수 있다는 데에 그 특징이 있다. 그것은 현실세계와 가상세계가 연결되고 확장되는 통합 공간을 의미한다. 현재의 메타버스는 사용자가 생활 소통 공간으로 활용하며, 협력과 교류가 가능한 세계로 확장된다. 오늘날 아바타를 통해 실제 현실과 동일한 사회 · 경제 · 교육 · 문화 · 과학 · 기술 활동을 할 수 있는 3차원 공간 플랫폼으로서의 메타버스가 모든 '다른 공간'의 대명사로 부상하고 있다. 이 공간에서는 가상현실, 증강현실, 거울세계, 라이프로깅(lifelogging)이 펼쳐진다. 라이프로깅은 개인이 생활하면서 보고, 듣고, 만나고, 느끼는 모든 정보를 자동으로 기록하는 것과 장소와 시간에 구애받지 않고 웹사이트(website)에 자료를 올릴 수 있는 서비스를 말한다. 이 다른 공간은 기존의 공간성과는 차별화되는 동시성 · 예측불가능성 · 현장성 · 순간성의 특징들을 지니고 있다. 이런

---

35 서울시립대학교 도시인문학연구소 편, 『도시 공간의 인문학적 모색』, 메이데이, 2009, 170쪽.

점에서 시간과 공간에 지배받지 않는 시대를 빌케(H. Wilke)는 '비장소적 사회 (atopische Gesellschaft)'[36]라고 명명한다. 또한 네그로폰테(N. Negroponte)는 언급하 길, "우리는 물리적 공간과는 아무 상관없이 디지털 근린(neighborhoods)에서 사 회화될 것이다."[37]

현대의 새로운 도발적인 공간 개념을 제시하는 오제(M. Augé)는 공간을 '비장 소(non-places, atopia)'로 규정한다. 그것은 전통적인 '인류학적 장소'와 대비되는 장소성을 특징짓기 위해 고안한 개념이다. 그가 보기에 우리 시대는 장소들 주위에 전례 없는 유형의 새로운 공간, 즉 비장소들을 대규모로 생산한다는 점에서 특징적이다. 비장소는 이동과 소비 그리고 커뮤니케이션을 위한 공간 이다. 그것의 예로는 항공로, 철도노선, 고속도로, 이동조종실과 공항, 역, 우 주항공 기지, 놀이공원, 대형 유통매장, 유·무선 네트워크 등이다.[38] 사람들 이 정착하고 전유하고 서로 교류하는 곳이 장소라면, 비장소는 통과하고 소비 하고 서로를 소외시키는 곳이다. 웹 공간도 동위(同位)공간으로서, 여기서 동 위의 작용은 시간의 간격을 소멸시키고 '통시성'을 만들어낸다.[39]

현대철학에서도 헤테로토피아, 주름(le pli), 홈 파인 공간, 매끈한 공간, 리 좀(rhizome), 그물 조직, 탈주적 공간, 유목적 공간, 무장소, 시공간(Zeit-Spiel-Raum), 놀이 공간(Spiel-Raum)등을 거론한다. 포스트모더니즘에서는 공간과 장 소를 학문적 담론의 중심 문제로 부상시키면서 기존의 개념들을 해체하고 있 다. 특히 푸코는 권력의 관점에서 공간을 재조명하였으며, 들뢰즈는 공간을 땅이 아니라, 오히려 공약불가능한 공기와 같은 그물 조직으로 파악한다. 최 근 과학기술 관련 연구에서는 과학기술의 발전을 공간 개념과 연관시켜 이해 하려는 움직임이 광범위하게 나타나고 있다. 즉 다양한 분야의 학자들은 모두 직간접적으로 과학기술과 연관된 새로운 공간 개념을 제시한다. 여기서 과학

---

36 H. Wilke, *Atopia: Studien zur atopischen Gesellschaft*. Frankfurt a.M, 2001 참조.

37 N. Neogroponte, *Being digital*, London, 1995, p.7.

38 M. Augé, *Le sens des autres*, Paris, 1994, p.99.

39 丸田一(마루타 하지메), 앞의 책, 274쪽.

기술과 공간의 관계를 조망하는 방식은 이론적 공간, 실험 방식, 실험 장치 및 실험실 등 추상적 개념의 공간을 비롯하여 과학관의 전시 공간, 학습 지역 또는 혁신 공간 등 구체적인 지리적 공간을 모두 포괄할 수 있다.[40]

이와 같이 낯선 얼굴을 지닌 새로운 공간들에 대한 학문적 담론들이 무성하다. 그것은 우리의 상식과 경험을 넘어서는 '다른 공간'에 대한 서사와 담론들이다. '다른 공간'이란 이미 경험해서 '아는 공간'이 아니라, 아직 친숙하지 않은 '알려지지 않은 공간'을 의미한다. 공간에 대한 기존의 개념들은 이 '다른 공간'을 담아낼 수가 없다. 이제 시간과 공간은 뉴턴과 칸트가 생각하듯이, 인식의 조건으로서 절대적인 것이 아니다. 오히려 그것은 양자의 통합된 하나의 현상, 즉 아인슈타인의 4차원의 시공으로 생각할 수밖에 없다. 시간과 공간은 상호적으로 얽혀 있다. 따라서 시간이 공간을 배제하거나 소멸시키거나, 또한 공간이 시간을 배제하거나 소멸시킬 수 없다는 사실을 새롭게 확인하게 된 것이다.

3. 공간해석학 연구의 필요성

철학사에서 등장하는 공간에 관한 일반적인 철학적인 질문들은 다음과 같다. ① 공간은 실재하는가? ② 공간의 본질이란 무엇인가? ③ 공간은 어떤 방식으로 존재하는가? ④ 공간은 물체로부터 독립적인가 혹은 종속적인가? ⑤ 공간은 유한한 것인가, 아니면 무한한 것인가? ⑥ 빈 공간(진공)은 존재하는가? ⑦ 공간은 실체인가 속성인가? ⑧ 절대적 공간은 존재하는가? ⑨ 공간은 대상들의 위치 관련들만 규정하는가? ⑩ 공간은 인간에게 어떤 의미를 지니고 있는가? 이러한 질문들을 단초로 하여 철학사에서 다양한 공간철학의 이론들이 등장하였다. 철학은 본질적으로 사유하는 학문으로서 사태에 대한 '반성적

---

40 임경순 · 김춘식 편저, 『과학기술과 공간의 융합』, 한국학술정보, 2010, 13쪽.

성찰'과 '예견적 통찰'이다. "철학은 대상에 대한 일차적 고찰이 아니라, 일차 과학이 거둔 성과에 대한 이차적 성찰이다. 철학은 과학적 성과가 갖는 함의를 우리의 삶과의 관계에서 다시 검토하고 반성하는 학문이기 때문이다."[41] 따라서 철학은 그 개별 학문이 거둔 성과와 연구 방법 등에 대한 이차적·반성적 사유이다. 이런 점에서 일반적으로 공간철학이란 공간과학과는 달리 공간이란 사태를 진리의 보편적 입장에서 근원적으로 사유하는 존재론의 한 분야이다.

국내외 학계에서 공간의 철학, 장소의 철학, 공간의 현상학 등에 대한 연구에 비해 공간의 해석학에 대한 연구는 일천하다.[42] 국외에서는 공간해석학과 관련된 최근의 대표적인 저서로 얀츠(B.B. Janz)의 『장소, 공간, 해석학(Place, Space and Hermeneutics)』과 리빙스턴(D.N. Livingstone)의 『과학, 공간, 해석학(Science, Space and Hermeneutics)』 등이 있다.[43] 그리고 독일어권의 공간 연구에서는 공간의 본질

---

41 소광희, 『자연 존재론 : 자연과학과 진리의 문제』, 문예출판사, 2008, 7쪽.

42 강학순, 『존재와 공간 : 하이데거 존재의 토폴로지와 사상의 흐름』, 한길사, 2011; 이종관, 『공간의 현상학, 풍경 그리고 건축과학 : 건축 현상학의 심층횡단을 통한 인간의 미래 거주 방향 모색』, 성균관대학교 출판부, 2012; 안용성, 『현상학과 서사공간』, 새물결, 2018; 김성환 외, 『장소 철학 I : 장소의 발견』, 서광사, 2020; 김성환 외, 『장소 철학 II : 장소와 윤리』, 서광사, 2021; 이현재 외, 『공간에 대한 철학적 이해』, 라움, 2016; 서도식, 「공간의 현상학」, 『철학논총』 54권 4호, 새한철학회, 2008; 김재철, 「공간과 거주의 현상학 : 볼노우의 공간 이해를 중심으로」, 『철학논총』 56집, 새한철학회, 2009; 박유정, 「하이데거와 건축의 해석학 : 하이데거의 해석학을 통한 현대건축의 이해」, 『철학연구』 96, 철학연구회, 2012; 서명수, 「서양의 건축 역사 및 이론의 교육에 있어서 '해석학' : 조셉 리쿼트, 달리보 베슬리, 알베르토 페레즈-고메즈를 중심으로」, 『대한건축학회논문집』 35권 10호, 대한건축학회, 2019.

43 B.B. Janz(ed.), *Place, Space and Hermeneutics*(Contributions to Hermeneutics, 5), Springer, 2017. D.N. Livingstone, Science, *Space and Hermeneutics*, University of Heidelberg, 2002. 첫번째 책은 장소의 해석학을 분석하여 텍스트성, 대화, 놀이와 같은 핵심 문제에 대한 질문을 제기한다. 철학적 해석학은 장소에 대한 철학의 접근 방식을 근본적으로 바꾸어놓았다. 우리가 어떻게 장소에 거주하는지, 어떻게 장소가 상상되고, 생성되고, 보존되고, 상실되는지, 철학 자체가 어떻게 장소에 존재하는지 등의 물음을 중심으로 논의가 전개된다. 이것은 장소에 대한 해석학적 접근을 비판적으로 분석하는 연

과 공간에 대한 중요한 질문들을 철학사적 · 문화과학적 차원에서 성찰한다.[44]

전통적으로 공간을 중점적으로 다룬 기하학은 수학의 한 분과로서 공간의 성질과 공간 안에 존재하는 점, 선, 면, 입체들의 속성을 가장 직접적으로 다루는 학문이다. 우리는 기존의 공간 개념과 패러다임으로 새로 등장한 공간 현상을 기술하고 파악하고 해석하는 데 있어서 명백한 한계와 난관에 봉착하였음이 분명하다. 그리고 이에 대한 여러 분야의 공간 담론들의 부상을 경험하게 된다. 말하자면 물리학자들의 '미시공간'에 대한 연구, 생물학자들의 '공간지각'에 대한 연구, 사회문화학자들의 '공간 구성 방식'에 대한 연구, 문학에서 복수 시점에서 바라보는 공간, 즉 '관점주의적 공간 연구' 등이 있다. 특히

구이다. 두번째 책에는 '과학의 지식, 공간, 지리학'과 '열대 해석학과 기후에 대한 상'이 실려 있다. 지리학의 관점에서 간학문적으로 공간해석학을 다루고 있다. 그러나 이 저서들은 공간과 장소에 대한 해석학적 연구로서 단편적이고 협소한 시각에 머무르고 있고, 해석학에 대한 역사적이고 심층적인 이해가 부족하다.

44 A. Grosztonyi, *Der Raum. Geschichte seiner Probleme in Philosophie und Wissenschaften* (Orbis academicus I/14, Band 1 und 2), Freiburg i. Br./ München 1976. 여기서는 고대부터 현재까지의 역사 과정에서 공간의 본질과 본질에 대한 질문에서 발생하고 생산적인 것으로 입증된 모든 철학적 · 과학적 문제와 이론에 대한 포괄적인 발표 및 심층분석이 이루어진다.

U. Heuner, *Klassische Texte zum Raum*, Berlin 2006. 이 책에는 그리스 고대부터 20세기 초까지의 공간 이론에 관한 텍스트가 포함되어 있다. 선정된 작가들은 대개 동시에 공간의 여러 측면에 집중하여 연구한다. 아리스토텔레스, 데카르트, 파스칼, 칸트, 마하와 같은 사상가들은 우리의 상하좌우 방향과 같은 일상적인 공간 경험을 고려의 출발점으로 삼는다. 공간과 신체는 무한히 분할될 수 있는가, 아니면 분할할 수 없는 것이 있는가? 우리 공간 밖에 존재하거나 존재하는 비물질적 실체가 있는가? 이런 근본적인 물음들과 함께 공간논의가 펼쳐진다.

S. Günzel, *Lexikon der Raumphilosophie*. Darmstadt 2012. S. Günzel, *Raum. Eine kulturwissenschaftliche Einführung*. Bielefeld 2017. 여기서는 오늘날의 공간 연구에 있어서 공간적 또는 지형적 전환 이후에 공간에 대한 주제에 대한 새로운 관점이 문화, 미디어 및 사회 과학에서 널리 퍼져 있다. 이러한 배경에서 이 핸드북은 자연 과학, 철학 및 예술분야에서 우주라는 주제의 역사와 발전을 개략적으로 설명한다. 특히 기억공간, 세계화, 헤테로토피아, 탈식민주의, 미디어, 인지, 정치 및 도시 공간과 같은 학제 간 주제에 중점을 두고 있다. 이 저서들은 공간 연구에 대한 객관적인 정보는 제공해주지만, 독창적인 철학적 · 해석학적 분석과 해명을 결여하고 있다.

공간 개념은 최근 사회·인문학적 담론에서 핵심 주제가 된다.

그러나 공간에 대한 관심을 가지는 연구자들 사이에도 아직 이에 대해 체계적으로 정형화된 개념화가 제대로 이루어지지 않고 있는 실정이다. 이와 같은 공간의 개념화와 관련된 문제 가운데 하나는 공간 개념의 재구성을 위하여 공간적 용어를 범주화하는 것이라 할 수 있다.[45] 이런 점에서 오늘날 진행되는 다양한 공간 담론들의 문제점들은 다음과 같다. 여러 분야에서 공간에 대한 관심이 증폭되고 있어서 다양한 공간 담론들이 전개되지만 공간이란 개념 자체는 여전히 불명료한 채로 남아 있다.

이런 맥락에서 공간 연구의 선결 과제로서 철학적 공간론, 즉 공간해석학이 필요한 이유는 다음과 같다. 첫째, 개별 학문의 공간 연구에 있어서 어떤 공간 개념을 전제로 하고 있는지를 명확히 하는 것이 필요하다. 둘째, 공간 연구에 있어서 다양한 공간 개념을 구분 없이 사용하고 있다. 셋째, 공간 연구에 앞서서 기존의 공간 개념에 대한 정확한 이해가 선행되어야 한다. 이러한 토대 위에서 공간 개념의 명료화가 필요하고, 또한 새롭게 제안되는 공간 개념들의 차이를 드러낼 필요가 있다. 말하자면 공간철학에서는 공간 개념이 올바로 사용되는지 그리고 공간 개념이 어떤 의미를 지니는지를 살펴보는 것이 중요하다.

실제에서는 상식화된 과학적 공간론이 지배한다. 그것은 옳지만 참된 것은 아니다. 과학에서는 대체로 관찰과 실험 그리고 검증의 과정을 거쳐 수학적으로 정량화하여 공간을 설명하고자 한다. 과학적 공간론에서는 그것이 전제하고 있는 자연의 제일성(齊一性, uniformity)에 대한 이해가 부족하고 인간의 실존적·역사적 삶과의 연관성을 고려한 공간 이해가 부재한다. 따라서 근대 이후의 과학적 공간론의 문제와 한계는 다음과 같다. 그것은 어디에도 특별한 공간은 없다고 간주하고서 공간의 의미와 가치의 무효화와 가치중립화를 초래한다. 즉 공간을 동질화하고 '장소'를 엄격한 수리적 형식주의로 단순화시켜서 공간의 본질과 의미의 차원을 연구의 영역에서 배제시켜버린 것이다.

---

45 최병두, 『근대적 공간의 한계』, 삼인, 2007, 176쪽.

특히 근대적 과학적 공간론에 대한 비판적 시각을 가지면서 하이데거는 공간에 관한 과학인 기하학적인 위상학과 물리학이 그 학문의 방법으로 공간의 본질을 탐구할 수 없듯이, 조형예술가 및 공간건축가도 공간이 무엇인지 대답할 수 없다고 단언한다.[46] 물론 개별 과학은 자신의 연구 대상에 한하여 그것의 본질을 규정할 수 있다. 예컨대, 물리학은 물리적 현상에 대한 본질적 탐구를 할 수 있고, 그것은 물리적 공간의 본질을 규정할 수 있다. 그러나 그런 연구는 물리적 차원에만 국한된 것이다.

일찍이 아리스토텔레스는 "도대체 공간이란 무엇인가" 하고 묻는다. 그 물음에 대한 대답을 토대로 마련하고서 그 토대 위에서 공간 이론을 완성한다. 말하자면, 공간이란 것이 존재하는 그 무엇으로 간주하는 이유와 공간이 과연 무엇인지 파악하기 어렵게 하는 여러 요인을 설명한다. 그에 의하면 공간이 정말 물질 혹은 형상 중 하나라면, 공간이 무엇인지 결정하는 데 있어서 어려움이 있게 된다. 그러나 공간이 둘 중 어느 것일 수 없다는 것을 다음과 같이 밝힌다. 첫째, 형상과 물질은 사물과 분리되지 않지만 공간은 분리될 수 있다. 둘째, 만약 공간이 어떤 몸체의 물질이나 형상과 같다면, 어떻게 그 몸체가 자신의 공간으로 옮겨질 수 있을까? 기준이 되는 운동도 없고 위와 아래의 구분도 없는 것이 공간일 수는 없다. 셋째, 만약 공간이 개체 안에 있다면 공간 자체가 공간을 가져야 할 것이다. 다음으로 "어떤 것이 다른 것 안에 있다"를 다양한 방식으로 우리가 사용하는지 이해하는 것이다.[47]

아리스토텔레스에게 공간의 정의로 가능한 네 종류들, 즉 모양, 물질, 담는 것의 한계 내에서의 어떤 확장체, 또는 만약 포함된 것이 크기 이상의 확장체가 없다면 그 경계이다. 이 중 세 가지는 분명히 가능성이 없다. 일단 이 중에서 모양이 공간일 것으로 생각되는 이유는 그것은 무언가를 둘러싸고 있고 포

---

46 M. Heidegger, *Bemerkungen zu Kunst - Plastik - Raum*(Vortrag St. Gallen 3. Oktober 1964), Erker 1996, p.7.

47 Aristoteles, *Physik*, 209b17−210a14.

함하는 것의 경계와 포함되는 것의 경계가 일치하기 때문이다. 그리고 모양과 공간 둘다 분명히 경계이지만, 모양은 어떤 개체의 경계이고, 공간은 그것이 포함하고 있는 몸체의 경계이다.[48]

칸트가 제기한 다음과 같은 질문처럼, 오늘날도 공간에 대한 철학적 질문이 필요하다. "그러면 공간과 시간은 무엇인가? 그것들은 현실로 존재하는 것, 즉 실체인가? 그것들은 사물의 한갓 규정(속성)이거나 사물들의 관계일 뿐이로되, 직관되지는 않는 물자체(Ding an sich)에도 속하는 규정 혹은 관계일 것인가?"[49] 그에게서 공간 문제는 더이상 물리학의 문제가 아니라, 도리어 선험철학의 문제가 된다. 이제 칸트에게 공간은 경험 가능성의 조건이 되며, 공간 개념은 주관적이고 관념적인 순수 직관이 된다.

이 지점에서 공간철학 논의와 관련하여 왜 '공간의 해석학'이 필요한가라는 질문을 던져볼 수 있다. 철학사적으로 보자면, '공간'은 논쟁적 개념이다. 그것의 의미에 대한 해석도 다양하고, 그리고 그것들이 지닌 철학적 함의나 가치에 대해서도 다양한 의견이 있을 수 있다. 따라서 이들 중 어떤 한 해석이나 입장을 전제한 논변은 문제를 해결하는 데 별다른 도움이 되지 못한다. 기존의 공간론은 각각 일련의 전제와 가정에 기초해 있다. 잘 알려져 있듯이, 해석학은 종종 20세기 초반부터 유럽대륙의 문화와 철학의 상당 부분에 파고들었던 비합리주의의 한 극단으로 낙인찍혀온 것이 사실이다. 이런 혐의는 역사주의적 합리주의의 옹호자들과 신실증주의적 과학주의의 옹호자들 양측으로부터 덧씌워졌다.[50]

특히 하이데거와 가다머의 해석학은 후설의 실증적 자연과학 비판과 연결된다. 실증적 객관주의 및 과학주의를 극복할 새로운 연구 방법은 현상학과 해석학이다. 그것들은 공간에 대한 다양한 체험을 생생하게 분석하고 기술하

---

48 위의 책, 211b5−211b9.

49 I, Kant, KrV 1, A.23 이하, B.37 이하.

50 G, Vattiomo, *Beyond Interpretation: The Meaning of Hermeneutics for Philosophy*, D. Webb(trans.) Stanford University Press, 1997, 97쪽.

며 해석할 수 있는 방법론이다. 양자는 공히 전통 철학의 주관성과 객관성, 관념론과 실재론, 이성과 감성, 인식과 경험 등의 이분법적 사고를 벗어나고자 한다. 리쾨르는『의지의 철학 II – 유한성과 허물(*Philosophie de la volonté. Tome II – Finitude et culpabilité*)』의 출간으로 현상학을 해석학에 접목하고자 한다. 그리고 하버마스와 아펠(K.-O. Apel)을 통해서 해석학은 사회과학적 실천철학의 방법론으로도 전개된다.

저자의 견해로는 공간의 문제를 근본적으로 다루기 위해서 필요한 선결 과제로서 기존의 공간론이 지니고 있는 오해를 살펴보고, 그것을 완화시키거나 극복하는 것이 우선시되어야 한다. 리쾨르는 오해가 있는 곳에 해석학이 존재한다고 본다. "오해가 있는 곳에 해석학이 있다. 그러나 해석학이 존재하는 것은 오해에 선행하여 오해를 포괄하는 이해가 대화의 모델 안에서 질문과 대답의 운동에 의해서 오해를 이해 안으로 다시 통합할 수 있는 방법을 가지고 있다는 확신과 신념이 있기 때문이다."[51] 다시 말하면 잘못된 해석이 있는 곳에 해석학이 있다. 그리고 인간의 의식은 때로는 허위 의식일 수 있기에 늘 잘못된 이해를 바로잡는 비판을 통해 올바르고 참된 해석에 열려 있어야 한다. "인식론은 주어진 어떤 담론의 모든 근거들이 공약가능하다는 가정에서 출발한다. 대체적으로 해석학은 이러한 가정에 대한 투쟁이다."[52]

공간의 해석학에서 설명의 맥락과 이해의 지평은 만날 수 있다. 리쾨르는 특유의 변증법적 종합, 즉 "더 많이 설명하는 것이 더 잘 이해하는 것이다"라는 명제 아래 역사적 설명과 서사적 이해를 연결시키고자 한다. 역사란 사건들을 연대순으로 나열하는 것이 아니며, 역사적 사건이라고 부르는 것 자체가 이미 어떤 줄거리 구성을 통해 취사선택된 것이기에 역사적 설명과 서사적 이해는 변증법적 관계에 놓일 수밖에 없다.[53] 나아가 역사적 설명 그 자체가 이미 이

---

51 P. Ricœur, *HH*, 153쪽.
52 R. Rorty, *Philosophy and the Mirror of Nature*, 316쪽.
53 Platon,『편지들(*Epistolai*)』, 강철웅·김주일·이정호 역, 이제이북스, 2010, 110쪽 참조. 플라톤에게 변증법은 단일한 설명이나 해설이 아니라, 대화의 방법이다. 변증법은

야기 형식을 띤 담론 유형이며, 설명은 독자가 역사를 좀 더 잘 이해할 수 있도록 도와주는 기능을 할 따름이다. 그는 이해에서 다루는 '진리' 문제와 주석 분야에서 다루는 '방법'의 문제를 분리시키려는 시도에 맞서야 함을 강조한다. 해석은 직관적인 이해로서의 추측과 확인하는 방법을 모두 포함하여야 한다. "그에게는 어떻게 하면 그 객관 차원과 실존 차원을 연결할 수 있느냐가 문제이다. 리쾨르는 규범적 해석학의 방법론적·인식론적 차원과 현상학적 해석학의 존재론적 차원을 포괄하는 해석의 새로운 방안을 모색한다. 새로운 해석 방안에 대한 접근은 언어의 객관적인 측면과 주관적인 측면, 즉 설명과 이해의 차원을 모두 살펴봄으로써 가능하다."[54]

또한 과학과 철학의 종합을 시도한 과학철학자 화이트헤드는 '철학의 협소성'을 위험으로 간주한다. 이 철학의 협소성은 자신의 주장의 증거를 선택하는 데 있어서의 협소성을 의미한다. 철학은 존재하는 대립하는 것들의 다양성, 즉 청교도적 자기억제와 심미적 기쁨, 슬픔과 기쁨, 종교적 열정과 회의적 비판, 직관과 이성을 포괄적으로 사유하지 않는다고 본 것이다. "철학에 주요 위험이 되는 것은 증거를 선택하는 데 있어서의 협소성이다. 이러한 협소성은 특정한 저자의, 특정한 사회집단의, 특정의 사상 학파의, 문명사에 있어서의 특정 시대의 개성이나 소심함에서 생겨난다. 준거를 삼은 증거는 개개인의 기질, 집단의 편협성, 사유 구도의 한계에 의해 제멋대로 편중된다."[55] 따라서 철학은 과학적 연구를 참조함으로써 더욱더 그러한 협소성의 위험을 극복하고, 철학의 연구 영역을 확장할 수 있을 것이다. 이런 점에서 공간의 해석학은 종래의 공간철학의 영역을 확장하고 공간철학적 이론의 증거를 확장시킨 데 기

소피스트의 탐구방식과 구별된다.

Platon, 『메논(*Ménōn*)』, 이상인 역, 이제이북스, 2014, "소피스트의 논쟁술(eristikē)은 경쟁과 승리 자체를 목표로 한다."(123쪽).

54 이윤미, 앞의 글, 148쪽.

55 A. Whitehead, 『과정과 실재(*Process and Reality, An Essay in Cosmology*)』, 오영환 역, 민음사, 2021, 637쪽.

여할 수 있을 것이다.

과학철학자인 쿤(T. Kuhn) 역시도 논리실증주의와 경험론의 관찰과 이론 사이의 이분법에 물음을 제기하면서 '과학의 해석학적 차원의 회복'을 기획한다. "의식적이든 무의식적이든, 역사가들은 해석학적 방법을 수행하는 사람들이다. 그런 나의 경우, 해석학의 발견은 역사를 수미일관하게 보이도록 만드는 것 이상이었다. 대신에 그 가장 직접적이고도 결정적인 영향은 과학에 대한 나의 견해에 있었다."[56] 그리고 그는 해석학이 대륙철학과 영미철학의 가교가 될 수 있을 것이라고 믿는다. "'해석학'이란 용어는 (…) 최근 5년 전까지만 해도 나의 어휘의 일부가 아니었다. 점차적으로 나는 역사가 깊은 철학적 의미를 가질 수 있다고 믿는 사람은 대륙의 철학 전통과 영어권의 철학 전통 간의 오랜 분리를 연결하도록 배워야만 하지 않을까 하고 생각하게 된다."[57]

여기서 다루고자 하는 '공간의 해석학'은 갈등하고 대립하는 공간론들을 대화의 장으로 소환하여 그것들의 학문적 위치와 노드(node)를 정해주며 연결시키는 융합적 관점을 제공할 수 있을 것이다. 특히 리쾨르의 해석학은 과학적 설명과 철학적 이해의 변증법과 앎과 믿음의 순환을 중시한다. 그는 하나의 '타원 안의 두 초점', 즉 '비판'과 '확신'이라는 두 개의 초점으로 설정하고 대화와 중재를 시도한다.[58] 그의 해석학을 원용하여 전개되는 공간의 해석학은 공간에 대한 다양한 논의로 확장할 수 있고, 더욱 풍요로운 재해석의 가능성을 확보할 수 있을 것으로 기대한다. 공간의 해석학에서는 과학적 관점과 철학적 관점에서 논의되는 공간론의 지평 융합을 모색하고, 동시에 인문사회과학과의 대화를 통해서 상호적이고 통합적인 공간 이해를 모색한다.

---

56 T. Kuhn, *The essential tension: selected studies in scientific tradition and change*, University of Chicago Press, 1977, xiii.

57 위의 책, xv.

58 P. Ricoeur, 『비판과 확신(*La critique et la conviction*)』, 변광배 · 전종윤 역, 그린비, 2013, 16쪽, 176쪽, 259쪽.

제3장

공간 해석을 위한 해석학의 기초 개념

공간해석학을 정립하고 전개하기 위해서는 해석학의 기초 개념들을 우선적으로 해명할 필요가 있다. 이 개념들은 슐라이어마허로부터 시작하여 후설을 거쳐 하이데거와 가다머에 와서 확립되고 리쾨르에 의해 수용되고 확장된다. 모름지기 해석학은 '이해와 해석의 조건'을 탐구하는 학문이다. 우리가 대상을 이해하는 과정에서 어떠한 요소들이 전제되고, 어떠한 사건이 벌어지고, 어떠한 결과가 나타나는지가 해석학이 다루고자 하는 주된 문제이다. 이것은 공간해석학의 논의에 그대로 적용될 수 있다.

여기서는 다음과 같은 해석학의 기초 개념들을 살펴보고자 한다. 첫째, 이해의 기본 조건으로서의 선입견, 둘째, 해석의 전제로서의 이해의 선구조와 해석학적 '으로서-구조', 셋째, 해석학적 순환, 넷째, 영향사적 의식과 이해의 역사성, 다섯째, 해석의 본질적 구조로서의 지평 융합을 다루고자 한다.

1. 이해의 기본 조건으로서의 선입견

해석학에서는 선입견(Vorurteil, praeiudicium)을 계몽주의나 현상학에서처럼 제거해야 할 사태로 보지 않고, 오히려 이해와 해석의 선행 조건으로 새롭게 받아들인다. 근대에 와서 베이컨(F. Bacon)을 이어서 데카르트와 칸트 모두 선입견 내지 편견을 비판한다. "편견이 과학적 · 철학적 오류의 원천이라고 보고, 인간이 자기 자신을 포함해서 세계를 올바로 이해하기 위해서는 일체의 편견에서 거리를 둔 상태에서 이성을 사용해야 한다."[1] 그 이유는 편견은 인간의 이성을 흐릿하게 만들어서 주어진 상황과 사물에 관해 오판하게 할 수 있기 때문이다. "편견이란 인간의 지성에 깊이 뿌리박혀 있어 인간의 지성을 사로잡고 있는 우상이다."[2] 베이컨에게서 이성의 순수 사용은 방법론적인 원리에 따라서 하는 사고를 말한다. 특히 그가 제시하는 것은 "언어 자체에 너무 집착하는 모든 편견과 선입견을 극복하려는 태도를 말한다."[3]

근대의 합리주의는 근거 없는 의견들, 선입견(편견), 전통, 혹은 외적 권위에 의존해서는 안 되고, 단지 이성 자체의 권위에 의존해야 한다는 데카르트의 요구에 기초하고 있다. 데카르트는 선입견에 대한 부정적 견해를 다음과 같이 언급하고 있다. "갖가지 선입견은 인간이 신적인 존재의 필연성을 명확하게 인식하지 못하도록 방해한다. 만일 우리 정신이 선입견에서 이미 완전히 벗어나 있다고 하면, 위에서 말한 완전한 신의 존재를 믿으리라고 생각한다."[4] 그는 선입견을 벗어나는 과정과 방법을 아래와 같이 상술한다.

> 어렸을 때의 선입견을 고치기 위해서는 모든 단순 관념을 고찰해야 하며, 그 관념들에 무엇이 명석한가를 고찰해야 한다. 사실 어렸을 때의 정신은 신체에 완전히 몰입해 있었으므로, 많은 사물들을 명석하게 지각했더라도 무엇 하나 판명하게 지각하지는 못했다. 그럼에도 어린 시절부터 많은 사물들에 대해서 판단해 왔으므로, 우리는 이렇게도 많은 선입견을 몸에 지니기에 이르렀다. 그래서 나중

---

1   이희용,「편견에 대한 해석학적 성찰」,『현대유럽철학연구』No.52, 한국하이데거학회, 2019, 165쪽.

2   F. Bacon,『신기관(*Novum Organum*)』, 진석용 역, 한길사, 2016, 13쪽.

3   H.−G. Gadamer, *WM 2*, 253~255쪽 참조.

4   R. Descartes,『철학의 원리(*Principia philosophiae*)』, 원석영 역, 아카넷, 2012. 16번째 원리 참조.

에 가서도 대부분의 사람들이 그러한 선입견을 벗어날 수 있도록 하기 위해서, 나는 우리 사고를 구성하는 단순개념들을 모두 하나 하나 말해보기로 한다. 그리고 그 개념들 하나하나에 있어 무엇이 명석하고 무엇이 명석하지 못한가, 즉 무엇이 우리를 감각적으로 직접 가르칠 수 있는가를 구별해보도록 하겠다.[5]

데카르트는 편견을 비판하면서 이성이 따라야 할 원칙을 다음과 같이 제시한다. "첫째는 내가 명증적으로 참이라고 인식한 것 외에는 그 어떤 것도 참된 것으로 받아들이지 말 것, 즉 속단과 편견을 신중하게 피하고, 조금도 의심의 여지가 없을 정도로 명석 판명하게 내 정신에 나타난 것 이외에는 그 어떤 것에 대해서도 판단을 내리지 말 것이다."[6]

근대에 와서 선입견(Vorurteil)이라는 독일어는 계몽주의를 거치면서 '근거 없는 판단'이라는 의미로 축소된다. 역사적으로 계몽주의를 이어서 실증주의 · 논리실증주의 · 보편적 경험주의 · 현상학에서는 선입견을 배제하고서 무전제에서 사태를 보고자 한다. 특히 19세기 실증주의와 20세기 분석철학의 주류를 형성한 논리실증주의자들은 과학의 비약적 발전에 고무된 나머지, 과학의 발전과 언어 분석을 통해 철학 영역에서 과감히 미신적이고 비과학적인 것들을 추방해버릴 수 있다고 주장한다.

현대에 와서 후설의 현상학에서도 일체의 가정, 즉 선입견 내지 편견을 배제하거나 괄호 치는 '판단중지(epoché)'를 할 것을 요구한다. 후설은 세계를 객관적으로 법칙화하고자 한 실증주의조차 자신들이 상정한 수리 · 물리학적 선입견을 벗어나지 못하였다고 지적한다. 실증주의는 수리 · 물리학적으로 규정될 수 있는 사태만을 학문으로 받아들이고자 하는 과정에서 그 자체만으로 고유한 의미를 지닌 수많은 대상영역을 무시하고 만다. 예술 · 종교 · 도덕 같은 대상 영역에서 제시되는 진술은 수리 · 물리적이지 않다는 이유만으로 아무런 의미도 지니지 못한 것으로 여겨진다. 수리 · 물리학적이지 않은 진리에 대한

---

5   위의 책, 47번째 원리.
6   R. Descartes, 『방법서설(*Discours de la méthode*)』, 이현복 역, 문예출판사, 2022, 168쪽.

평가절하는 애초에 수리·물리학적 진리만이 학문에서 받아들여질 수 있다는 선입견을 무비판적으로 전제하고 있는데도 말이다.

물론 후설은 에포케를 통해 선입견을 벗어나 현상을 직관해야 한다는 입장을 취한다. 후설이 '엄밀한 학문으로서의 철학(Philosophie als strenge Wissenschaft)'을 성립시키기 위해서는 각각의 사태에 아무런 선입견 없이 접근하는 작업이 필요함을 강조한다. 즉 '사태 그 자체(Zu den Sachen selbst)!'라는 현상학의 구호는 대상 영역을 특정한 선입견으로 환원시키고자 하는 태도가 극복되어야 한다는 통찰을 담고 있다. "미리 주어진 어떠한 것도 받아들이지 말고 전해져 내려오는 어떠한 것도 그 출발점으로 삼지 않으며, 아무리 위대한 대가라도 그 명성에 현혹되지 않는다."[7] 결국 현상학이란 대상이 있는 그대로 주어지는 것을 그것을 숨김 없이 기술하는 것이다. 과학의 이론적 구성 이전에 이미 주어져 있는 이 근원적 사태는 다만 그릇된 편견으로부터 자유로워진 직관에 의해서만 개시될 수 있다.

현상학과 해석학은 수많은 주제들에 대해 일치된 입장을 공유하면서도 선입견에 대해서는 서로 상반되는 태도를 보인다. 현상학에서는 '무전제의 철학 이념'을 견지하는 반면, 해석학에서는 선입견을 '이해의 조건'으로 받아들인다. 물론 잘못된 선입견은 계속 수정되어야 함을 강조한다.

현대 해석학의 선구자인 슐라이어마허는 해석의 과정을 어떤 유형의 설명적 과정을 배제하고 단지 추체험(Nacherleben)의 과정으로 제한함으로써 이해의 보편성을 구축하려는 의도가 엿보인다. 그리고 이 추체험을 통한 재구성 과정이 단순한 심리적 체험으로 그치지 않기 위해 전체에 대한 선이해(Vorverständnis, pre-understanding) 개념을 도입한다. 니체의 관점주의에 의하면, 모든 것은 해석이고, 또한 모든 것이 관점에 의존한다. 우리가 일정한 관점이나 전제를 갖고 있거나, 그것들을 지지하는 입장이나 자세에 서 있을 때 이외에는 실재

---

7   E. Husserl, *Philosophie als strenge Wissenschaft*, W. Szilasi(hrsg.), Frankfurt.a.M., 1971, p.340.

세계에 접근할 수도 그것을 표상할 방법도 그리고 그것에 맞설 수단도 없다. 따라서 관점으로부터 독립된 실재나 진리라는 것은 공허한 개념이다. "우리들은 제각기 하나의 해석, 삶에 대한 관점을 가지지만, 이런 관점들은 그 관점들의 참에 의해서가 아니라, 삶에 대한 그것들의 가치에 의해 판단된다고 니체는 말한다. 관점은 참이거나 거짓인 것이 아니라, 약하거나 강한 것이며, 삶에 긍정적인 것이거나 삶에 부정적인 것이다."[8]

하이데거에 의하면, 현존재는 유일하게 자신과 다른 존재자들의 존재를 이미 이해하고, 그 이해를 근거로 살아가는 인간을 나타내는 존재 양식이다. 이러한 선행적 존재 이해를 자각하여 수행하는 것이 바로 해석학이다. 현존재는 선이해로부터 여타의 존재자와 현존재 자신을 포괄하는 존재 일반에 대한 이해관계를 획득한다. 이러한 의미 전체에 대한 막연한 이해는 부분적인 의미를 해석하기 위한 가능 조건의 역할을 한다. 동시에 해석을 통해 드러난 부분적인 의미는 전체적인 의미가 구체화되기 위한 가능 조건의 역할을 한다. 따라서 하이데거에게서 선입견(Vormeinung)은 예견 구조의 일부가 된다.[9]

하이데거의 선입견 개념으로부터 영향을 받은 가다머의 해석학에서는 오히려 선입견이 지닌 중요성을 강조한다. 가다머는 하이데거의 '이해의 선구조(Vorstrukur des Verstehens)', 즉 선이해 개념을 선입견 혹은 선판단이라는 개념으로 변형시킨다. 그리고 "해석은 선개념(Vorbegriff)과 더불어 시작되고, 선개념은 다시 더 적절한 개념에 의해 대체되는 이 끊임없이 새로운 기획은 이해와 해석의 의미 형성 과정을 결정하는데, 이것이 곧 하이데거가 말하는 이해의 과정이다."[10] 이 선입견을 모든 유형의 이해 및 해석을 위한 필수불가결한 전제 조건으로 규정한다. 가다머는 전승된 텍스트나 전통에 대한 이해라는 것은 해석자 자신의 선이해를 부단히 수정하는 가운데 보다 더 통일된 의미를 확보해나

---

8   J. Caputo, 『포스트모던 해석학 : 정보시대에서의 사실과 해석(*Hermeneutics: Facts and Interpretation in the Age of Information*)』, 이윤일 역, 도서출판b, 2020, 172쪽.

9   M. Heidegger, *SuZ*, p.150.

10   H.-G. Gadamer, *WM 2*, 139쪽.

가는 과정이라고 한다. 가다머는 역사의식을 통해 자신의 선입견은 물론 타자의 선입견도 의식한다.

가다머는『진리와 방법』에서 계몽주의에 반하여 선입견을 옹호하면서 다음과 같은 도발적인 질문을 던진다. "과연 선입견은 언제나 참다운 이해의 장애로 작용하고, 그 때문에 제한되거나 제거되어야 하는가? 아니면 해석학적 생산성을 산출하는 역사적 조건으로 정당하게 인정될 수 있는가?"[11] 그에게 있어서 이해와 해석의 조건인 선입견은, 그것이 올바르지 않다면 계속 수정되고 비판받아야 한다. 그러나 정당한 선입견은 긍정되어야 한다는 것이 가다머의 입장이다. 우리는 언제나 이미 선입견 속에서 세계를 바라볼 수밖에 없고, 선입견을 극복하기 위해서라도 또다시 선입견에 의존할 수밖에 없으며, 또한 선입견을 통해 주어진 세계를 실재로서 받아들일 수밖에 없다는 것이다. 따라서 개인의 선입견은 개인들의 판단 이상으로 개인의 존재의 역사적인 것을 구성한다는 것이다.

가다머는 선입견을 가지고 텍스트를 읽고 선입견이 우리의 선이해를 규정한다고 본다. 따라서 '이해의 조건'을 탐구하고자 하는 해석학은 수리·물리학적 이해를 비롯한 모든 종류의 이해에서 선입견이 전제될 수밖에 없다고 지적한다. 해석학에서 선입견이란 이해를 위해 결코 배제될 수 없는 지평으로 여긴다. "우리의 판단보다는 우리의 선입견이 우리의 존재를 구성한다. 이것은 도발적인 정식화이다. 왜냐하면 나는 프랑스와 영국의 계몽주의에 의해 우리의 언어적 용법으로부터 밀려났던 긍정적인 선입견 개념을 그것의 정당한 자리에 복권시키기 위해 그 용어를 사용하고 있기 때문이다."[12] 또한 "모든 이해는 필연적으로 어떤 선입견을 포함한다는 사실을 이렇게 인정하는 것이 해석

---

11 위의 책, 145~163쪽.
12 H.-G. Gadamer, "The Universality of the Hermeneutical Problem", *Philosophical Hermeneutics*, David E. Linge(trans. and ed.), Berkeley: University of California Press, 1976, p.9.

학적인 문제에게 진정한 추진력을 준다."[13]

가다머는 근대의 선입견의 원천들을 검토한다. 그는 진리와 예술 경험을 강조하면서 예술과 미에 대한 감성은 인식과 진리와는 아무런 상관이 없다고 하는 선입견에 대한 원천을 논구한다. 데카르트주의에 비판적인 가다머는 계몽주의 이래 자리잡은 이성과 전통, 이성과 편견, 이성과 권위라는 대립틀을 받아들이지 않는다. 이성은 그 자체 역사적 문맥 지평으로부터 자유로울 수 있는 능력이나 재능이 아니다. 이성은 언제나 살아 움직이는 전통 내에서 자신의 고유한 힘을 획득하는 역사적인 이성이며, 상황 속에 던져진 이성이다. 가다머에게 이것은 이성의 제한이나 결함이 아니라, 오히려 인간의 유한성에 뿌리 박은 이성의 본질이다. 그는 칸트의 미적 판단의 보편성을 참조한다. 미적 판단은 인간의 주관성에 기초하고 있지만, 개별 주체에 단지 상대적이지 않다. 그러나 미적 판단은 참이나 거짓의 판단이 아니지만, 그것은 진리주장을 포함한다.

가다머는 인식 주체의 선이해를 규정하는 선입견(선판단)을 이해의 구성 요건 및 기본 조건으로 간주한다. "개인의 자기의식이라는 것은 역사적 삶이라는 거대한 전기장 안에서 명멸하는 작은 불꽃에 지나지 않는다. 그렇기 때문에 개개인이 갖는 선입견은 개개인의 올바른 판단보다 훨씬 더 강력하게 개인적 존재의 역사적 현실성을 규정한다."[14] 기존의 정신과학은 선입견에 대한 계몽주의적 반감을 이어받아 그것을 무조건적인 제거의 대상으로 삼는다. 그러나 전통과 권위에 기반을 둔 '정당한 선입견들'[15]이 존재한다. 그러나 가다머는 맹목적인 선입견과 인식에 생산적인 정당화된 선입견을 구분한다. 그 어떤 전통으로부터도 독립적인 진리는 존재하지 않는다고 보면서, 선입견들로부터 완전히 자유로운 인식의 이상은 우리의 이해에 강력하게 작용하는 역사성을

---

13 H.-G. Gadamer, *WM*, p.255.

14 H.-G. Gadamer *WM 2*, 152쪽.

15 H.-G. Gadamer. *WM*, p.263.

생각하기 때문에 헛되다는 것이 가다머의 입론이다. 물론 정당한 선입견과 비판되어야 할 선입견 사이의 확실한 변별이 요구된다. 이 요구에 가다머가 일차적으로 내놓는 대답은 시간적 간격이다. 즉 선입견의 정당성은 충분히 시간이 흐른 다음 증명될 수 있는 조건이 마련된다.

가다머의 지적대로, 세상에 편견 없는 해석은 없으며, 이런 측면에서 해석학은 한마디로 주관적인 해석을 일단 받아들인다. 여기서 해석은 단순히 역사적 자료를 나열하거나 실증적인 분석만을 의미하는 것은 아니다. 해석하는 과정에서 해석하는 사람의 철학적 주관이 깊숙이 관여한다. "인간에게는 유한하며 역사적 존재 방식에 맞는 합법적인 선입견이 있다."[16]

가다머에 의하면, 해석이란 권위에 대한 인정과 더불어 주어진다. 계몽주의에 의하면 인간 이성의 자명성에서 진리 인식의 근거를 두고서 이성적 자기 확인 이전의 어떠한 선입견도 불신한다. 그리고 타인의 권위에 의한 어떤 선판단은 우리에게 오류의 가능성을 높일 뿐, 이런 오류의 가능성에서 벗어나려면 권위나 속단에 의한 선판단을 배제하고 이성의 자기 확인에 의해 판단하고 형성해야 한다. 왜냐하면 이성이 모든 권위의 최종적인 원천이 되어야 하기 때문이다. 그에 의하면 권위에 대한 긍정은 이성의 굴종에 근거하는 것이 아니라, 타인이 자신보다 판단과 통찰력에서 우월하다는 인식과 지식에 근거한다. 따라서 권위는 명령에 대한 맹종이 아니라, 오히려 지식과 관계가 있고, 다시 말해서 권위를 인정하는 것은 자유와 이성에 기초한 행위인 것이다. 결국 잘못된 이해를 가져오는 자신에게 친근한 이념을 일방적으로 선호하는 것, 즉 이해의 개인적 제약인 편파성과 경솔함에서 오는 선입견으로부터는 벗어나야 한다. 가다머는 우리를 올바른 이해로 인도하는 역사의식을 갖춘 진정한 선입견과 잘못된 이해를 유발하는 그릇된 선입견을 구별해야 한다고 본다.[17]

근대의 자연과학에서도 철저히 선입견과 편견은 비판과 극복의 대상이다.

---

16   위의 책, p.261.

17   H.-G. Gadamer, *WM 2*, 182쪽.

"근대 자연과학의 엄정한 경험주의가 계몽주의와 결합하면서 일체의 선입견은 원칙적으로 폄하되었고, 선입견에 대한 그러한 평가절하는 역사주의와 결합된 계몽주의에 이르러 더욱 철저해지고 보편적인 것이 되었다."[18] 하지만 퍼스(C.S. Peirce)와 포퍼에 이르는 과학철학의 전통에서도 선입견에 대한 긍정적 견해가 있다. "우리는 완벽한 회의를 출발점으로 삼을 수는 없다. 우리는 우리가 철학의 연구에 착수할 때, 실제로 우리가 가지고 있는 모든 선입견들을 출발점으로 삼아야 한다. 이러한 선입견들은 준칙에 의해 추방될 수 없다. 왜냐하면 그것들은 우리가 물어볼 수 있도록 발생하지는 않는 것이기 때문이다."[19] 일체의 선입견을 극복해야 한다는 계몽주의의 전면적인 요구 자체가 선입견이었음이 밝혀졌다. "계몽주의의 핵심적 본질을 이루는 선입견이란 일체의 편견 자체를 무시하는 또다른 선입견으로서 그로 인해 역사적 전통의 권위는 완전히 박탈된다."[20]

해석학에서는 실증주의가 믿을 수 없는 것으로 매도했던 '직관(Intuition)'이 오히려 사태를 근원적으로 드러내주는 모든 인식의 권리 원천으로 해석된다. 나아가 인문주의의 유산인 감지력(Takt), 공통 감각(sensus communis), 판단력(Urteilskraft), 취미(Geschmack) 등에 대한 개념적 분석을 통해서 가다머는 과학(학문)의 방법적 이념에 의해 획득되는 인식과 진리의 세계와는 근본적으로 다를 뿐 아니라, 오히려 그에 선행하는 정신과학적 인식과 진리의 세계가 가능함을 보여준다. 그에 의하면 언어는 모든 것을 표현할 수 있기에 보편성(Universalität)을 확증할 수 있다는 것이다. "언제 어디서 누구와 무엇을 화제로 삼든 대화가 존재한다는 것, 그것이 해석학적 경험의 보편성을 만든다."[21]

리쾨르도 가다머의 선입견 개념을 수용한다. "나는 가다머의 영향을 받아서

18 H.-G. Gadamer, *WM 2*, 151쪽.

19 C. S. Peirce, *Pragmatism and Pragmaticism and Scientific Metaphysics*(Collected Papers of Charles Sanders Peirce, Volumes V and VI), Harvard University Press, 1935, 156쪽, 265쪽.

20 H.-G. Gadamer, *WM 2*, 144쪽.

21 H.-G. Gadamer, *WM*, p.505.

단번에 하이데거식의 반성에 자리를 잡고, 선이해의 핵심 현상을 설명하겠다. 이러한 선이해의 존재론적 구조는 사회과학이 선입견, 이데올로기, 해석학적 순환 등의 이름으로 만나는 모든 인식론적 난점들에 선행하고 이 난점들을 지배하는 구조이다."[22] 리쾨르에 의하면, 가다머의 선입견 옹호의 유래와 그것의 확장을 다음과 같이 피력한다. "가다머는 자신의 '선입견' 개념을 낭만 철학에서 빌려왔고 하이데거의 선이해 개념을 통하여 재해석하였지만, 하버마스는 루카치와 프랑크푸르트학파의 학자들(호르크하이머, 아도르노, 마르쿠제, 아펠 등)이 재해석한 마르크스주의의 '관심' 개념을 발전시켰다."[23] 그리고 "따라서 나는 모든 지식은 관심에 의해서 유지되고, 이데올로기 비판 이론도 그 자체로 해방에 대한 관심, 즉 아무런 제한도 구속도 없는 소통에 대한 관심과 같은 일종의 관심에 의해서 유지된다는 하버마스의 주제에 동의한다."[24] 리쾨르에 의하면, 선입견(선판단)은 일차적으로 '근거 없는 판단'이나 '잘못된 판단'을 의미한다. 계몽주의는 선입견에 대한 불신을 가졌다. 그러나 라틴어 praejudicum 은 계몽주의 이전의 법률적 전통에서는 양면성을 가지고 있다.[25] "사회 · 사회계급 · 문화전통 내에 있는 우리의 위치를 객관화하는 모든 지식보다는, 우리가 결코 전체적으로 반성할 수 없는 '소속' 관계가 선행한다. 모든 비판적인 거리 이전에, 우리는 역사에, 계급에, 민족에, 문화에, 하나 또는 여러 전통들에 속한다."[26]

이런 점에서 리쾨르의 현상학적 해석학은 현상학에 비해 '선입견'이 지닌 중요성을 더욱 강조한다. 두 학문 사이의 차이는 두 학문이 지향하는 목표의 차이에서 비롯된다고 할 수 있다. 즉, '엄밀한 학문으로서의 철학'을 성립시키고

---

22 P. Ricœur, 『텍스트에서 행동으로(Du texte à l'action. Essais d'herméneutique II)』, 박명수 · 남기역 편역, 아카넷, 2002(이하 TA), 331쪽 이하.
23 위의 책, 360쪽.
24 위의 책, 335쪽.
25 위의 책, 344쪽.
26 위의 책, 332쪽.

자 하는 현상학은 사태 자체를 선입견 없이 있는 그대로 기술해야 한다고 주장한다. 현상학에서 선입견이란 판단중지를 통해 배제되어야 하는 대상으로 여겨진다. 그러나 '이해의 조건'을 탐구하고자 하는 현상학적 해석학은 수리 · 물리학적 이해를 비롯한 모든 종류의 이해에서 선입견이 전제될 수밖에 없다고 지적한다. 현상학적 해석학에서 선입견이란 이해를 위해 결코 배제될 수 없는 지평으로 여겨진다. 현상학과 현상학적 해석학은 수많은 주제들에 대해 일치된 입장을 공유하면서도 선입견에 대해서는 서로 상반되는 태도를 보이는 것이다. 그러나 과학조차 편견과 선입견에서 자유로울 수 없다는 것이 해석학의 입장이다.

이상의 논의를 요약하자면, 하이데거와 가다머 그리고 리쾨르의 선입견에 대한 입장을 공간 이해에 적용시키면, 공간을 우리 외부에 있는 객관적 대상에 대한 이해로 보지 않고 공간 이해를 가능케 하는 것은 무엇보다도 공간에 대한 선입견 내지 선이해라는 것이다. 이것 없이는 공간이란 대상을 이해할 수 없다는 사실을 도출할 수 있다. 우리는 공간 이해에 있어서 선입견 자체를 부정하거나 배제할 수는 결코 없다. 물론 그러한 선입견은 새로운 이해와의 순환 속에서 늘 수정되고 새로워져야한다. 이를 통해 공간 사태에 대한 진리 인식에 더 가깝게 다가갈 수 있을 것이다.

2. 해석의 전제로서의 이해의 '선구조'와 해석학적 '으로서-구조'

해석학적 관점에 의하면, 우리가 어떤 사태를 해석함에 있어서, 그것에 앞선 이해, 즉 선이해가 전제되어 있다고 본다. 하이데거는 '선이해(Vorverständnis)'를 적극적으로 해석(Auslegung)의 전제로 인정한다. 해석에는 '어떤 것이 어떤 것으로 이해되어 있음'이 전제되어 있다. 말하자면, 해석은 이해를 전제한다. 해석은 무전제적으로 이루어지는 것이 아니라, 언제나 선이해를 전제한다. 현존재는 자신의 존재를 앞서 이해하고 있으면서도 그 앞선 이해를 완전하게 해석하여 자신의 존재에로 되돌아와야 하는 해석학적 순환 구조 속에 있다. 그러므로 존재에 대한 선이해를 완성하는 것이 해석이다. 선이해란 존재의 힘이 해석을 이끄는 것을 가리킨다.

하이데거에 있어서 '이해의 선구조' 내지 예견 구조는 경험의 지평을 이루면서 끊임없이 유동하고 변화할 수 있는 어떤 것이며, 또한 삶을 이해하고 해석하는 근본적 패러다임이다. "어떤 것을 어떤 것으로서 해석함은 본질적으로 앞서 가짐(Vorhabe, 예지), 앞서 봄(Vorsicht, 예시), 앞서 잡음(Vorgriff, 예파)에 의해서 기초를 부여받고 있다. 해석학이란 결코 전제 없이 파악하는 게 아니다."[27] 이처럼 해석은 앞서 가짐·앞서 봄·앞서 잡음에 기초하고 있다. 이해는 '앞서 가짐'으로 표현되는 이해의 지평에 대한 선취(先取), 이를테면, '앞서 봄'으로 표현되는 이해의 의도 혹은 방향에 대한 선취, '앞서 잡음'으로 표현되는 이해에서의 개념적 선취를 보유한다. 이처럼 이해를 가능하게 하는 이해의 선구조는 주관에 의한 객관의 구성이라는 낡은 도식을 벗어나서 앞서 주어져 있는 존재 사태 자체가 우리에게 드러나도록 하는 해석학적 상황과 일치한다.

> 이해의 순환 속에 (…) 가장 원초적인 지식을 위한 적극적 가능성이 숨겨져 있다. 해석(Auslegung)의 과정에 있어서 우리의 첫번째이자 마지막이며, 또한 지속적인 과제가 우리의 앞서 가짐(예지), 앞서 봄(예시), 앞서 잡음(예파)이 결코 일시적 생각들이니 대중적 개념들에 의해 제시되도록 허용하지 않고, 반대로 이러한 예기들을 사태 자체의 관점에서 실행시킴으로써 과학적 주제를 확고하게 만드는 데 있음을 우리가 이해할 때에만, 우리는 진정으로 이 가능성을 들 수 있다.[28]

여기서 '이해의 선구조'의 속성이 결코 단순한 의식의 속성이 아니라는 것을 분명하게 인지하는 것이 중요하다. 이해의 선구조는 주객 이분법이 나타나기

---

27 M. Heidegger, *SuZ*, p.150.

28 위의 책, p.153.

전에 이미 있는 생활세계와 가치 세계의 의미 연관 구조에 기초하고 있다. 여기서 의미란 선구조에 의해 기획된 방향이고, 이로써 어떤 것을 어떤 것으로 이해한다. 모든 해석은 이해의 선구조(Vor-Struktur)와 해석의 '으로서-구조(Als-Struktur)'[29] 속에서 움직인다. 해석(Auslegung, 명료화)은 '으로서-구조'에 따른 이해의 전개이다. 그러나 '으로서'라는 매개를 작용시키면서, 해석은 이해를 다른 사물로 변형시키지 않고서 이해로 하여금 이해 자체가 되게 한다. 해석은 이해를 '으로서'로 명료화할 뿐이다. 종래의 해석학처럼 해석을 통해 이해가 성립되는 것이 아니고, 도리어 해석은 이해의 완성이다. 기존의 해석학에서 해석은 이해를 위한 수단인 반면, 존재론적 해석학에서 해석은 이해의 완성이다. 해석은 앞서 이해된 것을 '으로서'로써 분류 파악함을 의미한다. "여기서 이해는 학문적 방법론이 아니라, 자신의 존재를 이행하는 시간 속에서 매순간 자기 존재를 이해하고 있다는 존재의 방식을 의미한다. 따라서 세계 속에 있는 사물을 대할 때 자신의 존재와 관계하여 '으로서'로써 해석하고 이해한다. 다시 말해 대상을 객관적으로 바라보는 것이 아니라, 자기 존재와의 연관 속에서 나에게 어떠한 것으로서 대상의 의미를 열어 밝힌다."[30] 이것이 해석학적 '으로서-구조'[31]이다. 해석은 '어떤 것을 어떤 것으로서' 두드러지게 풀어내는 것이다. 즉 해석은 이해된 것을 두드러지게 하는 것이다. 두드러지게 해석된 것은 '어떤 것을 어떤 것으로서'라는 구조를 가지고 있다. 이러한 구조를 해석학적 '으로서-구조'라고 한다.

따라서 해석은 존재자에다 어떤 새로운 것을 가져다가 붙이는 것이 아니라, 오히려 그 존재자에서 이미 이해된 것을 두드러지게 부각시키는 것이다. 예컨대 망치에서 이해된 것은 그것의 사용 가능성들이다. 우리는 망치를 그것에서 이해된 것으로부터 '못을 박기 위한 것'이거나 혹은 '집을 짓기 위한 것'으로서

---

29 위의 책, pp.150~151.
30 이윤미, 「해석의 흐름에서 본 갈등과 소통의 가능성」, 『현대유럽철학 연구』 제64집, 한국하이데거학회, 2022, 130쪽 이하.
31 M. Heidegger, *SuZ*, p.158.

해석할 수 있다. 결국 해석은 이해의 선구조와 해석학적 '으로서-구조'를 기초로 삼고 있다. 우리는 이미 앞서 이해된 것만을 해석해낼 수 있다. 해석된 것은 '어떤 것으로서' 파악된 것, 즉 '으로서-구조'에 잡힌 것이다.

> '하기 위하여'에 따라 배시적으로 나누어 놓여진 것 자체, 즉 분명하게 이해된 것은 어떤 것으로서의 어떤 것이라는 구조를 가지고 있다. 이 특정한 용재자(Zuhandensein)는 무엇인가 하는 배시적 물음에 대해, 배시적으로 해석하는 대답은 '그것은 …을 하기 위한 것'이라고 말한다. '어디 [무엇에]' [쓰일 곳]를 제시하는 것은 단순히 어떤 것을 거명하는 데 그치는 것이 아니라, 거명된 것은 물어지고 있는 것이 그것으로서 받아들여져야 하는 것으로서 이해되고 있다.[32]

이와 같이 해석이 이해에 의존한다는 것은, 해석이 항상 반성에 선행하며, 주관에 의한 대상의 구성에 선행한다는 것을 의미한다. 해석의 차원에서는 이러한 선행자를 예견 구조라고 파악한다. 그런데 이러한 예견 구조 때문에 해석은 단순하게 먼저 주어져 있는 존재자에 대한 전제가 없는 파악이 되지 못한다. 해석은 '앞서 가짐', '앞서 봄', '앞서 잡음' 내지 '앞서 생각함(Vor-Meinung)'의 양태로 자신의 대상에 선행한다. 중요한 것은 예견의 구조를 작동시키지 않고서 '으로서-구조'를 작동시킬 수 없다는 점이다. 의미(Sinn) 개념은 '으로서'와 '앞서'라는 이중 조건에 복종한다. 이들은 모든 사물이 이러한 것으로서 또는 저러한 것으로서 이해될 수 있는 지평을 형성한다.

이상의 논의를 정리해보자면, 해석은 앞서 이해된 것을 '으로서'로 분류 파악함을 의미한다. 우리는 이미 앞서 이해된 것만을 해석해낼 수 있다. 해석된 것은 '어떤 것으로서' 파악된 것, 즉 '으로서-구조'에 잡힌 것이다. 따라서 일체의 공간 해석에 있어서도 해석은 필연적으로 이해의 선구조와 해석학적 '으로서-구조'에 의해 가능하다. 이런 점에서 공간해석학은 공간에 대한 과학적·실증적 연구의 한계를 넘어서고 있음을 확인할 수 있다. 동시에 후자가 지니

---

32   위의 책, p.149.

고 있는 전제가 밝혀진 셈이다.

3. 해석학적 순환

순환논법 또는 순환논증(circular reasoning, circulus in probando, circular logic)은 일반적으로 추론자가 논증할 명제를 논증의 근거로 하여 시작하는 논리적 오류이다. 일반적으로 순환이란 '악순환(vicious circle)'을 말하는 것으로 논증상의 무력함을 의미한다. 그러나 해석학에서는 해석학적 순환적 성격을 수용하면서 부분은 전체로부터, 전체는 부분으로부터 이해되어야 함을 주장한다. 결국 어디에도 절대의 시작점이 없다는 앎의 순환 구조를 적극적으로 인정한다. 모든 언명을 이해하기 위해서는 그 선행적 물음을 이해해야 한다. 또한 선행적 물음이란 모두 '전승(Überlieferung)'에 뿌리를 두고 있기 때문에, 해석이란 전승에 대해 선행적으로 질문하는 행위이다.

해석의 순환적 성격, 즉 '해석학적 순환(hermeneutischer Zirkel, hermeneutical circle)'에 대한 통찰은 슐라이어마허가 처음으로 제시한다. 이 개념을 통해 해석학을 특수학에서 보편학으로 성장시킬 수 있는 가능성을 제공한다. 그는 부분과 전체의 해석학적 순환을 객관적 측면과 주관적 측면으로 구분한다. 그리고 어떤 텍스트는 객관적 측면(전체의 맥락)과 주관적 측면(작가의 정신 생활 전체)이 종합될 때 비로소 온전한 이해가 가능하다.[33] 그의 해석학에서는 순환을 피하는 것이 아니라, 적극적으로 그 순환에 휘말려 들어가 순환 과정을 반복함으로써 오히려 해석이 완성되고 이해에 이르게 된다고 본다. 즉 "해석학에 기여한 그의 업적(즉 해석학적 순환)은 해석학의 역사에 있어서 중요한 전환점이 된다. 왜냐하면 해석학은 이제 더 이상 신학이나 문학 혹은 법학에 속하는 특수한 전문적 보조 분야가 아니라, 언어로 표현된 모든 것들을 이해하는 기술

---

33 H.-G. Gadamer, *WM 2*, 172쪽.

로 전환되었기 때문이다."[34] 가다머는 슐라이마허도 해석학적 순환과 변증법적 사유를 연결시키고 있음을 확인해준다. "슐라이어마허는 부분과 전체의 양극을 오가는 변증법적 사유를 해석학에 적용하며, 해석학의 전통으로 전해 내려오는 부분과 전체의 상호작용을 발전시킴으로써 해석 과정의 고유의 잠정적 성격과 무한성을 염두에 둔다."[35]

슐라이어마허를 이어 딜타이의 정신과학의 방법으로서 해석학은 체험(Erleb-nis) · 표현(Ausdruck) · 이해(Verstehen)의 순환적인 과정을 통해 개별적인 삶을 그 자체와의 연관에서 이해한다. 주관은 의미 구성자가 아니라, 드러난 것을 실마리로 하여 그 숨겨진 의미를 스스로 이끌어내는 해석자이다. 역사학자 드로이젠(J.G. Droysen)의 방법론적 구상에서 해석학이 역사 연구를 주도한다. "개별적인 것은 전체 속에서 이해될 수 있고, 전체는 개별적인 것으로부터 이해될 수 있다."[36] 딜타이도 '해석학적 순환'의 원칙을 지닌 해석학을 역사학에 적용시킨다. 여기서 해석학은 역사학의 토대인 셈이다.

> 딜타이는 낭만주의적 해석학을 적극적으로 발전시켜 역사적 방법론으로, 더 나아가 정신과학의 인식론으로까지 확장시켜 나간다. 역사의 맥락이라는 개념에 관한 딜타이의 논리적 분석은 부분과 전체의 해석학적 원칙, 다시 말해 텍스트 전체를 근거로 해서만 개별적인 부분을 이해할 수 있고, 또한 부분을 근거로 해서만 전체, 즉 역사세계를 이해할 수 있다는 원칙을 적용한 것이다. 문헌만이 아니라 역사현실 자체도 이해되어야 할 텍스트로 간주된다.[37]

특히 하이데거는 모든 과학적 사유를 벗어나 정신과 자연의 이원적 대립을 '세계-내-존재'의 순환적 구조로 존재론적으로 다시 읽는다. "순환은 악순환

---

34 R. E. Palmer, 『해석학이란 무엇인가?』, 이한우 역, 문예출판사, 1990, 143쪽.

35 H.-G. Gadamer, *WM 2*, 35쪽.

36 위의 책, 71쪽에서 재인용(J.G. Droysen, *Historik: Vorlesungen über Enzyklopädie und Methodologie der Geschichte*, Rudolf Hübner(hrsg.), Darmstadt, 1958, 10절).

37 H.-G. Gadamer, *WM 2*, 44쪽.

(vitiosum)으로서 비록 용인될 만한 악순환이라 하더라도, 폄하되어서는 안 된다. 순환 속에는 가장 근원적인 인식을 가능하게 해주는 긍정적 가능성이 숨어 있다."[38] 그에 의하면 어떠한 해석도 해석해야 한다는 것을 사전에 이해하고 있어야 한다. 즉 해석이란 선이해가 가지고 있던 내용을 분절화하여 명확하게 끄집어내는 것이다. 이것을 순환이라고 한다면, 인간의 존재 구조에 내재하는 순환이라고 해야 할 것이다.

현존재는 자신의 존재를 앞서 이해하고 있으면서도 그 앞선 이해를 완전하게 해석하여 자신의 존재에로 되돌아와야 하는 해석학적 순환 구조 속에 놓여 있는 셈이다. "이해에서의 '순환'은 의미의 구조에 속하며, 그 현상은 현존재의 실존론적 구성틀에, 즉 해석하는 이해에 뿌리를 내리고 있다. 그것에게 세계-내-존재로서 그의 존재 자체가 문제가 되고 있는 바로 그 존재자는 일종의 존재론적 순환 구조를 가지고 있다."[39] 그러므로 존재에 대한 선이해를 완성하는 것이 해석이다. 그의 해석학적 순환을 설명하는 방식은 텍스트에 대한 이해가 의미를 선취하는 선이해에 의해 지속적으로 영향을 받는다는 것을 전제한다. 결국 하이데거는 이해의 존재론적 구조로서의 해석학적 순환을 이해한다.

하이데거는 해석학적 방법이 존재 물음을 통해 가장 적절하게 적용된다고 말한다. 존재 물음은 순환적이다. 즉 묻는 자는 이미 물어지는 것의 의미에 의해 방향지어져 있다. 현존재는 막연하기는 하지만, 자신의 존재 의미를 어느 정도 이해하고 있다. 이를 실마리로 하여 비로소 존재의 의미를 물을 수 있다. 현존재는 선이해로부터 여타의 존재자와 현존재 자신을 포괄하는 존재 일반에 대한 이해관계를 획득한다. 이러한 의미 전체에 대한 막연한 이해는 부분적인 의미를 해석하기 위한 가능 조건의 역할을 한다. 동시에 해석을 통해 드러난 부분적인 의미는 전체적인 의미가 구체화되기 위한 가능 조건이기도 하다. 여기에 부분과 전체 사이의 해석학적 순환이 작동한다. 해석학적 순환은

---

38   M. Heidegger, *SuZ*, 153쪽.
39   위의 책, 153쪽.

세계 이해와 세계 내부적 존재자의 존재 이해, 그리고 존재자를 그 존재자로 해석하는 이해의 순환 속에서 정초된다.

하이데거를 이어 가다머는 현존재의 이미 '내던져져 있음(Geworfenheit)'의 존재 구조 속에서 주관과 객관의 해석학적 순환성을 발견하고서 자신의 해석학적 경험 이론을 구축해 나간다. 그러므로 가다머는 후설의 현상학적 전환을 다시 해석학적으로 전환한 하이데거에게서 자신의 철학적 해석학의 토대를 발견한다. 가다머는 어떤 선이해로부터 자신의 출발점을 취하지 않을 수 있는 해석은 존재하지 않는다고 통찰한 하이데거의 영향을 강하게 받는다. "고대 수사학이나 근대 해석학에서 공통된 것은 순환적 관계이다. 말이나 글의 전체적 의미에 대한 기대치가 명확한 이해로 바뀌는 것은 전체의 맥락에서 의미가 규정되는 부분들이 역으로 전체의 의미를 규정하기 때문에 가능하다."[40]

> 가다머에 있어서 이해는 언제나 선입견을 전제로 하며, 따라서 언제나 일면적일 수밖에 없다. 그는 이것이 역사적인 유한한 존재로서의 인간이 가질 수밖에 없는 한계라고 생각한다. 역사적인 사실을 이해하고자 할 때, 혹은 고전적인 텍스트를 이해하고자 할 때, 해석자 자신이 언제나 이미 자신의 해석 대상에 속해 있는 전승의 지평 위에서 있음을 발견할 수밖에 없다. 이것이 가다머의 영향사 의식이라는 형태로 수용한 해석학적 순환의 상황이다. 모든 해석은 해석자의 사전 기획으로부터 독립될 수 없다는 순환에 빠진다.[41]

또한 리쾨르에게 있어서도 해석학적 순환의 근본적인 조건은 선이해(pré-compréhension)의 구조 속에 있다. 그 이유는 선이해의 구조는 모든 명료화를 그것에 선행하면서 명료화를 가지고 있는 이해와 연결시키기 때문이다.[42] 리쾨르는 설명과 이해의 해석학적 순환성을 받아들인다. 이제 이해와 설명은 대립

---

40 H.-G. Gadamer, *WM* 2, 171쪽.
41 위의 책, 137쪽~151쪽; 박서현, 「하이데거의 해석학적 순환에 대하여」, 『철학』 vol. 101, 한국철학회, 2009, 57~84쪽.
42 P. Ricœur, *TA*, 47쪽 이하.

이 아니라, 해석학적 순환이 고리에 포함되어 있는 연속적 관계이다. 이에 따라 구조적 분석과 발화 행위의 관계 역시 더 이상 배제의 관계가 아니다. 이들은 텍스트를 통한 의사소통과 그 발화 가치를 설명하기 위해, 서로 연속적이며, 상호 협조적인 관계를 유지해야 한다. 리쾨르는 이 상보적 관계를 이해에서 설명으로, 설명에서 이해로 가는 순환 모형을 통해 과학적으로 검증하였고, 텍스트 이론을 보다 완전하게 만드는 데 기여한다.[43]

이런 맥락에서 현대 해석학에서 중요하게 다루어온 '해석학적 순환' 개념은 공간 해석에 있어서 기초적인 개념이다. 이는 공간에 대한 선이해와 새로운 공간 이해의 순환 관계를 지칭한다. 이러한 해석학적 순환을 통해 공간에 대한 이해의 부분성과 전체성의 상호작용 속에서 적실(適實)하고 더 나은 공간 이해로 나아갈 수 있을 것이다.

4. 영향사적 의식과 이해의 역사성

18세기에 역사철학의 기초를 닦은 비코(G.B. Vico)는 『신과학의 원리(*Scienza nova prima*)』에서 역사 그 자체에 내재적인 법칙이 있고, 역사적 발전은 그 법칙을 따를 때 가능하다고 한다. "인간이 무엇인가에 대해서는 역사가 말해준다"는 그의 말은 인간을 철저히 역사성에서 파악하는 것을 말한다. 그러나 딜타이에 의하면, 역사주의에서는 더 이상 인간의 본성과 도덕성 그리고 이성을 절대적이고 영원하며 보편적인 것으로 취급하지 않고, 대신에 상대적이고 변화하며 역사적 맥락에 따라 형성된다는 점이 강조된다.[44] 따라서 역사 구속적인 인간의 이해는 항상 역사적으로 결정되며, 따라서 시간을 초월해 역사 밖

---

43 김휘택, 「폴 리쾨르의 설명과 이해관계의 이중검증」, 『프랑스문화예술연구』 제30집, 프랑스문화예술학회, 2009, 172쪽.

44 F.C. Beiser, *The German Historicist Tradition*, Oxford University Press, 2011, p.1

에 위치하는 절대적이고 영원불변한 지식에 도달할 가능성은 없다. 해석학은 이해되어야 할 대상이 역사적·사회적인 연관 속에서 산출될 뿐만 아니라, 이들 연관을 배제하고 그 대상에 접근할 수 없다는 입장이다. 과거와 현재와의 연관은 바로 역사성에 의해서 가능해진다.

딜타이가 역사적 사회적 사실이라거나 또는 역사적 사회적 연관이라고 하는 말을 사용할 때는 바로 우리 인간이 역사적이며, 우리가 유한하다는 것에 근거를 두고 있다. 야스퍼스(K. Jaspers)에 의하면, 역사적·사회적 사실은 유일회적 사건이며 개별성과 고유성을 가지고 있다. 그래서 이러한 대상으로의 통로는 설명의 방법이 아니라, 오히려 이해의 방법을 거쳐야 하며, 그리고 이해의 과정 속에서만이 대상 고유의 특성들이 추상화되지 않고 드러나게 된다.[45] 우리는 역사를 하나의 객관적인 대상처럼 외부에서 조망할 수 없다. 그 이유는 항상 우리는 역사 속에 존재하며, 그것의 영향 안에 있기 때문이다.

가다머는 "역사가 우리에게 속한 것이 아니라, 우리가 역사에 속해 있다"고 단언한다. 이는 역사가 주관에 의해서 구성되는 것이 아니라, 오히려 주관이 역사에 의해 구성된다는 뜻이다. 따라서 선입견·권위·전통 등의 회복은 반성의 기준이 되는 주관성과 내면성의 지배를 반대하는 방향으로 나아간다. 역사는 과거에 존재했던 사실로서의 객체가 아니라, 역사의 현실과 역사적 이해의 현실이 공존하는 하나의 역동적 관계이다. 따라서 올바른 해석학은 이해 그 자체에서 이러한 역동적인 역사의 영향을 보여주어야 한다. 그에게는 역사를 '영향사(Wirkungsgeschichte)'로 의식하는 것과 이러한 영향사적 연관에서 전승된 것을 이해하는 것이 곧 해석학의 과제이다. 사유는 토착적 환경과 거기에 정주해 온 전통과 착근했을 때, 비로소 제대로 싹틀 수 있다. 이와 같이 가다머는 '있는 그대로'의 과거에 대한 객관적인 역사적 이해가 가능하다는 생각과, 또는 과거가 현재에 미치는 영향의 역사와 독립적으로 이해가 이루어질 수 있다는 생각 모두를 거부한다.

---

45   K. Jaspers, *Philosophie II*, *Existenzerhellung*, Berlin, 1956, pp.9~15 참조.

결국 모든 역사적 이해는 영향사 속에서 이루어지며, 우리가 바로 그것의 영향 아래에 놓이게 된다. 이해는 주관의 완벽히 자유로운 능동성으로서가 아니라, 오히려 '영향사적 사건'이고 전통(Tradition)의 '전승(Überlieferung)에 대한 참여'이다. 가다머는 '전승'을 모든 이해의 보편적 가능 조건으로 파악한 반면에, 전통을 단순히 되풀이해 기억해야 할 앎의 차원으로 이해한다. 전승은 시대마다 공동체마다 공동체의 가치평가에 따라서 이해·해석되어 전해져 내려오는 것을 말한다. 이것은 역사 밖에서 스스로 근거할 수 있는 중립적인 해석자의 입장이 불가능하다는 것을 함축한다. 그리고 해석은 그 속에 개입된 선입견, 그리고 저자들의 배경적 삶의 맥락을 배제할 수 없다는 것을 함의한다. 따라서 가다머의 '영향사적 의식'이란 인간이 어떤 예술작품, 종교적 경전, 문학작품 등 정신세계를 이해하려 할 때. 이미 이해자의 이해 행위 안에, 그가 그것을 의식하든지 아니하든지 간에 역사적 영향이 작용하고 있는 이해지평을 갖는다는 뜻이다. 가다머의 영향사적 의식을 말하게 된 단초는 소박한 역사주의가 어떠한 역사적 실재를 이해하려할 때, 역사가 자신의 역사성을 도외시한 채 마치 객관적 사실성을 밝혀낼 수 있는 것처럼 사유하는 태도를 비판하려는 데 있다.[46]

이런 점에서 가다머에게는 선입견 없이는 어떠한 이해도 더 이상 생각할 수 없다. 그는 이해의 역사성과 언어성을 해명하려는 철학적 해석학의 기획에서 선입견이 부정적으로 작용하지만, 다른 한편에서는 더 높은 보편성으로 고양하는 데로 긍정적으로 작용하고 있음을 인정한다. 따라서 순수 객관적인 해석, 또는 아무 전제가 없는 무전제의 해석은 없다. 이해의 선구조, 선판단, 선이해, 또는 선입견이나 전제가 완전 배제된 순수 정신 상태란 공허하고 추상적인 것이다. 즉 순수한 정신에서는 아무런 이해나 해석이 불가능한 것이다. 이런 선이해의 정당성의 근거를 가다머는 '전승'과 '권위'라는 개념으로 설명한다. "텍스트를 해석한다는 것은 해석자 자신의 선이해를 자유롭게 개진함으

---

46 H.-G. Gadamer, *WM 2*, 184~193쪽 참조.

로써 텍스트에 담겨 있는 생각이 실제로 우리에게 말을 걸어오도록 하는 것이다."[47] 그런데 이러한 선입견은 '영향사'의 제약을 받으면서 그 안에서 형성된 것이기에 그 어떤 이해 및 해석도 영향사의 제약으로부터 자유로울 수 없다.

그러면 '영향사(Wirkungsgeschichte)'란 무엇을 의미하는가? 여기서 영향사란 '해석학적 상황'이라 부르는 그때그때마다의 해석자가 놓여 있는 문화적·사회적·역사적 상황의 총체로서 그가 속한 삶의 지평의 총체를 의미한다. 그리고 "진정한 역사적 대상은 그저 대상이 아니라, 자기 자신과 타자의 통일체이며, 역사의 현실과 역사적 이해의 현실이 상호작용을 일으키는 관계이다. 탐구 대상을 제대로 볼 줄 아는 해석학은 이해의 과정 자체에서 역사 현실을 드러내야만 할 것이다. 나는 이러한 요청을 영향사라 일컫고자 한다. 이해라는 것은 그 본질상 영향사적 과정이다."[48]

이해의 과정이란 인식의 지평이 과거와 현재의 부단한 상호 매개 작용을 통해 끊임없이 주체의 선입견을 허물어뜨리면서 이해의 장(場)인 역사를 향해 확장되는 것을 뜻한다. 나아가 전승 역시 불변의 실체로 고정되어 있는 것이 아니다. 그것은 이해의 과정을 통해 늘 새로운 이해 지평으로 열리는 과정 속에 있는 것이다. "모든 이해에 등장하는 전승의 본질적인 요소를 강조하는 것이 전승의 무비판적인 수용이나 사회 정치적 보수주의를 함축한다고 생각한다면 그것은 심각한 오해이다. (⋯) 진리에 있어서 우리의 역사적인 전승과의 만남은 항상 이 전승의 비판적인 도전이다. (⋯) 모든 경험은 그러한 만남이다."[49]

이런 점에서 유한한 존재로서의 해석자는 모두 이러한 해석학적 상황에 대한 총체적이며 투명한 인식을 지닐 수 없다. 영향사적 의식은 자신의 모습을 투명하게 인식할 수 있다고 생각하는 반성적 의식과는 철저히 구별된다. 이

---

47 위의 책, 320쪽.
48 위의 책, 183쪽.
49 H.-G. Gadamer, "The Problem of Historical Consciousness," *H.-G. Gadamer*, special issue, *Graduate Faculty Philosophy Journal* 5:1, New York, 1975, p.108.

해, 선입견, 권위, 전승 등에 대한 가다머의 철학적 해석은 '영향사' 개념에로 수렴된다. 그는 권위의 본질은 맹목적인 복종이나 비이성적인 자의가 아니라, 인식과 관련된 것으로 재해석한다. "그런데 어떤 사람이 권위를 얻는 궁극적인 이유는 이성을 포기하고 그에게 복종하기 때문이 아니라, 그의 권위를 인정하고 인식하기 때문이다. 다시 말해 그 사람의 판단과 통찰이 나보다 월등하게 앞서 간다는 것을 깨닫기 때문이다. (…) 권위는 타인의 인정에 근거하며, 자신의 한계를 깨닫고 다른 사람이 더 나은 통찰을 할 수 있다는 것을 인정하는 이성의 판단에 근거한다."[50]

역사는 과거에 존재했던 고정된 사실로서의 객체가 아니라, 역사의 현실과 역사적 이해의 현실이 공존하는 하나의 역동적 관계이다. 따라서 올바른 해석학은 이해 그 자체에서 이러한 역동적인 역사의 영향을 보여주어야 한다. 역사를 영향사로 의식하는 것과 이러한 영향사적 연관에서 전승된 것을 이해하는 것이 해석학의 과제이다. 선이해는 '영향사적 의식'에서 비롯된다. 그것을 가지고 우리는 대상을 이해한다. 가다머는 자신의 역사성을 도외시한 채, 마치 객관적 사실성을 밝혀낼 수 있는 것처럼 사유하는 역사주의적 태도를 비판하고자 한다.

가다머는 또한 우리의 '전승에의 귀속성(Zugehörigkeit)'을 언급한다. "가다머는 전통, 역사, 언어가 우리에게 속하기 전에 우리가 그것에 속해 있음을 상기시키고 있다. 우리는 언제나 과정 중에 있는 우리 자신을 형성하고 있는 영향작용사의 역동적인 힘으로부터 벗어날 수 없다."[51] 전승이 우리에게 속하기 전에 그것에 속해 있다. 전승은 그 침전을 통해, 되어감의 과정 속에 있는 우리를 지속적으로 규정하는 힘을 지니고 있다. 우리가 존재하고 있는 것은 언제나 전승에 의해 영향을 받고 있으며, 심지어는 우리가 그것으로부터 가장 자유롭다고 생각하고 있을 때조차도 그러하다. 영향사적 의식의 과제는 우리의

---

50   H.-G. Gadamer, *WM 2*, 156쪽.
51   R. J. Bernstein, 앞의 책, 313쪽.

역사적 귀속성을 분명하게 인식하도록 해준다. 해석학은 이해 자체 내에서의 역사의 영향을 설명해 내야만 할 것이다. 모두가 영향사라는 작용에 의존하고 있다는 것이다. 영향사 내지 영향 작용사는 이해의 역사성의 원리이다. 이해라는 것은 영향을 주고받는 방식의 하나이며, 그 자체가 영향을 주고받는 과정임이 밝혀진 것이다. "철학적 해석학에 대한 가다머의 반성은, 하이데거에서와 마찬가지로 시간성과 역사성에 대한 성찰로서 접근될 수 있다."[52] 이해의 역사성은 정신과학에 몰려드는 객관주의적 경향을 제어하려는 의도의 한 표현이다. 근대 자연과학의 발달과 함께 자연과학의 방법적인 모형이 자연과학의 영역에만 머물지 않고 인문사회과학에까지 적용된다. 특히 갈릴레이 이후의 수학화의 사고방식은 엄밀한 과학적 사고와 객관적 인식 획득의 근본적인 기초가 된다. 따라서 인간의 의식이란 '영향사적 의식(wirkungsgeschichtliches Bewußtsein, historically-effected consciousness)' 이외의 다른 것이 아니다.

> 영향사적 의식이란, 무엇보다도 해석학적 상황의 의식이다. 그러나 어떤 상황의 의식을 얻는다는 것은 어떤 경우에도 어려운 과제이다. 상황 개념은 사람이 그 상황에 대립해 있지 않아서 대상적 지식을 가질 수 없다는 사실을 통해 특징지어진다. 인간은 상황 가운데 존재하고 있고 어떤 상황에 처해 있게 되는데, 그 상황을 해명한다는 것은 결코 완결될 수 없는 과제이다. 이것은 해석학적 상황, 즉 우리가 이해해야만 할 전승과 관련해서도 마찬가지로 적용된다.[53]

이처럼 인간이 역사를 규정하기에 앞서 이미 역사로부터 인간성이 규정된다고 할 때, 당연히 해석학의 핵심 과제는 선입견의 정당성의 근거를 전승과 권위에서 찾는다. 그리고 이해의 대상은 역사성에 의해 규정되고 전승을 통해 매개된다. 모든 세대에 전수된 텍스트는 그 시대의 독특한 방식으로 이해되어야 한다. 왜냐하면 텍스트와 관계하는 각 시대의 이해 역사 총체적인 전승의

---

52 위의 책, 265쪽 이하.
53 H.-G. Gadamer, *WM*, p.285, *WM 2*, 186쪽 참조.

일부이기 때문이다. 따라서 해석자에 대한 텍스트의 진정한 의미는 저자의 역사적 상황과 그 저자가 본래 의도한 독자에게 달려 있는 것이 아니라, 부분적으로는 현재에 미치는 전승 속에서 우리의 고유한 위치에 의해서 형성된다. 가다머에게 시간 간격은 역사주의에서처럼 극복되어야 할 대상이 아니라, 생산적인 이해의 가능성으로 인식하는 것이다.

> 사실상 중요한 것은 시간 간격을 긍정하고 생산적인 이해의 가능성으로 인식하는 일이다. 그것은 입을 벌리고 있는 심연이 아니며, 관습과 전통의 연속성을 통해 충만해 있다. 그 관습과 전통의 빛 속에서 우리에게 전승된 모든 것이 그 자신을 우리에게 현시한다. (…) 시간 간격은 대상의 참된 의미가 완전히 나타나도록 해준다. 그러나 텍스트나 예술작품의 참된 의미의 발견은 결코 완결되지 않는다. 그것은 사실상 무한한 과정이다.[54]

가다머의 영향사적 의식에 영향을 받은 리쾨르도 인간이 '역사적 생성'에 속해 있음을 강조한다. "해석학의 자세는 인간적인 모든 이해는 유한성의 제도에서 역사적 조건들에 순종한다는 것을 인식하는 겸손한 자세이다. (…) 해석학에 의하면 나는 내가 역사적 생성에 속해 있음을 알며, 나 자신을 이러한 역사적 생성 속에 위치시킨다."[55] 그에게도 해석학적인 관점에서 인간의 이해과정은 선이해를 가지고 대상을 이해하기 시작한다는 점이다. 그러한 선이해를 과학철학자인 쿤(T. Kuhn)은 이렇게 말한다. "사람에게 보이는 것은 그가 보는 것 뿐만 아니라, 그의 이전 시각적·개념적 경험이 그에게 보도록 가르친 것에도 의존한다."[56] 다른 말로 하면, 인간은 해석학적 존재로서 선이해와 영향사적 의식은 텍스트를 이해하는 데 있어서 불가분리적인 이해의 구성 요소가 된다. 이러한 것을 쿤의 패러다임의 기능 분석을 통하여 자연과학의 탐구 영

---

54 R. J. Bernstein, 앞의 책, 266쪽.
55 P. Ricœur, *TA*, 373쪽.
56 T. Kuhn, 『과학혁명의 구조』, 홍성욱 역, 까치, 2013, 154쪽.

역에서도 확인할 수 있다.

이상의 논의에서 공간해석학의 공간 이해나 공간 해석에 있어서도 공간에 대한 선이해와 영향사적 의식과 이해의 역사성이 전제된다. 공간해석학은 방법적인 절차를 사용하여 공간에 대한 객관적 지식에 도달하려는 것이 아니라, 역사성과 시간성의 차원에서 공간 현상을 기술하고 보여주려는 것이다.

5. 해석의 본질적 구조로서의 지평 융합

해석학에서 '지평(Horizont, horizon)'이란 핵심 개념이다. 지평이란 일반적으로 인간의 시각적 조망능력과 그 한계를 동시에 함축하는 시각 기능과 관련된 은유(metaphor)이다. 그러므로 지평은 유한한 인간 존재의 진리 체험과 진리 인식의 한정된 범위를 가리킬 뿐만 아니라, 전망 범위의 확장 가능성을 암묵적으로 나타내는 매우 탄력적 은유이다. 그런데 지평은 왜 중요한가? 지평을 가진 자는 주위의 사물 세계에 종속되지 않고, 그것들을 넘어서 멀리 본다. 그리고 그 지평 안에 있는 모든 사물들의 상대적 가치를 정당한 자리에 놓고 판별할 능력이 생긴다. 그러나 지평을 갖지 못하는 인간은 주위의 사물 세계에 갇혀서 사물의 상대적 가치를 알지 못하고서 그것을 절대화하거나, 혹은 그것들 안에 매몰되고 만다.

가다머의 지평 개념은 후설로부터 계승된 것이다. 그런 점에서 연속적 체험의 통일성을 이루는 지평 지향성에 상응하여 대상적 측면에서도 마찬가지로 포괄적인 지평 지향성이 성립된다. 왜냐하면 모든 존재자는 세계 속에 존재하면서 세계의 지평을 수반하기 때문이다.[57] "어떤 사물에 대한 지각과 의미 형성은 그 사물이 놓인 다양한 맥락과의 연관성을 전제로 하는데, 그처럼 의미

---

57   H.-G. Gadamer, *WM 2*, 108쪽 이하.

형성의 터전이 되는 복합적 맥락을 후설은 지평이라 일컫는다. 모든 지각 대상은 그 배경이 되는 다양한 맥락의 총체 속에서 온전히 파악될 수 있기 때문에, 지평은 곧 총체적 의미 연관을 드러내는 터전이 되는 것이다."[58]

무엇보다도 후설에 있어서는 생활세계(Lebenswelt)가 근원적인 지평이다. 생활세계는 우리의 일상적 삶이 이루어지는 환경세계가 아니라, 우리의 모든 삶이 그 속에서 이루어지는 지평이다. "생활세계란 우리가 자연스럽게 섞여 들어가 사는 세계로서, 우리에게 그 자체로서 대상화되는 것이 아니라, 모든 경험의 기반으로 주어져 있는 세계를 가리킨다. 이러한 세계 지평은 그 어떤 학문에서도 전제가 되고, 따라서 개별 학문보다 더욱 근원적이다."[59] 후설은 모든 종류의 객관적 학문은 생활세계에 그 발생적 뿌리를 두고 있다고 봄으로써 객관적 학문의 중립성이라는 근대적 신화를 허무는 데 기여한다.

가다머가 보기에 후설이야말로 과학적 지식은 생활세계, 즉 역사문화적 세계에 이미 제약되어 있음을 통찰한 최초의 인물이다. 후설의 후기 저작인『경험과 판단』과『유럽 학문의 위기와 선험적 현상학』에서는 자아 또는 의식은 결코 그 자체 순수하지 못하며, '나의 세계' 또는 '생활세계'의 이해 지평의 구체적인 전체성 안에서 파악되고 해석된다. 즉 "우리가 접하고 있는 사회·역사적인 대상들은 주관에 매개되어서 인식되고 있으며, 주관이 가진 역사성, 사회적인 특성(문화, 언어, 역사)과 그 지평에 매개되어서 인지된다. 그러므로 순수하고 직접적인 인식이란 불가능하다는 관점이 정당해진다."[60]

이런 점에서 "가다머에게 '지평'이란 어떤 관점에서 분명하게 보이는 모든 것을 포함하는 시야 범위(Gesichtskreis)이다."[61] 그리고 "어느 시대에든 유한한 현재의 관점은 상황의 제약을 받는다. 상황이라는 개념은 관찰의 가능성을 제한

---

58 위의 책, 108쪽.
59 위의 책, 110쪽.
60 박순영,「사회문화의 해석학적 지평 : 해석학적 방법론과 사회역사 연구」,『해석학 연구』
    1권, 한국해석학회, 1995, 267쪽.
61 H.-G. Gadamer, *WM*, p.286.

하는 관점을 가리키는 것으로 정의될 수 있다. 따라서 상황 개념은 그 본질상 지평 개념을 내포한다. 지평이라는 것은 어떤 지점에서 시야에 들어오는 모든 것을 포괄하는 가시권을 가리킨다."[62]

진정한 이해는 가다머에 의하면 '지평 융합(Horizontverschmelzung)'의 과정을 통해 일어난다. 융합의 동사 형태인 '융합하다(verschmelzen)'는 어떤 것이 녹아내리는 것을 의미한다. 우리 지평의 경직성에서 녹아내리는 해석적 경험을 통해 그 지평을 확장함으로써 그것이 어떻게 더 큰 전달의 움직임에 녹아들고 섞이는지 볼 수 있게 된다. "이해란 언제나 소위 그 자체로 존립하는 지평들 간의 융합의 과정이다."[63] 지평 융합으로서의 해석은 타자를 일방적으로 자신의 지평에 끌어들이는 것도 아니고, 또 역으로 자기 자신의 지평을 버리고 타자의 지평에 몸을 맡기는 것도 아니다. 융합은 서로의 입장을 견지하면서도 진정한 합의를 이루어가는 변증법적 과정이다.

가다머는 철학적 사고의 이상적 모델로 플라톤의 '대화(Dialogos)'를 상정한다. 플라톤의 대화는 언어의 생명력을 담지하고 있는 터전으로, 질문과 답변 속에서 대화 참여자 간에 역동적인 지평 융합이 이루어지는 장이다. "언어가 비로소 대화 속에서 자신의 고유한 생명을 갖게 된다면, 플라톤의 대화는 여전히 살아 있는 대화를 일깨울 것이며, 우리가 이 세계에서 묻고 추구하면서 올바른 길을 찾아나서는 모든 지평의 실속 있는 융합을 성취하게 될 것이다."[64]

이런 맥락에서 모든 이해는 특정한 선입견을 전제로 한 상태에서 새로운 선입견을 받아들이는 지평 융합의 사건이다. 두 선입견의 만남이란 주체와 주체 사이의 언어적 대화를 통해 이루어진다. 세계를 있는 그대로 머릿속에 그려내는 주관적 표상의 과정보다는 타자에게 물음을 던지고 대답하는 상호 주관적 대화의 과정이 지평 융합의 사건을 기술하기 위한 모델로 더욱 적절하다. 이

62　H.-G. Gadamer, *WM 2*. 187쪽

63　H.-G. Gadamer, *WM*, p.289.

64　H.-G. Gadamer, "'Platos dialektische Ethik,'—beim Wort genommen," *Griechische Philosophie III: Plato im Dialog*(Gesammelte Werke, Band 7) Tübingen, 1970, p.127.

러한 대화의 과정은 세계에 대한 완전한 표상과 같은 종착점을 상정하지 않는다. 오히려 이해 속에서 이루어지는 지평 융합의 사건은 시간의 진행에 따라 매순간 갱신되는 특성인 역사성을 지닌다. 또한 가다머가 보기에 "전통과 이성은 무조건적으로 대립 관계에 있는 것은 아니며, 실제로 전통 안에는 항상 자유와 역사 자체의 한 계기가 존재한다. 그 때문에 전통은 모든 역사적 변화의 과정에서 보존으로 작용한다."[65]

가다머의 주된 논점은 모든 인간의 지평의 매개는 언어적이며, 우리가 말하고 있는, 또는 오히려 우리를 통해 말하고 있는 언어는 본질적으로 낯선 지평들을 이해하는 것에 열려 있다는 것이다. 지평은 제한적이고 유한하지만, 닫혀진 것이 아니라, 개방성과 유동성을 지니고 있다. "인간적 현존재의 역사적 운동성은 그것이 결코 어떤 하나의 관점에 완전히 결박되지 않아서, 완전히 닫혀진 지평을 가질 수 없다는 사실에 놓여 있다. 오히려 지평은 우리가 그 속으로 움직이고 있고, 우리가 함께 움직이고 있는 어떤 것이다. 지평은 움직이고 있는 사람에게만 변환한다."[66]

가다머는 또한 하이데거의 '이해의 선구조'와 '해석학적 순환' 개념을 이어받는다. 가다머는 이해가 정신과학의 특수한 방법이 아니라, 오히려 역사적 인간 일반의 특징, '우리들인 대화(Gespräch, das wir sind)'임을 강조한다. 대화는 두 사람이 서로를 이해하는 하나의 과정이며 담화의 본질적 구조이기도 하다. 이때 상대방의 의견의 사태적인 올바름을 파악하는 것이 중요하다. 사태의 법칙이 대화 속에서 쟁점이 되고, 진술과 반대진술을 끌어내며, 마침내 그것들을 서로 겨루게 해야 한다.[67] 따라서 우리는 순수하고 이성적이며 독백적인(monological) 자기 반성보다는 우리가 존재하는 바와 유사성을 띤 것과의 대화적인(dialogical) 만남을 중시한다.[68] 그는 모든 인간의 자유가 구체적으로 실현되

---

65 H.-G. Gadamer, *WM*, p.15.
66 위의 책, p.288.
67 위의 책, p.363.
68 R. J. Bernstein, 앞의 책, 246쪽.

는 대화 공동체를 지향하고 있다. 가다머의 입장에 동의하면서 로티(R. Rorty)는 해석학에서 탐구는 일상적인 대화라고 본다. "학문 분야들과 담론들 사이의 불일치는 대화 과정에서 서로 조정되고 극복된다. (⋯) 해석학은 다양한 담화 사이의 관계를 어떤 대화를 엮어가는 실들의 관계로 본다."[69]

이런 점에서 철학자의 지평은 이해 자체가 곧 지평들의 만남과 융합 과정을 통해서 이루어진다. 지평 융합은 열려 있는 타자와의 대화이다. 오직 타자를 통해서만 우리는 우리 자신에 대한 참된 인식을 획득한다. 가다머는 이해를 해석의 본질적 구조로서의 지평 융합이라고 한다. 이해는 텍스트와 해석자, 혹은 과거지평과 현재지평 사이의 물음과 대답을 통해 변증법적으로 끊임없이 반복되는 대화의 과정으로 규정한다. 우리 자신의 것뿐만 아니라 그것을 극복하는 더 높은 수준의 보편성으로 올라간다. 여기서는 특수성뿐만 아니라, 타자의 특수성도 포함한다.[70]

가다머는 지평으로 이해 능력의 범위를 염두에 두고 있고, 지평의 확장을 '지평 융합'으로 설명한다. 모든 유한한 현재적인 것은 그것의 한계를 지닌다. 상황이 의미하는 바는 사물을 바라보고 이해하는 전망 가능성을 한정 짓는 일정한 관점을 나타낸다. 그러므로 상황 개념의 본질적 부분 속에는 지평의 개념이 있다. 지평이란 특정한 관점으로부터 보이는 일체의 것들을 포함하는 시계 범위이다. 이것을 우리들의 생각하는 마음에 적용해 볼 때, 우리는 지평의 협소함과 지평의 가능한 확장, 그리고 새로운 지평의 열림 등에 대해서 말할 수 있다.

실제로 현재의 지평은 끊임없이 형성되는 것이다. 그 안에서 인간은 항상 우리들의 선이해 또는 선판단을 검증해야 한다. 이런 검증의 주요 부분은 과거와의 만남이며, 또한 우리가 거기로부터 연유한 전통을 이해하는 일이다. 그러므로 현재의 지평은 과거가 없이는 형성될 수 없다. 결국 이해란 우리가 스

---

69 R. Rorty, 『철학 그리고 자연의 거울』, 박지수 역, 까치글방, 1998, 344쪽.

70 H.-G. Gadamer, *WM 2*, 92쪽 참조.

스로 존재한다고 생각하는 이러한 지평들의 융합이다. 전통 안에서 이러한 융합의 과정은 항상 계속되고 있는 것이다. 그렇기 때문에 옛것과 새것이 서로를 완전하게 구별할 수 없는 방식으로 어떤 살아 있는 가치를 조성하기 위해서 끊임없이 함께 자라가는 것이다.

세상에는 아무리 공통분모로 약분하려 해도 불가능한 일들이 많다. 서로의 관점이 다르기 때문이다. 그렇다면 다른 사람의 관점을 존중하는 일밖에 다른 방도가 없다. 대화를 통해 지평을 융합하여 새로운 지평을 열어갈 수밖에 없다. 가다머는 서로 만날 수 없을 것 같은 두 개의 지평을 융합하는 과정을 해석이라 한다. 해석(interpretation)은 단순한 번역(translation)이 아니다. 두 지평 '사이(inter)'를 읽는 것이 해석이다. 해석은 기존의 지평을 근거로 새로운 지평을 창조하는 과정이다.

이런 맥락에서 공간 해석에도 지평과 지평 융합의 원리가 적용된다. 지평이란 인간의 존재 방식 자체가 해석학적 과정이며, 또한 인간은 언제나 삶과 실재를 조망하는 어떤 지평 안에 있다. 지평 융합은 하나의 지평이 다른 지평으로 흡수되거나 단순히 겹쳐지는 것이 아니다. 서로 다른 지평임을 인정하면서 그 다름을 넘어 새로운 지평으로 합의해 가는 것이다. 따라서 지평과 지평 융합은 공간 해석을 위한 해석학의 기초 개념이다.

제2부

공간해석학의 기본 주제와 논리

우리는 제1부에서 공간해석학의 기초를 살펴보았다. 이러한 기초 위에서 제2부에서는 공간해석학이 다루고자 하는 핵심적인 주제와 그것을 해명할 수 있는 논리를 탐구하고자 한다. 동시에 우리는 공간해석학의 이론적 심화를 위해 설명적 해석학, 구조적 해석학, 분석적 해석학의 원리를 살펴보고자 한다.

핵심적인 주제들에 대한 논의는 근대철학과 현대철학에서 차이를 드러낸다는 것을 미리 밝혀둔다. 양자의 논의를 균형 있게 살펴보는 것이 중요하다. 왜냐하면 후자는 전자의 기초 없이는 이해가 불가능하고, 전자는 후자의 비판적 성찰을 고려하여 재해석될 필요가 있기 때문이다.

여기서는 공간해석학이 핵심적으로 고찰하는 기본 주제들을 살펴보고자 한다. 그것들은 공간 표상과 비표상, 공간 경험과 공간 체험, 공간의 공간성이다. 여기서 원용하는 공간해석학의 논리는 리쾨르의 변증법인 '설명과 이해의 변증법', '소격화와 전유의 변증법', '사건과 의미의 변증법', '과학과 이데올로기의 변증법'이다. 또한 공간 해석의 통합성과 상보성 특성들을 설명과 해석(설명적 해석학), 구조와 해석(구조적 해석학), 분석과 해석(분석적 해석학)으로 나누어 숙고해보고자 한다.

제4장

공간해석학의 기본 주제들

1. 공간 표상과 비표상

앎의 과정에 있어 인식 주체와 인식 대상의 관계를 다루는 인식론의 핵심 개념은 '표상(Vorstellung, representation)'이다. 표상이란 감각에 의해 획득된 현상이 마음속에 재생된 것을 우리 앞에 세우는 것을 의미한다. 그것은 외부 세계의 대상을 마음속에 나타내는 것이다. 더욱이 표상이란 사물의 이치나 도리를 분별하는 능력에 의하여 의식에 나타나는 바깥 세상의 대상의 상(Bild)을 뜻한다.

근대 인식론에서 "'표상주의(repretationalism)'란 외부 세계를 주체 속에 체계적인 지식으로 그려낼 수 있다는 인식론적 입장이다. 말하자면 명제적 '진리'는 주체(subject, Subjekt)가 자기 밖에 놓인 객체(object, Gegenstand)를 온전히 서술할 때 성립된다. 주체가 가진 지식이란 객체들에 정확히 대응함으로써 외부 세계를 있는 그대로 '표상' 혹은 '재현'한다."[1] 결국 표상이란 지성으로 하여금 사물을 분석해서 파악하게 하는 인식의 틀을 제공한다. 인식론에서 표상 문제를 천착한 칸트는 '인식과 표상'의 관계를 아래와 같이 설명한다.

---

1   윤유석, 「표상주의, 변증법, 역사성 : 헤겔의 경험 개념에 근거한 표상주의 비판」, 『철학사상』 61호, 서울대학교 철학사상연구소, 2016, 218쪽.

우리의 인식은 마음의 두 원천에서 생긴다. 첫번째 원천은 표상을 받아들이는 능력(인상의 수용 능력)이고, 두 번째 원천은 이 표상들을 통해 대상을 인식하는 능력(개념의 자발성)이다. 전자에 의해 대상이 우리에게 주어지고, 후자에 의해 이 대상이 저 표상과의 관계에서 사유된다. 직관과 개념은 그러므로 우리의 모든 인식의 요소를 구성하는 것이며, 어떤 방식으로든 대응하는 직관을 갖지 않은 개념이나 개념을 갖지 않는 직관도 다같이 인식이 될 수 없다.[2]

칸트에게 공간과 시간은 선험적 표상이다. 선험철학에서 표상은 경험을 통해 얻어지는 것이 아니라, 도리어 경험에 앞선다. 공간도 외적 경험들로부터 추출된 경험적 개념이 아니다. 칸트는 공간과 시간을 구분하여 공간을 '외감의 형식'으로, 시간을 '내감의 형식'이라 규정한다. 따라서 "공간이라는 표상은 경험을 통해 외적 현상의 관계들로부터 얻어올 수 있는 것이 아니고, 오히려 이 외적 경험이라는 것 자체가 오로지 이 표상을 통해 비로소 가능하다."[3]

시간이란 변화를 유발하는 것이고 덧없는 것이므로 붙잡을 수 없다. 하지만 공간은 정확히 우리의 머리(사유 공간)에서 표상되고, 또한 그림(상)으로 그려져 우리 눈앞에 놓일 수 있는 것으로 간주된다. 기하학은 공간의 속성들을 종합적 · 선험적으로 규정하는 학문이다. 공간에 대한 그러한 인식이 가능하려면, 공간 표상은 근원적으로 직관이어야만 한다. 이 직관은 선험적이어야만 한다.[4] 칸트는 공간과 시간의 형이상학적 구명(究明)을 통해 한편으로는 양자의 선험성을 증명하고, 다른 편으로는 양자의 직관성을 증명한다. 공간과 시간은 선험적 표상이고, '감성의 순수 형식(die reine Form der Sinnlichkeit)'이다. 그것은 경험을 통해 얻어지는 것이 아니라, 경험에 앞서는 표상이다.[5] 따라서 공간과 시간은 '선험적 직관 형식'이고 '순수 직관'이다. 공간과 시간은 한편으로 대상을

2   I. Kant, 『순수이성비판 1』, 백종현 역, 아카넷, 2021(이하 *KrV 1*), A50, B74, 273쪽.
3   위의 책, B38, 244쪽.
4   위의 책, B41, 246쪽.
5   소광희, 『자연존재론』, 문예출판사, 2008, 248쪽.

수용하는 직관 형식으로서는 주관적이고 관념적이다. 다른 한편으로 그것은 객관적인 현상계를 수용하는 기능, 즉 수용 형식으로서는 실제적이다. 이것을 경험적 실재성이라고 부른다. 공간 표상은 순수 직관으로서 하나이며, 무한한 크기로 규정된다.[6] 그러면 공간은 '순수 직관'이라는 말은 무슨 뜻인가?

> 공간이라는 객체는 사물이 우리에게 현상하는 한에서, 즉 감성의 대상인 한에서 사물에 부여된다. 우리가 감성이라고 말하는 수용성의 항구적 형식은 그 안에서 대상이 우리의 바깥에 있는 것으로서 직관되는 관계들의 필연적 조건이요, 이러한 대상이 도외시되는 경우에는 그런 형식은 공간이라는 이름을 갖는 순수한 직관이다.[7]

공간은 모든 외적 직관의 기초에 놓여 있는 선험적이고 필연적인 표상이다.[8] 공간은 무한한 주어진 양으로 표상된다. 공간은 전체적으로 동질적인 하나의 공간으로 표상될 수 있다. 공간이 주관적 표상이기 때문에 감성계로서 유한한 세계와 무한한 공간이 주관에 종속된 표상일 수밖에 없다.

칸트에게서 인식(Erkenntnis, cognitio)은 '의식에서 객관과 맺어진 표상'을 뜻한다. 인식은 직관(Intuition, Anschuung)과 개념으로 이루어진다.[9] 직관은 '단일 표상'이고, 개념은 '공통 징표에 의한 표상'이다.[10] 칸트는 감성(개관)과 구상력(재현), 오성적 인식(개념화) 및 통각('나는 생각한다'는 의식, 근원적인 인식 능력)을 마음의 근원적 능력이라고 한다.[11] 칸트는 '물자체(Ding an sich)'와 '현상(Erscheinug)'을 구별하면서 현상으로서의 사물이, 즉 외적 사물 표상이 공간 표상의 바탕 위

---

6   I. Kant, *KrV 1*, B38~40.

7   위의 책, B43.

8   위의 책, A24, 244쪽.

9   위의 책, A320, B376, 239쪽.

10   I. Kant, *Logik, ein Handbuch zu Vorlesungen*, T. Pinder(hrsg.), Hamburg, 1997. § 1(AA IX, 91).

11   I. Kant, *KrV 1*, A94, A115.

에서 가능하다고 본다. "공간 표상은 결코 외적인 경험에서 추상될 수 없는 개념이며, 공간이 외적 경험의, 즉 현상의 성립 조건이다."[12] 따라서 표상과 직관 형식으로서의 공간은 경험 가능성의 조건이다.

하이데거는 인식론 중심의 주관철학으로 파악되는 근대적 학문의 본질적 성격이 '표상 행위(Vorstellen)'에서 비롯되었다고 본다. 인간은 자기 앞에 놓인 대상으로서의 세계를 재현(Repräsentation)한다. 따라서 "인간은 대상적인 것이라는 의미에서의 존재자를 재현하는 자(Repräsentant)가 된다."[13] 표상은 세계를 이론적 체계를 통해 그려내는 것이다. "존재자의 이러한 대상화는 앞에-세움(표상 행위) 속에서, 즉 계산하는(따져보는) 인간이 존재자를 안전하게 확보하고 확신할 수 있게끔 각각의 모든 존재자를 결국은 자기 앞으로 반드시 가져와야만 하는 그런 표상 행위 속에서 수행된다. 진리가 표상 행위의 확실성으로 변화하였을 때, 이때에 비로소 그리고 오직 그때에만, 그것은 연구로서의 학문이 된다."[14] 그리고 "이제 존재자 전체는, 그것이 표상하고 제작하는 인간에 의해 세워지는 한에서만, 비로소 존재하는 것으로 받아들여진다."[15]

근대적 학문에서의 연구란 존재자를 대상화하여 앞에 세우는 표상 행위를 통해 이루어진다. 따라서 이런 근대적 인식론은 사태나 사물에 대한 근원적인 앎이 아니라, 파생적인 앎이다. 표상에 근거한 근대의 주관철학을 비판하면서 하이데거는 존재의 문제를 해명하기 위해 현존재의 실존(Existenz)을 분석한다. 이를 통해 그는 현존재가 도구와 함께 도구를 사용하며 살아가는 실천적 행위 공간은 '나'라는 '주관'과 '대상'이라는 '눈앞의 존재(Vorhandensein)'로 분화되기 이전의 공간임을 밝힌다. 따라서 공간적 장소는 텅 빈 유클리드적 3차원 공간 안에 사물이 점유하고 있는 위치를 지칭하는 것이 아니다. 오히려 그것은 대상들이 위치를 점하는 자리로서의 공간 표상과 구별되는 근원적 공간성에 접

---

12 위의 책, B42.
13 M. Heidegger, 『세계상의 시대』, 최상욱 역, 서광사, 1995, 154쪽.
14 위의 책, 147~148쪽.
15 위의 책, 151쪽.

근하기 위해서 하이데거는 '장소(Ort)'라는 말을 소환한다.

근대의 표상주의에 비판적인 로티는 지식이란 표상 이론에 맞추어져 있음을 정확하게 밝히면서 표상주의를 비판한다. "안다는 것은 정신 바깥에 있는 것을 정확하게 표상한다는 것이다. 따라서 지식의 가능성과 본성을 이해한다는 것은 정신이 그러한 표상 작용을 구성하는 방법을 이해한다는 것이다. 철학의 핵심적 관심은 실재를 잘 표상하는 분야와 별로 잘 표상하지 못하는 분야, 그리고 전혀 표상하지 못하는 분야로 문화를 구분하는 보편적인 표상 이론이 되는 것에 맞추어져 있다."[16] 비트겐슈타인, 하이데거 그리고 듀이는 정확한 표상으로서의 지식은 보편적인 표상 이론을 통해서가 아니라, 오히려 특별한 정신적 과정에 의해서 가능하다고 본다. "존재의 본질에 관한 질문은 형이상학의 언어를 포기하지 않는 한 시들어버린다. 형이상학적 표상은 우리가 존재의 본질에 관하여 사유하는 것을 차단하기 때문이다."[17] 페미니즘 관점에서 '장소와 젠더(gender)' 문제를 천착한 매시는 기존의 공간 이론에 있어서 재현, 즉 '표상'을 '공간적인 것'으로 인식해왔다는 점을 주목한다. 대체로 근대적 공간관에서는 재현을 공간화와 동등하게 사용할 뿐만 아니라, 재현의 특성이 공간 자체의 속성인 것으로 인식된다. 그것에는 공간의 다른 측면인 이동적이고 유연하고 개방적이고 살아 있는 공간에 대한 인식이 부재한다. 공간을 단지 텍스트와 개념으로서, 그리고 재현으로 인식한다는 점을 문제삼는다. 매시도 로티처럼 공간의 표상성과 재현성을 비판한다.

> 공간을 재현이나 폐쇄된 시스템, 시간을 통한 정적인 구분으로 인식하는 것은 공간을 길들이는 방법이다. 그것에 의해 우리는 공간의 진정한 측면, 즉 다른 궤적의 동시대적 다중성과 공간화된 주체성이 지닌 필연적 외부지향성을 간과한다. (…) 만약 시간이 새로운 미래로 열린 것이라면, 그렇다면 공간은 재현의 폐쇄성이나 재현의 수평성과 동등한 것이 아니다. 보다 일반적으로 말하자면 만약 시

---

16 R. Rorty, 『철학 그리고 자연의 거울』, 박지수 역, 까치글방, 1998. 11쪽.
17 M. Heidegger, *Wegmarken*, Frankfurt a. M., 1976(GA. 9), p.405.

간이 열린 것이라면, 공간도 열린 것이어야 한다. 공간을 열린 것이고 다중적이고 관계적이며 완성되지 않으면서 항상 생성되는 것이라고 개념화하는 것은 역사가 열린 것으로 인식하는 선결 조건이고, 정치의 가능성을 위한 선결 조건이다.[18]

매시에게 '지도(map)'는 공간의 재현(표상)이다. 지도는 공간에 관한 것으로서 재현의 형태, 다시 말해 상징화된 형태이다. 여기서 재현이란 바로 공간화인 것이다. 그런데 특정 지리를 재현한 지도는 더 이상 그 지리가 아닌, 즉 그 공간 자체가 아닌 다른 것이 되어버린다. 파이프를 그린 그림이 파이프가 아닌 것처럼 말이다.[19] 일반적으로 공간 표상은 공간을 폐쇄적이고 불변적인 고정된 것으로 파악한다. 여기에서 공간의 재현은 공간을 시간상의 연속적 흐름 속으로 들어가게 함으로써 발생하게 된다. 시간에 대한 상상력을 통해 공간의 문제에 주목하고 있는 것이다. 이러한 근대성(modernity)의 담론에서는 발전된 국가·민족·문화가 주도적 역할을 한다는 단 하나의 스토리가 있을 뿐이다. 공간성의 현실적 중요성은, 다시 말해 다중적 서사의 가능성은 사라져버린다. 공간을 시간적인 틀 속에 집어넣음으로써 세계를 단일한 궤적 속으로 단순화해버리는 것은 공간적인 것의 본질적인 다중성에 주목하기를 거부하는 방식이었고, 지금도 여전히 그런 방식이 지속되고 있다. 그것은 단일한 우주를 상정하는 것을 의미한다.[20]

푸코는 고전 시대의 에피스테메(épistémè, ἐπιστήμη)를 표상(représentation)으로 규정한다. 그는 표상 개념을 서구 철학사 전체를 꿰는 에피스테메라고 간주한다.[21] 에피스테메는 파르메니데스와 플라톤에서는 실천적 지식과 상대적 의미에서의 이론적 지식을 의미한다. 일반적으로는 감성에 바탕을 둔 억견(臆見,

---

18   D. Massey, 『공간을 위하여』, 박영환 역, 심산, 2016, 116쪽.
19   위의 책, 208쪽.
20   위의 책, 139쪽 이하.
21   이정우, 『사건의 철학 : 삶, 죽음, 운명』, 그린비, 2002, 105쪽.

doxa)과 상대되는 '참의 지식' 내지 '진정한 인식'을 의미한다. 표상 및 재현이란 말 그대로 세계의 표면과 기호 체계와 관념 체계가 거울-이미지를 형성하는 것을 뜻한다.

현대에 이르러 등장한 이론으로는 비트겐슈타인의 "명제는 일종의 그림이다" 라는 '그림 이론'을 들 수 있다. 우리는 명제들을 통해 사실을 그리며, 표상한다. "명제(또는 그림)는 현실의 모델이며", 또한 "명제는 현실의 그림이다".[22] 언어란 세계의 그림이라는 것이고, 이 조건을 충족시키는 것은 과학적 언어라는 것이다. 그래서 그림의 역할을 하지 못하는 언어는 '말할 수 없는 것'의 영역으로 밀려난다. 과학적 탐구를 밑받침하는 언어철학이라고 할 수 있다. 언어의 가장 궁극적인 목표는 세계의 거울이 되는 것이고, 언어적 행위의 가장 궁극적인 목표는 표상인 것이다.

전통적인 관념론과 경험론 양자를 전면적으로 비판한 들뢰즈(G. Deleuze)에 의하면, "표상은 이러한 세계 인식의 방법론이며, 주체를 중심으로 세계를 규정하려는 일방향의 인식 방법을 가리킨다."[23] 또한 "그에게 표상(re-presentatio)이란, 앞의 접두사 're-'가 차이를 종속시키는 동일적인 것의 개념적 형식을 의미하기 때문에, 다시 스스로를 기존의 동일성에 종속시키고, 차이를 동일성에 귀속된 개념적 차이로 만드는 활동으로 정의된다. 들뢰즈의 철학은 이런 '비표상주의'를 종합하고 있는데 그것의 주요 목표는 표상으로 환원되지 않는 사유를 수행하는 것이다. 표상의 개념이 동일성을 바탕으로 정립된 것이라면, 비표상 개념은 계속해서 생성해나가는 '차이(différence)'를 표현하는 것이라고 설명하고 있다. 그에게 '표상'이란 현실 속의 다양한 것들을 동일한 하나의 관점으로 묶어서 귀속시키려는 의식 활동을 가리킨다."[24] 그리고 들뢰즈는 표상의 파괴를 철학적으로 종합하면서 표상 개념이 무언가를 동일시하고 구축하는

---

22   L. Wittgenstein, *Tractatus Logico-Philosophicus*, Frankfurt.a.M., 2003.2.12, 4.01.
23   임민택, 「질 들뢰즈의 '차이'를 기반으로 한 공간의 비표상에 관한 연구」, 『한국공간디자인학회 논문집』 Vol.13, No.03. 한국디자인학회, 2018, 192쪽.
24   위의 글, 191쪽.

것을 바탕으로 정립된 것이라면, '비표상(non-representation)' 개념은 지속적으로 생성해 나가는 '차이'를 표현하는 것이라고 단언한다. 그러면 비표상이란 무엇인가? "'비표상'은 문자 그대로 무언가를 표상하거나 재현하지 않는다는 것을 의미한다. 표상은 본래 인간 중심주의적 사유 체계가 형성되면서 존재의 동일성을 정의하기 위해서 사용된 개념이다. 이런 점에서 공간의 비표상성은 공간 속에서 형태적·연출적·사건적 측면을 의미한다. 이제 공간은 단순한 구축이 아닌 사건 중심으로 구성된다."[25]

귀납논리를 중시하는 과학철학자인 해킹(I. Hacking)은 『표상하기와 개입하기』에서 물리학에서의 표상을 다음과 같이 설명한다. "물리학과 여타의 흥미로운 많은 대화에서 우리는 표상을, 즉 여러분이 좋다면, 말로 이루어진 그림을 만든다. 물리학에서 우리는 모형 뜨기(modelling), 구조 만들기(structuring), 이론화 작업(theorizing), 계산하기(calculating), 근사화 작업(approximating)이라는 정교한 체계에 의해서 이를 행한다. 이들은 세계가 어떠한가에 관한 실제의 명료화된 표상이다."[26]

해킹은 과학적 실재론을 표상이란 관점보다는 '개입하기(intervening)'라는 관점에서, 개입으로서의 실제성을 다루고자 한다. "우리가 세계 속에서 그 밖의 어떤 것에 개입하기 위해서 우리가 사용할 수 있는 것, 또는 세계가 우리에게 영향을 미치기 위해서 사용할 수 있는 것을 실재한다고 생각하게 될 것이다."[27] 여기서 간과해서는 안 되는 것은 표상 개념이 받아들여지는 시대와 사회 그리고 문화에 따라 그 표상 작용을 달리한다는 점이다. "'표상'에 역사적인 변화가 일어났다는 말은, 표상을 표상이게끔 만들어주는 사회문화적 표현 코드에 돌이킬 수 없는 변동이 발생했다는 뜻이다. 즉 표상을 표상으로 떠받치는 코드와 그 사회적인 유통·순환의 시스템, 소위 표상 시스템이 변용을 겪는다는

---

25 위의 글, 192쪽.
26 I. Hacking, 『표상하기와 개입하기: 자연과학철학의 입문적 주제들』, 한울아카데미, 2020, 255쪽.
27 위의 책, 257쪽.

말이다."[28] 이런 맥락에서 공간의 표상성은 공간 인식론에서 가장 중요한 개념으로 다루어져왔다. 그러나 현대에 와서 공간의 표상성은 근대의 인식론 비판과 맞물려 그것의 한계와 문제점이 다방면에서 나타나고 있음을 확인할 수 있다. 최근에는 공간의 표상성의 극복이 논의되면서, 공간의 비표상성이 이슈화되고 있다. 따라서 공간해석학에서는 공간의 표상성과 비표상성 모두를 사유할 필요가 있다. 그 이유는 양자 모두 공간 해석의 일부에 공속하기 때문이다.

2. 공간 경험과 공간 체험

공간의 해석학은 우리의 일상에서 발견되는 공간의 경험적·관계적 성격을 철학적 사유의 과제로 삼아 새로운 공간 개념을 제시한다. 근·현대의 인식론적 공간 이해에 있어서는 공간 표상 다음으로 공간 경험 및 공간 체험을 중시한다. 공간해석학에서는 공간에 대한 소여된 경험 자료가 아니라, 오히려 공간 체험에서 출발한다. 해석학과 현상학에서 '경험(Erfahrung)'과 '체험(Erlebnis)'이 왜 중요한가? 이 질문을 실마리를 하여 공간해석학의 기본 논제인 공간 경험과 공간 체험을 살펴보고자 한다.

그러면 철학에서 '경험'과 '체험'의 의미는 무엇인가? 경험과 체험은 교환 가능한 개념이기도 하고, 또한 논의 맥락에 따라 차별화되어 사용되기도 한다. 경험주의(empiricism)에서의 경험은 감각적 지각에 직접 주어지는 것이라는 좁은 의미로 사용된다. 반면에 "체험주의(experientalism)의 '경험'은 우리를 인간으로 만들어주는, 즉 우리의 세계에 대한 우리의 이해를 구성하는 복합적인 상호작용 안에서 결합되는 신체적·사회적·언어적 존재로 만들어주는 모든 것을 포함하는 넓은 의미로 사용된다."[29]

---

28 李孝德, 『표상공간의 근대(*Modernity and Representation*)』, 박성관 역, 소명, 2002, 19쪽.
29 서명원, 「설명과 이해의 자연주의적 해석 : 리쾨르 해석학에서의 몸의 문제」, 『철학연

잘 알려져 있듯이, 칸트는 인간 경험이 지닌 지각적 특징과 개념적 특징을 과학의 기초로 삼는다. 그의 선험적 주체의 철학은 주체가 자신의 경험을 구성해냄으로써 단순한 지각으로서의 경험을 의미와 인식으로 변환시킨다고 생각한다. 그러면 경험은 항상 어디에서 일어나는가? 경험은 시공간 속에서, 그리고 물질이라는 터 위에서 일어난다. 즉 경험은 우리 몸(신체)의 차원에서 발생한다. 경험이란 우선은 눈으로 보고, 귀로 듣고, 손으로 만지고 하는 것이다. 그래서 경험이란 구체적인 것, 체(體)를 갖춘다는 차원에서 발생하는 것이다.[30]

칸트는 경험의 전제 조건으로 공간을 거론한다. 현상계는 공간과 시간의 제약하에 있으므로 경험과 만난다. 그에 의하면, 과학은 체계적으로 구성된 지식을 의미하는데, 이것은 단편적 경험들을 일정한 질서에 따라 연결하고 종합하는 인식 주관의 지적 작업에 의해 이루어진다. 경험을 연결하고 종합하는 작업은 두 종류의 틀을 통해 이루어진다. 하나는 직관을 통한 경험의 수용이며, 다른 하나는 지성을 통한 경험의 개념적 연결이다. 경험을 수용하는 직관의 기본 형식은 시간과 공간이다. 시간과 공간은 인식 주체가 선천적으로 소유하며 물질 세계나 경험으로부터 독립된 순수한 형식이고 경험의 전제 조건이다. 모든 경험이 시간과 공간의 형식으로 주어지며, 물질 세계에 관한 모든 법칙이 시간과 공간의 함수로 설명되는 이유가 여기에 있다.[31]

'공간의 개념사'를 정리한 야머(M. Jammer)는 칸트의 공간 개념을 다음과 같이 요약한다. ① 공간은 외적 경험에서 나온 경험적 개념이 아니다. ② 공간이 모든 외적 지각에 깔려 있는 선험적으로 필연적인 지각이다. ③ 공간은 추론적이거나 일반적인 개념이 아니다. ④ 공간은 선험적 직관이며, 그것에 의해 포섭되는 무한수의 개별자들이 담겨 있어야 하는 개념은 아니다. ⑤ 공간은 지각의 대상이 아니라, 대상들을 지각하는 형식이다.[32]

구』145권, 대한철학회, 2019, 215쪽 각주 1.

30 이정우, 앞의 책, 187쪽, 223쪽.

31 강동수, 「근대의 자연공간과 인식공간」, 『철학연구』 116, 대한철학회, 2010, 264쪽.

32 M. Jammer, 『공간 개념 : 물리학에 나타난 공간론의 역사』, 이경직 역, 나남, 2008, 247

경험주의 인식론에서는 인식의 근원을 경험에서 찾는다. 경험론은 인식을 현상계에 한정하는 것이다. 로크(J. Locke)에 의하면 경험에는 두 가지가 있는데, 하나는 외적 대상에 대한 지각, 즉 감각(sensation)이고, 다른 하나는 우리의 마음의 작용에 관한 내부 지각, 즉 반성(reflexion)이다. 경험의 근원은 감각이고, 모든 관념의 근원은 감각적 지각이다. "감각 속에 존재하지 않았던 것은 지성 속에 존재하지 않는다(nihil est in intellectum quod non fuerit in sensu)"는 중세 이래의 경험론의 정식이 된다.

슐라이어마허는 문법적 해석과 심리적 해석을 통해 저자의 정신적 과정을 '추체험함(Nacherleben)'으로써 이해가 가능하다고 본다. 해석은 '역지사지(Hineinversetzen)'와 '모방(Nachbilden)'을 통해 이루어진다. "타자 이해의 재구성은 추체험으로서의 재구성이다."[33]

이해의 기술은 단지 원문에 주어져 있는 의미를 그 의미가 생겨났던 정신적 삶에로 거슬러 올라가는 추체험과 재구성의 과정이다. 즉 텍스트의 저자의 원래의 정신적 삶을 감정이입의 방법과 같은 것을 통해 다시 체험하는 과정이다. 해석의 과정을 어떠한 유형의 설명적 구성도 배제하고 단지 추체험의 과정으로 제한함으로써 이해의 보편성을 구축하려는 의도가 나타난다.

딜타이는 삶을 경험이란 용어 대신에 '체험(Erlebnis)'으로 표현한다. 접두사 Er-가 붙은 Er-lebnis는 단순한 삶을 의미하는 Leben보다는 더욱 개별적으로 경험된 삶을 지칭한다. 따라서 이 체험으로서의 삶은 외부에서 객관적인 방법으로 추상할 수 없는 구조 연관이다. 그러므로 이 체험으로서의 삶은 객관으로서 주어져 있는 대상이 아니라, 오히려 주객 분열에 선행하여 존재한다. 따라서 삶은 내용적으로 설명될 대상이 아니라, 직접적 체험되어야 할 대상이다. 이와 같이 체험을 단순한 사고와 구분하여 주객 분열을 가능하게 하는 반

쪽 이하.

33 W. Dilthey, 『정신과학과 개별화(Geisteswissenschaften und individuation)』, 이기홍 역, 지식을 만드는지식, 2011, 91쪽.

성적 의식 이전의 전반성적 구조 연관으로 설명하는 딜타이의 생각이 후설이나 하이데거의 현상학에 영향을 준 것은 물론이다. 딜타이는 경험주의나 실증주의의 경험 개념을 얄팍한 개념으로 파악한다. "경험이란 완결된 형식 속에 가두어질 수 없으며, 우리의 지식은 새로운 경험에 의해 언제나 갱신될 수 있는 상태에 놓여 있을 뿐이다."[34]

체험으로서의 삶은 객관으로서 주어져 있는 것이 아니라 주객 분열에 선행하여 존재한다. 따라서 삶은 내용적으로 설명할 대상이 아니라 이해, 즉 직접적으로 체험되어야 할 대상이다. "이처럼 시간이 흐름 속에서 현재에서의 통일성을 형성하는 것은 우리가 체험이라고 부를 수 있는 가장 작은 통일성이다. 왜냐하면 그 흐름은 하나의 통일적인 의의를 갖기 때문이다. 그래서 우리는 더 나아가 생애에 대한 공동의 의의를 통해 서로 연결되는 삶의 부분들의 포괄적인 통일성을 '체험'이라고 부른다."[35] 딜타이는 삶을 형성과 흐름으로 본다. 삶의 흐름은 파악이 전혀 불가능한 것이 아니라, 일정한 통일성을 갖고 있다는 것이다. 그리고 그 단위가 되는 통일성을 체험이라고 칭한다. 통일성이란 그 부분들이 하나의 보편적 의미를 통해 결합되는 그러한 통일성이다.

딜타이는 공감의 중요성을 언급한다. "저자의 표현을 통해 저자의 체험을 재구성하고, 그것에 공감(Einfühlung)함으로써 정신과학의 기초인 보편적 이해의 이상에 도달할 수 있다"[36]고 주장하였다. 체험은 경험처럼 누구나 동일하게 겪는 것이 아니다. 저마다 다를 수밖에 없다. 그러면서 동시에 이런 체험들이 서로 내적인 연관을 맺게 되면 '누구 누구의 삶'을 형성한다. 여기서 "체험은 더 이상은 그 근거를 파헤칠 수 없고, 또 그 배후에는 더 이상의 사고가 올 수 없으므로 인식 자체는 단지 체험에서만 나타난다. 체험에 관한 의식은 언제나 이런 체험과 함께 더 심화되므로 이 과제는 항상 추가적인 학문적 성취들을

---

34 윤유석, 앞의 글, 218쪽.

35 W. Dilthey, 『체험·표현·이해』, 이한우 역, 책세상, 2020, 23쪽.

36 이윤미, 「해석의 흐름에서 본 갈등과 소통의 가능성」, 『현대유럽철학 연구』 제64집, 한국하이데거학회, 2022, 145쪽.

요구한다는 의미에서가 아니라, 그 본성상 해결할 수 없다는 의미에서 무한하다."[37] 딜타이는 삶 자체를 실증주의적 도식이나 관념적 사변에 의해 추상화하는 입장을 거부하고, 구체적 삶 자체로 돌아가 그 삶에 의해 표현되는 것을 있는 그대로 이해하는 방법을 해석학으로 규정한다. 그러나 체험을 그 자체로서 표상할 수 없다는 한계로 인하여 삶은 그 자체의 본질을 파악할 수 없는 것으로서 드러난다. 삶의 인과관계를 설명할 수 없다. 그러나 삶 자체는 체험을 표현함으로서 이해될 수 있다. 그는 삶을 하나의 '구조 연관(Strukturzusammenhang)'으로 본다. 그런 구조 연관이 없다면 삶은 체험의 무차별적인 통과지점에 불과하고 '생애'라는 것도 성립될 수 없다. 모든 체험은 각각 하나의 내용을 갖고 있다. 그 내용에 대한 분석을 통해 딜타이는 체험이 구조적 통일성을 갖는다는 사실을 입증한다. 이렇게 해서 체험들은 구조적 통일성이 입증되고 그로부터 정신적 삶의 구조가 구축된다. "체험과 그러한 체험 자체에 대한 이해를 바탕으로, 그리고 체험과 이해 양자의 지속적인 상호작용 속에서 낯선 삶의 표출이나 다른 사람들에 대한 이해가 이루어진다."[38] 삶의 체험에 대한 이해로부터 드러나는 삶의 표출들은 개념·판단·추리·행위·표현이다. 체험과 표현은 참과 거짓이라는 판단의 대상들이 아니라, 오히려 진실한가 그렇지 않은가의 판별 대상들이다. 그것들은 낯선 것과 타자에 대한 이해와 밀접하게 연관되어 있다. "우리의 모든 진술들은 이미 체험의 영역 속에 있게 된다. 이미 그런 한에서 진술들은 그 대상들을 생애 속에서 갖게 되며, 따라서 술어들은 이런 진술의 본성에 따라 이 생애에 대해 진술한다. 그 진술은 무엇보다 일정한 삶의 연관에 대한 것이다."[39]

후설의 현상학은 경험의 근원을 밝히는 고고학이고, 또한 경험 자체를 이성 속에 정초하려는 철저한 경험주의 및 근본적 이성주의이다. 후설은 경험(지각)

---

37 위의 책, 79쪽.
38 위의 책, 42쪽.
39 위의 책, 38쪽.

과 이성(인식)은 별개의 것이 아니라, 지향적 의식의 끊임없는 흐름 속에 전체적 통일을 이룬다.[40] 후설에게 우리가 사는 생활세계는 경험과 체험의 세계이다. 따라서 그는 경험을 상론한다. 왜냐하면 경험이 바로 세계와 주체 사이에 존재하는 층위이기 때문이다. 현상학이란 무엇보다 경험을 분석하고 서술하는 것이다. 플라톤 이후로 지각적 경험은 인식에 비해 열등한 지각된 것은 사실이다. "플라톤은 경험을 항상 단순한 주관적 속견, 즉 사실상 언제나 충족되지 않은 지향으로 간주하고, (…) 감각적 대상의 흐름과 상대성 속에 있는 것은 전혀 참된 존재가 아니며, (…) 결코 동일한 것이 아니라고 파악한다."[41]

전통적인 학문과 과학은 주관성을 벗어나 객관적 사실에 다가가야 하는데, 현상학에 따르면 의미란 반드시 주체 상관적이고, 대상과 주체가 맞물려 있는 차원에서만 성립한다. 과학은 주관성을 버리고 객관성을 찾는 것이라면, 현상학은 주관과 객관이 맞물려 있는 이 경험의 차원에서 의미가 생기는 것이다. 현상학의 최종적 전제는 모든 대상은 의식 체험과의 상관관계 속에서 직접적으로 주어진다는 사실이다. 후설에게 흥미로운 점은 경험 자체가 이중 구조로 파악된다는 점이다. 즉 현상 자체가 두 측면으로 입체화된다. 다시 말해 우리의 경험적 자아에 의해 포착되는 단순한 경험의 층위가 있고, 선험적 자아에 의해 포착되는 경험의 알맹이가 있다. 이 경험의 본질이 노에마(noema, νόημα, Gedachte)이고, 그 노에마를 포착하는 의식이 노에시스(noesis, νόησις, Denken)이다. 현상 자체가 본질을 품고 있다고 보는 점에서 후설은 칸트와 다르다. 이 경험의 본질, 그것이 바로 노에마이고 의미이다. 선험적 자아가 없이는 노에마를, 나아가 경험조차도 상상할 수 없다. 따라서 후설의 사유 역시 궁극에 있어서 선험적 주체의 사유인 것이다.[42]

---

40 이종훈, 「후설 현상학에서 실증적 객관주의 비판의 의의」, 『철학과 현상학 연구』 55권, 55호, 한국현상학회, 2012, 40쪽.

41 E. Husserl, *Einleitung in die Philosophie. Vorlesungen 1916~1920*(Husserliana Materialien Band IX), H. Jacobs(hrsg.), Dordrecht: Springer, 2012, pp.323~324.

42 이정우, 앞의 책, 227쪽 이하.

후설의 '선험적 논리학'은 '새로운 선험적 감성론'이다. 여기에서 감각적 경험과 공간과의 연관성, 그리고 경험 세계의 구조가 기술된다. "그는 대상이 술어로 진술되기 이전에 (선술어적으로) 운동감각적 경험에서 시간적이고 공간적인 연관 속에 생생하게 주어지고 구성되는 직관을 해명하고, 그 명증성을 분석한 이 강의를 '선험적 논리학' 또는 '새로운 선험적 감성론'이라 부른다."[43] 그에게 있어서 모든 인간의 경험과 경험 세계의 구조를 스케치하는 것이 선험적 '경험기술학(Empiriographie)', 즉 선험적 감성론의 과제이다.[44] "사태의 본질은 분석이 아니라 직관에 의해서 도달할 수 있다는 전제하에서 현상학은 신체적 주관의 지향적 체험 구조를 기술하고자 한다."[45] 그리고 "현상학적 탐구의 목적은 본래 '체험 자체를 체험에 맞게 인도하는 것(erlebnismäßige Führung des Erlebens selbst)'이다".[46] 그리고 "말하자면, 주객 분리에 근거한 인식론과 그에 따른 세계 파악 이전에 대상과 직접적 관계를 맺고 있는 체험, 즉 지향적 의식의 구조를 다루는 것이다. 이러한 구조를 드러내기 위해서는 이론적 선입견으로부터 벗어나 체험의 근원적 영역으로 향하는 시선의 전환과 태도의 변경이 요구된다."[47] 이런 점에서 후설은 근원적인 공간 문제를 삶의 경험으로 접근해야 함을 부각시킨다.

기하학의 근원에 대한 탐구는 늘 실종되어 있었으며, 기하학적 공간은 우리 경험 세계로부터 출발한 이념화 과정의 산물이란 사실이 은폐되어 있었다. 이것을 후설은 치명적인 것으로 평가하고 있다. 왜냐하면 그러한 사실들이 은폐됨으로써 이념화된 공간이 어떠한 선행작업도 어떠한 근거도 전제할 필요가 없는 그 자

43 이종훈, 앞의 글, 49쪽.

44 E. Husserl, *Zur Phänomenologie der Intersubjektivität*, Texte aus dem Nachlaß, Dritter Teil: 1929~1935(GW. XV), *Martinus Nijhoff*, The Hague, 1973, pp.234~235.

45 서도식, 「공간의 현상학」, 『철학논총』 제54권 4호, 새한철학회, 2008, 352쪽.

46 M. Heidegger, *Phänomenologie des religiösen Lebens*, Frankfurt a.M. 2011(GA. 60), p.362.

47 김재철, 「하이데거의 슐라이어마허에 대한 해석」, 『현대유럽철학연구』 68호, 한국하이데거학회, 2023, 111쪽.

체의 세계로 실체화되었기 때문이다. (…) 따라서 보다 근원적인 공간 문제는 삶의 세계에서 수행되는 경험으로부터 접근되어야 한다. 이러한 이유에서 후설은 공간을 자연적으로 경험되는 그 직접성에서 해명하기 위하여 어떠한 기존의 이론에 의거하지 않는 현상학적 경험연구를 시도한다.[48]

'몸의 현상학'을 천착한 메를로퐁티(M. Merleau-Ponty)는 몸과 상호작용하는 공간이란 하나의 객관적 사물일 수 없다고 본다. 그는 이러한 공간을 상하, 깊이, 운동 및 경험이 성찰되는 공간으로 설명한다. 상하를 결정하는 주체인 몸, 이러한 몸의 실증적 체험을 깊이로 설명하고 이렇게 관계 맺는 과정을 운동이라고 본다. 이와 같이 현상학에서의 공간 이해는 의식의 체험에 의해 가능하다고 본다. 공간의 해석학은 이러한 현상학에 접목되어 있다. "공간이 이질적이라는 주장은 공간이 여럿이라는 점, 하나의 공간이 다른 공간들과의 관계에 의해 규정된다는 점이다. 나아가 공간을 경험하는 주체의 시선 내지 관점도 여럿이고 상대적이라는 점과 통한다. 공간 경험의 주체의 입장에서 보면, 공간은 이제 사유실체의 이념적 추상물이 아니라, 오히려 그 자신 연장 실체의 하나인 몸의 움직임에 종속된 의식의 체험에 의해 규정된다. 공간에 대한 현상학적 이해의 실마리는 바로 여기에 있다."[49]

메를로퐁티에 의하면, 생활세계에서 우리는 '객관적인 실재로서의 공간'과 '체험하는 공간'을 구분한다. 나는 몸으로 타인과 구별되는 공간을 점유한다. "내가 차지한 공간을 타인이 밀어내고 그 자리를 점유하면서 "그 공간에서 밀려난다. 나와 타인은 인접 공간을 공유하지만 동일한 공간을 차지할 수는 없다. 따라서 나는 몸으로 타인과 나를 구별하며, 몸을 통해 내가 점유하는 공간을 의식한다. 공간은 나에 앞서, 나의 의식에 앞서, 선험적으로 주어져 있다. 하지만 나는 나와 타인이 인접해 있으면서도 완전히 공유할 수 없는 틈을 의

---

48 이종관, 『공간의 현상학, 풍경 그리고 건축과학 : 건축 현상학의 심층횡단을 통한 인간의 미래 거주 방향 모색』, 성균관대학교 출판부, 2012, 97쪽 이하.

49 서도식, 앞의 글, 341쪽.

식하면서 비로소 나와 타인에게 의미 있는 공간을 의식한다. 이렇게 의식된 공간은 유클리드 기하학으로 서술될 수 있는 공간이기보다는 '체험하는 공간'이며, 나와 타인이 '관계된 공간'이며, '의미가 부여된 공간'이다. 신체로서 존재하는 인간이면 누구나 공간에서 주어지는 자유와 제한 속에 종속된다."[50]

하이데거도 우리의 근원적 공간 경험에 주목하여 실존적 공간이 인간과의 친밀한 관계 속에서 형성됨을 보여준다. 체험적 삶 자체는 그러한 접근 방식, 즉 해석학을 요구한다. "먼저 해석학은 삶의 이행 자체를 의미하며 '현사실성 (Faktizität)'의 탐구이다. 특히 '종교적인 것의 체험적 현실성'[51]은 이론적 태도를 물리치고 체험으로 돌아가 거기에서 충족되는 절대자와의 내적 연관들을 특정한 상황에 따라 이해하는 개인적 실존의 자기 해석에서 작동된다. 이때 체험에 대한 현상학적 직관과 해석학적 이해는 같은 의미에서 파악되고 있다."[52] 하이데거의 세계는 의식 앞에 놓여 있는 물리적 공간이 아니라, 인간 곁에 가깝게 친근하게 있는 실존적 공간이다. 이 세계는 인간이 그 속에 처해 있으면서 이미 경험하고 있는 장(Gegend)이다. 이 장은 실존적 체험의 공간으로서 만난다. "공간 설계 내지 공간 계획의 기반은 유클리드 기하학이 아니라, 도리어 체험으로 구성되는 인간이 실존적·역사적 삶의 의미이다. 존재의 장소로서의 세계 공간은 도구적 연관이라는 의미의 공간이며, 이러한 공간은 오직 현존재인 인간에게만 개방된다는 점이다. 따라서 공간을 경험한다는 것은 현존재의 삶의 의미를 이해한다는 것이다."[53]

가다머는 체험(Erlebnis)이 유래한 '에어레벤(erleben)'을 다음과 같이 설명한다. "'erleben'이란 우선 '어떤 무엇이 일어난다면, 아직 살아 있다'는 것을 뜻한다. 이로부터 'erleben'은 어떤 현실적인 것이 포착되는 직접성의 어조를 지니게 된

---

50 강영안, 『일상의 철학』, 세창출판사, 2018, 72쪽 이하.
51 M. Heidegger, *Phänomenologie des religiösen Lebens*, 394쪽.
52 김재철, 앞의 글, 121쪽.
53 서울시립대학교 도시인문연구소 편, 『도시 공간의 인문학적 모색』, 메이데이, 2009, 47쪽.

다. 이것은 우리가 안다고 생각은 하지만 자신의 체험을 통한 확증이 결여된 것, 말하자면 다른 사람에게서 받아들이거나 전문을 통해서 내려온 것, 추론, 추측 혹은 상상된 것들과는 반대가 된다. 체험된 것이란 항상 '자기가 체험한 것(das Selbsterlebte)'이다."[54]

가다머에 있어서 딜타이의 체험 개념은 부정적이다. 그는 딜타이의 체험 개념을 다음과 같이 비판한다. 가다머의 해석에 따르면, 체험 개념은 그 기능과 의미를 처음으로 부여한 딜타이에게서 실증주의적 요소와 범신론적 요소를 가진다. 즉 체험은 모든 이론적 구성의 궁극적 소재로서 '직접적 소여'라는 점에서, 그 개념에는 실증주의적·인식론적 동기가 작용하고 있다. 다른 한편, 체험의 직접성은 체험의 무한한 삶 그 자체와 관련되고, 개개의 체험은 이 무한한 생의 한 계기에 불과하며, 이 무한한 생은 천재의 창조적 영감과 같은 체험을 통해서만 직접적으로 포착될 수 있을 뿐이라는 이른바 낭만주의적 사상에 기초한 범신론적 동기가 내포되어 있다.[55]

가다머에 의하면, 해석자는 텍스트나 세계가 해석자에게 스스로를 드러내는 사건을 체험하는 경험자가 되어야 한다. 그래서 의미란 텍스트나 해석자속에 있지 않고, 둘 사이에 나타나는 상호작용의 결과이다. 가다머는 딜타이에게 많은 것을 물려받았음에도 불구하고, 주저하지 않고 딜타이가 전통적인 인식론을 넘어설 줄 몰랐다고 진술한다.[56] 실제로 딜타이의 출발점은 여전히 의식 자체의 지배자인 자기 의식이다. 그에게는 주관성이 최후의 준거가 된다. 체험의 지배는 "나는 존재한다"는 것이 원초적인 것의 지배이다. 이런 의미에서 근본적인 것은 '내적 존재(Innesein)', 즉 자아의 의식화이다.[57] 결국 가다

54   H.-G. Gadamer, 『진리와 방법 (1) : 철학적 해석학의 기본 특징들(*Wahrheit und Methode; Grundzüge einer philosophischen Hermeneutik)*』, 이길우 외 역, 문학동네, 2012(이하 *WM 1*), 97쪽.

55   위의 책, 279쪽(역해).

56   H.-G, Gadamer, *Wahrheit und Methode, Grundzüge einer philosophischen Hermeneutik*, Tübingen, 1975(이하 *WM*), p.261.

57   P. Ricoeur, 앞의 책, 345쪽.

머에게 진리로서의 타당성을 획득하는 것은 오히려 진정한 경험, 다시 말해 전통이 말해주는 어떤 사태와의 만남인 것이다.

이런 맥락에서 가다머에 의하면, 생철학이나 현상학에서 체험 개념은 순전히 인식론적 개념으로 나타난다고 본다. 딜타이의 체험의 개념은 객관적인 것에 대한 모든 인식의 인식론적 기반이 된다. 그 이유는 생이 의미 형성체에서 객관화되기 때문에, 그리고 의미에 대한 모든 이해란 생의 객관화를, 이것이 유래하게 된 정신적 생동성으로 다시 옮기는 작업이기 때문이다. 그리고 후설의 현상학에서 체험 개념이 가지는 인식론적 기능은 보편적인 것이다. "체험 통일체는 통속적인 체험 개념과는 달리, 자아의 실제적 체험류의 한 부분이 아니라 지향적 관계로 이해된다. 후설의 체험 개념은 그 본질이 지향성인 의식의 모든 행위를 지칭하는 포괄적 명칭이다."[58]

가다머에 의하면, 이해 현상은 인간의 세계 경험의 일부이다. "이해 현상과 이해된 것의 정확한 번역 현상은 정신과학의 방법론에만 관계되는 문제가 아니다. (…) 해석학의 문제는 해석학의 역사적 기원에서 볼 때, 방법이라는 개념이 현대과학에 부여하는 그런 한계를 넘어서는 것이다. 텍스트의 이해와 번역은 단순한 과학의 관심만이 아니라, 분명히 총체적 인간의 세계 경험의 일부분인 것이다."[59] 가다머는 경험 개념이 예술의 입장을 정초하는 데 결정적이라고 본다. 예술작품은 생의 상징적 표현의 완성으로 이해되며, 모든 개개의 경험은 이미 그러한 완성을 향해 가고 있다. 그 때문에 예술작품 자체가 미적 체험의 대상으로 특별히 취급된다. 이러한 사실은 미학에서 이른바 경험예술이 진정한 예술로 나타나는 결과를 가져온다. 가다머에 의하면, 자연과학의 귀납적 방법으로는 사회적·역사적 세계에 대한 경험을 학문의 단계로 올려 놓을 수 없다. 그래서 정신과학은 과학 외적인 경험 방식들, 즉 철학의 경험과 예술의 경험, 그리고 역사 자체의 경험과 밀접한 관계가 있다. 이 모든 것은 과학

---

58 H.-G.-Gadamer, *WM 1*, 103쪽 이하.
59 H.-G.-Gadamer, *WM*, xi.

의 방법적 수단으로는 검증될 수 없는 진리가 개현되는 경험 방식들이다.[60]

가다머는 '진리의 경험' 그리고 '해석학적 경험'을 중시한다. 그는 예술작품을 통해 우리에게 주어지는 진리의 경험을 옹호하며, 그것을 통해 과학적 진리 개념을 확장시키고자 한다. 그의 해석학 연구는 예술과 역사적 전승의 경험으로부터 출발해서 해석학적 현상을 그 전반에 걸쳐서 명료하게 하려고 한다. "해석학적 현상에서는 진리의 경험을 인정하는 것이 중요하다. 이 진리의 경험은 철학적으로 정당화되어야 할 뿐만 아니라, 그 자체가 일종의 철학적 사유방식이기도 하다."[61] 가다머의 철학적 해석학은 진리에 대한 해석학적 경험의 주요 예시가 예술과의 만남에서 발견된다고 주장한다. 그의 해석학에서 예술의 존재는 오히려 우리가 참여하는 실현 또는 수행(Vollzug)의 문제이다.[62]

가다머는 먼저 '놀이(Spiel)'이라는 주제를 도입하여 예술의 경험은 관련된 사람들의 주관적인 의도나 이해관계를 초월하는 해석의 사건임을 강조한다.[63] 우리가 작품의 경험에 참여할 때 우리는 작품을 구성하는 의미의 맥락에 우리 자신을 맡기고, 따라서 우리의 해석적 경험이 작품에 적합한 해석의 한계와 가능성에 지배되도록 허용한다. 가다머는 예술에 대한 우리의 경험에서 그러한 놀이는 그가 구조로의 변형이라고 부르는 것으로 절정에 이른다고 주장한다. 이것은 예술에 대한 우리의 경험이 작품의 이상 또는 의미에 사로잡힌 작품의 경험이 된다는 것을 의미한다. 진리에 대한 해석학적 경험은 전통과 언어에 의해 조건 지어진다. 진리에 대한 해석학적 경험은 우리 자신의 실존에 적용되는 것과 관련이 있다. 오히려 진리에 대한 해석학적 경험은 의미의 역사적 전달에 의해 제한되고 가능하게 된다는 의미에서 전통에 의해 조건 지어진다. 이 주장은 또한 전통에 대한 독일어 용어인 전승의 의미를 강조하며, 문자 그대로 번역하면 전달을 의미한다. 여기서 진리에 대한 해석학적 경험은

---

60 H.-G.-Gadamer, *WM 1*, 10쪽.
61 위의 책, 12쪽.
62 위의 책, 101~109쪽 참조.
63 위의 책, 151쪽 이하.

역사적 전통에 속하는 것과 관련이 있다.

가다머의 철학적 해석학의 주요 쟁점은 진리에 대한 그러한 해석학적 경험이 그 자체로 유효할 뿐만 아니라, 지식을 통해 확보된 지식에서 쟁점이 되고 있는 진리의 감각과 구별되고 훨씬 더 독창적이라는 것을 명확히 하는 것이다. 그의 철학적 해석학은 과학적 방법에서 파생될 수 없는 진리의 해석학적 경험에 초점을 맞추고 있다. 인본주의 전통의 모티브에 대한 가다머의 고려는 바이마르 고전주의와 19세기 독일 지적 생활에서의 유산에 의해 지향된다. 그의 설명은 과학적인 방법으로 측정되는 대신에, 그것은 우리의 교육에 의존하는 진리의 경험의 타당성을 회복하는 데 도움이 된다.[64]

리쾨르도 의식의 지향성 보다는 의식을 초월하는 체험의 영역을 중시한다. "리쾨르의 인간에 대한 진정한 이해는 관념론적인 해석이 아니라, 인간의 사고와 본성에 대한 표현이 나타난 신화나 상징의 해석을 통해서 가능하다고 본다. 그는 인간의 의식을 후설처럼 지향적 분석에 초점을 두지 않았고, 의식 초월적인 체험의 영역을 기술의 대상으로 삼았다."[65]

참된 공간은 먼저 인간이 표상하는 공간이 아니라, 오히려 체험하는 공간이다. 몸으로 체험하는 3차원 공간이 진정한 공간이다. "이 참된 공간은 인간의 삶이 부여한 의미 형성체이다. 후설과 하이데거의 현상학적 공간 이해의 핵심은 한마디로 공간을 물성 공간이 아니라, 의미 공간으로 파악한 데에 있다. 이러한 공간 이해는 공간의 인문적 성격을 강조한 것이며, 실천적으로는 인간이 근대적 공간 지배에 대한 하나의 반성적 계기를 제공하는 것이다."[66] 그리고 "공간은 인간에게 있어서 가장 근원적인 체계일 뿐만 아니라 가장 기본적인 경험이자 기초적인 인식의 범주이다. 우리는 다양한 공간에서의 경험을 통해

---

64   위의 책, 28~73쪽. 여기서는 인문주의의 주요 개념들로서 교양, 공통 감각, 판단력, 취미를 다룬다.
65   양해림, 『해석학적 이해와 인지과학』, 집문당, 2014, 216쪽.
66   서도식, 앞의 글, 335쪽.

자신의 정체성을 형성해 나가고 삶을 유지해 간다."[67] 공간을 삶과의 연관 속에서 파악하고 진술할 경우에, 그것은 공간 체험과 공간 경험에 바탕을 둔다. 인간이 존재하고 행동하는 모든 것들이 사실상 공간의 경험과 연관되어 있다. 인간이 공간 감각은 시각, 청각, 근각(근육운동감각), 후각, 열감각 등등 여러 감각 입력들이 종합된 정보이다.[68] 공간은 인간의 신체적 체험에 의해 만날 수 있고, 그것은 체험의 대상이기에 3차원 공간 그 자체가 의미 형성체이다.

후기구조주의는 경험을 중시하는 사유이다. 푸코가 말하는 실증성(positivité), 들뢰즈가 말하는 반복의 과정에서 그때마다 일어나는 '사건(événement)' 등이 모두 경험적인 성격을 띠고 있다. 그러나 진정한 사유는 경험에서 단절되어서도 안 되지만 경험에 머물러서도 안 된다. 중요한 것은 경험의 확장이다. 후기구조주의가 사건의 개념을 통해 경험적 차원을 중시하는 성격을 드러내면서도 특이성들의 장이라는 개념을 통해 경험을 넘어서는 것은 이 때문이다.[69]

이런 맥락에서 공간 경험과 공간 체험은 공간해석학의 기본 논제이다. 현상학과 해석학자들은 공히 경험과 체험 개념에 천착하여 그것의 의미와 양자의 차이와 중요성을 밝힌 셈이다. 이 개념들에 대한 견해 차이로 인하여 공간인식론과 공간해석학이 나누어지고 구분된다.

3. 공간의 공간성

철학적 공간론은 본질적인 의미에서 '공간의 공간성(spatiality, Räumlichkeit)'에 대한 탐구이다. 1980년대 이후 공간적 전환과 함께 공간성은 공간의 현상학

---

67 김효진, 「공간에 대한 인문학적 사유와 유아교육에의 함의」, 『유아교육논집』 제24권 제5호, 한국영유아교원교육학회, 2020, 269쪽.

68 E. Hall, 『숨겨진 차원 : 공간의 인류학』, 최효선 역, 한길사, 2013, 287쪽.

69 이정우, 앞의 책, 186쪽.

및 인문학과 문화학의 핵심 주제로 발전한다.[70] 이 공간성이란 일반적으로 공간에 대한 관념 · 본질 · 특성 · 공간다움 · 차원성을 의미한다. 공간은 물질의 구체적인 물체적 차원성과는 독립적인 순수한 차원성을 지니고 있다.

유클리드의 3차원 공간의 공간성이란 등방성(isotropy), 균질성(homogeneity), 무한성(infinity)을 의미한다. 공간의 등방성이란 물체를 관찰할 때 관찰하는 방향이 달라져도 그 성질이 변하지 않는 것을 말한다. 보통의 기체나 액체 및 고체는 등방성을 나타내므로 탄성체(elastic body)나 소성체(plastic body)의 변형에 대해 연구할 때는 대개 그 물체가 균질하며 등방성을 갖는다고 가정한다. 공간의 균질성은 물질의 성질이 위치에 관계없이 일정한 것이다. 물리학에서 균질성은 어떤 물질 또는 시스템의 모든 지점에서 불규칙성이 없이 일정한 속성을 가지는 성질을 말한다. 수학적으로 균질성은 불변성의 의미를 갖는데, 방정식의 모든 구성 요소는 곱셈 또는 덧셈 등에 의하여 이러한 각 구성 요소가 다른 값으로 되는지 여부에 관계없이 동일한 값을 갖는다. 더욱이 "유클리드 기하학의 특징은 물질성과 완전히 분리되는 공간을 마련해준다는 것이다. 그리고 그 완전한 분리가 가능한 것은 바로 유클리드 기하학이 보장해주는 공간의 균질성 때문이다. 공간이 균질하다는 것은 곧 공간이 물질계와 관련하여 아무런 유의미한 속성도 갖지 않는다는 것을 의미한다."[71] 뉴턴에 의하면, "절대적 공간은 그것 자신의 진정한 성격에 따라 밖에 있는 어떤 것의 간섭도 없이 항상 균등하며 움직임이 없다."[72] 공간의 무한성이란 감각과 반성에 의해

---

70 J. Dünne, Stephan Günzel(hrsg.), *Raumtheorie. Grundtexte aus Philosophie und Kulturwissenschaften*. Suhrkamp, 2006. 1980년대 이후 '공간적 전회'과 함께 공간성은 인문학과 문화학의 핵심 주제로 발전하였다. 특히 지리학, 사회학 및 미학은 공간적 사고의 전환점을 예고했으며 인문학 및 자연과학에서 고전 유럽 텍스트의 재발견을 위한 길을 연다. 여기서는 공간의 현상학을 다룰 뿐만 아니라, 미디어, 사회, 정치 및 미적 공간을 반영하는 근대부터 현재까지의 공간 이론에 대한 기본 텍스트의 대표적인 단면을 처음으로 모았고, 각 텍스트와 해당 저자를 역사적, 이론적 맥락에서 제시한다.

71 김효명 외, 『근대과학의 철학적 조명』, 철학과현실사, 2006, 285쪽 이하.

72 I. Newton, *The Principia: Mathematical Principles of Natural Philosophy*, A. Motte(trans.)

지각되지 않는 속성을 뜻한다. 원자론자들의 공간은 아직까지 유클리드의 기하학적 공간처럼 연속적·등질적·등방적이라는 추상적 특성이 정연하게 부여된 개념은 아니다.

근대적 공간은 '통일체로서 보편적 공간' 및 '동일한 하나의 유일한 공간'을 의미한다. 중요한 것은 공간은 계속 동일하다는 사실, 즉 절대적이면서 무한하고, 균질적이면서 단일적이고, 규칙적이면서 줄무늬가 져 있고, 등방적이면서 등축적이라는 사실뿐이다.[73] 데카르트(R. Descartes)에게 공간성이란 바로 연장성(extensibility)을 뜻한다. 연장(extensio)은 데카르트의 공간관에서 핵심적 개념이다. 그는 사유(cogito)를 정신의 실체로, 연장을 물리적 자연의 실체로 규정한다. 모든 연장체는 넓이와 깊이로 이루어진 부피를 가진다. 공간의 성질이나 정량화 가능성을 의미하는 연장성을 자연의 실체로 규정한 데카르트의 생각은 수학적·기하학적 방법으로 자연을 분석하고 이해하는 근대의 수학적 방법을 존재론적으로 정당화하며, 동시에 자신이 구상하는 기계론적 우주론의 초석을 놓는 의미를 지닌다.[74] 연장은 단지 물질과 공간의 공통 본질일 뿐만 아니라, 나아가 양 및 차원의 본성을 규정한다. 따라서 그것은 모든 거리 측정의 본성을 규정한다. "그에 따르면, 물체는 연장을 전제로 하며 연장 실체의 양태이고, 모양은 연장 실체에서만, 운동은 연장된 공간에서만 생각될 수 있다."[75] 그리고 "연장이라고 말하면, 우리는 실재하는 물체나 아니면 단순한 공간이냐를 불문하고 길이, 넓이, 깊이를 가진 것은 모두 연장이라고 이해한다."[76]

데카르트의 공간성에 바탕을 두고 있는 근대철학적 공간의 공간성이란 동형성, 연속성, 등방성, 등측성, 균질성, 유한성을 의미한다. 또한 "데카르트에

and F. Cajori(rev.), Berkeley: University of California Press, 1999, p.408.

73 E.S. Casy, 『장소의 운명 : 철학의 역사』, 박성관 역, 에코리브르, 2016, 388쪽 이하.

74 김국태, 「합리론과 과학탐구의 방법」, 김효명 외, 『근대과학의 철학적 조명』, 철학과현실사, 2006, 36쪽 이하.

75 강동수, 앞의 글, 15쪽.

76 R. Descartes, *Rules for the Direction of the Mind*, *The philosophical Works of Descartes*, vol. I. Cambridge University Press 1979, p.57.

게서 물리적 공간성, 즉 연장이 세계의 세계성과 등식을 이룬다. 이런 등식을 통해 위치, 장소, 지역 등으로 표시할 수 있는 공간의 위상학적 다양성이 소멸되고, 세계는 기계적이며 동질적인 것으로 파악된다."[77] 칸트의 초월적 공간 관념론에서의 공간성은 단지 정신적 구성물, 즉 사고의 방식으로 환원된다.

그러면 근대철학에서 제시된 공간성에 대한 파악과 현대철학에서 대표적으로 논의된 공간성 이해는 어떠한 차이가 있는가? 현대철학에 있어서 공간성은 체험의 공간성, 도구의 공간성, 방역의 공간성, 근원적 공간성 논의로 이어지면서 근대적인 그것과 구분된다. "현상학에서 중요한 것은 공간 자체의 객관적 기술이 아니라, 공간 성립 내지 공간 구성의 바탕이 되는 '경험의 공간성(Erfahrungsräumlichkeit)'을 기술하는 것이라 할 수 있다."[78] 그리고 "후설에게서 경험의 공간성은 의식의 지향 작용, 즉 노에시스(noesis)의 구조를 기술하는 대목에서 엿볼 수 있다. 후설과 하이데거의 현상학적 공간 이해의 핵심은 한마디로 공간을 물성 공간이 아니라, 의미 공간으로 파악한 데 있다. 참된 공간은 인간의 삶이 부여한 의미 형성체이다. 이러한 공간 이해는 공간의 인문적 성격을 강조한 것이며, 실천적으로는 인간이 근대적 공간 지배에 대한 하나의 반성적 계기를 제공하는 것이다. 3차원 공간은 생활세계를 기반으로 한 경험의 공간성에 의해 구성된 것이다."[79] 후설에게 3차원 공간은 경험의 공간성으로부터 구성된 것이다. "즉 공간과 공간 속에 놓여 있는 객체들의 3차원은 신체의 '지각 운동적 경험(sensomatorische Erfahrung)'으로부터 직접 도출된다는 것이 후설의 입장이다."[80]

현상학이란 인간의 실존과 인식의 본질을 인간 자신의 경험으로부터 기술

77 강학순, 「하이데거에 있어서 실존론적 공간 해석의 현대적 의의」, 『존재론연구』 14권, 한국하이데거학회, 2006, 10쪽.

78 S. Günzel, "Phänomenologie der Räumlichkeit", J. Dünne, S. Günzel(hrsg.), *Raumtheorie. Grundtexte aus Philosophie und Kulturwissenschaften*, Frankfurt a.M., 2006, p.105.

79 서도식, 앞의 글, 335쪽, 341쪽, 352쪽.

80 서울시립대학교 도시인문연구소 편, 『도시 공간의 인문학적 모색』, 메이데이, 2009, 29쪽.

하려는 것을 목표로 한다. "현상학의 공간 이해는 무엇보다도 인간이란 어떤
존재이며, 어떤 방식으로 존재하느냐, 인간 존재 혹은 실존의 구성 요소는 무
엇이냐 등의 물음과 밀접한 관련을 갖는다. 이때의 공간은 세계 경험의 주체
인 인간의 신체성과 경험의 방식으로서의 지각과 분리되어 이해될 수 없다.
공간 속에 존재하는 우리의 몸은 세계를 경험할 때부터 이미 공간적 규정에
따른다는 것이 후설의 생각이다. 우리가 어떤 사물을 하나의 동일한 사물로
지각할 수 있는 것은 지각의 예취(Antizipation)에 따르는데, 후설에게서 이러한
예취가 가능한 까닭은 칸트처럼 선험적 통각이 아니라, 신체가 갖는 경험의
공간성 때문이라고 말할 수 있다."[81]

메를로퐁티의 신체의 공간성에 대한 논의는 '체현(embodiment)'과 '공간성'에
대한 분석이다.[82] 베르그손에게 공간성은 동질성과 동시성이다. 공간성 내지
공간의 본질이 동시성이라 함은 공간에는 지속, 즉 과거의 축적이 없다는 뜻
이다. 공간의 기본적 특성은 동질성과 동시성이다. 이런 공간이 지속으로서의
시간에 침투할 때. 동질적 시간, 즉 계산가능한 물리학적 시간이 성립한다.[83]

하이데거는 후설을 따라 공간의 공간성으로 당연시되어왔던 연장성 · 절대
성 · 동질성이 지각 공간을 이념화한 결과라는 것을 밝힌다. 하지만 동시에 후
설을 우회적으로 비판하며 지각 공간에 선행하는 공간을 삶의 권역인 방역(Ge-
gend)으로 명명한다. 방역으로서 공간은 '눈에 띄지 않음'의 양태로 노정되어
우리가 이미 그 안에서 행위하며 살고 있는 공간을 의미한다. 이 방역이 눈에
띄는 공간으로 변양될 때 비로소 우리 앞에서 대상들이 놓인 3차원적 지각 공
간으로 구성된다.[84] 그리고 이 방역의 공간성은 현존재의 행위와 관련하여 '거
리 없앰(Entfernung)'과 '방향 잡음(Ausrichtung)'에 있다. 원래 "현존재의 공간성은

---

81 위의 책, 28쪽, 29쪽.
82 M. Merleau-Ponty, 『지각의 현상학』, 류의근 역, 문학과지성사, 2002, 제3장 「고유한
    신체의 공간성」 참조.
83 소광희, 『시간의 철학적 성찰』, 문예출판사, 2001, 414쪽, 416쪽.
84 이종관, 앞의 책, 121쪽.

그 물리적 몸의 위치를 제시하는 것으로 규정되는 것은 아니다."[85] 하이데거는 근대적 물리적 공간이 같은 모양의 '동형적인 것'으로 파악한다. 그리스적 장소 개념이 사라진 후, 공간은 동형적인 3차원의 연장으로 변화한다. '보편수학 (mathesis universalis)'으로서의 기하학을 세계의 본질로 파악하는 데카르트의 철학은 바로 이러한 기하학적 공간을 대변한다. 그러한 기하학적 공간을 시각적으로 재구성하는 원근법은 근대적 공간의 패러다임을 보여준다. 기하학적 공간은 인간의 지적인 표상 작용에 의해 표상된 것이다. 근대에 와서 통념이 된 기하학적 공간이란 그 자체로서 동형적이고, 모든 방향에서 등가적인 그저 비어 있는 균등한 공간일 뿐이다. 그것은 단지 기하학적인 측정의 대상에 해당된다.[86]

하이데거는 공간성과 공간을 다음과 같이 구분한다. "'공간성'이란 '현존재'가 살아가는 존재론적 범주의 공간이다. 여기에는 '세계-내-존재(In-der-Welt-sein)'로서 현존재가 규정된다. '공간'은 배시적(配視的) 배려에서 벗어난 객관적인 인식론의 범주에 있는, 주체가 사물이나 타자를 인식하는 그러한 공간이다."[87] 이에 반해 공간성이란 현존재가 살아가는 존재론적 범주에 속한 공간이며, 거기에는 '세계-내-존재'로서 현존재가 규정되어 있다. 전자는 존재적 공간 혹은 인식론적 공간이라 하고, 후자는 존재론적 공간 혹은 초월적 공간이다. '세계-내-존재'라는 존재론적 공간성을 지반으로 하여 인식론적 공간이 등장하는 것이다. 현존재의 공간성이란 배려공간 혹은 관심공간이라는 도구의 배치관계나, 그 존재가 주변에 있는 타자관계에 채워지면서 현재가 주어진다는 점에 있다. 그것이 바로 '세계-내-존재'라는 모습이다. 그런데 현존재가 세계 속에서 언제든 도구를 만날 수 있는 것은 현존재 자신도 공간적이며,

---

85 M. Heidegger, *Sein und Zeit*, Tübingen, 1979(이하 *SuZ*), p.107.

86 M. Heidegger, *Bemerkungen zu Kunst - Plastik - Raum*(Vortrag St. Gallen 3. Oktober 1964), Erker 1996, p.110.

87 丸田一(마루타 하지메), 『장소론 : 웹상의 리얼리즘과 지역의 로맨티시즘』, 박화리, 윤상현 역, 심산, 2011, 85~86쪽 참조.

공간 마련의 계기를 지니고 있기 때문이다. 그리고 현존재가 공간적이기 때문에, 공간이 선험적 원리로서 나타나는 것이다.[88]

하이데거는 공간의 동형성이 그리스적인 의미에서의 장소(topos)와는 다르다는 것을 강조한다. 즉 자연은 시공간적으로 서로 관련되어 있는 질점들이 자체 안에 완결되는 운동 연관성으로 간주되고, 이렇게 확정된 자연의 근본 구도 안에는 다음과 같은 규정들이 속한다는 것이다. 즉 운동은 장소의 이동을 말하며, 어떠한 운동과 운동 방향도 다른 것보다 우월하지 않으며, 모든 장소는 다른 장소와 동질적이다.[89] 그리고 모든 방향에 있어서 '등가적인 것'으로 인식된다는 문제를 지적한다. 기술 시대에 와서는 구체적인 '여기'와 '저기'도 없어지고, 도리어 몰개성화되고 무차별화된 '거기', 즉 중성화된 대상과 기호로서의 공간만이 있다. 우리의 근대적인 공간 인식에 의해 발견되는 공간은 이질적인 다양한 공간이 아니라, 오히려 물리적 대상으로서의 동질적인 공간에 불과하다. 자본주의의 발달과 정보화의 촉진은 그 궤를 같이하며, 모든 것의 시공간의 거리를 압축하여 자본의 흐름을 가속화하기 위해 인간의 공간 관계 및 시간 관계를 기술적으로 그리고 조직적으로 변화시켜 나가고 있다.

하이데거는 대상이라는 존재 방식은 도구라는 존재 방식으로부터 파생되는 것임을 보여주고 있다. 눈앞에 펼쳐진 지각 공간보다 더 근원적인 공간의 공간성을 해명하기 위해서는 우리 이외의 존재자들이 우리에게 도구로 다가오는 그 공간을 현상학적으로 기술해야 한다. 하이데거에게 공간성과 시간성은 동일한 현존재의 본질적 규정이다. 그는 '현존재의 공간성'과 '도구의 공간성'을 언급한다. 현존재는 항상 세계의 어떤 존재자와 열려 있는 관계를 유지한다. 그러한 관계는 배시(둘러봄), 거리 없앰, 방향 잡음, 공간 마련(Einräumen)과 같은 개념으로 표현되듯이, 특별한 공간성을 나타내 보인다. 도구는 세계에 있어서 어떤 공간을 열고 공간을 부여할 수 있다. 존재자들이 도구로서 존재

---

88 위의 책, 85쪽 이하.

89 M. Heidegger, *Vorträge und Aufsätze*, Frankfurt a.M., 2000(GA. 7), p.78 이하.

하며 쓰이면서 우리에게 다가오는 공간은 대상들이 위치하고 있는 공간이 아니라, 쓰임새의 맥락에 따라 도구들의 자리를 배열하는 지시 연관 관계이다.[90]

현존재의 공간성이란 형식적으로 말해 공간에 대한 현존재의 관련 성격을 의미한다. 이것은 시간성이 형식적으로 말해 시간에 대한 현존재의 관련 성격을 의미하는 것과 마찬가지다. 현존재는 세계 내부적으로 만나는 존재자와 배려적으로 친숙하게 교섭한다는 의미에서는 세계 '내(in)'에 있다. 따라서 현존재에 어떤 방식으로든 공간성이 귀속된다면, 그것은 오직 이 '내-존재(In-Sein)'를 근거로 해서 가능하다. 그런데 '내-존재'의 공간성은 '거리 없앰'과 '방향 잡음'라는 두 성격을 보이고 있다.[91] 세계-내-존재라는 존재론적 공간성을 지반으로 하여 인식론적 공간이 등장하는 것이다. 현존재가 있는 곳은 그의 행위에 필요한 도구 곁에 있는 것이다. 그러나 그곳은 기하학적 공간 안에 좌표로 표시되는 위치는 아니다. 공간은 오히려 현존재에게 구성적인 세계-내-존재가 이미 공간을 열어 보이고 있는 한, 세계 속에 있는 것이다. 이런 점에서, "공간은 주관 안에 있는 것도 아니고, 세계가 공간 안에 있는 것도 아니다. 현존재를 구성하는 세계-내-존재가 공간을 개시한 이상, 공간은 오히려 세계 '안'에 있다. 공간이 주관 안에 있는 것도 아니고, 주관이 세계를 '마치' 공간 안에 있는 듯이 관찰하는 것도 아니며, 존재론적으로 충분히 이해된 '주관', 즉 현존재가 근원적 의미에서 공간적이다.[92]

하이데거에 있어서 장소는 텅 빈 유클리드적 3차원 공간 안에 사물이 점유하고 있는 위치를 지칭하는 것이 아니다. 오히려 대상들이 위치를 점하는 자리로서의 공간 표상과 구별되는 근원적 공간성에 접근하기 위해 장소라는 말을 불러온다. 이러한 의미의 장소는 사물이 드러남으로써 그것을 통해 비로소 사방에 자리가 마련되는 존재론적 영역이다. 따라서 모든 사물에 앞서 아무것

---

90   M. Heidegger, *SuZ*, pp.101~113.
91   위의 책, pp.104~105.
92   위의 책, p.111.

도 존재하지 않는 선사물적 절대공간은 존재할 수 없다. 오히려 사방이 모여 드는 장소로서 사물이 존재함으로써 사방에 자리를 마련하는 존재론적 영역 이 열림으로써 비로소 공간이 공간화된다. 여기서 하이데거는 그리스의 공간 개념을 상기시킨다. 그리스인들에게는 어떤 것이 놓여 있는 것으로서의 공간 이란 단어가 없다. 장소는 사물에 속하며 따라서 다른 사물들은 각기 자신의 고유한 장소를 가지고 있다.[93]

르페브르(H. Lefèbvre)의 공간 연구를 집대성한 『공간의 생산』에서는 그의 도 시 연구의 핵심적 산물이며 연구의 기반을 이루고 있는 헤겔과 마르크스 그리 고 니체의 시공간 논의들이 공간 생산의 연구에서도 대결과 통합의 방식으로 다루어지고 있다. 또한 여기서는 사회와 공간의 통합 이론이 제시되고 있다.[94] 르페브르는 '사회공간론'에서 공간은 이데올로기와 정치로부터 분리될 수 있 는 한갓 과학적 대상이 아니라, 도리어 정치적·이데올로기적이라고 단언한 다. 중요한 것은 공간이 사회적 존재의 근본적 준거틀로 간주된다는 사실이 다. 그리고 공간성의 더욱 심층적인 사회적 기원, 공간성의 생산 및 재생산, 공 간성의 정치와 권력 그리고 이데올로기적 맥락을 논의의 중심으로 가져온다.

이상에서 살펴본 대로, 공간성은 공간해석학의 기본 주제이다. 따라서 공간 해석에 있어서 공간성에 대한 연구는 지속적으로 다양하고 복잡하게 펼쳐진 다. 공간성에 대한 연구는 대체로 현존재의 공간성 해명과 사회공간론에서의 공간성 논의에서 잘 드러난다.

---

93 M. Heidegger, *Die Metaphysik des deutschen Idealismus. Zur erneuten Auslegung von Schelling: Philosophische Untersuchungen über das Wesen der menschlichen Freiheit und diedamit zusammenhängenden Gegenstände(1809)* (I. Trimester 1941/Summersemester 1941), Frankfurt a.M. 2006(GA. 49), p.70.
94 서우석, 「앙리 르페브르가 바라본 공간」, 『월간 국토』 218호, 국토연구원, 1999, 86쪽.

제5장

공간 해석을 위한 해석학의 논리

1. 설명과 이해의 변증법

독일의 역사철학자 드로이젠(J.G. Droysen)은 역사 연구에서 방법론적 이원론을 도입한 최초의 인물이다. 그는 자연과학의 목표는 설명(Erklärung)하는 데 있는 반면에, "역사학의 목표는 그 분야에서 발생하는 현상을 이해(Verstehen)하는 데 있다고 한다. 이러한 방법론적 이념은 딜타이에 이르러서야 완전한 체계를 갖추게 된다."[1] 딜타이는 정신과학의 방법론적 특수성을 논증하기 위해 역사가 드로이젠이 제기한 설명과 이해 사이의 구별을 받아들이고, 이를 기반으로 자신의 계획을 전개해나간다. 자연과학이 현상들을 가설과 보편적 법칙으로부터 이끌어냄으로써 설명하는 반면, 정신과학은 외적인 현상들로부터 역사적 개별성을 이해하려고 노력한다. 정신과학의 방법론은 그렇게 이해의 방법론이 된다.[2] "딜타이는 개별적인 삶을 보편적으로 이해하기 위해 이해와 해석을 정신과학을 실현시켜주는 방법으로 제시한다."[3] 즉 "이해는 우리가 정신

---

1 G.H. von Wright, 『설명과 이해』, 배철영 역, 서광사, 1995, 24~25쪽.
2 P. Ricœur, 『텍스트에서 행동으로(Du texte à l'action. Essais d'herméneutique II)』, 박명수 · 남기역 편역, 아카넷, 2002(이하 TA), 44쪽.
3 이윤미, 「해석의 흐름에서 본 갈등과 소통의 가능성」, 『현대유럽철학 연구』 제64집, 한

적 삶을 드러내는 지각 가능한 기호들을 통해 그 정신적인 어떤 것을 알아가는 과정이다."[4]

슐라이어마허와 다른 길을 간 딜타이에 의하면, "해석학의 가능은 낭만주의적 변덕스러움과 회의주의적 주관주의가 역사의 영역 안으로 끊임없이 침투해 들어오는 것에 대항하여 이론적으로 해석의 보편타당성을 확립하는 것이다. 역사의 모든 확실성이 여기에 의존한다."[5] 딜타이는 자연과학과 정신과학을 구분하면서 설명과 이해의 이분법을 제시한다. "자연은 설명하고 정신은 이해한다"라는 명제에서 잘 드러나듯이, 고전적 "해석학은 '분석적이고 설명적인' 자연과학과는 완전히 다른 '이해적-기술적(記述的)'인 정신과학의 전유물"[6]로 간주된다. 낭만주의적 해석학에서 설명과 이해는 서로 구분되며 서로에게 환원될 수 없는 양극성으로 이해되어왔다. 이러한 설명과 이해의 이분법은 인식론적이며, 동시에 존재론적인 것이다. 이해는 고도의 긴장을 필요로 하는 지적인 과정이 된다. 그리고 그 과정은 결코 완전하게 실현될 수는 없다.[7]

또한 딜타이는 '설명'과 '해석'을 대립시키면서 자연과학의 방식으로 설명하든지, 아니면 역사가의 방식으로 해석하든지 양자택일을 해야 한다는 것이다. 딜타이 시대에 등장한 텍스트에 대한 두 가지 태도란 이른바 설명과 해석이다. '설명'은 실증주의 학자들이 자연과학에서 빌려와 역사(학)에 적용했던 이해 가능성의 모형이다. "자연은 과학적 관찰이 가능한 사물들의 영역으로, 그 것은 갈릴레오 이후 수학화의 작업에, 그리고 밀(J.S. Mill) 이후 연역적 논리학

국하이데거학회, 2022, 139쪽.

4 W. Dilthey, "Origine et développement de l'herméneutique(1900)," *Le Monde de l'Esprit*, I, Pairs: Aubier, 1947, p.320.

5 P. Ricœur, *TA*, 169쪽 이하에서 재인용. 각주 9(W. Dilthey, "Origine et development de l'hermeutique", p.326. "The development of hermeneutics(1900)", p.248).

6 최성환, 「해석학에 있어서 자연의 문제 : 자연해석학의 정초 시도」, 『해석학연구』 vol.25, 한국해석학회, 2010, 25쪽.

7 위의 책, 83쪽.

의 법칙에 포괄되는 영역이다. 이와는 대조적으로 마음은 심리적 개체들의 영역이며, 각자의 정신적 삶이 그 영역 속으로 이동할 수 있다."[8]

딜타이에게 '해석'은 이해의 한 파생태이고, 그것을 인문과학의 근본적 태도로 간주하고서 그것만이 인문과학과 자연과학의 근원적인 차이를 보존할 수 있다는 입장을 취한다. 해석이란 이해의 한 특수한 영역으로서 표현들, 증언들, 기념물들에 적용되는 이해의 기술이다. 따라서 이해는 기호들을 통한 다른 사람의 정신적 삶에 대한 지식으로서 '이해-해석 쌍'의 관계에 있어서 기초를 제공하는 반면, 해석은 그 기호들이 글에 의해 고정화되고 보존됨으로 말미암아 객관화의 정도를 제공한다.

딜타이에 있어서 이해와 해석은 정신과학을 실현시켜주는 방법이다. 모든 기능들은 그 안에서 하나가 된다. 이해와 해석은 모든 정신과학적 진리들을 담고 있다. 모든 점에서 이해는 하나의 세계를 열어준다. 이해는 무엇보다 실천적인 삶의 관심 속에서 생겨난다. 각각의 사람들은 서로 소통의 관계를 맺고 있다. 그들은 대립적으로 이해되어야 한다. 한 사람은 다른 사람이 무엇을 원하는지를 알아내야 한다. "지속적으로 고정된 삶의 표현들에 대한 기술적인 이해를 우리는 해석이라 부른다. (…) 그리고 이런 기술의 학문이 해석학이다."[9] 여기서 해석은 이해의 한 특수한 양식이다.

초기 해석학에서의 설명과 이해의 이분법은 후기로 올수록 극복의 대상으로 여겨진다. 모름지기 해석학은 '이해의 조건'을 탐구하는 학문이다. 우리가 대상을 이해하는 과정에서 어떠한 요소들이 전제되고, 어떠한 사건이 벌어지고, 어떠한 결과가 나타나는지가 해석학이 다루고자 하는 주된 논제이다. 이러한 논의 역시 현상학처럼 실증주의에 대한 반발로부터 생겨난다. 가령 대상에 대한 '이해'가 대상에 대한 수리·물리학적 '설명'에 국한되지 않는다는 사실이 해석학에서 실증주의를 비판하기 위해 의존하는 주된 근거이다. 현상학

---

8   위의 책, 169쪽.
9   위의 책, 64쪽.

이 수리·물리학적 태도의 의의를 제한된 영역에서만 인정한 것처럼, 해석학 역시 수리·물리학적 설명의 의의를 제한된 영역에서만 인정한다. 따라서 현상학과 해석학은 둘 사이의 유사성을 바탕으로 20세기 초중반에 실증주의에 맞서 공동전선을 형성하고서 함께 발전한다.

이런 상황 속에서 '설명과 이해의 변증법'이 태동한다. 원래 변증법은 시간의 계기를 포함시키고, 공간을 제외시킨다. 원자론을 비판하고 다문화주의의 기초를 놓은 테일러(C.M. Taylor)는 '엄밀한 변증법'과 '해석학적 변증법'을 구분한다. "그 출발점이 부정될 수 없거나 부정될 수 없음을 합리적으로 주장할 수 있는 것은 엄밀한 변증법이다. 반면 해석적 혹은 해석학적 변증법은 그것이 제시하는 해석의 전반적인 그럴듯함에 의해서 우리를 설득한다."[10] 여기서 변증법은 대립을 화해시키고 충돌을 봉합시키고 순환시키는 것을 의미한다.

이런 맥락에서 가다머의 철학적 해석학의 주된 논리를 살펴보자. 그가 사용하는 변증법이라는 것은 대화를 이끌어가는 기술, 특히 지배적인 편견의 부적절함을 끊임없는 질문의 과정을 통해 드러내는 기술이다.[11] 철학적 변증법은 모든 일면적 가정을 스스로 지양하고 모순을 첨예하게 하는 동시에 지양하면서 총체적 진리를 서술하고자 한다. 그와 마찬가지로 해석학 역시, 총체적 의미를 전체적 맥락 속에서 해명해야 할 과제를 안고 있다. 철학은 바른 질문을 던지는 일부터 시작한다. "이것이 가다머가 소크라테스와 플라톤을 거쳐 자신의 철학에 수용한 변증법, 즉 질문이다. 근거 없는 주장은 늘 그것을 의문시하거나 비판하는 질문의 위협을 받는다. 하지만 질문은 주장의 이차적 변형이 아니다. 모든 주장은 늘 의심에 대항하여 주장되어왔다. 가장 결정적인 주장은 도그마적인 주장이다. 근본적으로 질문은 주장보다 원시적인 것이다. 질문은 주장을 철회할 수 있다. 그리고 그 주장을 이중적인 의심에 연루시킨다는

10   C. Taylor, *Hegel*, Cambridge University Press, 1975, p.21.
11   위의 책, 413쪽 .

것은 신비로운 일이다."[12]

이제 딜타이와 가다머의 해석학을 비판적으로 계승한 리쾨르는 '설명과 이해의 이분법'을 넘어서기 위해 '설명과 이해 내지 해석의 변증법'을 제시한다. "이 글의 목적은 환원될 수 없는 두 존재 양식을 지칭하는 그 두 개의 상이한 인식론의 분야를 '설명'과 '이해'라는 두 용어에 할당하는 이분법에 이의를 제기하는 데 있다."[13] 설명과 이해 사이의 논쟁은 리쾨르도 언급하고 있듯이, 인식론과 존재론에 관계한다. 출발점에서 그 문제는 과학들이 "자연과학이든 인문과학이든, 하나의 계속적이고 균질적이며 궁극적으로는 일원론적인 양상불인가, 아니면 그것들 사이에는 필연적으로 인식론적 단절이 있는가라는 문제로 소급된다."[14]

가다머가 자신의 해석학을 '질문과 대답의 대화, 곧 변증법'이라고 한 것처럼, 리쾨르도 해석학을 '설명과 이해의 변증법'으로 전개한다. 리쾨르의 설명과 해석의 관계는 다음과 같다. 텍스트는 우리를 텍스트의 의미 안에 텍스트와 동일한 방향에 정위시키고자 한다. 해석한다는 것은 텍스트에 의해 개방되는 사유의 길을 따르며, 자신을 텍스트가 지시하는 방향을 따라가는 길 위에 정위시키는 것이다.

우리는 해석에 대하여 우리가 처음에 가졌던 개념을 수정하게 되며, 텍스트에 대한 행위로서의 주관적인 해석의 과정을 넘어서, 텍스트의 행위로서의 객관적인 해석의 과정을 추구하게 된다. 설명과 이해가 마주치는 것도 바로 동일한 기호의 영역 안에서이다. 해석은 모든 유한하고 역사적인 존재의 변증법적 구조를 갖는다. 왜냐하면 모든 해석은 어떤 기점에서 시작될 수밖에 없고, 해석의 과정에 동반되는 일면성을 극복하고자 하기 때문이

---

12 H.-G. Gadamer, *Ästhetik und Poetik I: Kunst als Aussage*. Tübingen, 1993, IX(Band. 8), p.412.
13 P. Ricœur, *TA*, 194쪽.
14 서명원, 「설명과 이해의 자연주의적 해석 : 리쾨르 해석학에서의 몸의 문제」, 『철학연구』 145권, 대한철학회, 2019, 223쪽.

다. 해석자가 보기에 어떤 것은 꼭 필요하다고 생각되어 특별히 강조되기도 한다. 모든 해석은 이런 뜻에서 동기부여의 맥락에 따라 수행되고 그 의의를 얻는다.[15]

리쾨르는 '설명'과 '이해'의 개념도 딜타이 이후 계속 바뀌고 있다고 단언한다. 딜타이와 다른 관점에서 리쾨르는 양자의 차이를 드러낸다. 그는 설명이 적용되는 분야와 이해가 적용되는 분야를 구분한다. "설명이 가장 잘 적용되는 분야는 자연과학이다. 관찰할 외적 사실들이 있고, 경험적으로 확증해야 할 가정들과 그 사실들을 망라하는 일반법칙, 즉 산만하게 흩어진 법칙들을 하나의 체계적인 전체로 묶어내는 이론들이 있을 때, 그리고 가정적–귀납적 절차들을 포괄하는 경험적 일반화들이 있을 때, 우리는 '설명한다'고 말할 수 있다."[16] 또한 "우리는 설명할 때에 명제들과 의미들의 범위를 풀어내거나 펼쳐내지만, 이와는 달리 이해할 때에는 종합하는 행위를 통해 부분적 의미들의 사슬을 하나의 전체로 이해하거나 파악한다."[17] 또한 리쾨르는 가다머의 '진리와 방법의 이분법'을 다음과 같이 비판한다. "『진리와 방법』이라는 가다머의 저서 제목 자체에도 이러한 양자택일이 숨어 있다. 즉 우리가 방법론적 태도를 수행하면, 탐구되는 실재의 존재론적 밀도를 상실하게 되고, 진리의 태도를 수행하게 되면, 인문과학의 객관성을 포기해야 한다."[18]

리쾨르는 '설명과 이해의 변증법'의 논리를,『해석이론 : 담화 그리고 의미의 과잉』,『해석학과 인문사회과학』,『텍스트에서 행동으로』에서 주로 다룬다. 물론 리쾨르의 변증법의 모델은 언어학이다. 그에게 언어학은 인문과학 내의 설명의 모델이다. 그것을 좀 더 넓은 역사적·실천적 문맥에서 보자면, 자연과학과 인문학 그리고 과학과 철학의 통합적 이해를 위한 내적 논리로 확장하여

---

15 H.–G. Gadamer,『진리와 방법 (2) : 철학적 해석학의 기본 특징들』, 임홍배 역, 문학동네, 2022, 422쪽 이하.

16 서명원, 앞의 글,

17 P. Ricœur, *IT*, 135쪽 이하

18 P. Ricœur, *TA*, 113쪽.

원용될 수 있을 것이다. 그 이유는 설명과 이해는 사유의 토대이며, 해석은 이해의 특수한 영역이기 때문이다. 리쾨르는 설명과 해석을 좀 더 보완적이고 상호적인 관계를 향하여 점진적으로 나아갈 필요가 있다고 생각한다. 그는 새로운 텍스트의 개념이 설명과 해석 두 개념의 갱신을 요구한다는 것을 보여주고자 한다. 낭만주의에 기원을 둔 해석학은 이 두 태도, 즉 설명과 해석을 분리하려 하였지만, 이 두 태도의 상호 보완성에 대한 탐구는 텍스트 개념이 요구하는 해석학의 방향전환을 인식론적 차원에서 설명할 수 있을 것이다.[19]

리쾨르는『해석이론』에서 언어 및 담화 문제와 관련하여 설명과 이해의 표면적 갈등을 다루면서 이런 갈등은 양자를 변증법적으로 상관된 것으로 본다면 극복될 것이라고 믿는다. 그는 심리학화된 그리고 실존적 편견이 깃든 낭만주의적 해석학과는 거리를 두면서 '담화의 철학'이란 관점에서 해석학을 받아들인다.[20] 또한 그것은 심리학적이고 사회학적인 관점을 배제한 탈문맥화(décontextualiser)와 재문맥화(récontextualiser)의 작업을 긍정한다. 리쾨르에 의하면, 인문과학의 방법론이 해석(Auslegung, 주석) 또는 텍스트 해석의 절차와 동일한 절차를 발전시킴으로써 인문과학은 해석학적 학문이라 말할 수 있다.[21]

리쾨르는 "텍스트에서 발생하는 설명(자연과학)과 이해(인문과학)의 궁극적인 차이를 좁히는 것을 철학의 과제"[22]로 설정한다. 새로운 해석 개념을 향하여 리쾨르는 딜타이의 영향을 받으면서도 완전히 새로운 길을 간다. 리쾨르는 딜타이의 설명과 해석의 개념의 변형을 시사한다. 그는 새로운 시각으로 두 개념을 보는 것이 필요하다고 생각한다. "이제 설명의 개념은 바뀌어 자연과학에서 파생되는 것이 아니라 언어학적 모형에서 파생된다. 또 해석의 개념도 심오한 변형을 거쳐, 이제 그것은 딜타이가 의미하던 심리학적 이해의 개념과는 거리가 있다. 나는 기존의 문제에 대한 이 새로운 입장을 탐구하고자 한

---

19   위의 책, 82쪽.
20   위의 책, 56쪽 이하.
21   위의 책, 379쪽.
22   P. Ricoeur, *IT*, 123쪽

다."[23]

설명 개념은 자연과학에서 빌려온 것이 아니라, 언어학과 기호학에서 도출된 것이라고 본다. 그는 의도적으로 설명과 해석 사이의 엄격한 보완 관계와 상호(의존)성을 추구하는 방향으로 나아갈 것임을 분명히 한다. 대화와 읽기에서 설명과 이해의 양극은 이원론적 개념이 아니라, 복잡하고 고도로 매개된 변증법적 개념으로 다루어져야 한다고 본다. "이 때 비로소 해석이란 개념은 이해의 특수한 한 가지 경우, 즉 삶의 표현이 기록된 것을 이해하는 것이 아니라, 설명과 이해를 포괄하는 전체 과정에 적용될 수 있다. (…) 해석은 일종의 과정에 의해, 해석적 읽기의 역동적 과정에 의해 규정된다."[24]

리쾨르는 해석학적 철학의 자리를 한편으로는 반성적인 칸트 전통과의 관계 안에서, 그리고 다른 한편으로는 사변적인 헤겔 전통과의 관계 안에서 다룬다. 그는 여기서 왜 해석학적 철학이 이 양자로부터 등거리에 있는 지점에 자리매김되어야 하는지를 보여준다.[25] "먼저 리쾨르는 '이해'를 하나의 방법론적 축으로 보는 견해에서 벗어나기를 권유한다. '이해'는 우리 인간 존재들 상호간의 참여 양식의 가장 근본적인 존재론적 조건으로 보아야 한다는 것이다. 그렇게 되면 이해의 과정은 불투명한 심리화 작용이 아니라, 인류 공통의 문화적 전통과 역사 공동체의 전제 조건이 된다. 또한 '설명'에 대한 견해도 달라져야 한다. 이것을 자연과학의 방법론의 기본으로서 그리고 인문과학에 도입한 것으로만 볼 것이 아니라, 그보다 더 근본적으로 모든 종류의 기호들의 공시적 상호 관계를 규명하는 원리로 보아야 한다는 것이다. 그는 기호학과 언어학, 행위 이론 그리고 역사 연구에 자연과학적 '설명'과 인문과학의 '이해'가 상호 침투하고 있음을 보여준다."[26]

---

23 P. Ricoeur, *TA*, 159쪽.
24 P. Ricœur, *IT*, 127쪽.
25 P. Ricœur, 『해석학과 인문사회과학(*Hermeneutics and the Human Sciences: Essays on language, action and interpretation*)』, 윤철호 역, 서광사, 2017(이하 *HH*), 323쪽.
26 김선하, 「새로운 과학문화를 위한 해석학적 모색 : 설명과 이해의 변증법」, 『철학논총』

리쾨르는 설명과 이해의 이분법적 혼란과 동요를 철학사의 오래된 인식론과 존재론의 논쟁으로부터 그 시원을 찾고 있다. 이 둘이 양자택일의 배타적 관계가 아니라, 오히려 상호 의존하는 관계이다. 올바른 해석은 설명과 이해의 변증법에서 나온다. 그는 딜타이와는 설명과 이해를 다른 차원에서 받아들인다. 즉 설명을 자연과학의 영역에서부터 기호학과 언어학의 차원으로 이동시키는 것이 가능하게 된다. "이해는 우리 인간 존재들 상호간의 참여 양식의 가장 근본적인 존재론적 조건이다. 이해의 과정은 불투명한 심리화 작용이 아니라, 인류 공통의 문화적 전통과 역사 공동체의 전제 조건이 된다."[27]

리쾨르에 의하면, 우리가 이해하기를 원하는 것은 텍스트 뒤에 숨어 있는 어떤 것이 아니라, 텍스트 앞에 드러난 어떤 것이다. 이해는 작가 자신과 작가의 상황과는 큰 관계가 없다. 이해는 텍스트의 지시에 의해 열린 제안된 세계들을 붙잡기를 원한다. 텍스트를 이해하는 것은 텍스트가 의미(sense)에서 지시(référence)로 이동하는 것, 즉 텍스트가 무엇을 말하는가에서부터 텍스트가 무엇에 대하여 이야기하는가로 이동하는 것을 따라가는 것이다. 이 과정에서 구조 분석의 중재 역할로 말미암아 이 객관적 접근법이 정당화되고, 동시에 주관적 접근법이 수정된다.[28] 텍스트 해석의 모형이 보여주는 바와 같이, 이해는 어떤 이질적인 심리적 생활을 즉각적으로 파악한다든지, 어떤 정신적인 의도를 정서적으로 밝혀낸다든지 하는 일과는 무관하다. 이해는 이해를 선행하고 이해를 동반하는 총체적인 설명적 절차에 의하여 중재된다.[29]

궁극적으로 설명과 이해, 그리고 이해와 설명의 상관관계는 '해석학적 순환'이다. 리쾨르는 설명과 이해의 분리보다는 상호 의존성을 언급한다. "여기서도 나는 이야기 기능의 경우에서와 마찬가지로, 설명은 이해보다 먼저가 아니라 다음이라고 생각한다. 설명은 기호들의 결합체계이고 그래서 기호학이라

제38집, 새한철학회, 2004, 175쪽.

27   P. Ricœur, *TA*. 444쪽(역해).

28   위의 책, 262쪽.

29   위의 책, 266쪽.

고 인식되기 때문에, 분할할 수 없는 그러나 혁신할 수 있는 행위인 담론에 근거를 둔 제1단계의 이해를 기초로 성립된다."[30]

결국 리쾨르는 '설명과 이해의 변증법'을 다루면서 다음과 같은 결론에 이르게 된다. "인식론적 차원에서 설명의 방법과 이해의 방법이라는 두 개념의 방법이 있는 것이 아니다. 엄격히 말하면 설명만이 방법적이다. 이해는 해석의 과학에서 설명의 방법적 순간과 결합하는 비방법적 순간이다. 이 순간은 설명을 앞서고, 설명과 같이 가며, 설명을 마무리하고, 그리고 설명을 '감싸고 있다(envelop)'. 그런데 그 다음에는 다시 설명이 이해를 분석적으로 '풀어 헤친다(develop)'. 이러한 설명과 이해 사이의 변증법적 유대관계는 인문과학과 자연과학 사이의 매우 복합적이고 역설적인 관계를 낳는다."[31] 그것은 이원론도 아니고 단원론도 아니다. 인문과학의 설명적 절차가 자연과학의 그것과 동질적인 범위 내에서 두 과학의 연속성이 확보된다. 그러나 텍스트 이론에서는 기호에 대한 이해의 형식으로, 행동 이론에서는 의도와 동기에 대한 이해의 형식으로, 또 역사의 이론에서는 이야기를 따라가는 능력의 형식으로, 이해가 특정한 구체적인 구성 요소를 제공하는 범위 내에서 지식의 그 두 영역 사이의 불연속성은 결코 극복될 수 없다. 그러나 이해와 설명이 과학 안에 있는 것처럼, 불연속성과 연속성은 과학 사이에 구성되어 있다.[32]

인식론적 반성은 논증의 움직임을 통하여 설명과 이해의 변증법의 존재론적 조건에 대한 좀 더 근본적인 반성으로 진전된다. 철학이 '이해'에 관심을 갖는다면, 그것은 바로 이해가 우리 인간 존재는 모든 객관화에 선행하고 객체와 주체 사이의 모든 대립에 선행하는 한 존재에 속한다는 것을, 바로 인식론의 심장부에서 입증하기 때문이다. '이해'라는 말이 그러한 밀도를 가진다면, 그것은 이해가 모든 해석학적 과학에서의 설명의 극에 변증법적으로 대립되

---

30 위의 책, 16쪽.
31 위의 책, 123쪽.
32 위의 책, 221쪽 이하.

는 비방법론적인 극을 의미한다. 또한 동시에 그것이 우리의 존재를 존재자들 (beings)과 존재(Being)에 연결시키는 존재론적 관계의 지표를 구성한다. 따라서 이것이 '이해'라는 말이 가지는 풍부한 중의성으로서, 그것은 방법의 이론에서 의 한 순간, 이른바 비방법적 극을 의미한다. 또한 그것은 과학적 차원이 아닌 차원에서 우리 인간은 존재하는 총체에 속함을 알고 있음도 의미한다.[33] 리쾨르는 특히 『해석이론』에서 '설명과 이해'를 다룬다.

> 설명이 가장 잘 적용되는 분야는 자연과학이다. 관찰할 외적 사실들이 있고, 경험적으로 확장해야 할 가정들. 그 사실들을 망라하는 일반법칙들, 산만하게 흩어진 법칙들을 하나의 체계적인 전체로 묶어내는 이론들이 있을 때, 그리고 가정적-귀납적 절차들을 포괄하는 경험적 일반화들이 있을 때, 우리는 '설명한다'고 말할 수 있다. 그리고 설명에 관련되는 적합한 대상은 자연, 즉 사실, 법칙과 이론, 가정, 확증, 그리고 추론등의 공통적 지평으로 이해되는 자연이다. 반면, 이해가 적용되는 본원적 분야는 인문과학이다. 여기서 과학은 우리 자신의 경험과 비슷한 다른 주체들이나 다른 정신들의 경험과 관계된다. 인문과학은 얼굴 표정, 몸짓, 목소리, 씌어진 기호 등의 표현 형태들이 갖는 유의미성에, 그리고 문서와 기념비 등에 의존한다.[34]

리쾨르는 '설명과 이해의 변증법'에서 한편으로는 직접적인 이해의 비합리론을 거부한다. 다른 한편으로는 설명의 합리론을 거부하면서 이해와 설명의 변증법을 제시한다. 여기서 변증법이란 "설명과 이해가 배타적 관계에 있는 두 축을 이루는 게 아니라, 해석이라는 복합적인 과정에 관련된 계기들을 구성한다."[35] 설명과 이해를 대립 개념으로 설정했던 딜타이와는 달리, 리쾨르는 설명과 이해의 상보성과 순환성을 강조한다. 바로 이 점이 리쾨르 해석학의 특수성이자 독창성이다. 결국 '설명과 이해' 그리고 '이해와 설명'의 상관관

---

33 위의 책, 222쪽 이하.
34 P. Ricœur, *IT*, 125쪽.
35 P. Ricœur, *TA*, 162쪽.

계가 '해석학적 순환'을 구성한다. 요컨대 딜타이와 리쾨르의 근본적인 차이는 '설명과 이해의 대립'과 '설명과 이해의 순환'의 충돌에 있다고 할 수 있다. 리쾨르는 설명이 어떤 방식으로 이해를 요청하며, 이해는 또 어떻게 새로운 방식으로 전체로서의 해석을 구성하는 내적 변증법을 산출하는지를 숙고한다. 설명과 이해는 하나의 독특한 '해석학적인 호(hermeneutical arc)' 안에 있는 서로 다른 두 개의 단계가 된다.[36]

그러면 자연해석학에서 설명과 해석은 어떻게 보완되는가? "자연해석학의 성립 가능성은 먼저 '중립적인 사실(neutrales Faktum)'로서 과학적으로 파악된 세계상이 해석 가능하고, 둘째 이해와 해석은 단지 정신과학의 전유물로 기능하지 않을 때, 즉 의미 충만한 의미 형성체에만 관계하지 않을 때 확보된다."[37] 그리고 "자연해석학은 결코 경험적인 자연과학을 철학적 사변을 위해 강요하는 것도 아니며, 그렇다고 학문적으로 파악된 자연에서 자연과학 스스로가 의식할 수 없는 숨겨진 의미 내용들(Sinngehalte)을 포기하는 것도 아니다. 궁극적으로 자연해석학이 추구하는 것은 자연과학적 인식의 사변적 해석이 아니라, '실존적 해석(existenzielle Interpretation)'이며, 전체 자연에 관한 의미의 재생산이 끊임없이 이루어지는 '생활세계적인 세공(細工)'이다."[38] 따라서 리쾨르는 해석학에서 설명을 배제하는 방향은 잘못된 방향이라 간주한다. 오히려 그는 "더 많이 설명할수록 더 잘 이해한다"고 말한다. '설명 이해'라는 부제에서 텍스트에 설명의 단계를 거쳐야만 확보된 텍스트의 의미론적 자율성이 더욱 온전하게 저자의 주관성으로 지켜진다. 따라서 그의 텍스트의 해석은 '설명이냐, 아니면 이해냐'의 문제가 아니라, '설명이면서 동시에 이해'의 대상이 되어야 한다는

---

36 P. Ricoeur, *IT*, 147쪽.

37 최성환, 앞의 글, 153쪽.

38 F.J. Wetz, "Hermeneutik der Natur—Heremneutik des Universums", *Philosophia Naturalis. Archiv für Naturphilosophie und die philosophischen Grenzgebiete der exakten Wissenschaften und Wissenschaftsgeschichte*, Jg. 32, Frankfurt a.M., 1995, p.165.
최성환, 위의 글, 48쪽.

것이다.[39]

리쾨르는 설명과 이해의 격자화된 논쟁을 완화시킬 수 있는 존재로 자연 속에 존재하는 몸(human body)에 주목하고 있다. 이 몸은 자연과 문화에 대한, 생명(bios)과 로고스에 대한 이중적 충실성(double allegiance)를 가능하게 만드는 존재다.[40] "설명과 이해의 탐구에 있어서 몸의 중심성에 관한 리쾨르의 새로운 제안은 자연과학과 인문과학 간의 갈등적 요소인 환원적 객관성과 방법적 상대성을 상호 보완적으로 완화시키려는 선도적인 해석이며, 이분법에 따른 문제로 인해 분화된 인문학의 주요한 난제들을 푸는 열쇠가 될 수 있기 때문이다. 설명과 이해의 이론적 층위와 경험적 지반의 수렴적 · 종합적 방법론을 통해 두 진영의 갈등적 문제를 해소하고 동시에 몸을 통해 새로운 통합적 대화를 제시한다."[41]

> 우리는 자연 속에 존재하는 신체(몸)의 바로 그 위치에 대하여 반성해보아야 할 것이다. 인간의 신체는 다른 것들 가운데 한 신체(즉 사물들 가운데 한 사물)임과 동시에 반성하고, 생각을 바꾸고, 행위를 정당화하는 능력을 가진 한 존재의 존재방식이기도 하다. 인식론적 논거는 순전히 피상적이며 실재적으로 스스로를 선언하지 않으면 안 될 새로운 인류학의 관심사들을 감추고 있다. 인간 존재가 현재의 인간 존재인 것은 그것이 바로 인과관계의 영역과 동기부여의 영역에 동시에 속해 있고 따라서 설명과 이해에 동시에 속해 있기 때문이다.[42]

리쾨르는 자신의 과제를 환기시킨다. "여기서 핵심은 몸을 자연(설명)의 존재 양식과 마음(이해)의 존재 양식의 궁극적 차이를 완화시키고 제약하는 도구로, 설명의 객관주의적 특성과 이해의 상대주의적 특성의 대립적 잔제들을 중

---

39 윤성우, 『폴 리쾨르의 철학』, 철학과현실사, 2004, 105~106쪽.
40 P. Ricœur, *TA*, 209쪽.
41 서명원, 앞의 글, 213쪽.
42 P. Ricœur, *TA*, 209~210쪽.

화시키는 메커니즘으로 인식하고 있다는 데 있다."[43] 리쾨르의 "설명과 이해의 새로운 탐색과 관련하여 도출된 몇 가지 함축은 다음과 같다. 첫째, 자연과학의 설명과 인문과학의 이해의 이분법적 표준 이론의 틀을 완화시킴으로써 대화의 물꼬를 마련했다는 데 의미가 있다. 둘째, 인문과학은 자연과학의 강한 환원주의적 도전에 따라 자연주의에 대한 두려움을 보였는데, 그것을 비켜서려는 움직임으로 몸을 통해 환원을 거부하며 자연주의 탐색의 가능성을 보여주었다는 점에서 의의가 있다. 셋째, 리쾨르의 설명과 이해가 텍스트를 읽는 전통적인 변증법적 방법론에 국한되지 않고, 오늘날 거부할 수 없는 통섭에 대한 예비적 고찰을 이끌어낸다. 또한 몸의 유기적 연관성과 관련해 학제적 탐색의 가능성을 열고 있다는 점에서 의미가 있다. 넷째, 이러한 선행적 예비 연구는 학문 세대에게 실질적인 통섭을 선도하는 미래적 대안이 될 수 있다는 점에서 의미가 있다."[44]

이런 점에서 리쾨르의 '설명과 이해 및 해석의 변증법'은 공간에 대한 과학적 설명과 그것에 대한 해석학적 이해를 변증법적으로 지양하여 종합할 수 있는 논리로 원용될 수 있다. 이런 논리를 바탕으로 하여 공간철학과 여타의 공간에 대한 인문사회과학적 연구 및 공간예술과 공간기술 분야와의 융합적 연구도 가능할 것이다. 공간에 대한 융합적인 해석을 지향하는 공간해석학은 이러한 논리를 바탕으로 하여 논의가 전개되는 것이 적실하고 합당하다고 여겨진다.

2. 소격화와 전유의 변증법

가다머는 해석학적 연구 방법과 관련하여 소격화(Verfremdung, distanciation)와

---

43   위의 책, 194쪽 참조.
44   서명원, 앞의 글, 238쪽.

귀속성(Zugehörigkeit)의 대립을 논한다. 소격화 내지 거리두기는 한편으로 인문과학을 지배하는 객관화를 가능하게 하는 태도이다. 그러나 다른 한편으로 이 소격화는 학문들의 과학적 위상을 위한 조건인 동시에, 하나의 대상으로 구성하고자 하는 역사적 실재 안에 우리가 속하고 참여하도록 해주는 근본적이고 원초적인 관계를 파괴하는 함정이다. 이 양자택일은 가다머의 저서『진리와 방법』의 제목 자체의 기저에 놓여 있다. 즉 우리는 방법론적 태도를 취하고 우리가 연구하는 실재의 존재론적 밀도를 상실하든지, 아니면 진리의 태도를 취함으로써 인문과학의 객관성을 포기하든지 해야 한다.

그러나 리쾨르의 입장은 '진리'와 '방법'의 양자택일을 거부하고, 그것을 극복하려는 시도이다. "거리두기는 본래적으로 해석에 속하며, 해석의 반대자로서 속하는 것이 아니라 해석의 조건으로서 속한다."[45] 거리두기는 문자로서의 텍스트의 현상을 구성한다. 동시에 거리두기는 해석의 조건이기도 하다. 소외적 거리두기는 이해가 넘어야 할 관문일 뿐만 아니라, 이해를 결정하는 것, 즉 이해의 조건이 되기도 한다.

그러면 리쾨르에 있어서 이해의 조건으로서 '소격화'는 무엇을 의미하는가? '말해진 것'(의미, noema) 안에서 '말하는 것'(사건, noesis) 사이의 소격화이다. 글은 저자의 의도와의 관계에 있어서 텍스트에 자율성을 부여한다. 텍스트가 의미하는 바는 더 이상 저자가 의미한 바와 일치하지 않는다. 따라서 텍스트의 의미와 심리적 의미는 상이한 운명을 지닌다. 글 덕분에 텍스트의 세계는 저자의 세계를 타파할 수 있다. 텍스트는 심리학적인 관점으로부터뿐만 아니라, 사회학적인 관점으로부터도 자체를 탈상황화할 수 있어야 하며, 또한 새로운 상황 안에서 재상황화될 수 있어야 한다. 소격화는 방법론의 산물이나 부가적이고 기생적인 어떤 것이 아니라, 씌어진 글로서의 텍스트라는 현상을 구성한다. 이와 동시에 소격화는 해석의 조건이기도 하다. 소격화는 이해가 극복해야만 하는 것일 뿐만 아니라, 또한 이해의 조건을 구성하는 것이다.

---

45 P. Ricœur, *TA*, 378쪽.

따라서 리쾨르는 설명과 이해의 변증법, 소격화와 전유의 변증법, 의미와 사건의 변증법, 과학과 이데올로기의 변증법, 글쓰기와 말하기의 변증법을 제시한다. "슐라이어마허와 딜타이 그리고 불트만(R. Bultmann)이 인정했던 '전유(Aneignung, appropriation)'의 개념을 리쾨르도 수용한다. '전유하다'를 뜻하는 영어 appropriate와 불어 appropriere의 라틴어 어원은 appropriare이다. 이는 원래 접두사 ad와 동사 propiare의 합성어이다. ad는 '~을 향하여(toward)' 또는 '가까이에(near)'를 의미하는 접두사이고, propiare는 '자기 자신의(own)'를 의미하는 형용사 propius가 동사형으로 활용된 것이다. 따라서 appropriare는 문자적으로 '무언가를 자기 자신을 향하여 두는 것', '무언가를 자기 가까이에 두는 것', '자기 것이 아닌 것을 자기 것으로 만드는 것'을 의미한다."[46] 전유는 독일어 Aneignung에 대한 번역인데, Aneignen은 처음에는 생소했던 것을 자신의 것으로 만드는 것을 의미한다. 해석학이란 단어의 본래의 의도를 따라 말하자면 모든 해석학의 목적은 문화적 거리와 역사적 소외와 맞서 싸우는 데 있다. 해석은 함께 모으고 같게 만들고 동시대적으로 만들고 유사하게 만든다. 이 목적은 오직 해석이 텍스트의 의미를 현재의 독자를 위해 현실화시키는 한에서만 성취될 수 있다. 전유는 어떤 사람에게 말해지는 의미의 현실화를 표현하기 위해 적합한 개념이다.[47]

전유로서의 해석은 함께 모으며, 같게 만들며, 동시대적이고 유사한 것으로 만든다. 그리하여 처음에는 낯설었던 것을 진정으로 자기 자신의 것으로 만든다. 무엇보다 해석을 전유로 규정하는 것은 해석의 현재적 성격을 강조하기 위한 것이다. 해석한다는 것은 텍스트에 담겨진 의도를 지금 여기에서 전유하는 것이다. 이 전유개념은 다만 직접적이고 단순한 방식으로 해석과 설명을 대립시키는 대신, 해석을 설명이 중재하는 개념으로 이해한다. "전유는 하나의 텍스트를 해석하는 과정은 한 주체의 자기해석에서 절정에 달한다. 그 주

---

46 P. Ricœur, *HH*, 156쪽, 역주 2.

47 위의 책, 327쪽.

체는 그때부터 비로소 자기를 더 잘 이해하고, 자기를 달리 이해하고, 또는 자기를 이해하기 시작한다고 말할 수 있다. 텍스트의 이해가 자기이해에서 완성된다는 것은 반성철학의 한 특징이다."[48]

그러면 전유해야 할 것은 무엇인가? "전유해야 하는 것은 텍스트 자체의 의미, 곧 텍스트가 열어주는 생각의 방향에 따라 역동적으로 인지된 텍스트의 의미이다. 다시 말하자면 전유해야 하는 것은 하나의 세계를, 텍스트의 지시를 구성하는 세계를 탈은폐하는 힘이다."[49] 텍스트에 대한 전유의 문제, 즉 독자의 현재적 상황에 대한 텍스트의 적용의 문제이다. 첫째, 전유는 글의 특성인 소격화와 변증법적으로 관계된다. 소격화는 전유에 의해서 폐기되지 않으며, 오히려 전유의 대응물이다. 전유는 동시대성이나 동질성과 매우 상반적이다. 전유는 거리를 둔 이해이며 거리를 통한 이해이다. 둘째, 전유는 작품의 특성인 객관성과 변증법적으로 관계된다. 전유는 텍스트의 모든 구조적 객관화들에 의해 매개된다. 셋째, 내가 전유하는 것은 하나의 제안된 세계이다. "이 세계는 숨겨진 의도처럼 텍스트의 뒤에 있는 것이 아니라, 작품이 전개하고, 발견하고, 드러내는 것으로서 텍스트의 앞에 있다. 따라서 이해한다는 것은 자기 자신을 텍스트 앞에서 이해하는 것이다."[50]

리쾨르에 의하면, 우리는 낯섦을 통해서 그리고 이를 넘어섬으로써 전통의 의미를 회복시켜야 한다. 이때부터 과거를 전유하는 것은 소격화와 끊임없이 갈등하면서 전개된다. 해석은 철학적으로 이해하자면, 낯섦과 소격화를 생산적으로 만들고자 하는 시도이다. 그는 전유와 소격화를 아래와 같이 상세하게 설명한다.

> 여기서 전유란 텍스트를 저자로부터 분리시키는 의미론적 자율성과 짝을 이루는 것이다. 전유한다는 것은 '낯설었던' 것을 '자기 것'으로 만드는 것을 말한다.

---

48 P. Ricœur, *TA*, 182쪽.

49 P. Ricoeur, *IT*, 153쪽.

50 위의 책, 339쪽.

낯선 것을 자기 것으로 만들고자 하는 일반적인 욕구가 있기 때문에 소격화라는 일반적인 문제도 있는 것이다. 그러므로 거리는 단순히 하나의 주어진 사실이 아니라, 예술작품들이나 담화작품들의 외양과 우리 사이에 놓여 있는 실제적인 시공간적 간극이다. 그것은 변증법적이다. 즉 그것은 모든 시공간적 거리를 문화적인 낯설음으로 바꾸어버리는 타자성(the otherness)과 모든 이해를 자기-이해로 확장시키는 자신성(the ownness) 사이에 벌어지는 투쟁의 원리이다. 소격화는 양적인 현상이 아니다. 그것은 문화적인 낯설음을 극복하고자 하는 우리의 욕구와 관심 그리고 노력에 대한 역동적인 대응물이다. 우리가 글을 쓰거나 읽는 것은 이 문화적 투쟁 안에서 이루어진다. 일기는 텍스트의 의미를 소격화가 야기하는 낯설음으로부터 구해내어서 새로운 인접성 속에다 옮겨놓는 파르마콘(parmacon), 곧 치료약이다. 이 새로운 인접성은 문화적 거리를 극복하고 보존하며, 타자성을 자신성 안으로 포괄해낸다.[51]

이런 점에서 공간 해석에 있어서도 '소격화와 전유의 변증법'은 적용될 수 있는 논리이다. 이를 통해 다양한 공간 현상과 기존의 공간 이론들과 공간텍스트들에 대한 공간의 참모습, 즉 참된 공간 해석에 다가갈 수 있을 것이다. 이런 점에서 바람직한 학문적 태도란 사태나 사물에 대한 기존의 이론들 앞에서의 거리두기(소격화)와 그것에 대한 참된 지식을 전유하기의 변증법을 수용하고 활용하는 것과 무관하지 않다.

3. 사건과 의미의 변증법

리쾨르는 언어학을 모델로 하여 설명과 이해의 변증법 그리고 '사건과 의미의 변증법'을 논한다. 그는 우선 플라톤의『크라틸루스(*Kratylos*)』와『테아이테토스(*Theaitetos*)』에서 언급된 언어관을 재평가하여 전유한다. 또한 리쾨르는 후설

---

51   위의 책, 83쪽.

의 『논리 탐구』 제1권에서 유래한 '의미의 현상학', 그리고 영미 철학의 '언어 분석'의 성과들을 전유한다. "설명과 이해의 변증법을 통해 나는 글쓰기를 분석하는 해석 이론을 제시하며, 그것은 담화작품으로서의 텍스트에 대한 분석과 쌍을 이루게 될 것이다. 글을 읽는 행위는 글을 쓰는 행위와 쌍을 이룬다. 따라서 '사건과 의미의 변증법'은 읽는 행위 속에서 그에 상응하는 이해(understanding 혹은 comprehension)와 설명의 변증법을 산출한다."[52]

그러면 리쾨르에 있어서 '사건(event, événement)'이란 무엇인가? "사건은 표현된 것, 그리고 소통된 것으로서의 경험일 뿐만 아니라, 상호 주관적인 교환 그 자체, 즉 대화의 발생이다. 담화의 순간은 곧 대화의 순간이기도 하다. 대화는 두 가지 사건, 즉 말하기의 사건과 듣기의 사건을 연결하는 사건이다. 의미로서의 이해는 이 대화적 사건과 동질적인 것이다."[53] 그러면 '의미(meaning)'란 무엇인가? 우리가 행하는 모든 문화적 활동은 의미를 전제로 한다. 의미란 무엇인가라고 하는 문제에 대해 대표적인 입장은 대체로 세 종류로 나눈다. 하나는 실증주의 입장에 기반하는 지시 이론이고, 또 하나는 현상학적 입장의 표명(manifestation), 즉 현시 이론이며, 마지막은 구조주의 입장에서의 기호학적인 의미론이다.[54]

리쾨르는 우선 의미를 '발화자의 의미'와 '발화의미'를 구분한다. "의미 개념은 두 가지 해석을 허용하는데, 이 해석들은 사건과 의미의 변증법을 반영한다. 의미한다는 것은 말하는 사람이 무언가를 의미한다는 것이며, 동시에 그 문장이 무언가를 의미한다는 것이다. 다시 말하면 전자는 화자가 무언가를 말하려고 의도한다는 것이고, 후자는 확인 기능과 술어 기능의 결합이 무언가를 산출한다는 것이다. 달리 말하자면 의미는 노에시스적이면서 동시에 노에마

---

52 위의 책, 123쪽 이하.
53 위의 책, 46쪽.
54 이동성, 「후기구조주의에서의 의미의 문제 : 들뢰즈의 사건을 중심으로」, 『동서언론』 제10집, 동서언론연구소, 2006, 276쪽.

적이다."[55]

따라서 리쾨르에 있어서 '사건과 의미의 변증법'은 '의미와 지시(référence)의 변증법'으로 새롭게 전개된다. 전자는 담화 의미의 내적 변증법으로 전개된다. 담화의 객관적인 측면 자체는 두 가지 방식으로 간취할 수 있다. 즉 우리는 담화의 그 무엇을 의미하기도 하며, 담화가 가리키는 그 무엇에 관해서는 지시이다. 의미는 담화에 내재적이면서 동시에 또한 이상적인 의미에서 객관적이지만, 지시는 언어가 자기 자신을 초월하는 운동을 표현한다.[56] 리쾨르에 의하면 구조 분석을 통해 얻을 수 있는 의미는 '표층의미론(une sémantique de surface)'으로 파악되고, 독자들의 개별적인 한정된 상황에 해당하는 의미는 '심층의미론(une sémantique de profondeur)'에 관계한다. 전자는 후자로 나아가는 방향성을 가지게 된다. 이 방향성은 바로 설명이 이해로 나아가는 움직임이다.[57]

리쾨르는 사건으로서의 담화와 술어로서의 담화를 다루고, 그 다음으로 '사건과 의미의 변증법'을 제시한다. 여기서 담화의 존재론적 선차성을 이끌어낸다. 그는 먼저 담화는 언어적 사건으로 파악한다. 이 사건은 시간적 차원을 갖는다. 사건은 사라져버리는 반면, 체계는 존속한다. 그러나 사실상 체계라는 것은 존재하지 않는다. 체계는 단지 가상적인 실제성만을 가질 뿐이다. 오직 메시지만이 언어에 사실성을 부여한다. 그리고 불연속적이고 매번 독특한 담화적 행위들만이 약호를 실제화하므로 담화는 바로 언어의 실존에 근거한다. 그는 "만일 모든 담화가 사건으로 실제화된다면, 모든 담화는 의미로서 이해된다"는 공리를 내세운다.[58]

무엇보다 리쾨르는 사건으로서의 담화를 변증법적인 방법으로 재정식화하고자 한다. 이것은 담화 자체를 구성하고 있는 관계, 그리고 사건과 의미의 관

---

55 P. Ricœur, *IT*, 40쪽 이하.

56 위의 책, 52쪽.

57 김휘택, 「구조적 사고와 폴 리쾨르(1) : 「구조와 해석학 Structure et herméneutique」」, 『프랑스문화예술연구』 제74집, 프랑스문화예술학회, 2020, 76쪽.

58 P. Ricœurr, *IT*, 39쪽.

계를 고려하기 위해서이다. 담화는 문장 내에서 사건과 의미의 변증법적 통일이라는 구체적 전체에 의존한다. 이로써 그는 담화에 대한 심리학적 접근과 실존적 접근을 넘어서고자 한다. 구체적인 담화 이론에서는 이런 변증법을 지침으로 삼아야 한다. 사건으로서의 발화를 변호하는 모든 논의는 그것이 실제화의 관계를 가시적인 것으로 드러낼 때에만 유의미하다. 우리의 언어 수행능력은 이런 실제화를 통해 자기 자신을 실행하여 현실로서 드러내는 것이다. 이런 점에서 공간해석학에 있어서도 '사건과 의미의 변증법'이 원용될 수 있다. 공간 담론에 있어서도 사건의 차원과 의미의 차원이 있다. 이러한 변증법의 종합과 지양을 통해 공간 담론을 이해하고 확장할 수 있게 될 것이다.

4. 과학과 이데올로기의 변증법

일반적으로 과학은 독단론적 이데올로기에 대한 항구적인 비판으로 이해되어 '과학과 이데올로기'는 대척점에 서 있다. 이런 상황에서 리쾨르는 도발적인 질문을 던진다. "그렇다면 우리는 아무런 사유의 진전도 없이 전체적 반성에 대한 비판으로 되돌아온 것인가? 우리는 모든 관점에서 이데올로기적 조건들과 이러한 소모전에서 철저하게 정복되었음을 인정하고 이러한 소모전에서 벗어나야 하는가? 우리는 이데올로기에 대한 어떠한 진리 판단도 모두 포기해야 하는가?"[59] 이런 질문들에 대한 그의 입장은 다음과 같이 분명하다. 그는 양자를 합치거나 혼합하는 것을 시도하지 않는다. 대신에 가다머와 입장과 같이, 해석학과 이데올로기 비판은 각기 다른 자리에서 말한다는 것을 인정한다. 각기 서로 상대방의 구조 안에 자신의 자리를 표시하는 방식으로 상대방의 보편성에 대한 주장을 인정하고자 한다. 물론 물과 기름처럼 양자는 혼합될 수 없는 지점이 있다. 그러나 우리는 과학이 이데올로기의 기능을 하고 있

---

59 P. Ricœur, *TA*, 331쪽.

는 시대를 경험하고 있다. 이데올로기 기능이란 바로 과학 자체에 대한 비판과 반성이 없는 과학의 독단성을 지칭한다.

과학과 이데올로기의 대립은 해석학 안에서 만날 수 있기에 '과학과 이데올로기의 밀접한 변증법적 관계'를 리쾨르는 밝히고 있다. "내가 생각하기에는 해결의 조건들은 '역사적' 특성을 이해하는 조건들에 대한 '해석학적' 특성을 가진 담론 속에 포함되어 있다."[60] 리쾨르는 '과학과 이데올로기의 변증법'에서 4가지 명제를 제시한다. "첫째, 사회, 사회적 계급, 문화적 전통 그리고 역사 안에 있는 우리의 위치를 객관화하는 모든 지식은 우리가 결코 전체적으로 반성할 수 없는 '귀속성'의 관계에 의해 선행된다. 둘째, 비록 객관화하는 지식이 항상 귀속성의 관계에 비해 이차적인 것이지만, 그럼에도 불구하고 이 지식은 '상대적 자율성 속에서 구성될 수 있다. 즉 귀속성과 변증법적으로 대립되는 소격화는 이데올로기 비판의 가능성의 조건이며, 해석학의 바깥에 있거나 혹은 그것에 대립되는 것이 아니라 해석학 안에 있는 것이다."[61] "셋째, 특수한 관심에 의해 지지되는 이데올로기 비판은 결코 귀속성이라는 토대와의 연결을 단절하지 못한다. 이 원초적인 결속 관계를 잊어버리는 것은 절대적 자식의 반열로 까지 고양된 비판 이론에의 착각 속으로 빠져들어 가는 것이다. 결국 그에게 귀속성과 변증법적으로 대립되는 소격화는 이데올로기 비판의 가능성의 조건이며, 해석학의 바깥에 있거나 혹은 그것에 대립되는 것이 아니라 해석학 안에 있는 것이다. 넷째, 이데올로기 비판의 올바른 사용에 관한 직설적인 의무론이다. 이데올로기 비판은 항상 시작해야 하는 과제지만 원칙적으로 결코 완성될 수 없는 과제이다."[62] 리쾨르는 지식과 이데올로기의 관계성을 실천적인 면에서 다음과 같이 기술한다.

지식은 항상 이데올로기에서 떨어져 나가는 과정에 있지만, 이데올로기는 항

---

60 위의 책, 331쪽.
61 위의 책, 332쪽.
62 위의 책, 335쪽.

상 해독의 격자나 해석의 코드이며, 그렇기 때문에 우리는 붙들어 맬 줄도 기둥도 없는 지식인이 아니라, 헤겔이 말하는 윤리성(Sittlichkeit)을 가지고 있다. 나는 나의 이 마지막 명제를 의무론적인 것이라고 말한다 : 왜냐하면 오늘날 우리에게 가장 필요한 것은 비판의 건방짐을 버리는 것이며, 참을성을 가지고 거리두기의 작업과 우리의 역사적 실체의 회복이라는 영원히 완성될 수 없는 작업을 이행하는 것이기 때문이다.[63]

이런 점에서 그는 하버마스의 '이데올로기 비판'을 해석학의 관점에서 수용한다. 따라서 '이데올로기 비판'은 자기이해의 과업, 주체에 관한 착각들에 대한 비판을 본래적으로 함축하는 과업 안에서 수용될 수 있으며, 또 수용되어야 한다. 하버마스의 '이데올로기 비판'의 관점도 역설적으로 이데올로기의 기능을 할 수 있다는 것이 리쾨르의 변증법적 해석이다. 이런 점에서 나는 모든 지식이 관심에 의해 유지되며, 이데올로기 비판 이론 자체도 해방에 대한 관심, 즉 비제약적이며 비구속적인 의사소통에 대한 관심에 의해 유지된다는 하버마스의 명제를 받아들인다. 그러나 우리는 이러한 관심이 이데올로기나 유토피아로서 기능한다는 사실을 알아야 한다는 것을 리쾨르는 강조한다. 리쾨르는 '해석학과 이데올로기'를 다루면서 다음과 같은 결론을 내린다. "나의 관심은 전통들의 해석학과 이데올로기 비판을 이들을 포함하는 더 높은 하나의 체계 속으로 용해시키려는 것이 아니다. 처음에 말한 바와 같이, 이 둘은 서로 다른 장소에서 말하고 있다. 이것은 사실이다. 그러나 이들은 각자 상대방을 낯설고 적대적인 입장으로 인식하지 말고, 상대방도 자신의 방식대로 합법적인 요구를 제창하는 것으로 인식하라고 요구할 수 있다."[64]

리쾨르는 아리스토텔레스의 학문성의 다양한 차원을 수용하면서 이데올로기에 대한 부분적인 긍정적 평가를 내리고자 한다. 만약 학문성에는 다양한 차원이 있다는 아리스토텔레스의 고유한 주장이 유지될 수 있다면, 리쾨르는

---

63 위의 책, 335쪽 이하.
64 위의 책, 373~374쪽.

이데올로기 현상이 상대적으로 적극적인 평가를 받을 수 있다는 사실을 보여주고자 한다. 그는 이데올로기가 상실된 사회의 불모성을 우려한다. 그 이유는 이데올로기와 유토피아가 없는 사회집단은 계획을 세울 수도 없고, 그 자신으로부터 거리를 둘 수도 없으며, 자기를 표상할 수 없기 때문이다.

이상의 논의를 정리해보자면, 특정 공간철학이나 공간 이론 그리고 공감 담론도 과학성과 이데올로기성을 지닐 수 있다. 따라서 과학과 이데올로기의 대립은 해석학 안에서 만날 수 있다. 따라서 공간해석학은 양자의 변증법적 관계를 통해서 비판과 반성의 정신을 수반한다.

제6장

공간 해석의 통합성과 상보성

오늘날 현대철학 일반에서 가장 중요하게 다루는 '설명'과 '구조'와 그리고 '분석' 개념은 해석학적 함축을 지니고 있다. 그리하여 설명적 해석학, 구조론적 해석학, 분석적 해석학이 가능하다. 우리의 논제인 공간해석학에서 해석과 설명·구조·분석 사이의 내밀한 연관성을 살펴보기로 한다. 전술한 세 가지의 해석학들은 공간해석학의 플랫폼에서 통합성과 상보성을 지니고 있다.

1. 설명과 해석

딜타이가 자연과학과 정신과학의 근본적인 태도에서 '설명과 이해의 이분법' 내지 '설명과 해석의 이분법'을 다룬다. 리쾨르는 언어학 모델에서 텍스트에 대해 취할 수 있는 저러한 두 가지 근본적인 태도에 관한 비판적 논의로 전환한다. 그리하여 후자는 저러한 이분법을 넘어서서 그것들의 통합을 시도하고자 한다. 해석은 이해의 특수한 형식이므로 '설명과 해석의 이분법'은 '설명과 이해의 이분법'에서 파생된 것이다. 리쾨르는 이해와 해석의 연계성을 다음과 같이 기술한다. "이해-해석 쌍에서 이해는 그 토대를 제공한다. 말하자면 이해는 낯선 정신현상을 드러내는 기호들에 대한 앎이다. 한편 해석은 글쓰기가 그 기호들에 부여하는 고정과 보존에 힘입어 객관화의 정도를 제공해주는 역할을 한다."[1] 일반적으로 이해는 '사리를 분별하거나 깨달아서 알아가는 과정'을 의미한다면, 해석은 원문의 문장을 기본으로 그 표현이나 내용을 독자에 따라 판단하고 이해하는 과정을 뜻한다고 할 수 있다. 가다머에게서 해석은 이해의 명시적 형태이며, 또한 이해 자체가 해석이다. "해석이라는 것은 먼저 이해를 한 연후에 부수적으로 따라오는 행위가 아니고, 이해 자체가 이미 해석이다. 따라서 해석은 이해의 명시적 형태라고 할 수 있다."[2]

딜타이의 설명과 해석의 구분이란 한쪽이 다른 쪽을 배제하는 양자택일의 관계를 구성한다. 즉 딜타이식이라면 "자연과학자의 방식으로 '설명'하거나, 아니면 역사가의 방식으로 '해석'해야 한다."[3] 그리고 "딜타이에게 '설명'이란 실증주의자들이 자연과학에서 빌려와서 역사적 분야에 적용한 지적 가능성 (intellgibilité)의 한 모델을 가리키는 것이었다. 한편 '해석'이란 이해에서 파생된 한 형태로서, 딜타이는 이를 정신과학의 근본적인 태도로 간주하였으며, 이것만이 정신과학과 자연과학의 근본적인 차이를 지켜줄 수 있다고 생각했다."[4] 우리는 딜타이처럼 계속해서 해석과 설명을 마치 양자택일을 해야 하는 두 가지 태도인 것처럼 대립시켜 온 것이다.

그러나 리쾨르는 이런 이분법을 넘어서고자 한다. 그는 현대에 와서 언어학에서의 텍스트 개념을 통해서 '설명'과 '해석'의 개념이 바뀌었음에 주목한다. 설명과 해석이 논의되는 것은 언어라는 동일한 영역 안에서이다. 이 두 개념은 독서행위에서 서로 만난다고 본다. "사실 설명이란 개념은 이미 바뀌었으며, 이제는 더 이상 자연과학이 아니라, 언어학 고유의 모델에서 나오고 있다.

1   P. Ricœur, 『해석이론: 담화 그리고 의미의 과잉(Interpretation Theory: Discourse and the Surplus of Meaning)』, 김윤성 역, 서광사, 1998(이하 IT), 178쪽.
2   H.-G. Gadamer, 『진리와 방법 (2): 철학적 해석학의 기본 특징들』, 임홍배 역, 문학동네, 2022, 194쪽.
3   김선하, 「새로운 과학문화를 위한 해석학적 모색: 설명과 이해의 변증법」, 『철학논총』 제38집, 새한철학회, 2004, 175쪽.
4   P. Ricœur, IT, 169쪽.

해석학이라는 개념 역시 현대 해석학에서 근본적인 변화를 겪었으며, 이 때문에 딜타이적인 의미에서의 심리학적인 이해 개념과는 거리가 생기게 되었다."[5] 따라서 리쾨르는 설명과 해석의 개념의 갱신을 통해, 기존의 설명과 해석의 관계는 보다 덜 상충적이게 된다. 이로써 설명과 해석 사이의 엄밀한 보완성과 상호성을 탐색하고자 한다.

> 오늘날 설명은 더 이상 자연과학에서 빌려다가 글로 씌어진 기념물을 다루는 것과 같은 낯선 영역에 적용하는 그런 개념이 아니다. 왜냐하면 설명은 동일한 언어의 영역에서 유래하며, 랑그(langue)의 소단위들−음소와 어휘소−로부터 서사 · 민담 · 신화와 같은 문장 이상의 대단위들로 유비적으로 이행한 것이기 때문이다. 그러므로 해석은 만일 이 개념에 여전히 의미를 부여할 수 있다면, 더 이상 인문과학에 외재적인 모델과 대립되지 않게 될 것이다. 오히려 그것은 처음부터 인문과학의 영역, 그리고 인문과학의 첨단학문인 언어학에 속했던 지적 가능성의 모델과 논쟁하게 될 것이다.[6]

특히 리쾨르는 우선 딜타이의 해석 개념을 출발점으로 하여 자신의 해석개념과 이해 개념을 아래와 같이 명료화한다.

> 나는 '해석학'이라는 단어의 기본 어의는 우리 문화 공동체의 문자화된 기록을 해석하는데 필요한 규칙들을 다루는 것이라고 가정한다. 이 출발점을 가정함에 있어서 나는 딜타이가 진술했던 Auslegung(해석)의 개념에 충실하고자 한다. 'Verstehen'(understanding, comprehension)은 심적 삶(psychic life)이 스스로를 표현하는 모든 종류의 기호(생의 표현)에 바탕을 두고 외부의 이질적 주체가 의미하는 것 또는 의도하는 것을 인식하는데 의존한다. 반면에 'Auslegung'(interpretation, exegesis)은 그보다 좀 더 구체적인 것을 함축한다. 그것은 한정된 범주의 기호들, 즉 글쓰기에 의하여 고정된 것만을 포함하지만, 글쓰기와 비슷한 고정화 과정을

---

5 위의 책, 169쪽 이하.
6 위의 책, 188쪽.

함의하는 모든 종류의 기록과 기념물도 그 범주에 포함시킨다.[7]

   리쾨르에 의하면, '텍스트와 구조적 설명'에서 '설명과 해석의 변증법'은 읽기에서 만나고, 그것과 연관된다. 즉 "우리는 설명과 이해를 단일한 해석학적 호(arc herméneutike) 위에 위치지을 수 있을 것이며, 또한 설명과 이해의 대립적인 태도를 의미 발견으로서의 읽기라는 전체적인 개념 안에 통합시킬 수 있을 것이다."[8] 리쾨르는 텍스트의 역동적인 의미론을 통해 구조를 드러내는 설명과 해석의 상호성과 해석의 객관적 과정을 밝힌다. 그러면 텍스트를 어떻게 읽을 것인가? 리쾨르는 두 갈래길로서 설명과 해석을 제시한다. "설명한다는 것은 구조를 드러내는 것, 즉 텍스트의 정역학(statics)을 구성하는 내적인 의존관계들을 끌어내는 것이다. 그리고 해석한다는 것은 텍스트가 열어주는 사유의 길을 따라가는 것이며, 텍스트가 발하는 서광(orient)을 향해 출발하는 것이다."[9]

   리쾨르의 설명과 해석의 상호성과 통합성 논의와 관련하여 우리 학계에서 유사한 논의 문맥에 서 있는 두 학자의 입장을 살펴볼 수 있다. 역사철학자 이한구는 『역사학의 철학』에서 '설명적 해석학'을 제시한다. 여기서는 역사철학 연구에 있어서 '설명과 이해의 종합'을 시도하면서 그것의 구체적인 방식 두 가지를 요약하여 제시한다. "1) 이해를 최대한 객관적으로 만들고, 2) 설명에 사용되는 법칙을 다양화시키는 것이다."[10] 이 설명적 해석학에서는 해석의 합리성이 요구됨을 밝히고 있다. "합리성을 (…) 해석의 합리성과 행위의 합리성 모두를 포괄하는 것으로 해석할 때, 비로소 객관적 설명의 가능성이 확보된다."[11]

---

7   P. Ricœur, 『텍스트에서 행동으로(Du texte à l'action. Essais d'herméneutique II)』, 박명수 · 남기영 편역, 아카넷, 2002(이하 TA), 225쪽.

8   P. Ricœur, IT, 193쪽.

9   위의 책, 193쪽.

10 이한구, 『역사학의 철학 : 과거를 어떻게 재현할 것인가?』, 민음사, 2007, 269쪽.

11 위의 책, 297쪽.

물리학자 장회익은 "물리학은 세계에 대한 설명인가? 해석인가?"에 대한 자연철학 세미나에서 다음과 같이 피력한다. "설명이란 무지개 현상에 대해서 과학이 설명하기 위해 빛의 성질, 무지개 현상 등의 조건을 규정한다. 그리고 그 전에 먼저 설명하기 위한 전제를 모형이라고 한다. 21세기 이후 과학자들은 이렇게 가정하는 것, 모형인데 근본적으로 가설이므로 더 나은 것으로 바꿀 수 있다고 본다. 과학은 설명이라는 말이 적절하다. 그렇다면 해석은 무엇인가? 고전의 문헌에서 출발하고, 과학에서는 두 가지 사례, 즉 의사가 X-ray를 해석하거나 빛의 스펙트럼으로는 별을 관측하는 등 정보를 해석한다. 왓슨(J.D. Watson)이 DNA를 발견했다고 설명하려 했지만, X-ray 데이터에서 찾았으니 해석이라고 본다. 과학에서 양자역학의 해석이라는 말이 있는데, 양자역학이라고 하는 것은 앎의 이해의 틀과 어떻게 연결되어 있는가? 해석은 텍스트를 중심으로 하고, 설명은 수치적으로 한다."[12] 장회익에 의하면, 과학은 설명이지만, 사례에 따라 해석일 수 있다. 그리고 어떤 조건 하에서, 즉 앎의 이해와 틀에 따라서 설명과 해석이 가능함을 밝히고 있다. 따라서 설명과 해석은 분리되는 것이 아니라, 오히려 상호 보완적이고 통합적인 연관성을 지니고 있다. 공간설명과 공간 해석의 통합성 및 상호성도 공간해석학을 가능하게 하는 중요한 논점이다.

2. 구조와 해석

'구조(stucture)' 개념은 구조주의에 와서 철학적 핵심 논제가 된다. 철학은 그 시초부터 만물 속에 있는 형상, 보편자, 법칙, 체계 등을 논구한다. 구조주의에 와서는 구조 · 공시성(synchrony) · 공간 개념들이 주목을 받는다. 이른바 "구조주의는 서사 대신에 구조를, 통시성(synchronie) 대신에 공시성을, 시간 대신

---

12   https://blog.naver.com/hamggeham_24/222441560824

에 공간을 강조한다."[13] 구조주의는 언어학·인류학·정신분석학 등 각각의 영역에서 구체적으로 연구된 성과들이 교차하면서 형성된 사조이다. 현실은 구조의 표현이다. 구조주의는 철저하게 '공간적 사유'를 구사한다. "구조주의는 근본적으로 과학(또는 pensée médiante)으로서 연구자의 주관적 관계를 배제하고 대상(신화, 제식, 제도 등)의 구조를 객관적으로 관찰하고 분석하는 태도를 지닌다. (…) 구조주의는 사물을 대상으로 삼고 바라보는 주체적 상황을 객관화하는 것을 핵심으로 삼고 있다. 관찰자(주체)의 주관성, 시간과 역사적 상황은 단연코 배제된다."[14] 일반적으로 변증법은 시간적 종합을 꾀하고, 반면에 구조주의는 공간적 종합을 추구하는 차이가 있다.

구조주의는 현대의 '비판적 합리주의'의 연장선상에서 성립한다. 그러면 구조주의에서 현상과 구조는 어떤 관계에 놓여 있는가? 현상이란 그 자체로서는 이해되지 않는 무엇, 그 자체로서는 아무런 의미가 없는 무엇이다. 현상은 구조를 가지고서 그것을 볼 때 어떤 의미를 품게 된다. 구조는 현상을 이해가능한 것으로 만들어 준다. "구조주의 사유는 우리가 경험하는 현상들이 아무리 다양하고 복잡하고 다양하게 보인다고 해도, 그것들을 내포하는 어떤 심층적 구조가 존재한다고 보는 현대판 판본의 합리주의라 할 수 있다."[15]

레비스트로스(C. Levi-Strauss)나 라캉(J. Lacan)의 사유에서 구조란 대체적으로 주어지는 것의 성격을 띤다. 즉 구조란 인간이 자의적으로 만드는 것이 아니라, 세계 속에 원래 주어져 있는 법칙성과 자연과학이 탐구하는 것과 유사한 법칙성을 통해 파악되는 것으로 이해된다. 그러나 우리가 '주어지는 것'이라고 생각하는 상당수의 것들이 사실상 '만들어지는 것'이다.[16] 우리의 논제인 공간

---

13   D. Massey, 『공간을 위하여』, 박영환 역, 심산, 2016, 79쪽.
14   김동윤, 「구조주의 서사학과 현대 해석학의 변증법적 만남 가능성 연구 : 폴 리쾨르의 텍스트 서사이론과 해석학을 중심으로」, 『텍스트언어학』 27권, 한국텍스트언어학회, 2009, 203쪽.
15   이정우, 『사건의 철학 : 삶, 죽음, 운명』, 그린비, 2002, 31쪽.
16   위의 책, 28쪽, 각주 28.

도 주어진 것이기도 하지만, 계속 '새로운 공간'의 등장에서 엿볼수 있듯이, 인간의 개념규정에 의해 생산되기도 하고 만들어지기도 한다.

가다머는 삶이 지닌 '해석학적 구조'를 인정한다. "삶은 자기 자신을 해석한다. 삶은 그 자체로 해석학적 구조를 가지고 있다."[17] 구조주의 방법론과 일정한 거리를 유지하는 가다머와는 달리, 리쾨르는 구조주의에서의 구조 분석의 설명을 해석학적 이해에 적극적으로 수용해야 한다고 본다. 그의 「구조와 해석학」[18] 논문은 구조주의를 비판하는 것이 아니라, 구조주의가 해석학에 적용될 수 있는 지점이나 방식을 탐색하는 시도이다. 리쾨르는 설명과 이해의 이러한 변증법을 텍스트 해석에 적용한다. 텍스트는 일차적으로는 구조주의적으로 해석되어야 하지만, 구조주의는 텍스트를 폐쇄된 통일체로 본다는 점에서 문제로 남는다.[19] 텍스트의 해석에서 거쳐야 할 단계인 설명은 언어학적 인식모델에 근거한 구조적 설명, 즉 텍스트의 구조를 설명하는 것이다.

구조의 설명과 해석의 문제를 철학 분야에서는 어떻게 다루어야 할지에 대한 리쾨르의 견해를 살펴보도록 하자. 리쾨르는 구조적 분석과 해석학을 상호 보완적인 것으로 만들 연결부분을 명시하고자 한다.[20] 그는 구조의 설명을 과학적 객관성을 확보하는 것으로, 뜻을 찾는 과정에서 거쳐야 하는 단계라고 한다. "최소한의 구조 이해 없이 뜻을 찾을 수는 없다. 구조 이해는 홀로 떨어진 원시 상징과 해석학적 인식을 잇는 매개자로서 필요하다."[21]

우선 리쾨르의 구조주의 비판에 의하면, 의미는 오로지 기호들만의 차원에서 성립하는 것이 아니라, 기호들 바깥의 그 무엇인가를 요구한다고 인정할 수밖에 없다. 그러나 구조주의는 주체와 대상을 모두 기호들의 체계로 흡수해

---

17 H.-G, Gadamer, *Wahrheit und Methode, Grundzüge einer philosophischen Hermeneutik*, Tübingen, 1975, p.213.

18 P. Ricœur, 『해석의 갈등(*Le Conflit des interprétations*)』, 양명수 역, 한길사, 2012(이하 CI), 53~124쪽.

19 P. Ricœur, *TA*, 154쪽.

20 같은 책, 191쪽.

21 P. Ricœur, *CI*, 89쪽.

서 이해하는 사유이므로 결국 기호만이 남게 된다. 이른바 범언어주의와 범기호주의에 빠지게 되는 것이다. 그래서 리쾨르는 구조주의를 비판하면서 두 가지를 다시 찾아야 한다고 본다. 하나는 '누가'라는 물음이고, 또 하나는 '무엇'이라는 물음이다. 구조주의는 세계와 주체를 기호 체계로 다 흡수해버리며, 그래서 납작한 수평적인 장 속으로 모든 것을 환원시키려는 사유이다. 이런 기호중심주의, 즉 기표중심주의를 벗어나려면 기호 바깥, 즉 언어 바깥에의 지시가 있어야 하는 것이다.[22]

리쾨르는 구조를 통한 설명 방식과 그리고 뜻을 통한 해석을 다른 차원임을 해명한다. "구조로 푸는 설명 방식은 ① 무의식 체계이고, ② 그 체계는 의미의 거리를 통해 차이와 대립으로 이루어져 있으며, ③ 관찰자와 동떨어져 있다. 반면 뜻을 해석하는 것은 ① 의식 활동이고, ② 상징을 다각도로 의식화하는 것이며, ③ 해석자가 그 작업을 한다. 해석자는 자기가 이해하려는 뜻과 같은 장에 속해 있기 때문에 '해석의 순환'에 들어간다."[23]

현대에 와서 구조주의의 공간 개념은 많은 논쟁을 불러왔다. 구조주의자들은 반(反)시간적 구조를 공간과 동일시한다. 만약 이러한 구조가 시간적이지 않다면, 그것은 공간적일 것이다. 구조와 과정은 공간과 시간으로 이해된다. 공간은 시간의 절대적인 반대로서 인식된다. 구조는 대상의 내재적 역동성을 빼앗아가고, 폐쇄적인 특성을 가진다. 구조주의는 모든 것을 동시에 보는 기회를 제공하며, 서사의 흐름을 강요하는 역동성보다는 상호 연결성을 이해하도록 한다.

그러나 매시는 저러한 구조주의의 공간관을 비판하면서 구조주의에서 공간을 정적이고 고정된 영역으로 간주된다는 점을 지적한다. 이는 공간을 핵심이 아니라 잔여화(residualisation)로 인식하는 것으로 공간은 시간과 반대되고, 시간성이 부족한 것이라는 가정에 토대를 둔 것이다. 이런 생각을 통해 구조주

---

22 이정우, 앞의 책, 122쪽.
23 P. Ricœur, *CI*, 82쪽.

의자들은 공간을 닫힌 영역으로 인식한다. 구조주의자들은 이산적 다중성(discreye multiplicity) 관점에서 시간의 공간화에 관심을 가졌던 것이 아니라, 동시적 폐쇄(synchronic closure)로서 공간의 상상력에 관심을 둔다.[24] 이제 후설과 하이데거의 계보를 이어 독자적인 '구조존재론(Strukturontologie)'을 제시한 롬바흐(H. Rombach)는『살아 있는 구조』[25]에서 구조존재론을 펼치면서 '살아 있는 구조'를 내세운다.

> 모든 것은 살아 있다. 우주도 마찬가지다. 우주 안에 포함되어 있는 모든 '체계'들은 사실은 '구조'들이다. 구조는 '탄생'에서 유래하고 자신을 스스로 형성하며 자기형성의 '단계'들과 '차원'들을 넘어 최고 가능성에 이른다. (…) 구조들은 구조들 속에서 형성된다. 이 구조들은 다시 자기 자신 안에 살아 있는 구조들을 형성하며, 이런 식으로 결국 적절치 않게도 죽은 자연과 구별하면서 (식물, 동물 그리고 인간 형태의) '살아 있는' 자연이라고 부르는 것에까지 이른다. 하지만 이들도 이미 우주적 전체 안에서 활동하면서 이 우주적 전체를 하나의 실재적 우주생명(All-Leben)으로 만든 집중적 자기형성을 반복할 수 있을 뿐이다.[26]

롬바흐의 '살아 있는 구조'는 생기 자체로서 사물들이 그 안에서 자연이나 인간, 또는 초자연으로 서로 나누어져 정립되는 그런 출현을 의미한다. 그에 의하면, 인간에게 모든 것은 구조라고 본다. 구조존재론에서는 인과율적 사유가 중지된다. 살아 있는 모든 것, 즉 모든 존재가 결국은 그리고 결정적인 연관 관계에 있어서는 구조이다. 구조에서는 언제나 모든 개별자가 전체를 규정하고, 한 개별자의 아주 사소한 변화도 전체 안에서의 변화이다. 구조존재론에서는 '살아 있는 구조'와 체계를 비교한다. "구조 파악은 인간적이다. 체계 파악은 기계적이다. 구조 파악이 체계 파악보다 더 포괄적이기 때문에 구조는

---

24   D. Massey,『공간을 위하여』, 79~82쪽.
25   H. Rombach,『살아 있는 구조 : 구조존재론의 문제들과 해답들』, 전동진 역, 서광사, 2004, 29쪽.
26   위의 책, 49쪽.

체계보다 오래 생명을 유지한다."[27] 다음으로 포스트구조주의에서 시간화는 다양화(dynamisation)와 탈구(disclocation)를 공간성으로 연결하거나, 또는 최소한 그러할 가능성이 있는 것으로 조명한다. "포스트구조주의는 시간성을 갖는 구조에 고취되었고, 구조에 대한 다양한 견해를 제시한다. 특히 무페(C. Mouffe)와 라클라우(E. Laclau)는 이러한 변화를 이끈 핵심 인물이다. 그들은 시간성 개방과 공시성과 통시성의 이분법을 해체시킨다. 이런 변화에서 이들의 목표는 새로운 생산을 위한 잠재성을 포함하여 구조에 시간성을 포함시키고, 시간성 자체도 열린 것으로 이해하도록 하는 것이다."[28]

이상의 논의를 요약하자면, 구조는 현상을 의미 가능한 것으로 만들어준다. 리쾨르는 텍스트 의미론에서 구조에 대한 설명과 해석은 배타적으로 분리되는 것이 아니라, 오히려 변증법적으로 통합된다는 것을 밝힌다. 결국 리쾨르는 구조주의가 해석학에 적용될 수 있는 지점이나 방식을 탐구하면서 '구조와 해석'의 상호성과 통합성을 밝힌다. 이러한 '구조와 해석'의 상호성과 통합성은 공간해석학에 있어서도 공간 존재와 현상을 읽고 해독하는 데도 원용할 수 있는 논점이다.

3. 분석과 해석

언어와 기호에 대해 논리적으로 분석하는 '분석철학(analytic Philosophy)'은 19세기 말 프레게(G. Frege)의 언어철학에서 출발한다. 분석적 인식론은 철학의 본질로서의 논리학이다. "프레게에 와서야 마침내 철학의 타당한 대상이 확립되었다. 첫째, 철학의 목표는 사유 구조의 분석에 있다. 둘째, 사유에 관한 연구는 사유 운동의 심리학적 과정에 대한 연구와 날카롭게 구분된다. 마지막으

---

27 위의 책, 49쪽.
28 D. Massey, 『공간을 위하여』, 87쪽 이하.

로 사유를 분석하는 단 하나의 타당한 방법은 언어 분석으로 구성된다."[29] 카르납(R. Carnap)은 분석이라는 방법이 긍정적 성과를 이루기도 하고, 또한 부정적 성과를 가져왔음을 아래와 같이 밝힌다.

> 논리적 분석에 의해 과학적 진술의 인식 내용을 명료하게 밝히려 하고, 또 그 때문에 과학적 진술에 등장하는 용어들의 의미를 밝히려 하는 응용논리학, 즉 지식론의 연구는 긍정적 성과를 이루기도 하고 부정적 성과를 빚어내기도 한다. 긍정적 성과는 경험과학의 영역에서 이루어지는데, 경험과학의 여러 분야에서 사용되는 개념들이 명료하게 밝혀지고, 여러 분야 사이의 형식적·논리적 관계와 지식론적 관계가 명확하게 드러난다. 하지만 논리적 분석은 가치와 규범에 관한 모든 철학을 포함하는 형이상학의 영역에서는 그동안 이 영역에서 진술로 간주되었던 문장들이 실은 전혀 무의미하다는 것을 밝히는 부정적 성과에 도달한다.[30]

'언어 분석'이라는 개념은 적어도 다음 세 가지 측면을 지니고 있는 것으로 보인다. 환원적 측면에서 초창기 분석철학의 언어 분석은 대개 자연언어를 통해 형성된 이차적 담론을 인공언어를 통해 조직된 일차적 담론으로 환원하는 작업을 의미한다. 가장 기초적인 의미의 요소를 상정한 상태에서 복합적인 의미의 집합을 해설하고자 하는 작업이 초창기 분석철학을 특징짓는다. 수학적 개념을 논리학적 진리로 환원하고자 한 프레게와 러셀(B. Russel)의 논리주의가 언어 분석의 환원적 측면을 잘 보여주고 있다. 치유적 측면에서 언어 분석은 자연언어에서 흔히 발생하는 무의미한 문장을 해소하기 위한 목적으로도 제시된다. 전기 비트겐슈타인 역시 『논리-철학 논고』에서 유의미한 모든 명제를 이루고 있는 명제의 일반 형식을 보여주고자 한다. 마찬가지로, 카르납은 『세

---

29   M. Dummett, "Can analytical Philosophiy be sysmetic, and ought it to be?", *Truth and other Enigmas*, London 1978, p.458,

30   R. Carnap, "The Elimination of Metaphysics through the logical Analysis of language", *I, Ayer*(ed.), *Logical positivism*. Free Press 1966, pp.60~61

계의 논리적 구조』에서 자연과학을 통해 경험적으로 검증될 수 있는 문장들로부터 다른 모든 문장들이 어떻게 구조화되는지를 논의한다.[31] 말파스(J. Malpas)도 『장소와 경험』에서 장소의 문제에 대한 '분석적 접근'을 시도하였으며, 인지과학과 행위철학 그리고 정신철학 연구를 포함해 영어권 분석들에서 비롯된, 또한 시, 문학, 예술 전거(典據)들에서 도출한 생각과 주장들에 현상학적 관심들을 연결하고자 한다.[32]

리쾨르는 자신이 속한 철학의 전통을 '반성적 분석철학'이라고 한다. 현대적 의미에서의 분석철학과 서양 합리주의적 철학의 전통을 계승하려는 그의 철학정신을 표현한 말이다. 특히 『텍스트에서 행동으로』에서 전개하는 리쾨르의 해석학은 반성철학의 정신과 분석철학의 방법으로 현대 해석학을 수립하려는 시도를 수행한다. 그러나 분석철학 진영에서는 현상학에 의존하고 있는 해석학은 근거가 의심스럽다고 본다. 리쾨르는 구조적 분석과 해석학을 상호 보완적인 것으로 만들 연결 부분을 명시하고자 한다.[33]

여기서 '현상학적 해석학'을 극복하기 위해 소위 '분석적 해석학(analytic hermeneutics)'이 새롭게 등장해야 할 필요성이 생긴다. 그 이유는 현상학이 주장하는 '반성' 혹은 '직관'이라는 방법에 의존하지 않으면서도, 해석학이 주장하는 '선입견', '지평 융합', '상호 주관성', '역사성'과 같은 개념의 의의를 부각시켜줄 수 있는 논의가 분석철학 속에서 많이 발견되기 때문이다.

'분석적 해석학'은 실재가 인간의 외부에 인간과 독립적으로 인간 없이도 존재할 수 있다는 주장을 의심스럽게 바라본다. 여기서 해석학은 현상학을 벗어나 분석철학을 통해 완성되어야 한다고 주장한다. 정신과학을 정당화하고자 하는 해석학의 시도는 '주관의 반성'에 집착하는 현상학의 의미론과 결별하여 '언어의 규칙'을 탐구하고자 하는 분석철학의 의미론과 손을 잡을 때에야 비

---

31 G. D, Romanos, 『콰인과 분석철학』, 곽강제 역, 한국문화사, 2002, 제2장 참조, 19~77쪽.

32 J. Malpas, 『장소와 경험』, 김지혜 역, 에코리브르, 2014, 5쪽.

33 같은 책, 191쪽.

로소 자신의 목표를 달성할 수 있다는 것이다. 투겐트하트(E. Tugendhat)에 의하면, "방법 면에서 해석학은, 현상학에 있는 자신의 기원에도 불구하고, 언어 분석에 더 가깝다. 언어 분석은 환원된 해석학, 1층위의 해석학이라고 간주될 수 있다."[34] 그에게 해석학이란 분석철학을 통해 완성되어야 하는 사조에 해당한다. 그는 기존 해석학이 후설의 현상학을 바탕으로 성립하였다는 사실을 못마땅하게 생각한다. 왜냐하면 현상학이 '반성' 혹은 '직관' 같은 주관적 방법을 바탕으로 제시한 통찰들이 오늘날 더 이상 받아들여질 수 없다고 보기 때문이다. 투겐트하트는 해석학이 현상학을 벗어나 분석철학을 통해 완성되어야 한다고 지적한다. 그의 지론에 의하면, 단어나 문장은 주관의 반성과 상관없이 언어놀이 속에서 의미를 얻는다. 주관의 반성으로부터 언어의 의미를 정당화하려는 현상학의 의미론은 오늘날 더 이상 받아들여질 수 없다. 오히려 예술, 종교, 윤리에서 사용되는 언어가 어떻게 자신만의 고유한 의미를 지니는지를 해명하고자 하는 기획은 비트겐슈타인을 비롯한 분석철학의 의미론에서 더욱 성공적으로 수행되고 있다. 그리고 형이상학 일반에 대한 하이데거의 비판과 현상학 대한 해석학의 비판은 단지 해석학 자신의 한계 위에 놓여 있을 뿐이다. 즉, 현상학으로부터 상속받은 기저 층위는 기념물처럼 보호되며 해석학이라는 대리인에 의해 쌓아올려지거나 파헤쳐진다. 언어 분석은 지금까지 결코 강조된 적이 없다. 그렇지만 언어 분석은 '해석학'이라는 건축물을 실증주의가 그랬던 것처럼 무너뜨리는 것을 원하지 않는다. 오히려, 언어 분석은 자신이 더 많은 무게를 감당할 수 있는 재건축을 위한 새로운 도구와 방법을 지닌다고 믿는다.[35]

분석적 해석학에서는 언어 분석과 해석을 통합하고자 한다. 카르납의 '존재론의 상대성'은 '번역의 비결정성 주장'과 '언어적 언급의 불가해성 주장'을 담고 있다. 그는 분석철학에 깃들어 있는 선입견을 드러낸다. "콰인의 존재론의

---

34   같은 곳.
35   같은 책, 50쪽.

상대성 주장이 실제로 밑동을 자르려는 목표는 이 세계에 대한 지식의 객관성에 대한 신념이 아니라, 오히려 대부분의 분석철학자에게 널리 퍼져 있는 언어 분석에 대한 선입견, 즉 이런저런 형태로 진행되는 언어 분석이 종래의 철학적 문제에 대해서 답을 찾아내어 해결하거나 다른 형태의 물음으로 바꾸어 해석하거나 잘못된 문제라고 해소시켜버리는 데 본질적 역할을 한다는 선입견일 뿐이다."[36]

이런 맥락에서 해석학의 방법은 언어 분석에 가깝다. 언어 분석은 환원된 해석학이라는 리쾨르의 입장과, 그리고 해석학이 현상학을 벗어나 분석철학을 통해 완성되어야 한다는 투겐트하트의 입장은 분석과 해석의 통합성을 시사한다. 이를 공간해석학에 적용하자면, 공간 연구에 있어서 분석적 방법과 해석적 방법은 상호 보완되고 통합되어야 한다는 것이다. 왜냐하면 해석은 분석을 필요로 하고, 분석은 해석을 통해 완성되기 때문이다.

---

36   G. D, Romanos, 위의 책, 12쪽.

공간해석학의 주요 쟁점과 주제 확장

공간 연구의 역사 속에서 중점적으로 다루어
온 이슈들과 입장들이 서로 대립하고 갈등하면
서 나눠지기도 하고 통합되기도 한다. 여기서는
중요한 다섯 가지 공간 이론들 사이의 갈등과 쟁
점들을 고찰해보고자 한다. 이를테면 빈 공간의
존재 유무, 공간의 유한성과 무한성, 공간의 실
재성과 상대성, 공간의 실체성과 관계성 등을 살
펴보고자 한다. 이러한 갈등과 대립이 무엇이며,
그것은 어떻게 극복될 수 있는가? 여기서는 이
물음이 논의의 주도적 물음이 될 것이다. 그리
고 리쾨르와 가다머 그리고 하이데거의 해석학
에서 확장된 주제들인 텍스트, 지평, 은유, 상징,
사건 등을 공간해석학에 원용하여 고찰하고자
한다.

제7장

공간 해석의 갈등과 쟁점들

1. 빈 공간 긍정론 vs 빈 공간 부정론

서양철학사에서 빈 공간(kenon, κενόν. 진공, 허공, 공허)의 존재 여부에 대한 대립적인 견해들을 살펴보고자 한다. 먼저 빈 공간을 긍정하는 입장과 빈 공간을 부정하는 입장의 차이점과 쟁점을 정리해보자. 그리스 철학에는 세 가지 공간 개념이 있다. 즉 케논(kenon, κενόν), 코라(chora, χώρα), 토포스(topos, τόπος)이다. 케논은 빈 공간(vacuum, empty space)이고, 코라는 물체들이 그 안에서 운동하는 공간이며, 그리고 토포스는 물체가 차지하는 공간이다.

철학사적으로 빈 공간의 존재를 인정하는 노선에는 그리스 원자론자들과 스토아철학자들, 뉴턴, 칸트 등이 있다. 반면에 그것을 부정하는 자들은 엠페도클레스(Empedocles), 플라톤, 아리스토텔레스, 데카르트, 라이프니츠(G.W. von Leibniz), 그리고 현대물리학의 장이론과 일반상대성이론 등이다. 후자들은 공간에는 물체들로 가득 차 있기 때문에 빈 공간은 따로 존재하지 않는다는 것이다. 물론 서양에서 줄곧 빈 공간의 존재를 인정하는 것을 두려워한 것이 사실이다.

고대의 원자론자들은 세계가 '자를 수도 없고 분할할 수도 없으며, 꽉 차 있는'[1] 무한한 수의 원자들로 이루어져 있고, 분할은 빈 공간 때문에 일어난다고 생각한 것이다. 원자론자들은 빈 공간이 없다면 사물들의 운동이 불가능하다고 한다. 분할은 빈 공간 때문에 일어나기에, 빈 공간은 차이를 가능하게 하는 조건이다. 가령 사물은 원자들의 얽힘과 흩어짐에 의해 크기 · 위치 · 배열에서 차이가 나게 되는데, 이러한 차이는 빈 공간이 있음으로 가능하게 된다. 이렇게 볼 때 빈 공간은 원자들의 운동을 가능케 하는 놀이터이다. 따라서 고대 원자론자들은 세계의 변화와 운동을 설명하는 원리로서, 사물과 사물이 놓여 움직이는 무한 연장의 빈 공간의 존재를 인정한 것이다. 이는 원자론적 구조의 체계를 설명하기 위한 일종의 논리적 귀결이다. 그러나 이들은 빈 공간, 즉 비물질적 존재를 실재(實在)로 생각하는 공간 개념의 새로운 기틀을 마련한다.[2] 원자론자들은 원자의 활동을 위한 자유로운 여지로서 열린 공간의 존재를 인정하면서 그것을 빈 공간(kenon)이라고 한다. "원자론자들은 원자와 빈 공간 외에는 아무것도 없다고 한다. 원자론자들은 원자들이 서로 결합함으로써 사물이 생성되고, 또 결합되어 있던 원자들이 분리됨으로써 사물이 소멸한다고 주장한다. 그러므로 원자들이 서로 결합하고 분리하는 활동이 가능하기 위해서는 자유로운 여지로서 열려진 공간으로서 빈 공간이 있어야 한다."[3]

데모크리토스(Democritus)는 세계가 원자와 빈 공간으로 이루어져 있다고 주장한다. 심플리키오스(Simplicius)에 따르면, 데모크리토스는 장소를 빈 공간, 아무것도 아닌 것, 한정되지 않은 것으로 불렀다고 한다. 여기서 아무것도 아니라는 것은 원자와 같지 않다는 것이고, 한정되지 않았다는 것은 무한하다는 것을 의미한다. 데모크리토스에 의하면, 세계는 원자와 텅 빈 공간으로 이루어져 있다.[4] 그는 '차 있는 공간'과 '빈 공간'을 언급하며 둘 다 존재한다고 말한

1   Thales 외, 『소크라테스 이전 철학자들의 단편선집((The) fragments of presocratic philoso-phers)』, 김재홍 · 김인곤 역, 아카넷, 2012, 547쪽.
2   안호영, 「공간은 어떻게 인식되는가?—철학과 과학에서 본 공간」, 『새한영어영문학회 학술발표회 논문집』, 새한영어영문학회, 2007, 10쪽.
3   이상봉, 「서양 고대 철학에 있어서 공간」, 『철학논총』 58, 새한철학회, 2009, 294쪽.
4   이현재 외, 『공간에 대한 철학적 이해』, 라움, 2016, 15쪽.

다. 완전히 비어 있는 공간이라 하더라도 공간 자체는 존재한다는 입장이다. 그러나 엠페도클레스는 빈 공간의 존재를 부정하고 지수화풍(地水火風)이 상호 전위를 통해 움직인다고 한다. 멜리소스(Melisos)에 의하면, 공허라는 것은 존재하지 않으며 공허는 없음을 말하는 것이고, 없음이라는 것은 있을 수 없기 때문이라고 한다.

플라톤은 빈 공간의 존재를 인정하지 않는다. 그의 논적들은 고대의 원자론자들이었다. 그는 공간은 원소적이지 않다는 입장에서 그들을 반박한다. 즉 움직이는 어떤 것들이 들어설 수 있는 "허공"[5]이라고는 일절 존재하지 않는다. 수메르적 모태나 구약성서의 모태가 분명 원소적인 것이라면, 이는 그리스의 예에서는 더 이상 가능하지 않다. 전 원소적인 것으로서 공간 혹은 '수용체'는 '눈에 보이지 않고(aoraton) 형태도 없는(amorphous) 종류의 것'이다.[6] 그리고 '수용체'는 공허도 아니고, 장소도 없는 것도 아니다. 수용체는 두 가지 측면에서 '장소 제공적'이다. 첫째, 그것은 내적으로 고유하게 영역화되면서 동시에 영역화한다. 둘째, 영역은 열려 있고 모호한 상태이기 때문에 장소의 훨씬 더 특정적인 의미, 곧 토포스로서 장소라는 의미를 필요로 한다.[7]

아리스토텔레스는 공간을 사물을 담는 용기(container)와 같은 것으로 본다. 사물이 담겨 있다는 점에서 그는 텅 빈 공간이라는 말 대신 장소라는 말을 선택한다. 그에게 장소는 연장(형상)이 아니다. "만약 용기가 사물로부터 분리되면서도 이에 접촉하고 있는 것이라면 그 사물은 용기의 직접적인 한계 안에 있는 것이며, 이 한계는 용기가 담고 있는 사물의 부분이 아니다."[8] 즉 장소는 "용기의 가장 가까이에 있는 이동 불가능한 한계이다."[9] 아리스토텔레스에게

---

5 Platon, 『티마이오스』, 박종현·김영균 역주, 서광사, 2008, 58a, 60c, 79b, c, e, 80c. 164~225쪽.

6 위의 책, 51a, 142쪽.

7 E.S. Casey, 『장소의 운명 : 철학의 역사』, 박성관 역, 에코리브르, 2016, 87쪽.

8 Aristoteles, *Physik*, 211a29.

9 위의 책, 212a14.

장소는 사물과의 관련 속에서만 존재하며, 무한하게 뻗어 있는 연장적 공간이 아니다. '장소' 개념은 공간적 개념들에서 배제된다. "장소는 삼차원이 아니라, 길이와 넓이라는 두 개의 차원만 갖는다."[10] 아리스토텔레스에 의하면, 서로에 대해 배치되어 있는 물체들이 공간을 정의한다. 따라서 물체들을 제거하면 공간도 없어진다. 그는 '없는 것이 존재할 이유는 없다'라고 생각하여 빈 공간을 인정하지 않았고, 천상의 세계는 빛나는 물질 에테르로 가득 채워져 있을 것이라고 상상한다.

플라톤은 공간을 관념적으로 실재하는 것으로 생각한 반면에, 아리스토텔레스는 플라톤에 비해 공간 개념을 보다 실재론적인 관점에서 물체와의 관계 속에서 생각한다. 후자는 물체로 가득 채워져 있지 않은 빈 공간 개념을 거부한다. 그러나 양자는 공간의 실재성을 인정한다는 점에서는 유사하다.[11] 플라톤과 아리스토텔레스의 철학을 추종했던 절대 다수의 학자들은 원자설을 그릇된 이론이라고 생각한다. 원자와 원자 사이에 "빈 공간이 있다"라는 말은 "없는 것이 있다"라는 주장이므로, "세상은 질료(matter)와 형상(form)으로 이루어진다"라는 아리스토텔레스의 철학에 위배되는 것이다. 또한 그들은 물체에 작용하는 힘은 접촉을 통해서만 전달된다고 생각했기 때문에 텅 빈 공간이 있다면 운동의 원리가 적용될 수 없다는 것이다.

갈릴레이와 함께 17세기의 과학혁명의 선구자이자 천체역학의 창시자인 케플러(J. Kepler)에 의하면 무한 공간은 경험될 수 없다고 한다. 공간은 물체들 때문에 존재한다. 만일 물체들이 없다면 공간은 없을 것이다. "케플러도 인간의 관찰 능력을 벗어난 어떤 논의도 수용하지 않으며, 경험적으로 확증될 수 있는 사실만을 다루려는 경험적 · 과학적 태도를 견지하며, 감각적으로 경험되지 않는 무한 공간을 '풀 수 없는 미궁'으로 표현한다."[12]

---

10 유재민, 「아리스토텔레스의 장소론 : 『자연학』과 『범주론』을 중심으로」, 『서양고전학연구』 23권 23호, 서양고전학회, 2005. 194쪽 이하, 각주 4).

11 안호영, 앞의 글, 10쪽.

12 A. Koyré, *From the closed World to the Infinite Universe*, New York, 1958, pp.32~33,

데카르트는 빈 공간을 인정하지 않고, 모든 것이 꽉 차 있다고 본다. 공간을 꽉 채우는 것은 물질 입자들이고, 그것을 라틴어로 플레눔(plenum)이라 부른다. 즉 공간은 소용돌이치는 물질 입자들로 꽉 차 있다.[13] 데카르트에게 물체의 본성이 연장이라면 빈 공간은 없다는 결론이 나온다. 빈 공간은 연장된 물체가 차지하고 있다가 사라진 곳이기 때문에 연장이 없는 것으로 보인다. 그렇다면 우리는 빈 공간처럼 연장이 없는 것이 있다고 인정해야 한다. 빈 공간도 연장을 가지므로 물체이고 엄밀한 뜻에서 빈 공간은 없다.[14] 예를 들어, 빈 그릇이 연장을 가지지 않는다면 빈 그릇의 안쪽 면들 사이에는 조금도 거리가 없을 것이므로 그릇의 면들은 맞닿아버릴 것이다. 그러나 이런 일은 일어나지 않는다. 빈 그릇의 안쪽 면들 사이에도 거리가 있으니까 빈 그릇은 연장을 가진다. 데카르트의 결론은 빈 공간도 연장을 가짐으로 물체이고, 우리가 연장이 없다고 잘못 생각하는 빈 공간은 없다는 것이다.[15]

데카르트의 '소용돌이(vortex) 이론'[16]은 빈 공간이 없다는 견해와 연결되어 많은 자연현상을 설명하는 보조 가설로 쓰인다. 그에 따르면, 공간 속에서 물질 입자들은 소용돌이를 이룬다. 물질 입자들은 가만히 정지해 있지 않고 운동하고 있다.[17] 그에 의하면, 자연의 모든 물질은 미립자로 이루어져 있으며, 우주 공간은 미립자들로 완전히 채워져 있다. 그가 데모크리토스의 원자론을 거부한 중요한 이유 중 하나는 데모크리토스가 원자의 운동 공간으로 가정한 진공을 받아들일 수 없었기 때문이다. 물체의 실체적 성질은 연장인데, 원자론이 인정하는 진공은 전혀 존재가 없는 빈 공간이다. 그러나 진공도 존재하는 어떤 것인 한, 그것은 반드시 연장을 지녀야 한다. 따라서 진공은 아무것

---

p.87; 강동수, 「근대의 자연공간과 인식공간」, 『철학연구』 116, 대한철학회, 2010, 5쪽.

13 김성환 외, 『장소 철학 I : 장소의 발견』, 서광사, 2020, 59쪽.

14 R. Descartes, *Principles of Philosophy*, V. Miller and R. Miller(trans.), Dortrecht 1984, pp.227~228.

15 김성환 외, 『장소 철학 I』, 56쪽 이하.

16 R. Descartes, 앞의 책, p.191.

17 김성환 외, 『장소 철학 I』, 31쪽.

도 없는 빈 공간일 수 없다. 데카르트에 의하면 존재하는 어떤 것이 비어 있다는 것, 또는 물질이 없는 공간은 논리적으로 성립할 수가 없다. 빈 것처럼 보이는 공간은 사실은 '물질로 충만한 공간(플레눔)'같이 미세한 미립자들로 채워져 있다.[18] 그는 절대적인 진공, 즉 그 안에 어떤 실체도 존재하지 않는다는 의미로서의 진공에 대한 부정적인 입장을 버리지 않는다.[19] 말하자면 "공간 혹은 내적 장소의 연장은 물체의 연장과 다르지 않고, 또한 물체가 길이와 너비와 깊이로 연장되어 있다는 것으로부터 그 물체는 실체로 판단된다. 더욱이 무가 연장을 가진다는 것은 명백하게 모순이기에 절대적 진공이라 불리는 공간이 연장을 가진다면 그 속에 필연적으로 실체 역시 존재해야 하기 때문이다."[20] 데카르트는 연장과 공간을 동일한 것으로 보면서, 물질이 전혀 존재하지 않는 빈 공간을 부정한다. 빈 공간도 연장을 가지므로 물체이고 연장이 없다고 잘못 생각하는 빈 공간은 없다.

데카르트는 빈 공간을 인정하지 않지만, 반면에 뉴턴은 진공(vacuum)을 인정한다. 뉴턴에 따르면, 질량을 가진 두 물체 사이에 있는 거리의 제곱에 반비례하는 힘은 서로 떨어진 상태에서 작용한다. 중력은 두 물체 사이에 빈 공간이 있다고 가정할 때 작용하는 힘이다. 소용돌이치는 물질 입자들로 꽉 찬 데카르트의 공간과 중력이 작용하는 뉴턴의 진공은 모두 물체의 운동을 말이 아니라 숫자로 설명하기 위한 장치다. 데카르트의 빈 공간 부정과 뉴턴의 진공 인정은 정반대지만, 물체의 운동과 자연현상을 수학화한다는 똑같은 목표를 가진다.[21] 뉴턴은 아리스토텔레스와는 반대로, 물체의 유무와 상관없이 공간은 항상 존재한다고 주장한다. 그의 역학 속의 공간은 3차원의 거대한 통같은 개념이다. 그리고 뉴턴은 공간의 무한성을 주장한다. 반면에 케플러는 무한 공

---

18 위의 책, 39쪽.
19 위의 책, 262쪽.
20 위의 책, 263쪽.
21 위의 책, 67쪽 이하.

제3부 공간해석학의 주요 쟁점과 주제 확장

간을 "풀 수 없는 미궁(inextricable labyrinth)"[22]으로 표현한다. 그는 빈 공간을 '비존재(a non-ens)'로 파악하면서 경험할 수 없는 무한 공간을 과학의 대상으로 다루는 것 자체를 반대한다. 결국 뉴턴은 빈 공간(void space)의 절대성을 추론한다. 그는 공간에 밀도 차이가 있다는 것이 공간에 진공이 있다는 것을 나타낸다. "만일 물체들이 견고한 미립자들이 동일한 밀도로 존재하고 기공이 없어 희박해질 수 없다면, 진공이 있어야만 한다."[23] 라이프니츠는 모나드가 없는 빈 공간(empty space)을 허구라고 한다. 그는 공간과 물질이 분리될 수 없다고 한다. "물질이 없는 곳에는 공간도 없다."[24]

라이프니츠의 이론과 현대물리학의 상대성이론 이후 공간이 물체들 간의 관계 이상이 아님이 주장된다. 즉 공간은 연속적인 물질 분포 덕분에 존재한다는 것이다. 칸트는 빈 공간을 인정하면서 "전통적인 의미의 빈 공간은 사물이 부재할 경우에 결코 표상될 수 없기 때문에 그는 오직 물체들과의 연관 속에서만 논의될 수 있다"[25]고 생각한다. 그래서 그는 "감성계로서 세계가 한계를 가진다는 조건에서 세계가 필연적으로 무한한 공허 중에 있는 것으로 표상된다고 생각하면서 빈 공간을 인정한다."[26]

이상에서 살펴본 대로, 17세기의 뉴턴은 공간을 실재하는 물리적 객체로 간주하고, 19세기 마흐(E. Mach)는 텅 빈 공간이 존재하지 않는다고 주장한다. "20세기의 아인슈타인은 시간과 공간을 하나의 세트로 통합하여 완전히 새로운 시공간의 개념을 만들어냄으로써 마흐의 주장을 반박한다."[27] 장이론(field

---

22 A. Koyré, *From the closed world to the infinite universe*, New York, 1958, pp.60~63.

23 I. Newton, *The Principia: Mathematical Principles of Natural Philosophy*, A. Motte(trans.) and F. Cajori(rev.), Berkeley: University of California Press, 1999, p.810.

24 S. Clarke, G.W. Leibniz, *The Leibniz-Clarke Correspondence: Together Wiith Extracts from Newton's Principia and Opticks*, Manchester University Press, 1956, p.77.

25 강동수, 앞의 글, 23쪽.

26 I. Kant, 『순수이성비판 1』, 백종현 역, 아카넷, 2021(이하 *KrV I*), A433, B461.

27 권오혁, 「현대과학의 공간 개념과 인문사회 학문에의 함의」, 『대한지리학회지』 vol.53, no.3, 대한지리학회, 2018, 311쪽.

theory)은 중력장을 공간의 기하학과 연결시킨 아인슈타인의 생각에서 비롯되었고, 그 후에 양자론과 상대성이론이 결합되어 아원자적 소립자의 역장(力場)을 기술하게 됨에 이르러 한층 더 뚜렷해진다. 이 '양자장이론'에서는 입자들과 그 주위의 공간 사이의 원래의 뚜렷한 구별은 사라지고, 진공은 아주 중요한 역학적 양으로서 인정받게 된다.[28] 일반상대성이론에서는 이 두 개념이 더 이상 분리될 수가 없다. 질량체가 있는 곳에는 언제나 중력장이 있게 되는데, 이 장이 그 물체를 둘러싸고 있는 만곡된 공간을 채우며, 그것을 '휘게 한다'고 생각해서는 안 된다. 그 둘은 구별될 수가 없는 것이다. 즉 장이 곧 만곡된 공간인 것이다. 일반상대성이론에서 중력장과 그 공간의 구조기하학은 동일하다. 그것은 아인슈타인의 장방정식에서 하나의 동일한 수치로 표현된다. 그래서 아인슈타인의 이론에서는 물질은 그 중력장과 분리될 수 없으며, 그 중력장은 만곡된 공간과 분리될 수 없다. 그러므로 물질과 공간은 단일한 전체의 분리될 수 없는 상호 의존적인 면으로 이해된다.[29]

현대물리학의 '장이론'은 우리로 하여금 물질적인 입자와 빈 공간 사이의 고전적인 구별을 버리게 해준다. 특히 아인슈타인의 장이론에서는 고전적인 진공개념을 바꾸어놓는다. 그의 중력장이론과 양자장이론은 둘 다 소립자들이 그것들을 둘러싸고 있는 공간으로부터 분리될 수 없다는 것을 밝혀준다. 한편 그것들은 그 공간의 구조를 결정하는 반면에 독립된 실체로 여겨질 수가 없고, 전 공간에 미만해 있는 연속적인 장의 응결로서 이해되어야 한다. 양자장이론에서 이러한 장은 모든 소립자들과 그것들 서로의 상호작용의 바탕으로서 이해되고 있다. "장은 언제 어디서나 존재한다. 그것은 결코 제거될 수가 없다. 그것은 모든 물질적 현상의 수레다. 그것은 양성자가 그것으로부터 파이 중간자들을 생기게 하는 '허공'이다. 소립자들의 나타남과 사라짐은 단지

---

28   J. Gleick, 『카오스 : 새로운 과학의 출현』, 박래선 역, 동아시아, 2013, 232쪽 이하.
29   위의 책, 230쪽.

장의 운동 형태에 불과하다."[30]

　일반상대성이론은 공허한 공간이라는 개념을 부정한다. 왜냐하면 공허한 공간이라는 개념은 원자와 공간을 구분하는 데에 그 기원을 둔 것이기 때문이다. 그런데 공간 속에 분리되고 한정된 원자의 개념은 물질이 그 중력장과 분리될 수 없다. 또한 중력장은 휘어진 공간과 분리될 수 없음이 밝혀졌을 때, 무의 개념과 더불어 사라져야만 한다. 입자는 공허한 무, 즉 아무것도 없음 속에 고립되어 있는 독립적인 실체가 아니라, 전체 공간에 퍼져 있는 장의 확률론적 응집으로 이해되어 공간은 입자들 사이를 차지하고 있으면서 입자들이 움직일 수 있는 여지를 주는 곳이다. 그리고 한 입자가 다른 곳으로 자리를 옮기면 처음 있던 그 자리는 다른 입자가 그 자리를 채우지 않는 한, 다시 빈 공간으로 남는다. 사실 빈 공간은 입자론을 끝까지 밀고 나가면 어쩔 수 없이 직면할 수밖에 없는 것이다. 왜냐하면 빈 공간도 일종의 물질이나 존재라고 여기에 되면 입자 이외의 다른 존재도 있다는 것을 인정하는 것이고, 이는 곧 입자론을 포기하는 것이기 때문이다.[31]

　이상의 논의를 요약하자면, 빈 공간의 존재 여부에 대한 논의는 철학의 시작부터 현대에 이르기까지 쟁점이 되어왔다. 빈 공간의 존재 여부에 대한 논쟁은 과학적 설명과 해석학적 이해에 영역에 공히 속하는 중요한 논제이다. 왜냐하면 이는 공간의 시작과 공간의 본질 그리고 공간의 존재 방식 및 공간과 물질의 상관관계를 고찰할 수 있는 단서가 되기 때문이다. 공간해석학에 있어서 빈 공간의 존재 유무에 대한 문제는 중요한 쟁점들 중의 하나이다.

30　W. Thirring, "Urbausteine der Materie", *Almanach der Österreichischen Akademie der Wissenschaften,* Zürich 1968, p.159.
31　김효명 외, 『근대과학의 철학적 조명』, 철학과현실사, 2006, 283쪽.

2. 공간의 유한성 vs 공간의 무한성

공간에 대한 근본적인 질문과 쟁점 중 하나는 공간의 유한성과 무한성에 관한 것이다. 일찍이 데모크리토스 이전의 자연철학자들과 아리스토텔레스는 공간의 유한성을 주장한 반면에, 데모크리토스나 중세 철학자들은 공간의 무한성을 주장한다. 데모크리토스는 이성적·유물론적인 자연주의자로서 우주 전체는 끝없는 공간으로 이루어져 있으며, 그 속에서 무수한 원자들이 돌아다닌다는 입장이다. 공간은 한계가 없거니와 위도 아래도 없고 중심도 경계도 없다.[32]

고대의 자연학자는 무한을 실체의 속성으로 간주하고 물, 공기 혹은 그 둘 사이의 어떤 것과 같은, 이른바 원소 중의 하나로 여긴다. 예컨대, 아낙사고라스(Anaxagoras)는 무한히 다양한 균일한 물질의 부분들로 구성되어 있다고 하거니와 데모크리토스는 무한히 다양한 원자 모양의 '씨앗 덩어리들(spermata)'로 무한을 설명한다.[33] 무한의 존재에 대한 믿음은 주로 다섯 가지 고려 사항에서 비롯된다. 첫 번째는 무한한 시간의 본성이다. 두 번째는 크기의 분할로서 수학자들이 무한의 개념을 채용한다. 세 번째는 생성과 소멸이 결코 멈추지 않는다면 그것은 무한한 것으로부터 비롯될 수밖에 없다는 사실이다. 네 번째는 어떤 유한한 것은 반드시 다른 것에 의해 제한되므로 무한히 존재해야만 한다는 것이다. 다섯째는 숫자뿐만 아니라 수학적 크기와 하늘 바깥에 있는 것은 우리 생각에서 결코 멈추지 않기 때문에 무한하다고 여겨지며 그러므로 무한은 존재한다는 것이다.[34]

무한이 있다고 생각하는 철학자들은 무한을 실체로서, 그리고 실체의 속성

---

32 A. Einstein, "Raum, Äther und Feld in der Physik", *Raumtheorie*, J. Dünne, S. Günzel, (hrsg.), Frankfurt a. M., 2006, p.24

33 Aristoteles, *Physik, Vorlesungen über die Natur*. H. G. Zerkl(hrsg.), Hamburg, 1986, 203a 17-203a 22.

34 위의 책, 203b 16-203b 26.

으로 파악한다. 피타고라스 학파와 플라톤의 경우, 무한을 그 자체로 원리인 것, 즉 다른 어떤 것의 속성에 아닌 그 자체로 실체인 것으로 간주한다. 피타고라스 학파만이 무한도 감각의 대상에 포함된다고 믿으며, 그들은 심지어 숫자들 또한 감각의 대상에 포함된다고 여긴다. 하늘 바깥에 있는 것은 무한하다는 것이다. 반면에 플라톤에 의하면, 하늘 바깥에는 아무것도 없으나 무한은 지각할 수 있는 물체의 의미로서뿐만 아니라 형상으로서도 존재한다.[35]

아리스토텔레스는 무한에 관한 문제는 난해하다고 주장한다. 즉 우리가 무한을 존재한다고 가정하든 존재하지 않는다고 가정하든 간에 많은 모순점이 나타난다. 만약 무한이 존재한다고 가정한다면, 어떻게 그것이 존재하는지 물어야 한다. 실체로서 존재하는가? 다른 어떤 것의 본질적인 속성으로서 존재하는가? 아니면 어느 쪽도 아니지만 그럼에도 무한한 무엇인가가 있거나 무한히 많은 것들이 있는가? 그러나 특히 자연학자가 풀어야 할 문제는, 무한한 것이 우리가 감각할 수 있는 어떤 크기를 가지는지 밝히는 것이다.[36] 아리스토텔레스의 공허(void)가 존재한다는 이론은 공간의 존재와 관련이 있다. 왜냐하면 공허를 아무것도 없는 공간으로 정의할 수 있기 때문이다. 그의 주장에 의하면, 자연학을 연구하는 사람은 '무한한 것'에 대해 논의하고, 그러한 것이 있는지 없는지, 만약 있다면 그것이 무엇인지 질문해야 한다.

"중세의 공간관에 의하면, 공간은 사변적이고 상상적인 신적인 공간으로서 무한하고 불가분적이며, 신은 무한한 공간에 내재한다. 무한한 공간은 하나의 가정된 공간으로서 르네상스 시대와 17세기에 나타난 현실적인 무한한 공간은 아니다."[37] 이때는 아리스토텔레스의 장소 개념으로부터 벗어나는 과정으로 두 가지 방향으로 진행된다. 하나는 아리스토텔레스의 장소 이론에 나타나는 모순을 지적하고 보완하는 것이고, 또다른 하나는 무한한 것을 창조할 수

---

35 위의 책, 203a 4-203a 9.
36 위의 책, 203b 31-204a 2.
37 이상봉, 「서양 중세의 공간 개념 : 장소에서 공간으로」, 『철학논총』 62, 새한철학회, 2010, 304쪽.

있는 신의 능력을 부정하는 장소 이론으로부터 신의 전능성을 구제하려는 것이다.[38] "텅 빈 허공(void)은 물체 없이 존재할 수 있지만, 결코 신이 없이는 존재할 수 없다는 것 역시 분명하다."[39]

아퀴나스(T. Aquinas)는 공간에 대해 질문한다. 만약 세계가 움직인다면, 그 세계는 어디로에 움직이는가? 중세에 공간에 대한 물음인 "과연 신은 특정한 장소적인 세계에 제한되어 있지 않으며, 무한한 크기의 공간을 창조할 능력을 가진 것인가?"[40] 공간은 아리스토텔레스의 토포스처럼 자기를 담고 있는 것이 아니다. 그것은 그 자신을 넘어서 공간적 무한성을 향해 나아간다.

"르네상스의 쿠자누스(N. Cusanus)와 브루노(G. Bruno)는 지구 중심의 우주관에서 벗어나 무한 공간에는 절대적인 중심과 주변이 없다는 주장을 제시한다. 특히 브루노는 우주(universe)를 무한한 세계들(cosmos)로 이루어진 무한 공간으로 파악하며, 에테르(ether)로 채워진 바다로 표현한다."[41] 무한한 창조의 개념을 주장하면서 브루노는 공간 자체가 무한하다는 점을 특히 강조한다. 이와 같이 그의 우주론에서 무한 공간은 무한한 신의 직접적인 반영이다. 데카르트 자신은 비어 있는 공간 자체를 거부했지만 그의 우주는 브루노의 우주처럼 무한한 것이다. 그는 우주가 엄격한 수학법칙에 따라 무한 공간에서 움직이는 물질로 이루어져 있다는 기계론적 세계관을 낳는다.

이것과 동양철학자 송항룡의 공간 표현은 맞닿아 있다. "하늘은 무한하고 땅은 유한하다. 무한한지라 형상이 없고, 유한한지라 땅 위에 있는 모든 존재자는 형상을 가지고 물상으로서 존재한다. 형상을 가진 것은 유한 공간이요, 형상이 없는 것은 무한 공간이다. 무한 공간은 우리에게 의미가 없다. 그러한 공간은 실제로 있는 것이 아니다. 하늘이 있다고 하나 오직 있는 것은 일월성

---

38   위의 글, 290쪽.
39   E. Grant(ed.), *A Source Book in Medieval Science*, Harvard University Press, 1974, pp.556~557.
40   이상봉, 「서양 중세의 공간 개념 : 장소에서 공간으로」, 295쪽.
41   강동수, 앞의 글, 3쪽.

신이 있을 뿐이요, 일월성신이 없고 보면 하늘은 우리에게 아무런 의미를 가지지 못하는 것이다."[42]

뉴턴의 유명한 표현대로 공간은 신의 '감각기관(organum sensuale)'이다. 즉 공간은 신이 만물을 내다보는 그의 눈과 만물을 망라하는 그의 권능을 발휘하는 매체다. 그는 우주에서의 신의 존재는 공간의 존재에 의해 보장된다고 믿는다. 그리고 신은 모든 곳에 있으므로, 공간도 모든 곳에 있고, 따라서 무한하다고 생각한다.[43] 뉴턴의 입장을 철학적으로 정초하고자 한 칸트는 그 이전의 1,200년 동안, 신이나 자연 세계에 자리잡고 있던 바로 그 공간적 무한성을 내면화한다. 그리고 현대물리학자들은 대부분 실제적으로 공간의 유한성을 지지한다. 그러한 입장은 "무한은 수학적 완결성을 위해 필요한 개념이지만 물리세계 어디에도 존재하지 않는다"는 수학자 힐베르트(D. Hilbert)의 입장에 동의하는 셈이다.

이런 맥락에서 공간의 유한성과 무한성 논의는 수학, 물리학, 신학, 철학 분야에서 중요한 논제이다. 이것은 형이상학적이고 종교적인 측면에서 인간 정신의 넓이와 깊이를 결정하는 데 중요한 영향을 미칠 수 있다. 이 주제는 관점에 따라서, 그리고 당대의 과학적 공간관의 입장과 세계관에 따라서 첨예하게 대립될 수 있을 것이다. 공간해석학에 있어서도 현대과학의 입장을 참조하여 공간의 유한성과 무한성의 논쟁을 진지하게 재해석해야 할 필요가 있다.

3. 공간의 실재성 vs 공간의 관념성

공간에 대한 실재론적 입장과 관념론적 입장의 갈등은 다음과 같은 질문에

---

42 송항룡, 「철학노트 : 공간에 대하여」, 『철학과 현실』, 철학문화연구소, 2002, 16쪽.

43 M. Wertheim, 『공간의 역사 : 단테에서 사이버스페이스까지 그 심원한 공간의 문화사』, 박인찬 역, 생각의나무, 2002, 197쪽.

서 드러난다. 공간은 객관적으로 존재하는가, 혹은 인식 주관의 선험적 표상인가? 공간은 인식 주관을 넘어 존재하는 것인가? 아니면 공간은 인식 주관의 인식의 형식일 뿐인가? 공간은 실재적 존재인가? 혹은 공간은 지적 행위의 결과물인가? 공간의 실재성과 관념성을 구분한 철학자는 칸트, 헤겔, 베르그손, 후설, 하이데거이다. 크게 보면, 뉴턴과 데카르트는 자연공간을 주목한 반면에, 칸트와 라이프니츠는 인식 공간을 중시한다. 모든 공간론은 '운동'을 아르케(arche)로 삼느냐, 아니면 '의식'을 근원으로 하느냐에 따라, 자연과학적 공간론 혹은 철학적 공간론으로 나뉘어진다. 시간과 공간이 인간의 주관적 사유의 산물로서 하나의 관념적 실체인가, 아니면 물질 세계에 속하는 객관적 실재인가에 관한 논의는 철학사에서 오래된 쟁점 중의 하나이다.

아리스토텔레스에 의하면, 어떤 대상을 우리가 안다고 할 때, 그 모든 앎은 네 가지 물음에 대한 답과 동일하다. "① 그 대상은 있는가? ② 그 대상은 무엇인가? ③ 특정한 성질이 그 대상에 있는가? ④ 그리고 있다면, 그 원인이란 무엇인가?"[44] 공간은 물체와 마찬가지로 객관적으로 존재하는 것이다. 여기서 객관적으로 존재한다는 것은 공간이 물체, 즉 연장적 실체로서 나의 주관을 넘어 존재한다는 것이다.

근대에 이르러 공간은 본격적으로 수학적·기하학적 측정 가능한 연장체로 파악된다. 이는 근대과학을 이끈 가상디와 뉴턴뿐만 아니라, 근대 철학자 데카르트와 칸트에게서도 마찬가지이다. "근대의 공간은 네 유형들로 구분될 수 있다. 첫째, 공간이 사물에 앞서 존재한다고 주장하는 뉴턴의 절대공간론, 둘째는 공간을 모나드들의 공존 관계로 파악하는 라이프니츠의 상대적 공간론, 셋째는 공간과 물질을 동일한 존재로 파악하는 데카르트의 연장 공간론, 넷째

---

44 Aristoteles, *Lehre vom Beweis oder Zweite Analytik*(Organon IV). Übersetzt und mit Anmerkungen versehen von E. Rolfes. Mit neuer Einleitung und Bibliographie von O. Höffe. *Lehre vom Beweis oder Zweite Analytik*(Organon IV). Hamburg, 1975, 89b, pp.21~24.

는 공간을 주관의 인식 형식으로 파악하는 칸트의 선험 공간론이다."[45]

　데카르트의 공간 개념은 아리스토텔레스 이후 지속된 서구의 전통적 공간 개념의 연장선상에 있는 것으로서 실제로 뉴턴의 절대공간과는 전혀 다른 관점이다. "뉴턴이 사물과 사건의 존재 근거로서 절대공간의 객관적 존재를 가정했다면, 칸트는 사물과 사건의 경험적 지각의 인식적 조건으로서의 공간의 선험적 형식성을 주장한 것이다."[46] 칸트는 시간을 한편으로는 뉴턴적 전체론의 전통을 이어 객관적인 것으로 보면서, 또 한편으로는 아포리오리(aporiori)한 직관 형식으로 본다. 전자를 공간의 실재성이라고 한다면, 후자는 공간의 관념성이다. 그는 시간과 공간을 감성적 직관의 선험적 형식으로 파악한다.[47] 따라서 칸트는 뉴턴적 시공 개념을 수학적 자연 연구자의 이론이라 하여 그 보편성을 받아들이되, 인간의 지각으로부터 독립된 별개의 실체라는 주장은 공허한 객관성이라고 하여 배제한다. 칸트에게 공간과 시간은 선험적 인식의 원리들로서 감성적 직관의 순수한 두 형식이다.[48] 즉 칸트에게 공간 · 시간은 감각 경험으로부터 자유로운 순수하고 선험적인 직관이다. 공간 · 시간 표상의 근원, 원천, 출생처는 주관 자신, 즉 표상 자체의 능력에 있다. 시간과 공간은 결코 후험적으로가 아니라, 선험적으로 존재한다. "다시 말해, 대상에 대한 모든 지각에 앞서 우리 안에서 만나지는 것이다."[49] 따라서 칸트는 공간을 객관적인 것이 아닌 인식 주관의 선험성으로 파악한다. "공간은 객관적이며, 실재하는 어떤 것이 아니며, 실체도, 우연적 속성도, 관계도 아니며, 하나의 확정된 법칙에 따라 외적으로 지각된 모든 것들을 전반적으로 정돈하는 정신의 본성으로부터 생겨난 도식과 같은 것으로 주관적이며 관념적이다."[50]

45　강동수, 앞의 글, 3쪽.

46　서도식, 「공간의 현상학」, 『철학논총』 제54권 4호, 새한철학회, 2008, 339쪽.

47　이진경, 『근대적 시공간의 탄생』, 푸른숲, 2002, 184쪽.

48　I. Kant, *KrV 1*, A22.

49　위의 책, B41.

50　위의 책, 40쪽(해제).

칸트에게 공간 · 시간은 경험적 실재성과 함께 초월적 관념성을 갖는다. 공간과 시간 그 자체로는 주관적이고 관념적인 것이지만, 현상하는 객관들과 관련해서는 실재적이다. 공간과 시간은 우리가 우리 감관의 대상으로 받아들이는 사물, 즉 "현상들과 관련해서만 객관적(대상적)으로 타당하다."[51] 칸트에게 공간은 감각내용물들을 인식적으로 구성하는 도구인 직관 형식이며, 또한 경험에 앞서 있다는 점에서 선험적이다. 따라서 칸트에게 공간은 주관적이지 않고 보편적이다. 칸트의 형이상학적 논증은 공간과 시간이 지각의 대상이 아니라, 오히려 감각이 대상을 지각하는 형식 내지 조건임을 입증하고자 한다. 하지만 칸트에게 공간은 개별 물체들과 독립하여 존재하며, 이런 점에서 선험적이다. 칸트는 '초월적 감성학', 즉 '감성의 선험적 원리들의 학'에서 공간의 문제를 다룬다. "우리가 대상들에 의해 촉발되는 방식으로 표상들을 얻는 능력(곧 수용성)을 일컬어 감성이라 한다. 그러므로 감성을 매개로 대상들은 우리에게 주어지는 것이고, 감성만이 우리에게 직관들을 제공한다. 그러나 그것들은 지성에 의해 사고되며, 지성으로부터 개념들이 생겨난다."[52]

칸트의 초월적 공간 관념론에서의 공간성은 단지 정신적 구성물, 즉 사고의 방식으로 환원된다. 공간은 인간의 오성에 대한 기본적이면서 선험적인 범주의 하나로서 질료와는 다르며 질료로부터 독립적인 것으로 간주된다. 칸트가 공간의 선험성 규명의 논거는 다음과 같다. "① 공간을 외적 경험에서 추상한 개념이라는 점, ② 공간은 외적 지각의 필연적 선행적 조건이라는 점, ③ 이 때문에 공간은 선험적 학문인 기하학의 필연성의 근거가 된다는 점, ④ 공간은 하나의 전체적인 공간으로 직관된다는 점이다."[53]

그러나 하이젠베르크에 의하면, 칸트의 입장은 현대물리학에 맞지 않는다는 것이다. 이제 칸트의 교리를 현대물리학과 비교해보자면, 첫눈에도 그의

---

51 I. Kant, *KrV 1*, A34, B51.

52 위의 책, A19, B33.

53 위의 책, A23 이하, B37 이하.

'선험적 종합 명제'라는 중심 개념이 우리 세기에 이루어진 여러 발견들로 인해 완전히 파괴되었다는 사실을 알 수 있다. 상대성이론은 공간과 시간에 대한 관점을 바꾸어서 시공간의 완전히 새로운 성질을 드러내 보인다. 그러나 순수한 직관으로 이루어진 선험적 형식에서는 이런 성질을 찾아볼 수 없다. 양자론의 세계에서는 인과율이 적용되지 않으며, 기본 입자에는 물질 보존의 법칙이 진실이 아니다.[54]

이런 맥락에서 객관적·실재론적 자연공간론과 관념적·선험적 인식 공간론은 과학적 공간론과 철학적 공간론으로 대별된다. 말하자면 공간의 실재성과 관념성은 분리된다. 그러나 이 둘은 구분되지만 분리될 수는 없다. 왜냐하면 실재는 인식의 존재론적 근거이고, 인식 내지 의식은 실재의 인식론적 근거이기 때문이다. 공간해석학은 공간의 실재성과 관념성의 논쟁을 참조하여 양자를 변증법적으로 통합하여 파악하는 것이 필요하다. 타원의 초점이 둘이 있을 수 있듯이, 공간의 실재성과 관념성은 배타적인 것이 아니라, 그것들은 동전의 양면처럼 상보적인 특성을 지닌다.

4. 공간의 절대성 vs 공간의 상대성

일반적으로 철학에서 절대성이라 하면 '완전하고 자족적이며 자신 이외의 어떤 것에도 의존하지 않는 실재의 한 질서'를 의미한다.[55] '절대적'이란 의미는 다음과 같은 특징이 있다. ① 부동일 것, ② 외적인 것과도 무관계할 것(단순 정위), ③ 그 내부에서 어떤 일이 생기든 늘 자기 동일적인 것, ④ 절대적인 영역에 국소화한 것을 위치 짓기 위해 추가적이든 보충적이든 그 어떤 참조 체

---

54 W. Heisenberg, 『물리와 철학 : 근대과학의 혁명』, 조호근 역, 서커스, 2018, 107쪽.
55 E. Clement 외, 『철학사전 : 인물들과 개념들』, 이정우 역, 동녘, 1996, 258쪽.

계도 필요로 하지 않을 것, ⑤ 가지적(intelligible)일 것.[56]

데카르트는 근대의 절대적 공간 개념을 주장한 최초의 철학자이다. 그는 xyz 의 3차원 좌표로 표시되며 무한하게 펼쳐지는 '데카르트의 공간(Cartesian space)' 을 주장한다. 그것은 어떤 부분 공간도 전체의 공간과 동질하고, 일정 단위로 분할 가능하게 되는 추상적 절대공간이다. 그리고 데카르트에 대한 응답으로 뉴턴은 물질과의 밀접한 관계에서 공간을 해방한다. 공간은 이제 존재론적으로 독립적이며 물질 없이도 존재한다. 절대공간은 본질적으로 외부 대상에 대한 참조 없이도 동일하고 움직이지 않는다. 그 공간은 물질의 '비물질적 용기' 이며, 물질의 영향을 받지 않는다. 이러한 의미에서 공간은 절대적이다. 따라서 절대공간이란 그 스스로의 본성에 있어서 외부의 온갖 것과도 관계 없이 항상 동일하고 부동인 채로 있는 공간이며, 논리적·존재론적으로 말해서 필연적인 것이다. 예컨대 방해하는 힘이 전혀 없다면 물체는 정지 혹은 등직선 운동을 계속한다는 그의 '운동의 제1법칙'은 그런 전제 없이는 성립하지 않는 것이다.[57]

뉴턴의 절대공간은 경험적으로 측정될 수도 없고 관찰될 수도 없지만 부동적이고 불변적이며 무한한 절대적 실재이다. "절대공간은, 외부적인 어떤 사물과 관계 없이 그 본성에서 항상 동질적이고 부동적인 것으로 존속한다. 상대공간은 이 절대공간의 어떤 움직일 수 있는 척도 또는 차원이다. 그러한 척도 또는 차원은 물체와 관련된 공간의 위치로부터 우리의 감각에 의해서 결정되며, 그리고 지구와 관련해서 (…) 통상적으로는 부동적인 공간으로 생각되었다."[58] 뉴턴에 따르면, 절대공간의 속성은 다음과 같다. "외부에 있는 어떤 것과도 관계없이 그 자체의 본성에 의해 늘 비슷하고 움직이지 않는다."[59] 그리

---

56 E.S. Casey, 앞의 책, 287쪽.

57 中村雄次郞(나카무라 유지로), 『토포스(Topos) : 장소의 철학』, 박철은 역, 그린비, 2012, 46쪽.

58 I. Newton, *The Principia*, pp.408~409.

59 위의 책, p.6.

고 "절대공간의 어떤 움직이는 차원 또는 척도다. 상대공간은 우리의 감각기관이 물체들에 대한 그 공간의 위치에 따라 파악한다."[60]

또한 "뉴턴의 전제에 따르면, 절대공간은 본질적이며 물질과는 아무 연관도 없이 물체들을 가득 담아낼 수 있는 일종의 용기처럼 하나의 독립적 실재로서 존재한다. 그리고 그것은 무한성과 등방성, 그리고 균일성이라는 특성을 지닌다."[61] 뉴턴은 근대 과학적 관점에서 공간에 대한 인식을 명확히 정리하였다. 공간이 물질을 담는 무한대의 그릇(수용체)으로서 우주 전체를 빈틈없이 메우고 있다는 것이다. 물질은 공간상에 자리를 잡고 끊임없이 변화하고 운동하고 있다. 즉, 공간은 물질과 독립적으로, 혹은 물질에 우선하여 존재하는 실체이다. 물질이 없이 공간이 존재할 수 있지만 공간이 전제되지 않고 물질은 존재할 근거가 없다.[62] 절대공간의 성질이란 "공간은 물질, 시간과 함께 우주를 구성하는 물리적 실체로서 무한성, 공동(空洞)성, 고정성, 불변성, 영속성(비파괴성), 3차원성, 편평성, 등방성, 연속성, 동질성 등을 가진다. 뉴턴은 행성의 운동이 법칙적 타당성을 가지려면, 공간이 부동적이고 불변적인 절대공간으로 전제되어야 한다고 주장한다."[63]

뉴턴은 유클리드 공리와 공준에 의해 기술된 속성들을 가진 연속적이며 통일적인 공간으로서 절대공간에 동일한 불변의 법칙을 부여한다. 그는 공간을 비가시적인 연장체로 규정한다. 공간은 보이지 않는 연장체로 어떠한 물질도 없는 텅비어 있는 곳이란 의미를 가지고 있다. 이 규정은 공간 개념의 변화를 의미한다. 뉴턴의 공간 개념은 부동적이고 불변적이며 무한한 절대적 실재이다. "절대공간이란 자신의 본성에 따라서 있으며, 외부의 어떠한 것과도 관계가 없고, 늘 똑같으며 움직이지 않는다."[64] 뉴턴은 시간과 공간은 상호관련이

60　위의 책, p.6.

61　이현재 외, 앞의 책, 108쪽.

62　권오혁, 앞의 글, 308쪽.

63　위의 책, 308쪽.

64　I. Newton, 『프린키피아 1 : 자연과학의 수학적 원리』, 이무현 역, 교우사, 2012, 8쪽.

없으며, 외부의 어떤 것(모든 물질과 그들의 운동)과도 무관하게 존재하는 독립적인 실재이자, 물질이나 모든 사건들에 선행해서 존재하는 일차적이고 선험적인 것임을 주장한다. 또한 절대공간과 절대시간은 자연법칙의 지배를 받는 창조된 물리적 실체가 아니며, 신에게 속하는 속성으로서 공간의 무한성과 시간의 영원성이 이를 입증해 준다고 보고 있다.[65]

뉴턴의 절대공간이라는 이념에 대해 칸트는 공간의 선험성으로 이를 수용한다. 즉 공간과 시간은 유일하고 무한하며 경험에 선행한다. 그는 시간과 공간을 우리의 의식으로부터 독립된 것이 아니라, '우리 안에' 있는 감성의 형식이라고 본다. 칸트는 뉴턴의 절대공간 개념을 지지하면서 물질의 존재와 관계없는 절대공간의 존재와 실재의 확실성의 증명을 발견한다. "이 논문에서 나의 목표는 공간이 모든 물질의 존재와 무관하게, 그리고 물질의 복합상태 가능성의 제일근거로서 그 자체의 실재를 지닌다는 명백한 증명이 기하학에 담겨 있는 것처럼 연장의 판단들에서 발견될 수 없는가를 연구하는 것이다."[66]

절대공간 개념에 대한 비판은 라이프니츠와 아인슈타인을 이어 버클리(G. Berkeley), 맥스웰(J.C. Maxwell), 랑게(L. Lange), 마흐(E. Mach)가 제시한 절대공간의 부정과 공간의 상대화가 이루어진다. 이는 뉴턴적인 역학적 자연관에 대한 결정적인 비판이었을 뿐만 아니라, 일반상대성이론으로의 새로운 일보 진척을 의미하는 것이다. 아인슈타인의 관점에서 보면, 중력이란 공간의 일그러짐이고 중력이 작용하는 한 우리가 사는 경험 공간은 유클리드적인 한결같은 공간은 아니게 된다. 뉴턴과 라이프니츠 사이에 공간에 대한 고전적인 논쟁이 벌어진다. "공간을 물체로부터 독립하여 존재하는 절대적인 중심을 갖는 것이냐, 아니면 물체들의 상대적인 관계로 보느냐의 문제를 두고 뉴턴과 라이프니츠 간에 커다란 간격이 생긴다."[67]

---

65   I. Newton, *The Principia*, pp.6~7.
66   I. Kant, "Von dem ersten Grunde des Unterschiedes der Gegenden im Raum"(1769), *Gesammelte Schriften*(Akademie Ausgabe), vol.2, Berlin, 1998, p.375.
67   김효진, 「공간에 대한 인문학적 사유와 유아교육에의 함의」, 『유아교육논집』 제24권 5

라이프니츠는 뉴턴의 절대공간론을 정면으로 반박한다. 공간은 사물과 관계없이 절대적으로 존재하지 않는다는 것이다. "뉴턴은 세계를 공간 안에 있는 유한한 세계로 파악하고, 반면에 라이프니츠는 공간과 세계를 분리시키지 않음으로써 양자를 동일한 사태의 두 측면으로 이해한다."[68] 뉴턴이 말하는 바 아무것도 존재하지 않는, 말하자면 존재의 장소로서의 절대적 공간이란 라이프니츠가 볼 때에 실재성이 없는 관념적 구성물에 불과한 것이다. 위치의 우위성은 공간을 단순히 상대적인 어떤 것으로 보고 장소를 공간적 관계들의 특정한 집단 내에서 위치의 자기 동일성으로 보는 이론에 새겨진다. 이러한 우위성 쪽으로 길을 처음 개척한 것이 로크라면, 라이프니츠는 여기에 체계적인 권위를 부여받고 지속적으로 그 길을 승인해준다.[69] 라이프니츠는 사물이 공간에 위치하지 않는다면, 그 공간이 다른 공간과 어떻게 다른지를 말할 수 없다고 주장한다. 그는 공간을 '단순히 관계적인 것', '상존 질서', '동시에 존재하는 사물의 질서'라고 주장한다.[70] 이로써 공간은 사물과 관계없이 절대적으로 존재하는 것이 아니라, 사물들의 관계로서 존재하게 된다.

뉴턴을 대변하는 제자인 클라크(S. Clarke)와의 서신에서 라이프니츠는 뉴턴의 절대공간에 반대하는 주장을 펼친다. 뉴턴의 이론에서 공간은 물질과 독립적으로 존재하지만, 라이프니츠의 관계 이론은 공간이 나란히 존재하고 서로에 대해 상대적으로 이동할 수 있는 사물의 위치 관계로 거슬러 올라가 라이프니츠는 공간과 물질이 동일한 것이라고 하지 않는다. "물질이 없는 곳에는 공간도 없다"[71]고 한다. 라이프니츠에 의하면, 공간은 동시에 존재하는 사물의 질서이며, 마치 시간이 서로 뒤따르는 사물의 질서인 것처럼 물리적 공간

호, 한국영유아교원교육학회, 2020, 259쪽 참조.
68 이현재 외, 앞의 책, 80쪽.
69 M. Jammer, 『공간 개념 : 물리학에 나타난 공간론의 역사』, 이경직 역, 나남, 2008, 368쪽.
70 위의 책, 74쪽.
71 위의 책, 108쪽.

은 물리적 공간에서 결정된 물리적 물체의 위치 관계에 의해 주어지는 관계적
일 뿐이다. 라이프니츠는 추상적 공간을 모든 가능한 위치의 순서라고 한다.
상대주의적 공간은 공간이 전적으로 사물들 간의 관계 내에 있다고 보는 견해
이다. 그에 의하면, 사물들은 장소 · 자취 · 공간을 상상한다. 그러나 그것들
은 관계의 진리 안에만 있을 뿐, 어떤 절대적 실재성 안에 있는 것은 전혀 아니
다.

　　라이프니츠와 클라크 사이의 시간과 공간을 둘러싼 논쟁은 공간의 절대성
과 상대성에 대한 논쟁이다. 뉴턴은 절대공간을 신의 속성, 선험적인 것, 독립
적 실재로 간주하였다. 그의 대리인으로서 클라크는 뉴턴의 입장에 서서 시간
과 공간을 실체(절대공간)로 보는 데 반해, 라이프니츠는 시간과 공간을 '사물의
질서'로 본다. 시공을 인간 경험으로부터 추상된 사물의 질서라는 관계 개념으
로 보는 라이프니츠의 견해는 학문의 확실성을 위협한다고 여겨서 이를 거부
한다. 클라크는 절대공간론을 주장하면서 진공을 인정하면서 공간은 물질에
대하여 독립적이라고 주장한다. 그는 라이프니츠 견해에 대해서 "시간과 공간
은 양이고, 상황과 질서는 양이 아니다"라고 반박한다.[72] 라이프니츠가 명시적
으로 말하듯이, 공간은 "관념적일 수밖에 없는데, 그러한 공간에 포함되어 있
는 일정한 질서 내에서 우리의 마음은 관계들의 적용을 상상한다."[73] 그리고
"물체와 공간은 서로 구별되는 별개의 것이다."[74]

　　라이프니츠는 공간을 실체적으로 존재하는 객관적인 연장체가 아니라, 모
나드(Monade)들의 더미, 즉 공존 질서로 규정한다. 공간은 모나드의 관계에 의
해서 형성되기 때문에 모나드가 없는 공간, 즉 빈 공간이란 허구에 불과하다.
"라이프니츠는 물질만이 우주상에 존재하며 공간과 시간은 물질들 간의 관계

72　S. Clarke & G.W. Leibniz, 『라이프니츠와 클라크의 편지』, 배선복 역, 철학과현실사,
　　2005, 120쪽.

73　S. Clarke & G.W. Leibniz, *Philosophical papers and letters*, L.E. Loemker(ed.), Berlin,
　　1989, 2: 1147.

74　위의 책, 2: 1143.

에 불과하다는 입장을 지닌다. 그는 공간을 부정하였을 뿐 아니라, 시간의 존재도 동일한 관점에서 부정한다. 시간은 물질들이 일으키는 사건의 순서라는 것이다. 그러나 라이프니츠는 만년에 뉴턴의 절대공간론을 수용한 것으로 알려져 있다. 뉴턴이 제시한 물통실험 등에 승복한 것이다."[75] 절대공간에 대한 라이프니츠의 논증은 공간을 물체(모나드) 간의 내재적 관계로 본다. 즉 모든 공간적 관계는 위치와 거리 등에 따라 변한다. "라이프니츠의 관계적 공간 개념은 결국 상대주의라는 결론에 이르게 된다."[76] 그러나 라이프니츠는 공간을 관계의 체계로만 여기면서 형이상학적 존재를 공간에 부여하지 않는다. 그는 계보라는 사례를 통해 위치관계만으로 공간 개념이 충분히 성립한다고 설명한다. 왜냐하면 계보는 개인들의 위치를 나타내며 그 자체로는 존재하지는 않기 때문이다. "뉴턴은 세계를 공간 안에 있는 유한한 세계로 파악하고 라이프니츠는 공간과 세계를 분리하지 않음으로써 양자를 동일한 사태의 두 측면으로 이해한다."[77]

그러면 라이프니츠는 공간과 모나드의 관계를 어떻게 파악하는가? "라이프니츠는 더 이상 분할될 수 없는 물질이란 있을 수 없다는 형이상학적 관점에 따라서 일정한 형체와 질량, 부피를 가지지 않는 단순 실체 또는 미립자, 즉 모나드를 물질의 최저 단위로 파악한다. 라이프니츠의 경우에 모나드는 연장도 아니며 형태도 갖지 않으며 상호 교통할 수 없다. 따라서 그는 세계 변화의 원인을 모나드의 질적 차이와 내적인 원리에서 찾는다. 모나드들의 관계는 신의 중재를 통해서 이루어진다. 세계 변화를 위해서 모나드 외부에 공간이 존재할 필요가 없으며, 모나드 외부에 존재하는 공간은 허구일 뿐이다. 라이프니츠는 물질들의 공존 질서를 공간으로 생각하며, 공간이란 모나드에 인식된 관념적 질서로 파악한다."[78] 그는 모나드들의 공존 질서를 상황 또는 간격이라

---

75 권오혁, 앞의 글, 310쪽.
76 안호영, 앞의 글, 12쪽.
77 이현재 외, 앞의 책, 80쪽.
78 위의 책, 80쪽 이하.

고 한다. "고정된 존재들에 대해서 그러한 관계(상황의 관계)를 가지는 저 공존물들이 그들에 대하여 가졌던 것처럼, 이제 다른 공존물이 가졌던 동일한 장소를 갖는다. 그리고 이 모든 장소를 포괄하는 것이 공간이라고 불리고 있다. 그리고 그것은 다음을 보여준다. 장소의 관념을 가지기 위해서 결과적으로 공간의 관념을 가지기 위해서, 우리가 고려하는 상황들의 사물 이외에 어떤 절대적인 실재를 환상할 필요가 없이 이 관계들을 그리고 그 변화들의 규칙을 고려하는 것으로 충분하다."[79]

라이프니츠의 관계론적 공간론은 아인슈타인의 상대론적 시공간론으로 체계화된다. 아인슈타인은 라이프니츠의 공간 개념, 즉 상존 질서를 "물체들 간의 위치 관계의 총체"[80]로 계승한다. 그리고 물체 개념 없이 물체들 간의 공간 개념이 성립될 수 없으며, 어떤 것에도 영향을 받지 않는 절대적 공간은 없다고 주장한다. 공간이 물체들 간의 관계로 상대적일 수밖에 없다는 주장은 특수상대성이론과 일반상대성이론을 통해 체계화된다. 아인슈타인은 우선 특수상대성이론을 통하여 시간과 공간이 뉴턴에게서처럼 완전히 분리 독립적인 개념이 아니라, 오히려 긴밀히 연결되어 상호 의존하는 관계이며, 또한 시간과 공간은 물질의 운동에 의존적이고 상대적임을 밝힌다. 나아가 아인슈타인은 일반상대성이론을 통하여 질량인 큰 물체는 큰 중력(가속도)을 가지고, 큰 중력을 가진 물체의 주위에서는 시공간이 휘게 된다고 주장한다.[81] 아인슈타인도 공간을 기하학적 관점과 운동학적 관점에서 두 가지로 정리하면서 그것은 모두 인간 상상력의 자유로운 창조물이며, 우리의 감각 경험을 보다 쉽게 이해라려고 고안해낸 도구들이라고 말한다. 첫째, 공간은 물질적 대상들의 세계가 지니는 위치적 성질이다. 둘째, 공간은 모든 물질적 대상들을 담고 있는

---

79 위의 책, 217쪽.

80 A. Einstein, *Relativity: The special and General Theory*. H. Holt and Company(trans.), New York, 1920(이하 *RT*), p.95.

81 이현재 외, 앞의 책, 18쪽 이하.

상자이다.[82]

아인슈타인의 상대성이론은 시간과 공간의 절대성을 타파하고 물질·시간·공간의 관련성을 밝힌다. 결국 일반상대성이론은 중력장의 효과가 비유클리드적인 시공간 구조를 결정한다는 것을 보여주고, 시간과 공간 그리고 물질 사이에 유기적인 관계가 존재함을 입증한다. 그러나 이 관계가 특수상대성이론에서는 단지 외부적 요인들(물체 간의 상대적인 운동)에 의해 결정되었던 반면에, 일반상대성이론에서는 내적인 관계, 즉 우주의 물질 분포와 우주의 시공간 구조 사이의 직접적 관계에 의해 결정된다. 이는 일반상대성이론이 특수상대성이론보다 시공간에 관한 유물론적 인식에 한층 접근해 있음을 보여준다.[83] 뉴턴의 실제 시간과 절대공간은 비록 인간의 의식에 독립하여 객관적으로 존재하지만, 선험적이며 형이상학적인 성격이 강한 존재자라고 볼 수 있다. 아인슈타인은 물리 영역 밖에서 이루어진 시간·공간에 관한 이와 같은 규정들을 비판하고, 시간·공간에 대한 인식을 상대성이론을 통해 물리 영역 내로 편입시킨다.

하이젠베르크는 절대공간과 상대공간을 다음과 같이 비교 설명한다. "절대공간이란 자신의 본성에 따라서 있으며, 외부의 어떠한 것과도 관계가 없고, 늘 똑같으며 움직이지 않는다. 상대공간이란 어떤 움직이는 좌표이거나, 또는 절대공간을 잰 것을 말한다. 물체에 대한 위치를 써서, 우리는 이 공간을 파악한다. 우리는 흔히 이것을 움직이지 않는 공간으로 여긴다. 이러한 예로는 땅속 공간, 공중 공간, 우주 공간들로서 모두 지구와의 상대적 위치에 따라서 결정된다. 절대공간과 상대공간은 생김새나 크기는 같다. 그러나 이들이 수치상으로 늘 같은 것은 아니다."[84]

하이데거에 의하면, 장소는 텅 빈 유클리드적 3차원 공간 안에 사물이 점유

---

82 A. Einstein, *RT*, p.20.
83 이현재 외, 앞의 책, 118쪽 이하.
84 위의 책, 8쪽.

하고 있는 위치를 지칭하는 것이 아니다. 오히려 그는 대상들이 위치를 점하는 자리로서의 공간 표상과 구별되는 근원적 공간성에 접근하기 위해 장소라는 말을 불러온다. 이러한 의미의 장소는 사물이 드러남으로써 그것을 통해 비로소 사방에 자리가 마련되는 존재론적 지대이다. 따라서 모든 사물에 앞서 아무것도 존재하지 않는 선(先)사물적 절대공간은 존재할 수 없다. 오히려 사방이 모여드는 장소로서 사물이 존재함으로써 그리하여 사방에 자리를 마련하는 존재론적 지대가 열림으로써 비로소 공간이 공간화된다.[85] 여기서 하이데거는 그리스의 공간 개념을 상기시킨다. 그리스인들에게는 어떤 것이 놓여 있는 것으로서의 공간이란 단어가 없다. 장소는 사물에 속하며 따라서 다른 사물들은 각기 자신의 고유한 장소를 가지고 있다.

이상의 논의를 정리해보자면, 절대적 시공간이 상호 무관하게 분리된 시간과 텅 빈 용기로서의 공간이라면, 상대적 시공간은 아인슈타인이 제시한 일반성대성이론의 시공간 개념이다. 그것과 달리 관계적 시공간 개념은 뉴턴과 경쟁하던 라이프니츠에 의해 제시되지만, 뉴턴 과학이 지배적 패러다임이 되면서 18~19세기에는 철저히 배제된다. 그러나 그것은 20세기 초반 화이트헤드에 의해 재조명되기 시작하고, 프랙털(fractal) 수학의 발견과 함께 들뢰즈에 의해 복원된다. 그것은 상식적으로는 이해하기 힘든 공간 개념, 즉 부분 속에 전체가 포함되는 역설적 공간을 지칭하는 개념이다. 따라서 공간해석학에서도 공간의 절대성과 상대성 논쟁에 대한 재해석과 확장적 논의는 필수적인 것으로 여겨진다.

---

85 강학순, 『존재와 공간 : 하이데거 존재의 토폴로지와 사상의 흐름』, 한길사, 2011, 147쪽.

5. 공간의 실체성 vs 공간의 관계성

과학적 유물론에서는 공간을 실체로서 파악한다. 아리스토텔레스에 따르면, 물질의 우유성(accident)으로서의 공간이 유한하며, 또한 물질 자체도 유한하다는 사실이 분명하다. 여기서 공간은 모든 장소의 총체를 뜻한다.[86] 자연세계에 대한 16세기의 지도적 이론가들이 서구의 사유를 그토록 오랫동안 지배해온 이분법적인 틀, 요컨대 '실체 vs 우유성'이라는 굴레에 공간을 적용하는 것을 거부했다. 캄파넬라(T. Campanella)는 "공간을 비물질적이며 움직이지 않고 모든 물체를 수용하는 제일 실체라고 부른다."[87] 공간은 자연의 존재자들을 분석하는 데 보편적인 항(term)으로서 고유한 지위를 갖는다는 것이다. "모든 사물이 공간 안에 존재에 이르듯이 그 사물들은 공간에 우유적이다. 따라서 우유성이라는 범주의 목록에 들어 있는 것뿐만이 아니라, 거기서 실체라 일컫는 것도 공간에는 우유적이다. 그런 까닭에 공간에 대해 철학적으로 고찰할 때는 범주와 다른 방식으로 해야 한다."[88]

스콜라 철학에서는 공간이 실체와 우연이라는 이분법에 의해 설명된다. 그러나 뉴턴에게 와서 공간이 실체와 우연이라는 스콜라적 도식에서 해방된다. 라이프니츠는 '모나드론'에서 근대적 실체적 공간론을 비판한다. 공간은 사물과 관계없이 절대적으로 존재하지 않는다는 것이다. 그는 사물이 공간에 위치하지 않는다면, 그 공간이 다른 공간과 어떻게 다른지를 말할 수 없다고 주장한다. 그는 공간을 '단순히 관계적인 것'이고 '상존 질서'이며 '동시에 존재하는 사물의 질서'라고 한다.[89] 이로써 공간은 사물과 관계 없이 절대적으로 존재하는 것이 아니라 사물들의 관계로서 존재하게 된다. 그에게 시공간이란 사물들

---

86   M. Jammer, 앞의 책, 64쪽.

87   위의 책, 179쪽에서 재인용(Campanella, *Physiologia*, Paris 1637. I, 2).

88   위의 책, 261쪽에서 재인용(B. Brickman, "On Physical space, Francesco Patrizi", *Journal of the History of Ideas 3*, 1943, pp.240~241).

89   위의 책, 74쪽.

의 틀이고, 사물들이 관계맺는 질서일 뿐이고, 시공간조차도 논리학적으로 파악된다.

그러나 칸트는 저러한 관계론적 공간론에 분명하게 반대하면서 지각의 형식에게 그것에 담긴 개별 물체들과 독립적인 존재를 부여한다. 원자물리학에 있어서 관찰의 과정을 주의깊게 분석해본다면, 아원자적 입자는 독립된 실체로서의 의미를 지니고 있는 것이 아니라, 실험의 준비와 측정 사이에 있는 상호 관계로서만 이해될 수 있다. "나와 세계, 관찰자와 관찰 대상 사이의 데카르트적 구분은 원자적 물질을 다룰 때에는 성립할 수가 없다. 원자 물리학에서는 우리 자신을 동시에 언급하지 않고서는 자연에 관해서 결코 말할 수 없는 것이다."[90]

화이트헤드는 『과정과 실재』, 『과학과 근대세계』, 『자연인식의 원리』, 『자연의 개념』, 『상대성 원리』에서 관계적 시공간 개념을 논한다. 그는 뉴턴의 절대적 시공간에 대한 비판뿐만 아니라, 물리학의 근본 개념인 물질과 시간 그리고 공간에 대해서도 완전히 혁신적인 이론을 제시한다. 칸트에 대해 비판적인 화이트헤드는 라이프니츠의 사례에서 직접적으로 영감을 받아서 전면적인 유기체 철학을 제기한다. "자연은 소리도 없고, 냄새도 없고, 빛깔도 없이 무미건조하다. 요컨대 물질의 어수선한 준동, 목적도 없고, 의미도 없는 준동에 불과할 뿐이다."[91] 화이트헤드는 근대물리학이 의존하고 있는 근본적인 전제를 비판하고 있다. 그는 과학적 유물론과 실체철학에 대해 비판한다. 그는 자연, 즉 세계는 실체-속성 혹은 주어-술어라는 이분법적 도식으로 이해할 수 없다고 말한다. 그는 자연은 '사건들'의 의미 관련으로 이루어진 연속적 연장체라고 주장한다. 뿐만 아니라 그는 이러한 새로운 자연관을 근거로 하여 시간과 공간에 대한 새로운 존재론 및 인식론적 관점을 제시하고 있다.[92]

---

90 J.Gleick, 앞의 책, 84쪽.
91 A.N. Whitehead, *Science and the modern World*, New York, 1925, 69쪽.
92 이현재 외, 앞의 책, 132쪽.

화이트헤드는 신체야말로 선행하는 정착된 세계와 가장 밀접한 관련이 있는 부분이라고 확신했다. "신체적 경험을 의식할 때, 우리는 그럼으로써 신체적 삶의 내부에 비춰지는 시공 세계 전체의 다양한 측면을 의식하고 있음에 틀림없다."[93] 화이트헤드에게 인간 신체는 공간에서 방역 구별의 제1근거를 구성한다. 그 밖에 나머지라기보다는 근거이고, 실체라기보다는 주체이며, 순간적이고 수동적인 등록자라기보다는 작동하는 파악적 활동성을 지닌 신체는 우리를 장소로 데려가 거기에 머물도록 한다. "신체적 경험을 의식하는 가운데 우리는 신체적 삶 안에 비추어진 시공적 세계 전체의 여러 상을 의식하고 있음에 분명하다. (…) 내 이론은 단순 정위가 사물이 시공 안에 포함되는 기본 방식이라는 사고에 대한 완전폐기를 수반한다. 어떤 의미에서 모든 것은 모든 시간에 모든 장소에 있다. 왜냐하면 모든 소재(location)는 다른 모든 소재 안에서 자신의 상을 포함하기 때문이다."[94]

이런 맥락에서 실체적 공간론은 고대와 현대까지 주도적인 것인 반면, 관계론적 공간론은 현대철학과 과학적 연구 성과에 의해 뒷받침되어온 입장이다. 그러나 이 쟁점은 새로운 모습으로 계속 등장할 수 있다. 그 이유는 존재의 실체성과 관계성은 둘 다 부정하기가 쉽지 않기 때문이다. 다시 말해 실체 없는 관계와 관계를 맺지 않는 실체를 상정하기가 어렵기 때문이다.

93　A.N. Whitehead, 『과학과 근대세계』, 오영환 역, 서광사, 2008, 93쪽.

94　A.N. Whitehead, *Process and Reality*, Free Press, 1985, p.91.

제8장

공간 해석의 확장된 주제들

공간은 단적으로 물리적 실재이다. 그러나 그것은 인문학적인 관점에서 텍스트, 상징, 은유, 이야기, 지평, 사건으로도 해석된다. 특히 리쾨르의 구조주의와의 대화는 '텍스트 해석학'에 집중하게 한다. 또한 일상언어학파와 분석철학의 영향은 담론, 상징, 은유, 이야기 해석학으로 방향을 잡도록 돕는다. 그리고 그것은 사회과학, 역사학, 정치학을 비판적인 해석학으로 자리잡게 한다.[1] 리쾨르는 전통적인 철학적 언어, 특히 논리적인 언어보다 은유와 비유, 상징과 이야기 언어에 관심을 가진다. 이 중에서도 상징이나 은유 같은 언어는 현실을 창조적으로 새롭게 서술한다고 본다. 현실의 재서술은 새로운 의미를 창조하고, 그것으로 인간을 새롭게 이해하고 해석할 수 있다. 따라서 리쾨르는 철저하게 해석학을 철학함으로 간주하면서 정신분석학을 받아들여 의미 해석의 갈등을 푸는 해석학으로 발전시킨다. 이 장에서는 먼저 리쾨르의 '텍스트 해석학'을 참조하면서 공간과 텍스트의 연관성을 살펴보고자 한다.

---

1 정기철, 『폴 리쾨르의 철학 : 철학적 인간학 · 철학적 해석학 · 철학적 윤리학』, 시와진실, 2016, 213쪽.

1. 텍스트로서의 공간 해석

텍스트(text, texte)란 일반적으로 문자로 된 문서 및 기록물들을 의미한다. 구조주의에서 텍스트는 기호들의 의미 조직체를 뜻한다. 구조주의 기호학은 기호들의 의미 조직체인 텍스트를 분석함으로써 텍스트를 이해하는 데 도움을 준다. 하지만 구조주의 기호학은 기호만이 의미를 결정한다는 범언어주의와 기호만능주의에 빠져 기호 이외의 주체나 세계를 소홀히 취급한다.[2] 구조주의에서는 텍스트를 폐쇄된 통일체로 보면서 주체 없는 텍스트를 중시한다. 그러나 해석학에서 텍스트는 삶의 표현과 주관의 표현, 그리고 저자의 의도를 함축한다. 일반적으로 텍스트에는 넓은 의미에서 인간이 창조한 비문자적인 발명품과 예술작품 등도 속한다. 예술품은 문자예술품, 소리예술품, 색채예술품, 조각예술품, 건축예술품, 행위예술품 등이 있다. 그것들은 구체적으로 문학, 서예, 음악, 미술, 조각, 건축, 무용 등으로 표현된다. 예컨대, 문화학의 지형학에서도 '텍스트로서의 공간'과 '텍스트로서의 공간 패러다임'을 다룬다.[3]

이런 맥락에서 공간도 어떤 의미를 함축하는 의미 조직체라면 그것은 설명되고, 이해되고, 해석되어야 할 대상으로서 넓은 의미에서 텍스트가 될 수 있다. 여기에는 공간을 표현한 공간 이론, 공간 담론, 공간 그림, 공간 조각, 공간 건축 등이 속한다. 텍스트로서 공간이란 우선 문자화된 공간에 대한 이론들과 담론들, 다음으로 특정한 의미를 지닌 공간 그리고 공간을 둘러싼 사회문화적 상황과 맥락을 지칭한다. 텍스트로서의 공간은 일차적으로 인간이 창조한 공간을 지칭한다. 말하자면 인간이 만든 문자, 소리, 색채, 기술, 행위를 통해 표현한 일체의 공간 작품들과 생산품을 총칭한다. 예컨대 도시의 오래된 거리와 광장 그리고 건축물은 그 지역의 역사와 전통을 품고 있기에 일종의 텍스트가

---

2   이동성, 「후기구조주의에서의 의미의 문제 : 들뢰즈의 사건을 중심으로」, 『동서언론』 제10집, 동서언론연구소, 2006, 264쪽

3   J. Döring, T, Thielmann 편, 『공간적 전회(*Spatial Turn*)』, 이기숙 역, 심산, 2015, 19~28쪽 참조.

될 수 있다.

딜타이는 삶을 문자로 표현한 것을 해석해야 한다고 보았으므로, 우선 문자로 표현한 것을 텍스트라고 한다. 딜타이의 해석학에서는 텍스트를 제한적인 의미로 사용한다. 글로 표현된 삶을 이해하는 것이 해석이다. 그리고 "이해의 과정은 전적으로 텍스트가 말하는 의미에 의해 작동된다."[4] 슐라이어마허의 문헌해석학도 이미 텍스트의 중요성을 강조한다. 구조주의는 텍스트의 독립성이나 절대성을 강조하면서 텍스트의 언어 체계를 중시한다. 그것은 기호 체계를 벗어난 의미나 지시 세계를 부정한다. 이런 점에서 구조주의는 '텍스트를 이해한다'는 말을 저자를 잘 이해하는 것으로나, 독자가 어떻게 의미를 부여하느냐로 생각하지 않게 만든다.

가다머에 따르면, 텍스트에는 해석 가능성의 다양성이 존재한다. "텍스트의 이해와 해석은 학문의 관심사일 뿐만 아니라, 확실히 세계에 대한 전면적인 인간 경험의 일부이기도 하다."[5] 따라서 가다머는 텍스트를 언어의 주체로서의 주권자로 규정한다. 또한 해석학적 독자의 관점에서 보면, 텍스트는 자기의 언어로 자기를 말하는 하나의 타자이다. 여기서 텍스트의 타자성이란 자기의 언어로 자기를 말하는 텍스트의 주체성을 일컫는다. 그것은 텍스트의 홀로서기로서 텍스트의 새로운 위상을 일컫는 말이다. "텍스트를 이해한다는 건, 다름이 아니라, 이 텍스트가 무엇인가를 말하도록 내버려둘 각오가 되어 있다는 것이다. 해석학의 가르침에 단련된 의식은 애초부터 텍스트의 타자성에 마음의 문이 열려 있어야 한다."[6] 그리고 "텍스트는 이해되어야 하는 '지속적으로 고정된 삶의 표현들'이며, 이는 해석학적 대화에서 하나의 상대자인 텍스트가

---

4   H.-G. Gadamer, 『진리와 방법 (2) : 철학적 해석학의 기본 특징들』, 임홍배 역, 문학동네, 2022, 316쪽.

5   H.-G, Gadamer, *Wahrheit und Methode, Grundzüge einer philosophischen Hermeneutik*, Tübingen, 1975(이하 *WM*), p.223.

6   위의 책, p.107.

다른 상대자인 해석자를 통해서만 표현된다는 사실을 의미한다."[7] 가다머에게 이해란 하나의 고정된 이론이 아니라, 항상 끊임없이 일어나는 무한의 운동이다. 현상에 대한 정확하거나 최종적인 이해는 존재할 수 없다. 텍스트의 의미도 새로운 전망에 입각한 미래의 해석에 항상 개방되어 있다. 따라서 이해는 우리 자신의 특수성과 아울러 타인의 특수성을 극복하고, 그리고 타자의 지평과 나의 지평이 융합함으로써 보편성을 획득하는 일이다. 의미란 결국 텍스트나 해석자 속에 있지 않고, 둘 사이에 나타나는 상호작용의 결과이다.

이제 리쾨르에 대한 텍스트 개념을 살펴보자. 우선 텍스트란 글에 의해 고정화된 담화이다.[8] 텍스트란 말은 문자로 고정된 것이지만, 문화·역사·행위로까지 확장된다. 리쾨르는 텍스트의 차원, 텍스트의 구조 차원, 텍스트의 의미 차원, 텍스트의 지시 차원에서 인식하였던 객관화와 이해의 변증법을 자기 이해의 중심에 갖다 놓는다. 무엇보다 그 '설명과 이해의 이러한 변증법'을 텍스트 해석에 적용한다.[9] 리쾨르는 텍스트라는 매개에 의해서 우리 자신을 이해한다고 본다. "이해한다는 것은 텍스트 속에 자신을 투영하는 것이 아니라, 자신을 텍스트와 접하게 하는 것, 텍스트 속에 빠뜨리는 것이다. 이해한다는 것은 해석이 전개하는 세계의 명제들을 자기의 것으로 만듦으로써 보다 넓은 자신을 받아들이는 것이다."[10] 해석학은 텍스트를 해석해서 의미를 찾는 작업이고, 텍스트가 개시하고 발견한 세계를 텍스트 앞에서 전개하는 것이다. "내가 내 것으로 만들어야 하는 것은 텍스트가 제안한 세계다. 이 세계는 숨은 의도처럼 텍스트 뒤에 있는 게 아니라, 작품이 전개하고 발견하고 드러내는 것으로 텍스트 앞에 있다."[11] 그는 해석학의 과제를 '텍스트의 세계' 개념과 연결시

---

7   위의 책, p.365.
8   P. Ricœur, 『해석학과 인문사회과학(*Hermeneutics and the Human Sciences: Essays on language, action and interpretation*)』, 윤철호 역, 서광사, 2017(이하 *HH*), 258쪽.
9   위의 책, 153쪽.
10 P. Ricœur, 『텍스트에서 행동으로(*Du texte à l'action. Essais d'herméneutique II*)』, 박명수·남기역 편역, 아카넷, 2002(이하 *TA*), 383쪽.
11 P. Ricœur, *HH*, 253~254쪽.

킨다. "텍스트의 이면에서 찾을 수 있는 숨겨진 의도는 존재하지 않으며, 텍스트 앞에 전개되어 있는 세계는 존재한다."[12]

리쾨르에 의하면, 저자와 독자는 텍스트를 매개로 순환한다. 이렇게 리쾨르의 현상학적 해석학은 구조주의적 세계관과 언어관을 뛰어넘는 텍스트 이론으로서 해석의 문제의 핵심 개념인 이해와 설명을 새롭게 풀어내고자 한다. 그는 텍스트의 객관성을 구성하는 것을 네 가지로 정리한다. 첫째, 의미의 고정화, 둘째, 저자의 정신적(심리적) 의도로부터의 분리, 셋째, 비실물적 지시(체)의 전개, 넷째, 보편적 범위의 수신자.[13] 또한 그는 '텍스트의 자율성'이 삼중적임을 밝힌다. 즉 저자의 의도에 대한 자율성과 문화적 상황과 텍스트 생산의 모든 사회적 조건에 대한 자율성 그리고 최초의 수신자에 대한 자율성이다. 텍스트가 의미하는 것은 저자가 말하려는 것과 일치하지 않는다. 이것이 첫 번째 유형의 자율성이며, 이러한 첫 번째 유형의 자율성은 이미 '텍스트의 사태(the matter of text)'란 저자에 의해서 한정된 의도적 지평을 벗어날 수 있는 가능성, 또 텍스트의 세계가 그 저자의 세계를 폭발시킬 수 있는 가능성을 포함한다.[14]

리쾨르는 구조주의를 해석학에 수용한 이후, '텍스트 해석학'에 집중한다. 텍스트 해석은 비언어적인 차원까지 가능하다. "해석은 인간이 살아가는 언어 세계에 비해서 훨씬 포괄적이다. (…) 다양한 비언어적 수준들에서 이루어지는 지속적인 해석은 모든 인간 생활의 조직체와 서로 결부된다. (…) 언어란 우리가 살고 있고 움직이며 우리의 존재를 유지하는 '매개체'라는 사실은 아주 분명해진다."[15]

리쾨르의 현상학적 해석학도 가다머처럼 절대적 해석을 꿈꾸지 않는다. 절대적 해석을 옹호할 수 없는 이유는 해석하고 이해해야 하는 인간은 문화와

---

12   P. Ricœur, *TA*, 381쪽.

13   P. Ricœur, *HH*, 368쪽.

14   P. Ricœur, *TA*, 378쪽.

15   R. Palmer, 『해석학이란 무엇인가?』, 이한우 역, 문예출판사, 2011, 28쪽.

역사와 시간을 떠날 수 없기 때문이다. 해석이 주석자의 행위이기 이전에 텍스트의 행위라는 사실이다. 전승과 해석의 관계는 텍스트 안에 내재해 있는 관계이다. 주석자에게 있어서 해석한다는 것은 텍스트 자체 안에 내재해 있는 해석의 관계에 의해 지시되는 의미 작용 안에 자신을 위치시키는 것이다.

이제 텍스트의 어원적 의미를 살펴보자. "데리다의 '텍스트(texte)' 개념은 직물 짜기(texture)에서 그 어원적 의미를 지닌다. 문화도 코드에 의한 직물 짜기라고 규정된다. 특히 '상호텍스트성(intertextualité)'은 텍스트들 간의 그물 조직, 즉 망상 조직을 의미한다. 텍스트는 글쓰기의 과정이며, 또한 작가와 독자 사이의 작용과 반작용에 의한 의미 생성의 장이다. 그러므로 텍스트는 자율적이거나 독자적인 대상이 아니라, 오히려 다른 텍스트들과의 일련의 관계로서 기술될 수 있다. 하나의 의미로 고정되지 않은 텍스트들의 상호작용을 통해 텍스트가 자기 자신을 넘어서서 다른 어떤 것을 지시하고 있다면, 그 지시는 다른 텍스트들과 연결된다."[16] 그러면 데리다에게 '엮어 짜기'란 무엇인가?

> 해체주의에 대해서 데리다가 가장 좋아하는 '비유' 중의 하나는 '엮어 짜기'이며, 그것은 또한 플라톤의 대화에서 현저하게 나타나는 비유이기도 하다. 기술망(記述網)은 우리가 개념과 말이라고 부르는 고정된 점에 관련되는 단순한 계층화의 행(行)을 따라서 형성되는 것이 아니다. 엮어 짜여진 텍스트는 피륙, 늘어나고 줄어들며 확장될 수 있고 접합될 수 있고 접을 수 있으며 물건을 쌀 수도 있고 풀 수 있는 피륙을 지니고 있다. 패턴을 따르고 구성을 짜 맞추는 것은 바늘코 만들기와 매듭 짓기에 대한 직공의 기술을 요구한다. 엮어 짜진 옷감의 표면은 그 자체의 복잡하면서도 뒤얽혀 있는 직물 엮어 짜기 과정을 감추어버린다.[17]

잘 알려진 모토인 "텍스트 바깥에는 아무것도 없다"는 데리다의 텍스트주의

---

16 강학순, 「네트워크 공간의 '존재론 탐구' : '존재의 장소론'과 '구조존재론을 중심으로」, 『존재론연구』 29권, 한국하이데거학회, 2012, 162쪽.

17 H.J. Silverman, 『데리다와 해체주의 철학과 사상』, 윤호병 역, 현대미학사, 1998, 21 쪽.

가 겨냥하는 것은 진리 직관주의나 진리 정초주의에 대한 거부이다. 그것은 진리를 항상 텍스트에 의해 끊임없이 재서술되어야 할 우연성의 얼굴로 보는 것이다. 텍스트주의자들에게는 의미나 진리는 텍스트 바깥의 것과 관계가 아니라, 다른 텍스트와의 관계에 의해 구성된다. 그의 입장은 텍스트 바깥에 주어져 있는 것에 대한 신화를 관점주의와 맥락주의로 대치하고, 진리란 그때그때의 다양한 관점에 따라 재서술되고 새로운 어휘로 창안되기를 요구한다.[18]

이런 관점과 유사하게 포크너(W. Faukner)는 도시에서 오래된 하나의 건물이 텍스트가 될 수 있음을 생생하게 보여주고 있다. 왜냐하면 특정 건물은 도시의 축적된 역사와 경험을 드러내고 있다고 보기 때문이다. "그래서 무엇보다도 더 오래된 건물은 모든 것, 변용과 변화를 보았고, 그런 의미에서 그것들을 기록했다. (…) 눈에 띄지 않게 꼭꼭 채워진 채로 해마다 회반죽과 크레오소트로 덧칠한 유치장과 감방의 내벽 아래에, 또 보이지 않는 외벽에도, 처음에 단순히 진흙으로 틈새를 메운 통나무 벽이었고, 그다음에는 대칭적인 벽들로 쌓아올려 만든 외벽의 보이지 않는 곳에도 휘갈겨 써서 읽기도 어렵고 상상력 없이 반복되는 서툰 시구와, 원근법도 무시하고 거의 선사시대를 방불케 하는 성에 관한 상형문자들과 이미지들에도, 그 도시에 관해서만이 아니라 그곳의 하루하루와 한 해 한 해에 대한 파노라마가 적혀 있다."[19]

이런 점에서 건물뿐만 아니라 인간이 만든 인위적 공간과 아울러 자연적 공간에도 그 나름의 역사와 이야기가 적혀 있고 새겨져 있다. "세월이 흐르면서 하위 부족들을 거느리게 된 주요 부족들은 경계가 뚜렷한 한정된 장소를 차지하게 되었다. 그들이 자기 땅에 품는 애정은 열광의 수준으로 발전했다. 언덕과 계곡, 강과 하천, 호수와 절벽과 해안에 부족의 역사가 새겨져 있기 때문이다. 땅과 동굴에는 그들에게 잘 알려진 사람들의 유골이 안장되어 있다. 또 그

---

18 김영필, 『현대철학의 전개』, 이문출판사, 1998, 213~215쪽.
19 W. Faukner, "The Jail", *The Portable Faulkner*, M. Thomas Inge(ed.), Cambridge University Press, 2009, p,666.

들의 애가와 탄식에는 고향 땅에 대한 넘치는 사랑을 담은 표현들이 가득하다."[20] 특히 인위적 도시 공간에는 당대의 세계관과 가치관 그리고 삶의 양식들이 담겨 있다. 흔히 고고학과 지질학을 통해서 그러한 자연적 공간의 기원과 의미를 읽어내듯이, 해석학에서도 공간을 의미 담지체인 텍스트로 간주하면서 그것의 의미를 이해하고 해석하고자 한다.

공간의 존재 의미 및 본질을 망각하고 상실한 시대에도 불구하고, 역설적으로 우리는 도시 공간의 야생성을 들여다볼 수 있는 것이다. 마천루 같은 빌딩숲과 정글같이 엉켜 있는 복잡한 도시의 골목과 거리들, 그리고 화려하지만 국적 없는 건물들과 파사드들, 그리고 각종 소음과 낯선 군상들! 이러한 도시 공간에서 펼쳐지는 사람들이 빚어낸 혼성적인 그림들과 산종(散種)되는 이야기들은 어떤 자유로움과 호기심을 불러일으킨다. 그것은 현대인이 직조한 하나의 새로운 공간 텍스트로 볼 수 있다. 그러나 이런 공간 텍스트는 쉽게 해독하기가 어렵다. 그 이유는 이 시대의 문명과 그것을 창조한 사람들의 모든 것이 공간 텍스트에 각인되어 있기 때문이다. 다시 말하면 거기에는 공간의 표정, 공간에 대한 생각, 느낌, 공간의 권력과 갈등, 공간의 역사와 경제, 공간의 가치등이 기록되어 있기 때문이다.

이상의 논의를 정리해보자면, 공간은 넓은 의미에서 텍스트가 된다. 텍스트로서의 공간에 대한 해석은 공간해석학에서 하나의 중요한 요소이다. 또한 공간 이해에 있어서도 공간 텍스트가 가진 의미를 읽어내는 것이 요구된다. 특정한 공간이 어떤 의미 담지체라면, 그것은 해석 가능한 텍스트임은 자명한 것이다.

---

20 T. Mcnaughton(ed.), *Countless signs: The New Zealand Landscape in Literature*, Auckland: Reed Metheun, 1986, pp.3~4.

2. 지평으로서의 공간 해석

전술한 바와 같이, "공간은 시간과 함께 인간의 삶과 존재의 근원적인 지평이다. (…) 우리는 개별 존재자를 그것의 공간성을 배제하고 그 존재를 생각할 수 없다. 더구나 공간의 의미는 그것의 존재 의미와 직결된다."[21] 지평이란 일반적으로 인간의 시각적 조망 능력과 그 한계를 동시에 함축하는 시각 기능과 관련된 은유이다. 그러므로 지평은 유한한 인간 존재의 진리 체험과 진리 인식의 한정된 범위를 가리킬 뿐만 아니라, 전망 범위의 확장 가능성을 암묵적으로 나타내는 매우 탄력적 은유이다. 다시 말하면 지평을 갖지 못하는 인간은 주위의 사물 세계에 갇혀서 도리어 사물의 상대적 가치를 알지 못하고 그것을 절대화하거나 그것들 안에 매몰되고 만다. 그러나 지평을 가진 자는 주위의 사물 세계에 종속되지 아니하고 그것들을 넘어서 멀리 본다. 그리고 그 지평 안에 있는 모든 사물들의 상대적 가치를 정당한 자리에 놓고 판별할 능력이 생긴다.[22]

하이데거는 후설 세계 개념의 지평적 성격을 주제화한다. "후설의 '세계'는 결코 그 자체로 폐쇄된 세계가 아니라 모든 영역으로 무제한 개방된 세계이다. 이처럼 모든 영역으로 무한하게 개방된 우주로서 또는 '총체지평(Totalhorizont)'으로서의 개방된 세계 속에서의 지평은 모든 영역으로 확대될 수 있고, 우리의 경험 세계 또한 한없이 확대될 수 있는 것이다."[23] 하이데거에 있어서 "세계의 공간적 상황은 인간의 삶에서 인식과 행동의 지반이자 지평인 셈이다."[24]

물론 지평이란 가변적이다. 지평은 끊임없이 새로워져가고 그 지평의 깊이

---

21 강학순, 앞의 글, 217쪽 이하.
22 김경재, 『해석학과 종교신학』, 한국신학연구소, 1994, 62쪽.
23 윤병렬, 「후설 현상학에서의 세계이해 : 보편지평으로서의 세계」, 『철학』 62집, 한국철학회, 2020 봄호, 226쪽.
24 서울시립대학교 도시인문학연구소 편, 『도시 공간의 인문학적 모색』, 메이데이, 2009, 43쪽.

와 넓이가 지속적으로 변화하는 매우 역동적인 것이다. 지평은 인간이 소유하는 그 무엇이 아니라, 도리어 인간을 구성하는 구성 요소 자체이다. 가다머는 지평을 다음과 같이 특징짓는다. "모든 유한한 현재는 한계들을 갖고 있다. 우리는 '상황'이라는 개념을 그것이 시야의 가능성을 제한하는 관점을 나타낸다고 말함으로써 규정한다. 따라서 상황 개념의 본질적인 부분은 '지평' 개념이다. 지평은 어떤 지점으로부터 보일 수 있는 모든 것을 포함하는 시야범위(Gesichtskreis)이다."[25] 또한 "가다머의 지평 개념에서 중요한 점은 고정된 관점이 갖는 한계만을 뜻하는 것이 아니고, 기존의 관점을 넘어설 수 있는 운동의 계기도 포함하고 있다는 것이다. 지평을 형성한다는 것은 일종의 '자기전이(Sichversetzen)'다. 물론 이러한 자기 전이는 타자로의 감정이입을 의미하지 않으며, 자신의 본래 기준 아래에 타자를 굴복시키는 것도 아니다. 오히려 자신의 개별성을 극복하고, 나아가서는 타자의 개별성도 극복하여 한층 더 높은 보편성으로 고양되어가는 것을 의미한다."[26]

실제로 하나의 텍스트는 그것이 저술된 시대의 여건과 그 언어를 통해 하나의 지평 속에서 쓰인 것이다. 따라서 텍스트와 해석자 사이에는 지평의 차이가 있고 충돌이 발생할 수밖에 없다. 해석에서 나타나는 이러한 갈등을 극복하는 것은 저자와 해석자의 관점이 하나의 경험으로 융합되어서 각자의 역사성을 벗어날 때 가능하다. 텍스트와 해석자 사이의 거리는 부정적으로 해석하면 모방을 위한 방해 요소에 불과하지만, 긍정적으로 해석하면 도리어 창조적 이해의 근거가 된다. 이 거리는 있으면 있을수록 역동적이고 능동적인 창조에 도움을 준다.

무엇보다 공간적 장소는 오늘날 '네트워크—지평'의 장(field)이다. "장소는 근본적으로 그 속에 현존하는 것들이 네트워크—지평적으로 힘 또는 의미를 주

---

25 H.–G. Gadamer, *WM*, p.286.
26 정연재, 「철학적 해석학과 개념사」, 『개념과 소통』 no.9. 한림대학교 한림과학원, 2012, 101쪽.

고 받는 장이다."[27] 또한 "이에 우리는 우선 장소가 네트워크-지평적인 장이고, 거기에서 사는 나, 너 그리고 우리는 서로를 통해 작동하는 사건임을 기억해야 할 것이다."[28] 따라서 공간 내지 장소는 시간과 함께 세계를 설명하고 이해하고 해석하는 근본적인 지평이다. 지평으로서 공간을 보는 것은 인간의 공간 이해와 공간 해석에 있어서 매우 중요한 시각이다.

3. 은유로서의 공간 해석

은유(metaphor, métaphore)는 일반적으로 연상이나 대조 그리고 유사성 등을 통해서 효력을 발생시키는 언어의 수사적 비유법에 해당한다. 그리하여 은유는 서구 지성사를 통해 오랫동안 그 철학적 중요성이 무시되거나 간과되어왔다. 오늘날 급속히 증가하는 은유에 대한 철학적 관심은 은유가 파생적인 언어 현상이 아니라, 오히려 우리의 경험과 사고의 중심적 기제라는 인식에서 비롯된다. "이러한 언어관에서 은유는 다만 비정상적이고 예외적인 파생물로 이해되어온 것이다. 따라서 그것은 일상적인 의미 체계 내에 적절하게 수용될 수 없는 언어 행위로 간주된다."[29] 물론 이러한 언어관에서도 은유가 부분적으로 긍정적인 역할, 예를 들면 창조적 또는 심미적 기능을 할 수는 있겠지만, 그것은 단지 예외적인 현상일 뿐이다. 그것은 규칙적이고 안정된 방식으로 해명될 수 있는 언어 활동은 아니다. 이러한 전통적인 은유론은 우선 사물들 사이에 우리가 일상적으로 발견하지 못하는 은유에 적합한 특수한 유형의 유사성이 존재한다는 것을 전제한다. 은유는 이처럼 이미 존재하는 유사성을 발견함으로써 가능하다.

---

27 김성환 외, 『장소 철학 1 : 장소의 발견』, 서광사, 2020, 89쪽.
28 위의 책, 90쪽.
29 서명원, 「리쾨르의 악의 상징에 대한 체험주의적 해명」, 『범한철학』 제85집, 범한철학회, 2017.

아리스토텔레스는 『시학(*Poetica*, *Περὶ ποιητικῆς*)』에서 은유를 다음과 같이 정의한다. "(은유는) 다른 어떤 것에 속하는 이름을 사물에 적용시키는 것이며, 속(屬)에서 종(種)으로, 종에서 속으로, 종에서 종으로 비례적으로 전이시키는 것이다."[30] 그에 의하면 은유를 잘하는 것은 '비슷한 것'을 아는 것을 말한다. 은유에는 문자적 의미(literal meaning)와 비유적 의미(figurative meaning)가 있다. 또한 그의 고전 수사학에서는 은유를 설득 수단으로 본다. 아리스토텔레스 이후 니체와 소쉬르(F. Saussure)에 의해 사유되는 은유에 대한 생각들은 의미의 동일성과 고유성을 부정한다. 그것들은 순수한 변형·파생·전이를 의미한다. 니체는 진리란 객관적이고 절대적인 지식이 아닌 일종의 은유일 뿐이며, 그것 자체가 삶의 의지에 대한 표현이자 권력의 산물일 뿐이라고 본다.

특히 리쾨르는 은유를 고전 수사학에서 철학적 해석학의 차원으로 끌어올린다. 철학적 해석학은 은유의 존재론과 진리론을 연구해서 은유의 필요성과 가치를 더욱 확장시킨다. 리쾨르는 은유의 의미 창조성과 현실의 재서술, 즉 새로운 이해를 열어준다는 점으로 말미암아 은유를 철학적 해석학 차원으로 상향시킨다. 그는 은유를 단지 해석 이론의 한 갈래로 보는 것에 그치지 않고 철학적 차원에서 접근한다. '발견'이 인식론 차원에서 수행하는 것과 동일한 기능을 '은유'는 언어 층위에서 수행하는 것이다. 리쾨르의 '살아 있는 은유(métaphore vive)'는 새로운 현실의 발견이자 현실과의 새로운 만남이다. 그는 은유를 문학작품이 지닌 인식적 가치의 시금석으로 간주한다. 그리고 은유가 지닌 의미의 과잉을 의미론 영역 속에 포괄할 수 있다면, 언어의 의미작용의 이론(verbal signification)을 가능한 최대한 확장시킬 수 있다.[31]

리쾨르에 의하면, 은유는 담화에 부가된 장식물이 아니며, 정서적 가치 이상을 의미한다. 왜냐하면 은유는 새로운 정보를 제공해주기 때문이다. 간단히

---

30 Aristoteles, *Poetics of Aristoteles*, Bookk, 2018, XXI, 4.
31 P. Ricœur, 『해석이론: 담화 그리고 의미의 과잉(*Interpretation Theory: Discourse and the Surplus of Meaning*)』, 김윤성 역, 서광사, 1998(이하 *IT*), 87쪽.

말해서 은유는 우리에게 실재에 대해 무언가 새로운 것을 이야기해준다. 은유는 실재의 깊은 층위들을 접합하는 언어적 도구이며, 은유는 지시를 내함한다. 이 지시는 실재에 대한 풍부한 이해를 가져다 줄 수 있는 자본이다. "은유는 일상언어로 드러나는 것과 다른 현상의 장을 발견하고 열어주는 데 기여한다."[32] 은유는 유사성을 통하여 어떤 사물의 일상적인 명칭을 다른 사물로 이전하는 것이다. 은유는 같음이 아니라, 닮음(유사성)을 그 근본 특성으로 한다. 은유는 닮음을 추구하지만 철학은 명증적 사유에서 출발해 그 사유의 절대적 확실성을 같음과 연결시켜 은유는 철학에서 논의할 대상이 아니라는 생각을 하게 된 것이다. 그러나 이것은 잘못된 생각임을 리쾨르는 지적한다.[33]

리쾨르는 "시간은 거지다"라는 셰익스피어의 시간에 대한 은유의 예로 든다. "그는 시간을 거지로, 그리고 거지 같은 것으로 보도록 가르쳐주고 있는 것이다. 여기서 두 가지 서로 떨어진 범주들은 갑자기 한데 모이게 되는데, 유사성이 행하는 작업은 바로 이처럼 서로 떨어져 있던 것들을 한데 모으는 것이다. 그러므로 이런 관점에서 볼 때 은유를 만드는 것은 유사성을 볼 줄 아는 것이라고 한 아리스토텔레스의 말은 맞는 말이었다."[34]

레이코프(G. Lakoff)와 존슨(M. Jonson)은 『삶으로서의 은유』에서 20세기 후반에 새롭게 전개된 인지과학의 성과들에 의거하여 은유의 중요성을 다음과 같이 언급한다. "그러나 우리는 은유가 단지 언어만이 아니라 사고와 행위를 포함하는 일상적 삶에 널리 퍼져 있음을 안다. 우리가 생각하고 행동하는 관점에 일상적 개념 체계의 본성은 근본적으로 은유다.(…) 만일 대부분의 개념 체계가 은유적이라면 우리가 사고하는 방식, 경험하는 대상, 일상에서 하는 행위는 대부분 은유 문제다."[35] 르페브르도 "사회적 공간은 서로 침투적이며/이

---

32   P. Ricœur, *La métaphore vive*, 1975, p.191.
33   정기철, 앞의 책, 149쪽.
34   P. Ricœur, *IT*, 90쪽 이하.
35   G. Lakoff, M.M, Jonson, 『삶으로서의 은유』, 노양진 · 나의주 역, 박이정, 2006. 21쪽.

거나 서로 포개진다. 이것은 사물이 아니라, 하나의 은유이다."[36]라고 말했다. 은유라는 주제는 현대의 도시 공간과 건축 공간 그리고 예술 공간의 설명과 해석에도 중요하게 대두된다. 말하자면 은유와 생성의 사유는 현대건축, 도시론, 예술의 기본 개념인 차이, 시간성, 이질성, 다중 의미, 상호텍스트성, 장르 간의 구조 교환을 설명하고 사상적 기초를 이룬다.

이상의 논의를 정리하자면, 공간은 은유로 표현된다. 은유로 표현된 공간에 대한 해석은 공간해석학에서 하나의 중요한 요소이다. 또한 공간 이해에 있어서도 공간 은유가 가진 의미를 읽어내는 것이 요구된다. 은유는 수사학적 의미를 넘어서서 고유한 철학적 의미를 지니고 있다. 공간을 폭넓게 이해하고 해석하기 위해서는 공간에 대한 은유적 표현들을 해석하는 것이 반드시 필요하다.

4. 상징으로서의 공간 해석

리쾨르에 의하면 해석은 상징(symbol)에 의존한다. 왜냐하면 상징은 생각을 불러일으키기 때문이다. 상징은 내 모습을 비춰주는 거울과 같고, 은유는 상징의 외피와 같다. 그것은 일차적 의미와는 다른 이차적 의미를 내포하는 표현이다. 해석학에서는 상징이 내포한 직접 드러나지 않아 복잡하고 다양한 의미를 캐내는 해석 작업을 해야 한다. 그렇게 해서 드러난 의미를 '남은 의미'라고 부른다. 상징은 가장 넓은 의미에서 '의미 작용의 과잉(surplus of signification)'으로 가능하다.[37] 상징에는 그 개념적 등가물들에 들어 있는 것보다 더 많은 것들이 들어 있다. 인간의 행위는 늘 상징적으로 구조화되고, 기호나 문화 전통이나 규범으로 해석한다. 인간의 행위는 현실이 아니라, 늘 상징화하고, 다

---

36 H. Lefebvre, 『공간의 생산』, 양영란 역, 에코리브르, 2011, 153쪽.

37 P. Ricœur, *IT*, 101쪽.

시 상징화하는 행위다.[38]

리쾨르에 의하면, 상징이 나오는 영역은 '악의 상징(la symbolique du mal)'[39]만이 아니라, 나아가 욕망의 언어와 시적 상상력 등과 같이 여러 곳이다. 상징은 말 속에 있다. 그리고 상징은 해석해야 하는 이중 표현이다. 리쾨르에게서 상징은 이중 의미(double meaning, 겹뜻)를 지니는 의미론적 구조를 지니고 있다. 상징은 어떤 뜻을 통해 어떤 뜻을 낳는다. 상징 속에서는 1차적 의미라 할 수 있는 문자 의미 또는 물리적 의미와 2차적 의미, 곧 영적 의미 또는 실존적이고 존재론적인 의미가 있다. 특히 악은 상징언어로 고백되어야 한다. 고백언어에는 존재의 상실과 정화가 모두 들어 있다. 상징언어에는 이중 의미가 있는데, 그 숨김과 밝힘 관계를 규명하는 일이 해석학의 과제이다. 따라서 "기호와 상징과 텍스트로 매개하지 않고 직접 자기를 이해할 수는 없다."[40] 상징은 말하고 있는 것 이상을 말하고, 끊임없이 말을 불러일으키고 있다. "어떤 경우에는, 해석학은 상징 속에 숨어 있는 미지의 힘들의 가면을 벗겨버리면서 상징론을 탈신비화하려 하고, 또 어떤 경우에 해석학은 가장 풍요롭고 가장 숭고하며 가장 정신적인 의미를 성찰하려 한다."[41]

리쾨르에 의하면, 상징은 전통문화들이 우주 요소들의 명칭(물, 불, 바람, 흙 등)이나 우주 크기의 명칭(높이, 깊이 등)이나 우주 모습의 명칭(빛, 어두움 등)과 접목시켜서 표현한 것이다. 이러한 이중의 의미를 가진 표현들은 가장 보편적인 상징들, 그리고 하나의 작품과 같이 어떤 사상가 개인이 창조한 상징들로 분류된다. 개인 창조한 상징은 체험적 은유, 즉 '살아 있는 은유'와 결합된다.[42]

신화적 상징의 해석과 정신분석에 따른 욕망의 의미론을 거쳐 제기되는 겹뜻, 즉 이중 의미의 문제를 통해 언어철학과 문학의 영역으로 나아간다. 이중

---

38 정기철, 앞의 책, 37쪽.

39 P. Ricœur, 『악의 상징(*Philosophie de volonte*)』, 양명수 역, 문학과지성사, 1999.

40 P. Ricœur, *TA*, 24쪽.

41 위의 책, 26쪽.

42 위의 책, 25쪽 .

의미의 문제는 우주 상징과 꿈 상징, 문학 상징이 철학언어나 과학언어의 단일 의미에 어떻게 잉여 의미를 투여하고 의미를 새롭게 할 수 있는지의 여부는 '의미론적 혁신'의 문제로 이어진다. 리쾨르는 이중 의미(겹뜻)는 해석학의 문제와 의미론의 문제라고 한다. 그는 이 문제를 텍스트 수준에서 다루고자 한다. "해석자가 볼 때, 겹뜻을 가지는 것은 텍스트이다. 사건이 벌어지고 인물이 등장하며 제도가 나오고 자연과 역사가 등장하는 이야가 전체를 볼 때, 겹뜻 문제가 생긴다. (…) 그런데 오늘날 겹뜻의 문제는 단순히 주석의 문제가 아니다. 이중 의미 그 자체가 여러 학문의 문제가 된다."[43]

이중 의미를 지니고 있는 상징언어는 말로 다할 수 없는 사람의 체험을 표현하는 언어이다. 존재의 깊이 때문에 말로 다할 수 없기도 하고(종교 상징, 시 상징), 무의식의 억압으로 감추고 싶어 말로 다하지 못하는 것(꿈의 상징)이기도 하다. 그럴 때 언어는 폐쇄된 기호 체계 안에 있는 시니피에(signifié)의 놀이가 될 수 없다. 언어는 존재가 말하러 오는, 또는 욕망이 말하려는 표현의 장이다. 그러므로 철학의 과제는 말해진 존재 쪽으로 말을 여는데 있다.[44]

리쾨르에 의하면, 우리가 악을 상징화해서 생각할 수 있을 뿐, 순수한 개념으로 환원시킬 수 없으며, 인간 현실은 끝없이 해독해야 할 상징으로 이루어져 있다. 그는 은유보다 상징에 더 많은 것이 들어 있다고 본다. 그는 은유와 상징의 관계를 명확히 한다. "은유는 단지 언어적인 절차이며, 저 기괴한 형태의 술어일 뿐이다. 그 속에 상징의 힘이 퇴적된다. 상징은 그 의미론적 측면이 비-의미론적 측면과 다시 관련된다는 점에서 여전히 이차원적 현상이다. 상징은 은유가 속박되지 않는 방식으로 속박되어 있다. 상징은 뿌리를 가지고 있다. 은유는 단지 상징의 언어적인 외피일 뿐이다."[45] 상징을 생각할 수 있는 방식에는 두 가지가 있다. 상징을 구성하는 것을 가지고 말할 수도 있고, 상징

43   P. Ricœur, 『해석의 갈등(Le Conflit des interprétations)』, 양명수 역, 한길사, 2012(이하 CI), 91쪽.

44   위의 책, 18쪽(역자 해설).

45   P. Ricœur, IT, 121쪽.

이 뜻하는 것을 가지고 말할 수도 있다. 상징을 구성하는 것을 보려면 구조 분석을 해야 한다. 그리고 그런 구조 분석으로는 상징의 맛을 잃는다. 상징은 모든 언어의 뿌리에서 일어나고, 거기에는 신비가 없다. 상징의 사명은 그 신비한 것을 간직하는 데 있다. "상징은 닮은 것을 이해하기보다는 동화시킨다. 더욱이 상징은 어떤 사물을 다른 것에 동화시킴으로써 그러한 동화에 의해 의미 부여된 것에 우리 자신을 동화시킨다. 바로 이것이 상징이론을 그렇게 매혹적이면서도 동시에 기만적인 것으로 만든다. 사물들 사이의 경계뿐만 아니라 사물과 우리 자신 사이의 경계도 포함하여 모든 경계들이 흐릿해지는 것이다."[46]

리쾨르에게 "상징은 삶의 세계(bios)와 이성의 세계(logos)를 갈라놓고 있는 분리선에서 망설이고 있다. 상징은 담화가 원초적으로 삶 속에 뿌리내리고 있음을 입증해준다. 그리고 상징은 힘(force)과 형태(form)가 일치하는 곳에서 태어난다".[47] 하이데거에게는 상징언어는 인간이 말하는 것이라기보다는 인간에게 의미를 비춰주는 로고스의 빛이다. 또한 라캉(J. Lacan)은 완전한 주체가 되고 싶은 마음인 욕망의 세 단계, 즉 상상계·상징계·실재계를 설정한다. 여기서 상징계란 자아를 객관적으로 보며, 언어와 의미로 욕망의 대상을 표현하는 단계로 본다. 먼저 상상계는 사회와 구별되는 개인의 주체적인 영역을 가리킨다. 인식이 없으면 어떠한 사건도 존재하지 않는다. 다시 말해, 사회에서 벌어지는 사건들은 모두 상상계의 인식을 통해 개인에게 받아들여진다. 이런 의미에서 상상계는 인간 개인에게 가장 근본적인 영역이다. 다음으로, 상상계의 반대에 상징계가 서 있다. 상징계는 말 그대로 현실의 영역이다. 라캉은 개인과 사회의 관계를 사회의 의미화를 벗어나려는 개인의 투쟁으로 파악한다. 다시 말해, 라캉에 따르면 상상계가 상징계에 처음 포섭되는 과정은 상징계의 일방적인 우위로 이루어지며, 이후에도 상징계는 상상계보다 앞서 상상계의

---

46 위의 책, 103쪽.
47 위의 책, 107쪽.

의미를 규정지으며 절대적인 위치에 남아 있는 듯 보인다.[48]

이상의 논의를 정리해보자면, 공간은 상징으로 표현된다. 상징으로 표현된 공간에 대한 해석은 공간해석학에서 하나의 중요한 요소이다. 또한 공간 이해에 있어서도 공간 상징이 가진 의미를 읽어내는 것이 요구된다. 인간 현실은 끝없이 해독해야 할 상징으로 이루어져 있다면, 공간의 존재에 대한 상징들도 해석해야 할 사태임이 분명하다. 우리의 삶과 역사 속에서 경험하는 공간상징들로부터 우리는 공간이 무엇인지, 공간의 의미가 무엇인지 그리고 공간과 인간의 내밀한 연관을 해독(解讀)할 수 있을 것이다.

5. 사건으로서의 공간 해석

우리가 살아가고 있는 현세계는 사건(event, événement)으로 미만해 있다. 우리 삶은 물질로도 관념으로도 환원시킬 수 없는 세계, 즉 사건들로 채워져 있는 세계이다. 19세기 이래 서구 철학에서는 눈에 띄는 변화가 있었다. 실체와 주체 중심의 전통 존재론에 대립해서 니체, 베르그손, 화이트헤드, 하이데거 등이 '실체(ousia, Substanz)'로서의 존재보다는 오히려 '생성(Werden, becoming)' 및 '사건(Ereignis, event)'을 중시하는 사유를 전개한다. 이는 과학사의 진화론, 열역학, 양자역학, 복잡계 이론과 조응한다. 그러나 20세기 중엽에 이런 생성철학을 정면으로 논박한 구조주의, 즉 새로운 합리주의 철학이 등장하지만, 후기 구조주의는 생성의 철학과 새로운 합리주의 철학을 통합하려는 시도를 한다.[49]

특히 하이데거의 존재론적 공간론은 존재 사태를 '존재진리(aletheia, ἀλήθεια)'가 일어나는 사건과 연관하여 사유하는 장소 사유이다. "존재는 결코 사유에

---

48 J. Lacan, *Écrits*, B. Fink(trans.), New York, 2006. https://namu.wiki/w/%EB%9D%BC%EC%BA%89%EC%B2%A0%ED%95%99

49 이정우, 『사건의 철학 : 삶, 죽음, 운명』, 그린비, 2002, 273쪽, 293쪽.

의해 만들어진 것이 아니다. 반면 본질적으로 사유는 존재의 사건이다."[50] '사건적 공간'이란 공간을 명사나 형용사로 생각하기보다 동사로 생각한 데서 비롯된 개념이다. 이를테면, 공간은 고정된 사물(Ding)이 아니라, 피어나고 솟아오르는 사건(Ereignis)이다. 여기서 공간의 역동성은 존재 자체의 역동적인 비은폐성(Un-verborgenheit)과 관련이 있다. 무엇보다 '존재 사건'이 모든 장소들과 시간-놀이-공간들의 공간적 처소를 연다.[51] 특히 하이데거는 공간적 장소인 토포스(topos)의 사건성을 강조한다. "하이데거에 있어서 토포스는 그때그때의 사건화하는 존재의 일어남의 장소, 영역, 차원, 가까움이다. 토포스는 열리고, 트이고, 밝히고, 모으고, 간직하고, 은폐하고, 투쟁하며, 사건화하는 장소를 의미한다."[52]

이런 점에서 하이데거는 공간의 동사적 차원에 주목한다. "공간이 공간화한다(räumt). 공간화는 어떤 자유로운 장, 즉 열려진 장을 밝힘, 트이게 함, 트이게 내줌을 의미한다. 공간이 공간화하는 한, 즉 자유로운 장을 트이게 내어주는 한, 공간은 먼저 이 자유로운 장과 함께 방역들, 가까움과 멂, 방향들과 경계들의 가능성, 즉 간격들과 경계들의 가능성을 허용한다."[53]

하이데거는 릴케(R.M. Rilke)에 관한 강연에서 구원자는 세계 저편이 아니라, "눈에 보이지 않는 세계 내면 공간에서 (…) 구원의 성스러움이 비로소 나타날 수 있다"[54]고 말한다. 이러한 본질 공간에서 일어나는 존재 사건을 통하여 존재와 인간은 서로의 고유함을 회복한다. 그런데 여기에서 특히 주목할 점은, 이성적 동물로서의 인간으로부터 현존재로서의 인간으로의 본질 변화이다. 존재와 인간의 근원적 관련성을 망각한 채, 마치 스스로 주체인 양 거들먹거

---

50 M. Heidegger, *Wegmarken*, Frankfurt a. M., 2004(GA 9), p.398.

51 M. Heidegger, *Unterwegs zur Sprache*, p.258 이하.

52 강학순, 『존재와 공간 : 하이데거 존재의 토폴로지와 사상의 흐름』, 한길사, 2011, 127쪽.

53 M. Heidegger, *Bemerkungen zu Kunst - Plastik - Raum*(Vortrag St. Gallen 3. Oktober 1964), Erker 1996, p.13.

54 M. Heidegger, *Holzwege*. Frankfurt a. M., 1972, p.294.

렸던 것이 지금까지의 이성적 동물로서의 인간은 이제 신들의 신성함을 맞이할 결단을 내리며 존재의 진리가 펼쳐질 '시간-놀이-공간(Zeit-Spiel-Raum)'을 수호하는 현존재가 된다. 그는 예술작품을 하나의 사물이나 대상으로 규정하지 않고 오히려 존재 사건으로 규정한다.[55]

또한 가다머에게 '놀이(Spiel)'는 하나의 '사건'이다. "놀이자들은 놀이의 주체가 아니다. 대신에 놀이가 단지 놀이자들을 통해 현시(Darstellung)될 뿐이다."[56] 의미와 이해는 심리학적인 과정이나 추상적인 사건, 혹은 마음의 상태가 아니다. 그것은 본질적으로, 그리고 본래적으로 언어적이다. 언어에서 생생한 사건(Geschehen)에 비중을 두는 입장, 이른바 구어성(orality)에 대한 강조다. 의미는 오직 이해의 '사건' 속에서, 그리고 그것을 통해서만 실현된다.[57] 가다머는 세계를 즉자적으로 존재하는 대상과 그것과 떨어져 마주 서 있는 주체로 이분하는 주객 이분법을 '이해의 사건'을 통해 극복하고자 한다. "우리는 사물의 의미가 사물을 넘어서 이해의 사건을 통해 존재하게 됨을 깨닫지 않고서는 사물 자체가 말하는 것을 알 수 없다. 그리고 우리는 항상 어떻게 영향 작용사와 전승에 의해 형성되고 있는지 이해하지 못하고서는 우리 자신을 '주체'로서 이해할 수 없다. 우리는 언제나 '도상에 있는 존재'이다. 절대적인 시작이나 절대적인 종말은 없다."[58]

이런 점에서 가다머에게는 대화 · 언어 · 사건이 연결되어 있다. "가다머의 해석학은 물음과 대답의 형태로 다채롭게 전개되는 대화 속에서 그 역동적 의미를 포착하는 것이 주요 목적이 된다. 이른바 주어진 표현의 의미를 드러내는 '발견술'이 아니라, '표현하는 존재와 이해하는 존재자 간의 상호적 대화'가 핵심인 것이다. 물론 이 대화의 가능 조건은 언어이다. 해석의 대상은 정태적이고 개념적이고 무시간적인 대상으로서가 아니라, 도리어 '구어적 사건'으로

55　위의 책, p.236.
56　H.-G., Gadamer, *WM*, p.98.
57　위의 책, p.242.
58　위의 책, p.310 이하.

간주된다. 이런 측면에서 언어는 '말에 의한 사건'이며, 결국 이 사건(일어남)은 구어적 수행으로 생기하는 것이다."[59]

리쾨르에게 담화(discourse)는 '언어 사건(language event)' 또는 언어 사용이다.[60] 그는 담화에서 사건과 의미 사이의 관계를 고려한다. 사건으로서의 발화 개념은 약호의 언어학을 메시지의 언어학으로 전이시키는 열쇠를 제공한다. "이해한다는 것은 하나의 새로운 사건을, 최초의 사건이 객관화되어 있는 텍스트에서 시작되는 새로운 사건을 만들어내는 것이다."[61] 리쾨르의 '사건과 의미의 변증법'에서 담화는 문장 내에서 사건과 의미의 변증법적 통일이라는 구체적 전체에 의존한다. 사건과 의미의 합이 담화이다. "사건과 의미의 변증법이 지닌 이러한 새로운 측면에 주목할 필요가 있다. 사건은 표현된 것, 그리고 소통된 것으로서의 경험일 뿐만 아니라, 상호 주관적인 교환 그 자체, 즉 대화의 발생이다. 담화의 순간은 곧 대화의 순간이기도 하다. 대화는 두 가지 사건, 즉 말하기의 사건과 듣기의 사건을 연결하는 사건이다. 의미로서의 이해는 이 대화적 사건과 동질적인 것이다."[62] 만약 모든 담화가 사건으로서 실제화된다면, 모든 담화는 의미로서 이해된다. 그는 담화의 언어학 속에서 시간과 의미가 분절되는 것을 넘어서고자 한다. 리쾨르는 사건의 지속적인 의미를 인정한다. 그에게 있어서 의미한다는 것은 말하는 사람이 무언가를 의미한다는 것이며, 동시에 그 문장이 무언가를 의미한다는 것이다. 다시 말하면 전자는 화자가 무언가를 말하려고 의도한다는 것이고, 후자는 확인기능과 술어가능의 결합이 무언가를 산출한다는 것이다.[63]

사건과 의미가 분절되는 것은 담화의 언어학 속에서다. 의미 속에서 사건이 억

59 정연재, 앞의 글, 97쪽.
60 P. Ricœur, *TA*, 226쪽.
61 P. Ricœur, *IT*, 128쪽.
62 위의 책, 46쪽.
63 위의 책, 40쪽 이하.

제되면서 동시에 능가하는 것은 담화 자체의 특징이다. 이런 특징은 언어의 지향성, 즉 언어 내에서 노에마와 노에시스가 이루는 관계를 입증해준다. 만약 언어가 하나의 의도(meinen, intending)라면, 이는 바로 사건이 단순히 일시적인 어떤 것이기를 멈추고 다시 동일한 의미로서 재포착되는 이런 지양에 힘입은 탓이다.[64]

다음으로 데리다에게도 장소는 하나의 사건, 즉 일어남(take place)의 문제이다. "(사건은) 우리가 결코 제거하거나 부정하지 못할 (혹은 단순히 부정하려 하지 않는) 우발적인 사태의 측면을 가리키는 이름이다. 그것은 어제나 타자가 겪은 경험의 또 다른 이름이다. 사건이란 사건 자신이 어떤 다른 개념 아래에도, 심지어 존재(함)라는 개념 아래에도 편입되기를 거부하는 것을 말한다."[65] 또한 들뢰즈의 존재론은 니체의 사유의 계보를 이어가면서 서구 철학사 전체를 새로 쓰는 방대한 경지를 개척한다. 들뢰즈는 사건을 사유하고자 하는 점에서 구조주의와 대척점에 있다. 그러나 들뢰즈는 이 '사건의 존재론(ontology of events)'을 그의 독특한 의미이론으로 발전시킨다. 생성을 사유하되 지속이론이나 카오스이론으로 가지 않고 생성이 의미와 맞닿아 있는 차원을 탐구하는 것이 들뢰즈 사유의 열쇠이다. 이 점에서 그의 이론은 전통적인 관념론과 유물론이란 이분법을 극복하는 데 결정적인 일보를 내딛고 있다. 또한 매시에게도 장소는 '사건'을 의미한다.

나의 주장은 다름 아니라 장소란 사건이라는 것이다. (…) 언덕들은 끊임없이 융기하고 있고, 경관은 침식과 퇴적의 과정 중에 있으며, 기후도 계속해서 변하고 있고 바위들 그 자체도 끊임없이 이동하고 있다. 이런 '장소'의 구성 요소들은 제각기 다른 속도와 다른 시기에 또다시 흩어질 것이다. (…) 단순하게 말해서, 이전에 관계가 없던 것들이 함께 모인다는 의미에서 볼 때도 나는 장소란 사건이라

64 위의 책, 40쪽.
65 J. Derrida, "The Deconstruction of Actuality: An Interview with Jaques Derrida", *Radical Philosophy 068*, Autumn, 1994, p.32. https://doi.org/10.1515/9781474470919-062

고 주장한다. 장소는 어떤 사물이라기보다는 과정들의 묶음이다. 이것은 내적으로 다중적일 뿐만 아니라 외부로도 개방된 장소다.[66]

위의 논의를 정리해보자면, 공간은 사건으로도 표현된다. 사건으로 표현된 공간에 대한 해석은 공간해석학에서 하나의 중요한 요소이다. 공간이 고정된 실체를 넘어서서 공간화하는 시간적인 측면을 고려해야 한다. 인간의 표상 작용과 직관적 인식 작용보다 앞선 '사건'으로서의 공간을 해독해야 한다. 이것은 현상학적·해석학적·사건철학적 관점과 맞닿아 있다. 결국 공간 이해에 있어서도 공간 사건이 가진 의미를 읽어내는 것이 요구된다.

---

66 D. Massey, 『공간을 위하여』, 박영환 역, 심산, 2016, 268쪽.

제3부 공간해석학의 주요 쟁점과 주제 확장

제4부

현대 공간 해석의 변곡점과
이론적 유형들

현대의 과학과 철학에서 공간 해석의 패러다임
이 어떤 변곡점을 거쳐 왔는가? 그리고 그것을 통하
여 어떠한 새로운 공간과학과 공간철학이 등장하였
는가? 우리 시대의 공간해석론은 무엇인가? 이런 물
음들을 실마리로 하여 이제 현대의 과학적 공간 해
석의 패러다임의 전환, 현대철학적 공간해석론의 전
개, 사이버 시대의 공간해석론을 차례대로 살펴보고
자 한다.

제9장

현대과학적 공간 해석 패러다임의 전환

1. 유클리드적 공간에서 비유클리드적 공간으로의 전환

알렉산드리아의 유클리드(Eukleides, Euclid)의 기하학은 2 · 3차원 기하학으로서 현실공간에 대한 참된 기하학으로 인정되고 평가되어왔다. 유클리드는 자명해 보이는 공리(公理, axiom)와 공준(公準, postulate)들을 연역적 논리에 따라서 다른 정리(定理, proposition)들을 도출한다. 이미 올바른 것으로 정해놓았기에 더 이상의 증명이 필요없이, 그것을 기준으로 하여서, 또 다른 것을 증명할 수 있도록 되어 있는 다른 정리(定理, proposition)들을 도출한다. 그는 기존의 기하학 연구들을 집대성하면서 공간의 직관적 인식을 소수의 정의 · 공준 · 공리 등으로 재구성하여 수리적 · 이론적 체계의 원형으로 수렴한다. 여기서 공준이란 공리처럼 자명하지는 않으나, 증명이 불가능한 명제이다. 그에게서 기하학적 공간이란 거대한 통으로서 일정하고 균일하며 특정한 방향이 없다.

유클리드의 『기하학 원론(Stoikheia)』[1]은 20세기가 시작될 때까지 유럽의 여러 학파에서 표준 교과서가 되었고, 유클리드 기하학은 2천 년 이상 공간의 참된

---

1 Euclid, *The Elements: Books I–XIII – Complete and Unabridged*, Sir T. Heath(trans.), Barnes & Noble, 2006. p.1.

본질에 대한 정론으로 인정되어왔다. 『기하학 원론』의 최종 목표는 플라톤적 물체들을 구성하고 연구하는 데 있다.[2] "유클리드 기하학은 '하나의 닫혀진' 그리고 '완전한 체계'로서 성립된다. 유클리드가 수립한 추론 체계는 오랜 기간 동안 전혀 손대지 않았고, 더욱 그 자체의 엄밀성에 국한된 상태에 머물러온 것이다. 따라서 그의 공리 체계에서는 실제에 대한 인식은 닫혀 있다고 할 수 있다."[3]

이와 같이 아리스토텔레스의 연역 체계에 토대를 둔 유클리드 기하학은 데카르트를 거쳐 칸트에 이르기까지 공간론의 정식(定式)으로 받아들여졌다. 칸트는 그 명제들이 필연적으로 참이며, 따라서 그것을 이 세계에 대한 '선험적 종합 판단(Synthetisches Urteil a priori)'이라고 규정한다. 19세기 초엽까지 유클리드 기하학은 고전물리학과 칸트적 인식론의 심장부에 자리잡고 있었던 것이다.[4] 칸트의 인식론은 뉴턴적 고전물리학을 방법론적으로 정당화하는 것을 목적으로 한다. 그에 의하면 공간은 유클리드의 기하학에 준하는 형식을 지닌다. 유클리드 형식의 공간은 물리적 사건으로부터 독립된 선천적이고 순수한 형식이며, 언제 어디서나 동일하게 적용되어야 하는 보편성을 지닌다. 칸트는 시공간의 물리적 독립성과 선천성, 그리고 보편성을 주장한다.

그러나 19세기 초에 '비유클리드 기하학(non-Euclidean geometry)'이 발견되면서 공간에 대한 기존의 인식 체계는 무너진다. 비유클리드 기하학의 발견은 유클리드 기하학이 지닌 논리적 모순의 발견이다. 그것은 유클리드 기하학과 달리 평면이 아닌 곡면의 세계에서 점·선·면을 설명하는 것이다. 이것은 '코페르니쿠스적 전회'만큼 위대하고, 유클리드적 사고를 무너뜨리는 사건이었다. 말하자면 유클리드 기하학에 반한 비유클리드 기하학, 즉 쌍곡기하학이

2 M. Jammer, 『공간 개념 : 물리학에 나타난 공간론의 역사』, 이경직 역, 나남, 2008, 71쪽.

3 H.-G. Gadamer, *Griechische Philosophie III: Plato im Dialog*, Tübingen, 1991(Band. 7), p.334쪽.

4 S. Kern, 『시간과 공간의 문화사(1880~1918)』, 박성관 역, 휴머니스트, 2006, 335쪽.

등장하면서 공간은 평평하다는 이론이 무너지게 된다. 야머에 따르면, 비유클리드 기하학은 특정 형태의 기하학이 물리적 물체들의 공간적 관계를 선험적으로 규정할 수 없음을 보여줌으로써 현대물리학의 공간 개념에 큰 영향을 주었다.[5] 비유클리드 기하학의 발견은 마지막으로 남아 있던 이 전통적 특성을 제거하게 된다. 결국 현대물리학은 공간 개념의 토대를 n차원 다양체라는 리만적 개념에 내놓게 된 것이다.[6] 리만(G.F.B. Rieman)은 유클리드 기하학의 다섯 번째 공리, 즉 평행선 공리를 더 이상 받아들이지 않는다.

　유클리드 기하학의 핵심은 제5공준, 즉 평면 위에 주어진 직선 밖의 한 점을 지나고 그 직선에 평행한 직선은 오직 하나뿐이라는 공준이다. 그러나 비유클리드 기하학자들은 제5공준을 다른 것으로 대체하고, 그 결과 나머지 공준들도 수정한다.[7] 비유클리드 기하학의 대표자들은 로바체프스키(N. Lovachevsky), 리만, 푸앵카레(H. Poincaré) 등이다. 비유클리드 기하학은 리만에 의해서 순수히 추상적인 수학 개념으로서 도입된다. 1865년 리만은 공간의 주름에 대해 '틈새'를 언급한다. 이것은 한 세기 이후에 '웜홀(Wormhole)' 개념의 모태가 된다. 리만 이전까지 수학이나 공간에 대한 인간의 이해는 모두 유클리드 기하학에 근거하여 2차원과 3차원 세계의 직관적 체험을 당연시하였다. 그러나 자연계에서는 유클리드 기하학에 맞아떨어지는 도형을 찾아보기 보기 힘들다. 높거나 낮은 협곡, 드넓은 바다와 들판 모두 완벽한 기하학적 도형이 아니다. 예를 들자면, 평평한 공간에서 삼각형 내각의 합은 $180°$이다. 하지만 공간이 평평하지 않고 일정한 곡률이 존재한다면, 다음 그림과 같이 삼각형 내각의 합은 곡률에 따라 $180°$보다 크거나 작게 된다.

　리만은 마치 이 세상이 아닌 고차원의 세계에서 온 듯이 한눈에 유클리드 공간론의 결함을 간파한다. 그에 의하면, 기본적으로 인간은 평면 위에 놓인 개

5　M. Jammer, 앞의 책, 427쪽(해제).

6　위의 책, 262쪽 이하.

7　S. Kern, 앞의 책. 335쪽.

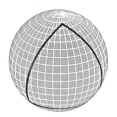

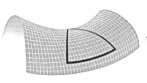

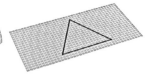

구면 : 구면기하학, 리만 기하학	쌍곡면 : 쌍곡기하학, 로바체프스키 기하학	평면 : 평면기하학, 유클리드 기하학
· 삼각형의 내각의 합은 180도보다 크다 · 평행한 두 직선은 반드시 두 점에서 만난다	· 삼각형의 내각의 합은 180도보다 작다. · 평행한 두 직선은 만나지 않는다.	· 삼각형의 내각의 합은 180도이다. · 평행한 두 직선은 만나지 않는다.

곡률에 따른 삼각형 내각의 종류[8]

미와 같아서 '고차원'의 공간은 보이지 않는다. 설령 2차원 평면을 주름지게 한다고 하더라도, 개미는 여전히 평면이라고 여긴다. 이 개미들이 주름진 곡선 위로 올라갔을 때 비로소 자신이 보지 못한 힘의 장벽을 느낄 수 있겠지만, 공간의 개념을 여전히 알아차리지 못한다. 하지만 리만은 3차원 사람이 2차원 세계에 온 것처럼 단번에 짧고 긴 선으로만 이루어진 것처럼 보이는 세상을 다른 세계로 볼 수 있다는 것이다.[9]

아인슈타인은 유클리드적 좌표를 버리고, 리만이 고안한 4차원의 시공간 구조를 지니는 비유클리드 기하학을 도입한다. "리만 기하학의 특성은 공간이 여태처럼 추상적인 기하학적 논리가 아니라, 물질 및 힘의 상호 관계에서 결정된다는데 있다. 리만의 비유클리드 기하학은 모든 지점이 곡선 또는 곡면의 휨 정도를 나타내는 변화율인 곡률(curvature)을 지니는 휜 공간의 기하학이다. 곡률의 크기는 중력을 만드는 물질의 질량에 따라 결정되며, 중력장에서 운동하는 물체는 측지선(geodetic)이라 불리는, 즉 유클리드 기하학에서 직선에 해당

8   https://m.blog.naver.com/PostView.naver?isHttpsRedirect=true&blogId=jintaeky&log No=220983869104

9   https://blog.naver.com/hwe050/222649937073.

하는 경로를 따라 움직이는 것으로 기술된다. 이로써 아인슈타인은 중력장을 4차원의 비유클리드적 시공간의 기하학으로 대체한다. 여기서 공간이 비유클리드적이라는 것은 휘어진 유클리드적 공간이 아니라, 공간이 질량 분포에 의해 좌우된다는 물질 의존성을 의미한다."[10]

뉴턴의 절대공간은 물질의 존재와는 무관하게 선험적 · 형이상학적으로 존재하는 고정불변의 용기와 같다. 이와는 달리, 아인슈타인의 특수상대성이론에서의 시공간이 평평한 성질을 띤 4차원의 유클리드 공간이라면, 일반상대성이론이 제시하는 공간이란 중력장, 엄밀히 말해 중력을 일으키는 물질의 존재와 그 분포에 의존하는 비유클리드적인 휜 공간의 성격을 지닌다.[11] "아인슈타인은 공간의 상대성과 시간과 공간의 융합과 공간의 구면성이라는 새로운 키워드로 공간의 절대성과 동질성을 무력화시킨다. 특히 일반상대성이론에서 중력에 관한 새로운 해석은 공간 문제와 관련하여 획기적인 내용을 담고 있다. 여기서 아인슈타인은 중력을 힘이 아니라 공간의 속성으로 정의한다. 그리고 이를 통해 공간은 물질과 분리될 수 없는 것으로 파악된다."[12]

이론 물리학에서는 민코프스키(H. Minkowski) 공간과 유클리드 공간은 자주 비교된다. 유클리드 공간은 오직 공간적인 차원만을 가지고 있는 반면에, 민코프스키 공간은 공간적 차원뿐만 아니라, 하나의 시간적 차원을 가지고 있다. 민코프스키 시공간(spacetime)이란 물리학과 수학에서 사용되는 아인슈타인의 특수상대성이론을 잘 기술하는 수학적 공간이다. 이 공간에서는 일반적인 3차원 공간과 1차원의 시간이 서로 조합되어 시공간의 4차원 다양체로 표현된다.

아인슈타인은 상대성이론을 통해 리만 기하학을 이용하여 관측되는 공간을

10　김국태, 「아인슈타인의 상대론적 시간과 공간 개념」, 박영태 외, 『과학철학 : 흐름과 쟁점, 그리고 확장』, 창비, 2011, 259쪽.

11　이현재 외, 『공간에 대한 철학적 이해』, 라움, 2016, 118쪽.

12　K. Rovelli, 『만약 시간이 존재하지 않는다면 : 인간의 시계로부터 벗어난 무한한 시공간으로의 여행』, 쌤앤파커스, 2021, 56쪽.

완벽하게 기술해낸다. 이로써 "물리적 공간은 필연적으로 유클리드적이다"라는 칸트적 공간 이론은 폐기된다. 20세기에 와서 아인슈타인의 일반상대성이론으로 비유클리드 기하학의 가능성이 증명된다. 그의 상대성이론의 최초의 영감은 '중력은 힘이 아니라, 오히려 시공간이 휘어진 표현'이라는 것을 인식한데서 비롯된다. 그가 중력이 시공간이 구부러져 생기는 효과라고 직접 말하기에는 설득력이 없었는데, 리만의 비유클리드 기하학을 알게 되면서 상대성이론은 일찍 세상에 나올 수 있었다. 상대성이론의 발달은 뉴턴 역학의 기초라고도 할 수 있는 만유인력 혹은 중력 문제를 중력장의 관점에서 재파악하고 새롭게 전개하는 것이다. 그의 관점에서 보면, 중력이란 공간의 일그러짐이고 중력이 작용하는 한, 우리가 사는 경험 공간은 유클리드적인 한결같은 공간은 아니게 된다.

현대철학 분야에서 후설은 현상학을 통한 비유클리드 기하학의 타당성 근거를 해명한다. "기하학은 몇몇 종류의 기본 도형을 확정한다. 공리의 도움으로, (…) 기하학은 공간에 존재하는 모든 공간 도형과 그들에 속하는 본질적 관계를 순전히 연역적으로 도출할 수 있다."[13] 그리고 "공리 개념으로부터 형성된 명제는 어떤 논리 형식에 의거하든지 공리로부터 순전히 형식—논리적으로 도출된 것이거나, 아니면 그의 모순의 결과이다."[14] 후설은 자연적 경험 공간과 이념화된 기하학적 공간의 전도를 파악하면서 생활세계에서 경험되는 공간을 중시한다.

가다머에 의하면, 기하학의 증명의 한계는 정신에 앞선 언어의 한계인 것이다. 이것을 이해하기 위해 가다머는 기하학을 한갓 언어의 은유적 사용으로 간주한다. "유클리드 기하학과 비유클리드 기하학이 그 사례이다. 유클리드 기하학과 비유클리드 기하학은 각각 명명되는 이름들에 의해 명제로 모사되

---

13 E. Husserl, *Ideen zu einer reinen Phänomenologie und phänomenologischen Philosophie. Erstes Buch: Allgemeine Einführung in die reine Phänomenologie*, Dorthrecht, 1976. p.151.

14 위의 책, 같은 곳.

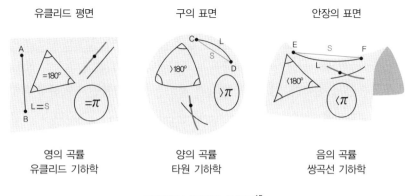

기하학의 상이한 유형들[15]

는 복합체들이 존재하며, 각각의 이름들은 명제 형식을 규정하는 대상들과 결합된다. 또한 이 두 기하학은 하나의 형식과 내용의 공통점을 가지며, 명명된 각각의 이름은 이 기하학과 저 기하학의 속성과 모양을 특징짓는다."[16]

가다머는 유클리드의 기하학적 명제를 사고의 한계가 아니라, 언어의 한계라고 주장한다. 유클리드 기하학에 대한 가다머의 비판은 다음과 같이 요약된다. "첫째, 유클리드 기하학에서 사용하는 공리적 방법은 질문을 가로막는 '닫힌 체계'이다. 둘째, 유클리드가 제시하는 공리는 참의 전제로부터 논리적으로 결론을 확립하려는 일련의 논리적 추론 형식이다. 셋째, 단일한 형식의 언어 사용은 특수한 추상화를 의미한다. 이는 근대에 이르기까지 사고의 고착화를 이루었다."[17] 즉 "유클리드 기하학은 '하나의 닫혀진' 그리고 완전한 체계로서 성립되었다. 유클리드가 수립한 추론 체계는 오랜 기간 동안 전혀 손대지 않았고, 더욱 그 자체의 엄밀성에 국한된 상태에 머물렀다. 따라서 그의 공리 체

15　https://elikakurniadi.wordpress.com/2011/11/14/the-difference-between-euclidean-and-non-euclidean-geometry/

16　임연정, 「유클리드 기하학과 플라톤 기하학을 구분짓는 증명으로서의 '질문'에 대한 가다머의 해석」, 『감성연구』 23권, 전남대학교 호남학연구원, 2021, 55쪽.

17　위의 글, 54쪽.

계에서는 실제에 대한 인식은 닫혀 있다고 할 수 있다."[18] 유클리드는 플라톤 기하학이 갖고 있는 '질문'을 배제하고 '공리'라는 하나의 언어 사용만을 허용한다. "궁극적으로 유클리드는 추측을 공표하거나 공리라는 논의조차 하지 못하게 했을 뿐만 아니라, 기하학적 질문을 불가능하게 만들면서 기하학에서 권위적인 선입견을 탄생시킨다. 이른바 이 권위적 선입견이 2,300년 동안 유클리드 기하학의 절대적인 철학적 근간이 되었던 것이다."[19]

2. 3차원 공간에서 4차원 공간으로의 전환

전술한 바와 같이, 서구에서는 유클리드의 3차원 공간이 자명한 것으로 간주되어왔기에 뉴턴도 이런 전통적 입장을 수용한다. 그에 의하면, 시간과 공간은 상호 관련이 없으며, 외부의 어떤 것과도 무관하게 존재하는 독립적인 실재이다. 그것들은 물질이나 모든 사건들에 선행해서 존재하는 일차적이고 선재적인 것임을 주장한다. 뉴턴의 절대시간과 절대공간은 인간의 의식에 독립하여 객관적 자연세계에 존재한다는 것이다. 뉴턴 역학에서 가정되는 것은 같은 하나의 균질한 '절대공간'일 뿐이다. "이러한 추상적·이념적 공간이 객관적으로 존재한다는 뉴턴의 발상은 직접적으로는 근대 합리론 철학, 특히 라이프니츠─볼프(C. Wolff) 형이상학과 연결되어 있다."[20] 뉴턴의 시간과 공간 개념은 3차원적 공간과 1차원적 공간의 기계적 복합 개념이다.

민코프스키는 시간과 공간(장소)를 따로 보는 관념은 그림자처럼 사라지고 시공간 통일체만이 독립적 실체로 남을 것이라고 한다. 시간과 장소를 기하학적으로 밀접하게 통합한 최초의 사례이자 시공간의 비유클리드 기하학이라는

---

18 H. ─ G. Gadamer, 앞의 책, p.334.
19 임연정, 앞의 글, 55쪽.
20 이중원, 「아인슈타인의 시공간과 유물론」, 『철학연구』 제31집, 철학연구회, 1992, 238쪽.

화두를 던짐으로써 물리학적 패러다임 전환을 시도한다. 이는 인류가 시공간에 대한 더 깊은 이해를 하도록 이끌었다. 그가 말하는 4차원에서는 바로 시간과 공간을 분리하지 않고 하나로 간주한다. "앞으로 공간 자체 그리고 시간 자체는 그림자 속으로 흐릿하게 사라질 운명에 놓여 있다. 그리고 이들의 일종의 연합체만이 독립적인 실체를 지니게 될 것이다."[21]

민코프스키가 간단하게 '세계'라고 부른 물리적 현상의 세계는 공간-시간의 의미에서 당연히 4차원이다. 왜냐하면 그 세계는 네개의 숫자, 즉 공간좌표 x, y, z와 시간좌표인 시간값 t에 의해 묘사되는 개별 사건들로 구성돼 있기 때문이다. 이런 의미에서 그 '세계'도 하나의 연속체다.[22] 우주 내의 모든 사건은 서로 분리되어 있는 3차원의 유클리드 공간과 1차원의 절대시간 내에서 발생하는 것이 아니라, 시간과 공간이 시공간이라는 개념으로 통일되어 있는 4차원의 민코프스키 공간, 즉 4차원의 시공간 연속체에서 발생하게 된다. 그러나 연속체로서의 통일이 시간과 공간이 가지는 각각의 특수성을 소멸시키지는 않는다. 4차원의 상대론적 시공간은 시간적 요소와 공간적 요소의 통일이지 이들의 해소가 아니다.

맥스웰 방정식과 상대성원리의 결합인 아인슈타인의 특수상대성이론은 민코프스키에 의해 4차원의 시공 개념으로 완성된다. "아인슈타인에게 시간과 공간은 내적으로 연관되어 있다. 그의 시간과 공간 개념은 민코스프키 공간(x, y, z, ict)을 좌표로 가지는 4차원의 유클리드 공간이라고 부르는 4차원적 시공간이다. 절대시간과 절대공간은 존재하지 않는다. 시간과 공간은 물질의 운동에 의존적이고 그에 대해 상대적임을 의미한다."[23]

1905년에 아인슈타인은 특수상대성이론을 통해 3차원 공간과 1차원 시간

21   R. Penrose, 『황제의 새마음 : 컴퓨터, 마음, 물리법칙에 관하여(*The Emperor's New Mind: Concerning Computers, Minds, and the Laws of Physics*)』, 이화여자대학교 출판부, 1996, H. Minkowski, *The Principle of Relativity*, New York: Dover, 1923.

22   A. Einstein, 『상대성의 특수이론과 일반이론』, 이주명 역, 필맥, 2012, 72쪽 이하.

23   이중원, 앞의 글, 243쪽.

을 '4차원 시공간'이라는 하나의 좌표세트로 통일한다. 1915년에 등속운동만을 고려한 특수상대성이론에 중력에 의한 효과와 가속운동에 의한 효과가 물리적으로 동일하다는 '등가의 원리'를 알아내고, 여기에 기초하여 중력을 '휘어진 4차원 공간'으로 설명하는 일반상대성이론을 구축한 것이다. 아인슈타인의 상대성이론, 특히 특수상대성이론은 새로운 자연법칙을 제시하는 것이 아니다. 오직 기존의 법칙들을 서술할 기본 변수들인 시간과 공간 개념에 대해 간단한 수정을 요구하는 것이 전부이다. 즉 기존의 시간과 공간 개념을 통해 자연법칙들을 서술하는 데 무리가 있으니 수정된 새 개념, 즉 4차원 '시공간' 개념을 통해 자연법칙을 서술하자는 주장인 것이다. 상대성이론에서 공간과 시간은 4차원의 전체 안에 하나로 묶여 있다. 결과적으로 시간은 공간의 다른 차원이 된다. 이러한 4차원의 복합물은 '시공간'이라는 단어로 흔히 알려져 있다. 그러나 물리학자들은 시간을 보다 일반적인 공간 개념에 포함시켜 종종 4차원 공간이라고 말하곤 한다.[24]

상대성이론에서 공간이 시간으로부터 결코 분리될 수 없듯이, 시간 역시 물체의 존재에 의하여 영향을 받아 우주의 여러 영역에서 각각 다른 속도로 진행하고 있다. 따라서 아인슈타인의 일반상대성이론은 절대적 공간과 시간의 개념을 완전히 폐기시킨다. 공간과 시간을 포함하는 모든 측정은 상대적일 뿐만 아니라, 시간의 전구조가 우주 안에서의 물질의 분포에 따라 결정된다. 그리고 '빈 공간'의 개념은 그 의미를 상실한다. 상대론적 시공간 개념에서는 물질과 운동, 그리고 시간과 공간이 유기적으로 통일되어 있다. 그러나 뉴턴의 고전역학적 관점에 따르면, 시간과 공간은 각각 외부 물질 세계와 무관하게 독립적으로 존재한다. 물질 세계는 분리되어 있지 않고 불투과적이며 불변의 속성(예를 들면, 질량)을 지닌 입자(원자)들로 구성되어 있다.[25]

---

24 M. Wertheim, 『공간의 역사 : 단테에서 사이버스페이스까지 그 심원한 공간의 문화사』, 박인찬 역, 생각의나무, 2002, 234쪽.

25 이중원, 앞의 글, 253쪽.

뒤샹, 〈계단을 내려가는 누드 2번〉(1912)　　　　피카소, 〈남자의 머리〉(1912)

현대에 와서 공간을 다루는 그림에 움직임을 담아내어 시공간을 표현한 뒤샹(M. Duchamp)의 〈계단을 내려가는 누드 2번〉은 많은 화제를 낳았고, 3차원의 공간에 시간을 더한 4차원의 시공간 개념을 제시한 새로운 과학적 해석이 투영된 피카소의 입체주의 그림은 공간의 혁명을 이끌었다.[26] 이런 점에서 3차원 공간 개념에서 4차원 공간 개념으로의 전회는 모든 분야에서 공간을 바라보는 관점을 혁명적으로 변화시킨 것이다. 물론 우리는 3차원적 공간을 인정하지만, 더 나아가 4차원의 공간의 존재를 발견함으로써 세계 및 공간의 다차원성을 마주할 수 있게 된 것이다.

26　최무영, 『과학, 세상을 보는 눈 : 통합학문의 모색』, 서울대학교 출판원, 2020, 87쪽.

3. 절대적 공간에서 상대적 공간으로의 전환

공간과 시간은 모든 자연의 운동과 변화를 시간과 공간의 함수로 서술하는 기계론적 물리학의 전제 조건이다. 뉴턴이 특별히 절대공간과 절대시간을 규정한 이유는 그 전제 아래에서만 자신의 물리학적 법칙들이 의미를 지닐 수 있기 때문이다. 뉴턴의 제1법칙, 즉 외부의 힘을 받지 않는 모든 물체는 등속운동을 한다는 것은 관성계를 전제한다. 이 관성계는 우주의 실질적(절대적) 운동을 기술하기 위해 사용하는 좌표이다. 여기에는 좌표의 관측자가 정지해 있는 공간이 전제되어야 한다. 이 공간이 절대공간이다. 고전물리학에서는 감각적이고 주관적인 것을 모두 무시했으며, 다만 객관적 실재성 그리고 그 실재적 현상만을 중시했던 그리스의 이데아 철학을 계승한 것이라 볼 수 있다.

뉴턴에 의하면 우리가 물체의 본질을 안다는 것은 그 물체가 지닌 자족적이고 불변적인 성질을 인식한다는 것을 의미한다. 물체 속에 보편적으로 나타나는 연장의 관성 등의 성질들은 물체의 고유한 불변성을 지닌다. 뉴턴의 실체 개념은 다음과 같다. 첫째, 물체를 구성하는 궁극적 물질은 더 이상 분할될 수 없다. 둘째, 물리학의 대상인 물체는 인간의 주관과는 고립된 객관적 대상으로서만 다루어진다. 셋째, 과학적 실체는 절대공간과 절대시간 속에 놓여 있다. 즉 시간과 공간은 물질보다 훨씬 더 궁극적인 실체이다.[27]

뉴턴은 공간과 시간을 물리적 실재라고 본다. 그는 공간을 상대공간과 절대공간으로 구분한다. 전자는 경험적으로 인지되는 공간이며, 후자는 그러한 상대공간들을 포괄하는 진정한 공간을 의미한다. 뉴턴에 의하면 절대공간은 그 내부에 존재하는 물질과는 상관없이 독립적으로 존재하는 실재이고, 그 안에 모든 사물이 존재하며 모든 자연의 사건들이 발생하는 하나의 그릇 같은 존재다. 그것은 무한하고, 특정한 물리적 방향성(등방성, Isotropie)을 띠지 않으며, 질

---

27 W. K. Heisenberg, 『철학과 물리학의 만남 : 현대과학의 혁명』, 최종덕 역, 한겨레, 1987, 196쪽(해제).

적인 균일성(Homogenität)의 특징이 있다. 뉴턴은 절대공간을 태양의 질량의 중심이 정지해 있는 공간이라고 여긴다.[28]

뉴턴은 시공간을 외부의 물질과 무관하게 독립적으로, 그리고 그것들에 선행하여 실재하는 것으로 본다. 절대시간과 절대공간은 다른 물리적 상황이나 자연법칙의 지배를 받지 않으며, 자연현상은 그런 시공간 안에서 이루어진다. 그리고 그것들은 서로 관련이 없다. 뉴턴은 자신의 기계론적 물리학을 물리신학적으로도 변호한다. 공간은 '신적 감관(sensorim dei)'을, 공간의 무한성과 시간의 영원성은 바로 전지전능한 신의 속성을 나타낸다고 본다.[29]

칸트의 공간 개념에는 라이프니츠와 뉴턴의 영향이 지대하다. 그는 초기에 라이프니츠의 상대공간론에 따르면서 '공간의 순수 상대적 특성'을 강조하였다. 그 이후 뉴턴의 영향을 받은 논문인 「공간에서 방향들을 구별하는 근본적인 근거에 관하여」에서 좌우 방향의 구분이 직접적 직관에 의해서 가능하다는 논증을 통해서 절대공간의 실재를 옹호하는 입장을 보여준다. 그러나 "그는 뉴턴과 라이프니츠 모두를 비판하면서 절대공간론에 대해서는 선험적 관념론으로, 상대공간론에 대해서는 경험적 실재론으로 비판한다. 특히 상대공간론에 대해서 그는 상대공간론이 공간의 속성들을 경험을 통해서 외적 관계들로부터 추론함으로써 기하학의 근간을 훼손한다고 생각한다."[30]

아인슈타인의 상대론적 시공간 개념은 한마디로 상대성이론의 원리들로부터 규정된 물리적 개념이자, 이차적·파생적 개념이라고 말할 수 있다. 일반적으로 상대성이론이라고 함은 일정한 상대속도 혹은 상대가속도로 움직이는 계 상호간에서의 물체의 운동(상태)을 기술하는 물리이론이다. 좀 더 구체적으로 설명하면, 상대성이론은 하나의 기준 좌표계(frame of reference)에서 발생한 사건, 혹은 현상이 이와 상대적인 등속운동(특수상대성이론의 경우) 혹은 가속운

---

28 김세균, 「통합적 학문연구와 통섭의 기본 방향 : '해석학적 비판과학'으로의 학문 통합을 위하여」, 『뉴래디컬 리뷰』 제41호, 진보평론, 2009, 250쪽.

29 위의 글, 251쪽 이하.

30 강동수, 「근대의 자연공간과 인식공간」, 『철학연구』 116, 대한철학회, 2010, 22쪽.

동(일반상대성이론의 경우)을 하는 다른 기준 좌표계에서는 어떻게 나타날 것인가와 관련하여, 운동하는 계 상호간에서 성립하는 사건들의 물리적 상태들 간의 관계와 규칙을 기술한다.[31]

아인슈타인의 시공간론은 지금까지 시간과 공간에 대해 이루어진 관념론적·주관적·형이상학적 규정들로부터 벗어나 객관적인 물리적 실재로서 유물론적 기반을 가진다. "아인슈타인의 상대성이론은 특수상대성이론과 일반상대성이론으로 구성되어 있는데, 이들 양자 모두가 시간·공간에 대해 제각기 새로운 유물론적 인식 기반을 제공한다고 볼 수 있다. 상대론적 시공간은 물질 및 그들의 운동과 밀접히 연관되어 이들의 유기적 관계에 의존하는 파생적이며 상대적인 개념이다. 이런 점에서 상대론적 시공간 개념은 그 어떠한 개념 규정보다도 유물론적 특성을 훨씬 깊이 간직하고 있다고 할 수 있다."[32]

뉴턴의 경우 근본 가정은 공간의 절대성과 평면성이며, 아인슈타인의 경우는 시공간의 비분리성과 그로부터 도출되는 시공간의 상대성 그리고 공간의 구면성이다. 1920년대의 허블(E.P. Hubble)의 발견은 당시의 우주 개념을 근본적으로 뒤엎는 것이었다. 공간은 더 이상 물질과 다르지 않다. 그것은 전자기장과 유사한 세계의 물질적 구성 성분 가운데 하나다. 공간은 물결치고 유동하고 휘고 비틀리고 실재하고 존재하는 것이다. 물리학의 경우 일반상대성원리의 발견과 양자역학이 등장한다. 그 이후 복잡계 이론의 발전 등에 힘입어 절대적 시공간의 존재를 전제하는 결정론적인 뉴턴 물리학이 그런 시공간을 상대화한다. 그것은 변화의 예측 불가능성 등을 인정하는 '포스트 뉴턴 물리학'의 한 부분으로 편입되기에 이른다.[33]

---

31   이현재 외, 앞의 책, 109쪽 이하.

32   위의 책, 124쪽.

33   김세균, 앞의 글, 201쪽.

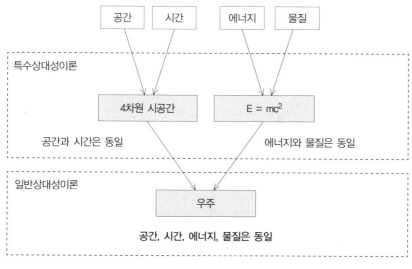

아인슈타인의 상대성이론[34]

4. 고전역학적 공간에서 양자역학적 공간으로의 전환

공간과 시간에 관한 근대적인 개념이 최초로 일반화된 것은 뉴턴의 고전역학에서 비롯된다. 뉴턴은 자연을 어떤 질서와 규칙에 따라 움직이는 내적으로 상호 연관된 단일한 체계로 보고, 자연현상을 지배하는 법칙으로 세 가지 운동법칙과 만유인력의 법칙을 제시한다. 그리고 이 운동법칙을 설명하기 위해 그 출발점이지 전제로서 절대공간과 절대시간이라는 개념을 도입한다. 고전역학은 환원주의적 · 인과론적 결정론과 본질주의를 표방한다. "고전역학의 결정론적 체계는 다음의 네 가지 가정들 위에서 성립된다. 첫째, 관찰 대상은 그것을 관찰하는 관찰자와는 독립되어 그로부터 영향을 받지 않는다. 둘째, 이 물리 세계는 하나의 거대한 시계다. 따라서 제작자는 원칙적으로 그 시

34　http://www.seehint.com/print.asp?no=13424.

계를 분해할 수도 있고 다시 조립할 수도 있다. 셋째, 뉴턴 역학은 시간 방향에서 대칭성이 있다. 과거를 알 수 있듯이 미래를 과거와 같이 예측할 수 있기 때문에 과거의 시간과 미래의 시간은 등질적이다. 넷째, 뉴턴 역학은 질점 역학이다. 즉 뉴턴이 대상을 기술할 때 객체는 객체가 되기 위한 두 가지 필요조건이 있는데, 그것은 객체의 위치와 운동량이다. 이는 고전역학의 환산 질량 (reduced mass) 개념의 기본 정의다."[35]

그러나 오늘날의 입장에서 보면 고전역학은 대체로 일상적인 경험 세계, 혹은 그보다 더 큰 천체 규모의 존재물을 운동에 대해 유효한 이론이지만, 원자 규모 또는 그 이하의 존재 물음에 대해서는 그 서술이 너무 거칠어서 효력을 가지지 못함이 드러난다. 반면 '양자역학(quantum mechanics)'은 이러한 대상에 대해 매우 유효한 이론이어서 단일 입자의 경우뿐 아니라, 이들이 모여 원자를 이루고 원자가 모여 분자 혹은 더 큰 응집물을 형성하는 과정들과 그렇게 만들어진 대상물들의 성질을 밝히는 데에도 크게 기여하고 있다.[36]

양자역학은 고전역학에서의 자연의 연속성에 대하여 불연속성으로 대치하고, 고전물리학에서는 서로 모순되는 것으로 여겼던 입자와 파동을 동일 현상의 상보성으로 받아들이게 된다. 따라서 고전역학의 환원주의적 내지 인과론적 결정론은 홀리즘적·확률적·비결정론적으로 대체된다. 이것은 이미 상식화되어 있는 것으로서 이러한 물리학의 변화는 한마디로 환원주의적인 인과적 결정론에 대하여 전체론적인 유기적 비결정론이 새로 등장하였다는 것을 의미한다.[37] 양자론은 사물을 '있는 그대로' 기술하지 않는다. 그것은 사물들이 어떻게 '나타나게 되는지' 그리고 어떻게 '서로 영향을 주는지'를 기술한다. 그것은 입자가 어디에 있는지 기술하지 않고, 입자가 어떻게 '다른 것에게 자신을 드러내는지'를 기술한다. 존재하는 사물들의 세계는 가능한 상호작용의 세

---

35 박영태 외, 『과학철학. 흐름과 쟁점, 그리고 확장』, 창비, 2011, 172쪽.
36 장회익, 『장회익의 자연철학 강의』, 청림출판, 2020, 263쪽.
37 김용정, 『과학과 철학』, 범양사, 1996, 305쪽.

제4부   현대 공간 해석의 변곡점과 이론적 유형들

계로 환원된다. 실재가 관계로 환원된다.[38]

양자역학은 원자 분자 등 미시적인 물질 세계를 설명하는 현대물리학의 기본 이론이다. 양자역학 이전의 물리학을 이와 대비하여 고전물리학이라고 부르는데, 고전물리학은 일상생활에서 느끼는 규모의 거시적 물질 세계를 설명하는 데 유용하다. 양자역학 결과를 거시적인 규모로 근사할 때 고전물리학 결과의 대부분을 유도할 수 있다. 그래서 양자역학이 정확한 이론이라고 한다면 고전물리학은 잘못된 것이 아니라 근사적인 이론이라고 볼 수 있다. 이는 측정 기술이 발전함에 따라 고전물리학으로 설명하지 못하는 현상들을 발견한 덕분이라고 말할 수도 있다.

오늘날 양자역학에서는 비결정성을 거론하면서 인과율에 대한 비판적인 입장을 취한다. 즉 미래는 과거에 의해 하나로 결정되지 않는다. 우리가 보기에 더 엄격한 규칙성조차도 실제로는 통계적이고 확률적이다. 양자역학이 기술하는 세계에서는 물리계들 사이의 관계 속에서가 아니고는 그 어떤 실재도 없다. 사물이 있어서 관계를 맺게 되는 것이 아니라, 오히려 관계가 사물의 개념을 낳는 것이다. 양자역학의 세계는 대상들의 세계가 아니다. 그것은 기본적 사건들의 세계이며, 사물들은 이 기본적인 사건들의 발생 위에 구축된다.[39]

양자역학에서의 주장은 현대철학의 논점들과 유사하다. "첫째, 입자성 : 계의 상태 정보는 유한하며, 플랑크 상수에 의해 제한된다. 둘째, 비결정성 : 미래는 과거에 의해 하나로 결정되지 않는다. 우리가 보기에 더 엄격한 규칙성조차도 실제로는 통계적이다. 셋째, 관계성 : 자연의 사건들은 언제나 상호작용이다. 한 체계의 모든 사건들은 다른 체계와 관계하여 일어난다."[40] 양자역학은 고전역학에서의 자연의 연속성에 대하여 불연속성으로 대치하였고, 고전물리학에서는 서로 모순되는 것으로 여겼던 입자와 파동을 동일 현상의 상

---

38 A. Einstein, *Relativity: The special and General Theory*. H. Holt and Company(trans.), New York, 1920(이하 *RT*), p.135.

39 위의 책, p.136.

40 위의 책, p.137.

보성으로 받아들인다. 따라서 고전역학의 환원주의적 내지 인과론적 결정론은 홀리즘적·확률적·비결정론적으로 대치된다. 이것은 이미 상식화되어 있는 것으로서 이러한 물리학의 변화는 한마디로 환원주의적인 인과적 결정론에 대하여 전체론적인 유기적 비결정론이 새로 등장하였다는 것을 의미한다.[41]

서양의 공간 개념의 역사를 정리한 야머는 양자역학의 인식론적 해석이 전통적 공간론과 맞지 않는다는 점을 지적한다. 특히 하이젠베르크의 '불확정성의 원리'가 전통적 공간론의 수정을 요구하는 것 같다. 양자론에서는 불확정성의 원리에 의해서 위치와 운동량, 혹은 시간과 에너지가 동시적으로 측정될 수 있다는 사실이 부정된다. 시간과 공간적 위치가 정확히 측정될 때에, 그와 동시에 운동량과 에너지는 결코 측정될 수 없다. 단지 확률적 의미의 측정만이 가능하다. 그러므로 양자론과 특수상대성이론을 모두 충족시키고자 하는 어떤 이론도 수학적 모순을 피할 수 없으며, 특히 매우 높은 운동량과 에너지의 상태에서는 두 이론이 결코 서로 수렴되지 않는다.[42]

하이젠베르크의 '불확정성의 원리'와 닐스 보어의 '상보성 원리' 모두는 관찰이나 측정의 주체에 대해서, 그 대상적 객체로부터의 독립적 고립은 허용하고 있지 않다. 특히 불확정성의 원리는 실제의 자연현상이란 결코 일의적인 인과율에 의한 인식 과정으로 드러나는 것이 아니라 다양한 가능성을 지닌다는 경험적 측면을 보여주고 있다. 불확정성의 원리에 대한 철학적 함의가 보여주는 또 한 가지는 종래의 기계적 자연관에 의한 결정론적 세계관의 붕괴이다. 이 근거는 주관–객관 간의 관계적 상황에서 찾을 수 있다. 결정론이라 함은 주관적 정신과는 절연된 객관적 대상이 일의적인 인과율 속에 놓여 있다는 것인데, 불확정성의 원리에서는 주체의 경험이 객체인 대상에 교란을 줌으로써 일의적 인과율을 찾아볼 수 없게 된다.[43] 불확정성의 원리는 칸트의 인과율에 대

---

41 김용정, 앞의 책, 305쪽.
42 M. Jammer, 앞의 책, 389쪽 참조.
43 W. K. Heisenberg, 『철학과 물리학의 만남 : 현대과학의 혁명』, 최종덕 역, 한겨레, 1990, 198쪽(해제).

한 절대성을 흔들었으며, 아인슈타인으로 하여금 "신은 주사위놀이를 하지 않는다"는 항변을 하도록 만들었다.

하이젠베르크가 살았던 시대는 고전역학이라는 낡은 설명 체계의 한계가 노정되면서 세계를 바라보는 새로운 관점에 대한 요구가 들끓던 시대였다. 그의 불확정성의 원리가 중요한 토대를 제공한 양자역학 역시 세상을 이해하는 또 하나의 방식이었다. 하이젠베르크는 이 책을 통해서 고전 역학이 그러했듯이 양자역학 또한 절대적인 무엇이 아니라, 언젠가 새로운 인식에 대한 요구에 떠밀려 새로운 접근 방식에 자리를 내줄 수밖에 없는 부분임을 알려준다. 즉, 우리가 이 세상을 이해하려는 부단한 노력이라는 결코 끝나지 않을 전체의 일부일 뿐이다. 물리학자 장회익은 '자연철학 강의'를 이야기하기 위한 대담에서 다룬 '공간 개념의 변화와 양자역학의 새 공리 체계'에서 다음과 같이 '공간 개념의 변화'를 정리해 보여주고 있다.

1) 고전역학(3+1, 3+1) 차원 : 공간 3차원, 시간 1차원/ 운동량 공간 3차원, 에너지 공간 1차원.

2) 상대성이론(4, 4) 차원 : 시공간 차원(x, y, z, ict)/ 운동량–에너지 공간 4차원 ($p_1, p_2, p_3, p_4, iE/c$)

3) 양자역학 복합 4차원 : 시공간 차원(x, y, z, ict)/역(逆) 시공간 차원($k_1, k_2, k_3, iw/x$)/ 운동량–에너지 공간 차원($p_1, p_2, p_3, iE/c$)[44]

---

44 이 내용은 녹색아카데미 유튜브 '자연철학 이야기'에서 나눈 대담, '공간 개념의 변화와 양자역학의 새 공리 체계'를 정리한 것이다. 장회익, 앞의 책, 78~251쪽 참조. https://greenacademy.re.kr/archives/13263.

제10장

현대철학적 공간 해석의 전개

1. 현상학적 공간해석론

현상학이란 인간의 실존과 인식의 본질을 경험으로부터 기술하려는 것을 목표로 삼는다. 현상학적 공간 이해는 "인간이란 어떤 존재이며, 어떤 방식으로 존재하느냐, 인간 존재 혹은 실존의 구성 요소는 무엇이냐?"[1] 등의 물음과 밀접한 관련을 갖는다. "이때 공간은 세계 체험의 주체인 인간의 신체성과 경험의 방식으로서의 지각과 분리되어 이해될 수 없다는 것이 현상학의 입장이다. 현상학에서 중요한 것은 공간 자체의 객관적 기술이 아니라, 공간 성립 내지 공간 구성의 바탕이 되는 '체험의 공간성(Erfahrungsräumlichkeit)'을 기술하는 것이라 할 수 있다."[2]

후설은 자연의 공간성의 현상학적 기원에 관한 기초적 탐구를 시도한다. 이를 통해 실증주의적 공간론을 비판한다. 그에게 3차원 공간이란 우리가 몸으로 겪는 '경험의 공간성'으로부터 구성된 것이라고 파악한다. 즉 "공간과 공간

---

1   S. Günzel, "Phänomenologie der Räumlichkeit", Jörg Dünne, Stephan Günzel(hrsg,) *Raumtheorie, Grungtexte aus Philosophie und Kulturwissenschaften*, Frankfurt a.M., 2006, p.105.
2   서도식, 「공간의 현상학」, 『철학논총』 제54권 4호, 새한철학회, 2008, 341쪽.

속에 놓여 있는 객체들의 3차원은 신체의 '지각 운동적 경험(sensomatorische Er-fahrung)'으로부터 직접 도출된다는 것이다. 그가 기본적 세계라고 부르는 인간 경험의 가장 깊은 수준은 시간적인 만큼이나 공간적이기도 하다. 그래서 인간 경험의 시간성은 물론 그 공간성을, 즉 사실상 이 두 가지를 함께 탐구하는 것이야말로 현상학자들의 과업이다."[3]

현상학적 공간론은 후설의 『사물과 공간(Ding und Raum)』에서 전개된다. 경험체로서 신체란 "모든 공간적 관계가 그에 결부되는 것으로 보이는 지속적인 점'으로 나타난다는 것을 의미한다.[4] 그는 공간과 관련하여 경험된 신체(Leib) 역할을 강조한다. "살아 있는 신체는 지극히 특이한 방식으로 끊임없이, 게다가 지극히 직접적으로 지각 영역 안에 있다. 그것도 온전히 유일한 존재적 의미를 가지고 그러하다."[5] 어떤 면에서는 이 신체가 단지 또 하나의 물리적 사물일 뿐일지라도, 다른 면에서, 즉 경험된 신체로서 이는 평범하지 않은 어떤 것, 즉 '나의 담지자'이고, 이 나에 의해 느껴지는 감각의 장소다. "외적 공간은 동질적이다. 비록 다양한 방식으로 방향지어져 나타난다 해도 그러하다. (…) 그러나 경험된 신체와 그 신체 공간은 이 동질성을 산산조각 내버린다."[6] 따라서 내가 마주치는 모든 사물은 신체 주위에 배열된 것으로 주어지는데, 나는 바로 이 신체를 가지고 지각한다. 내 신체 덕분에 나는 사물의 중심에 있다. '나 자신'이란 내 모든 경험이 중심으로서 나를 형성하는 신체적 자기다.[7]

후설에 의하면, 공간적 장소를 우리가 지각하는 사물을 위한 '기반−장소

3　E.S. Casey, 『장소의 운명 : 철학의 역사』, 박성관 역, 에코리브르, 2016, 430쪽.

4　E. Husserl, *Ding und Raum: Vorlesungen 1907*(Husserliana, Band.16), Den Haag, 1973, p.80.

5　E. Husserl, *Crisis of European Sciences and Transcendental Phenomenology: An Introduction to Phenomenological Philosophy*, David Carr(trans.), Northwestern University Press, 1970, p.107.

6　E. Husserl, *Zur Phänomenologie der Intersubjektivität. Texte aus dem Nachlaß Erster Teil: 1905~1920*(Husserliana XV), The Hague, 1973, p.239.

7　E. Husserl, *Ding und Raum: Vorlesungen 1907*, p.280.

(basis-place)'로서 살아 있게 만들어주는 것이 바로 체험된 신체다. 장소 없는 세계를 생각할 수 없는 것은 신체 없는 자기를 생각할 수 없는 것과 마찬가지다. 또한 우리의 자아가 극히 효과적인 방향을 부여함에 있어서, 그리고 현상들과 운동감각을 공조시킴에 있어서 신체를 갖고 있기 때문에 세계에는 장소가 그토록 가득하고, 그리하여 거기에 거하는 사물들에 대해 세계가 그토록 수용적인 것이다. 경험된 신체는 장소를 활성화하며, 또한 그것은 역으로 장소를 필요로 한다. 신체는 장소를 수립할 뿐만 아니라 발견한다.[8]

갈릴레이에게 모든 물체는 관성의 법칙과 운동량 법칙에 종속되는 물리적 물체뿐이라고 여겨진다. 그러나 이는 자연물리적 세계에서 체험된 신체가 갖는 특이한 지위를 간과하는 처사이며, 더 한층 심각하게는 인간이 살아가는 생활세계에서 경험된 신체가 수행하는 구성적 역할을 간과하는 처사다.[9] 후설은 비유클리드 기하학의 타당성을 현상학적으로 해명하면서 기하학과 근대 학문의 발생 근거는 마땅히 생활세계에서 찾아야 할 것으로 본 것이다. 후설에 의하면, 공간은 선험적 형식으로 주어져 있지도 않다. "우리의 일상적 경험 세계, 즉 지각 대상으로서의 경험 세계는 유클리드 공간을 선험적인 주형으로 가정한 뒤에 감각적 관념들을 이러한 주형이 부어 주조해낸 것이 아니기 때문이다. 공간 속에 존재하는 우리의 몸은 세계를 체험할 때부터 이미 공간적 규정에 따른다는 것이 후설의 생각이다. 우리가 어떤 사물을 하나의 동일한 사물로 지각할 수 있는 것은 지각의 예취(Antizipation)에 따르는데, 후설에게서 이러한 예취가 가능한 까닭은 칸트처럼 선험적 통각이 아니라 신체가 갖는 경험의 공간성 때문이라고 말할 수 있다."[10]

후설은 『유럽 학문의 위기와 선험적 현상학』에서 공간적 장소를 다음과 같이 규정한다. 첫째, 장소는 강이나 산, 건물 등을 위한 최초의 배경을 제공하

---

8   E.S. Casey, 앞의 책, 447쪽.
9   위의 책, 440쪽.
10   서울시립대학교 도시인문학연구소 편, 『도시 공간의 인문학적 모색』, 메이데이, 2009, 29쪽.

는데, 이것들의 물체적 형태는 개념이나 명칭을 부여받을 것이다. 이런 역할을 수행함에 있어 장소는 무규정적인—혹은 더 정확히 말하면 전규정적인—측량의 무대, 즉 더 정밀하게 동일화하고 재동일화하기 위한 토대가 된다. 둘째 장소는 위치를 진술하기 위한 기반으로서 역할을 수행한다. 장소가 이럴 수 있는 것은 '기지의 장소'가 고정적인 것으로 전제된 사실 덕분이다. 여기서 관건은 장소의 형태성이나 내용이 아니라, 순수한 위치를 부여할 수 있는 규정성이다.[11] 그리고 지향성은 장소가 성립하기 위한 전제 조건이다. 의식이란 그 자체로 따로 있는 것이 아니라 대상인 무엇이 드러나는 장소이다. 지향성은 우선 지각되는 대상과 지각하는 주체(의식)가 성립하는 데 작동하는 필연적인 상관관계를 지시한다. 지각 외에 판단·가치평가·소원·사상 등의 의식 작용에도 이러한 지향적인 상관관계가 성립한다. 말하자면 의식이 작동하는 데는 모두 주체와 대상 간의 지향적인 상관관계가 필연적으로 작동한다. 이러한 지향성은 장소가 성립하는 데 기본적으로 작동하는 것으로 볼 수 있다.[12] 정신과 물질은 서로 독자적인 실체성을 지닐 수 없고 오로지 이른바 지향적인 상관관계를 통해서만 성립한다는 것이다.

진정한 장소의 안정성은 신이나 태양 혹은 영속적인 역사적 건물 안에서가 아니라 나 자신 안에서 발견된다. 즉 나의 '신체-자기'는 나의 지각 경험 안에 나타나는 모든 것에 대해 '늘 지속적인 관계의 점'이다.[13] "장소는 운동감각을 통해 실현되고, 바로 이 운동감각 아래서 장소의 성질은 최적의 형태로 경험된다."[14] 그리고 "기하학은 몇몇 종류의 기본 도형을 확정한다. 공리의 도움으로 (…) 기하학은 공간에 존재하는 모든 공간 도형과 그들에 속하는 본질적 관

---

11 E. Husserl, *Crisis of European Sciences and Transcendental Phenomenology: An Introduction to Phenomenological Philosophy*, pp.27~28, p.32.

12 김성환 외, 『장소 철학 1 : 장소의 발견』, 서광사, 2020, 81쪽.

13 E. Husserl, *Ding und Raum: Vorlesungen 1907*, p.80.

14 U. Claesges, *Edmund Husserls Theorie der Raumkonstitution*, Den Haag, 1964, p.82.

계를 순전히 연역적으로 도출할 수 있다."[15] 그리고 "공리 개념으로부터 형성된 명제는 어떤 논리 형식에 의거하든지 공리로부터 순전히 형식-논리적으로 도출된 것이거나, 아니면 그의 모순의 결과이다."[16] 그러나 후설은 자연적 경험 공간과 이념화된 기하학적 공간으로부터 현상학적 경험을 통한 공간에로의 접근을 시도한다.

> 기하학의 근원에 대한 탐구는 늘 실종되어 있었으며, 기하학적 공간은 우리 경험 세계로부터 출발한 이념화 과정의 산물이란 사실이 은폐되어 있었다. 이것을 후설은 치명적인 것으로 평가하고 있다. 왜냐하면 그러한 사실들이 은폐됨으로써 이념화된 공간이 어떠한 선행작업도 어떠한 근거도 전제할 필요가 없는 그 자체의 세계로 실체화되었기 때문이다.(…) 따라서 보다 근원적인 공간 문제는 삶의 세계에서 수행되는 경험으로부터 접근되어야 한다. 이러한 이유에서 후설은 공간을 자연적으로 경험되는 그 직접성에서 해명하기 위하여 어떠한 기존의 이론에 의거하지 않는 현상학적 경험연구를 시도한다.[17]

후설은 근대과학 및 현대과학의 발전 과정을 추적한 끝에 그것이 자연스러운 경험 세계로부터 출발한, 이념화라는 의식 작용의 결과라는 것을 밝혀낸다. 따라서 진정한 세계와 공간은 자연스러운 경험에 대한 현상학적 해명을 통하여 밝혀져야 하는 것이다. 그런데 이러한 자연스러운 경험의 가장 근본적 양상은 지각이며, 따라서 모든 인지 작용은 지각에 근거하고 있다.[18] 그의 공간론도 그의 지각 작용에 대한 현상학적 성찰과 궤를 같이하며 전개된다.『사물과 공간』에서 여실히 드러나듯이, 후설은 공간을 지각 작용의 지향적 진행

---

15   E. Husserl, *Ideen zu einer reinen Phänomenologie und phänomenologischen Philosophie. Erstes Buch: Allgemeine Einführung in die reine Phänomenologie*, (Husserliana III-1), p.151.
16   위의 책, 같은 곳.
17   이종관,『공간의 현상학, 풍경 그리고 건축과학 : 건축 현상학의 심층횡단을 통한 인간의 미래 거주 방향 모색』, 성균관대학교 출판부, 2012, 97쪽 이하.
18   위의 책, 102쪽.

과정을 현상학적으로 기술함으로써 논구한다. 이렇게 지각 활동에 집중하여 공간을 기술해보면 공간은 지각이 실현되는 역능성(力能性)의 영역이다. 공간은 그 자체 절대적이고 객관적인 연장성이 아니라, 몸을 중심으로 몸의 운동 감각이 지각으로 실현되고, 또한 실현될 수 있는 잠재성의 지시 연관 체계이다. 공간은 이렇게 지각을 수행하는 몸의 잠재적 활동 영역으로 구성된다.[19]

후설은 특히 지각을 수행하는 과정에서 몸의 역할에 주목하며, 그의 공간론은 따라서 몸의 움직임과 운동감각에 대한 논의를 중심으로 전개된다. "후설에 따르면 역사성은 하나의 자리를 가지는데, 이러한 자리가 바로 '우리가 서 있는 땅(unsere Erde)'이라 할 수 있다. 그가 땅이라는 말을 쓰는 것은 결코 메타포가 아니다. 후설에게서 땅은 역사성을 지닌 사물의 자리이며, 우리의 모든 신체적 체험의 초월적 지반으로서의 생활세계를 가리킨다."[20] 그리고 "이로써 땅은 그 스스로 하나의 보편성이다. 땅은 개별적이긴 하지만, 온갖 종류의 왕국을 무한성의 왕국으로 자기 자신 속에 거느리고 있는 하나의 대상이다."[21]

후설의 공간을 일상생활공간, 순수기하학적 공간, 기하학적 직관이 관계한 공간, 응용기하학, 즉 자연과학 공간, 형이상학 공간으로 구분한다. 일상생활 공간이라는 것은 우리가 학문 이전에 알고 있는 모든 외적 직관의 근본에 있는 공간이며, 학문의 기반이라고 평가되고 있다. 후설은 이것들의 네 가지 공간관계를 형성 발생적인 단계라고 생각한다. 기하학적 공간은 직관 공간에서 발생한 것이며, 따라서 공간 표상의 철학적 해명은 기하학 공간에 선행하고 직관 공간의 기술적 분석에서 시작해야 한다고 말한다.[22] 생활세계는 우리의 모든 생황이 그곳에서 영위되는 현실을 직시 혹은 경험하거나 또는 경험할 수

---

19 위의 책, 100쪽.

20 서도식, 앞의 글, 344쪽.

21 E. Husserl, *Erste Philosophie(1923/24): Erster Teil: Kritische Ideengeschichte*, Den Haag, 1956, 291쪽.

22 丸田一(마루타 하지메), 『장소론 : 웹상의 리얼리즘과 지역의 로맨티시즘』, 박화리·윤상현 역, 심산, 2011, 68쪽 각주 6.

있는 세계이다. 수학이나 물리학 같은 학문 세계도 저러한 생활세계를 기반으로 성립된다. 하지만 후설의 공간론은 근대 인식론의 품안을 떠나지 못한 채 공간의 문제를 인간 실존의 파생적 차원인 인지적 관점에서 다루고 있다. 왜 냐하면 후설이 보다 근원적인 공간 문제에 접근하기 위한 현상학적으로 탐구하는 지각 작용은 여전히 인식론적 지향 주체에서 수행되는 의식 작용이기 때문이다.

2. 실존론적 · 존재론적 공간해석론[23]

후설에서의 지각이 인식론적 관점에서 가장 근본적인 양상일 수는 있지만, 그것 자체가 다른 모든 것에 우선하는 더 이상 되물을 수 없는 인간 실존의 차원은 아니라는 것을 하이데거는 밝혀낸다. 그것은 도구의 존재 방식을 분석하는 가운데 인식론 전반에 대한 비판을 거쳐 우회적으로 주장된다. 하이데거는 후설을 따라 공간의 공간성으로 당연시되던 연장성 · 절대성 · 동질성이 지각 공간을 이념화한 결과라는 것을 밝힌다. 하지만 동시에 후설을 우회적으로 비판하면서 지각 공간에 선행하는 공간을 '방역(Gegend)', 즉 삶의 공간으로 규정한다. 그리고 이 방역의 공간성은 현존재의 행위와 관련하여 "'거리 없앰 (Entfernung)'과 '방향 잡음(Ausrichtung)' 그리고 '공간 마련(Einräumen)'에 있다."[24]

공간은 생활세계에 현상한다. "현상은 후설의 경우에는 의식에 직접 주어지는 것인 반면, 하이데거에게는 존재 자체가 개시되는 것이다. 그러나 어느 경우든 사태 자체는 인간 또는 현존재의 구체적 삶의 공간, 즉 역사적 · 실존적 생활세계에 현상하는 것이지, 이로부터 유리된 추상적 이념이 아니다. 후설

---

23 강학순, 「하이데거에 있어서 실존론적 공간 해석의 현대적 의의」, 『존재론 연구』 vol. 14, 한국하이데거학회, 2006, 7~22쪽 수정 보완.
24 M. Heidegger, *Sein und Zeit*, Tübingen, 1979(이하 *SuZ*), pp.104~114(23절~24절).

은 이러한 세계를 의미 형성체란 뜻으로 노에마(noema)라 불렀고, 하이데거 역시 도구성을 내용으로 한 유의미성의 연관이라 하였다. 마찬가지로 어느 경우든 세계의 공간적 상황은 인간의 삶에서 인식과 행동의 지반이자 지평인 셈이다."[25]

하이데거는 공간에 대한 전통적 존재론에 대한 현상학적 해체를 수행한다. 전기 하이데거는 전통적인 존재론에 입각하여 공간의 존재 문제를 다루지 않고, 자신이 제시하는, 소위 존재 일반의 의미를 해석하기 위한 지평을 전개하기 위해 '현존재의 존재론적 분석론'을 통해 해명하고자 한다. "공간 존재의 해석에 관해 오늘날까지 이어져오는 당혹의 근거는 공간 자체의 사상 내용에 대한 불충분한 지식에 있다기보다는 오히려 존재 일반의 가능성을 원칙적으로 통찰해서 그 가능성을 존재론적으로 파악하는 해석이 결여되어 있다는 데 있다."[26]

이와 같이 하이데거는 공간 존재의 해석에 관해서는 전통적인 존재론이 간과한 현존재의 분석론의 주제적 분야에서 이루어져야 한다는 문제의식을 가지고 있다. 따라서 하이데거는 '세계-내-존재'라는 현존재의 근본틀과 관련하여 공간을 파악하고자 한다. 그가 주제화하는 세계는 "현실적 현존재가 현존재로서 '살고 있는' '그곳'으로서 선존재론적(vorontologische) 실존론적 의미를 지니며, 공공적 '우리-세계'라든가 '자신의' 가장 친근한 (가정적) 환경 세계를 가리킨다."[27] 따라서 그에게서 중요하고 결정적인 것은, 존재를 '현존재의 존재'에서부터 해명하고자 하기에 공간 존재도 현존재의 존재틀인 세계-내-존재로부터 실존론적으로 해명한다는 사실이다. "공간은 세계에 환원시켜서 비로소 파악될 수 있다. 공간은 주변 세계의 탈세계화를 통해서만 비로소 접근 가능한 것이 아니며, 공간성은 일반적으로 세계를 근거로 해서만 발견될 수 있

---

25 서도식, 앞의 글, 352쪽.
26 M. Heidegger, *SuZ*, p.113.
27 위의 책, p.65.

는 것이다. 그리하여 세계-내-존재라는 현존재의 근본틀과 관련하여 현존재 자신의 본질적 공간성에 상응해서 공간이 세계를 함께 구성하는 것이다."[28]

하이데거는 공간에 대한 실존론적 탐구를 통해 공간 현상을 해명하고자 한다. 그는 데카르트의 존재론의 공간 개념을 현상학적으로 해체하여, 소위 현존재 분석론에 입각하여 공간에 대한 실존론적 해명을 시도한다. 이른바 "세계 내부적 도구 존재자의 공간성과 세계-내-존재의 공간성에 대한 이상의 설명을 통해서 비로소, 세계의 공간성이라는 현상을 부각시키고, 공간의 존재론적 문제를 제기하기 위한 전제가 주어지는 것이다."[29]

전기 하이데거는 이런 근대 인식론적 태도의 비판을 통한 실존적 행위 공간을 발견한다. 근대의 표상적 사고에서는 존재자를 사물 아닌 대상으로 파악하며 '눈앞에 있어서(vorhanden)' 상대하여 세워진 것으로 파악한다. 그리고 현대 기술 시대에서는 공간도 하나의 주문 요청에 응하는 부품(Bestand)으로 취급한다. 이런 점에서 공간도 대상과 부품으로 취급된다. 그러나 하이데거는 공간의 도구성과 공간의 존재론적 특성을 다룬다. 이를테면, 존재자들이 도구로서 존재하며 쓰이면서 우리에게 다가오는 공간은 대상들이 위치하고 있는 공간이 아니라, 쓰임새의 맥락에 따라 도구들의 자리를 배열하는 지시 연관 관계이다.

무엇보다 공간은 '물 자체(Ding an sich)'와 구별되는 경험적 '현상(Erscheinung)'이 아니다. 현상(φαινόμενον, phainómenon)은 그리스적으로 '스스로 내보이는 것', 즉 '자신을 그 자체에서 내보여주는 것'으로 이해한다. 하이데거의 현상학적·존재론적 분석은 현상을 그 자체에서부터 보이게끔 해주는 탐구이며 현상은 '존재자의 존재'이다. 과학적 공간에서 배척되어온 과학적 공간의 근거가 되는 공간 현상이 여기서 발견된다. 이때 공간은 실존적 거주 방식으로 특징지어지는 인간 삶의 문제와 같은 맥락에서 출현하는 현상이다. 여기서는 현존재의 구체적 삶의 공간, 즉 역사적·실존적인 생활세계가 중시된다.

---

28 위의 책, p.113.

29 위의 책, p.110.

하이데거는 공간 물음의 기초로서의 현존재의 존재 이해를 거론한다. 그는 인간이 현존재로서 근원적 의미에서 공간적이라고 한다. 그에게서 공간은 실존 범주로서 인간의 본질적인 존재 방식이다. 이 공간은 무엇보다도 실존론적인 의미를 가지고 있다. 인간의 삶과 존재론적 관심에 의해 공간이 열리고 동시에 발견된다. 현존재는 공간적이다. "공간은 현존재에게 구성적인 세계-내-존재가 이미 공간을 열어 보이고 있는 한, 세계 속에 있는 것이다. 공간은 주관 속에 존재하는 것이 아니며, 또한 주관이 세계를 마치 공간 속에 있는 '것처럼' 관찰하는 것도 아니다. 그러한 것이 아니라, 존재론적으로 올바르게 이해된 '주관' ―즉 현존재―이 바로 공간적인 것이다."[30]

현존재의 공간성을 바탕으로 공간이 발견될 수 있고, 나아가 공간 자체가 인식 가능해진다. "공간은 세계-내-존재와 함께 우선 이 공간성에서 발견되어 있는 것이다. 이렇게 발견되는 공간성을 지반으로 해서 공간 자체가 인식 작용에 접근 가능해진다."[31] 이리하여 일상적 삶에 있어서 "그때그때의 현실적 처지나 상황의 여기(Hier)는 어떤 공간 위치를 의미하지 않고, 방향 열기와 거리-없앰에서 열린 활동 공간, 즉 가까이 신변적으로 배려되는 도구 전체의 권역을 의미한다."[32] 따라서 우리들에게 우선적으로 발견되어 있는 공간은 결코 그 자체로 있는 순수 공간이 아니라, 세계 현상으로부터 만나지는 공간, 즉 도구 전체의 자리로서의 공간인 것이다. "세계를 근거로 해서 우리는 도구를 만나고 그것과 교섭할 수 있는 것이다. 우리가 세계 내부적 존재자들과 교섭하고 소통하면서 살아가는 세계에서 조성되는 생활공간을 하이데거는 '세계 내부적 도구 존재자의 공간'[33]이라 명명한다. "인간이 현존재로서 본질적으로 개시성이다. 여기서 '현(Da)'은 모든 공간들의 개시성의 토대이다. 현존재는 '거리 없앰'과 '방향 잡음'의 방식으로, 즉 "방향을 제시하는 거리를 제거함'으로써

30　위의 책, p.111.
31　위의 책, 같은 곳.
32　위의 책, p.369.
33　위의 책, p.102.

공간적이다."³⁴ 공간은 인간과 독립되어 있는 단순히 외적인 대상도 아니고, 주관 안에 있는 내적인 체험의 대상도 아니다. 인간은 우선적으로 자신의 주변적 세계와 교섭하는 관계적 행동 및 실천을 통해 소통하면서 그 소통 공간 속에서 실존한다. "우선 대개 현존재는 주변 세계적으로 만나는 것과 둘러보면서 배려되는 것에 입각해서 자기를 이해한다."³⁵

하이데거의 현존재는 사물의 내부로 닫힌 폐쇄적인 존재 방식과 대조적으로, 다른 존재자에게 관심을 갖고 배려하는 외부로 열린 존재 방식이다. 현존재는 항상 세계의 어떤 존재자와 열린 관계를 유지하면서 배시(둘러봄)·거리 없앰·방향 잡음·공간 마련의 특성들을 지닌 공간성을 언급한다. 방향 잡음이란 사전에 어떤 방향으로 위치를 선점해두는 것으로, 거리 없앰을 통해 도구를 가까이한다면, 방향 잡음 덕분에 그 장소의 성질이 눈에 띄게 된다. 그러므로 도구는 세계에 있어 어떤 공간을 열고 공간을 부여할 수 있다. 이렇게 공간을 부여하는 것을 공간 마련이라고 한다. 공간 마련으로 공간을 도구에 부여함으로써 세계에는 자신이 있는 이곳과 도구가 있는 저곳에 생겨난다.

존재자들이 도구로서 존재하며 사용된다. "우리에게 다가오는 공간은 대상들이 위치하고 있는 공간이 아니라, 쓰임새의 맥락에 따라 도구들의 자리를 배열하는 지시 연관 관계이다."³⁶ 또한 "존재적으로나 존재론적으로 우위를 점하는 것은 배려로서의 세계-내-존재이다."³⁷ 또한 "왜냐하면 이와 같이 현존재의 근본틀로서의 '존재틀은 존재 규정들이 존재 규정으로서 '있기' 위해 그 모든 존재 규정들에 앞서서 이미 '있어야' 하는 것'"³⁸이기 때문이다. 즉, "'bin(있다)'라는 표현은 'bei'와 연관을 가지며 '내가 있다'는 것은 다시 '나는 거주한다', '나는 …에 몰입해서, 즉 이러저러하게 친숙한 세계에 몰입해서 머무

---

34 위의 책, p.108 이하.
35 위의 책, p.387.
36 위의 책, p.66.
37 위의 책, p.58.
38 위의 책, p.90.

르고 있다'는 뜻이다. '내가 있다(ich bin)'의 부정법으로서의 존재(Sein), 즉 실존 범주로서 이해된 존재는 '…에 몰입해서 살고 있다', '…와 친숙하다'를 의미한다. 따라서 내-존재는 세계-내-존재라는 본질적 틀을 가진 현존재의 존재를 나타내는 형식적이고 실존론적인 표현이다."[39] 특히 '내-존재(In-Sein)'는 세계에 거주하면서, 그것에 친숙하면서, 그것을 돌보면서, 그곳에 삶을 살면서 존재함을 뜻한다. 이것은 인간에게 고유한 실존 범주(Existenzial)로서 다른 여타의 존재자와는 다른 고유한 존재 방식이며, 이러한 내-존재에 공간성이 귀속된다고 본다. 하이데거에 있어서 '공간의 존재'는 현존재의 존재 이해에 근거하고 있다. 존재 이해가 터하고 있는 이런 현존재의 개시성은 공간 개시의 기초가 되고 있다.

무엇보다도 인간이 존재함은 이 지상에서 사물들과 이웃과 친숙하게 거주함(Wohnen)[40]을 의미한다. 하이데거는 거주야말로 "존재의 근본 특성"[41]이라고 해명하기 때문이다. 다시 말해 세계 내부적 존재자들과 친숙한 관계를 맺으면서, 즉 그것들과 가깝고 그리고 먼 거리를 유지하면서, 또한 그것들에게 공간을 마련하고 허용하면서 인간은 존재하고 있다. 그가 교섭하는 사물들 내지 도구들을 제자리에 보관하고, 돌보면서 그리고 방향을 정해주면서 살아가는 거주 방식이 바로 인간 실존의 존재 방식이다. 이것은 세계 내부적 존재자들의 '공간 내부의 존재 방식'(내부성)인 '눈앞에 있음'(전재성), '손안에 있음'(용재성)과 구별된다. 이러한 '어디에(wobei) 거주함'으로서의 '내-존재'는 현존재의 공간성의 기반이 된다. 이렇게 인간은 친숙한 주변 세계와 교섭하며 몰두하며, 자신의 존재에 대해 염려(Sorge)하는 유일한 존재자이다. 하이데거에 있어서 세

---

39 위의 책, p.54.

40 M. Heidegger, "Bauen Wohnen Denken", *Vorträge und Aufsätze*, Pfullingen, 1967 참조, 최상욱, 「거주하기의 의미에 대하여 : 하이데거를 중심으로 한 탈근대적 거주하기의 의미」, 한국하이데거학회 편, 『하이데거연구』 제4집, 1999년 가을호, 271~299쪽; 윤병렬, 「거주함의 철학적 지평 : 하이데거의 사유와 고구려의 고분벽화를 중심으로」, 한국하이데거학회 편, 『하이데거연구』 제11집, 2005년 봄호, 5~35쪽.

41 M. Heidegger, "Bauen Wohnen Denken", p.155.

계에 '몰두해 있음, 곁에 있음'(Sein-bei)은 실존 범주이다. 인간은 본질적으로 자기 자신의 존재에 관심을 기울이면서 이 세상에 살고 있는 존재자이다. 이 염려는 사물들에 대한 마음씀으로서의 '배려(Besorgen)'로서, 함께 사는 이웃들에 대한 마음씀으로서의 '고려(Fürsorge)'가 나오는 바탕이 된다. 이 지상에서의 실존적인 삶의 공간의 열림과 발견은 이 배려와 고려에 의해서 가능하다는 것이 하이데거의 입론이다.

하이데거에 의하면, 현존재와 세계의 관련성을 실존론적·존재론적으로 해석할 가능성은 현존재를 구성하고 있는 세계와의 친숙성에 근거하고 있다는 것이다. 이 세계 친숙성은 그것대로 현존재의 존재 이해를 함께 형성하고 있다고 본다. 그리하여 하이데거는 공간의 실존론적 토대를 현존재의 존재 이해에 입각하여 근원적인 공간 존재를 밝혀내고자 한다. 이런 이해를 바탕으로 다양한 공간들의 존재론적 층위를 현상학적·해석학적으로 드러내고자 한다. 하이데거의 공간에 대한 실존론적 해석에서 '세계 내부적 존재자의 공간성'을 다룬다. 세계 내부적 존재자는 우선 사물 및 자연이다. 인간이 자신의 삶의 지평에서 그것들과 관계를 맺고 교섭할 경우, 그것들은 비로소 도구, 즉 사용 사물(pragmata)이 된다. "도구는 그때마다 다른 존재자에 앞서서 가장 먼저 만나는 존재자를 의미할 뿐 아니라, 동시에 '가까이' 있는 존재자를 가리키기도 한다. 일상적 교섭에서 만나는 도구는 가까움(Nähe, 친근성)이라는 성격을 지니고 있다."[42] 이와 같이 인간이 자신의 삶을 영위하면서 우선 만나게 되는 세계는 친숙한 도구 존재자의 세계, 도구 연관의 세계이다. 이것을 하이데거는 주변 세계(Umwelt)라고 한다. 여기서 주변 세계는 인간의 삶의 관심을 통해 발견되고 형성된 세계이다. 인간은 궁극적으로 자신의 존재를 위해, 다시 말해 지상에서 거주하기 위해 삶을 영위하면서 사람들과 사물들과 교섭한다. 이때 우리가 생활하면서 주위와 교섭하는 공간이 바로 도구의 세계이고 주변 세계이다. 그것은 또한 활동 공간이며 구체적인 삶의 역사적 공간이다. 근대 존재론 이후

---

42 M. Heidegger, *SuZ*, p.102.

에 망각되고 탈취된 공간이 바로 이 구체적인 실존의 공간이라는 것이 하이데 거의 철학적 통찰인 셈이다.

근대의 존재론에서 공간은 세계와 독립적이고 무관하다. 그러나 하이데거에 있어서 공간은 우선적으로 세계 안에 자리하고 있는 공간이다. 공간은 주관 안에 있는 것도 아니고, 주관 밖에 대상으로 있는 것도 아니다. 세계가 공간 안에 있는 것이 아니라, 오히려 공간이 세계에 귀속되어 있다. 공간의 존재론적 토대는 세계이다. 세계를 근거로 하여 공간은 우리와 만나게 된다. 그러므로 공간은 세계와 독립적인 것이 아니라, 본질적으로 연결되어 있다. 세계란 모든 도구가 그 속에서 개현되어 있는 '거기'이며, 따라서 도구가 거기'에 의거해서 용재적으로 되는 그곳이다. 다시 말하면 세계를 근거로 해서 우리는 도구를 만나고 그것과 교섭할 수 있다. 즉 세계가 미리 개현되어 있어야 비로소 현존재는 도구와 교섭할 수 있는 것이다. 이 방역에서 개별적인 도구들이 자신의 자리(Platz)가 생기고, 이 자리에서 위치(Stelle)가 정해진다. 이 방역에 근거하여서 비로소 근대적 공간 개념도 성립한다는 것이다. 다시 말해 인식의 대상으로서의 공간은 일차적으로 인간이 만나는 근원적 공간인 방역에 의거해서 이차적으로 경험되고 추상화할 수 있는 수학적 · 물리학적 공간이다. 따라서 "도구 존재자가 점하는 자리의 다양성이 갖는 이러한 방역적 정위가 주변세 계적으로 가까이서 만나는 존재자의 주변성, 즉 우리를 둘러싸고 있는 주변 세계를 형성한다."[43]

하이데거는 주변 세계 속에서 만나는 도구적 존재자의 공간성이 세계의 세계성에 의해 정초됨을 밝힌다. 이 세계는 사용 사태와 유의의성(Bedeutsamkeit)이라는 성격을 갖는다. 이것이 세계를 세계이게 하는 세계의 세계성이다. "배려하는 세계-내-존재는 방향을 열고 있다. 자기에게 방향을 열면서, 귀속성은 사용 사태와 본질적 관계를 맺고 있다. 귀속성은 현실적으로는 언제나 배려되는 도구의 사용 사태 연관에 입각해서 결정된다. 사용 사태의 제 관련은

---

43 위의 책, p.103.

개시된 세계의 지평에서만 이해될 수 있다. 이 지평 성격으로 인해 비로소 방역에 따른 귀속성의 '어디로'라는 특수한 지평도 가능하다."[44] 여기서 "세계 지평"[45]이란 세계-내-존재의 한 구성 요소이다. 따라서 도구 존재자의 공간성은 현존재의 공간성에 근거한다. "도구 존재자를 그 주변 세계의 공간 안에서 만나도록 하는 것이 가능한 까닭은 존재적으로는 단지 현존재 자신이 세계-내-존재라는 점에서 '공간적'이기 때문이다."[46]

이런 맥락에서 "'현존재의 공간성'은 '세계 내부적 공간 발견의 기초'"[47]인 것이다. 앞에서도 언급했듯이, 인간이 주변 세계를 형성하고 가지는 것은 실존 범주로서의 내-존재라는 실존론적 틀에 기초하고 있다고 본다. "내-존재(Insein)는 세계-내-존재라는 본질적 틀을 가진 현존재의 존재를 나타내는 형식적이고 실존론적인 표현이며", 또한 "세계-내-존재를 현존 재의 본질 구조로서 이해해야 비로소 현존재의 실존론적 공간성에 대한 통찰이 가능해진다."[48] 이렇게 "현존재는 본질상 이런 존재 방식으로 있는 존재자이기 때문에, 주변 세계적으로 만나는 존재자를 분명하게 발견할 수 있고, 이 존재자에 정통할 수 있고, 이 존재자를 처리할 수 있으며, 이런 의미에서 '세계'를 가질 수 있다."[49]

하이데거는 현존재적 공간성의 '탈자적 시간성(eksatische Zeitlichkeit)'을 공간성의 실존론적인 정초로 파악한다. 공간 존재는 여타의 존재와 마찬가지로 시간의 지평 위에서 해명된다. 이런 점에서 공간이 터하고 있는 시간성과 역사성혹은 역사적 공간 개념도 설명될 수가 있을 것이다. 그는 공간을 시간으로 연역한다든가, 그것을 순수한 시간으로 해소하고자 하지 않는다. 무엇보다도 그

44 위의 책, p.368.
45 윤병렬, 「후설 현상학에서의 세계 이해 : 보편지평으로서의 세계」, 『철학』 62집 봄호, 한국철학회, 2000, 207~232쪽.
46 M. Heidegger, *SuZ*, p.104.
47 위의 책, p.367.
48 위의 책, p.54, p.56.
49 위의 책, p.57 이하.

에게 있어서는 시간성이 공간화의 초월적 근거로 파악된다. 이 문제를 하이데 거는 '세계-내-존재의 시간성과 세계의 초월의 문제'(SuZ, 69절)와 '현존재적 공간성의 시간성'(SuZ, 70절)에서 다룬다. 하이데거에게 있어서 중요한 것은 시간성이 현존재의 공간성의 실존론적 정초이다.

그러나 근대 이후의 수학적 · 물리학적 공간은 탈시간적 · 탈역사적이다. 현존재적 공간성이 '세계-내-존재'에 구성적 계기로서 속한다. 현존재의 틀과 그것의 존재 방식들은 존재론적으로는 오직 시간성을 근거로 해서 가능할 뿐이며, 현존재의 특수한 공간성도 시간성에 근거하지 않으면 안 된다는 것이 하이데거의 입론이다. 이것은 공간을 시간으로부터 연역하든가, 순수한 시간으로 해소하는 것을 목표로 삼지 않고, 칸트의 의미에서 '공간에 대한 시간의 우위'와도 다르다. 결국, "자기에게 방향을 열면서 방역을 발견하는 일은, 가능한 여기로와 저기로를 탈자적으로 '보유하면서 예기하는' 데 근거한다."[50] 방향 잡음과 거리 없앰을 통해 구성되는 현존재의 실존론적 공간성의 공간 마련은 '보유하며-예기하며-현전화하는' 현존재의 시간성에 근거를 둔다. 그러나 일상성의 차원에서는 현전화에 따라서 예기와 망각이 이어서 발원하며, 거리-제거는 존재자나 일에 몰두하는 퇴락의 존재 방식이다. 따라서 일상에서의 현존재의 공간성의 시간성은 퇴락의 시간성, 즉 비본래적 시간성으로 해명된다.

3. 과정철학적 공간해석론

화이트헤드는 뉴턴의 절대적 시공간에 대한 비판뿐만 아니라, 물리학의 근본 개념인 물질과 시간, 그리고 공간에 대해서도 완전히 혁신적인 이론을 제시한다. 그는 근대 물리학이 의존하고 있는 근본적인 전제를 비판한다. 그는 자연을 '실체-속성' 혹은 '주어-술어'라는 이분법적 도식으로 설명하는 것을

---

50 위의 책, p.369.

받아들이지 않는다. 그 이유는 자연은 '사건들'의 의미 관련으로 이루어진 연속적 연장체이기 때문이다. 그에게 자연은 서로서로 상호 관련을 맺고 있는 사건들의 통일체라고 말할 수 있으며, 자연 인식의 근본이 되는 것은 '관계성'이다. 이것을 그는 '의미 관련(significance)'이라고 한다.[51] 이러한 새로운 자연관을 근거로 하여 시간과 공간에 대한 새로운 존재론 및 인식론적 관점을 제시하고 있다. 우리가 지각하는 것은 사물이 아니고, 사물들의 관계이다. 그는 고대 그리스의 실체—속성의 철학을 거부하고 관계의 철학으로 자연을 이해하고 있다. 시공간은 '자연 인식의 원리'와 '자연의 개념' 그리고 '상대성 원리'에서 제시된다.

화이트헤드가 가한 자연의 이분법에 대한 비판을 좀 더 살펴보도록 하자. 자연의 이분법은 실체와 속성이라는 두 개의 상관 범주를 가정하고 있으며, 감각과 실재의 양분, 주관과 객관의 분리, 개체와 전체의 대립이라는 잘못된 전제에 기반하고 있다. 우리는 의식으로 파악되는 자연과 의식의 원인이 되는 자연으로 구분해서 생각하고 있는데, 의식에서 파악되는 자연은 감각을 통해서 지각된 자연을 말하며, 의식의 원인이 되는 자연은 가정되는 자연이 된다. 감각적 자연과 감각의 원인이 되는 자연은 실제로 하나의 자연임에도 불구하고, 우리는 흔히 이분법을 전제하는 가운데 이 둘을 각각의 실재로 취급하게 되는 크나큰 잘못을 저지르게 된다.[52]

화이트헤드는 과학적 유물론과 실체 중심의 철학에 대해 비판하면서 유기체 철학 및 과정철학을 제시한다. 과학적 유물론이 전제하고 있는 자연 개념은 필연적으로 기계론적 세계관과 기계론적 자연관을 낳게 된다. 이러한 과학적 유물론으로 인해 근대과학에는 '단순 정위의 오류(the fallacy of simple location)'와 자연과 정신의 이분법이라는 두 가지의 커다란 오류가 자리잡게 되었다는

---

51 이현재 외, 『공간에 대한 철학적 이해』, 라움, 2016, 142쪽 이하.
52 위의 책, 136쪽 이하.

것이다.[53] 우리가 자연적 사실이 갖고 있는 구체적인 성격에 대해 보다 근본적인 표현을 얻으려 할 경우, 제일 먼저 비판해야 할 요소는 단순 정위 개념이라는 것이다. "하나의 물질 조각이 단순 정위한다는 것은 다음과 같은 것을 의미한다. 그 물질이 지니고 있는 여러 시공적 관계를 표현하려고 할 때, 다른 공간의 영역과 다른 시간의 지속에 대해서 그 물질이 가지고 있는 본질적 관련을 떠나서 그 물질은 그것이 존재하고 있는 곳, 즉 공간의 어떤 유한한 특정 영역에 그리고 시간의 어떤 유한한 특정한 지속 내부에 존재한다고 말하는 것으로 충분하다."[54] 화이트헤드에 의하면 시간·공간·물질·영혼 등의 개념들은 구체적 사실로부터 추상된 개념들이다. 따라서 우리가 실재를 인식하려고 할 때 단순 정위의 오류에 빠진다는 것이다. 이 인식 과정에서 우리는 새로운 종류의 이분화 혹은 새로운 종류의 '잘못 놓인 구체성의 오류'에 빠진다. 예컨대, "과학적 유물론은 자연을 분석하기 위한 근본적인 전제이자 분석의 자료로서 '물질의 순간적 도형 배치'(단순 정위)를 상정한다. 그러므로 과학적 유물론은 이 세계를 물질의 순간적 도형 배치가 연속적으로 연결되어 있는 것으로 이해한다."[55]

화이트헤드는 이 세계가 고유한 각자의 시공간 체계를 가지고 있으며, 그 시공간 체계 내에 속한 구성원들이 상호 관계를 맺고 있다고 주장한다. 다시 말해 그는 시공간 자체가 다양하다는 상대주의적 공간관을 견지한다. 유기체 철학과 과정철학이라는 개념은 이미 이 철학이 생명과 관련되어 있음을 의미하며, 현실성 위주가 아니라 가능성 위주의 철학이다. 따라서 그것은 기계론적이라기보다는 목적론적이라는 것을 암시한다. 그는 라이프니츠의 사례에서 직접적으로 영감을 받아 전면적인 유기체 철학을 제시한다. "자연은 소리도 없고, 냄새도 없고, 빛깔도 없이 무미건조하다. 요컨대 물질의 어수선한 준동,

---

53 위의 책, 133쪽 이하.
54 A.N. Whitehead, *Science and the modern World*, New York 1967, p.94.
55 이현재 외, 앞의 책, 135쪽.

목적도 없고 의미도 없는 준동에 불과할 뿐."[56]

화이트헤드는 공간을 시간에 비해 열등하고 제한된 상태로 간주하는 19세기의 공간관에 이의를 제기한다. 그런 공간관에서는 장소(locus)가 아니라, 사이트(site) 쪽에 주의를 돌림으로써 사물의 나머지를 전부 추상해버린다.[57] 그러나 장소는 사이트처럼 결코 단순히 위치 지어진 것은 아니다. "우리의 직접적인 경험을 통해 파악할 수 있는 자연의 근원적 요소 중에서 단순 정위라는 이러한 특성을 가진 요소는 하나도 없다."[58] 우리가 직접적으로 경험하는 공간은 사이트가 아니라 장소이다. 여기서 다수의 상대적인 시공간론을 제시하는 근본 배경은 궁극적인 실체가 실체로서의 물질이 아니라는 생각에서 비롯된 것이다. 모든 사물이 고유한 자신만의 시공간 체계를 가지고 있다는 것은 완전히 새로운 자연관을 제시하고 있는 것과 다를 바 없다.[59]

칸트에게나 화이트헤드에게나 하나같이 인간 신체는 '공간에서 방역 구별의 제1근거'[60]를 구성한다. 화이트헤드는 신체야말로 선행하는 정착된 세계와 가장 밀접한 관련이 있는 부분이라고 확신한다. 여기서 신체는 여기와 거기가 서로 얽혀 연결되는 장(arena)이다.[61] 우선적으로 현재화한 장소(locus)는 신체와의 어떤 체계적 관계에 의해 한정된다. 장소는 신체의 원시적 파악 및 그 주변 세계의 반복에 있어서 필수불가결한 '~을 가지고'의 내부에서 생기는 것이다. "우리가 늘 신체를 가지고 존재하기에 늘 하나의 장소 내부에 존재한다. 우리의 신체 덕분에 우리는 그 장소에 존재하고, 또 그 장소의 일부가 된다. 우리가 자신을 장소 안에서 찾아내는 것은 우리 신체를 기반으로 할 수밖에 없다. 신체는 고립된 물질 조각이 아니라, 그 자체가 하나의 '총체적 사건'이다."[62] 우

56　A.N. *Whitehead*, 앞의 책, 69쪽.
57　위의 책, 59쪽.
58　위의 책, 58쪽.
59　이현재 외, 앞의 책, 141쪽.
60　E.S. Casey, 앞의 책, 427쪽.
61　위의 책, 425쪽.
62　A.N. Whitehead, *Process and Reality. An Essay in Cosmology*, Cambridge University Press

리가 늘 신체를 가지고 존재하기에, 늘 하나의 장소 내부에 존재한다.

> 신체적 경험을 의식하는 가운데 우리는 신체적 삶 안에 비추어진 시공적 세계 전체의 여러 상을 의식하고 있음에 분명하다. (…) 내 이론은 단순 정위가 사물이 시공 안에 포함되는 기본 방식이라는 사고에 대한 완전 폐기를 수반한다. 어떤 의미에서 모든 것은 모든 시간에, 모든 장소에 있다. 왜냐하면 모든 소재(location)는 다른 모든 소재 안에서 자신의 상을 포함하기 때문이다.[63]

우리는 사물을 지각하는 어떤 장소에 있다. 우리의 지각은 우리가 있는 곳에서 일어나고, 그때 우리 신체가 어떻게 기능하는지에 전적으로 의존한다. 그러나 어떤 장소에서 신체의 이러한 기능은 우리의 인식에 대해 우리에게서 떨어져 있는 환경의 한 면(aspect)을 보여주고, 저편에 사물이 있다는 막연한 인식 속으로 사라져간다. "만일 이러한 인식이 초월적 세계에 대한 지식을 전해주는 것이라면 이는 사건이, 즉 신체적 삶이라는 사건이 그 자체로 우주의 여러 상을 통일하고 있다는 점에서 가능한 것임에 틀림없다."[64] 화이트헤드는 칸트에 대해 비판적이다. 그러나 이 두 사상가는 공히 유기체의 신체 그리고 자연환경에서 그 유기체가 거주하는 장소 간에는 내적인 유대가 존재한다는 점에서는 동의한다. "신체적 경험을 의식할 때, 우리는 그림으로써 신체적 삶의 내부에 비춰지는 시공 세계 전체의 다양한 측면을 의식하고 있음에 틀림없다."[65] 경험론자인 화이트헤드는 외견상 드러나는 자연을 알 수 있는 방법은 경험을 통해서, 즉 경험 속에 드러난 자연일 수밖에 없다고 생각한다. 경험을 통해 드러난 자연은 나와 관계성을 맺고 있는 자연이지, 나와 분리된 자연이 아니다. 그러므로 서로 다른 두 종류의 자연을 구별할 필요도 이

1929; H.-P. Hempel, 『하이데거와 禪』, 이기상 · 추기연 역, 민음사, 1987, 73쪽.
63 A.N. Whitehead, 위의 책, p.91.
64 A. N. Whitehead, *Science and the modern World*, p.92.
65 위의 책, p.93.

유도 없다.[66] 화이트헤드의 인식론은 감성적 인식론인 반면, 칸트의 그것은 오성적 인식론이다. 화이트헤드의 주체의 경험·지각·파악이라는 용어의 배경에는 객관의 측면에서 '장의 물리학'에서 이입되는 물심이원론의 극복과 자연(인과적)과 유기체의 대립의 극복이 함축되어 있다.[67] 화이트헤드의 관점에 따르면, 물질이 공간을 점유하고 있는 것도 아니며, 공간이 물질적 존재자들의 질서와 같은 것도 아니다. 자연은 사건이고, 동시에 관계 자체라고 간주한다. "화이트헤드는 특이하게 점·선·면·입체로 공간을 정의하지 않고, 그 반대의 순서로 정의하고 있다. 그는 공간을 사건·대상·순간과 같은 다른 요소들 간의 교차에서 입체·면적·경로·점을 정의하고 있다."[68]

화이트헤드의 관점에서 본다면, 아인슈타인의 상대성이론 역시 근본적으로는 단순 정위의 범위에서 벗어나지 못하고 있는 것으로 간주할 수 있다. 그 이유는 세 가지로 요약할 수 있다. "첫째, 아인슈타인의 상대성원리는 물리적 요인들(물질, 시간, 공간)에 토대해 있다. 다른 말로 한다면, 아인슈타인의 상대성원리는 물리적 상황에서만 적용된다고 할 수 있다. 그렇기 때문에 둘째, 아인슈타인은 빛과 중력의 절대성을 인정할 수밖에 없다. 셋째, 아인슈타인의 상대성원리는 전통적 개념을 온전히 극복하지 못한 채로 공간의 상대성을 받아들이고 있으므로 물질의 불변성을 보증할 수 없게 된다."[69] 아인슈타인과는 달리, 화이트헤드의 상대성원리는 과학의 영역을 넘어 철학적 영역으로 확대된다. 아인슈타인의 상대성이 관측자에 따라 시간과 공간이 변화한다는 것을 의미한다면, 화이트헤드의 상대성은 이 우주의 모든 존재는 자신만의 고유한 시간과 공간을 가지고 있다는 의미로 확대되며, 시공간 자체가 다양하다고 말한다.

---

66 이현재 외, 앞의 책, 38쪽 이하.
67 김용정, 『과학과 철학』, 범양사, 128~129쪽.
68 이현재 외, 앞의 책, 148쪽.
69 위의 책, 140쪽 이하.

4. 후기구조주의적 공간해석론[70]

구조주의는 서사 대신 구조를, 통시성 대신에 공시성을, 시간 대신에 공간을 강조한다. 구조주의는 모든 것을 동시에 보는 공시적 기회를 제공한다. 그것은 서사의 흐름을 강요하는 역동성보다는 상호 연결성을 이해하도록 한다. 이런 구조주의를 비판적으로 계승한 후기구조주의에서는 구조의 역동화(dyna-misation)와 탈구(dislocation)를 강조한다. "이는 대체로 라캉(J. Lacan) 이후의 프랑스 사상의 한 계열을 가리키거니와 이 흐름에서 두 가지 계열을 다시 구분할 필요가 있다. 그 하나는 라캉, 알튀세르, 푸코, 들뢰즈, 바디우 등의 실재론적 계열이며, 다른 하나는 보드리야르, 데리다, 리오타르 등의 반실재론적 계열이다."[71] 후기구조주의는 구조주의의 입장, "첫째, 이 세계를 합리적으로 사유하는 것, 둘째, 장(field) 개념에 입각해 사유하는 것, 셋째, 공간성을 중시해 사유하는 것 중에서 둘째는 계승하되, 첫째와 셋째는 대체적으로 비판적 태도를 취한다."[72]

푸코는 그의 저서인 『광기와 문명』, 『성의 역사』, 공간에 관한 강연인 「타자공간에 대하여」, 『감시와 처벌 : 감옥의 역사』 그리고 '지리학에 대한 질문들'(1. 인터뷰)에서 공간에 대한 철학적 의미를 탐색해간다. 그는 심지어 '포스트모던 지리학자'로 불리기도 한다.[73] 그는 우리 시대의 열망이 근본적으로 공간과 관련이 있다고 믿고, 도리어 시간보다도 공간이 훨씬 중요하다는 것을 확신한다. 시간은 단지 공간에 펼쳐져 있는 여러 요소들에서 일어날 수 있는 다양한 분배 작용의 하나에 불과하다는 것이다. 『말과 사물』에서도 경험성의 공간 개념이 이미 19세기 초에 사라져버렸거니와 그것이 은폐되고 있다고 본다.

---

70   강학순, 「탈역사주의적 공간론」, 『존재와 공간 : 하이데거 존재의 토폴로지와 사상의 흐름』, 한길사, 2011, 87~94쪽 수정 보완.
71   이정우, 『사건의 철학 : 삶, 죽음, 운명』, 그린비, 2002, 274쪽 각주 1.
72   위의 책, 45쪽.
73   E. W. Soja, 『공간과 비판사회이론』, 이무용 외 역, 시각과언어, 1997, 28쪽.

푸코는 현시대를 '공간의 시대'라고 규정한다. 그가 관심을 가지는 것은 내부 공간이 아니라, 오히려 사회생활의 공간인 외부 공간, 즉 사회적인 현장의 공간들과 그것들의 관계성이다. 그러나 근대적 공간관에서는 기하학적 공간으로서 연장성을 지닌 균질적인 공간 이해가 그 중심을 차지한다. 그는 이러한 근대적 동일성의 사유에서 나온 인간적인 것과 무관한 근대적 물리적인 공간의 동질성 파악에 반하는 공간이 지닌 이질성에 주목한다. "헤테로토피아(heterotopias, 異所, 混在鄕)"[74]는 이질적이고 상관적인 공간이다. 이는 생생하고 사회적으로 형성된 공간성을 의미한다. 이는 그 기능들이 상이하거나, 혹은 대립적인 일정한 사회공간들에서 발견되는 공간을 의미한다. 헤테로토피아는 특정한 사회 내부에 있는 사이트들에 이의를 제기하고 그것을 역전시키는 실재하는 장소다. 예컨대 묘지 · 정원 · 기숙학교 · 병원 · 감옥 등으로 주위 장소와는 이질적인 특성을 지닌 것이다. "헤테로토피아는 하나의 실재 장소에 여러 공간들, 즉 그 자체로 양립불가능한 여러 현장들을 병치시킨다. (…) 완전하고 잘 배열된 우리의 공간이 흐트러지고 불완전하며 뒤범벅된 또 하나의 실재 공간이 되는, 즉 타자의 공간을 창출하는 것이다."[75] 포스트모던 지리학 창시자인 소자(E. W. Soja)는 푸코의 헤테로토피아를 포스트모던적 공간의 기본 개념으로 받아들이고 있다. 그것은 바로 이질적인 것들(타자들)이 공존하는 이질적인 공간이다.

푸코는 유토피아와 헤테로토피아를 대비시킨다. "'유토피아(utopia)'는 우리에게 위안을 준다. 비록 그것이 어떠한 실재적인 장소를 점유하고 있진 않더라도 그것이 전개될 수 있는 불가사의한 균질의 공간이 있다. 유토피아로 향하는 길은 공상적일지라도 유토피아는 거대한 가로수길과 훌륭하게 꾸며진 정원을 갖춘 도시들 및 살기 좋은 나라들을 개방시킨다. 그러나 헤테로토피아

---

74 M. Foucault, "Of other spaces"(1969), J. Miskowiec(trans.), *Diacritics*, vol.16, No.1, Dortrecht, Spring, 1986, pp.22~27.
75 위의 글, 같은 곳.

는 혼란스럽다. 왜냐하면 그것은 비밀리에 언어를 침식해 들어가며, 이것(과) 저것을 명명할 수 없게 하며, 공통 명칭을 분쇄하거나 혼란시키며, 미리 '통사법', 즉 우리가 문장을 구성하는 통사법뿐만 아니라 말과 사물들(상호간에 가까우며 동시에 대립하는)을 '결합시키는' 덜 명확한 통사법을 붕괴시키기 때문이다. 이것이 곧 유토피아가 우화와 언동(言動)을 허용하는 이유이다. 헤테로토피아는 우리 신화를 해체시키고 우리가 사용하는 문장의 서정(抒情)을 고갈시킨다."[76]

그러나 푸코가 제시한 헤테로토피아 개념은 대안공간으로 간주되기도 하지만, 여러 가지 문제점을 노정시키고 있음을 볼 수 있다. 이른바 푸코는 모든 공간과 장소를 권력의 생성과 관련을 시키면서 이러한 권력—공간에 대항하는 공간으로서 헤테로토피아를 제안한다. 이것은 어떠한 사회에서도 존재하며, 우리들에게 생활이 다르게 경험될 수 있는 공간들, 예컨대 재즈클럽, · 댄스홀 · 공동체적 정원 등은 모두 헤테로토피아가 될 수 있다. 더욱이 여기에는 묘지 · 식민지 · 사창가 · 감옥 등도 포함될 수 있다. 이러한 헤테로토피아는 특정한 사물의 형상으로 주어지는 것이 아니라, 도리어 사회적 질서화가 이루어지는 과정으로 이해된다. 그러나 문제는 이러한 '대안적 장소들'에 관한 푸코의 주장에서 이들이 권력과 아무런 관계를 가지지 않던가, 또는 어떤 장소가 헤테로토피아라고 판단할 수 있는 근거는 무엇인가라는 의문에 답할 수 없다는 점이다.[77] 다시 말해 헤테로토피아 개념은 다소 모호하며, 권력과 무관할 수 있다는 데에서 한계와 취약점이 드러나고 있음을 확인할 수 있다.

푸코는 화이트헤드와 마찬가지로 근대의 사이트(site)로서의 공간 개념을 비판하면서 그것에 기반을 둔 감시와 처벌이 행사되는 지배 공간을 문제삼는다. "우리 시대는 공간이 우리에 대해 사이트들 간의 관계라는 형태를 취하는 시

---

76   M. Foucault, 『말과 사물』, 이규현 역, 민음사, 2012, 14~15쪽.
77   최병두, 「자본주의 사회에서의 장소성의 상실과 복원」, 『도시연구』 vol.8, 한국도시연구소, 2002, 271쪽 이하.

대다."[78] 끊임없이 신체를 공간 안에 국소화하는 것을 목적으로 하는 진정한 권력의 실험실에서 기능적 사이트의 규칙이 공간 · 시간 · 장소를 지배하는 것이다.[79] 푸코는 장소와 공간에 대한 근본적인 관념이 시대와 사회에 따라 크게 다르며 가변적이라고 주장하면서 공간 자체가 하나의 역사를 가진다는 사실을 환기시킨다. "오늘날 우리의 관심, 이론, 체계의 지평을 형성하는 것처럼 보이는 공간은 아주 새로운 것이 아니라는 점에 주의할 필요가 있다. 공간 자체가 서양의 경험에서 하나의 역사를 가지며, 따라서 시간과 공간이 운명적인 교차를 무시하는 것은 불가능하다."[80] 그에 따르면 건축과 사회 조직 그리고 경찰의 감시 등등에 있어 선호하는 공간적 양식은 권력의 특정한 배분의 표현이다.

푸코는 공간이 평가절하되는 원천을 역사주의에서 발견하고 그것을 비판하는 탈역사주의적 공간관을 제시한다. 푸코는 역사주의에 반하여 공간의 축과 사회적 관계의 축과 이질성의 축을 중시한다. 무엇보다 근대에서 특별하게 드러난 세계에 대한 합리적 제도화가 가지는 총체적 성질과 시각주의적 전환을 비판적으로 폭로한다. 그에 의하면 근대에서는 "시각을 절대화하고 감각의 총체성을 무시한다"[81]는 것이다. 그는 역사주의를 넘어서서 시간 내지 시간적 연속성이 아니라, 오히려 공간 내지 공간적 동시성에 더 방점을 두면서 "사상과 경험의 공간화(spatialization)"[82]의 가능성을 연다. 이런 점에서 그는 시간의 지평

78 M. Foucault, "Of other spaces", p.23.

79 M. Foucault, *Discipline and Punish. The Birth of the Prison*(1967), Alan Sheridan(trans.), New York, 1977, p.204, p.205, p.243.

80 M. Foucault, "Of other spaces", p.22.

81 S. Elden, *Mapping the Present: Heidegger, Foucault, and the Project of a Spatial History*, London: Continuum, 2001. 이런 시각을 저자는 '망막 중심주의(ocularcentrism)'라고도 한다.

82 이 용어는 모든 사회적 현상을 공간적 현상으로 간주하면서 그것을 공간적인 개념으로 해석하는 것을 뜻한다. 이 개념은 비판 사회이론이 공간의 의미를 복권하기 위해 사용하는 중요한 개념이다.

에서 이해되는 독립된 '개인적 자아'보다는 공간의 토대 위에 펼쳐지는 사회적으로 형성되는 '사회적 자아'에 관심을 기울이게 된다.

푸코는 공간이 수동적이고 활기가 없으며, 시간은 풍요롭고 변증법적이라는 후기 베르그손류의 인식에 대해서 다음과 같이 비판하고 있다. "베르그손부터였던가, 그전부터였던가? 공간은 죽은 것, 고정된 것, 비변증법적인 것, 정지된 것으로 간주되어온 반면에, 시간은 풍요로움, 비옥함, 생생함, 변증법적인 것으로 간주되었다."[83] 서양의 근대 계몽주의는 공간과 시간의 합리적 질서와 효율적 관리에 관심을 기울이고 이것을 제도화해왔다. 이러한 계몽주의적 실천으로 인해 근대사회는 감시와 통제라는 억압을 가져왔다고 본다. 우선 단순한 감금에서 감시로 확대된 처벌은 공간적 제약 및 공간적 격리를 의미한다. 그것은 권력에 의한 개인별 규율의 책략에 해당한다. 특히 감옥과 수용소(asylum)는 이러한 의미를 간직하고 있다. 이러한 공간은 자연의 공간, 더욱이 진리의 공간과는 거리가 먼 것이다. 그러므로 이것을 주제화한 푸코는 근대적 인간 존재와 공간의 문제를 고고학적으로 그리고 계보학적으로 탐색한 것이다.[84]

특히 푸코는 『감시와 처벌 : 감옥의 역사』에서 소위 신체의 정치경제학과 권력의 미시물리학을 통해 공간과의 연관을 지닌 인간의 신체에 대한 정치·경제의 직접적인 영향이나 연결고리를 밝혀내고자 한다. "이러한 의미에서 '감

---

83 M. Foucault, "Questions on Geography", C. Gorden(ed.), *Power/Knowledge: Selected Interviews and Other Writings 1972-1977*, New York, 1980, 70쪽.

84 푸코에게는 『감시와 처벌 : 감옥의 탄생』(1967)를 기점으로 하여, 그 이전에는 '고고학적 방법'으로, 그 이후에는 '계보학적 방법'으로 그 연구의 방법이 분리된다. 예컨대, 『말과 사물』(1966)과 『지식의 고고학』(1969)에서는 인문과학의 발생을 고고학적으로 탐구하면서 한 시대 지식의 토대와 구조와 지적 담론의 규범과 법칙 그리고 체계에 대한 고고학적 연구를 시도한다. 『감시와 처벌 : 감옥의 역사』(1975)에서는 니체의 『도덕의 계보학』에 영향을 받아 '계보학적 방법'으로 탐구한다. 그것은 역사에서 고정된 본질이나 심층적 법칙 및 형이상학적 결론을 지향하는 전통적인 역사 서술의 논리를 부정하고서 그것에 숨겨져 있는 권력의 전략과 지배와 복종 그리고 억압과 전투의 연루관계의 계보를 밝혀나간다.

금'은 통치의 형이상학과 종교의 정치학을 은폐시킨다. 감금은 낙원에서 쫓겨난 인간이 건축한 도시와 신의 낙원을 분리시키는 공간 속에 압제적인 통합의 결과로서 자리잡고 있다. 감금은 17세기에 고유한 창조적인 제도적 고안이었다. 그것은 처음부터 중세의 감금과는 무관한, 그리고 완전히 구별되는 중요성을 획득하고 있다. 즉 그것은 경제적 조치와 사회적 보호책이라는 기능을 가지고 있었다. 그러나 근대의 감금이란 제도는 비이성의 역사를 드러내는 결정적인 사건이다."[85]

푸코에게 중요한 것은 인간에 있어서 공간의 구속으로부터 자유와 해방이다. 그는 공간이 모든 형태의 공동체적 삶과 모든 권력의 행사에서 근본적인 것임을 밝힌다. 무엇보다 권력과 지식에 내재해 있는 공간성이 문제시된다. 그리하여 그는 권력과 훈육 그리고 감독의 미시 공간과 감옥 도시와 수용소, 그리고 인간의 신체를 논의의 주제로 삼으면서 공간과 권력의 연계성에 주목한다. 즉 공간은 탈사회적이고 탈정치적인 것이 아니라, 도리어 권력의 그물망 속에 포박되어 있다. 이런 점에서 근대인의 삶의 공간은 권력에 의한 감시와 억압의 공간으로 전락한다. 여기서 권력의 장이 문제시된다. 예를 들면, 학교 · 병원 · 감옥 · 병영 등의 생활공간은 인간의 자유를 억압하는 기제로 작용한다.

무엇보다 19세기 초에 유럽에 등장한 규율 중심적인 권력에 의해 자행된 공간적 감금 기관들, 예컨대 정신병원 · 형무소 · 감화원 · 감시 교육 시설, 병원 등의 탄생에 주의를 기울인다. 특히 벤담(J. Bentham)의 판옵티콘(panopticon, 일망 감시 시설)을 원용하여 감옥에서 죄수들이 감금되고 감시되는 상황을 묘사한다. "감옥은 국가기관에 의해 설립된 인간 동물원이라는 것이다. 즉 판옵티콘의 계획 안에는 개별화된 관찰, 특징 표시와 분류, 공간의 분석적인 계획 배치 등 동물원과 유사한 배려가 보이며 판옵티콘은 일종의 왕립 동물원으로서 단지 동물 대신 인간이, 특유한 무리 대신 개인별 배분이, 그리고 국왕 대신 은

---

85 M. Foucault, 『광기의 역사』, 김부용 역, 인간사랑, 1999, 92쪽.

밀한 권력 장치가 자리 잡고 있을 뿐이다."[86]

푸코의 '지식의 고고학'과 '계보학'은 권력의 지형학과 공간성에 대한 포스트모던 문화비평의 중요한 통로를 제공한다. 무엇보다 그의 공간관은 하이데거의 공간성과 장소성 개념에서 영향을 받았다고 볼 수 있다. 특히 하이데거의 '세계-내-존재'로서의 실존적 공간성에 주목하고 있다. 푸코는 지배적이고 균질적인 이성의 공간하에서 억압당하는 창조적이고 이질적인 광기의 공간을 복원하고자 하는 염원을 예술작품을 통해 보여주고 있다. 예를 들면, '광인의 집'을 그린 고야(F. Goya)는 공허한 공간 속에서 들끓고 있는 육체들, 그리고 살풍경한 벽들 앞의 벌거숭이 앞에서 동시대의 비장한 힘(pathos)과 연결된 무언가를 경험했음에 틀림없다고 푸코는 그 작품을 해석한다.[87]

포스트모더니스트이자 페미니스트인 해러웨이(D.J. Haraway)는 푸코의 공간관을 다음과 같이 비판한다. 그녀는 페미니즘의 관점에 입각해 사회를 새로이 인식하고 지식을 생산하는 것에 대한 이론인 '페미니즘 인식론'을 주장한다.[88] "푸코류의 통제와 규율을 위한 가시거리 내지 근거리 공학과 이로부터의 해방을 추구하는 국지적 실천의 신체 정치는 최근 중요한 현상으로 등장하고 있는 가상공간과는 별로 관계가 없게 된다. 컴퓨터에 의해 구축된 가상공간에서 물리적 거리나 현실공간은 더 이상 유일한 삶의 조건 또는 공동체 생활의 근본 바탕이 될 수 없다."[89] 푸코의 공간관은 신체를 전제로 한 공간이며, 여기서 권력은 몸이 참여해야만 작동할 수 있기 때문에 가시 영역 또는 의식 영역에서 벗어나면 권력의 작용이 멈추게 된다. 반면에 해러웨이의 공간론에서는 신체 부재의 공간으로 사이버공간에서는 신체가 자율성을 가진다기보다는 신체가 기계화되는 상황이기 때문에 권력은 정보의 흐름이 발생하는 그 어디에서도

86 M. Foucault, 『감시와 처벌 : 감옥의 역사』, 오생근 역, 나남, 2003, 314쪽 이하.
87 위의 책, 357쪽.
88 D. J. Haraway, "A Manifesto for Cyborgs: Science, Technology and Socialist Feminism in the 1980s", *Socialist Review*, 80, 1985, pp.65~108 참조.
89 최병두, 『근대적 공간의 한계』, 삼인, 2002, 24쪽.

작동할 수 있게 된다는 것이다. 그녀의 비판에 의하면, "푸코는 장소·공간·소재지·사이트 같은 기본적인 용어를 어디에서도 명확히 구별하지 않는다. 하물며 엄밀한 구별은 말할 것도 없다고 생각한다. 그 결과 이 용어들을 혼동하거나 무차별적으로 대체하는 일이 비일비재하다."[90]

그럼에도 불구하고 푸코의 예견대로, 오늘날 테크놀로지는 전자 판옵티콘의 구조와 같은 감시 체제로 개인을 합리적인 예속화의 길로 내몰고 있다. 그것은 인간의 자유를 박탈하는 비자연적이고 동형적인 공간을 양산하는 탈공간화를 촉진하는 셈이다. 여러 장소에서 효율적으로 감시하는 권력 체제의 강화는 점점 더 개인의 자유를 억압하고 박탈하고 있다. 무엇보다 탈역사주의적 공간관은 동일성에 근거한 근대적 공간관에 대해 비판적이다. 그것은 인간의 삶과 무관한 근대의 텅 빈 물리적인 동질적인 공간 개념을 비판한다. 이를 통해 근대에서 특이한 권력과 연계된 공간관을 밝히면서 이질적이고 다층위적인 공간성의 회복을 목표로 삼는다. 결국 '헤테로토피아' 개념을 통해 구축한 푸코의 공간관은 탈근대적인 '대항공간(espace de comptoir)'을 지향하고 있다. 말하자면 장소가 지식 권력과 관련된다는 것과 그것은 담론의 주제이고 동시에 배경이며, 또한 권력 창출의 장임이 밝혀진다.

5. 해체주의적 공간해석론[91]

데리다(J. Derrida)는 기존의 형이상학적 공간론을 해체하고서 소위 탈형이상학적 공간론을 제시한다. 그는 중심화로 치닫고 질서 속에 억압시키는 근대로부터 이어져오는 지배적인 형이상학적 공간관에 대항하고자 한다. 이를 통해 그의 공간론은 무장소성으로 함몰되는 것이 아니라, 오히려 대안적 공간으

---

90   E.S. Casey, 앞의 책, 594쪽.
91   강학순, 「해체론의 공간론」, 『존재와 공간』, 한길사, 2011, 94~101쪽 수정 보완.

로서의 해방과 자유의 새로운 장소를 지향한다. 그의 해체론은 형이상학적 옛 공간관을 허물고 새로운 공간의 사유 및 새로운 사유의 공간을 구축하면서 철학적 건축술의 역사에 편입된다.

　무엇보다 서구의 전통적인 공간관은 대개 아리스토텔레스의『자연학』과『범주론』에서 규정하고 있는 공간 개념의 틀 안에 속해 있다. 서양의 철학을 '로고스중심주의(logocentrisme)'와 '현전의 형이상학(métaphysique de la présence)'으로 규정하고, 그것을 해체하고자 하는 점에서 데리다의 해체론이 등장한다. 그의 해체론은 하이데거와 니체에게서 유래한다. 데리다의 해체론 철학의 핵심 개념인 차연(différance)뿐만 아니라, 더욱이 산종·흔적·공간내기·여백 등의 공간 개념과 관련된 용어들이다. 그는 정보화된 공간을 폐허가 된 집 혹은 귀신이 출몰하는 건축물로 비유하면서 공간 문제에 지대한 관심을 기울인다. 특히 그의 공간 개념은 차연 개념으로 치환되어 동일률을 벗어나서 자기 정체성과 현전성도 없이, 다만 지연성과 분산성 그리고 유동성의 성격을 띤다. 따라서 시공간적 차이와 대립의 관계의 그물망으로 이해된 차연 개념 안에서 그의 공간 개념은 이해될 수 있다. "즉 차연은 공간적 구별이나 타자들과의 관계를 의미하는 차이와 시간적 지연의 의미를 결합하는 복합어이다. 이를테면 차연은 현전인 동시에 부재라는 기묘한 활동이다. 그것은 기호가 체계 내에서 간격을 두고 구분되는 차이의 체계에서 나오는 공간 개념인 동시에, 언제나 끝없는 존재의 지연을 강요하는 시간적 개념이다."[92] 기호의 구조는 항상 영원히 부재하는 타자의 흔적에 의해 결정된다. 기호 자체에서는 드러나지 않은 다른 기호의 흔적이 이미 깃들어 있다. 우리가 어떤 문장을 읽을 때 그 문장의 의미는 항상 어느 정도 연기 내지 지연된다.

　데리다의 차연론에 의하면, 우리는 세계를 장거리 통신의 상태에 있고, 또한 세계에 속한 시공간과 언어·의식·작품·사물 등 존재하는 모든 것은 통화 중으로 보아야 한다. "차연이란 개념은 시간성과 공간성(지연과 차이)의 상상

92　이광래,「데리다의 해체주의」,『과학사상』 19호, 1996, 217쪽.

력을 지니고 있다."[93] 데리다는 가상공간을 전통 형이상학적 실재와 가상(비실재)의 이분법에서 규정할 수 없는 탈형이상학적이고 유령적인 공간이라고 간주한다. 가상적 현실과 사이버공간은 개념적으로 규정 불가능하다는 점에서, 또는 실재성과 관념성의 이분법으로 잡히지 않는다는 점에서 탈형이상학적이다. 또한 해체론은 이론적 공간의 동질성 안에 이질성과 차이의 논리가 이미 개입하고 있음을 보여준다. 그 개입의 흔적이 바로 유령성이다. "데리다의 해체론이 유령학으로 발전하면서 그의 공간관은 새로운 국면을 맞이하는 바, 그 유령학을 통하여 근대 형이상학이 탈주술화된 자연을 재주술화한다. 이로써 일원적으로 규정되어오던 공간을 특수성을 띤 다원적 공간으로 표상하도록 이끌어가고 있다."[94]

특히 데리다의 '산종(dissemination)' 개념에서는 텍스트의 내부와 외부의 차이가 사라지고, 내부도 아니고 외부도 아니며, 내부이자 외부인 가장자리, 즉 '주변'이 강조된다. "전통적인 텍스트 구조에서 중시되던 고정된 중심이나 기원이 없는 모순적인 비-책(冊)이다. 즉 텍스트만이 있을 뿐이고, 텍스트와 그것을 능가하는 것 사이에는 통상적인 대립만이 있을 뿐이다. 산종의 공간은 복수적인 것을 활력 속에 그저 배치하지 않고, 그것은 끊임없는 모순, 즉 좀 더 많은 미결정적인 구문에서 비롯되는 모순을 야기한다."[95]

잘 알려져 있듯이, 데리다는 후설의『기하학의 기원』의 프랑스어 번역판에 긴 서문을 쓰면서, 거기에서 후설의 사상을 해체하고자 하는 자신의 의도를 밝히고 있다. 즉 기하학은 이념적 공간과 이념적 대상성을 다룬 학문이다. 이

---

93 D. Massey,『공간을 위하여』, 박영환 역, 심산, 2016, 99쪽.

94 김상환,「정보화 시대의 해체론적 이해」, 김상환 외,『매체의 철학』, 나남, 2005, 61쪽, 70쪽, 77쪽, 103쪽 참조. 데리다가 유령을 본격적으로 주제화하고 해체론을 유령학으로 명명한 것은『맑스의 유령들』에서 나타난다. 그의 유령학, 유령화, 유령적 차원 개념은 아래 문헌에 소개됨. J. Derrida, *Spectrs de Marx*, Paris: Galilée 1993, p.31, p.89, p.255.

95 J. Derrida, *Dessemination*, B. Johnson(trans.), Chicago: University of Chicago Press, 1981, p.43.

런 이념성은 실재적 공간 속의 실재적 사물들과 관계하는 생활세계에서 이념화라는 조작에 의해 구성된다. 이러한 이념화에서 결정적인 역할을 하는 것은 바로 언어이다. 거기에다가 글쓰기(écrits)라는 것이 기하학의 본질에 대한 이해를 가능하게 한다는 것이다. 특히 데리다는 아리스토텔레스보다도 그리스의 원자론자와 스토아(Stoa) 학파의 공간 개념을 이끌어왔거니와, 또한 플라톤의 『티마이오스』의 코라(χώρα) 개념에 의존하고 있다. 알려진 바대로, 플라톤은 형상에 남성 이미지를 그리고 질료에 여성 이미지를 투사한다. 질료는 때로는 '코라'라고 일컬어지는데 그것은 여성적 이미지를 지닌 터 · 바탕 · 모체 · 유모 · 물질−공간 등을 의미한다. 데리다는 수동적인 터로서 이해된 코라에 새로운 의미를 부여한다. 그것을 통해 현대 사상의 어떠한 특징을 드러내고 있는 셈이다. 즉 코라를 초월성을 해체한 '능동적 질료'로 간주한다. 이는 물질로 차 있는 순수하고 단조로운 연장의 공간이다. 이런 이유에서 플라톤의 『티마이오스』에서의 공간 및 시간 개념은 근대 공간 개념의 조상으로 간주될 수 있다는 것이다.[96] 데리다는 코라 개념에서 암시를 받고 '아무 데(anywhere)'라는 개념을 중심으로 자신의 고유한 장소론을 펼친다.

> 저 Anywhere(아무 데)의 '어디의', 장소 내지 공간 부정성의 공간 속에 존재하는 공간을 열기 위해 만들어진 것처럼 보이는 이 무한정성의 원리라는 관점에서 '어디'는 '어디'에도 존재할 수 있다. 기하학적 추상의 가능성은 자연적인 장소에 즉시 작용하고 균질화한다. 그것은 마치 장소가 공간 속을 부유하고 있는 것과 같다. 장소라는 것도 애초에 항상 부유하고 있었기 때문에 발생한다. 왜냐하면 부유하는 무한정성, 부정성, 무한성 내지 복수화적 차별성, 비정합성, Any의 아페이론(apeiron)은 장소의 내부 그 자체에, '어디'의 내부에 일종의 심연(섬이라는 것은 심연과 해구에 둘러싸여 있는 것임을 상기하자)을 써넣는 것이기 때문이다. (…) 그리고 치환적, 대치적 그리고 가능한 반복의 가능성이 있든 없든 간격화, 장소, 곳

---

96 G. Deleuze & F. Guattari, *A Thousand Plateaus: Capitalism and Schizphprenia*, University of Minnesota Press, 1978, p.11.

이 있다. 그렇다. 곳이 있는 것이다. 곳이란 환치의 가능성과 기회 또는 위협에 불과한 것이다. 한마디로 일축하자면 그것은 아마 '코라'라고 할 수 있다.[97]

또한 데리다의 공간의 구축인 건축술은 '메타건축학'(건축술의 건축학)과 무위 (無爲)의 건축술 그리고 무욕(無慾)의 정치경제학으로 언표되기도 한다. 그러나 이런 주장은 쉽게 동의할 수 없는 측면을 보여주고 있다. 여기서 데리다에게 일체의 기원을 해체하는 사유의 여정 속에서 '무와 공의 존재론'이 과연 존재 하는지 물음을 던지고자 한다. 특히 불교적이고 도가적인 존재론, 나아가 하 이데거류(類)의 '무의 존재론'을 데리다의 사유가 과연 드러낼 수 있는지 의구 심을 가지게 된다.[98] 1970년대 이후부터 현재까지 건축계의 흐름을 주도하는 해체주의 건축가들의 새로운 건축적 시도는 근대의 공간 개념에 대한 반성으 로부터 출발한다. 또한 이들은 메를로퐁티의 공간론이나 하이데거의 사방세 계의 장소론 및 데리다의 시간적 계기를 포함한 차연으로서의 공간 등에서 철 학적 아이디어를 얻고 있다. "해체주의 건축은 우리가 거주하는 건축적인 공 간이 체험과 분리된 공간이 아닌 오감에 의해서 교감되는 공간, 즉 장소를 드 러내고자 한다. 건축에서 내부 요소 못지않게 외부적인 환경, 즉 주변 환경과 의 맥락 역시 중요한 요소로 규정된다. 따라서 공간은 기능적 도식에 따라 위 계질서를 갖는 공간이 아닌, 말하자면 그때그때 상황적 맥락에 따른 장소의 성격을 부여받는다."[99]

중요한 것은 데리다가 자신의 해체론을 열어준 하이데거의 공간론을 비판 적으로 계승하고 있다는 사실이다. 이른바 데리다가 접촉과 원격 효과에 대해

---

97 J. Derrida, 「팩시텍스처(Faxitexture)」, Cynthia C. Davidson, 『Anywhere/공간의 논리』, 정지성 편역, 현대건축사, 1998, 27쪽.

98 여기서 이해된 집은 더 이상 집이 아닌 그저 현란한 수사일 뿐, 아무런 사태와 연결점 을 가지지 않는 허구라고 여겨진다. 오히려 집의 허구, 허구의 집인 셈이다. 그저 집과 건축이란 의미는 한없이 의미가 지연되는 그의 텍스트의 의미처럼 표표(漂漂)히 산종 되는 상상의 편린일 뿐이다.

99 박영욱, 『필로아키텍처, 현대건축과 공간 그리고 철학적 담론』, 향연, 2009, 158쪽.

서 말할 때, 후자의 공간론을 계승하고 있음을 알 수 있다. "그러나 원격 효과와 차연적 관계는 더 이상 현존재의 공간성으로부터 비롯하지 않는다. 즉 데리다는 원격 효과와 차연을 현존재보다 앞서는 사태로서 그리고 현존재가 친근하게 이해하는 환경과 방역보다 넓은 범위에서 작용하는 사태로 보면서 그것을 세계의 세계성 자체로 파악한다."[100] 또한 데리다는 하이데거의 섬뜩함 내지 '비고향성(Unheimlichkeit, 섬뜩함)'의 개념에 주목한다. 현존재는 이 섬뜩함 속에서 집에 있지 않고 내던져진 '세계-내-존재'이다. 이것은 단순히 집이나 고향에서 추방되거나 망명하는 것이 아니라, 바로 '세계-내-존재'의 존재 방식이다. 그러므로 누구에게나 다시 집과 고향의 거주지로 소환될 수 있고, 즉 부름받을 수 있는 가능성이 열려 있는 것이다. 현존재는 존재 가능을 그 본질로 삼고 있다. 이런 점에서 데리다의 해체주의도 하이데거의 근원적 토포스 안에서 공유지를 가지고 있거니와 그 안에서 자신의 사유를 수행하고 있다고 간주된다.

데리다의 해체주의는 종합과 분석 사이의, 체계 구축하기와 비판적인 파괴 사이의, 건설과 파괴 사이의 선(線)을 따라서 이동한다. 하이데거의 용어로 보면, 그것은 존재자들의 존재론적인 수준에서 작용하는 것도 아니고 존재에 대한 설명을 부여하고자 하지도 않는다. 오히려 그것은 하이데거가 존재자들의 존재, 진리와 비은닉과 규명의 장소라고 부르고자 했던 것에 나타나는 바로 그 차이점의 장소에서 수행되거나 활동하게 된다.

데리다에게 있어서 차이점의 장소는 하나의 선, '사이'의 선, 짝짓기와 갈라서기의 선이다. "데리다에 있어서 해체주의는 하나의 텍스트의 바로 그 텍스트성, 텍스트의 분리 구역의 선이자 텍스트의 통한(痛恨)의 선, 텍스트의 여백의 선이자 텍스트의 탈한계의 선에 대한 설명을 제공하게 될 것이다. 텍스트의 텍스트성은 다른 것으로서 정체화하고 표시하는, 텍스트의 의미를 제시하고 연기하는, 텍스트 내에서 발생하고 있는 것을 분명하게 하고, 애매모호하

---

100 김상환, 앞의 글, 90쪽 이하.

게 하는 차이 나는 심사숙고, 특징에 해당한다."[101]

이상의 논의를 정리해보자면, 데리다의 해체론적 공간론은 근대적 공간관에서 탈주하여 탈중심적 공간, 이른바 해방과 자유의 새로운 장소를 지향한다. 새로운 공간은 자기 정체성과 현전성도 없이, 다만 지연성·분산성·유동성의 성격을 지니고 있다. 여기에는 공간의 동질성 안에 이질성과 차이의 논리가 이미 개입하고 있음을 볼 수 있다. 그의 공간론은 탈근대적인 대안 공간론의 하나로서 정태적이고 일의적인 공간이 아니라, 오히려 특수성을 띤 다원적 공간을 장려한다. 왜냐하면 데리다의 해체론적 공간론에서는 사물들이 지닌 배타적 독립성보다는 관계성 속에서 지닌 다양한 국지성과 위상학적 다양성이 중점적으로 논의되기 때문이다.

6. 위상학적 · 사건적 공간해석론[102]

현대 공간 이론의 철학적 바탕의 하나는 후기구조주의이다. 후기구조주의는 일반적으로 구조주의로는 설명할 수 없는 우연·사건·시간·신체·욕망 등을 사유함으로써 주체 바깥의 구조를 인정하고, 소위 정태적 구조주의를 역동화시킨 것으로 평가된다. 포스트구조주의적 관점에서의 공간관은, 특별히 들뢰즈(G. Deleuze)에게서 근대의 구획되고 계산될 수 있는 거리를 가지는 유클리트적 원거리 공간을 넘어서서, "유목적(nomad)이고, 리좀적(rhizome) 특성을 갖는 비유클리드 공간인 위상학적 공간"[103]을 주제화한다. 이 관점은 현상학과는 대조적으로, 말하자면 의미는 주관 속에서 만들어지는 것이 아니라, 오히려 사물들이 서로 접속하면서 조형되는 것이다. 즉 의미는 사물들이 접속함에

101 H. J. Silverman, 『데리다와 해체주의』, 서우석 외 역, 문학과지성사, 2010, 220쪽.

102 강학순, 「위상학적 공간론」, 『존재와 공간』, 102~110쪽 수정 보완.

103 G. Deleuze & F. Guattari, 『천 개의 고원: 자본주의와 분열증 2』, 김재인 역, 새물결 2001, 11쪽 이하, 671쪽 이하.

따라 생성되고 변이된다.

후기구조주의는 주체철학에 대립해 장(場, field)을 사유한다. 그 사유를 그는 '객관적 선험철학'으로 명명된다. 이 객관적 선험은 개체나 인칭에 앞서서 존재하는 어떤 장, 바로 그 위에서 개체와 인칭이 마름질되는 장이다. "후기구조주의의 사유란 다름 아닌 객관적 선험을 다루는 사유이다. 레비스트로스, 라캉(J. Lacan), 알튀세르(L. Althusser) 등의 '구조와 상징계', 푸코의 '에피스테메(episteme)', 들뢰즈의 '형이상학적 표면', 들뢰즈와 가타리(F. Guattari)의 '배치'와 '다양체', 부르디외의 '사회적 장' 등은 결국 이 객관적 선험의 여러 변형태라 볼 수 있다."[104]

여기서 다루고자 하는 들뢰즈의 사유는 사건의 철학·생기론·생성의 사유·위상학적 사유로 명명된다. 일반적으로 위상학(topology)이란 용어는 휘어진 형태와 공간과 연결된 의미로 사용된다. "그러나 위상학은 형태 자체에는 관심을 두지 않고, 오히려 관계와 그 관계들이 만들어내는 구조에 초점을 맞추고 있다. 이 위상학적 관계는 형태에 비의존적이다. 그러므로 위상학적 구조를 이해하기 위해서는 형태를 넘어선 관계 그 자체를 볼 수 있어야 한다. 위상학에서 거리와 길이·크기·비례·직선·곡선의 구분은 모두 무시된다. 반대로 영역 간과 점들 간의 포함관계와 연결관계가 중요하다."[105]

들뢰즈는 라이프니츠의 '차이의 철학'[106]에서 영감을 얻는다. 그는 라이프니츠의 단자론(Monadologie)을 독해하면서 주름 잡힌 모나드(monad)에 주목하고 무한하게 주름들로 분할되는 천이나 종잇장 같은 연속체에 관심을 기울인다. "여기서 주름(le pli)은 안/밖, 가운데/가장 자리가 더 이상 구분이 없는 연동 운동을 하는 탄력적인 점이자 진정한 원자로서 변곡점이고 변화하는 곡률을 지니고 있다. 더 나아가 온 세계는 자신을 표현하는 영혼의 주름들 안에서만 현

---

104 이정우, 앞의 책, 278쪽.
105 장용순, 『현대 건축의 철학적 모험』, 미메시스, 2010, 276쪽.
106 위의 책, 109쪽.

실적으로 실존하는 잠재태이고, 신에게서조차 관념은 무한한 지성을 뒤덮는 주름이라고 한다."[107]

그러면 '주름'이란 무엇인가? 말하자면 주름은 형상을 결정하고 나타나게 하며, 이것을 표현의 형상·게슈탈트·발생적 요소, 또는 변곡의 무한한 선·유일한 변수를 가진 곡선으로 만든다.[108] 또한 휘어지기 쉽고, 탄력적인 하나의 물체는 또한 하나의 주름을 형성하는 결집된 부분들을 갖는다. 그 결과 그 부분들은 부분의 부분으로 분리되는 것이 아니라, 오히려 어떤 응집력을 줄곧 유지하는 더욱더 작은 주름으로 무한히 분할된다. "유기체는 자신의 고유한 부분들을 무한히 주름으로 접고, 그 주름들을 무한하지 않게 펼치는 역량에 의해 정의된다."[109] 그리고 "유기체는 내생적(endogènes) 주름들에 의해 정의되고, 반면 비유기체적인 물질은 항상 바깥 또는 주위에 의해 규정되는 외생적(exogènes) 주름들을 지닌다."[110] 또한 "동굴 안에 하나의 동굴처럼 주름 안에 항상 하나의 주름이 있다. 미로의 가장 작은 요소인 물질의 단위는 주름이다. 결코 하나의 부분이 될 수 없고 선의 단순한 극단인 점이 아니다."[111]

들뢰즈가 말하는 주름은 최종 항이 없다. 하나의 주름 속에 반드시 다른 주름들이 들어 있다. 주름 속의 주름들, 그 주름들 속의 주름들이 연속해서 자리를 잡고서 접힘과 펼침을 반복한다. 말하자면, 주름과 주름들은 무한 분화와 포섭의 프랙틸(fractal) 구조의 형태를 띠고서 접힘과 펼침의 작용을 다양하게 반복한다. 들뢰즈에 따르면, 주름들은 파동의 형태로 접히기도 하고 퍼지기도 하면서 탄성력과 조형력을 발휘한다. 장소가 공간 규정을 넘어 방사 및 수렴을 하는 것은 장소 역시 이러한 탄성력과 조형력을 지니기 때문이다. 특이

---

107 G. Deleuze, 『주름, 라이프니츠와 바로크(*Le Pli: Leibniz et le Baroque*)』, 이찬웅 역, 문학과지성사, 2004, 31쪽, 46쪽, 93쪽.
108 위의 책, 69쪽.
109 위의 책, 13쪽.
110 위의 책, 11쪽.
111 위의 책, 9쪽.

한 주름의 형태를 띤 용수철처럼 탄성력을 발휘하는 것이 장소다. 하나의 같은 장소가 누구에게는 긴장된 장소고, 다른 누구에게는 느긋한 장소다. 장소가 탄력성을 발휘할 때, 그 장소에서 접혀 응축되는 주름에 놓여 있는 자는 자기 몸 내부의 주름들을 끌어모아 함께 응축함면서 긴장하게 된다. 또 그 장소에서 펼쳐져 이완되는 주름에 놓여 있는 자는 자기 몸 내부의 주름들을 펼쳐함께 이완되어 느긋해진다. 완전히 풀려 무한히 이완되면 죽음이다.[112]

특히 주목할 만한 것은 들뢰즈의 주름 논의는 하이데거의 존재의 드러남과 감춤, 말하자면 존재 주름의 접기와 펼치기의 연동운동 및 세계와 대지의 분리 및 두겹의 주름(Zwiefalt)과 사중자의 접음(Einfalt)과 펼침(Entfalten)의 운동과 연결된다는 점이다. 하이데거는 존재의 모음(Versammeln)으로서의 일의성과 그것의 펼침의 다양성에 주목한다. 들뢰즈는 분화시키고 스스로 분화되는 이상적인 주름, 즉 두 겹의 주름 아이디어를 라이프니츠를 이어서 하이데거 사유에서도 발견하게 된다. 하이데거가 두 겹의 주름을 차이의 차이 산출자로서 원용할 때, 그것은 무엇보다도 분화가 미리 전제된 '분화되지 않은 것'을 지시함이 아니라, 양쪽 면 각각에서 끊임없이 펼쳐지고 다시 접혀지는 '차이', 오직 하나를 다시 접으면서 다른 하나를 펼치는 '차이'를 지시함을 말하려고 하는 것이다. 존재의 은폐와 탈은폐의 공외연성, 존재자의 현전과 후퇴의 공외연성 안에서 운동하는 '차이', 주름의 '이중성'은 그것이 구분하는, 그러나 이렇게 구분하면서도 서로 관계시키는 양쪽 면에서 필연적으로 재생산된다. 그것은 이른바 항들끼리 서로 주고받으며 되던지는 분리와 각 주름이 다른 주름 안에서 당겨지는 긴장을 의미한다.[113]

들뢰즈의 '위상학적 공간론'은 권력·중심·계급·자본과 같은 하나의 기제로 환원되지 않은 채 분절되어 있고, 그리고 차별화되어 있는 공간의 탈중

---

112 조광제, 「기계와 뇌 그리고 장소 : 들뢰즈·가타리의 탈영토화와 욕망하는 기계에 빗대」, 276쪽 이하, 『장소철학 II』, 283쪽.
113 G. Deleuze, 『주름, 라이프니츠와 바로크』, 59쪽 이하.

심화, 즉 중심으로부터 새로운 것을 만들어가는 '탈주선(ligne de fuite)'으로서 리좀(rhizome) 만들기를 주장한다. 그리하여 위계, 중심, 집중, 체계의 공간 역학보다는 이른바 차별, 분산, 지방, 개체의 공간미학이 주목받게 된다. 즉 중심으로부터 자유롭게 된 주변적인 공간이 중요시된다. 그는 개별 장소들 사이의 통일성과 위계성을 고집하기보다는 오히려 장소들 간의 다양성과 비대칭성을 주목한다.

특히 들뢰즈의 리좀적 실천에 대한 강조는 대안적 장소를 추구하는 중요한 전략으로 인식될 수 있다. 뿌리줄기를 의미하는 리좀이란 원래 식물학 용어로서 줄기가 변태하여 생긴 땅속 줄기를 말한다. 계통적 구조를 가지는 수목 조직과는 달리, 리좀 조직은 중심을 갖지 않는 이질적 선들이 상호 교차하고 다양한 흐름들과 다양한 방향들로 복수의 선분들을 만들어내면서 사방팔방으로 뻗쳐 나가면서 망사 구조를 이룬다. 말하자면 이러한 중심으로부터 탈주선으로서 리좀 만들기는 소위 '탈영토화'에 의해 그 영토를 넓혀나가는 과정이다. 리좀이라는 개념이 의도하는 것은 세계를 바라보는 시선의 전환이다. 들뢰즈와 가타리에 의하면 근대의 계몽적 이성주의는 합리화라는 이름으로 세계를 분절화시켰다. 근대 학문의 백과사전식 나무 모형이 그 대표적 예이다. 그러나 리좀 모델은 구근식물들의 뿌리가 그렇듯이 세계는 어떤 환원적 지향점도 특정한 중심이나 방향도 갖고 있지 않다는 데 그 핵심이 있다. 이런 점에서 전통적인 의미의 경계라는 개념도 의미가 없다.

들뢰즈는 후기구조주의적 사유 체계를 근간으로, 특히 그의 '사건의 철학'의 견지에서 시간에 따라 생성·변화하는 사건을 중심으로 공간과 장소의 의미를 고찰한다. "베르그손에게서 유래하는 존재하는 것은 오직 과정, 사건, 생성, 지속뿐이라는 지속의 철학에 기대고 있다. 물론 사건들이 모나드 안에 함축되어 있다고 본 라이프니츠에게도 심대한 영향을 받고 있다."[114] 여기서 사

---

114 위의 책, 역자 이찬웅은 들뢰즈와 라이프니츠 철학 사이의 적정한 차이를 인정하면서, 들뢰즈의 라이프니츠 철학에 대한 경험론적 독해에 근거해서 두 사이의 거리를 지우

건이란 언어로 포착되어 기호화되고 개념화되기 이전의 단계에 존재한다. 사건이란 실증주의와 현상학 그리고 구조주의적 관점에서 모두 설명될 수 없는 그 이전 단계에 존재하는 것이다. 이와 같이 사건은 주체가 대상을 인식하기 이전의 차원, 즉 개체(대상)의 차원으로 가는 그 경계선상에 존재한다. 자연과 문화가 접하는 그 접면을 들뢰즈는 '형이상학적 표면(metaphysical plane)'이라 칭한다. 이 형이상학적 표면에 내재하는 것은 순수 사건이다. 이것이 현실화될 때 그 사건은 비로소 의미를 가지게 된다는 것이다.[115] 들뢰즈는 우주에서 일어나는 모든 사건을 시뮬라크르(simulacre)로 규정한다. 그는 그것을 실재하지 않는 전혀 가치 없는 것으로 간주한 플라톤과는 달리 여기에 커다란 의미를 부여하였거니와, 시뮬라크르는 단순한 복제의 복제물이 아니라, 오히려 이전의 모델이나 모델을 복제한 복제물과는 전혀 다른 독립성을 가지고 있다.

들뢰즈의 영토화(territorialisation), 탈영토화(déterritorialisation), 재영토화(reterritorialisation) 개념은 우리 인간이 어떤 영역 안에서 그 무엇과 접촉하며 살아갈 때, 우리가 처한 영역의 변동에 따라 새로운 관계를 형성하게 됨을 설명하는 개념이다. 어떤 것의 다른 것과의 특정한 관계를 배치(agencement)라고 본다. 다시 말해 사물들이 일정한 방식으로 접속해 배치될 때, 즉 일정한 코드에 입각해 존재할 때 영토성이 성립된다. 이 배치 안에서 각각의 항은 다른 항과의 접속에서 하나의 기계로 작동한다는 것이다. 예를 들면, 그때그때마다 손은 각각의 영역에 따라, 즉 교실에서는 글 쓰는 기계, 식당에서는 밥 먹는 기계, 가정에서는 사랑하는 기계, 운동장에서는 운동하는 기계로 작동하며, 그것이 교

면서 아래와 같이 주해하고 있다. "라이프니츠의 자연학은 암맥, 소용돌이, 혼돈을 품고 있으며, 그의 형이상학은 무한한 주름, 불협화음을 통해 세워져 있다."(259쪽) 또한 "우주는 무한히 다양한 곡률을 가진 곡선과 같고, 세계는 무한히 많은 사건의 유성들이 쏟아져 내리는 밤하늘과 같다. 어두운 공간을 가로지르며 사건은 어디로 떨어지는가? 사건들은 주름 잡힌 곡선의 내부, 오목한 습곡을 찾아 추락한다. 그 자리, 장소는 외부가 연장된 내면이며, 구성하는 내면이 아니라 구성된 내면이다."(256쪽, 역자의 말).

115 G. Deleuze, 『의미의 논리』, 이정우 역, 한길사, 1994, 60쪽 이하.

차하고 반복된다. 이때 개별 영역의 교체와 이동 속에서 탈영토화와 재영토화의 생성 및 차이가 계속 일어난다는 것이다. 탈영토화란 물리적 입자들의 경우, 그 공간적인 위치는 확정되지 않더라도 그 장소마저 벗어나는 것은 아니다. 탈영토화는 공간을 벗어나 장소를 갖는 데서 성립하는 것으로 해석된다.

장소를 중심으로 해서 보면 내부와 외부는 구분되지 않는다. 환경의 구조는 유기체의 형태를 장소로 해서 이루어지고, 유기체의 형태는 환경의 구조를 장소로 해서 이루어지기 때문이다. 이를 두고 들뢰즈는 유기체가 탈영토화된다고 말한다. 양적인 공간의 구획된 경계를 무너뜨리고 공간적인 방식으로 규정된 상태에서 벗어나 장소에 따른 활동의 상태로 나아가는 것이 탈영토화다.[116] 재영토화는 하나의 장소 속에 여러 장소를 만들고, 그 하나의 장소와 여러 장소가 서로 작용하여 양쪽 모두 구조의 변화가 일어나는 것을 지칭한다. 그러므로 들뢰즈는 모든 존재를 개념으로 포섭하는 동일성의 논리인 재현의 논리를 현실에 있는 차이를 제거하는 독립적인 것으로 비판한다. "이른바 재현은 차이에 의해서 긍정된 세계를 도주하게 만들며, 그것은 오직 하나의 중심만을 가지며, 단일한 시점만을 지닌다."[117]

들뢰즈에게는 "억압적 기제로 작용한 근대적 공간, 즉 '공간-기계'"[118]로부터 벗어나서 해방된 자유와 욕망의 공간에로의 '탈주(脫走)'가 문제가 되기도 한다. 그에 있어서는 "'매끈한 공간'과 '홈 파인 공간', '유목적 공간'과 '정주적 공간', '전쟁 기계가 전개되는 공간'과 '국가 장치에 의해 설정되는 공간'들의 상호번역과 반전이 쟁점화된다. 동시에 그의 '유목론(nomadologie)'에서 논의되는, 이른바 인간이 어떤 사물과 연관된 기계적 관계를 생각할 때, 삶의 영역의 변화가 일어나면서 새로운 관계를 형성하게 되는 '탈영토화'와 '재영토화' 개념이 등장한다. 그리고 사건이 특정한 양상으로 반복되는 조건인 '지층(stratum)'

---

116 조광제, 앞의 글, 276쪽 이하.

117 G. Deleuze, *Différence et répétition*, Presees Universiaires de France, 1985, p.78.

118 B. Hiller, *Space is the Machine: A Configurational theory of Architecture*, Cambridge University Press, 1996, p.371 참조.

개념과, 특정한 지층 안에서 사건이 반복적으로 배열화하는 양상을 지칭하는 '배치' 그리고 접히고 펼쳐지는 '주름' 역시 현대 공간 담론에서 이슈화되고 있다."[119]

'탈주선' 내지 '도주선(ligne de fuite)'은 유동성·개방성·불확정성으로 이해될 수 있다. 먼저 유동성은 영역과 영역을 연속적으로 횡단하는 탈주의 본질이라고 할 수 있고, 어디로든 뻗어나갈 수 있는 다양한 경로가 열려 있다. "개방성은 수직으로 이동하는 순환 체계를 흡수함으로서 공간의 경계를 모호하게 하고, 새로운 것을 창조하는 적극적이고 긍정적인 선이다. 또한 불확정성은 탈코드화와 탈영토화에 의해 정의되고, 또한 파동의 흐름이고 불연속성의 입자이다. 이는 위치와 운동량을 동시에 측정할 수 없는 특징을 가지고 있다. 특히 탈주 이론을 건축에 응용한 예를 콜하스(R. Koolhaas)의 작품에서 볼 수 있다. 유동적 특성에는 이동과 삽입을 그리고 개방적 특성에는 확장·혼합·연결을, 불확실성의 특성에는 결합·왜곡을 표현한다."[120]

들뢰즈의 사건 개념이 기대고 있는 베르그손의 '순수 지속(la durée toute pure)' 개념은 하이데거의 생각에 비추어볼 때, 여전히 니체의 생성(Werden)의 개념과 마찬가지로 서양 형이상학의 내적인 구조 안에서 움직이고 있다. 순수 지속은 보통의 시간 개념과는 달리, 직관에 의하여 포착되는 진정한 시간 경험 및 주관적·심리적인 현실을 일컫는다. 들뢰즈는 이 지속을 연장으로 표현하고 시간을 공간에 투사한다. 모든 현상들의 근거로서 순수 사건이 나타나고, 그것의 사건화와 계열화를 통해 의미가 생성된다고 한다. 이런 점에서 하이데거의 관점에서 보면, 들뢰즈도 니체처럼 플라톤주의를 도립(倒立)시켰을 뿐이다. 그리하여 들뢰즈도 존재론적 차이가 생기며, 탈은폐와 은폐가 놀이하는 '사이-나눔(Unter-schied)'으로서의 존재 진리의 사건에서 유래하는 존재 사유에는

---

119 G. Deleuze & F. Guattari, 앞의 책, 257쪽, 907쪽 참조.
120 노양미·이찬, 「들뢰즈(G. Deleuze)의 탈주이론과 공간특성」, 『한국디자인학회 학술발표대회 논문집』 2004 가을, 한국디자인학회, 2004, 68쪽 이하.

미치지 못하고 있다.

결국 들뢰즈는 니체의 반플라톤주의적 전회를 완성하고자 할 뿐이다. 더욱이 들뢰즈의 공간관이 지닌 문제점은 다음과 같이 지적될 수 있다. 리좀적 실천은 낯설고 가장 멀리 떨어져 있는 영토를 찾아 끊임없이 이동하는 것, 그리고 그곳에서 자유의 새로운 공간을 찾는 것이다. 그러나 이러한 리좀적 실천에서 언급되는 대안적 장소 만들기는 현실에 대한 어떤 저항이 아니라, 오히려 도피로도 간주된다. 오늘날 세계화된 자본으로 가득 찬 공간에서 리좀의 구체적 내용은 어떠해야 하는가에 대해서 답을 하지 못하고 있다는 점이 지적될 수 있다는 비판도 설득력을 얻고 있다.

들뢰즈와 가타리에게 결정적으로 중요한 다른 공간은 정착 문명의 가장 자리에 실존하는 유목민에 속하는 공간이다. "유목민, 유목 공간은 국지화하기는 하지만 한계 지어져 있지 않다."[121] 유목 공간은 한계지어져 있지 않다는 점에서 순수하게 차원적이다. 그래서 그것은 텅 빈 물리적 무한성도 아니고, 또한 마음 내부에 응축되어 있는 충실한 현전도 아니다. 들뢰즈의 위상학적 공간해석론에서 '홈 파인 공간'과 '매끈한 공간'을 대립시킨다. 전자는 점유되기 위해 순서대로 세워지는 공간이고, 후자는 세워지는 일 없이 점유되는 공간이고, 또한 전자는 균질적이고 평탄하고 정밀한 경로에 의해 선형적으로 그어진 공간이고, 후자는 이질적이며 질적인 다양체들로 그득한 공간이다.[122] 그러면 들뢰즈가 강조하는 '매끈한 공간'이란 무엇인가? 매끈한 공간은 정확히 '최소편위(deviation)'의 공간이다. 그러므로 이 공간에는 무한히 근접하는 점들 사이를 제외하고는 균질성이 없고, 근접한 것들끼리의 연결은 어떤 규정된 경로와도 무관하게 행해진다. 그것은 유클리드의 홈 파인 공간 같은 시각적 공간이라기보다 접촉의 공간, 즉 손으로 만지거나 미소한 촉감이 이루어지는 공간이다. 매끈한 공간은 도관이나 수로가 없는 하나의 장이다. 하나의 장, 매끈한

---

121 G. Deleuze & F. Guattari, 앞의 책, 382쪽.
122 위의 책, 477~478쪽.

이질적 공간은 지극히 특수한 유형이 다양체와 짝을 이룬다. 이 다양체들은 그것에 대해 외적인 공간 내의 한 점으로부터의 시각적 관찰 가능성이라는 조건을 충족시키지 않는다. 유클리드 공간과 상반되는 음의 체계, 아니 심지어는 색채의 체계도 그러한 매끈한 공간의 사례다.[123]

'매끈한 공간' 속으로의 침투는 신체를 바탕으로 이루어지면 동시에 풍경과의 관계 속에서 방향지어진다. "매끈한 공간은 차원적이거나 계량적인 것이 아니라 방향적이다."[124] 그리고 "이 부분에서 저 부분으로 움직이는 국지적 통합으로서 유목적인 절대성이 있다. 그것은 무한히 이어지는 방향의 연결과 변화를 통해 매끈한 공간을 구성한다."[125] 많은 면에서 푸코의 동맹군이라 할 수 있는 들뢰즈와 가타리 또한 그와 유사하게 공간을 혼효적(heterogeneous) 장소로서 이해한다. 홈 파인 공간은 매끈한 공간에 길을 내주고 매끈한 공간은 끝없이 열린 장소로서 유목적이고 비정주적인 장소들을 낳는다.[126]

들뢰즈의 위상학적 공간해석론은 아래와 같이 요약될 수 있다. 모든 사물의 위상에 따라 시공간의 장이 계속해서 달라진다. 즉 그것은 구조주의적 사고에 입각한 트리(tree)적인 체계가 아니다. 오히려 그것은 끊임없이 성장하며 변화하는 뿌리줄기 식물, 즉 리좀적 체계를 통해 현대사회에 보여지는 공간적 위계에서의 탈피, 권력에서의 독립, 중심의 부재, 유목민적 사고, 경계의 무너짐, 유연한 선, 시뮬라크르 등의 특징들을 지니고 있다. 여기서 공간은 무한한 사건으로 증식하고 뻗어가는 다중심적 네트워크의 유연한 선과 접음과 펼침의 주름으로서의 공간 개념을 제시한다. 그것은 끊임없이 변화하고 분열하는 선으로 펼쳐지는 매끈한 공간이다. 이런 점에서 들뢰즈는 위상학적 공간론을 통해 오늘날의 탈공간화 현상을 탈주하는 확고한 선을 제시하고자 한다.

---

123 위의 책, 371쪽.
124 위의 책, 479쪽.
125 위의 책, 494쪽.
126 E.S. Casey, 앞의 책, 613쪽.

7. 사회공간론의 변증법적 공간 해석[127]

마르크스 철학의 전통에 서 있는 사회공간론의 '공간 변증법'을 제시한 르페브르(H. Lefebvre)의 공간에 대한 생각은 자신의 고향인 프랑스 나바렝스(Naba-rengseu)의 파괴에 대한 자신의 개인적 체험과 현실적으로 부딪친 공간 문제와 무관하지 않다. 말하자면 고향 피레네 지방의 농촌 공동체 변화를 다룬 학위 논문 이후, 그는 1960년대 프랑스 정치 및 사회현실 속에서 태동한 공간 문제에 남다른 관심을 가진다. 그리고 공간 문제에 대해 인식론적 사변으로 전락한 철학에 반감을 가지게 된다. 이런 계기들로 인하여 상품화되어가는 자본주의 사회의 일상과 공간의 식민화에 대한 연구를 하게 되고, 그 후로는 주로 도시화와 공간의 생산에 대한 연구를 진행한다. 그 결과로 태어난 것이 바로『현대세계의 일상성』, 『도시혁명』, 『자본주의의 생존』, 『공간과 정치』, 『공간의 생산』 등의 저서들이다. "특히 르페브르의 공간 연구를 집대성한『공간의 생산』은 자신의 도시 연구의 핵심적 산물이다. 그것은 자신의 연구의 기반을 이루고 있는 헤겔과 마르크스 그리고 니체의 시공간 논의들이 공간 생산의 연구에서도 대결과 통합의 방식으로 다루어지고 있으며, 또한 사회와 공간의 통합이론이 제시되고 있다."[128]

인간은 공간적 존재인 동시에 사회적 존재이다. 무엇보다 인간은 사적 공간과 사회적 공간에서 삶을 영위한다. 사회적 공간에 대한 담론들은 사회적 주체와 물리적 공간 간의 관계를 주제화한다. 이른바, "공간은 사회적으로 생산된다"는 소자(E.W. Soja)의 '시간-공간-사회의 삼변증법'과 하비(D. Harvey)의 '역사지리 유물론' 그리고 마르크스주의에 기초한 일상적인 사회생활과 연관성 속에서 공간을 이해하는 르페브르 '사회공간론' 등이 대표적인 논의들이다. 여기서는 르페브르의 '사회공간론'을 중점적으로 살펴보고자 한다. 왜냐하면

---

127 강학순, 「사회공간론의 공간변증법」, 『존재와 공간』, 80~87쪽 수정 보완.
128 서우석, 「앙리 르페브르가 바라본 공간」, 『월간 국토』218호, 1999.12, 86쪽.

근대적 지배 공간에 대한 새로운 '대항공간(espace de comptoir)'을 제시하는 르페브르는 오늘날의 사회공간론을 대표한다고 여겨지기 때문이다. 그의 사회철학은 의식보다 삶을 강조하는, 이른바 '의식이 삶을 결정하는 것이 아니라, 삶이 의식을 결정한다'[129]는 마르크스적 전통에 서 있다. 그의 이론의 출발점은 "모든 사회적 관계는 공간적이다"라는 명제이다. 르페브르는 무엇보다 사회적 관계의 존재 양식을 공간적이라고 본다. 그는 공간 생산의 흐름을 르페브르는 변증법적 운동으로 포착한다. "이러한 공간의 생산 양식을 설명하기 위해 그는 절대공간, 역사적 공간, 추상공간, 모순공간, 차이공간 등으로 새로이 개념을 창안하여 적용하고 있다."[130]

르페브르에 의하면, 새로운 사회와 새로운 삶은 새로운 공간의 생산으로 뒷받침되지 않으면 사상누각이다. "일상이 축제가 되게 하라!"는 신선하고 의미 있는 선언을 한다. 결국 그는 비판사회이론의 역사주의를 비판하면서 '공간 변증법'을 제시한다. 변증법이 다시 논제로 등장하고 있다. 그러나 그것은 마르크스의 변증법이 더 이상 아니다. 마치 마르크스의 변증법이 더 이상 헤겔의 변증법이 아니듯이, 르페르브의 변증법은 더 이상 역사성과 사적 시간 혹은 '정-반-합'이나 '긍정-부정-부정의 부정'과 같은 시간적 메커니즘을 고집하지 않는다. 즉 공간을 인식하는 것, 거기에서 무엇이 '일어나고 있는가'를 인식하는 것, 그리고 공간이 무엇을 위해 사용되는지를 인식하는 것이 변증법을 되찾는 길이다. 그는 이러한 인식론적 분석을 통해 공간의 모순이 밝혀질 것이라고 생각한다.[131]

르페브르는 "공간이란 어떻게 생산되는가?"라는 주도적인 물음에 자신의 이른바 사회공간론 논의의 초점을 맞추고 있다. 그의 『공간의 생산』은 그의 공간에 대한 사유를 집약하고 있는 대표적인 저작이다. '공간 분석' 내지 "'공간

---

129 K. Marx, 『독일 이데올로기』, 김대웅 역, 두레, 1989, 65쪽.
130 김경수, 「헤겔의 관념변증법의 공간화 : 앙리 르페브르의 『공간의 생산』 연구」, 『철학탐구』 제39집, 중앙대학교 철학연구소, 2015, 52쪽.
131 H. Lefebvre, *The survival of capitalism*, F. Bryant(trans.), New York, 1976, p.14.

학'"[132]이라는 조심스러운 명칭이 붙은 르페브르 작업의 출발점은 전통적인 마르크스주의 분석의 한계를 넘어서려는 기획이다. 마르크스주의는 토대와 상부구조로 이루어진 생산 양식에 따라 역사를 구분하며, 토대의 모순이 역사를 변화시키는 원동력이라고 파악한다. 르페브르는 이러한 원칙을 받아들이면서 동시에 그것의 한계를 지적한다. 이러한 역사유물론의 관점에는 "각각의 사회는 저마다의 공간을 생산한다"[133]는 전제가 빠져 있다. 이것은 각각의 사회, 곧 각각의 생산 양식은 생산 수단의 소유 관계에 의해 규정될 뿐만 아니라 공간에 대한 집단적 생산에 의해서도 구별된다는 것을 뜻한다. 따라서 새로운 생산 양식의 출현, 다시 말해 기존 생산 양식의 변혁은 기존의 공간 질서에 대한 전복과 새로운 공간 관계의 생산 없이는 이루어질 수 없다.

　르페브르가 이론적으로 구상한 공간의 틀은 재현의 공간 · 공간의 재현 · 공간의 실천의 세 계기들이다. 인류사 전체가 이 세 계기들의 변증법적 작용이며, 이 계기들이 서로 흡수하고 제한하거나 대립하는 상호작용 속에서 공간은 생산 및 재생산된다는 것이다. 이를 '공간의 삼각 변증법'이라고 한다.[134] 여기서 '재현의 공간'은 자본주의 이전의 종교적이고 정치적인 공간으로서 혈족 · 토양 · 언어가 결합된 산물이며, 또한 이 공간은 역사적 공간으로서 전통적인 기념비적 공간이다. 이 기념비적 공간은 사회 구성원의 소속감과 합의를 이끌어내는 일종의 소통의 광장이다. 이에 반해 '공간의 재현'을 주도하는 자본주의는 저러한 역사적 재현의 공간을 파기함으로써 탈역사적인 추상공간을 배태하여 기념비적 공간의 자리에 결국 식민화된 일상성의 공간인 중성적인 빌딩들을 생산해낸다는 것이다. 이런 공간의 생산은 자본주의에 의해 더욱 증진될 것이며, 이로 인해 공간 문제와 공간 모순들이 대두된다.

132　H. Lefebvre, 『공간의 생산(*la production de l'espace*)』, 양영란 역, 에코리브르, 2011, 549쪽.

133　위의 책, 77쪽.

134　박영민 · 김남주, 「르페브르의 공간변증법」, 국토연구원 편, 『공간 이론의 사상가들』, 한울, 2006, 473쪽.

르페브르에 의하면, 사회적 생산 관계는 공간적으로 존재하는 한에서만 사회적 실체를 가진다. "사회적 생산 관계는 스스로를 공간에 투영하고, 또한 공간에 각인하면서 공간을 생산한다. 그렇지 않다면 사회적 생산 관계는 '순수한' 추상으로, 즉 재현이나 그것의 결과인 이데올로기, 또는 다르게 말해 탁상공론과 장광설 그리고 단어들로만 남아 있을 뿐이다."[135] 이런 점에서 르페브르는 역사적 실천이 배제된 사회적 관계와 공간 구조에 대한 구조주의의 인식론적 공간 연구에 대해 비판적 입장을 취한다. 아울러 사회적 공간을 단순히 메시지 혹은 기호로만 환원시킴으로써 역사와 실천 모두를 회피하는 도시 공간에 대한 기호학적 접근에 대해서도 비판적이다. 따라서 르페브르는 '공간적 실천'을 강조하면서, 공간을 메시지의 차원으로, 독해의 차원으로 깎아내리는 행위는 역사와 실천 모두를 회피하는 것이라고 통렬하게 비판한다.[136]

이런 맥락에서 르페브르에게 공간은 한갓 해석되는 텍스트가 아니라, 현실에서 행동하는 생산적 실천의 장인 것이다. 무엇보다 그에 의하면, "오늘날 자본주의는 전통적인 공간 배열을 파괴하면서 일상의 공간의 축제성을 빼앗아가고, 식민화된 일상성의 공간을 배태한다는 것이다. 특히 자본주의가 공간을 점유하고 공간을 생산한다고 보는 것이 그의 입장이다. 그는 그러한 자본주의에 의해 주도되는 도시화와 사회적 공간에 대해 분석하고 비판하면서, 그것을 극복하기 위한 구체적인 공간적 실천을 역설한다."[137] 그러므로 그는 공간의 실천을 통하여 그 문제를 풀어나가야 한다고 보면서, 나아가 이런 공간의 실천은 어떻게 구현되는가에 대한 가능한 방법들을 제시한다. 무릇 공간이 사회적으로 구성되는 것이라면, 이는 직접적이고 물리적인 공간 개입을 통해 구성될 수 있을 뿐만 아니라, 장소의 이미지나 집단 최면과 같은 실천을 통해서도 가능할 것이라고 전망한다.

---

135 H. Lefèbvre, *The production of Space*, D. Nicolson‒Smith(trans.), Oxford: Blackwell, 1991, pp.152~153.

136 위의 책, p.7.

137 위의 책, p.19.

이제 르페브르의 '사회공간론'에서 중핵이 되는 '공간 변증법'을 추적해보도록 하자. 사회공간론에서 공간은 이데올로기와 정치로부터 분리될 수 있는 한갓 과학적 대상이 아니라, 도리어 공간은 정치적·이데올로기적이라고 단언한다. 중요한 것은 공간이 사회적 존재의 근본적 준거틀로 간주된다는 사실이다. 그리고 공간성의 더욱 심층적인 사회적 기원, 공간성의 생산 및 재생산, 공간성의 정치와 권력 그리고 이데올로기적 맥락을 논의의 중심으로 가져온다. 공간은 이념적인 것이 아니라, 오히려 사회적 실천의 공간으로서 실재하는 공간을 의미한다. 그러므로 사회공간론은 논리적이고 수학적인 공간이라는 형식적·추상적 영역과 사회적 공간이라는 실천적·감각적 영역과의 관계 속에서 공간 개념을 철저히 규명함으로서 실제적인 공간이 역사 이래로 다양한 헤게모니 체제하에서 다양한 방식으로 생산되어온 과정을 탐구한다.

그러면 '사회적 공간'이란 무엇인가? 사회적 공간은 절대자에 의해 창조된 텅 빈 공간이나 자연적으로 그저 주어진 공간이 아니라, 사회적으로 생산된 공간이다. 그리고 그것은 (재)생산을 둘러싼 다중적인 사회관계들이 상호 교차하고 중첩되는 사회적 네트워크를 말한다. 역동적으로 포개지는 세 계기들의 변증법을 제안한 것은 자본주의 사회에서 공간 생산의 모순과 갈등이 어느 지점에서 발생하는지를 보여주기 위해서이다. "자본주의 사회에서 완전히 분리되어 서로 마찰하는 이들 사이의 변증법적 역동성 속에서 새로운 가능성을 발견할 때, 자본주의의 수많은 소외 형태로부터의 해방구가 모색될 수 있다는 것이다. 물론 그 중심에는 마치 해방의 심장과도 같은 소외 계층의 실천이 자리잡고 있다."[138]

르페브르는 근대 일상의 공간성에 주목하면서, 일상이 공간을 어떻게 만들어내며, 역으로 그 공간이 우리의 일상을 어떻게 조직하고 재생산하는가를 탐구한다. 우리의 일상이 만들어내는 공간의 생산과 그리고 공간이 만들어내는 일상, 즉 공간적 실천이 자본주의 지배 질서를 생산한다는 것이다. 공간의 재

---

138 박영민·김남주, 앞의 책, 475쪽 이하.

현이라는 계기는 실제 물리적 공간틀을 만들어내고, 거기에 특정 이데올로기와 담론을 덧붙이게끔 기능한다는 것이다. 르페브르는 사회구조에 억압된 일상생활의 공간에 대해 비판적이다. "이른바 진부한 일상의 반복에 맞서, 더 중요하게는 성문화되고 규범화된 지배 코드에 맞서, 흔히 비언어적 상징의 형태를 띠는 갖가지 대항공간 실험들이 등장한다. 이것은 위로부터 부과된 규범과 규칙에 반항하며 살아 있는 공간을 도모하고 만들려는 온갖 시도들로서 재현의 공간들이라 불리운다. 무엇보다 사회적 공간이란 그 자체가 사물들 중에 속하는 하나의 사물이나 독립된 실체가 아니라는 것이다."[139]

그러나 근대적 공간은 사물들 간의 관계의 집합일 뿐이며, 이제 공간이란 관계에 의해 구성되는 배치에 불과하다. 여기서는 공간을 사회학적인 차원에서 접근할 가능성이 차단된다는 것이다. 그러한 공간은 공간을 점유하는 물체나 신체와는 본질적으로 무관한 공간이다.

공간 해석에 있어서 르페브르의 '공간 변증법'의 공헌은 자본주의에서 포괄적인 공간적 문제 설정을 정의하고, 또한 사회적으로 조직된 공간의 외형적 모순에 계급 관계를 뿌리내림으로써 공간적 문제 설정을 계급투쟁에서의 중심적인 위치로 고양시킨 점이다. 그리고 사회적 혁명은 동시에 의식적으로 공간적 혁명이 되어야 성공할 수 있다는 것을 부각시킨다. 이런 관점에서 자본주의 사회의 '공간의 신비화'와 물신화에 맞서 '공간의 탈신비화'를 통해 혁명적 공간 의식의 가능성을 보여주고자 한다. 왜냐하면 이 혁명적 공간 의식은 공간의 생산에 대한 통제력을 장악하는 것이 목적인 공간 실천의 물질적이고 이론적인 토대이기 때문이다.[140] 또한 르페브르의 이론적 장점은 일상생활에서 대항공간을 위한 실천을 강조한다는 점이다. 진정한 사회적 공간의 그림은 무엇인가? 그는 자신이 살던 당시 파리 근교의 신도시인 무렝(Mourenx)을 황량한 공간으로 배척하고, 자신이 어릴 때부터 살았던 나바렝스를 이상적인 도시

---

139 H. Lefèbvre, *The Production of Space*, p.73.
140 E.W. Soja, 『공간과 비판사회이론』, 119쪽 이하.

공간으로 묘사한다. "나바렝스는 중세 말기인 14세기에 형성된 도시로서 오래된 흔적과 변화, 그리고 항구성이 잔존하는 곳이었다. 조갯살과 조개껍데기(조갯살의 분비물)의 관계처럼 공간이란 인간과 분리된 것이 아닌 인간의 실천적 삶 속에서 형성된 불가분의 연속적인 공간이라는 것이 강조된다."[141]

정리해보자면, 르페브르의 공간 해석은 사회공간론의 변증법적 공간 해석으로서 새로운 대항공간을 위한 공간의 실천을 강조한 데 있다. 즉 그는 자본주의의 공간관에 맞서 대항공간을 제시하고자 한다. 그의 대안적 공간이란 일상생활의 규범화된 공간에 대한 대항공간이라는 점에서 푸코나 들뢰즈와 같은 맥락에서 이해될 수 있다. 그것은 다른 한편으로 일상생활이 이루어지는 장소에 대한 철저한 비판과 이것의 전복을 전제로 한다. 즉 그는 자본주의적 추상공간의 현실적 모순과 갈등에서 모순적 공간이 생산된다고 본다. 이러한 모순적 공간은 공간의 점유와 일탈 그리고 유착이라는 방식으로 현실공간의 대항공간 내지 차이의 공간이 된다. 이 차이의 공간은 총체적 경험을 가능케 하는 일상생활을 만들어내는 공간이다. 그러므로 이는 새로운 생산 관계의 획득을 통해서만 완전히 실현된다고 본다.

---

141 A. Merrifield, 『매혹의 도시, 맑스주의를 만나다』, 남청수 외 역, 이후(시울), 2005, 186쪽.

제11장

사이버 시대의 공간 해석

1. 사이버 · 디지털 공간 해석[1]

새로운 공간으로 등장한 사이버스페이스(cyberspace)는 어떤 '새로움'을 함축하고 있는가? "사이버스페이스는 물리적 현상에 근거를 두고 있지 않기 때문에, 물리학 법칙의 적용을 받지 않으며, 또한 그러한 법칙의 한계에 의해 제한되지도 않는다. 특히 이 새로운 공간은 물리학자들의 초공간 복합물에도 포함되지 않는다."[2] 하이데거에게서도 가상(Schein)이란 현상(Phänomen)과 짝하는 개념으로서 자신이 아닌 것으로 현상하는 것으로 설명되고 있다. "어떤 것이 일반적으로 그 의미상 스스로를 현시하기를, 즉 현상이기를 요구할 때만, 그 자신이 아닌 어떤 것으로서 자기를 나타낼 수 있다. 그것은 '단지 …처럼' 보일 수 있으며, 파이노메논(φαίνόμενον)이라는 의미 속에는 이미 근원적인 의미가 제2의 의미를 기초 짓는 것으로서 포함되어 있는 것이다."[3] 여기서 가상과 현상은 서로 공속 관계에 있다. "가상공간이란 물질공간과 같이 구현된 공간이

---

1   강학순, 「사이버공간론」, 『존재와 공간』, 한길사, 2011, 111~120쪽 수정 보완.

2   M. Wertheim, 『공간의 역사 : 단테에서 사이버스페이스까지 그 심원한 공간의 문화사』, 박인찬 역, 생각의나무, 2002, 301쪽.

3   M. Heidegger, 『존재와 시간』, 소광희 역, 경문사, 1998, 43쪽 이하.

다. 즉 가상공간도 특정 관점이나 활동을 통해 생산된 공간 혹은 재현의 공간이다. 가상성이란 개념은 본래 절대적 의미의 있음과 없음 사이에 있는 제3의 중간영역을 지칭한다."[4]

매클루언(M. McLuhan)에 의하면, 하이데거가 전자기술 시대를 미리 내다보면서 그것을 철학적으로 해석하고 있다고 간주한다. 즉 데카르트가 기계의 물결을 탔을 때 그랬던 것만큼이나 하이데거는 의기양양하게 전자의 물결을 탔다고 피력한다.[5] 또한 사이버스페이스에 대한 이론가인 베네딕트(M. Benedikt)는 멀티미디어에 의해 열리는 공간인 사이버스페이스를 다음과 같이 정의한다. 사이버스페이스는 전 지구적 범위로 네트워크화되고, 컴퓨터에 의해 유지된다. 그것은 컴퓨터에 의해 접근 가능한, 그리고 컴퓨터가 만들어내는 다차원적이며 인공적 또는 가상적인 어떤 공간이다.[6] 또한 바우만(Z. Bauman)은 오늘날 현대인을 가상현실 속의 운동선수(player)라고 정의한다. "오늘날 테크놀로지는 후각과 촉각 등도 총동원한 입체적, 다차원적 가상현실의 체험을 가능케 한다. 테크놀로지를 활용해 수용자는 이전에 상상할 수 없는 수준의 생동감 넘치는 컴퓨터 게임과 영화 속에서 생경한 현실을 체험할 수 있게 된다. 다차원적으로 재현되는 가상현실의 세계 속에서 살아가는 수용자의 모습은 '운동선수'와 같다."[7]

특히 뉴미디어 이론가인 포스터(M. Poster)는 우리 시대를 '제2의 미디어 시대'[8]로 규정하면서 쌍방향 및 탈중심화 커뮤니케이션으로 이 시대를 특징짓는다. 그는 이런 시대의 인간과 기계의 중첩현상을 인식하기 위해 인터페이스(interface) 개념을 면밀히 검토한다. 잠정적으로 우리는 인터페이스를 인간과

---

4   김상환, 『예술가를 위한 형이상학』, 민음사, 1999, 338쪽.

5   M. McLuhan, *The Gutenberg Galaxy. The Making of Typographic Man,* Toronto, 1962, p.248.

6   M.L. Benedikt, *Cyberspace: some proposals. Cyberspace: first steps,* MIT Press, 1991, p.12.

7   Z. Bauman, "From Pilgrim to Tourist—or a Short History of Identity", *Questions of Cultural Identity*, S. Hall and P. du Gay(ed.), London: Sage, 1996, p.31 이하.

8   M. Poster, 『제2미디어 시대』, 이미옥 · 김준기 역, 민음사, 1995.

기계 사이에 위치하면서 이질적이고 독립적인 두 세계를 서로 분할하면서 동시에 연결시켜주는 일종의 막이라고 할 수 있을 것이다. 컴퓨터와 같은 재현기계가 등장함에 따라 인터페이스의 문제가 부각되기 시작한다. 왜냐하면 그와 함께 인간/기계의 분할선 바깥에 있는 양쪽이 모두 자신의 고유한 리얼리티(reality)를 주장하기 시작했기 때문이다. 스크린의 한쪽은 뉴턴적 공간이며, 다른 쪽은 사이버공간인 것이다. 고품질 인터페이스는 두 세계를 꿰맨 흔적도 없이 봉합시키며, 그로써 둘 사이의 결합 유형을 바꾸는 것은 물론이고, 그 차이의 소멸을 촉진시킨다. 인터페이스란 인간과 기계 사이의 새로운 관계축일 뿐만 아니라, 인간과 기계 사이의 협상이 벌어지는 민감한 경계 영역이다.[9]

　포스터는 "정보 양식론"[10]을 제안하면서 인터넷이 직조하는 사이버공간이 사회적 관계의 장으로서 등장했다고 본다. 이 공간 안에서 공간과 관련된 인간 정체성에 물음을 던지며 그것을 심도 있게 탐구하고자 한다. 그는 뉴미디어의 대명사 인터넷을 사물이라기보다는 사회적 공간에 가까운 것으로 인식한다. 인터넷이 새로운 형식의 상호작용을 불러일으키며, 참여자들 사이에 새로운 유형의 권력관계를 부여한다고 본다. 그는 사이버공간에 어떠한 종류의 공동체가 존재할 수 있는가를 질문한다. 이런 질문을 통해 사회적 상호 관계의 장으로서 사이버공간의 가능성을 모색한다. 이를 통해 시간-공간, 육체-정신, 인간-기계, 주체-객체 등이 새롭게 구성되어가는 상황에 맞추어, 인간 정체성과 주체의 문제를 새롭게 성찰하고자 한다. 특히 뉴미디어의 정보 양식은 일상생활의 담론과 실천이 기초한 주체의 자기 구성 과정을 가능하게 함으로써 새로운 시대의 획을 긋는다. 그러므로 정보 양식에 대한 연구는 커뮤니케이션 영역이 사회적 삶의 부대 현상이 아니라, 도리어 사회 자체를 구성/재구성하는 현상인가 하는 점을 이론적으로뿐만 아니라, 나아가 실제적으로도

9　위의 책, 37쪽 이하.

10　M. Poster, *The Mode of Information*, London: Polity Press, 1990; M. Poster, *The second Media Age*, London, Polity Press, 1995.

증명하고자 한다. 그러면서 그는 문화적 경험이 주체를 구성하는 방식과 형태에 더 관심을 둔다.[11]

　무엇보다도 포스터는 테크놀로지들의 관계 속에서 주체의 정립 문제에 관심을 기울이면서 그것이 새롭게 정립될 수밖에 없음을 보여주고 있다. 아마도 미디어 수용자로서의 주체는 탈중심화되거나 혹은 복합 유형화될지도 모른다는 것이다. 미디어 시대에 우리는 미디어 공간에 사는 미디어적 실존으로 존재한다. 포스터는 인간과 기계의 결합으로 만들어지는 사회공간의 새로운 조건을 이론화하고자 한다. 가상현실 속에 살아가는 주체의 실제 모습을 발견하기 위해서는 인식 방법의 전환, 즉 포스트구조주의적 시각에로의 전환이 필요함을 역설한다. 이로써 데이터베이스(data base)와 전자우편 등 뉴미디어 해석에 있어서 푸코와 데리다의 시각을 접목시킨다.

　특히 포스터가 주창하고 있는 정보 양식 모델은 푸코가 제시한 바 있는 언어적 통제 기술이라는 개념을 보다 구체화하여 이를 중심으로 현대 자본주의 체제하에서의 사회관계를 설명하려는 시도로 간주된다.[12] 또한 미디어 시대에 커뮤니케이션이 핵심 개념으로 떠오른다는 것을 부각시킨다. "커뮤니케이션 이론은 우리의 문화적 상황과 관련해 일종의 이론적인 성찰의 초점을 형성하며, 과거 철학이 맡았던 역할을 커뮤니케이션 이론이 떠맡게 된다고 본다."[13]

　이 지점에서 공간에 대한 철학적인 존재론적 물음을 던져보자. 그러면 가상공간은 존재하는가, 아니면 존재하지 않는가? 그것이 존재한다면 어떤 의미에서 존재하는가? 또한 그것이 존재하지 않는다면, 어떤 의미에서 존재하지 않는가? 가상 존재의 방식을 취하는 존재자는 무엇인가? 이런 질문들은 고대로부터 존재와 비존재, 본질과 현상, 가능태와 현실태의 개념 구분과 직결되는

11　김용석, 『문화적인 것과 인간적인 것』, 푸른숲, 2010, 175쪽 이하.

12　마동원, 「뉴미디어, 일상생활, 사회 이론 : 마크 포스터의 포스트 철학을 중심으로」, 『한국사회와 언론』 제9호, 나남, 1996, 131쪽.

13　V. Flusser, 『코무니콜로기 : 코드를 통해 본 커뮤니케이션의 역사와 이론 및 철학』, 김성재 역, 커뮤니케이션북스, 2006, 260쪽.

중요한 존재론의 질문들과 맞닿아 있다. 플라톤과 아리스토텔레스에 있어서 참된 존재와 그것의 모방(mimesis)으로서의 가상 존재는 역전된다. 플라톤에게 참된 존재는 시공을 떠난 이데아 세계에만 있다. 그러나 아리스토텔레스에게는 참된 존재가 현상계에만 있고, 다만 사물을 떠나서는 존재할 수 없다. "가상성은 부재하는 것이 아니라, 현실화되기 위한 잠재태(dynamis)이다. 즉 철학적 엄밀성에 입각한다면, 가상과 대립되는 개념은 실재(real)가 아니라, 바로 현실(actual)이며, 가상성과 현실성은 존재의 두 가지 다른 방식일 뿐이다."[14]

연장성을 지닌 현실공간은 이제 최소화되거나 사라지면서 시간적 질서도 위협한다. 따라서 그것은 그 존재론적 위상도 상실하게 된다. 그러나 근대적 공간론의 연장선 상에서 테크놀로지를 통해 이제 새로운 공간이 창조되어 새로운 삶을 살아야 한다는 낙관적인 목소리도 있다. 말하자면 우리가 살게 될 '세컨드 라이프(second life)'에는 신이 존재하며, 그가 손을 대자 새로운 세상이 생겨났고, 그는 수백만 명에게 생명을 불어 넣었기에 그가 만든 세상은 끝없이 확장되고 있다.[15] 동시에 사이버공간의 확장이 생활세계에 토대를 둔 문화 활동의 확장이라는 측면에서 낙관론도 가능함을 제시한다. 사이버스페이스에서는 희소성에 기초한 경제원리가 수축되고 있으며, 오히려 지식 · 이해 · 표현 · 소통 등의 인간 활동이 확장되고 있다는 사실이 확인된다. 이러한 활동들은 생활세계나 문화의 영역에 속하는 활동이다. 사이버스페이스에서의 시장은 문화적 활동이 확장되는 공간이라 할 수 있다.

특히 하버마스는 아도르노와 달리 근대적 기획에 대한 낙관론적 견해를 표명하고 있다. 그의 의사소통적 합리성에 기초하여 우리의 일상공간이 평등할

---

14 이동성, 「후기구조주의에서의 의미의 문제 : 들뢰즈의 사건을 중심으로」, 『동서언론』
    제10집, 동서언론연구소, 2006, 151쪽.
15 MIT가 발간하는 『테크놀로지 리뷰』지(誌)는 가상현실 사이트 세컨드라이프(secon-
    dlife.com)를 만든 로즈데일(P. Rosedale)을 사이버공간의 '신'으로 묘사했다. 미켈란젤
    로의 걸작 〈천지창조〉에 빗대어 표현한 말이다. 이 사이트는 실제와 똑같은 생활을 즐
    길 수 있게 재현해놓은 가상현실의 공간(세계)이다.

수 있는 가능성을 모색한다. 하버마스에게 미디어는 해방의 잠재성을 가진, 하나의 이상적인 대화를 위한 환경 혹은 하나의 민주적인 공공 영역이 된다. 하버마스는 기술 결정론에서 벗어나서 기술 자체에 해방의 요소가 담겨 있다는 인식을 지니고 있다.

이제 가상공간에서 공간과 시간 개념이 압축되어 긍정적인 미래가 열릴 수 있다고 생각하기에 이르렀다. 말하자면 모니터에서는 모든 장소와 사람 그리고 시간이 소환될 수 있다. 이제 컴퓨터에서 모든 공간과 모든 거리는 키보드와 나 그리고 마우스와 나 사이의 거리로 재조정되어 있고, 나는 아무 곳이나 갈 수 있고 그리고 어디로부터 떠나올 수 있다. 따라서 거리는 컴퓨터가 반응하는 약간의 시간이라는 의미밖에 갖지 않으며, 또한 내가 체험하는 거리로서의 공간이라는 의미도 존재하지 않음을 현대인은 경험한다. 오늘날의 스펙터클로서 도시 공간도 가상과 현실이 구분되지 않는 의미와 해석의 공간이기도 하다. 기호와 상징들이 배열되면서 재구성된 가상공간이면서도 현실과 혼돈을 불러일으키는 실제 공간적 성격을 동시에 띤다. 이와 같은 공간은 '초공간(hyperspace)' 내지 '역공간(liminal space)'으로 명명되고, 말하자면 공간의 경계가 불투명한 전이 공간으로서 전철역 공간과 매장 공간이 혼합된 것 같은 백화점 입구 같은 곳이다.

그러나 이렇게 새로운 인공적인 공간 및 사이버공간의 대두는 자연적 공간을 장악하고 그것을 점차 사라지도록 강요하고 있다. 이로 말미암아 인간뿐만 아니라, 또한 모든 존재자들이 지닌 자신의 고유한 장소도 박탈당할 수 있는 위기에 처해 있다. 이로 인해 인간 존재 및 뭇 존재자들이 가상공간의 체험과 "기억의 물화"[16]를 통하여 자신의 존재론적 토포스(topos)의 전이를 경험하

16　이기현, 「정보사회와 매체문화」, 김상환 외, 『매체의 철학』, 나남, 2005. 오늘날 "정보 매체가 대행하는 공간의 확장이나 기억의 증폭은 인간의 신체적/인지적 한계를 기술적으로 극복하게 해준다. 하지만 정보매체를 통한 공간의 체험과 메모리의 작동은 모두가 실제적이 아니라는 의미에서 가상적이다. 사이버스페이스의 핵심은 이 전자화된 공간과 기억의 물화에 있는 것이다."(364쪽)

게 된다. 이런 현상을 우리 시대의 존재론적 재앙으로 표현하기도 한다. 더욱이 오늘날 사이버공간이 우리의 생활공간을 대체하며, 인간의 근원적 존재 방식에 도전해 오고 있는 실정이다. 영화 같은 현실, 즉 어쩌면 '기술 신(Deus ex maschine)'이 지배하는 매트릭스의 공간과 실제의 삶의 공간과의 영토전쟁이 불가피할지도 모를 일이다.

오늘날 테크놀로지를 매개로 한 자연적 공간의 변이와 해체로 인하여 다음과 같은 철학적 물음이 배태된다. 앞에서 이미 언급한 바대로, 공간의 유한성과 무한성에 대한 질문이 있어온 이래, 사이버공간의 실재성과 가상성 및 그것의 전복에 관한 존재론적 물음 및 공간과 인간 존재와의 본질적 관계에 대한 물음 그리고 인간적 삶의 공간과 여타의 존재자들의 공간의 차이에 대한 물음 등이다. 이것은 유(존재)와 무의 문제에까지 잇닿아 있다. 다시 말해 공간의 실체성, 실재성, 진정성, 사이비성, 의사(疑似)실제의 문제는 철학적인 존재론의 문제와 직결되어 있다. 현재 기술 시대에서 사이버공간이 우리의 일상의 공간을 점차 장악해가고 있다. 사이버공간에서는 시공간을 초월하면서 새로운 커뮤니티를 형성한다.

그럼에도 불구하고, 현실의 장소에 기초한 공동체의 와해를 불러온다. 여기서는 공간의 존재론적 토포스가 사라지고, 도리어 실제공간이 아닌 가상공간이 우리의 삶의 세계를 지배하게 되었다. 인간은 이제 비트(bit)와 네트(net)로 직조된 사이버스페이스를 떠도는 유목민이 된 것이다. 우리 시대의 주도적인 공간 개념의 변화가 이렇게 바로 인간의 존재론적 위상을 변화시키고 있음을 목격한다. 여기서 우리는 이제 공간과 인간 존재의 본질 연관을 질적으로 다른 차원에서 경험하게 된다. 특히 오늘날 매스미디어와 인터넷의 발전은 기존의 공간의 개념을 혁명적으로 변형시키고 심지어 교란시키고 있다. 기존의 공간이 무한대로 수축되기도 하고 확장되기도 한다. 이제 그 공간이 인간 존재에도 위협을 가하고 있다. 인간은 이제 어떤 공간 안에서 자기 동일성과 자기 존재의 경계를 지키기가 어렵게 되어 있다.

오늘날 문자 · 그래픽 · 음성 · 영상을 하나의 복잡한 비연속적인 연상의 그

물망으로 연결시켜 다중심적이고 재중심적이며 그리고 탈중심적인 언어 양식을 지니는 하이퍼텍스트(hypertext)도 전통적인 텍스트 공간 개념을 전복시키고 있다. 문자 그래픽 · 음성 · 동영상을 제공하는 하이퍼미디어의 가장 중요한 특성은 시공간적 측면의 물리적 제약으로부터 자유롭기에 그것은 그 시작도 끝도 한정적이지 않다. 그러므로 어느 장소에든, 또한 어느 시간대이든 텍스트에 들어가기와 나오기기 쉽게 이루어질 수 있다는 것이다. 무엇보다도 현실과 가상의 섞임 현상은 한 예로서, 사이버 세상을 떠도는 망자의 블로그를 예를 들 수 있다. 망자는 몸은 죽었어도 사이버 세상에 유령처럼 살아 있다. 그래서 고인의 미니홈피와 블로그는 '디지털 유산(digital asset)'을 처리할 사회적 합의가 필요한 상태에 이르게 되고 말았다.

무엇보다도 '디지털 스페이스(digital space)'는 동일성과 타자성이 혼재하는 공간이며, 모순율, 동일률, 배중률이 용납될 수 없는 상황이 용납되어 있다. "매우 중대한 의미에서 새로운 디지털 공간은 물리학이 탐구해온 공간 너머에 있다. 왜냐하면 사이버 세계는 물질의 소립자나 힘이 아니라 비트와 바이트로 이루어져 있기 때문이다. 데이터 패킷(data Packet)은 사이버스페이스의 존재론적 토대이며, 전 지구적 현상이 출현하는 근원이 된다."[17] 결국 현실공간은 점점 그 지위와 영토를 잃어가고 있거니와 기술공학이 만들어낸 가상공간이 자신의 권력과 영토를 확장해가는 것이 엄연한 현실이다. 가상공간에서는 다양한 공간들이 등가적이 되고 또한 동질화되며 그리고 획일화된다. 다시 말해 공간이 가지는 질적인 다차원성과 다층위성이 사라지고 모든 것이 일의적인 공간으로 변한다. 더욱이 공간이 이미지화되면서 실제적인 공간 존재가 증발되고, 오히려 기술적 조작에 의해 가공된 공간이 주도적인 위치를 점유하게 된다.

---

17 M. Wertheim, 앞의 책, 310쪽 이하.

2. 정보화 시대의 네트워크 공간 해석[18]

모든 것은 이제 네트워크(network)[19]로 연결되어 있다. 피부처럼 자신의 온몸을 감싸고 있는 사회·문화적 네트워크의 포박(捕縛)에서 인류는 과연 자유로울 수 있는가? 태어나면서부터 인간은 가족·지역·국가·민족·인류라는 사회적 네트워크에 포섭되는 것을 거부할 수 없거니와 언어·문화·전통·풍습이란 각종의 문화적 네트워크들로부터 자유로울 수 없다. 특히 나와 타자 및 세계의 관계는 언어와 의미의 네트워크 안에서만 이루어진다. 언어는 두말할 나위 없이 세계를 구성하기도 하고, 그것을 파악가능하게 하는 네트워크이다. 심지어 개인의 창조적인 생각마저도 이미 구축된 사유 영역의 네트워크와 연결되어 있음을 발견한다. 철학도 언어에 의해 직조된 개념의 네트워킹(그물짜기)이며, 관념적 집짓기(건축)에 해당한다. 나의 존재마저도 네트워크 속의 타자들을 통해서만 비로소 자신의 정체성을 획득할 수 있게 된다. 따라서 개체는 공동체적 네트워크의 산물이라고 하는 탈근대적인 주장도 점차 설득력을 얻고 있다.

"현대 첨단 학문의 성과에 의하면 자율적이고 독립적인 주체로 인식되어온 개인은 그가 속한 네트워크의 한 '잠정적 터미널'로 간주된다. 이른바 현대 생화학, 뇌신경과학, 두뇌공학은 자율적 존재라고만 믿어왔던 '나'라는 인식 주체가 실제로는 의식이나 행동의 자율적 주체가 아니라, 다양한 통신망의 한 잠정적 터미널에 지나지 않음을 보여준다."[20] 상상하건대, 컴퓨터 네트워크는

---

18 강학순, 「네트워크 공간의 '존재론' 탐구 : '존재의 장소론'과 '구조존재론'을 중심으로」, 『존재론 연구』 29권, 한국하이데거학회, 2012, 수정 보완.

19 J. van Dijk, 『네트워크 사회』, 배현석 역, 커뮤니케이션북스, 2002. 일반적으로 '네트워크'란 말은 물리적 네트워크, 사회적 네트워크, 미디어 네트워크에 사용될 수 있다고 한다. "네트워크란 적어도 3개 이상의 요소, 지점 혹은 단위들을 연결시킨 것(connection)이다. (…) 네트워크는 별, 그물, 고리, 버스(컴퓨터의 정보 전송회로) 혹은 나무 모양의 외형적 구조를 가질 수 있다."(43쪽)

20 박이문, 『이성은 죽지 않았다』, 당대, 1996, 22쪽.

인간의 삶에서 사회적인 공백을 채워줄 것이며 거미줄과 같은 실리콘의 연결망이 지구 전역을 감싸게 될 것이다. 대화방에서 넷(net)이나 유즈넷(usenet) 단체, 그리고 온라인 포럼 등을 통해 서로 만나서 교제하는 모든 가상 공동체들에게 사이버스페이스는 이미 집과 같은 곳이 되었다.[21]

더욱이 오늘날 테크놀로지에 의해 구축된 뉴미디어의 웹(www), 인터넷(internet), SNS 등은 전 지구적 차원의 소셜 미디어 네트워크로서 생활공간의 새로운 지형을 형성한다. 이제 인간적 관계 맺기도 저러한 미디어 네트워크를 매개로 하지 않고서는 불가능하다. 무엇보다 'SNS에 팔아버린 영혼'의 모습을 띤 현대인의 정체성이 문제시된다. 이런 시대에 '나'의 존재는 증발하거나 부유(浮游)하게 되고 자기 성찰을 위한 고독의 힘과 시간은 실종되고 있다.

"특히 인터넷이라는 강력한 연결 수단이 등장하면서 우리는 '과잉 연결 상태(overconnectedness)'에로 진입했다고 진단한다. 연결 과잉 사회에서는 사회 각 주체들이 급격한 변화로 인하여 주변 환경의 변화 속도에 대처하지 못하게 된다. 그리하여 문화의 한 요소와 다른 요소 간의 변화 속도 차이에서 발생하는 사회적 부조화인 '문화 지체(culture lag)' 현상이 도처에서 목격된다. 어떤 시스템의 내외부에서 연결성이 급격히 높아질 때 일어나는 현상인 연결 과잉으로 인해 그 시스템의 일부는 적응 불능 상태에 빠지게 된다. 그리고 연결 과잉은 때로는 폭력을 불러오고, 심각한 사고의 원인이 되기도 하고, 한 국가를 파멸의 위기로 빠뜨릴 수 있다는 것이다."[22]

또한 인간과 인간 및 사물 사이에는 등가적인 시공의 무거리성이 지배하게 되었다. 더욱이 시공을 초월하여 "언제 어디서나 존재한다"는 뜻으로 유비쿼터스(ubiquitos, 만능 정보통신망)는 시간과 장소에 구애받지 않는 기술적 시스템

---

21 M. Wertheim, 앞의 책, 36쪽.

22 W.H. Davidow, 『과잉 연결 시대 : 일상이 된 인터넷 그 이면에선 어떤 일이 벌어지는 가』, 김동규 역, 수이북스, 2011, 9쪽 참조. 저자는 연결성에 따라 사회의 모습을 연결 이전(underconnected) 상태, 상호 연결(interconnected) 상태, 고도 연결(highconnected) 상태, 연결 과잉(overconnected) 상태로 구분한다.

으로서 현실세계에 존재하는 시공적인 간격 및 거리가 사라지며, 소위 '유령적 공간'이 등장한다. "이는 언제 어디서나 자유롭게 네트워크에 접속하여 사용할 수 있고, 또한 커뮤니케이션이 가능한 기술이다. 그리고 컴퓨터도 네트워크 개념과 동치시킬 수 있으며, 컴퓨터는 공학적로 잘 설계된 네트워크라고 한다. 왜냐하면 컴퓨터의 내부 구조를 구성하고 있는 요소들 역시도 네트워크 개념으로 환원될 수 있기 때문이다."[23] 이런 점에서 네트워크는 이제 모든 존재자들이 만나는 길이요, 또한 소통하고 어울리는 장소임에 틀림없다. 또한 대중매체의 발달과 함께 기호의 과도한 증식과 무질서한 확산으로 인하여 의사실제인 '파생공간(hyperspace)'이 생기며, 이 공간 속에서는 가상과 현실의 차이와 대립이 사라진다.

문화도 상징을 조작하는 코드에 의해 짜여진 하나의 네트워킹의 산물로 간주된다. 그러므로 "만물이 서로 연결되어 있다"는 명제는 고대로부터 자명한 진리로 수용되어왔다. "일찍이 동양적 사유의 '인연론'에서 "만물은 인연에 의해 맺어져 있다"는 명제도 '삶의 지혜(phronesis)' 혹은 잠언(aphorism)으로 인정받고 있다. 비근한 예로, 동양적 산수화에서도 인간이란 주체가 자연과 독립된, 즉 그가 처한 장소와 독립된 개체가 아니라, 자연과의 네트워크 속에 거주하는 장소적 존재임을 분명하게 보여주고 있다. 이에 대하여 산수화에 작용하는 주체가 있다면, 그것은 장소에 자리하고 있는 주체이다. 그것은 처해 있는 장소에 의해 규정되지만, 이 장소는 우주론적 전체성을 투영하는 것으로 생각된다."[24]

특히 현대의 기술문명은 교통망·정보망·생산망·거래망·유통망·감시망을 통해서 촘촘하게 연결된 네트워크 세계를 건설한다. 이러한 네트워크는 현 인류의 세계 기획과 욕망이 실현되는 공간으로서 접속과 관계의 공간이

---

23   김병선, 「정보기술의 존재론 : 인공지능은 현존재가 될 수 있는가?」, 『사회과학논총』 26권 1호, 2007, 260쪽 각주 2) 참조.

24   김우창, 『풍경과 마음』, 생각의나무, 2008, 26쪽.

다. 이는 인간들 사이에서 이루어지는 진정한 만남의 공간이 아니라, 오히려 수요와 공급, 그리고 필요와 충족이란 자본주의적 욕망의 메커니즘이 지배하는 기능적인 공간이다. 물론 정의 · 사랑 · 평화를 만들기 위한 네트워크도 존재하며, 네트워크가 지닌 개방성과 분산성의 순기능도 존재하지만, 여기서는 두 얼굴을 동시에 지닌 네트워크가 배태하는 일상적 공간에 대한 존재론적 고려를 주안점으로 삼고자 한다. 도처에서 우리는 사회적 네트워크와 미디어 네트워크가 가장 중요한 조직의 양상과 현대사회의 구조를 형성하고 있음을 어렵지 않게 목격한다. 이러한 네트워크들이 배태한 접속과 관계의 공간에 처해 있는 인간의 존재 방식과 각종 네트워크로 재구성되고 있는 새로운 사회적 생태환경에 대해서 존재론적 고찰을 필요로 한다.

이런 점에서 "뉴미디어 네트워크는 시간 및 공간과 같은 근본적인 존재의 차원이 아무런 관련성이 없다는 대중적인 견해는 인정할 수 없다. 오히려 뉴미디어 사용자 및 사용의 물리적, 생물학적, 정신적 및 물질적 조건이 인과적 결과를 초래할 것으로 예상된다."[25] 그리고 정보기술적 존재자들도 '네트워크-내-존재'로 일컬어진다. "모든 텔레커뮤니케이션(telecommunication) 도구들이 네트워크를 통해 이어져 있기에 네트워크는 정보기술적 존재자들을 포괄할 수 있는 개념이고, 그 존재자들을 '네트워크-내-존재'라고 간주한다."[26]

인터넷은 이용자에 있어서 도구(수단)을 넘어선 거처이자, 모든 인간의 활동 공간이 되고 있다. 래시(S. Lash)는 '정보공간'을 도구적 공간이나 기능적 공간이 아닌, 활동 공간이라는 의미로 '사건의 공간', 더욱이 '현대에 있어서 주거 공간'이라고 서술한다. 인터넷은 주체의 신체를 확장시킨다기보다는 주체를 유지하는 새로운 공간이며, 주체는 그것에서 독특한 신체 감각을 가지면서 활동하게 된다.[27] 이제 콘텐츠나 아이디어를 배포하고 접근하거나, 이로 인한 경

---

25   위의 책, 320쪽.
26   김병선, 앞의 글, 259쪽.
27   丸田一(마루타 하지메),『장소론 : 웹상의 리얼리즘과 지역의 로맨티시즘』, 박화리 · 윤상현 역, 심산, 2011, 183쪽.

제활동이 가능한 하나의 디지털 토대이자 공간을 칭하는 용어인 온라인 플랫폼(Platform)은 이제 일상의 공간이 된다. 오늘날 공간 개념의 혁명적 변화와 아울러 테크놀로지가 모든 존재자의 공간적 위치와 배열에 대해 주도권을 쥐고서 새로운 공간 질서를 재구성해 나가고 있다. 말하자면 개인 미니홈피와 블로그의 사이버 온라인 공간에서 사람들의 만남과 소통이 일상화되어 있다. 이런 현상은 예전에는 상상도 할 수 없었던 공간 혁명의 결과이다. 이와 같이 삶의 영역으로 확산되는 '사이버공간'에 대한 여러 분야의 이론들이 무성하다.

이제 현대 '네트워크' 사유의 전개를 살펴보자. 현대에 와서 존재 이해에 있어 실체론적 입장보다는 관계론적 입장이 우위를 점한다. 다시 말해 내적 관계의 그물망(network)과 관계 맺기(networking)가 인간과 세계 및 자연 생태계를 이해하는 기본 이념이라는 탈근대적 입장이 우세하게 전개되고 있다. 갈릴레이나 뉴턴을 비롯한 근대 자연과학자들에게 기초가 되는 원자론(atomism)은 "모든 사물과 감각이 원자처럼 근원적으로 아무 연관도 없이 그저 나란히 있으며, 따라서 오직 부분과 총합은 있을지언정 통일을 이룬 전체는 존재하지 않는다"[28]는 기본 가정을 지니고 있다. 그리고 라이프니츠의 '모나드론'은 '어떤 것이 드나들 수 있는 창을 갖지 않는' 모나드로 세계를 설명하고 있다. 예시된 저러한 근대적 실체론이 해체되면서 '관계론적 사유'가 부각되고 있으며, 이른바 '관계적 전회(relational turn)'가 화두가 된다.

신자유주의의 팽창과 더불어 외적인 면에서도 자본과 기술의 효율적인 이용의 극대화를 위해, 지구촌 전체를 네트워크화하고 단일화하여, 정치와 경제의 세계화를 가속화시키고 있다. 여기에 시공간의 간격을 제거해주는 첨단 미디어가 중요한 매개의 역할을 한다. 물론 이런 흐름에 역행하여 지방자치와 지방 문화를 보존하기 위해 지방화(localisation) 내지 세방화(glocalisation)의 운동도 공존한다. 이런 흐름 속에서 일상생활에서도 오늘날 테크놀로지의 발달과 함께 그것을 매개로 한, 소위 기술적 시스템으로서의 '네트워크의 시대'가 도

---

28   한국철학사상연구회 편, 『철학의 명저』, 새길, 1993, 121쪽 참조.

래하고 있으며, 그것이 무한대로 증식하고 있다.

데이터, 음성, 비디오, 유무선 인터넷, 광통신망이 통합되는 네트워크도 등장하고 있다. 새로운 미디어 시스템의 추구는 계속될 것이다. 그 때마다 소통의 양식과 그것의 내재적 특성 및 사회적 성격도 바뀔 것이 다. 중요한 것은 미디어가 사회적 변화에 끼치는 영향을 일상생활에서부터 관찰할 필요가 있다는 점이다. 따라서 커뮤니케이션-미디어 환경을 대할 때에는 새로운 형태의 복합적 '인간관계 맺기'와 '사회화 과정'이 일어난다는 것을 인식해야 한다.[29]

현대의 철학적 사유는 대체로 '실체' 대신에 '관계', 그리고 '주체' 대신에 '구조' 내지 '타자'에 사유의 무게중심을 전이시킴으로써 탈주체적 성격을 띠게 된다. 급기야 근대적 '주체의 종말' 내지 '주체의 죽음'을 선언하고서, 그것은 주체 바깥의 사유공간으로 탈주(脫走)하고 있다. 이런 현상은 구조주의 및 탈구조주의, 해체주의 등에서 현저하게 드러난다. 근대 주체 중심의 철학에서는 인간 주체가 세계를 구성하는, 즉 세계의 그물(net)을 짜는 초월적 특권을 가지고 있다고 본 반면, 탈근대적 철학에서는 인간도 이미 짜여진 세계라는 그물망(network) 속에 던져진 한 그물코에 불과하다는 것이다. 물론 새로운 주체 개념의 구축, 말하자면 상호 주체성을 통한 책임 있는 윤리적 주체의 기획도 병존하고 있다. 특히 후기구조주의를 대변하는 푸코는 이 시대가 네트워크로 이루어진 공간의 시대임을 천명한다.

또한 "바르트(R. Barthes)는 텍스트가 '상호텍스트성'을 지니고 있고, 열린 공간으로서 안과 밖의 경계를 지우고 있다고 보기보다 그것의 열림과 상호성을 강조한다. 텍스트는 그것을 다루고 있는 기표의 다각적이고 물질적, 감각적인 성격에 의해 무한한 의미 생산이 가능한 열린 공간이다."[30] 들뢰즈에게는 '텍스트-기계'라는 개념이 돋보이는데, 텍스트가 개념과의 결합을 통해 다른 텍스

---

29 김용석,『문화적인 것과 인간적인 것』, 푸른숲, 2000, 174쪽 이하
30 R. Barth,『텍스트의 즐거움(롤랑 바르트 전집 12)』, 김희영 역, 동문선, 1997, 8쪽

트가 된다는 것이다. 그는 서구의 전통적 개념들인 동일성, 총체성, 근원과 같은 용어들에서 벗어나서, 텍스트 상호간의 관계성에 따른 생성적 의미의 텍스트에 대해 사유한다.

더욱이 자연과학 내부에서도 관계성이 강조된다. 널리 알려진 '나비효과'도 이런 사태를 잘 드러내고 있다. "현대물리학에서도 세계의 근본적 구조는 존재가 아니라 관계라고 한다. 물질의 궁극적 형식은 존재성이 아니라 관계성이며, 물질은 배타적 존재가 아니라 다른 것과의 관계 속에서 확률과 가능성으로 존재한다는 것이다. 왜냐하면 생명은 외부의 에너지와 물질의 대사를 필요로 하며 더구나 생명계는 관계성의 총체라고 여겨지기 때문이다. 무엇보다 '네트워크의 신과학'에서는 네트워크들이 어떻게 생겨나며, 어떻게 진화하는가를 다룬다."[31] 여기서는 자연, 사회, 그리고 비즈니스에 대한 그물망적(WEB-based) 시각을 제시하며, 웹상에서 일어나는 민주주의 법칙에서부터 인터넷의 취약성이나 바이러스의 치명적 전파에 이르기까지 다양한 이슈들을 이해할 수 있는 새로운 준거틀을 제공해주고 있다.

박이문은 자신의 철학적 작업을 집대성하면서 존재와 세계의 위기에 대한 전면적인 철학적 응전으로서 '둥지의 철학'을 제시한다. '존재-의미 매트릭스(onto-semantical matrix)'로서의 둥지는 존재의 보금자리로서의 네트워크 공간 이외의 다른 것이 아니다. "둥지의 철학은 정신과 물질, 마음과 몸이라는 독립된 실체에 근거한 이원론적 존재론을 배격하고, 두 개념들이 양분되기 전의 차연적 관계를 사유한다. 따라서 둥지의 철학은 우주와 그 안에 속한 모든 존재와 활동의 올바른 그림이자 그 안의 모든 것들이 관념적 거처, 즉 보금자리를 트는 작업이다."[32] 이에 근거하여 "존재 혹은 대상이나 그에 대한 인식 혹은 사유는 서로 복잡하게 얽히고 엉켜서 무한히 복잡한 관계 속에서만 가능하다."[33]

---

31   A.-L. Barabasi, 『링크:21세기를 지배하는 네트워크 과학』, 강병남 역, 동아시아, 2002 참조.
32   박이문, 『둥지의 철학』, 생각의나무, 2010, 286쪽.
33   위의 책, 128쪽.

또한 우주는 '뫼비우스의 띠'처럼 경계선을 그을 수 없이 복잡하게 순환적이며 상호 의존적임을 밝힌다. "우주 안에 있는 모든 서로 다른 것들 간에는 절대적인 대립적 경계나 차이가 존재하지 않으며, 그것들 사이에는 순환적이며, 상호 의존적이고 상호 보완적인 관계만이 존재한다."[34]

이상에서 우리는 현대에 진행되고 있는 '네트워크'와 관련된 사유에 대해 일별하였고, 그것이 우리 시대의 철학적 어젠다임을 확인하였다. 나아가 정보화 시대에 새롭게 등장한 네트워크 공간은 어떤 철학적 함의를 지니고 있는지에 대한 물음이 제기된다. 이런 점에서 공간해석학의 연구의 지속성과 확장성이 필요함을 살펴본 셈이다.

---

34 위의 책, 145쪽.

제5부

'공간과 장소'의 해석학

공간해석학의 연구 범위는 공간에만 국한되지 않고, 반드시 공간과 장소와의 관계에 대한 고찰이 필수적이다. 공간과 장소는 어떻게 구분되는가? 오늘날 공간 연구에서 장소 연구로의 전회(turn)는 어떻게 이루어지고 있는가? 공간 연구의 핵심이 장소와 비장소 그리고 장소성 개념은 무엇인가? 그리고 장소 해석학의 현주소는 무엇인가? 이런 물음들을 통해 '공간과 장소의 해석학' 논의가 전개될 것이다. 여기서는 공간 · 장소 · 장소성, 공간과 장소의 관계론, 현대의 철학적 장소 해석의 유형들을 살펴보고자 한다.

제12장

공간 · 장소 · 장소성

1. 공간과 장소의 구분

공간(chora, spatium, space)과 장소(topos, locus, place)는 원래 서로 혼용되어 사용되지만 엄밀한 의미에서 구분된다. 근대 이후로 질적으로 차별화된 일체의 공간들은 기하학적으로 이념화된 균질적인 공간으로 대체된다. "공간은 일정한 활동이나 사물들 또는 환경을 가지는 위치들 간의 연장으로서 추상적이고 물리적인 범위와 관련된다. 반면에 장소는 체험적이고 구체적인 활동의 기반이 되면서 맥락적이고 문화적인 의미와 관련된다. 특히 현상학이나 실존주의 전통에서 장소는 단순한 사건이나 활동의 현장이 아니라, 오히려 존재의 근원으로 간주된다."[1] 그리고 "무릇 장소는 인간의 감정 · 경험 · 지식 · 행위 · 창의성 · 가치 등의 인간적 의미(human significance)로 풍부해진 공간이다."[2]

일반적으로 공간의 속성은 추상적이고, 반면에 장소는 구체적이다. "'공간'이라는 용어는 그 자체로 '장소'라는 용어에 비해 더 추상적이다. 장소라는 용어를 쓰면서 우리는 적어도 하나의 사건(어떤 장소에서 일어났던 것), 신화(특별한

---

1   부산대학교 한국민족문화연구소 편, 『장소성의 형성과 재현』, 혜안, 2010, 21쪽.
2   김성환 외, 『장소 철학 I : 장소의 발견』, 서광사, 2020, 43쪽.

명칭이 있는 장소), 혹은 역사(유명한 장소)를 참조한다. 그런데 공간은 하나의 영역, 두 개의 사물이나 두 지점들 간의 거리(울타리의 말뚝 사이에는 2미터의 '공간'이 있다), 또는 시간적 크기('일주일 간격으로')에 무차별적으로 적용된다. 따라서 그것은 매우 추상적이다."[3] 이에 반해 장소는 우리가 타자와 세계와 맺는 관계를 규정하며 개인적이고 집단적인 기억을 구성한다.

전술한 바와 같이, 오늘날은 장소 정체성의 문제와 '장소 상실'의 현상이 두드러지게 나타나고 있다. 어디를 가도 무차별적이고 몰개성적인 장소 및 경관(풍경)을 쉽게 만날 수 있다. 장소의 고유성과 지역의 특수성이 사라지고, 이른바 "무장소성(placelessness)"[4]이 나타난다. "이런 현상은 급기야 살아 있는 전통과 역사와 단절되고, 더 나아가 전통과 역사가 박제화되어, 그것의 다양한 의미의 차원들이 지워져 형해화된 공간으로 전락하게 된다. 이런 현상은 근대의 소위 '자연의 수학화'로 인해 살아 있는 공간이 추상화된 데에서 그 원인을 찾을 수 있다. 수학화된 기계적 공간성은 위치·장소·방역·지역 등으로 표기할 수 있는 공간의 위상학적 다의성을 소멸시킨다."[5] 그리고 "데카르트의 소용돌이나 뉴턴의 절대공간이 '과학의 수학화'를 위한 전제로서 추상적 공간의 성격을 지닌다면, 장소 사랑과 무장소성이 보여주는 장소 개념은 인간 의미를 더해 정체를 지니거나 잃는 구체적 공간의 성격을 지닌다."[6]

아리스토텔레스에 따르면, 장소는 물체를 담는 용기(container)와 같은 것이다. 그것은 물체의 표면에 해당한다. 그는 텅 빈 공간(vacuum)의 존재를 인정하지 않는다. 그에게 세계는 구체적인 장소로 이루어진 제한된 세계이며 텅 빈 허공은 없다. "아리스토텔레스에게 있어서 공간은 현실적 사물과 별개의 것으로 존재하는 것이 아니다. 모든 사물은 언제나 고유한 공간을 점유하고 있다.

---

3   M. Augé, 『비장소 : 초근대성의 인류학 입문』, 이상길·이윤영 역, 아카넷, 2017, 102쪽.

4   E. Relph, 『장소와 장소 상실』, 김덕현 외 역, 논형, 2005, 282쪽.

5   강학순, 「존재의 토폴로지에 관하여」, 『존재론연구』 23권, 한국하이데거학회, 2010, 9쪽.

6   김성환 외, 『장소 철학 I』, 44쪽.

사물이 차지한 고유한 공간을 아리스토텔레스는 장소(토포스)라고 말한다. 아리스토텔레스에게 있어서 장소는 개별적 사물을 포괄하는 것으로 무엇인가를 담을 수 있는 일종의 용기(container)와 같다."[7]

아리스토텔레스에 의하면, 존재자가 존재하기 위해서는 우선 장소가 없으면 안 된다. 그에게 객관적인 실재성의 기준은 플라톤과 반대로 '변화 가능성'이다. "그에게 변화할 수 없는 존재자는 '유사 실재성'만을 갖는 대상이다. 즉 장소를 바꾸며 변화할 수 있는 대상들을 가장 실재적인 것으로 간주하는 것이다."[8] 아리스토텔레스는 플라톤의 코라를 '질료와 장을 동일시한 것'이라고 비판하면서 원자론자의 공허 내지 틈(diastema)을 부정한다.[9]

아리스토텔레스의 『범주론』에서는 연속적인 3차원의 양으로서의 장소와 범주의 종류로서 위치(που)로서의 장소를 다룬다. "장소 또한 연속적인 것들 가운데 하나이다. 왜냐하면 어떤 물체의 부분들이 장소를 점유하며, 그것들이 함께 어떤 공통의 경계를 갖기 때문이다. 그래서 해당 물체에 의해 점유되어 있는 장소의 부분들도 함께 그 물체의 부분들이 가지고 있는 것과 동일한 경계를 갖는다. 이런 식으로 장소 또한 연속적인 양이다. 왜냐하면 그 부분들이 함께 하나의 공동 경계에 참여하기 때문이다."[10] 그리고 "아리스토텔레스는 장소가 "어떤 힘을 가지고 있다"고 말한다. 장소가 가진 힘은 물체를 한정하는 힘이다. 아리스토텔레스에게 있어서 장소는 대상과 함께 있기 때문에 세계는 장소적 질서를 가진 것으로 나타난다."[11] 오늘날 장소(토포스)는 망각되고 사라진다. "더욱이 테크놀로지가 지배하는 시대에 와서는 사물 자체에 속하던 원근(遠近)을 지니고 있는 토포스가 사라져버렸다. 이런 점에서 공간은 기계로

---

7   이상봉, 「서양 중세의 공간 개념 : 장소에서 공간으로」, 『철학논총』 62, 새한철학회, 2010, 290쪽.

8   유재민, 「아리스토텔레스 자연철학에서 경계개념과 제논의 장소의 역설」, 『철학논총』 79권 1호, 새한철학회, 2015, 177쪽.

9   Aristoteles, *Physik*, 209b. p.11~12.

10 Aristoteles, "Categories", *Organon*, E.M. Edghill(trans.), 2007, 6장 5a8-14.

11 이상봉, 앞의 글, 289쪽.

취급되며, 공간의 의미는 공간의 용법에 불과하다는 도발적인 주장도 터무니 없는 과장은 아니다."[12] 이런 맥락에서 '장소'에 대한 논의는 21세기 문화의 패러다임으로 등장한 '사이(inter, Zwischen)' 공간에 대한 관심과 연구로 인해 여러 분야에서 우리의 이목을 끌고 있다.[13] "또한 환경위기의 시대에 장소 문제는 인간의 지구상의 거주 문제와 관련하여 주제화되고 있다. 특히 하이데거에 있어서 '거주' 개념은 인간만의 고유한 '실존의 방식'으로서, 인간이 어떤 '장소'에 뿌리를 내리고 그곳에 체류하면서 세계와 관계를 맺으며 존재함을 의미한다."[14] '사이' 공간에 대한 저자의 경험에 대한 이야기를 예시로 들어보자.

일상에서 내가 다니는 길들 중에 아주 정다운 길이 있다. 그것은 바로 '나뭇잎 사이로(路)'와 '구름사이로(路)'이다. 관악산과 마주 보이는 수리산 언덕에 위치한 이 길들은 화려하지는 않지만 지상에서 가장 아름다운 이름을 지니고 있다. 그들은 산중턱의 경사진 비탈에 위치한 작은 오솔길이며, 세월의 풍상(風霜)을 겪은 나무들 사이로 난 작은 길들이다. 자연적 풍광이나 전망만이 아니라, 그 이름이 나타내는 은유와 상징 때문에 이 길을 걸을 때면 나는 언제나 기분이 좋아진다. 이 길들을 혼자 또는 누군가와 함께 걸을 때, 나뭇잎 사이로 다가오는 다정하고 서늘한 미풍과 만난다. 때로는 구름 사이로 언뜻언뜻 비치는 하늘의 푸르름과 짙은 청량감을 맛본다. 이때에 모든 것과 내 자신이 연결되어 있다는 포근함과 아늑함을 느낀다. 이처럼 '사이'는 개별자들을 이어주는 심미적인 연결소(連結素) 그 이상이다. 그러면 나뭇잎과 나뭇잎 사이 그리고 구름과 구름 사이! 그 사이를 포함해서 현실로 존재하는 사이는 무수히 많다. 하늘과 땅도 사이가 있고, 사람과 사람도 사이가 있고, 나라와 나라에도 사이가 있고, 삼라만상이 사이로 연결되어 있다. 손으로 잡을 수 없고, 보이지도 않지만 그 무엇보다 뚜렷하고 찬란하게 우리들 곁에 다정하게 존재하고 있음을 느끼게 하는 사이! 그 사이를 통해 빛과 어두움이 소통한다. '숲속의 빈터'는 사이의 아름다운 이미지이려니와 빛과

---

12   강학순, 앞의 글, 9쪽.
13   김동규, 『하이데거의 사이 : 예술론』, 그린비, 2009 참조.
14   위의 책, 7쪽 이하.

어두움, 그리고 그림자가 그곳에서 함께 노닐고 있다. 어찌 사이가 중요하지 아니한가! 모름지기 있는 것은 모두 사이에 있으며, 사이로 말미암아 있다. 이러한 '사이'는 공간(空間, 빔-사이)의 본령으로서 나와 너보다 먼저 있다고 생각된다.[15]

이제 현대의 대표적인 공간 연구가들이 공간과 대비되는 장소를 어떻게 바라보고 있는지를 살펴보도록 하자. 사회 이론 분야에서 유럽의 지적 전통과 현대적 흐름을 반영한 '사회구조화 이론'을 표방하는 기든스(A. Giddens)는 공간과 장소의 변화에 대해 다음과 같이 지적한다. 즉 전근대 사회에서는 공간이 장소만큼이나 로컬(local)적이었는데, 근대에 와서 모더니티의 진전에 따라 공간과 장소의 분리가 이루어졌다. 공간은 분명하고 구체적이고 익숙하고 잘 알려져 있는 것으로, 그리고 경계를 지니고 있는 장소의 바깥에 있는 것으로 간주되었지만, 오늘날 공간과 장소 간의 그러한 관련성은 해체되고 있다.[16]

건축의 현상학 내지 지역과 역사를 중시하는 포스트모던 건축론을 선도하는 노르베르그슐츠(E. Norberg-Schulz)에게 장소란 어떤 의미를 지니고 있는가? 그에게 있어서 환경에 대한 구체적인 용어는 장소(place)이다. 즉 이 단어는 어떤 행동과 사건들이 발생하는 곳(take place)을 말할 때 흔히 쓰는 일반적인 말이다. 이런 점에서 장소는 분명히 실존의 통합된 부분이다.[17] 따라서 장소라는 단어는 명백하게 추상적 위치(location) 이상의 것을 의미한다. 그것은 물질·형상·재질·색을 지니고 있는 구체적인 사물들로 구성된 총체성을 의미하며, 이것들은 함께 모여 환경의 성격, 즉 장소의 본질을 결정짓는다. 그러므로 장소는 규칙적으로 변하기도 하고, 혹은 불규칙적으로 급변하기도 한다. 공간은 명사에 의해 명명되고 장소는 위상학적 관계를 표현하는 전치사에 의해 표현

---

15   강학순, 「'사이'의 미학과 정치」, 『아시아경제』, 2018.7.10.

16   D. Massey, 『공간을 위하여』, 박영환 역, 심산, 2016, 129쪽 참조. A. Giddens, *The consequences of modernity*, Cambridge, Stanford University Press, 1990.

17   C. Norberg-Schulz, 『實存·空間·建築(*Existence, Soace and Architecture*)』, 김광현 역, 태림문화사, 2002, 30쪽 이하; C. Norberg-Schulz, 『場所의 魂 : 건축의 현상학을 위하여(*genius loci*)』, 민경호 외 역, 태림문화사, 1996, 193~218쪽.

된다. 장소는 관계의 체계로서 전치사로 표현된다. 예를 들면, '위(over)', '아래(under)', '앞(before)', '안에(in)', '내부에(within)', '바로 위에(on)', '위에(upon)', '~으로(to)', '~으로부터(from)', '따라(along)', '곁에(next)'와 같은 전치사를 사용한다.[18]

마루타 하지메(丸田一)에 의하면, 공간(space)은 일반적으로 균질한 확장성을 가지고 있지만, 거기에 인간이 관여함으로써 공간이 의미를 띠게 되고, 방향성이 생겨나면서 서서히 균질성이 무너지게 된다. 이와 같이 인간이 관여하는 것으로 공간이 한정되고 특수한 공간이 발생하게 되는데, 그것이 장소(place)이다.[19] 인간이 현실에서 체험하고 있는 체험된 공간(erlebte Raum, experienced-space)을 장소라고도 한다. 이 체험된 공간에서는 인간이 있는 곳이 원점이 되며, 원점은 다른 점보다 우월하다.[20]

페미니즘적 시각에서 장소론을 펼친 매시에 의하면, 장소는 지도 위의 점이나 구역이 아니라, 공간과 시간의 통합물이다. 곧 장소는 공간-시간적 사건이다.[21] 그리고 "장소는 우리의 만남, 상호 교차, 그리고 서로 주고받는 영향력으로 이루어지는 층이며, 공간-시간의 과정이 얽혀 있다. 그곳은 만남이 누적된 층인 것이다. '거기'와 '그때'는 '여기'와 '지금'과도 관련되어 있다. '여기'는 역사들의 뒤얽힘으로써, 그 속에 이런(역사들의 여기와 그때라 할 수 있는) 역사들의 공간성이 불가피하게 엉클어져 있다. 상호 연결 그 자체가 정체성을 구성한다."[22] 말하자면 공간이 생활과 결합하면, 장소가 된다. "매시의 공간적 사유에서 공간과 장소는 개념적으로만 구분될 뿐, 현실에서 만나는 모든 공간은 사실상 장소인 셈이다. 이처럼 장소를 상대적이고 관계적으로 인식한다면, 장소라는 구체성은 공간이라는 보편성과 '뫼비우스의 띠'처럼 꼬여 있는 것이 되

---

18   D. Massey, 『공간을 위하여』, 22쪽 이하.
19   丸田一(마루타 하지메), 『장소론 : 웹상의 리얼리즘과 지역의 로맨티시즘』, 박화리·윤상현 역, 심산, 2011, 70쪽.
20   위의 책, 71쪽.
21   D. Massey, 『공간을 위하여』, 254쪽.
22   위의 책, 266쪽 이하.

며, 공간처럼 장소도 그 경계가 없으며 가변적인 영역이 된다."[23] 그리고 "공간을 더 잘 알게 되고 공간의 가치를 부여하게 됨에 따라 공간은 장소가 된다."[24]

또한 인본주의 지리학자인 투안(Yi-Fu Tuan)은 공간을 무차별적인 것으로 보면서 사람들이 공간을 더 잘 인식해서 가치를 부여함에 따라 공간이 장소가 된다고 말한다. "이에 장소는 공간 위에서 또 공간을 둘러싸고 나와 타인들 간에 성립하는 뭇 사실들과 의미들의 터가 될 것이다."[25] 사람들이 정착하고 전유하고 서로 교류하는 곳이 장소라면, 비장소는 통과하고 소비하고 서로를 소외시키는 곳이다.[26] 투안은 공간을 무차별적인 것으로 보면서 사람들이 공간을 더 잘 인식해서 가치를 부여함에 따라 공간이 장소가 된다고 말한다. "이에 장소는 공간 위에서 또 공간을 둘러싸고 나와 타인들 간에 성립하는 뭇 사실들과 의미들의 터가 될 것이다."[27] 또한 "장소는 공간적 정위(location)를 벗어날 수도 없지만, 타인들과의 상호성(interpersonality)을 벗어날 수 없다는 것이다."[28]

2. '공간 연구'에서 '장소 연구'로의 전회

공간에 대한 연구가 현대에 와서는 장소에 대한 연구로 그 중심이 이동하고 있다. 이는 근대의 기하학적 공간론으로부터 현대의 인문학적인 장소론으로의 변화를 의미한다. 케이시(E.S. Casey)는 『장소의 운명』에서 현대철학에서 장소에 대한 연구가 새롭게 부상하고 있음을 구체적으로 언급한다. "예를 들면, 데리다와 들뢰즈, 가타리와 이리가레이의 연구, 그리고 바슐라르, 하이데거,

---

23 위의 책, 12쪽.
24 Y.-F. Tuan, 『토포필리아 : 환경 지각, 태도, 가치의 연구』, 이옥진 역, 에코리브르, 2011, 19쪽.
25 김성환 외, 『장소 철학 I』, 92쪽.
26 M. Augé, 앞의 책, 97쪽 이하.
27 김성환 외, 『장소 철학 I』, 92쪽.
28 위의 책, 94쪽.

메를로퐁티의 연구에서 장소가 주요 테마로 등장한다. 또한 장소가 갖는 질적 차원의 중요성을 강조한 베르그손, 바슐라르, 하이데거, 들뢰즈와 가타리로 확장해가면서, 고대철학의 관점에서 장소가 보유하던 높은 평가를 정당화할 것이라고 예견한다."[29]

특히 메를로퐁티는 '기하학적 공간'과 구분되는 '인류학적 공간'을 강조한다. 실존적 공간으로서 인류학적 공간은 환경과의 관계 속에서 본질적으로 위치 지어진 존재의 세계에 대한 관계적 경험의 장소이다. 인류학적 의미의 장소는 통상 역사가 깃든다. 다른 사람들과 유대를 창출하며 개인의 정체성에 준거를 제공하는 곳이다.[30] 인류학적 공간적 장소에는 최소한 세 가지 공통된 특성이 있다고 한다. "오늘날 정체성의 축을 이루는 집합적 준거들인 전통과 공동의 가치 규범 그리고 담론과 상징 체계가 불안정해지고 다원화되고 있다. 주체와 타자의 관계를 매개하는 역사, 장소, 상징 체계에 근본적인 변화가 일어났다."[31]

철학에서 장소의 개념 자체를 철학적 의미를 지니는 것으로 다루는 일이 상대적으로 드문 이유는 다음과 같다. 철학에서 장소 개념이 어느 정도 주변화되었거나 망각되어 있고, 또한 장소라는 개념이 모호하기 때문이다. 17~18세기의 서양의 철학자나 과학자들은 장소란 그 중립적인 균질성에서 양적으로 규정되는 보편적 공간의, 일시적인 하위일 뿐이라고 상정한다. 근대의 공간논의는 장소에서 위치로, 다시 위치에서 점(stigme)으로 옮아간다. 뉴턴에게 장소는 편의적이고 임시방편적인 호주머니 같은 것이다. 뉴턴의 최대 논적이었던 라이프니츠가 표명한 상대공간에서조차도 장소가 들어갈 여지 따위는 거의 미미하게만 남겨져 있다.[32] "장소는 물체가 차지하는 공간의 한 부분이다."[33] 아인슈

29 E.S. Casey, 『장소의 운명 : 철학의 역사』, 박성관 역, 에코리브르, 2016, 270쪽.

30 M. Augé, 앞의 책, 101쪽.

31 위의 책, 69쪽 이하.

32 E.S. Casey, 앞의 책, 271쪽.

33 I. Newton, *The Principia: Mathematical Principles of Natural Philosophy*, A. Motte(trans.)

제5부 '공간과 장소'의 해석학

타인도 장소 해석의 불확실성을 다음과 같이 언급한다. "'장소'나 '공간' 같은 낱말의 경우 심리적 경험과의 관계가 그만큼 직접적이지 않기 때문에, 해석에서 훨씬 더 폭넓은 불확실성이 존재한다."[34]

그러나 오늘날은 공간 연구에서 장소 연구로의 전회가 일어난다. "장소는 지도 위의 점이나 구역이 아니라, 공간과 시간의 통합물이다. 곧 장소는 공간–시간적 사건이다."[35] 이제 장소의 형상·본질·구조에 대한 관심보다는 작동하는 장소에 관심을 두고 연구한다. 예를 들면, 장소 연구는 역사의 과정 안에서(Brodel, Foucault), 자연계 안에서(W. Berry, G. Snyder), 정치적 영역 안에서(Nancy, Lefèbvre), 젠더관계와 성차 안에서(Irigaray, Massey), 시적 상상력의 산물 안에서(Bachelard, M.A.C. Otto), 지리학 경험이나 실제 안에서(Foucault, Tuan, Soja, Relph, J.N. Entrekin), 폴리스나 도시의 사회학 안에서(Benjamin, Arendt,, E.V. Walter), 유목주의 안에서(Deuleze, Guattari), 건축 안에서(Derrida, P. Eisenman, B.Tschumi), 종교 안에서(Irigaray, Nancy) 이루어진다.[36]

장소는 '원현상학'이라 할 수 있는 아리스토텔레스『자연학』에서 지고의 항목이다. 그런데 장소의 지위가 하락하기 시작해 17세기 말에 이르면, 논의의 장에서 거의 목숨만 붙어 있는 상황이었다. 그리고 18세기 말, 장소는 물리학과 철학의 진지한 이론적 담론에서 완전히 사라져버렸다.[37] 장소에 의해 물체를 한계짓는 것은 희랍적 사유 특유의 강박이며, 따라서 스토아학파, 다양한 헬레니즘 사상가들, 신플라톤주의자들에게서도 찾아 볼 수 있다. 또한 데카르트의 '내적 장소'라는 관념에서도 여전히 나타나 있다. 그렇게 장소지어진 물체는 엄밀한 크기와 형태에 의해 철저히 한정되어 있다.[38]

and F. Cajori(rev.), Berkeley: University of California Press, 1999, 409쪽.

34 M. Jammer, *Concepts of Space: the History of Theories of Space in Physics*, Harvard University Press, 1970, p.xii.

35 D. Massey,『공간을 위하여』, 254쪽.

36 E.S. Casey, 앞의 책, 565쪽 이하.

37 위의 책, 270쪽.

38 위의 책, 658쪽.

현대에 와서 장소 관념은 후설과 메를로퐁티의 현상학과 하이데거의 존재 사유 및 화이트헤드의 존재론을 통해 설득력 있게 부활된다. 우리는 공간을 대개 사물에 대해 후차적인 것으로 간주한다. 하이데거에 의하면, 공간을 뜻하는 독일어 Raum은 고어인 Rum에서 유래한다. 그런데 이때 Rum은 모든 사물에 앞서 이미 존재하는 텅 빈 영역으로, 그 안에 비로소 사물이 위치하는 것이 아니라, 인간의 거주를 위해 정착이나 저장을 위해 비워진 터를 뜻한다. 또한 하이데거에게 장소는 사물의 모음, 거주, 가까움, 열린 터, 고유화의 사건의 의미로 재해석된다. 즉 장소를 통해서 공간이 생긴다. 공간과 장소의 구분에 대한 하이데거의 견해를 살펴보자. "공간이란 본질적으로 비워진 것(Eingeräumte), 즉 어떤 경계가 설정됨으로써 그 안으로 펼쳐지는 것이다. 그리고 경계는 어떤 것의 끝이 아니라 구획이 지어짐으로써 비로소 어떤 것이 시작되는 영역을 확보하는 것이다. 경계는 곧 어떤 것이 그 안으로 시작되는 것이다. 공간화된 것은 그때마다 장소를 통해서 이를테면 다리와 같은 사물을 통해서 그 자리가 허용되고 안배된 것, 즉 모여진 것이다."[39]

페미니즘적 공간론자인 이리가레이(L. Irigaray)에게 장소는 감싸들이는 사건 자체이고, 데리다에게 장소는 하나의 사건, 즉 일어남(taking place)의 문제이다. "데리다는 탈구축적인 건축을, 건립된 장소를 비정태적인 '반(反)사이트'로 특징짓는 '사건으로서의 장소(place-as-event)'로 파악한다."[40] 이제 장소는 존재자적인 것이 아니라, 사건적이고, 진행 중인 어떤 것이고, 하나의 사물에 한정할 수 없는 어떤 것이다. 장소에 단순한 기원이나 목적 따위가 없다는 것, 이 문제의 결정적 시작이나 결정적 끝 따위는 없다는 것을 의미한다. 장소의 우위성이란 유일무이한 장소의 우위성이 아니고, 더군다나 어떤 장소의 우위성도 아니다.[41]

---

39   M. Heidegger, *Vorträge und Aufsätze*, Frankfurt a.M., 1978(GA. 7), p.149.

40   E.S. Casey, 앞의 책, 665쪽.

41   위의 책, 669쪽.

케이시는 하이데거, 들뢰즈와 가타리, 낭시(J.L. Nancy)를 통해 공간이 장소로 흡수되었다고 본다. 이런 역전의 결과, 공간화는 장소화로 귀결될 뿐만 아니라, 전자는 일단 후자, 즉 장소화를 요하는 것으로 여겨진다. 장소는 지각적 깊이 · 평면도법적 성격 · 거주 가능성 · 기억할 가능성 · 역사성 같은 측면을 보유하고 있지만, 위치에는 그 모든 것이 결여되어 있다. 결국 장소의 중요성을 재발견한 이 모든 사람들에게는 공통적으로 장소 자체는 고정된 사물이 아니며 장소에는 확고한 본질 따위는 없다는 확신이 깔려 있다.[42]

이와 같이 무성한 장소 담론에 비해 장소 개념의 정립이 여전히 되어 있지 않다. "장소에 관한 기존 문헌들의 논의는 장소의 개념이 결코 명확히 규정되지 않는다는 것을 분명히 보여준다."[43]

3. 장소와 비장소 그리고 장소성

장소(place, Ort)란 우리의 일상생활이 영위되는 구체적 공간으로 그 속에서 대면적 사회관계가 형성되며 일상적 의미가 추구되는 곳이다. 장소 연구에서는 특정 장소에 부여되는 '장소감(sense of place)', 행위자의 일상생활 및 경험 체계와 정서적으로 결합되어 있는 '장소성(placeness)' 등의 개념이 사용되고 있다. 우리의 일상적 지식과 실천은 장소에 근거하며 일상적 감정과 정서, 친밀성과 신뢰, 안전과 안정감 등은 장소에 귀속된다는 점에서 '장소 귀속감' 및 장소 '정체성'이 강조된다. 즉 "장소는 개인적 · 사회적 · 문화적 의미를 지닌 일정한 경계가 있는 현장으로서 정체성이 형성 · 유지 · 변형되는 의미 있는 틀을 제공한다."[44] 따라서 장소는 일상적 사회공간 관계에서 이루어진 친밀감과 소속

---

42 위의 책, 565쪽.

43 J. Malpas, 『장소와 경험 : 철학적 지형학』, 김지혜 역, 에코리브르, 2014, 33쪽.

44 최병두, 『근대적 공간의 한계』, 삼인, 2007, 182쪽 이하.

감, 그리고 이를 통해 형성된 공동체 의식 등에 의해 형성되는 정체성 확보를 위한 사회공간적 요소이다.

역사적으로 장소는 고대로부터 어떻게 정의되어왔는가? 아르키타스(Archytas)에 의하면, 존재한다는 것은 장소 안에 존재하는 것이다. 그리고 "히브리인은 신을 마콤(makom), 즉 장소라고 불렀으며, 사도(使徒)는 우리에게 신은 우리 중 그 누구로부터도 멀리 떨어져 있지 않은데, 그 이유는 우리가 신 안에서 살고, 움직이며, 우리의 존재를 갖기 때문이라고 이르시며, 장소를 모든 장소 안에 있는 그를 위한 하나의 상징으로 삼으셨다."[45]

아리스토텔레스는 『자연학』 4권에서 '장소론'이나 '진공론'을 다룬다. "장소가 물체들 각각을 처음으로 둘러싸는 것이라면, 장소는 일종의 경계(peras)일 것이고, 따라서 장소란 물체들 각각의 형상이자 모양이 될 것이다. 그리고 이 형상이나 모양에 의해 크기와 크기의 질료가 한정된다. 이것[형상, 모양]이 각각의 경계이기 때문이다. 그러므로 이런 식으로 탐구하는 자들에게는, 장소는 각각의 형상이 된다."[46] 장소는 물체를 둘러싸는 표면이다. "아리스토텔레스에게 있어서 세계의 질서는 장소와 함께 미리 주어진다. 그의 세계는 구체적인 장소로 이루어진 닫힌 세계이다."[47] 최소한 그에게 "'장소(topos)'는 2차원(길이, 넓이)과 3차원(길이, 넓이, 깊이)의 '공간(chora, kenon)'을 모두 포함하는 포괄적 개념이라고 할 수 있다."[48] 또한 "장소에 관해서는 그것이 있는지 없는지, 그리고 (있다면) 어떻게 있는지, 그리고 그것이 무엇인지를 알아야 한다. 모든 사람들은 있는 것들이 어딘가에 있다고 생각하기 때문이다. 없는 것은 어디에도 없다. 반염소, 반사슴이나 스핑크스가 어디에 있는가?"[49] 그리고 "객관적인 실재

---

45 F. Manuel, *The Religion of Issac Newton*, Oxford, 1974, 35n.

46 Aristoteles, *Physik*, 4권 2장, 209b1–6.

47 이상봉, 앞의 글, 7쪽.

48 유재민, 「두 종류의 공간 개념 : 아리스토텔레스에게 독립적 공간관의 성립 가능성을 중심으로」, 『철학연구』 제120집, 철학연구회, 2018, 194쪽, 각주 2.

49 Aristoteles, *Physik*, 4권 1장 208a 27–31.

성을 가지려면 우선 장소 안에 있는 것이어야 한다. 그리고 장소도 어딘가에 있는데, 장소 안에 있는 방식으로가 아니라, 경계가 경계 지어진 것 안에 있는 방식으로 어딘가에 있다."[50]

그러나 오제(M. Augé)는 프랑스에서 공간 담론이 활발했던 20세기 말에 '비장소(non-place)' 개념을 통해 장소에 대한 지적 논의에 참여한다. 그에게 '비장소'란 무엇인가? "장소가 정체성과 관련되며 관계적이고 역사적인 것으로서 규정될 수 있다면, 정체성과 관련되지 않고 관계적이지도 않으며 역사적인 것으로 정의될 수 없는 공간은 비장소로 규정될 것이다. 여기서 내가 주장하는 가설은 초근대성이 비장소들을 생산한다는 것, 다시 말해 그 자체로 인류학적인 장소가 아니며 보들레르식 근대성과는 대조적으로 예전의 장소들을 통합하지 않는 공간들을 생산한다는 것이다."[51]

오제가 보기에 우리 시대는 장소들 주위에 전례 없는 유형의 새로운 공간, 즉 비장소들을 대규모로 생산한다는 점에서 특이하다. "비장소는 이동·소비·커뮤니케이션을 위한 공간이다. 그것은 교통수단 그 자체(자동차, 고속철, 비행기)로부터 관련 시설물(고속도로, 역, 공항, 주유소, 휴게소, 주차장), 일시적인 체류 공간(호텔, 캠프), 소비와 위락 공간(대형 매장, 아울렛, 테마파크, 리조트), 그리고 미디어와 커뮤니케이션 네트워크(텔레비전, 인터넷, 스마트폰)을 아우른다."[52] 비장소의 예들로는 항공로, 철도 노선, 고속도로, 이동 조종실과 공항, 역, 우주항공기지, 거대 호텔 체인, 놀이공원, 대형 유통매장, 유무선 네트워크 등이다.[53] 따라서 타자의 현존이 없는 타자의 공간이자 스펙터클로 구성된 공간으로서의 비장소는 전통적인 장소에 대척점에 놓인다.[54] "이러한 비장소들은 승객, 고객, 소비자, 이용자, 이주민, 난민, 빈민 같은 새로운 정체성과 경험 양식

---

50   위의 책, 21b 27-28.
51   M. Augé, 앞의 책, 97쪽.
52   위의 책, 174쪽 이하(역해).
53   위의 책, 99쪽.
54   M. Augé, *Le sens des autres*, p.167.

을 생산한다. 이러한 비장소에 대한 오제의 탐구는 시스템 제도, 사회적 코드, 커뮤니케이션 기술 같은 구조적 조건들의 변화가 공간을 매개로 개인에게 가져오는 효과를 겨냥함으로써 거시와 미시의 분석 수준을 넘나드는 특징을 드러낸다."[55]

오제에 의하면, 오늘날 세계의 구체적인 현실 속에서 장소와 공간, 그리고 장소와 비장소는 서로 얽혀 있으며 서로에게 침투한다. 비장소의 가능성이 전혀 없는 장소는 그 어디에도 없다. 절대적인 비장소는 없다. 사람들이 정착하고 전유하고 서로 교류하는 곳이 장소라면, 비장소는 통과하고 소비하고 서로를 소외시키는 곳이다. 장소가 개인에게 지나온 역사를 일깨운다면, 비장소는 영원한 현재를 살게 한다. 장소가 사회적 만남과 관계의 무대를 마련한다면, 비장소는 익명성 속에서 자기 자신만을 대면하는 거울로 기능한다. 장소가 다양한 상징 체계와 대화, 상호작용을 매개로 개인의 정체성을 구현한다면, 비장소는 고독과 유사성의 경험을 빚어낸다.[56]

매시에 의하면, 장소는 안전하게 살 수 있는 거처로서 그리고 친밀하고, 일관성 있고, 신뢰할 수 있는 것으로 인식된다. 반면에 공간은 본래 지역으로 나뉜 것으로, 항상 분리된 것으로 인식된다. 부연하자면, 장소와 공간의 관계는 한편으로 공간을 강조하면서, 다른 한편으로는 장소에 더 방점을 둔다. '공간과 장소' 논의는 담론에 의해 대치와 대립 관계로 특징지어지고, 공간과 장소에 사용하는 이론에 의해 구분된다.[57]

마루타 하지메에 의하면, 장소는 사람이나 물건을 병치하거나 통합하는 기능이 있다. 또한 그것은 '삶의 양식'이다. '장소'는 인간 활동을 전제로 한다. 사람이 활동하려면 반드시 어딘가 장소를 차지하고 있어야 한다. 이처럼 장소는 인간과 관계를 맺는 곳, 인간이 있을 수 있는 '거처'이다. 마루타 하지메는 장

---

55   M. Augé,『비장소 : 초근대성의 인류학 입문』, 191쪽(역해).

56   위의 책, 175쪽 이하(역해).

57   D. Massey,『공간을 위하여』, 31쪽.

소나 장소성에 대한 이해, 그리고 장소의 나타남을 둘러싸고 나타나는 네 가지 다른 태도를 다음과 같이 도표로 정리하고 있다.

'장소주의'의 종류(마루타 하지메)[58]

장소주의	주민과 장소는 유대를 중시하고 모든 활동과 모든 존재를 장소로 환원하는 태도. 지역이 장소성을 띠면 지속적인 사회 시스템 및 개성적인 문화와 경관이 나타난다.
반장소주의	장소성은 인정하지만 주체를 속박하는 장소에서 해방을 목표로 하며, 새로운 인공적인 장소를 구축한다. 자연과학이나 과학기술(공학)에 일관되게 계속되어 온 태도.
다원적 장소주의	서로 다른 공간들이 혼재한 불안전한 상태를 인정하는 모순적인 태도. 외형적으로 장소성이 상실된 것처럼 보이지만, 주체에 따라서는 환경 최적화를 도모하기 쉽다.
탈장소주의	장소에 대한 관심이 희박해지고, '존재론적인' 장소의 바깥에 거처를 구하는 가상의 장소적 태도. 장소로부터 자유롭지만 행위의 지속성은 기대할 수 없다.

장소는 인간의 질서가 융합된 곳이고, 우리가 세계를 직접적으로 경험하는 의미 깊은 중심이다. 장소는 고유한 입지, 경관, 공동체에 의하여 정의되기보다는, 특정 환경에 대한 경험과 의도에 초점을 두는 방식으로 정의된다. 장소는 추상이나 개념이 아니다. 장소는 생활세계 안에서 직접 경험되는 현상이다. 그래서 장소는 의미, 실재, 사물, 계속적인 활동으로 가득 차 있다. "이것은 개인과 공동체 정체성의 중요한 원천이며, 때로는 사람들이 정서적·심리적으로 깊은 유대를 느끼는 인간 실존의 심오한 중심이 된다."[59]

그러면 이제 장소의 장소성에 대하여 살펴보도록 하자. "장소를 둘러싸고 구성되는 '장소성(placeness)'이란 장소의 인지된 특성으로 인간이 체험을 통해 애착을 느끼게 되고 한 장소에 고유하면서 동시에 다른 장소와는 차별화된 특

---

58 丸田一(마루타 하지메), 앞의 책, 120쪽.
59 신문수, 「장소 인간 생태적 삶」, 『문학과 환경』vol.6 nr.1, 문학과환경학회, 2007, 65쪽.

성을 일컫는 것이다. 한 장소에 대해 인간이 가지게 되는 장소 정체성과 장소 애착을 유발하여 진솔한 장소감과 장소 정신이 형성된 인간과 장소의 총체가 장소성이다."[60]

장소성 논의와 함께 비장소성이 거론된다.『장소와 장소 상실』에서 지리학자 렐프(E. Relph)는 장소와의 관계 속에서 문화의 균일화에 관한 폭넓은 분석을 행한다. 비장소성은 개인과 문화 양쪽에서 장소의 중요성을 무너뜨리는 것이며, 전 세계의 다양하고 의미 깊은 장소를 유래를 알 수 없는 공간과 교환 가능한 환경으로 대책 없이 바꾸어버리는 것이라고 한다. 렐프는 장소를 인간과 관계 속에서 논한다. "장소는 인간을 위해 있는 것이며, 장소는 인간의 경험을 반영하여 향상될 수 있는 환경으로 발전될 가능성이 존재하는 곳이다."[61] 그는 장소를 새로운 가치의 생성 공간으로 간주한다. "장소성은 장소에 의미를 부여한다. 즉 장소는 텅 빈 공간이 아니라 인간에 의해 의미를 부여 나름의 장소성을 드러낸다."[62]

장소 자체의 고유한 경관은 장소성을 구성하는 가장 기본적인 요건이 될 것이다. 이러한 장소 고유의 차이는 장소성의 차이를 만들어내는 가장 일차적인 요소가 된다. 그러나 동일한 경관이라 하더라도 그 장소를 체험하는 주체에 따라, 혹은 경험하는 형식에 따라 그 의미는 달라질 것이다. 또한 그 장소에 대한 경험을 어떻게 의미화하는가 하는 문제는 그 장소를 둘러싼 담론화 작업과 연결이 된다. 이처럼 장소성은 물리적 토대가 되는 경관에서 출발하여, 경관을 경험하고 의미화하는 추상화 단계까지, 즉 장소와 인간이 맺는 총체적인 관계 양상까지 포함하여 구성된다고 볼 수 있다.[63]

로컬리티(locality)란 장소성으로서 시간과 공간이 어우러져 이루어지는 특수

---

60 이석환·황기원, 「장소와 장소성의 다의적 개념에 관한 연구」, 『국토계획』 91호, 대한 국토도시계획학회, 1997, 176쪽.
61 위의 글, 118쪽.
62 부산대학교 한국민족문화연구소 편, 앞의 책, 5쪽.
63 위의 책, 24쪽.

한 문화의 근거이자 재료이다. 어느 면으로는 지방·지역·주변·변두리·경계·변방으로서 사람이 위치하여 고유한 문화를 남기는 공간적 조건이고, 또한 토착 문화에 내재한 개성, 욕망의 표상을 의미하는 것이기도 하다. 모든 장소는 나름의 가치인 장소성을 가지지만, 로컬의 장소성은 근대성의 중심주의에 의해 포섭되고 배제되면서 그 흔적과 차이는 지워지고 강요된 동일성에 의해 덧칠되었다.[64] 그러나 장소에 대한 로컬리티 연구에 대한 비판적 입장들이 있다. 지방적인 것은 특수주의(patricularism), 배타성, 본질주의, 전체로 가정된 다수의 공익에 위배되는 이기주의라는 개념으로 취급된다. "장소의 중요성을 강조하는 데 대한 또 다른 부류의 반대는 완전히 다른 곳에서 비롯되었다. 이들은 '장소감'을 기억, 균형, 향수와 결부시킨다. 이들의 논리에서 '장소'란 본질주의적 개념일 수밖에 없다. 그것은 과거 전통으로 회귀하려는 유혹, 진보적이라고 가정되는 생동(becoming)을 구축하는 대신, 존재(being)가 주는 위로라고 해석되는 것에 안주하려는 유혹에 내포된다."[65]

장소성은 담론과 실천에 의해 만들어지는 사회적 고안물이다. 장소성에 함의된 규범적 가치나 진정성은 장소에 근거를 둔 체험과 이에 관한 공감적 대화를 통해 형성된다. 장소 기반이 이루어지지 못할 때, 이에 근거한 장소성은 결국 피동적이고 흔히 조작되는 경향이 있다. 그러므로 이때 수동적 경험으로 점철된 소외투성이가 일상생활의 공간 경험으로부터 저항적이고 전복적이며 차이를 생산하는 실천으로서의 재현의 공간을 찾아냄으로써 장소 생성의 '능동적' 주체를 스스로 세워 나가야 할 것이다.[66]

장소성에서 범하기 쉬운 오류는 투안이 지적한 것처럼, 장소가 주는 안정감·안전감·소속감 등을 폐쇄성과 연결시키는 일이다. 특정한 장소성은 흔히 일정한 범위 내에 한정된다고 할 수 있지만, 이는 장소성이 폐쇄적이고 배

---

64 위의 책, 5쪽.
65 D. Massey, 『공간을 위하여』, 218쪽.
66 부산대학교 한국민족문화연구소편, 앞의 책, 49쪽.

타적이어야 함을 의미하지는 않는다. "만약 타자의 장소에 대해 자기 장소의 활력과 위력을 강조한다면, 이는 장소들간의 차이가 아니라, 차별성을 강조하는 것이다. 결국 하나의 장소로 획일화된 세계를 추구하는 것이다. 이런 점에서 영토 위주의 장소에 바탕을 두고 형성된 정체성은 진보와 보수의 양 체제에서 가장 확실한 동원의 토대로 이용될 가능성을 내포하고 있다."[67] 또한 장소성은 우리를 둘러싼 문화 체계들 속에서 재현되거나 다루어지는 방식과 관련하여 형성되고 끊임없이 변형되는 것으로서 완전히 통합되어 있고, 완성되어 있으며 그리고 확실하다. 일관된 정체성이라는 것은 환상 또는 오인이다.[68]

특히 사이드(E. Said)와 영(I.M. Young)은 장소의 고유성을 부정한다. "이처럼 대안적 장소 개념의 비본질적인 구성은 장소를 향수와 불변하는 상태와 자동 연관짓는 것을 즉각적으로 문제시한다. 그것은 모든 장소마다 고유의 특징을 부여하려는 주장은 근거가 부족하다도 비판한다. 그러한 주장이 배타적인 종족성의 근거로 사용되든지, 원치 않는 개발에 대한 반대 의견 개진에 이용되든지 간에 모두 '부적절한' 사례가 된다. 어떤 지역이 어떠한 연유로 간직하게 된 내부적 특징에 근거하여 불변의 진리로 간주되는 그러한 장소의 고유성이란 없다."[69]

이상의 논의를 정리해보자면, 오늘날 장소와 비장소 그리고 장소성의 문제는 이슈화되고 있다. 공간의 해석학도 이런 이슈들을 공간과의 관계 속에서 심층적으로 연구하는 것이 필요하다. 공간해석학은 일체의 공간과 장소에 관한 이론들과 담론들의 매트릭스(matrix) 내지 플랫폼 그리고 노드(node)들의 연결망으로서의 역할을 할 수 있어야 한다. 그것은 공간해석학의 지평 위에서 각각의 장소론의 지번을 매겨주는 일일 것이다.

---

67   최병두, 위의 글, 14쪽.
68   임춘성, 「이민과 타자화 : 상하이 영화를 통해 본 상하이인의 정체성」, 『중국현대문학』 37, 한국중국현대문학학회, 2006, 289~290쪽.
69   D. Massey, 『공간을 위하여』, 222쪽 이하 참조. I.M. Young, "The ideal of community and the politics of differnce", *Socia; Theory and Practice*, 12(1), Spring, 1986, pp.1~26.

제13장

공간과 장소의 관계론

1. 공간 선재론

공간과 장소의 관계에 대해서 선재성(先在性) 논의가 있다. 이것이 중요한 이유는 대한 입장에 따라서 공간과 장소의 기원과 위상이 결정될 수 있기 때문이다. 먼저 장소보다 공간이 선재한다는 입장을 살펴보도록 하자. 서양의 공간 개념의 역사를 정리한 야머(M. Jammer)에 의하면, 「창세기」와 『신통기』, 『에누마 엘리시』 그리고 『티마이오스』에서 세계 창조는 공간 안에서 영역 및 장소의 창조로서 일어난다. 그리고 모든 사례에서 공히 '코라(χώρα)'의 창조는 토포스의 창조보다 선행한다.[1] 플라톤은 '코라'를 그 안에서 사물이 생겨나고 나타나는, 창조 사건 자체가 일어나는 공간이라고 기술한다. 신플라톤주의에서는 '있다는 것'은 여전히 장소 내에 있음을 의미하지만, 장소는 가없는 공간의 부분인 것이다.[2]

중세에서는 장소보다는 무한 공간이 그리고 근대에서는 공간이 지고(至高)

---

1 M. Jammer, 『공간 개념 : 물리학에 나타난 공간론의 역사』, 이경직 역, 나남, 2008, 102쪽.
2 위의 책, 215쪽.

의 자리에 오른다. 중세에서는 만일 무한하고 텅 빈 공간이 있다면, 그것은 신과 일체이며 신에 의해 충만하고, 그리하여 종국적으로는 신의 광대무변함과 구별되지 않는다고 주장하는 쪽이 더 설득력이 있다.[3] 여기서는 공간의 신격화가 이루어진다. 르네상스 시기의 우주론과 신학에서는 무한 공간이 인정되었다는 점이다.[4] 말하자면 공간은 부동하며 무한하다는 것이다.

근대 사상가들인 가상디와 모어(T. More) 그리고 뉴턴은 모두 공간이 연속적이고 무한하며 균질적·등방적이라고 본다. 장소에 대한 공간 우위론은 16세기에 시작되어 17세기 말 뉴턴에 이르러 정점에 이른다. 뉴턴 같은 17세기 사상가들은 모두 신을 무한한 물리적 공간과 동일시한다.[5] 파트리치(F. Patrizi)는 공간 선재론을 주장한다. "진공은 확실히 장소에 선행하며 또한 선행해야만 한다. 하지만 진공이라는 것은 '공간'의 [본질적] 속성이며, 그런 까닭에 '공간'은 본성적으로나 시간적으로 모두 장소에 선행한다."[6] 17~18세기 서양의 철학자나 과학자들은 장소란 그 중립적인 균질성에서 양적으로 규정되는 보편적 공간의 일시적인 하위 구분일 뿐이라고 상정한다.[7] 17세기 중반 길버트(W. Gilbert)에 의하면 "자연 속에는 도대체 장소라는 게 있을 수 없다(locus nihil est)."[8] 이제 신플라톤주의의 경우처럼 공간의 지고성을 긍정하는 경향이 꾸준히 강화됨으로써 공간은 장소에 대한 승리를 서서히 인정받게 된다.[9] 특히 장소라는 단어는 공간에 관한 18세기의 공식 어법에서 사라져버린다.

야머에 의하면, 장소에 대한 공간의 승리는 구체적인 장소가 갖는 내포적

3　위의 책, 233쪽.

4　위의 책, 246쪽.

5　위의 책, 233쪽.

6　위의 책, 267쪽에서 재인용(B. Brickman, "On Physical space, Francesco Patrizi", *Journal of the History of Ideas 3*, 1943, pp.239~240).

7　위의 책, 271쪽.

8　위의 책, 144쪽에서 재인용(W. Gilbert, *De mundo nostro sublunari philosophia nova*, Amsteredam, 1651, p.396).

9　위의 책, 226쪽.

인 크기와 질적인 다양성에 대한 공간의 끝없는 외연적 확장, 즉 좌표화한 차원의 확산성과 관련한 승리다.[10] 기든스(A. Giddens)는 근대성의 한 가지 결과가 공간을 장소로부터 분리해낸 것이라고 주장한다. 전근대 사회에서는 대부분의 사람들에게 있어서 사회적 삶의 공간의 차원의 '존재함(presence)', 즉 지역화된 활동에 의해 지배되었기 때문에 공간과 장소는 대체로 일치했다. 근대성은 '부재한(absent)' 타인들, 즉 어떤 면대면 접촉의 상황으로부터도 공간적으로 떨어져 있는 사람들과의 관계맺기를 조장함으로써 점점 공간을 장소로부터 떼어낸다. 근대성의 조건에서 로컬은 그로부터 상당히 떨어진 사회적 영향력에 의해 철저히 관통당하고 특징지어진다.[11]

이 논의를 정리해보면, 장소에 앞서 공간이 선재한다는 입장이 공간론 초기부터 존재해 왔고, 근대에 와서 절정에 도달하였음을 확인할 수 있다.

2. 장소 선재론

창조는 일반적으로 장소의 창조임과 동시에 장소로부터의 창조이다. 창조로부터 장소가 생겨나온다. 그러나 창조 자체는 오직 장소 안에서만 일어난다.[12] 공간에 비해 장소가 선행하고 우위에 있다는 입장은 아르키타스, 제논, 파르메니데스, 고르기아스, 플라톤, 아리스토텔레스, 화이트헤드로 이어진다.[13] 처음으로 아르키타스는 장소 선재론 내지 장소 우위론에 대한 분명한 입장을 표시한다. "장소에 우위를 부여해야 하는 것은 분명하다."[14] 아리스토텔

---

10 위의 책, 400쪽.

11 A. Giddens, *The consequences of modernity*, Cambridge ; Stanford University Press, 1990, p.18.

12 K. Algra, *Concepts of space in Greek thought*, New York ; Leiden, 1995. pp.76~120.

13 M. Jammer, 앞의 책, 119쪽.

14 위의 책, 154쪽.

레스는 아르키타스의 자연 세계에서의 장소 우위성에 대한 입장을 이어받았다고 한다. 아리스토텔레스는 플라톤보다 훨씬 더 격렬하게 공허나 진공으로서 무장소 개념을 거부하고, 그리하여 텅 빈 공간을 충만한 장소로 대체한다. 아리스토텔레스는 플라톤이 오직 장소에 대해 말하고자 했다고 증언한다. "모든 사람이 장소는 그 어떤 것이라고 말하는 동안 오직 [플라톤] 혼자만 장소가 무엇인지 말하려 했다."[15] 아리스토텔레스는 플라톤에 반하여 공간이 아니라, 장소를 최고 위치에 놓는 내재적 자연물리주의 편에 선다. "장소는 어떤 종류의 표면이고, 그릇이나 울타리(surrounder)처럼 여겨진다."[16] 아리스토텔레스는 장소의 두 종류를 제시한다. 첫째는 '공통장소'로서 '그안에 모든 물체가 존재'[17]하는 것이고, 둘째는 '고유장소'로서 '어떤 물체가 처음으로 그 안에 있게 되는 것'[18]이다. "왜냐하면 존재하지 않는 것은 어디에도 없으므로 존재하는 것은 어딘가에 존재한다고 누구나 상정하기 때문이다."[19]

이런 이유들로부터 아리스토텔레스에 있어서 장소는 물체 위에 있는, 즉 물체보다 우월한 무엇이라고, 또한 감각에 의해 지각할 수 있는 모든 물체는 장소 내에 있다고 상정할 수 있다. "왜냐하면 대부분의 사람과 마찬가지로 그 또한 모든 것은 어딘가(pou)에 있고, 또한 장소 안에(en topō) 있다고 생각하기 때문이다."[20] 장소라는 것의 일차적 의미는 '물체 각각을 둘러싸는 최초의 것'이다.[21] "장소는 이런 것이다. 즉 뭔가를 둘러싸고 있는 것의 첫 번째 불변의 한계다."[22] 장소는 단순히 수용적인 것이 아니라 활동적으로 둘러싸는 것이다. 장

---

15 Aristoteles, *Physik*, *Vorlesungen über die Natur*. H. G. Zerkl(hrsg.), Hamburg, 1986, 209b 16~17.

16 위의 책, 212a28~29.

17 위의 책, 209a33.

18 위의 책, 209a 34.

19 위의 책, 208a29~31.

20 위의 책, 208b27-33.

21 위의 책, 211a28.

22 위의 책, 212a20-21.

소는 "어떤 물체를 포함하고 있는 것 중 가장 안쪽에 있는 부동의 포함자다."[23] 장소 그 자체로는 변화도, 운동도 할 수 없다는 것이다. 장소가 한계와 경계에 대한 문제를 그리고 소재와 둘러쌈에 대한 문제를 강력히 요청하는 데 반해, 공간은 이러한 문제를 곁으로 밀쳐놓고 대신 절대적인 것과 무한한 것, 광대함과 무제한적 연장성에 관심을 갖는다.

아리스토텔레스의 설명에 따르면, 그 한정하는 능력은 이미 장소 내에 있다. 요컨대 포함하고 둘러싸는 능력, 즉 둘러쌈으로써 포함하는 그 능력을 통해 그러한 한계 설정을 제공하는 것은 장소 자체의 본질에 속한다. 세계는 항상 이미 충분히 장소화되어 있다. 장소의 한계가 자신의 직접적인 환경 속에서 각각의 사물에 위치를 부여하는 규정적인 토포스는 반드시 존재한다. "장소는 대상과 함께 있다."[24] 그리고 "모든 물체는 반드시 어떤 장소에 있는 것처럼, 모든 장소 안에는 반드시 물체가 있다."[25] 아리스토텔레스의 체계 내에는 장소를 결여한 것이 넷 있는데, 천구들 및 부동의 동자는 물론 수와 점도 여기에 포함된다.

로마 시대의 철학자 루크레티우스(Lucretius)도 『사물의 본성에 관하여(De rerum natura)』에서 만물은 장소라고 한다. 만일 장소가 없다면, 사물은 소재를 부여받지 못할 뿐만 아니라 사물조차 아닌 게 되어버릴 것이다. 요컨대 그것들이 현재의 그 사물이기 위한 어떠한 장소도 갖지 못할 것이다. 장소가 지닌 힘은 경탄스러운 것이고, 다른 무엇보다 우선하는 것임에 틀림없다. "그것 없이는 다른 어떤 것도 존재할 수 없지만, 다른 무엇이 없어도 존재할 수 있는 것이야말로 첫 번째여만 하기 때문이다."[26] 그리고 "이제 공간 개념에 대해 말하자면, 심리적으로 더 단순한 개념인 장소 개념이 공간 개념보다 앞섰던 것 같다. 장소는 무엇보다도 이름으로 확인되는 지면의 한 (작은) 부분이다. 그것의 '장소' 이름이 분명하게 말해지는 것이 '물질적 대상', 즉 물체이다. 단순한 분석

---

23 위의 책, 212a20–21.

24 위의 책, 212a30–31.

25 위의 책, 209a25–26.

26 위의 책, 208b34–209a1.

만으로도 '장소'가 물질적 대상들의 한 모임임이 드러난다."[27]

데리다에게 장소는 형이상학적 현전이라는 점으로부터는 해방되었다는 점에서 앞선 위치 내에 존재한다. 즉 공간과 시간보다 미리 존재한다. 그와 동시에 장소는 사건과 장소 자체가 사건의 장소인 그런 사건과 일체를 이룬다. 그렇지만 장소는 그 자체로 주어져 있지 않다. 장소란 실제로 현전화하는 능동적 원천이고, 장소 안에 꼭 안길 때 사물이 위치지어지고 생긴다.[28] 우선 새로 떠오르는 들뢰즈의 장소 개념에는 장소의 구조가 리좀적이라는 것을 밝힌다. 그리고 장소는 인간적 배경과 비인간적 배경에서 다양한 방식으로 등장한다. 여기서 중요하게 작동하는 것은 장소의 단순한 다양성이 아니라 근본적 이질성이다. 다른 한편, 장소는 존재자적인 토대라는 것이 그러해야 하듯이, 사건적이고, 진행 중인 어떤 것이고 또한 하나의 사물에 한정할 수 없는 어떤 것이다. 이는 장소에 단순한 기원이나 목적 따위가 없다는 것과 이 문제의 결정적 시작이나 결정적 끝 따위는 없다는 것을 의미한다. "장소의 우위성이란 유일무이한 장소의 우위성이 아니고, 더군다나 이 장소의 우위성 혹은 어떤 장소의 우위성도 아니다."[29]

이상의 논의를 정리하자면, 공간에 앞서 장소가 선재한다는 입장이 공간론 초기부터 존재해 왔고, 현대에 와서 장소 선재론과 장소 우위론이 지배적인 논점임을 확인할 수 있다.

3. 공간과 장소 일치론

마지막으로 공간과 장소는 '동일하다'는 입장을 살펴보자. 르네상스기의 신

---

27   A. Einstein, *Relativity: The special and General Theory*. H. Holt and Company(trans.), New York, 1920, p.19.
28   M. Jammer, 앞의 책, 143쪽.
29   E.S. Casey, 『장소의 운명 : 철학의 역사』, 박성관 역, 에코리브르, 2016, 669쪽.

플라톤주의자인 미란돌라(G.P. Mirandola)는 단언한다. "장소란 공간이다. 물론 거기에는 어떠한 물체도 없다. 그래도 여전히 진공으로서 홀로 존재하는 일은 결코 없다."[30] 캄파넬라(T. Campanella)는 공간은 곧 장소라고 한다. "공간은 신성에 의해 지지되는 만물의 장소이다."[31] 가상디도 이런 입장에 동의한다. "장소란 텅 빈 공간 이외에 아무것도 아니다."[32] 이처럼 르네상스 사상가들은 공간과 장소를 등치시켰다.

매시는 장소와 관련된 공간에 대한 인식은 다음의 세 가지 전제를 통해 정치적 담론과 비교하여 이해하는 것이 바람직하다고 본다. "첫째, 우리는 공간을 상호 관계의 산물로 인식한다. 이런 인식은 반본질주의를 추구하는 정치학과 조화를 이룬다. 둘째, 우리는 공간을 다수의 감정에 기초한 다중성(multiplocity)이 존재하는 영역으로 이해한다. 이런 이해는 차이와 이질성에 대한 최근 좌파의 정치적 담론의 주장과 일맥상통한다. 셋째, 우리는 공간을 끊임없이 구성되는 것으로 이해한다. 이렇게 공간을 과정으로 상상하는 것은 미래의 개방적 정치적 담론에서 우위를 점한게 한다."[33] 나아가 매시는 공간과 장소의 일치성을 수용하고, 그것을 재사유해야 한다고 주장한다. "여기서 내가 주장하고자 하는 점은 사회적 관계의 공간적 조직의 변화를 인지해야 할 뿐만 아니라, 그 결과 공간과 장소의 일치성을 다른 방식으로 재사유함으로써 이 변화된 상태를 건설적인 방식으로 개념화하고 직면해야 한다는 점이다."[34]

말파스(J. Malpas)는 공간과 장소를 분리하여 이해할 수 없다는 입장을 취한다. "공간화는 언제나 시간화이며, 또한 시간화는 언제나 공간화이다. 필자는 시간을 공간보다 우선시하는 것에 반론을 제기해왔지만, 공간을 시간보다 우

---

30 위의 책, 265쪽 이하에서 재인용(C.B. Schmitt, *Gianfrancesco Pico della Mirandola(1469~1533) and His Critique of Aristotle*, The Hague, 1967, pp.140~141).

31 위의 책, 266쪽에서 재인용(T. Campanella, *Universalis Philosophiae*, bk 2, chap.13, p.288).

32 위의 책, 267쪽에서 재인용(P. Gassendi, *Opera Omnia*, Lyon, 1658. p.216).

33 D. Massey, 『공간을 위하여』, 박영환 역, 심산, 2016, 35~38쪽.

34 위의 책, 47쪽 이하.

선시하는 것에 반론을 제기하는 일 역시 마찬가지로 관심을 기울여왔다. 두 입장 모두 장소를 전용하고 있음을 이해할 필요가 있다. 공간도 시간도 장소와 무관하게 존재할 수 없으며 서로에게 분리되어 이해될 수 없기 때문이다."[35]

정리해보자면, 공간과 장소의 관계는 공간 선재론이나 장소 선재론보다는, 공간과 장소는 분리될 수 없는 양자의 일치론이 더 합당하다는 주장이다.

---

35 J. Malpas,『장소와 경험 : 철학적 지형학』, 김지혜 역, 에코리브르, 2014, 6쪽.

제14장

현대의 철학적 장소 해석의 유형들

1. 현상학적 장소 해석[1]

오늘날 인문지리학과 건축학 분야에서도 '장소의 현상학'[2] 내지 '건축의 현상학'이 논의의 중심에 있음을 확인할 수 있다. 후설과 하이데거를 계승하여 메를로퐁티(M. Merleau-Ponty), 노르베르그그슐츠(C. Norberg-Schulz), 홀(S. Holl), 렐프(E. Relph), 투안(Yi-Fu Tuan), 다르델(É. Dardel) 등에서 나타난 공간론들은 모두 현상학에 사상적인 빚을 지고 있다.

현대의 철학적 공간 이론들 중 가장 큰 영향력을 미치고 있는 이론은 '현상학적 장소론'[3]이라고 해도 과언이 아니다. 여기서는 현상학적 장소론을 소개함에 있어서 그 중심에 서 있는 메를로퐁티의 장소론에서는 『지각의 현상학

---

1   강학순, 「현상학적 장소론」, 『존재와 공간 : 하이데거 존재의 토폴로지와 사상의 흐름』, 한길사, 2011, 69~80쪽 수정 보완.

2   E. Relph, 『장소와 장소 상실』, 김덕현 외 역, 논형, 2005, 95쪽. '장소의 현상학'은 장소에 대한 과학적 탐구 이전에 선소여적인 장소 현상에 대한 의식으로부터 출발한다. 인간의 지향성 내지 의도와 무관한 장소가 아니라, 그것과 관련된 장소가 주제화된다.

3   현상학적 공간론에 대한 상세한 분석은 슈트뢰커(E. Ströker)의 아래 저술에서 살펴볼 수 있다. E. Ströker, *Investigations in Philosophy of Space*, A. Mickunas(trans.), Athens : Ohio University Press, 1987, p.13~170.

(*Phénoménologie de la Perception*)』[4]에서 공간과 신체의 필연적 연관성이 주제화된다. 만일 우리에게 신체가 없다면, 어떤 공간도 없을 것이라고 확언한다. 그는 있는 그대로의 세계를 인식함에 있어서 일차적으로 만나는 지각에 절대적 우선권을 인정한다. 말하자면 "그는 추상화된 눈에 의해서 시각적 경험이 만들어지는 것이 아니라, 오히려 전반적인 몸의 개입에 의해서 시각적 경험이 발생한다고 보았으며, 이러한 총체적인 시각의 체험을 지각이라 부른다."[5]

그러므로 지각하는 자로서의 신체는 기능하는 지향성의 주체로서 이미 '세계-에로의-존재(être-au-monde)'이다. 이는 신체와 세계가 서로 구조를 교환한다는 뜻이며, 그런 교환 관계에서 우리는 진정한 실존을 확보할 수 있다는 것을 의미한다. 메를로퐁티는 신체적 현존의 관점에서 상하, 깊이, 운동과 같은 공간적 관계들의 특성을 규명한다. 지각하는 자아는 의식적 자아 이전에 존재하는 이미 세계를 지각하는 누군가이다. 이것은 바로 몸(corps, 신체)으로서의 주체이다. 우리는 몸으로서 세계에 거주하며 이 몸을 통해 세계로 향하며 나아갈 수 있을 뿐이다.[6] 결국 그에게 있어서 지각의 활동은 의미를 창출하는 체험의 근원적 활동으로서, 우리의 시각에 떠오르는 어떤 상(相)이라도 반드시 어떤 의미의 형태로 나타난다는 것이다.

현상학에서 의식은 이제 단순한 사유하는 주관이 아니라, 세계를 지평으로 하여 역사적으로 살아가는 구체적인 자아의 핵이다. 세계 역시 일종의 기하학적 공간과 같은 무역사적 객관적 대상이 아니라, 우리의 구체적 삶이 영위되는 역사적인 장이다. 말하자면 세계는 삶의 장으로서의 생활세계이다. 이 생

---

4   M. Merleau-Ponty, *The Phenomenology of Perception*. C. Smith(trans,). London, 1962, pp.370~449. 특히 이 책의 제2부 '지각된 세계'의 제2장에서 '공간' 문제를 다룬다 : ① 상하 ② 깊이 ③ 운동 ④ 체험된 공간(밤의 공간성, 성적 공간, 신화적 공간, 체험된 공간).

5   박영욱,『필로아키텍처, 현대건축과 공간 그리고 철학적 담론』, 향연, 2009, 56쪽.

6   E. Grosz, *Architecture from the Outside—Essays on Virtual and Real Space*, MIT Press, 2001. "주체가 이렇게 몸에 정박되어 있음이 바로 일관된 정체성의 조건이며, 더군다나 주체가 세계에 대한 시각을 갖게 되는 조건이다."(p.37)

활세계가 물리적 공간처럼 추상화되어버렸고, 방법적 장치에 의해 망각되어 왔다. 메를로퐁티에 의하면, 이 세계는 물리학적 공간 개념으로 추상화될 수 없는 '지각(la perception)의 세계'이며, 또한 우리와 친숙한 세계이다. 그러나 이러한 세계는 망각되고, 오히려 그것은 수학적·기하학적 이념에 의해 도금되고 화석화되었다고 본다. 어떠한 가설과 편견에도 사로잡히지 않고, 이른바 '사태 그 자체로', 즉 "우리에게 원본적으로 주어지는 사태 그 자체를 단적으로 붙들자"는 것이 현상학의 원칙이다. 모든 대상은 의식 체험과의 상관관계 속에서 직접적으로 주어진다.

그러나 현상학적 장소론은 종래의 기하학적·물리학적 공간관을 부정하거나 제거하려는 것이 아니라, 도리어 자연 공간보다 더 원본적인 공간인 일상의 체험에 의해 드러나는 소위 생활세계에 속한 선험적 공간을 밝히고자 한다. 이 생활세계라는 개념은 메를로퐁티에 의하면, 바로 후설과 하이데거로 이어졌던 핵심 개념이다. 말하자면 하이데거의 『존재와 시간』은 전체적으로 후설에서 발원하며 궁극적으로는 후설이 말년에 현상학의 근본 주제로 간주한 자연적 세계 개념 또는 생활세계의 설명에 해당한다.[7] 이제 메를로퐁티에게 있어서는 공간에 대한 학문적 인식 이전에 생생하게 펼쳐지고 경험되는 생활세계에로의 복귀가 관건이 된다. '사태 그 자체로' 복귀한다는 것은 인식이 언제나 말하고 있는, 인식 이전의 세계로 복귀한다는 뜻이다. 그리고 그것은 우리가 숲, 초원, 강이 무엇인가를 맨 먼저 배우게 되었던 시골 풍경으로부터 지리학이 시작된 것처럼, 모든 학문적 규정이 추상적이고 파생적인 기호언어로 화하기 이전의 세계로 복귀하는 것이다.[8] 우리는 공간에 대한 지식을 배우기 이전에 공간을 삶의 세계에서 스스로 드러나는 현상으로 미리 지각함을 알 수 있다.

오늘날 현상학을 이끌어가는 피갈(G. Figal) 역시도 공간의 이해를 현상성 이

---

7   M. Merleau-Ponty, 앞의 책, p.14.
8   위의 책, p.16.

해를 위한 열쇠로 파악한다.[9] 근대 이후의 물리적 객관주의에서 주장하는 바와 달리, 공간은 의식에 독립적으로 있는 객관적 실재가 아니라, 오히려 그것은 의식의 지향성을 통해 드러난 현상, 즉 '지향된 공간'이다. 인간의 의식과 상관된 공간이야말로 공간의 본질을 지시한다. 즉 공간의 본질이란 선험적 주관성에 의하여 성립되는 의미가 부여된 노에마(noema)이다. 더욱이 현상학의 기초를 세운 후설에게서 공간 및 장소는 인간의 의식과 분리되어 있지 않다.

현상학적 맥락에서 장소는 인간 의도의 산물이거니와 인간 활동을 위한 의미로 가득 찬 환경이다. 그리고 장소는 인간의 모든 의식과 경험으로 구성된 의도와 구조에 통합된다. 따라서 현상학은 대상으로서의 장소와 주체로서의 인간을 분리시킨 '주객 이원론'의 이론적 토대를 제공한다. 또한 현상학은 근대 이후의 세계를 수학화·객관화하는 것만이 참다운 진리를 획득할 수 있음을 주장하는 객관주의 또는 자연과학주의 및 실증주의와는 그 길을 달리한다. 근대적인 관점에서 공간은 도형이나 수적인 것으로 양화되어 그 질적인 차원이 배제된다. 그래서 가장 현실적인 공간은 기하학적으로 구성된 공간이며, 이것은 객관적·불변적인 실체라는 것이다.

그러나 현상학은 자연과학적으로 이념화된 세계의 공간관에서 벗어나서 양화될 수 없는 생활세계의 공간 이해를 지향한다. 현상학에서 보건대, 종래의 근대적 공간 개념은 다른 존재자들과 단절되고 고립되어 탈세계화된다. 이러한 공간이 속해 있는 근대적인 과학적·수학적인 세계는 오히려 인간의 생활세계에 정초하고 있다는 것을 현상학은 밝히고자 한다. 메를로퐁티는 후설의 '현상학적 환원'에 의해 일시적으로나마 보류되었던 '실존'의 계기를 되살리는 데 관심을 가지고, 이 '현상학적 환원'을 실존철학의 정식(定式)으로 다시 읽는다. 말하자면 지금까지 공간은 실존적이라고 말하여왔지만, 그러나 이것은 실

---

9 G. Figal, *Gegenständlichkeit: das Hermeneutische und die Philosophie*, Tübingen, 2006, p.153.

존이란 공간적이라고 말하는 편이 더 낫다고 본다.[10]

메를로퐁티에 의하면 객관적 세계에 앞서 상호 주관적인 공통된 체험된 세계가 있으며, 그 체험된 세계의 바탕을 '선험적 장(le champ transcendental)'이라고 한다. 이 장이 결국 기하학적 공간보다 선행하는 바탕이 된다. 말하자면 체험된 세계 자체로 볼 때는, 객관적 세계에 앞서서 존재해 있는 체험된 세계를 완전히 드러내는 설명 과정에서 보면 현상적 장에 앞서 '선험적 장'이 있다.[11] 그에게 있어서 이제 근원적 공간은 물리적·기하학적인 공간이 아니라, 오히려 지각을 통한 일상적 상호 주관적 체험의 공간, 즉 의미가 탄생하는 현상학적 공간 내지 선험적 공간이다.

메를로퐁티의 공간에 대한 논의는 공간이 대상의 상황과는 무관하게 순수한 위치를 지닌다고 하는 기하학적 공간론에 대한 비판으로부터 출발한다. 무엇보다 위, 아래, 왼쪽, 오른쪽 같은 공간의 방향, 공간의 순수한 위치는 내 몸과 무관하게 주어져 있지 않다는 것이다. 예를 들자면, 촉각적 신체가 시각적 신체와 합칠 때, 피험자의 발이 나타난 시각장의 영역은 위로서 규정되는 것을 그친다고 본다.[12] 그는 원초적으로 공간의 본성을 탐구하기 위해서는 형식과 내용의 구별을 넘어선 공간의 원초적 경험을 탐구해야 한다고 주장한다.

공간이란 모름지기 우리 몸의 체험에 의해 형성된 것임을 의미하는 '현상학적 공간'이다. 이 공간은 바로 지각의 공간, 지향적 공간, 의미의 공간 외에 다른 것이 아니다. "여기서 메를로퐁티가 주목하고 있는 것은 우리의 공간적 지평은 항상 어떤 '정박점(points d'ancrage)'을 통해서 가능하다는 사실이다. 우리의 몸은 어떤 방식으로든 공간에 정박되는 것이며, 공간은 우리의 몸이 정박해 있는 질서의 표현인 셈이다."[13] 정박점은 지금 나의 몸이 어디에 거하고 있

---

10 M. Merleau-Ponty, 앞의 책, p.256.
11 위의 책. p.73.
12 위의 책, p.374 이하.
13 최백선, 「자하 하디드의 해체건축에 나타난 노마디즘의 존재론적 해석 : 들뢰즈의 존재론을 중심으로」, 『인문과학연구』 28호, 강원대학교 인문과학연구소, 2011, 378쪽.

는지를 확인하며, 그 상황에 따라 정위가 달라진다는 것을 뜻한다.

우리의 최초의 지각은 자기 차례가 주어지면 지각보다 선행한 정위에 조회함으로써만 공간적이 될 수 있다. 따라서 그것은 우리가 이미 세계에서 활동하고 있다는 것을 발견하지 않으면 안 된다. 그러나 이것은 어떤 세계, 어떤 광경일 수 없다. 최초의 공간적 수준은 자신의 정박점을 어디에서도 발견할 수 없다. 따라서 내 밑에 다른 주체가 있고 그 주체에 대하여 내가 여기 있기 전의 어떤 세계가 존재하고, 그 주체는 나의 장소를 그 세계에 표시했던 주체이다.[14]

그러면 메를로퐁티에게 '세계'란 무엇인가? 세계는 우리를 초월해 있지만, 동시에 항상 우리에 대해서 있다. 그는 기하학적 공간을 유일한 실재공간으로 간주하는 근대 이후의 전통적 공간론을 넘어서서 보다 근원적인 공간의 차원이 존재함을 강조한다. 예를 들면, 밤의 공간, 신화적 공간, 성적 공간, 일상적 체험의 공간 등이 실재함을 예시한다. 그러한 공간이란 미리 앞서 존재하는 어떤 공간이 아니라, 우리 몸이 체화되는 양태이자 동시에 우리의 지각이 활성화될 수 있는 장소이다. 이러한 공간은 바로 우리의 지각이 가능해질 수 있는 조건인 셈이다.

일반적으로 장소라는 용어는 여타의 물리적인 공간과는 달리, 인간이 관여하는 한정된 공간이라는 의미를 지니고 있다. 이 용어에는 주체와 대상, 즉 인간과 환경을 분리할 수 없는 하나로 인식하려는 현상학적 태도가 깃들어 있다. 메를로퐁티의『지각의 현상학』이란 '몸 철학'의 입장에서 인간과 세계는 서로 몸으로서 하나가 되는 실존적 주체철학이다. 그러므로 이것은 주체와 대상의 이원론적 대립을 전복시키고 있다. 이른바 신체는 공간 안에 있지 않고, 공간에 거주하기에, 우리의 신체는 공간 안에 있다고, 더욱이 시간 안에 있다고 말해서도 안 되며, 그것은 공간과 시간에 거주한다는 사실이다.[15]

---

14 M. Merleau-Ponty, 앞의 책, p.385.
15 위의 책, p.223.

이런 점에서 장소에 대한 현상학적 접근 방법은 장소 이해를 통하여 인간의 존재와 의미의 보다 폭넓은 영역을 공유한다. 인간이 장소와 분리할 수 없는 주체로서의 입장을 견지하면서 메를로퐁티는 장소와 인간과의 상호 감응적 관계를 강조한다. 이를 통해 현상의 개별성과 고유성과 같이 정량적 방법으로 드러나지 않는 정성적 특성을 파악할 수 있고, 개인의 주관성 및 체험을 중시한다. 이와 같이 현상학적 장소론은 장소 개념과 장소의 의미를 인간이 부여하는 것으로 간주한다는 점에서 인간 중심적이다. 이를테면, 어떤 공간이나 공간적 요소의 의미나 지향성은 언제나 인간이라는 존재를 선험적 주체로 설정하여 그것과 관련된 어떤 주관적이고 인간적인 현상으로 설명된다.[16]

이런 맥락에서 '현상학적 장소론'의 문제점은 공간이 가진 존재론적 차원이 고려되지 않고 한갓 의식의 현상으로만 머문다는 사실이다. 그러므로 현상학적 체험만으로 장소의 의미를 전부 전달한다는 것은 한계가 있다. 다시 말해 현상학적 방법은 인간의 상호 주관적 체험만을 강조하기 때문에, 장소의 이용적인 측면이나 인간의 행태적인 측면에 대한 근본적인 고려가 미흡하다고 지적되기도 한다.[17]

특히 메를로퐁티의 공간론은 건축가 홀의 현상학적 건축에 지대한 영향력을 미쳤고, 실제로 거기에서는 체험 공간의 설계를 위한 구체적인 방법이 실행되고 있음을 확인할 수 있다.[18] 메를로퐁티의 공간론을 건축학에 적용시킨 홀은 건축이란 그저 텅 빈 공간에 건물을 만들어 그곳에 세우는 것이 아니라, 건축이란 특정한 대지에 건물이 들어섬으로서 하나의 맥락을 창출하는 것을 의미한다고 본다. 여기서 대지는 단순히 기하학적인 차원에서 동일하고 등방

---

16 이진경, 『근대적 시공간의 탄생』, 푸른숲, 2002, 143쪽.

17 L. Groat, "Introduction: Place, Aesthetic Evaluation and Home", L. Goat(ed.), *Readings in Enviornmental Psychology: Giving Places Meaning*, London: Academic Press, 1955, pp.2~7.

18 박영욱, 앞의 책, 58쪽, 95쪽.

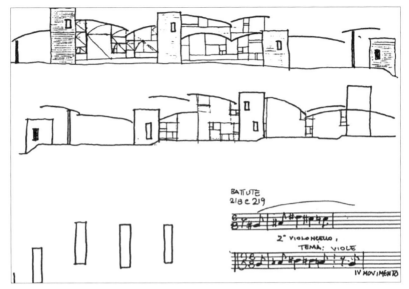

홀의 스트레토 하우스 설계도

위적인 공간이 아니라, 오히려 제각기 독특한 장소성을 지니는 공간이다.[19] 홀
은 일찍이 메를로퐁티의 현상학을 읽으면서 얻은 중요한 통찰 중 하나는 모든
특정한 장소들의 빛, 분위기, 냄새, 색채감, 역사가 빚어내는 근본적인 독특성
을 붙잡는 것이었다. 홀이 설계한 '스트레토 하우스(Stretto House)'는 현상학적
체험 공간을 구현하기 위한 방법론적인 접근이다. 그것은 벨러 바르토크(Béla
Bartók)의 곡을 완벽하게 형상화하고 있다. 그의 현상학적 건축에서 주목할 것
은 기하학적 공간이 아닌 체험 공간을 강조하고 있으며, 더욱이 체험 공간의
설계를 위한 구체적 방법을 실행하고 있다는 사실이다.[20]

한편, 현상학에 바탕을 둔 공간의 문화정치학에서는 공간 현상을 연구함에
있어 구체적인 상황과 맥락에 대한 관심, 그리고 그것에서 비롯되는 억압 및
저항의 다양한 차원을 고려하면서 그것의 매개 방식을 분석한다. 공간의 문화

---

19 위의 책, 83쪽.
20 위의 책, 86쪽 이하.

정치학은 공간과 장소를 둘러싸고 저항력이 어떻게 충돌하고 부딪히며, 다양한 의미들이 어떻게 서로 경합하고 갈등하면서 공간에 표출되고, 새로운 공간을 생산하는지에 대해 포괄적이고 맥락적으로 접근하고 있다. 이것은 공간·주체·권력이 서로 결합하고 교섭하는 지점을 주요 연구 대상으로 삼고 있다. 공간과 권력의 상호작용 측면에서는 공간을 생산하고 지배하고 통제하는 사회권력의 작용을 밝히기 위해, 자본주의 도시 공간의 생산 과정을 실질적으로 지배하는 자본과 국가권력의 다양한 공간 지배 방식 및 그를 통한 공간의 변화 과정을 다룬다. 공간의 문화정치학에서는 공간의 상품화, 도시 스펙터클의 형성, 장소 마케팅, 공공 공간과 사적 공간에 대한 논의들이 전개된다.[21]

더욱이 메를로퐁티의 체험의 공간은 회화 공간에서 잘 드러난다. 회화의 공간은 측정할 수 있는 거리로서의 공간이 아니라 보는 자의 관점이 포함된 일체적 체험으로서의 공간, 더 객관적으로 고쳐 말하면, 방향을 가지고 있으며 그 방향이 포함된 공간이다. 방향 중에도 보는 자가 있다는 점에서는 높이와 깊이—보는 자의 앞으로 또는 아래로 펼쳐지는 깊이가 회화적 공간에서 가장 중요한 공간의 차원이다. 더 정확히 말하면, 앞으로 있는 거리는 깊이와 측정 가능한 거리, 즉 옆으로 펼쳐지는 가로의 거리를 합친, 심도를 포함한 지도의 공간 차원이라고 할 수 있다. 이것은 현실공간이면서 체험의 공간이다.[22]

메를로퐁티의 공간관에서는 하이데거가 손대지 못하고 남겨둔 공간화에서의 신체(몸)의 문제와 공간의 구성과 공간의 실존적 분석에서 신체가 어떻게 기능하는가를 상세하게 논구하고 있다. 즉 하이데거는 이러한 자신의 문제의식의 제약 때문에 거리, 원근, 좌우의 공간적 관계를 실존적인 것으로 다루고 있음에도 현존재의 공간화에서 차지하는 신체의 역할에 대해서 언급할 수 없었다고 한다.[23] 그러나 하이데거에 있어서 현존재(Dasein)는 몸이 없는 유령이

---

21 이무용, 『공간의 문화정치학』, 논형, 2005, 38쪽 이하.

22 김우창, 『풍경과 마음』, 민음사, 2010, 92쪽 이하.

23 류의근, 「메를로퐁티의 공간분석과 그 의의」, 『철학과 현상학 연구』 제10집, 한국현상학회, 1998, 185쪽.

아니라, 오히려 몸을 가지고 구체적으로 실존하며 세계 안에서 몸을 가지고 행위하는 존재임을 전제하고 있는 것이다. 그리하여 현존재는 몸을 매개로 상하 좌우와 동서남북의 정위와 방향을 정하고 열어젖히는 공간화의 능력을 가진 점에서 공간적이다. 전기 하이데거에게서도 현존재와 신체의 관계를 언급한다. 현존재는 신체에 속박되어 있고, 신체에 속박된 상태에서 존재자와 고유하게 결합되어 있다.[24] 그리고 후기 하이데거에게서 신체적 생이 강조된다. 우리가 신체라 불리는 부착된 장치는 가지고 있는 것이 아니라, 우리가 신체적 생으로서 사는 것이다.[25] 예컨대 머리는 부착된 물건이 아니라, 도리어 몸 현상(Leibphänomen)으로 간주된다.

이런 점에서 메를로퐁티와 하이데거는 공간관에서 어느 정도 유사성을 보이고 있다. 왜냐하면 하이데거도 어떤 세계에 체류함과 몸으로 살아냄을 동일한 것으로 보기 때문이다.[26] 즉, 인간은 어떤 신체(Körper)를 지니고 있지 않고 또한 신체도 아니며, 오히려 그의 몸(Leib)을 살아낸다. 인간은 몸으로 살아내고(leibt), 그러기에 공간의 열린 장 안으로 관여해 들어가 있다. 또한 이 자기 관여로 인해 미리 이미 동료 인간들과 사물들과의 관계 속에 체류하는 한, 그는 살고 있다(lebt).[27] 이와 같이 메를로퐁티의 공간관과 하이데거의 공간관은 접점이 있다. 말하자면, 존재가 공간적이라는 점과 존재는 그 정위를 통해서만 의미를 가진다는 점에서이다. 지각적 경험은 우리에게 그 사실들이 우리와 존재의 원초적 만남에 전제되어 있으며, 존재는 존재가 위치 지어짐과 동의적이라는 것을 보여준다. 이로써 장소의 현상학은 근대적 기하학적 공간관을 탈주하여 근원적이고 자연적인 공간을 기술하여 탈근대적인 대안공간으로 제시하고 있는 셈이다.

---

24 M. Heidegger, *Kant und das Problem der Metaphysik*, Bonn: Cohen, 1929; Frankfurt. a.M. 1973, p.261f.

25 M. Heidegger, *Nietzsche I* (1936~1946), Pfullingen, 1961, p.119.

26 M. Heidegger, *Bemerkungen zur Kunst, Plastik-Raum*(1964), Eker 1996, p.14.

27 위의 책, p.13.

물론 하이데거도 현상학적 공간론 논의에서 중심적 위치를 차지하지만, 그가 현상학에서 출발했으나 존재 사유에 기초한 '존재의 토폴로지(Topologie des Seins)'에로 도약해 들어간다. 그리고 다른 현상학적 공간 이론가들은 현상학을 적용하는 차원에 머무르고 있다. 따라서 후설의 현상학적 공간론을 현상학적 장소론으로 확장한 데에는 메를로퐁티가 그 중심에 서 있다.

2. 존재위상학적 장소 해석[28]

인간의 궁극적 이념과 이상이 실현되는 진정한 '장소(τόπος, topos)'를 향한 오래된 열망은 '유토피아(u-topia)' 의식으로 나타난다. 유토피아는 그리스어 'ού τόπος', 즉 '존재하지 않는 장소'라는 어원적 의미를 지니고 있다. 현실세계에 부재한 장소는 유토피아적 삶의 희구가 실현될 수 있는 '약속의 장소'이다. 플라톤 이래 오늘날에 이르기까지 우리는 이러한 유토피아를 현실세계 속에서 구현하고자 하는 시도들을 철학사 속에서 어렵지 않게 확인할 수 있다.

오늘날 포스트모던 공간 담론과 현대 건축론에서조차 새롭게 관심을 불러일으키고 있는 플라톤의『티마이오스』에서 언급된 모성적이고 질료적인 공간을 의미하는 '코라(chora, χώρα)' 개념을 필두로 하여, 아리스토텔레스의 '토피카(topica)'에서의 '토포스(topos, τόπος)' 개념에서부터, 푸코의 '호모토피아(homotopia)', '헤테로토피아(heterotopia)' 개념에 이르기까지 '토포스'에 대한 학문적 탐구가 계승되고 있음을 알 수 있다.

"이 '토포스'란 용어는 현대 학문의 영역에서 회자되는 위상학(topology), 장소애(topophilia), 디스토피아 (dystopia), 하부장소(subtopia) 개념들"[29]의 어근이다. 이

---

28 강학순,「하이데거에 있어서 '존재의 토폴로지'에 관하여」,『존재론연구』 23권, 한국하이데거학회, 2010, 수정 보완.

29 푸코는 사물의 질서에서 사물을 지배하는 질서의 법칙을 호모토피아(homotopia)라고 하고, 그것과 대립되는 개념들로서 헤테로토피아(heterotopia)를 제시한다.

런 점에서 "토포스"[30]는 현대 공간 담론의 핵심 용어로 부상하고 있는 셈이다.

서양철학사에서는 아리스토텔레스의『자연학』과『범주론』에서 '토포스'가 정의되고 있다. 전자에서 "'토포스는 둘러싸는 물체의 가장 안쪽의 움직일 수 없는 경계'",[31] 즉 '위치로서의 장소'이며, 후자에서 토포스는 연장을 지닌 '양'과 '위치'를 뜻한다. 즉 "장소 또한 연속적인 것들 가운데 하나이다. 왜냐하면 어떤 물체의 부분들이 장소를 점유하며, 그것들이 함께 어떤 공통의 경계를 갖기 때문이다."[32] 그리고 "'토포스' 개념은 특히 아리스토텔레스의 '토피카'에서 직접 정의를 내리지는 않지만, 그것이 실제적인 언어 공간에서 사용되고 있는 사례들을 통해 그 의미를 확인할 수 있다. 여기서 토포스는 연설, 변론, 논증을 위한 언어적인 장소, 명제 및 구조를 지칭한다. 토포스는 원래, 장소, 위치, 터, 지점을 뜻하지만, 그것이 언어와 관련하여 논의의 터전 내지, 논점을 의미하고, 그것의 복수인 토포스들(topoi)은 논의하는 방법들, 논리적 규칙들 등을 '장소(Ort)'로도 번역한다. 일반적으로는 맥락에 따라 토포스와 장소를 혼용해서 표기하며, 여기서 토포스는 장소적 공간을 나타내기도 하고, 위치와 장소와 공간을 아우르는 의미로도 사용된다. 특히 "크로노스(χρόνος, chronos)는 그리스어에서는 토포스, 즉 각각의 개별적인 존재자가 속한 자리(Platz)에 상응하는 바의 것을 의미한다."[33]

하이데거가 사용하는 '장소(Ort)' 개념은 그리스어 토포스 개념과 연관되어 있는 존재론적 개념이다. 그리고 '토포스'는 '존재 자신의 본질 장소'를 의미한

---

30 토포스의 용법 : 하이데거 사유에 있어서 근원현상으로서의 τόπος를 표기할 때는 그것의 음역으로서 '토포스', 그때그때마다의 '현상'으로서 토포스를 표기할 때는 '장소(Ort)'로도 번역한다. 일반적으로는 맥락에 따라 토포스와 장소를 혼용해서 표기하며, 여기서 토포스는 장소적 공간을 나타내기도 하고, 위치 그리고 장소와 공간을 아우르는 의미로도 사용된다.

31 Aristoteles, *Physik*, 21a 20.

32 Aristoteles, "Categories", *Organon*, E. M. Edghill(trans.), The University of Adelaide : eBooks, 2007, VI, 5a 8–14.

33 M. Heidegger, *Grundbegriffe,* Frankfurt a.M., 1981(GA. 51), p.120.

다. 그것은 존재의 진리가 일어나고 모이는 근원적 장소, 빈터(Lichtung)이며, 동시에 진리는 '존재의 장소'를 지칭한다. 또한 그가 존재의 '토포스'에 대한 사유를 '존재의 토폴로지(Topologie des Seins)'로 표기하고 있기에, "사태에 정합할 수 있도록 하기 위해서 여기서는 독일어 Ort를 '장소'라 번역하지 않고, 그 용어가 지닌 존재론적 의미를 담지하는 그리스어의 장소 개념인 τόπος의 음역인 '토포스'로 그리고 '장소론' 대신 '토폴로지'로 표기한다."[34] 그리고 "토포스는 논의의 '공통의 터전'으로서 혹은 공리들이 논증적 추론에서 관계해 있는 것과 같이, 변증술적 추론에서 동일한 관계를 가지는 개연성의 일반적 원리로 설명될 수 있다."[35] 또한 '토포스'는 아리스토텔레스 이래로 언어의 효과적 설득을 중시하는 수사학적 전통과 연관을 지니고 있다. 이 개념은 상대적이고 개연적 진리를 추구하며 로고스 개념과 연관되어 있다. "토포스는 아리스토텔레스의 『수사학』에서는 다음과 같이 정의되고 있다. '''토포스'는 바로 '윤리적인 물음, 자연학적인 물음, 정치학과 다른 많은 이질적인 주제들에 관련된 물음에 공통적으로 적용할 수 있는 논의들'''[36]이다. 여기서 토포스는 어떤 주장이 형성되는 과정이나 배경과 관련된다. 이는 두 가지 측면에서 그러하다. 즉 "① 어떤 것이 알 수 있는 것으로 인식되기 위해서는 그것은 장소를 가져야만 한다. 즉 알 수 있는 것 따라서 의미 있는 것은 그것의 장소를 가리키는 것으로, '의미는 사물의 장소를 앎'이라는 점에서 이해된다. 사실 고대 그리스어에서 topos는 장소를 의미했을 뿐만 아니라, 언술의 주제(topic)의 어원이다. ② 사람들은 같은 장소를 공유함으로써, 즉 공동의 장소(commonplace)에서 의사소통을 할 수 있다. 이러한 점에서 장소는 또한 특이한 은유적 의미를 가진다. 즉 사

---

34 Aristoteles, *Posterior Analytics. Topica*, H. Tredennick & E.S. Forster(trans.), Harvard University Press, 1960 참조. 김재홍, 「아리스토텔레스의 '토포스'란 무엇인가?」, 2005년 7월 월례발표회, 『학술대회자료』, 한국수사학회, 2005, 3쪽.

35 Aristoteles, *Ars Rhetorica*, W.D. Ross(ed.), Oxford University Press, 1956(I, 1358a 12).

36 최병두, 「자본주의 사회에서의 장소성의 상실과 복원」, 『도시연구』 8권, 2002, 259쪽.

람이나 사건, 사물들을 적절한 장소에 둔다는 말은 곧 규범을 뜻한다."[37]

이런 토포스의 개념사적 유래와 연관하여, 오늘날의 장소와 공간의 개념의 차이에 대해 알아보자. '장소'라는 용어는 다의적인 의미를 가지고 있다. 장소는 어떤 특정한 활동이 이루어지는 장, 또는 그 활동이 이루어지는 물리적 배경 그리고 이러한 활동을 통해 부여된 상징적 의미 등과 관련하여 이해된다. 장소와 관련하여 우리는 현장·입지·공간·경관·지역·영토·공동체 등 다양한 용어들을 사용한다. 장소란 일상생활에서 이루어지는 일정한 활동이 이루어지는 물리적 배경과 이에 부여된 상징적 의미를 말한다. 결국 장소는 일정한 활동이 이루어지거나, 또는 특정한 사건이 발생하는 한정된 범위의 공간이라 할 수 있다. 이런 점에서 "토포스란 인간이 환경 속에서 생기 있는 관계를 파악하고 사건이나 행위의 세계에서 의미나 질서를 찾아낼 수 있는 특정한 장소를 말한다."[38] 여기서 장소는 공간과 대비되는 개념이다. 즉 공간이 일정한 활동이나 사물들 또는 환경을 가지는 위치들 간의 연장으로서 추상적이고 물리적인 범위와 관련된다면, 장소는 체험적이고 구체적인 활동의 기반이면서 맥락적이고 문화적인 의미와 관련된다.

특별히 현대 기하학의 토폴로지(위상기하학)에서뿐만 아니라, 현대철학에 있어서 구조주의, 실존주의, 포스트구조주의, 현상학, 미학 분야에서 전개되는 탈근대적인 공간 담론 가운데서 '토포스(장소)' 개념이 중요한 위치를 차지하고 있음을 볼 수 있다. 그러면 위상학 내지 위상기하학이란 무엇인가? 위상학은 우선 도형의 전체적인 모습을 연구하는 수학 및 기하학이다. '위상(位相, phase)'이란 어떤 사물이 다른 사물과의 관계 속에서 가지는 위치나 상태를 의미한다. "위상수학 혹은 위상기하학이란 길이, 크기들의 양적 관계를 무시하고, 도형 상호간의 위치나 연결 방식을 연속적으로 변형하여 그 도형의 불변적 성질을 알아내거나, 그런 변형 아래에서 얼마만큼 다른 도형이 있는가를 연구하는

---

37   C. Norberg-Schulz, 『實存·空間·建築』, 김광현 역, 태림문화사, 2002, 9쪽, 역주 7.
38   최병두, 앞의 글, 259쪽.

수학의 한 분야이다. 즉 공간의 위상적 성질을 구체적으로 연구하는 수학의 한 분야로서 공간의 일 대 일, 연속 그 역도 연속인 사상(事象)에 대하여도 불변의 성질, 즉 위상적 성질을 연구하는 기하학이다."[39]

그러므로 "위상기하학에서는 도형의 크기나 모양이 변하여도 도형의 연결상태만 같으면 같은 도형으로 간주하고, 도형의 수축이나 확장, 즉 크기나 모양의 변화에도 변하지 않는 특성인 근접성, 순서, 개폐, 분리 등의 위상학적 공간 개념을 제시한다."[40] 또한 "위상학은 형태 자체에는 관심을 두지 않고, 관계와 그 관계들이 만들어내는 구조에 초점을 맞추고 있다. 위상학적 관계는 형태에 비의존적이다. 그러므로 위상적 구조를 이해하기 위해서는 형태를 넘어선 관계 그 자체를 보아야 한다. 위상학에서 거리와 길이, 크기, 비례, 직선, 곡선의 구분은 모두 무시된다. 반대로 영역 간과 점들 간의 포함 관계와 연결 관계가 중요하다."[41] 그러므로 위상학에서는 근대 이후의 독립적이고 고정적인 위치개념을 지닌 공간 개념은 해체된다.

서양철학사에서 토폴로지는 아리스토텔레스, 키케로(Cicero), 비코(G.B. Vico) 등에서 다루어지고 있으며, 이런 위상론은 '발견의 기술(ars inveniendi)'로서 진리를 탐구하기보다는 '개연적인 것'을 다루고, 또한 그것은 진리로 보이는 것을 매개한다. 전통적 이해에 따르면, 위상론적 사유는 지속적으로 현존하는 존재의 개연성을 강조한다. 밝게 드러남과 자신을 숨김이 본질적으로 진리에 속하고, 또한 진리가 그 근원성에서 '진리로 보임(Wahr-Schein)'이어야 한다면, 위상론적 사유를 그것이 단지 개연적인 것만을 매개하기 때문에 평가절하해

---

39 고흥권, 「현대건축의 위상기하학적 공간형태경향에 대한 연구」, 『한국문화공간건축학회 논문집』 제13호, 2005, 114쪽.

40 C. Norberg-Schulz, 앞의 책 참조. "위상기하학이란 변하지 않는 거리나 각도, 면적을 문제삼지 않고, 근접(proximity), 분리(separation), 계기(succession), 폐합(closure; 내부, 외부), 연속(continuity)이라는 관계에 기초를 두고 있다. 여기에서는 위상기하학적인 쉐마가 Heidegger, Frey, Schwarz, Bollnow, Lynch 등에 의하여 설정된 기본적인 개념과 비슷하다고 인식하는 것이 근본적으로 중요하다."(33쪽 이하)

41 장용순, 『현대건축의 철학적 모험』, 미메시스, 2010, 276쪽.

서는 안 될 것이다. 오늘날 하이데거 및 들뢰즈에 이르러 위상학적 논의가 계승된다.

더욱이 우리의 주목을 끄는 것은 철학의 인접 학문 및 응용 학문 분야들, 이를테면 교육학, 심리학, 지리학, 건축학, 관광학, 조경학, 매체학 등에서 공간과 장소에 대한 실존론적 · 현상학적 · 포스트모던적 논의가 활발하다는 점이다. "무엇보다 최근의 건축학에서는 포스트구조주의를 응용하여 위상학적 인형태의 현대건축물을 가능하게 하는 이론적 기초를 제공하고 있다."[42]

특별히 테크놀로지에 의해 형성된 '가상공간'에서 대두되는 인간의 정체성과 장소 연관의 문제가 쟁점이 되고 있다. 한편으로는 한갓 '시뮬라크르(simulacr)'인 가상공간 안에서 자아의 소멸을 야기하는 기술적 공간관에 저항해야 한다는 보드리야르(J. Baudrillard)의 단호한 비판적 입장도 있다. 이를테면 "시뮬라시옹은 '참'과 '거짓', '실재'와 '상상 세계' 사이의 다름 자체를 위협한다."[43] 이런 입장에 반해서 뉴미디어 이론가 들 중을 선도하는 포스터(M. Poster)는 '사이버공간'에서의 담론이 새로운 주체, 새로운 자아를 만들어낸다고 본다. 여기서는 사이버공간은 자아 구성의 새로운 조합들을 제공해놓는 장소임을 강조한다. 이로써 테크놀로지를 통한 새로운 커뮤니케이션 시스템의 출현으로 민주화의 잠재적인 가능성을 보여줄 수 있는 정치적 효과를 가져올 수 있다는 낙관론적인 견해를 표출하고 있는 셈이다. 즉 "고대 그리스 시대의 광장 토론과 같은 대면적 친밀성에 대한 향수에 저항해야 한다"[44]는 것이다.

---

42 고흥권, 앞의 글. 이 논문에서는 위상기하학을 이용한 현대건축물의 공간 형태적 특성을 다음과 같이 요약하고 있다. "첫째, 부드럽고 연결된 끊임없는 접혀진(주름진, \, folded) 표피로서 내부, 외부, 바닥, 벽, 천장, 가구 등의 구분이 없는 연속의 공간 형태. 둘째, 순간성, 관계성, 복합성을 보여주는 건축물의 모든 공간이 다채널의 동등한 관계를 갖는 상대주의적 입장으로서의 관계적 공간 형태. 셋째, 건축의 관습적인 개념인 고정되고 수평적이며 한정적인 구성 방식이 아니라 땅과 건축물의 위상 변화를 통해 얻어지는 맥락적 공간 형태."(119쪽).

43 J. Baudrillard, 『시뮬라시옹』, 하태환 역, 민음사, 2012, 19쪽 참조.

44 M. Poster, 『제2미디어 시대』, 이미옥 역, 민음사, 1998, 150쪽.

이제 테크놀로지의 지배하에 각 사물이 자신의 개별성과 더불어 향유하는 위상학적 자립성이 없어지고, 이를테면 개체로서 담지하는 내면적 공간성이 사라지고 있다. 더욱 심각한 것은 우리 자신들도 장소적 맥락에서 분리되어 특정한 방역(Gegend)의 장소에서 사는 것이 아니라, 오히려 임의의 좌표로 떠도는 홈리스로서의 '유목민'이 되었다. 그리하여 개인들도 개체성과 특수성을 상실하여 균질화되고 무차별적인 '아무개(das Man)'로 전락하였다. 그리하여 우리는 모든 공간에 존재하지만 아무 곳(장소)에도 없다. 이렇게 토포스가 사라지면서 나의 고유한 존재도 사라진다. 그 이유는 구체적인 개별적 인간은 특정한 시간적 때와 특정한 공간적 터에 거주하기 때문이다. 그러므로 "테크놀로지가 거두어 가는 핵심은 사물의 사물성을 구성하는 존재론적 토포스이며, 이 토포스가 조성하는 장소의 국지적 특수성이며, 그 안에서 형성되는 역사적 잠재력이다. 테크놀로지는 존재의 근원적 친근성을 추상화한다."[45]

하이데거의 존재 사유는 '존재의 토폴로지'에서 완성된다. 전기 하이데거 사유는 존재 의미를 시간적 지평 위에서 밝힌 점에서 실존론적 '초월적 기투'인 반면, 후기 하이데거 사유는 '장소'의 근원 차원에서 존재의 장소성을 '위상학적 존재 사유'를 통해 밝히고 있다. 존재의 토폴로지는 전기 하이데거의 실존론적 공간론과 후기 하이데거의 존재 사건학적 공간론으로 나누어진다. 특히 형이상학과의 대결에서 하이데거는 '존재론적 차이'를 강조하면서 '존재의 영역(Bereich)'과 '존재자의 구역(Bezirk)'을 구분 짓는다. 이런 토대 위에서 토포스들에 대한 숙고가 전개되고 있고, 인간의 존재 방식인 '실존'에서 '거주'로 강조점이 옮겨가면서 인간 본질이 체류하는 거주 장소, 즉 본질 공간이 중요한 사유의 사태로 드러난다.

후기 하이데거에게 있어서 '공간의 본질'이란 무엇인가? "그에게 공간의 본질은 가없는(un-endlich) 깊이를 지닌 마음속과 같고, 또한 측량할 수 없는 바다와 같은 탈-근거(Ab-grund)로서의 '시공간(Zeit-Raum)'이다. 그에 의하면, 사물

---

45   김상환, 「매체와 공간의 형이상학」, 김상환 외, 『매체의 철학』, 나남, 2005, 59쪽 이하.

들을 드러내는 빛보다 먼저 있고, 현전하고 부재하는 모든 것에 열려 있는 자리로서의 '시공'은 공간의 본연(本然)이다. 이런 '시공'을 공간의 본질로 간주하는 하이데거의 공간론은 한마디로 '존재의 진리'가 내재하고 드러나는 '토포스(τόπος)'에 대한 숙고, 즉 '존재의 토폴로지(Topologie des Seins)'이다."⁴⁶ 특히 하이데거의 존재 사유에 있어서 건축 · 거주 · 사유는 분리될 수 없는 요소이다. 이런 '존재의 토폴로지'는 현상학의 '질적 연구(qualitative research)'와 맥을 같이한다. 잘 알려져 있듯이, 질적 연구는 현상을 개념화, 범주화, 계량화, 이론화 이전의 자연 상태로 환원하여 최대한 '있는 그대로' 혹은 '그 본래 입장에서' 접근하는 연구의 유형 또는 방법이다.

하이데거의 말년 작품인 『예술과 공간』에서 공간의 고유성에 대한 물음을 제기한다. "지난 세기 동안의 다양한 공간 경험들을 우리가 인정한다 할지라도, 그것으로 이미 우리는 공간의 고유성에 대한 일별(一瞥)을 획득한 것일까? 공간으로서의 공간이 무엇인지에 대한 물음에 대해서 비록 대답은 주어졌을지라도, 그것으로 아직 제대로 된 물음은 제기되지 않았다. 공간이 어떤 방식으로 존재하는지(ist), 그리고 공간에 대체로 어떤 존재가 귀속될 수 있는지에 대한 물음은 아직 유보되어 있다."⁴⁷

이런 맥락에서 "'존재의 토폴로지'는 첫째, 존재 사건의 보냄을 통한 존재의 '장소 정하기(Verortung)'를 의미하고, 둘째, 저러한 그때그때마다의 장소들을 사유적으로 발견해냄을 의미한다. 즉 이를 통해 저러한 장소들의 선행적인 장소성을 발견해내고자 한다. 이런 점에서 '존재의 토폴로지'는 존재(Seyn), 빈터(Lichtung)와 존재 사건(Ereignis)을 역사적으로 확실히 나타내고자 한다."⁴⁸ 존재진리의 토포스는 그때그때마다 자연, 역사, 작품(철학, 시, 예술 등)에서 드러난다. '존재의 토폴로지'는 이 땅 위에서 거주를 허용하는 '사방(das Geviert)'의 장

---

46 강학순, 『존재와 공간 : 하이데거 존재의 토폴로지와 사상의 흐름』, 한길사, 2011 참조.

47 M. Heidegger, *Die Kunst und der Raum*, St. Gallen, 1969, 7쪽.

48 E. Kettering, *Nähe, das Denken Martin Heideggers*, Pfullingen, 1987. p.222.

소 해명과 함께 존재와 인간 본질의 현 시대의 존재 형세인 '몰아세움'의 장소 사유로 심화된다. 또한 "존재의 토폴로지는 존재와 인간 존재의 상호공속의 장소론와 함께 인간 본질의 장소론과 분리되지 않고 연결되어 있다."[49] 존재는 인간에게 자유로운 장소를 시혜한다. 그리고 "존재는 자신을 송부할 때 시간-놀이-공간의 자유로운 장(das Freie)를 제시한다. 그와 함께 존재의 시여하는 본질 가능성의 자유로운 트인 장 속으로 언제나 인간을 해방시키기 때문이다."[50] '존재의 토폴로지'는 존재의 근원적인 터(장소)에 대한 사유이다. 이런 점에서 현대의 창조적인 건축가인 가우디(A. Gaudí)의 생각도 하이데거의 이런 사유에 맞닿아 있다. "창조는 끊임없이 예술가들을 통해서 일어난다. 그럼에도 불구하고 예술가는 창조하는 것이 아니라 발견하는 것이다. 그리하여 독창적인 것은 근원으로의 귀환을 뜻한다."[51]

이런 맥락에서 '존재의 토폴로지'는 장소에 대한 개념파악으로서의 어떤 '장소론'이 아니며, 그 이전에 숙고되어야 할 '장소 사유'이다. "장소는 이미 주어져 있다."(Es gibt den Raum). 그 무엇이 장소를 시혜하는데, 그것이 존재 사건이요, 이는 장소의 현상보다 선행하는 근원적 장소이다. 이 장소는 관계자체이고, 그 안에서 비로소 현존재와 존재가 그 안에서 관계를 맺는다. 토폴로지는 언제나 관계에 초점을 두고 있다. 특히 오늘날 무성한 공간 담론들의 홍수 속에서 공간 및 장소에 대한 존재론적 정초, 즉 철학적 성찰이 요구된다. 하이데거는 일찍이 철학에 장소 논의를 다시 끌어들이는 데 크게 기여한다. 그러므로 하이데거의 '존재의 토폴로지'는 최근에 논의되는 다양한 공간 담론들의 존재론적 기초를 마련하는 데 있어서 중요한 기여를 할 수 있다는 점에서 그 의의를 찾을 수 있을 것이다.

---

49   위의 책, p.223.

50   M. Heidegger, *Der Satz vom Grund*(WS. 1955/56), Pfullingen, 1957, p.158.

51   A. Gaudí, *Moravánszky Ákos: Antoni Gaudí összes példány*, Budapest, 1980, p.30.

3. 장소와 건축의 해석학

전술한 바와 같이, 공간의 아르케(arche, ἀρχή)와 본질 그리고 의미를 탐구하는 공간과학과 공간철학의 역사는 상호 연계되고 교차되면서 고대로부터 지금까지 이어져왔다. 공간에 대한 과학적 연구는 주로 기하학, 수학, 천문학, 물리학, 지리학, 지질학, 건축학 등에서 다루어진다. 아리스토텔레스가 공간을 설계하고 지어가는 건축가를 철학자에 비유하였거니와, 칸트도 건축을 철학적 관념과 동일시한 바 있다.

해석학은 철학적 건축 논의의 한 방법으로 건축 작품의 가치와 본질을 발견하는 과정에서 이용되는 연구 방법론 중의 하나이다. 해석학이 건축의 논의에서 본격적으로 이용되기 시작한 것은 건축학자 베슬리(D. Vesely)의 역할이 컸다. 그는 현대의 해석학이 건축에 있어서 인간적인 성격, 즉 건축의 인문적 본성을 회복하는 데 가장 적합한 틀을 제공할 수 있다고 주장하기도 한다.[52] 베슬리는 책과 문자 해독의 관계가 건축과 건축을 둘러싼 사회환경이나 문화의 관계와 같다는 생각을 가지고 있었다. 책을 통해 문자 해석을 하는 과정은 건축과 문화가 가지는 관계를 이해하는 과정과 같다는 뜻이다. 이것이 많은 건축학자, 건축가들이 해석학이라는 철학적 사유를 통해 건축을 이해하는 이유가 될 수 있을 것이다. 물론 모든 건축의 감상자가 철학자가 되어야 한다는 것은 아니지만, 철학자의 사유는 건축 실무자들의 작업을 이해하는 데 도움을 줄 수 있다. 베슬리 이후 그의 두 제자 고메즈(A.P. Gomez)와 레더바로우(D. Leatherbarrow)와 같은 해석학적 현상학자들을 통해 해석학이 건축의 논의에서 지속적으로 적용이 되기 시작한다.[53] 건축의 논의에서 보면, 건축은 건축가 혹은 건축사가는 '해석자'가 되고, 해석자가 해석하려고 건축물이나 그 건축물

---

52   D. Vesely, *Architecture in the Age of Divided Representation: Question of Creativity in the Shadow of Production*, Cambridge, Massachusetts: The MIT Press, 2004, p.8.

53   이동언, 「페레즈 고메즈와 바로크 건축: 살아 있는 세계 또는 패러다임의 퍼즐?」, 『근대건축과 하이데거』, 산지니, 2021, 121~141쪽.

주변의 사회 문화적 상황들이 '텍스트'가 될 수 있다. 여기서 중요한 것은 단순히 텍스트(건축물 혹은 건축물 주변의 상황)의 내용에 대한 이해가 아니라 해석자를 통해 텍스트를 재창조하는 과정이 중요한 것이다. 건축현상학자 고메즈가 이야기했듯이, 건축의 논의에서 해석학이 중요한 이유는 해석학은 건축과 관련된 여러 (역사적인) 파편들을 합쳐줄 뿐만 아니라 서로 다른 문화들을 연결시켜주기 때문이다. 여기서 건축가 혹은 건축사가는 메신저로서 논의에 중심 역할을 한다. 건축가 혹은 건축사가는 역사, 이론, 비평, 실천(Praxis) 사이에 상호 관계를 이해하고, 이를 해석에 반영한다.[54] 또한 하이데거의 거주와 건축 논의를 바탕으로 콜퀸(A. Colquhoun)은 해석학적 방식을 활용하여 건축사를 해명한다. "건축이 건축적 전통을 상기시키는 형태에 의지하는 한, 그것은 이러한 전통에 속하는 의미들의 재해석을 반드시 똑같이 이용할 것이다. 건축적 담론과 비평이 의거하는 것은 오로지 그러한 전통의 해석학이다."[55]

　건축의 논의에서 나타나는 해석학은 자연과학자들이 하는 분석의 과정이 아니다. 또한 전통적인 역사가 혹은 미술사들이 강조했던 기술적이고 실증적인 측면과는 대비되는 개념으로 건축에서의 해석학적인 역사적 견해를 의미한다. 이처럼 해석학적 방법을 통해 건축을 이해하고 분석하는 것은 기존의 건축물을 실증적인 방법으로 바라보는 것을 뛰어넘어 새로운 해석의 가능성에 대한 지평을 열고 건축을 좀 더 풍요롭고 다양하게 해석할 수 있는 장으로 이끌어준다는 데 그 의의가 있다고 하겠다.[56]

　데리다는 근대 형이상학적 공간론을 비판하면서 '건축의 해석학'을 제시한다. 그에게 건축이란 '사건을 위한 장소를 만들어내는 공간화의 방식'이다. 건축을 '기념비적 순간의 시도'로 보는 패러다임을 거부하면서 데리다는 건물을 어떤 하나의 사물보다는 하나의 우발적인 사태로 보자고 제안한다. 이는 단지

54　서명수, 「건축논의에 있어서 해석학」, 『건축』 제61권 9호, 2017, 95쪽 이하.

55　A. Colguhoun, *Essays in Architectural Criticism: Modern Architecture and Historical Change*, MIT Press, 1981, pp.17~19.

56　위의 글, 95~96쪽.

구축 사건이라는 의미에서만 우발적 사태인 것이 아니라—이는 물론 의미 있고도 필요한 일이다—이미 구축된 것일 때조차도 그것이 계속 발생한다는 점에서, 계속해서 '지금 생기하는 것의 임박성'이라는 점에서 우발적인 사태다.[57]

데리다는 해체 개념을 건축에 도입한 해체주의 건축가로 분류된다. 그에 의하면, 우리의 모습이 우리 자신에게 나타나는 것은 오직 건축에 의해 이미 표시되어 있는 공간화의 경험을 통해서뿐이다. 그것은 그것들 모두에 장소를 부여한다. 그리고 건물짓기(building)과 글쓰기(writing)와의 친연성을 언급한다. 데리다에게 짓는다(building)는 것은 하나의 텍스트를 쓰는(writing) 것이다. 그에게 건축은 에크리튀르(écriture, 쓰기)이다. 건축이 "공간에 대한 하나의 에크리튀르요, 사건을 위한 장소를 만들어내는 공간화의 한 양태이다"[58] 서구 사상의 심층을 지배하는 이항대립(binary opposition)에 대한 비판 의식에서 씌어진『그라마톨로지(Grammatologie)』의 관점에서 장소는 에크리튀르를 위한 가능성의 조건이다. 공간화 자체는 주로 에크리튀르의 장소 및/에크리튀르를 위한 장소−를 끊임없이 제공함으로써 생겨난다.[59] 데리다의 저작 전체에 걸쳐 존속하는 '공간화(spacing)'라는 말에는 사건이 생기기 위한 공간을 밝히는 것이 함축되어 있다.[60] 지어진 장소는 하나의 사건, 즉 바깥으로의 공간화라는 바로 그 초과함에 있어 장소의 발생이다.[61]

데리다는 추미(B. Tschumi)가 사용하는 어휘들, 즉 "탈안정화(destabilization), 탈구축(deconstruction), 열개(裂開, dehiscene), 해리(解離, dissociation), 분쇄(disruption), 이접(離接)(disjunction) 등에서 de−나 dis−가 중요하다"[62]고 강조한다. 왜냐하면 데리다와 추미 두 사람 모두에게 점은 공간의 영역에서 탈구축을 위한 가

---

57 E.S. Casey,『장소의 운명 : 철학의 역사』, 박성관 역, 에코리브르, 2016, 620쪽.
58 https://www.jstor.org/stable/29543519.
59 E.S. Casey, 앞의 책, 618쪽.
60 위의 책, 621쪽.
61 위의 책, 636쪽.
62 https://www.jstor.org/stable/29543519Point de Folie, sec 10.

장 효과적인 동인이며, 차이 없는 등질적 매체로서 공간의 탈구축이기 때문이다.[63] "건축에서 탈구축은 바로 그런 탈중력적인 바깥으로의 공간화에 의해 진전되며 이런 공간화는 운동, 어긋남(탈구), 점(point)이라는 세 가지 기본형태를 취한다."[64] 특히 탈구축적이고 초건축적인 건물은 장소를 탈안정화하고 점화(pointllization)하는 데, 이는 '건설 사이트(building sites)' 위에 구축된 거주 장소나 일터가 갖는 고정된 소재 및 연장된 공간과는 심히 불화한다. "데리다는 탈구축적인 건축을, 건립된 장소를 비정태적인 반사이트로 특징짓는 '사건-으로서-장소(place-as-event)'로 파악한다."[65] 탈구축이란 가둠과 포함으로부터의 탈주를 의미한다. 종국적으로 데리다는 아이젠먼(P. Eisenman) 및 추미와의 대화에서, 지어진 장소에 문제되는 '안에'를 이중적으로 탈구축시킨다. 거주(inhabitation)의 '안에'와 건물 안에 있는 신체의 '안에'를 모두 탈구축시키는 것이다.

이렇게 양자를 탈구축시키는 조치에서 우리는 가둠과 포함으로부터 탈주하려는 노력을 목도한다.[66] 예를 들면, 게리(F. Frank Gehry)가 설계한 '빌바오의 구겐하임 미술관(Museo Guggenheim Bilbao)'은 조각품과 같다. 구조적인 면에서는 기둥을 사용하지 않은 철골 구조 건물로 중심축이 되는 아트리움에서 3층의 전시 공간이 동심원으로 돌아가며 나타나고, 다시 여러 방향으로 크고 작은 위성 전시 공간이 뻗어나가게 되어 있다.

장소는 형이상학적 현전(presence)이라는 점으로부터는 해방되었다는 점에서 앞선 위치 내에 존재한다. 즉 공간과 시간보다 미리 존재한다. 그와 동시에 장소는 사건과 장소 자체가 사건의 장소인 그런 사건과 일체를 이룬다. 그렇지만 장소는 그 자체로 주어져 있지 않다―건축에서, 혹은 다른 어떤 인간의 기도에서도, 장소는 있지 않다. 장소는 있어야 할 것이다.[67]

---

63   E.S. Casey, 앞의 책, 628쪽.

64   위의 책, 626쪽.

65   위의 책, 665쪽.

66   위의 책, 634쪽.

67   위의 책, 635쪽.

종묘(출처 : 문화재청 홈페이지)

빌바오의 구겐하임 미술관

제5부 '공간과 장소'의 해석학

우리나라 조선시대의 종묘(宗廟)는 조선 왕조의 역대 국왕들과 왕후들의 신주를 모시고 제례를 봉행하는 유교 사당으로 우리나라에서 처음으로 유네스코 문화유산으로 등재되어 있다. 종묘는 제례를 위한 공간이므로 건축이 화려하지 않고 지극히 단순하고 절제되어 있다. 묘정 월대와 기단 위의 건물은 신로를 표시하는 선과 몇 개의 판위(版位), 그리고 장식이 배제된 건축 구조 등 과감히 생략된 조형과 단순한 구성으로 종묘에 구현해야 할 건축 의도를 철저하게 나타내었고, 단청 또한 극도로 절제되었다. 신로, 월대, 기단, 담 등 필요한 공간만 담은 구성과 구조, 장식과 색채의 간결함은 종묘 건축의 상징성을 보여준다. 입구에 들어가면 박석이라고 하는 돌이 깔린 3도(道)를 볼 수 있다. 가운데 길은 신(혼령)이 드나드는 길로 비워두어야 하고, 양쪽 길은 왕의 길, 세자의 길이다. 정전의 남문은 혼령이, 동문은 왕, 세자 · 종친 · 신하가, 서문은 제례음악과 무용을 담당하던 악공이 출입하는 3개의 문이 있다.[68] 세계적으로 유명한 건축가 게리는 "이 같이 장엄한 공간은 세계 어디서도 찾기 힘들다"고 찬사를 아끼지 않는다.[69]

현대건축에서도 들뢰즈의 위상학적 공간 해석이 반영되고 있음을 엿볼 수 있다. 오브제(objet)로 인식되던 건물은 더 이상 오브제나 형태가 아닌 배경, 환경, 프로그램, 기능, 도시 교통 인프라들과 하나가 된다. 더욱이 에서(M.C. Escher)는 〈상대성(Relativity)〉이란 판화 작품을 통하여 위상학적 공간과 척도 자체가 위치에 따라 가변화되는 들뢰즈의 '매끈한 공간'의 개념을 잘 표현하고 있다. 특히 들뢰즈는 직접적으로 오감을 통해 느낄 수 있는 위상학적 공간을 전경에 내세운다.[70] 즉 위계적 연결보다는 인터넷과 같이 다수의 불규칙한 연결이 가능한 공간을 지시한다. "현대건축 공간의 표현적 경향도 과거 모더니즘에서 보여주었던 절대적인 순수 기하학의 엄격한 구성에 입각한 표현에서

---

68   https://ko.wikipedia.org/wiki/%EC%A2%85%EB%AC%A%98.

69   위의 글.

70   G. Deleuze & F. Guattari, *A Thousand Plateaus: Capitalism and Schizphrenia*, University of Minnesota Press, 1978, pp.474~500.

M.C. 에셔, 〈상대성〉

벗어나 위상기하학적 형태에 입각한 비결정적 표현으로 변화했다고 한다. 그래서 건축에 있어서 공간의 표피, 관계, 맥락의 개념이 중시된다. 현대건축에서의 위상 기하학적인 형태는 주로 '뫼비우스의 띠(Möbius strip)'나 '클라인 병(Klein Bottle)'이 다차원 공간적 성격을 나타낸다. 안과 밖이 구별되면서도 안팎이 없는 '뫼비우스의 띠'는 서구 철학계를 지배해 온 이원론을 해체하는 출발점이 되었고, '클라인 병'은 뫼비우스의 띠를 원기둥으로 확장시킨 4차원 공간을 상징한다."[71]

---

[71]   고홍권, 「현대건축의 위상기하학적 공간형태경향에 대한 연구」, 『한국문화공간건축학

오늘날 디지털 건축에서 다이어그램의 개념과 들뢰즈 철학의 연관성, 특히 주름 개념은 거의 일반적인 것으로 받아들여지고 있다. "그는 라이프니츠에 기대어 우리는 여전히 라이프니츠적인 것은 언제나, 접기, 펼치기, 다시 접기라고 주장한다."[72] 건축에서 다이어그램이란 직접 시공을 전제로 한 설계도와는 다른 대략의 개요를 나타내는 갖가지 그림을 지칭한다고 한다. 디지털 건축에서 필요한 개념인 다이어그램은 다음과 같이 일반적으로 정의된다. "다이어그램이란 프로그램의 정량적인 분석 또는 직관적인 해석을 시각화한 결과 유사한 의미를 암시하는 무분별한 이미지, 순수하게 자율성만을 갖는 기하학적 단위, 전체의 구성을 지배하는 형식의 틀, 구체성을 갖지 않는 모든 종류의 도면들을 말한다."[73] 더욱이 디지털 디자인의 등장으로, 종래의 종이 도면으로부터 해방이 가능한 비정형적 건축물의 설계가 가능해졌다고 한다. 이러한 비정형성은 곧 잘 들뢰즈의 주름 개념과 연결되며, "디지털 건축은 비정형적 건축물이고 주름이다"라는 도식이 자연스럽게 생성된다고 한다.[74]

예컨대, 장 누벨(J. Nouvel)이 설계한 카타르 국립박물관은 주름·카오스·프랙털 같은 자연 형상을 재료로 삼고, 여기에 디지털 테크놀로지와 수학 알고리즘 등 다양한 기법을 접붙여 만든 생체 모방의 디지털 건축물이다. 단순히 형태적 모티브를 따오는 단계를 넘어 생물의 기본 구조와 원리 그리고 메커니즘을 건축에 끌어들이고 있다. 자연에서 발췌한 형상과 디지털 기술이 결합해 세상에 존재하지 않았던 새로운 형식의 건축을 창조했다.

오늘날은 건축학과 인지과학의 만남으로 인해 신경건축학(Neuroarchitecture)이 등장한다. 신경건축학은 인간의 인지 사고 과정이 공간에 영향을 받는다는 가설에 기반을 두며, 그 인지적 영향을 측정할 수 있다는 사실을 전제하는 학

회 논문집』 제13호, 2005, 114쪽.

72 봉일범, 『프로그램 다이어그램(지어지지 않는 20세기-08)』, 시공문화사, 2005, 130쪽.

73 G. Deleuze, 『주름, 라이프니츠와 바로크』, 이찬웅 역, 문학과지성사, 2004, 251쪽.

74 G. Deleuze, 『차이와 반복(Différence et répétition)』, 김상환 역, 민음사, 2004, 660쪽(해제). https://www.joongang.co.kr/article/23704833#home

카타르 국립박물관, 일명 사막의 장미(Desert Rose)

문이다. "공간과 건축이 인간의 사고와 행동에 미치는 영향을 측정하고 이를 바탕으로 더 좋은 건축을 탐색하는 학문이 바로 신경건축학이다."[75] 여기서도 당연히 해석학의 중요 요소인 이해, 해석, 적용이 관건이 된다.

75 S.W. Goldhagen, 『공간의 혁명 : 행복한 삶을 위한 공간심리학』, 윤제원 역, 다산사이 언스, 2019, 10쪽.

제6부

공간 해석의 지평 융합과 상보성

공간에 대한 학문은 크게 보아 과학적 연구와 철학적 연구로 대별
된다. 양자는 공간에 대한 개념과 연구 방법론에서 차이를 보인다. 근
대과학의 방법론은 수학과 실험이지만, 철학의 방법은 주로 직관(Intu-
ition)과 반성(Reflexion)을 매개로 이루어진다. 한편으로 과학 우위론적
입장에서 철학은 과학을 토대로 삼아야 한다. 다른 한편으로 철학 우
위론적 입장에 의하면, 과학은 철학을 토대로 삼아야 한다. 각각은 상
대방에게 배타적인 입장을 취하면서 일면의 정당성만을 지니고 있다.

그러나 현대의 횡단적 · 다학제적 연구(trans-multi-disciplinary re-
search)에서는 진리 영역의 스펙트럼이 학문 간의 경계를 넘어선다. 왜
냐하면 진리는 어디에나 존재하기 때문에, 학문 간의 배타적인 경계
설정은 진리의 폭과 깊이를 좁히는 우를 범하게 된다고 보기 때문이
다. 따라서 학문 사이의 상호적인 대화와 통합 내지 융합을 통해 진리
의 영역을 확장해나가야 한다. 이런 입장은 학문 간의 경계를 넘나듦
인 통합과 융합을 의미한다.[1] 여기서 융합은 단순한 결합이 아니라 새
로운 창조의 단초이다. "융합은 혼합이나 혼종이 아니다. 혼합은 a와
b의 단순한 뒤섞임이지만, 융합은 일차적으로는 a와 b가 같은 방향으
로 수렴되는 것이며, 궁극적으로는 새로운 c를 창출하는 것이다."[2] 이
런 흐름 속에서 여기서는 과학적 공간 해석과 철학적 공간 해석의 지
평 융합, 그리고 철학적 공간 해석과 인문 · 사회과학의 공간 해석과
의 지평 융합을 고찰해보고자 한다. 이를 통해 공간 이해를 보다 더
적실(適實)하고 풍요롭게 할 수 있는 방법을 발견할 수 있을 것이다.

---

1   소광희, 위의 책, "현대의 학문 경향은 통합으로 가고 있다. 세분화되
     었던 학문 분야들이 유사성을 찾아서 통합하는 과정으로 돌아섰다. 인
     식지평의 확대에서 오는 현상인 것이다. (…) 자연과학과 공학이 접근
     하듯이 적어도 인문학과 사회과학은 통합되어 함께 연구되어야 한다.
     사회과학이 빠진 인문학이 무슨 의의가 있으며, 인문학이 없는 사회과
     학이 어떻게 가능한가?"(628쪽 이하)
2   이한구, 『문명의 융합』, 철학과현실사, 2019, 14쪽.

제15장

과학적 공간 해석과
철학적 공간 해석의 지평 융합

오늘날은 자연과학이나 사회과학이나 할 것 없이 과학의 해석학적 차원이 회복되고 있는 실정이다. 과학은 서로 갈등하고 경쟁하는 패러다임 이론들과 연구 프로그램들, 그리고 연구 전통들이 공존하는 역사적이고 역동적인 과정으로 이해되어야 한다는 자각에 이르게 된 것이다.[1] 과학을 모르고 철학을 제대로 할 수 없고, 철학을 모르고 과학을 올바로 할 수 없다. 과학활동의 매단계에서 해석이 하는 결정적 역할이 점점 분명히 인식되어왔으며, 관찰과 이론 간의 어떤 영구적인 구분은 의문시되어왔다. 관찰된 사실과 관찰들과 이론적 설명 간의 구별은 가변적이며 실용적이다. 이제 사실 자체라고 간주되는 것은 우리의 선이해와 이론적 해석들에 의해서 형성된다.[2]

이런 점에서 김세균은 '해석학적 비판과학으로의 학문 통합'을 주장한다. 그에 의하면, 과학이 '관찰'과 '예측'이 아니라, 사실 인식에 기초한 '해석'과 '비판'을 자신의 과제로 삼는 과학으로 변모해야 한다는 것이다. 여기서 '해석'이란 인식된 사실이 왜 성립하는가 등을 단지 '이해'하고 '설명'하는 데 그쳐서는

---

1 R.J. Bernstein, 『객관주의와 상대주의를 넘어서 : 과학과 해석학 그리고 실천(*Beyond Objectivism and Relatvism: Science, Hermeneutics, Praxis*)』, 황설중 역, 철학과현실사, 2017, 319쪽.
2 위의 책, 320쪽.

안 된다. 그것은 한걸음 더 나아가 그것이 인간사회와 자연생태계의 합리적인 관계 설정, 인간사회의 합리적 구성 및 최종적으로는 인간의 '삶'에 대해 어떤 '의미'를 지닌 것인가를 파악하는 관점에서 그 사실을 해석하는 것을 가리키는 것이다. 이에 반해 '비판'이란 그런 해석에 기초하여 성립되어 있는 질서 등을 비판적으로 파악하고, 그런 비판적 파악에 기초하여 사회 변혁 등에 기여하는 것을 자신의 과제로 삼는 것을 가리킨다. 몰가치적·자연주의적·실증주의적·경험주의적 과학과 대비되는 이런 과학은 '해석학적 비판과학'으로 불린다.[3]

이런 맥락에서 자연과학은 물론 인문사회과학이 기본적으로 '해석학적 비판과학'이 되어야 한다. 그리고 물질과학·생명과학·인간과학이 큰 틀에서 해석학적 비판과학이라는 하나의 학문으로 통합되어야 함을 가리킨다. 개별 학문 간의 상호 침투와 상호 반영을 가져오는 중층결정적인 연관성이 중요하다. 이에 기초하여 모든 학문을 크게 보아 '하나의 학문'으로, '해석학적 비판과학'이라는 하나의 학문으로 통합시켜 나가는 노력이 필요하다. 이런 점에서 공간 연구에 있어서도 해석학적 비판과학의 관점에서 접근할 필요가 있다. 공간 연구가 분과학문적 시각 궤도에 머물러 있어서는 안 된다. 결국 그것은 분과학문들의 지평 융합을 통해 융합적인 연구로 나아가야 한다. 여기서는 과학적 공간론과 철학적 공간론의 공통된 뿌리를 밝히고, 다음으로 그것들이 차이와 분화, 마지막으로 양자의 지평 융합을 다루고자 한다.

1. 공통적 기원과 미분화

모든 서양철학이 그런 것처럼, 자연과학의 핵심인 물리학도 그 근원을 기원

---

3   김세균, 「자연과학과 (인문)사회과학의 만남 : 해석학적 비판과학으로의 학문 통합을 위하여」, 『한국사회과학』 통권 31권, 서울대학교 사회과학연구원, 2009, 19쪽.

전 6세기 초에 그리스 철학, 곧 과학과 종교가 나누어지지 않았던 문화에서 찾아야 할 것이다. 이오니아의 밀레토스(Miletos) 학파의 현인들은 과학과 종교 간의 구분에는 별 관심이 없었다. 그들의 사유의 목적은 자신들이 '피시스(physis, φύσις)'라고 불렀던 사물의 본질, 즉 진정한 구조를 밝히는 것이다. '물리학 (physics)'이란 용어도 이 그리스어에서 유래한 것으로서 그것은 원래 모든 사물의 본질을 보고자 하는 노력을 뜻한다. 일반적으로 과학적 사고의 단초는 천문학과 기하학, 산술과 의술이 열었을 것으로 본다.[4]

서양에서의 철학과 과학은 같은 뿌리에서 나왔거니와 에게해의 밀레토스가 철학과 과학의 발상지이다. 동쪽의 과학적 사고(밀레토스 학파/이오니아 학파)와 서쪽의 종교사상은 거기에 연결된 수학적 사고(피타고라스 학파)와 결합되면서 아테네에서 철학의 꽃을 피운다. 피타고라스 학파는 수학을 영혼 정화의 도구이자 세계의 수수께끼를 푸는 열쇠로 이해한다. 기하학은 감각적인 · 가사적인 것을 멀리하고 우리를 합리적 사유와 영원으로 이끄는 역할을 한다.

플라톤과 아리스토텔레스의 증언에 의하면, 신화적 사고를 넘어선 과학적 사고와 철학적 사유의 원조는 탈레스(Thales)이다. 과학적 사고는 자연을 '필연적인 법칙에 따라' 설명하는 것이다. 아리스토텔레스에 의하면, 모든 존재자를 인과의 필연성에 따라 사고함으로서 과학이 시작된다. "과학적 사고란 존재자와 관련된 모든 변화를 인과법칙에 따라 보편적으로 사고하는 것이다. 다시 말하면 하나의 설명 원리는 유사한 모든 관련 사상(事象)을 설명하는 데 타당하다고 믿고 그렇게 사고하는 것이다. 그것은 자연현상을 인간으로부터 떼어서 그 자체로 고찰하는 것이다."[5] 과학적 · 철학적 사고는 사물의 불변하는 성질 · 본질 · 본성 · 원리에 대한 탐구이다. 즉 자연현상의 배후에 있는 사물의 근거로서의 근원적 피시스를 고찰한다. 아리스토텔레스는 이 피시스를 사물의 자연성 내지 존재(ousia)로 이해하고, 그 불변성을 고려하여 본성, 실체 또

---

4   소광희, 『자연존재론』, 문예출판사, 2008, 54쪽.

5   위의 책, 35쪽.

는 기체로 파악한다.

고대의 원자론자들에 이르러 비로소 물활론적 사고에서 해방되어서 자연의 변화를 기계론적으로 설명할 수 있는 기초를 마련하게 된다. 원자론자들은 유물론적 다원론자들이다. 과학은 그리스 철학의 유산이다. 초기의 과학은 사유하는 학문이 아니라, 관찰하고 기술하는 학문이었다. 아리스토텔레스는 과학 개념이 논증적 지식에 바탕을 두고 있다고 한다. "순수한 과학적 지식의 대상 역시 이와 다를 수 없으므로 논증적 지식에 의해 획득된 진리는 필연적인 것이다."[6] 서구의 사유 전통의 최초 배아를 이런 논증적 사고에서 보며, 그것은 기하학적 사고에서 출발한다. 플라톤은 피타고라스 학파의 기하학으로부터 이런 사고를 받아들여서 그것을 방법론으로 승화시켰을 뿐 아니라, 전 서양철학을 통해 본질을 직관하는 전통을 최초로 설정한 철학자이다.

그리스의 철학자들은 대부분 과학자요, 동시에 철학자이다. 그중에서 아리스토텔레스는 공간 개념과 시간 개념을 체계적으로 해명한 최초의 철학자이자 과학자이다. 플라톤과 아리스토텔레스는 『티마이오스』, 『범주론』, 『자연학』에서 장소와 공간을 구분하지 않는다. 플라톤의 수학적·기하학적 우주론적 공간론과 달리, 아리스토텔레스는 공간의 실재성에 대한 존재론적 공간관을 제시한다. "플라톤의 경우 공간(chora)이 이데아만큼은 아니지만 감각 대상보다 상위의 실재성을 갖는 까닭은 공간 자체가 '불변성'을 가지기 때문이다. 반면에 현상들은 이 공간 속에서 끊임없이 변화한다는 이유로 실재성을 갖지 못한다."[7] 따라서 플라톤에게는 불변성이 실재성의 기준이 된다. "그렇기 때문에 일상언어의 의미에 세심한 주의를 기울이면서 자연의 이해라는 과제에 접근한 아리스토텔레스보다는 수학적 모델에 따라 세계의 질서를 구축하는 데미우르고스(Demiurgus)의 존재를 상정한 지적 상상력의 소유자인 플라톤이 근세

---

6   Aristoteles, *Posterior Analytics. Topica*, H. Tredennick & E.S. Forster(trans.), Harvard University Press, 1960, 71b 8-12, 73a 21-2.

7   유재민, 「아리스토텔레스 자연철학에서 경계개념과 제논의 장소의 역설」, 『철학논총』 79권 1호, 새한철학회, 177쪽.

과학의 정신에 훨씬 더 까까웠다고 할 수 있다."[8]

아리스토텔레스의 공간관은 균일하고 등방적인 유클리드의 공간으로 연결된다. 여기서는 공간을 거대한 통으로 보는 방식이다. 이 공간 개념에서는 공간을 일정하고 균일하며 특정한 방향이 없는 것으로 간주한다. 아리스토텔레스와 데카르트는 공간을 하나의 개체가 아닌 사물 간의 관계로 보고, 뉴턴은 공간이란 사물이 하나도 없는 상황에서도 항상 존재하며 고유의 구조를 가진 하나의 개체로 본다.[9] 따라서 아리스토텔레스에게 공간은 장소와 동일시되어 결국은 사물을 포괄하는 것의 내측 경계로서 자리잡게 된다. 그것과 동시에 공허, 즉 진공의 존재는 부정되고 흙, 물, 공기, 불의 원소들은 공간 속에 각자의 자연적 위치를 갖고 있는 것이 된다.[10] 우리는 공간과 장소에 대한 아리스토텔레스의 『자연학』과 『범주론』의 논의에서 과학과 철학의 뿌리가 같음을 확인할 수 있다.

근대에 이르러, 뉴턴의 『프린키피아(Principia)』는 정식 명칭이 '자연철학의 수학적 원리(Philosopphiae naturalis principia mathematica)』로서 철학책이다. 그러나 이것은 고전역학, 물리학, 과학에 관한 책으로 알려져 있다. 뉴턴은 자연철학자요 동시에 과학자이다. 근대 자연철학을 오늘날 분류 방식에 따라 자연과학과 분리하기는 쉽지 않다. 우선 '자연철학'이라는 뉴턴의 저서 제목이 보여주듯이, 전통적으로 자연과학은 자연철학이라는 명칭으로 부른다. 왜냐하면 과학은 철학의 한 부분이기 때문이다. 당시에는 자연철학이라는 이름 아래, 우리가 오늘날 자연과학이라 부르는 경험과학과 자연에 관한 철학적 사고가 포함되어 있었으며, 그 둘의 경계는 뚜렷하지 않은 것이었다. 여기서 자연철학과 자연과학을 분리하는 것은 자연과학이 철학으로부터 완전히 분리된 오늘날의

---

8   이태수, 「아리스토텔레스의 공간 이해」, 인제대학교 인간환경미래연구원, 2013, 8쪽.

9   C. Rovelli, 『만약 시간이 존재하지 않는다면 : 인간의 시계로부터 벗어난 무한한 시공간으로의 여행』, 쌤앤파커스, 2021, 93쪽.

10 中村雄次郎(나카무라 유지로), 『토포스(Topos) : 장소의 철학』, 박철은 역, 그린비, 2012, 37쪽.

기준에 따른 것이며, 어떤 의미에서는 상대적인 것이다.

2. 차이와 분화

과학적 사고와 철학적 사유의 분리는 기원전 6세기경부터 그리스의 헤라클레이토스, 파르메니데스, 제논의 논리적 사유에서 찾을 수 있다. 특히 파르메니데스는 진리와 비진리를 엄격하게 구분하고 사태를 논리적으로 사유한다. 과학은 자연의 법칙에서조차 필연성에 의해 설명하는 반면에, 철학적 사유는 사태를 논리적으로 조리를 따라서 설명한다. 논리적 사유야말로 과학과 철학이 갈라서는 지점이다.[11] 논리적 사고란 근거율과 모순율에 입각한 논증적 사고를 의미한다. 이런 점에서 과학적 사고와 철학적 사유의 다른 점은 다음과 같이 명시된다. "이와는 달리 철학적 사유는 진리와 비진리, 존재와 비존재, 생성의 원리 등 궁극적 원리와 학문의 방법론 등 과학적 사고의 차원에서는 다루지 못하는 주제를 대상으로 한다."[12]

플라톤은 수학을 철학적 사유를 위한 예비 학문으로 평가한다. 하지만 그는 수학에 대해 비판적이다. 그 비판의 핵심은 수학자들이 사태의 근원에까지 소급해서 연구하지 못하고, 또 가설에서 출발해서 사고하기 때문에 대상에 대한 진정한 지식을 갖지 못한다는 것이다.[13] 아리스토텔레스도 자연과학의 배후에 있는 실체(ousia), 즉 기체와 그리고 유와 종을 사유하는 형이상학과 존재론을 펼친다. 나아가 그는 학문 방법론을 확립한다. "그것은 개별 과학의 배경에 머물러 있으면서 그들의 연구가 타당한 것이 되기 위한 조건과 규칙을 만들어주는 것이다. 그것이 넓은 의미의 학문 방법의 제시인 것이다."[14] 아리스토텔레

---

11 소광희, 앞의 책, 56쪽.
12 위의 책, 55쪽.
13 Platon, 『국가 · 政體』, 박종현 역, 서광사, 2005, 510d~511e : 522c~531d.
14 소광희, 앞의 책, 66쪽.

스의 학문 방법론이란 형식논리학으로서 이후의 모든 학문을 위한 오르가논 (Organon)이 된 것이다. 오르가논이란 도구라는 의미로서 추론과 논증 그리고 변증에 대한 학문적 도구이다. 그것은 철학 및 특수 과학에 종사하기 위한 준비에 도움을 주는 논고로서의『분석론(Analytica priora, Analytica posteriora)』, 일상생활의 각종 문제에 관하여 논쟁할 때의 기술의 준비로서의『궤변 논박론(De sophisticis elenchis)』, 『변증론(Topica)』, 그리고 여기에 덧붙여『명제론(De interpretatione)』및『범주론(De categoriae)』으로 되어 있다.[15]

18세기에 와서 과학과 철학 사이에 분명하고 확실한 간극이 생기고, 근대적 과학적 공간론이 지배하게 된다. 그것이 전제하고 있는 '자연의 제일성(uniformity of nature)'은 옳지만, 그렇다고 참된(wahr) 것은 아니다. 그 이유는 거기에는 인간의 실존적 · 역사적 삶과의 연관성을 고려한 공간 이해는 부재하기 때문이다. 근대과학이 성립하기 위해서는 자연의 수학화와 경험적 방식이 필요하였던 것이다.

"19세기 중반 이후부터 유럽에서는 역사학, 윤리학 그리고 문화철학의 영역에서도 저러한 구분이 일종의 유행처럼 확산된다. 주지하다시피 드로이젠(J.G. Droysen)도 유사한 관점에서 '인륜적 세계'와 '자연적 세계'를 구분한다. 트뢸취(E. Tröltsch) 또한 그가 명백히 자연과 자연과학으로부터 구분되는, '역사적 · 윤리적 영역'의 '논리적이고 사태적인 독립성'을 강조한다. 빈델반트(W. Windelband), 리케르트(H. Rickert) 등으로 대표되는 신칸트주의의 서남학파는 '자연'과 '역사' 혹은 '문화'는 각각의 완전한 상이성에 근거하여 다른 방법에 의해 다루어져야만 한다고 주장한다."[16]

20세기 중반에는 과학주의(scientism)가 득세한다. 여기서는 자연과학을 지식의 전형으로 생각하고 진리를 과학적 합리성과 동일시하고, 과학적 진리만

---

15 https://terms.naver.com/entry.naver?docId=388363&cid=41978&categoryId=41985.

16 H.M. Baumgartner, "Natur als Gegenstand der Wissenschaften", *Naturwi-ssenschaft-Philosophie-Theologie. Grenzfragen*(Veröffentlichung der Instituts der p.Görres—Gesellschaft für interdisziplinäre Forschung), L. Honnefelder(hrsg.), Freiburg/München 1992, p.244.

이 유일한 진리라고 간주한다. 자연과학 이외의 지식은 '사이비–지식'으로 낙인찍는다. "과학주의는 과학을 인간에 있어서 최고의 인식 형태로 간주하고서 모든 문제가 과학에 의해 해결될 수 있다고 주장하는 태도이다. 구체적으로는 인간의 모든 내면적인 문제나 사회적인 문제가 자연과학과 동일한 방법에 의해서 정밀하게 인식되고 해결될 수 있다고 하는 독단적인 방법론적 자연주의의 주장으로서 나타나는 경우가 많다."[17] 더욱이 근대 이후 지배적인 과학관은 경험적 사실들로부터 지식을 이끌어내는 귀납법적 과학관이다. 그것을 자연 연구에 있어서 실험과 측정과 검증을 위한 수학을 근본 방법론으로 사용한다. 귀납주의(inductionism)에 의하면 과학은 관찰과 더불어 시작한다. 과학은 객관적일 때, 즉 관찰자의 주관적 선입견이나 감정 혹은 편견으로부터 전적으로 해방될 때 정당성을 갖는다. 여기서는 전제 없는 관찰, 즉 이론에 의존하지 않는 관찰이 가능하다는 신념이 존재한다.

물리학에서 말하는 시공간의 문제는 구체적인 경험적 사실에 근거하여 자연을 탐구하는 자연과학의 과제에 속한다. "마흐(E. Mach)가 요구한 측정 가능한 시간, 아인슈타인의 상대성이론에서 나타나는 시공간 개념, 또는 민코프스키가 표현하는 시공 연속체는 실질적인 물리적 상황에서 경험되고 측정되는 물리학의 계측적 시공간 개념이다. 이러한 계측적 시공간 개념은 물질의 특성, 힘, 자연의 법칙, 측정 기구 등 물리적·경험적 조건에 의해 규정된다. 그것은 인식의 주관적 조건과 원칙만을 탐구하는 인식론의 영역을 넘어서는 문제이다."[18] 또한 현대 우주론이 성공을 거두는 데 핵심적인 역할을 했던 공간의 동질화로 인해 영혼 또는 정신의 공간이 우리의 세계관에서 추방된 것이다. "동질적인 공간은 오직 한 종류의 실재만을 수용할 수 있다. 즉 과학적 세계관에서는 물질의 물리적 실재만이 존재한다. 중세 우주론에서 육체와 영혼

---

17   https://terms.naver.com/entry.naver?docId=387483&cid=41978&categoryId=41985.

18   김국태,「아인슈타인의 상대론적 시간과 공간 개념」, 강신익 외,『과학철학 : 흐름과 쟁점, 그리고 확장』, 창비, 2018, 270쪽.

은 공간이 비동질적이라는 믿음 때문에 공존할 수 있었던 것이다."[19]

근대 경험론에서의 종합의 방법은 다음과 같다. "베이컨, 버클리, 흄 등 경험주의자들은 과학에서 선험적 원리나 존재론적 원인으로 현상을 설명하는 방식을 배제하고, 관찰 가능한 현상의 법칙적 관계를 기술하는 것을 과학적 연구의 올바른 방법이라고 보았다. 이들은 특히 이론 수집 과정에서 실험과 관찰 그리고 귀납 같은 경험적 과정에 주목하고, 귀납 논리의 기준을 확립하고 의미를 밝히는 작업에 주력했다."[20] 현대의 다수의 물리학자들은 공간을 존재 자체의 기본 요소로 간주한다. 최근의 초공간 물리학자들은 결국 공간만이 존재할 뿐이며, 심지어는 물질까지도 아주 작은 형태로 오그라든 공간에 불과하다고 믿는다. 이렇게 본다면 공간은 실재의 전체이자, 존재하는 모든 것의 가장 기본적인 본질에 해당한다.

칸트는 관찰과 측정을 함축하는 실험적 방법이 전제하고 있는 자연의 제일성(uniformity)과 인과율(causality)을 다룬다. 여기서 제일성이란 자연은 동일한 사태 아래서는 동일한 현상을 일으키도록 하는 통일적인 질서를 견지하고 있다는 원리이다. 근대 인식론이란 과학적 방법론에 대한 철학적 근거부여 외에 다른 것이 아니다.

모든 공간론은 운동을 아르케(arche, ἀρχῆ)로 삼느냐, 의식을 근원으로 하느냐에 따라 나누어진다. 그것은 결국 자연과학적 공간론이 되느냐, 아니면 철학적 공간론으로 가느냐로 갈라선다. 철학적 공간론의 주류는 공간 의식이라는 것도 간과할 수 없다. 뉴턴 물리학에 대한 칸트의 인식 비판은 과학과 철학의 차이점을 나타낸다. 이미 18세기에 칸트가 우리의 인식 주관이 물리적 대상을 따라가야 할 것이 아니라, 오히려 물리적 대상이 우리의 인식 주관을 따라오지 않으면 안 된다고 하는 저 유명한 '코페르니쿠스적 전회'가 뉴턴 물리학에

---

19 M. Wertheim, 『공간의 역사 : 단테에서 사이버스페이스까지 그 심원한 공간의 문화사』, 박인찬 역, 생각의나무, 2002, 199쪽.
20 김국태, 「근대 과학철학」, 강신익 외, 앞의 책, 23쪽.

대한 인식 비판이었다는 것은 잘 알려져 있는 사실이다.

철학사에서 흔히 말해오는 근대 인식론이란 전체 지성사적 입장에서 보면 이런 과학적 방법론에 대한 철학적 근거 부여이다. "'선험적 종합 판단'은 어떻게 가능한가? 칸트의 뉴턴 물리학에 대한 인식 비판은 한마디로 자연법칙을 인간 오성이 자발적으로 구성히여 자연에 투입하는 것이며, 그렇게 함으로써 잡다한 소재로서의 직관적 대상을 종합하여 자연과학적 인식을 가능케 한다는 것이다."[21]

칸트는 자연법칙이 곧 인간의 오성을 근거로 형성된 법칙이며, 따라서 모든 현상은 오성의 법칙을 통해서 자연법칙의 질서 안으로 포섭되는 것임을 주장한다. 비트겐슈타인에 의하면, 명제의 진위는 경험에 의해 결정되지만, 명제의 의미는 경험에 의해 결정되지 않는다. 형이상학적 주관, 즉 철학적 자아가 명제에 의미를 부여한다. "우리는 명제와 논리 밖에, 즉 세계의 밖에 서지 않으면 안 된다."[22] 인간은 시공적 세계의 밖에, 다시 말해 경험계를 초월한 선험적이고 형이상학적인 주체적 존재로서 경험계를 규정하고 조정하는 주체적 존재이다. 칸트에 의하면, 인간의 의미는 바로 이 선험적인 주체인 인격에 있다.

경험에 의해서 참과 거짓을 판단할 수 있는 것만이 유의미하다고 생각한 논리실증주의자들에게 있어서 철학은 과학과 다르다. 말하자면 철학이 할 일은 지식을 만들어내는 것이 아니라, 오히려 인간의 지식 체계 속에 있는 넌센스(nonsense)를 제거하는 것이다. 논리적 정합성을 가진 분석명제와 경험에 의해 될 수 있는 진술과 명제들만 유의미한 명제라고 생각한다. "20세기 후반 들어 기초물리학은 철학과의 대화로부터 멀어지기 시작한다. 당시 기초물리학의 문제들이 개념적 특성보다는 기술적 특성들을 가지고 있었던 것이 주된 원인

---

21 김용정, 『과학과 철학』, 범양사, 1996, 304쪽 이하.

22 L. Wittgenstein, *Tractatus logico-philosophicus, Logisch-philosophische Abhandlung. Suhrkamp*, Frankfurt am Main, 2003, 4.121.

이다."[23]

　잘 알려져 있듯이, 스노우(C.P. Snow)의 '두 문화', 즉 과학적 문화와 인문적 문화에서는 양자의 균열과 차이를 명료화한다. 관찰자는 편견 없이, 그리고 문화와 상관 없이 객관적으로 자연을 관찰할 수 있다고 보는 과학적 관점과 과학적 관점도 언어 문화에 뿌리내리고 있다는 인문적 관점의 차이를 밝힌다.[24] 과학적 공간의 문제와 한계는 어디에도 특별한 공간은 없다는 인식이다. 이른바 공간의 의미와 가치의 무효화 및 가치 중립화가 우리에게서 공간의 모든 의미를 빼앗아버린다. 생물학적 환원주의자인 윌슨(E. Wilson)은 경험적(관찰, 실험)에 대한 과도한 환원주의적 신뢰를 한다. "통섭 세계관의 요점은 인간종의 고유한 문화가 자연과학과 인과적인 설명으로 연결될 때에만 온전한 의미를 갖는다는 점이다. 여러 과학 분야들 중에서 특히 생물학은 이런 연결의 최전선에 있다."[25] 그리고 "철학, 역사학, 윤리학, 비교종교학, 미학을 아우르는 인문학은 과학에 접근할 것이고, 부분적으로 과학에 융합할 것이다."[26] 이러한 "윌슨의 주장처럼 설명적 지식이 이해적 탐구의 토대를 제공하는 것은 그 자체로 옳다. 설명의 안정적 지식은 인간 이해 영역에 중요한 통로를 제공한다."[27] 그럼에도 불구하고, 이에 대한 반론도 타당하다. "인문과학적 이해는 자연과학적 설명의 단순한 산술적 확장이 아니다. 그 확장에는 다양한 자연적·사회적·문화적 국면이 개입된다. 그 과정에서 우리가 법칙적으로 규정할 수 없는 몸을 토대로 하는 비법칙적 경로인 영상 도식과 은유적 투사와 같은 상상적 구조들이 개입된다. 그 때문에 이해의 사유는 스스로의 출발을 이루었던 경험적 지식의 설명으로 환원될 수 없는 매우 다른 국면을 드러낸다.

23　K. Rovelli, 『만약 시간이 존재하지 않는다면 : 인간의 시계로부터 벗어난 무한한 시공간으로의 여행』, 쌤앤파커스, 2021, 74쪽 이하.

24　C.P. Snow, 『두 문화(The Two Cuktures)』, 오영환 역, 민음사, 1996, 11~34쪽

25　E. Wilson, 『통섭 : 지식의 대통합』, 최재천·장대익 역, 사이언스북스, 2005, 221쪽.

26　위의 책, 45쪽.

27　서명원, 앞의 글, 222쪽.

그리고 이해의 사유가 설명적 지식을 외면할 수는 없지만, 그렇다고 해서 설명이 그 자체로 이해의 구조를 구성해주는 것도 아니다."[28]

현대문명이 당면한 가장 큰 위험은 현대인이 일상적 관념의 틀에만 매여서 우주와 자신에 대한 심층적 이해에 이르지 못하고, 문명의 바른 방향을 제시하지 못하는 데에 있다. 그리고 이러한 상황에 이르게 된 데에는 현대철학에 그 일말의 책임이 있다. 한 시대에 통용되는 다양한 앎을 비판적으로 검토하고 그 내용을 심층적으로 재구성함으로써 바른 삶을 위한 지혜를 제공하는 것이 철학 본연의 자세라고 한다면, 현대철학이 추구해야 할 가장 중요한 과제는 바로 이러한 통합적 관념의 틀을 마련하고, 이를 바탕으로 현대과학의 성과를 심층적으로 재구성해내는 작업이라 할 수 있다. 그런데도 현대의 과학과 철학은 실질적으로 그 연계를 상실하고 각자 별도의 길을 걷고 있는 것이 오늘의 실정이다. "어느 시대에서나 개별 과학의 인식의 발전을 바라보는 철학적 입장은 그런 인식의 가능 근거를 보증하는 방법론의 제시로 구체화된다."[29] 이와 같이 철학은 과학 연구의 방법론의 제시라는 고유한 과제를 지니고 있다.

3. 지평 융합과 상보성

전술한 바대로, 공간 이론에 내포되어 있는 철학적 의미를 과학자는 모르고, 철학자는 과학적 공간 이론을 모른다. 양자를 아우르는 과학적이면서도 철학적인 그리고 철학적이면서도 과학적인 공간 이해가 필요하다. 즉 과학과 철학의 역동적인 공간 이해가 필요하다. 과학적 설명과 철학적 이해의 구분에 대한 비판은 당연하다. 대표적으로 포퍼는 검증주의 대신에 '반증주의(falsification-

---

28   위의 글, 222쪽.
29   소광희, 앞의 책, 174쪽.

ism)'를 내세운다. 그에 의하면 진정한 과학적 이론은 언제든지 반박될 수 있다
는 열린 태도를 가질 경우 가능하고, 추측과 반박에 의해 과학은 수정과 교정
을 통해 진보해 간다고 본다. 쿤(T. Kuhn)도 과학의 위기를 과학이론 이전의 사
회 · 역사 · 문화적 지평을 상실하였다는 데서 찾는다. 볼노브(O.F. Bollnow)는
"'이해'와 '설명'을 대립적으로 파악하려는 태도를 비판한다. 그는 모든 학문적
방법에서 이 두 가지 방식이 같이 적용되고 있다는 것을 밝히고 있다."[30] 아펠
(K.-O. Apel)도 "모든 설명이 이해를 전제하고 있으며, 그런 한에서 순수한 설
명이 아니라는 점을 충분히 논구한다."[31] 과학문화와 인문문화의 갈등과 통합
을 다룬 스노우도 과학함에도 자연의 이해와 지배의 동기가 있음을 밝힌다.
"과학적인 과정에는 두 가지 동기가 있다. 그 하나는 자연의 세계를 이해하는
일이며, 또 하나는 자연을 지배하는 일이다. (…) 그러나 모든 과학의 각 영역
의 학문이 어떠한 동기로 발생했든지 간에 한쪽 동기는 다른 쪽 동기에 포함
된다."[32]

　이런 배경에서 이제 "'설명과 이해'라는 이분법적 사고는 더 이상 설득력을
발휘할 수 없으며, 양자를 종합할 수 있는 시각이 요구되는 것이다. 이런 시각
을 자연해석학은 지니고 있다. 궁극적으로 자연해석학이 추구하는 것은 '자연
과학적 인식의 사변적 해석'이 아니라, 오히려 '실존적 해석'이며, 전체 자연에
관한 의미의 재생산이 끊임없이 이루어지는 '생활세계적인 세공(細工)'이다."[33]
근대 이후에는 데카르트와 독일 철학계에서 수학적 자연 인식과 형이상학의
통합 가능성에 대해서 고려하였다는 사실을 가다머는 부각시키고 있다. 근대
과학의 선언문에 해당하는 데카르트의『방법서설』과 그『규칙들』은 데카르트

30　O.F. Bollnow, *Studien zur Hermeneutik*, Bd.1, Freiburg/München, 1982, p.123 이하.

31　K.-O. Apel, *Die Erklären:Verstehen-Kontroverse in transzendental-pragmatischer Sicht*, Frankfurt a.M., 1979, p.274 이하 참조.

32　C.P. Snow, 앞의 책, 82쪽 이하.

33　최성환,「해석학에 있어서 자연의 문제 : 자연해석학의 정초 시도」,『해석학연구』vol. 25, 한국해석학회, 2010, 27쪽; E. Rothacker, *Geschichtsphilosophie*, München, 1934, p.98.

사후 오랜 시간이 지난 뒤에야 출간된다. 반면에 수학적 자연 인식과 형이상학의 통합 가능성에 관한 그의 사려 깊은 성찰은 근대 내내 새로운 탐구의 과제가 된다. 라이프니츠로부터 헤겔로 이어지는 독일 철학은 아리스토텔레스의 유산을 쇄신하면서 보존하는 철학과 사변적 학문으로 물리학이라는 새로운 과학을 보완하는 데 주력했다. 뉴턴에 맞섰던 괴테의 저항과 셸링과 헤겔과 쇼펜하우어의 저항도 그런 맥락에서 이해될 수 있다.[34]

시간과 공간은 자연 개념의 성립 근거이다. 자연 연구는 실지로는 수학과 역학으로 수행된다. 그러기에 칸트는 자기의 인식론의 성립을 늘 수학과 역학에 조회해서 결정한다. 칸트의 『형이상학 기초』는 갈릴레이와 케플러로부터 뉴턴에 이르는 과학적 성과들과 데카르트, 라이프니츠의 자연철학적 성과들을 포괄하며, 근대과학을 정당화한 작업이다. 연구의 포괄성에도 불구하고 칸트가 가장 역점을 둔 부분은 그가 시종일관 신뢰를 아끼지 않은 뉴턴 물리학이다. 뉴턴 물리학은 칸트에게 새로운 과학의 표본이다. 따라서 칸트의 『형이상학 기초』는 뉴턴의 『프린키피아』에 대한 철학적 답변이라 할 수 있다.[35]

학문사적으로 철학은 과학에 방법론을 제시한다. 그것들은 기하학적 방법론·논증적 방법·귀류법·변증법 등이다. 철학이 자연 연구에 공헌할 수 있는 것은 방법론의 제시이다. 여기서 방법론은 모든 학문의 진리 탐구를 위한 방법론, 즉 사유의 규범과 추론 규칙이며, 보편적 사유의 규범과 추론 규칙이다. 과학과 철학은 배타적이고 분리되는 것이 아니라, 전자는 개별적인 '일차적 연구'이고, 후자는 전자에 대한 '이차적·반성적 사유'이다. 대상에 대한 일차적 연구는 개별 학문이 담당한다. 철학은 그 개별 학문이 거둔 성과와 연구 방법 등에 대한 이차적·반성적 사유이다. 그 개별 학문들은 크게 자연과학, 사회·역사과학, 인문학으로 구분한다. 존재로서의 존재에 대한 철학적 성찰

---

34 H.-G. Gadamer, 『진리와 방법 (2) : 철학적 해석학의 기본 특징들』, 임홍배 역, 문학동네, 2022, 406쪽 이하.

35 김국태, 「근대 과학철학」, 강신익 외, 앞의 책, 58쪽.

을 존재론이라고 한다면 이것들은 각기 '자연 존재론'과 '사회 · 역사 존재론' 그리고 '자아 존재론'이라고 부를 수 있다.[36]

과학과 철학의 관계를 다루는 과학철학에는 여러 갈래가 있을 수 있다. 가령 하이젠베르크처럼 과학자가 자기의 주장을 중심으로 현대의 자연 연구를 철학적으로 개진하는 경우도 있고, 라이헨바흐(H. Reichenbach)와 카르납(R. Carnap)처럼 철학자가 현대의 과학 연구의 성과를 철학적으로 검토하는 경우도 있으며, 쿤처럼 과학의 발전과 사회혁명을 성찰할 수도 있다.

보어(N.H.D. Bohr)의 상보성 개념은 물질의 입자성과 파동성을 정의하는 기본 요소인 위치(x)와 운동량(p), 혹은 시간과 에너지의 관계에 대해 언급한 것이다. 이러한 상보성 개념은 유기체론으로 발전되었으며, 나아가 인문학에서 이야기하는 환원주의 비판 및 문명 비판론의 이론적 배경인 전일적 세계관으로까지 연결되기도 한다. "특히 고대부터 현대에 이르기까지 공간에 대한 철학은 물리학의 성과에 영향을 받았으며, 철학적 상상력은 물리학적 공간 이해의 방식을 변화시키는데 영향을 주기도 하였다."[37]

과학혁명은 근대적 사유의 기반이 된다. 16~17세기에 유럽에서 발생한 과학혁명은 서양 근대적 사유의 실제적 기원을 이룬다고 할 수 있다. 또한 과학혁명은 단순히 역사적 사건에 불과한 것이 아니라, 여전히 현재 진행형이다. 근대 합리론에서의 분석의 방법에 우리는 주목할 필요가 있다. "데카르트와 라이프니츠 같은 합리론자들은 경험과학을 정당화하는 논리의 탐구를 목표로 하여 공리적 · 연역적 추론 구조를 밝히는 작업에 주력했으며, 수학적 분석도구를 개발하고 정식화하는 연구에 심혈을 기울였다. 이들은 경험적 사고는 근본적으로 선험적 논리나 존재론적 원리에 의해 뒷받침되어야 한다고 생각했으며, 자연과학을 방법론적 · 존재론적으로 정당화하는 원리를 연구하는 데

---

36 소광희, 앞의 책, 19쪽.

37 이현재 외, 『공간에 대한 철학적 이해』, 라움, 2016, 12쪽.

주력했다."[38]

데카르트의 자연과학적 태도에 대한 고찰은 인간의 과학적 탐구가 형이상학적 전제를 배제하고는 성립될 수 없다는 통찰을 보여줌으로써 자연과학의 본성에 대해 재고하게 한다. 근대의 물리학도 데카르트의 좌표계를 활용하여 현상계를 설명한다. 뉴턴은 『프린키피아』 머리말에서 다음과 같이 술회한다. "나는 이 책에서 수학을 발전시켜 철학에 이르도록 하였다."[39] 그리고 "나는 이 책을 수학 원리의 철학이라고 부르겠다. 철학이 짊어져야 할 짐이 바로 이것이다. 운동 현상으로부터 자연의 힘을 연구하고, 이 힘으로부터 또 다른 현상을 증명한다."[40] 또한 "그렇지만 내가 이 책에서 제시한 원리들이 밝은 빛을 비추게 될 것이며, 더욱 올바른 철학의 방법을 제시할 것이다."[41] 여기서 철학에서의 논리 전개의 규칙을 제시하기도 한다. 즉 그것은 모두 이 규칙을 따라야 하며, 가설들을 써서 추론을 회피하면 안 된다는 것이다.

전통적 철학은 과학의 발전, 특히 이론물리학의 핵심 개념의 발전에 매우 중대한 역할을 한다. 굵직한 사례만 생각해보더라도 갈릴레이, 뉴턴, 패러데이, 맥스웰, 보어, 하이젠베르크, 디랙(P. Dirac), 아인슈타인 등은 모두 철학에 관심을 가지고 있었다. 만약 그들이 철학적 소양을 가지고 있지 않았다면 그토록 놀라운 개념적 발전을 이뤄낼 수 없었을 것이다. 왜냐하면 개념적·철학적 문제들이 여러 질문을 제시하고 새로운 관점들을 열어주는 중대한 역할을 하기 때문이다. 철학적 관념이 지닌 직접적인 영향력은 뉴턴역학과 양자역학의 탄생에서도 눈에 띄게 나타난다. "평범한 물리학자는 철학 때문에 고민하지 않는다. 그러나 아인슈타인과 하이젠베르크, 보어와 같은 위대한 물리학자들은 관측의 의미와 의식문제, 그리고 양자역학적 확률의 철학적 의미를 도마 위에

---

38 김국태, 「근대 과학철학」, 강신익 외, 앞의 책, 20쪽.

39 I. Newton, *The Principia: Mathematical Principles of Natural Philosophy*, A. Motte(trans.) and F. Cajori(rev.), Berkeley: University of California Press, 1999, ix.

40 위의 책, x.

41 위의 책, xi.

올려놓고 치열한 논쟁을 벌였다."[42]

20세기 초에 미시적 세계로 향한 양자역학과 거시적 세계로 향한 상대성이론이 탄생된 이래, 우주론의 문제는 보다 고차적인 철학적 논의가 필요하다는 것을 깨닫게 된다. 노드롭(F.S.C. Northrop)에 의하면, 과학이론은 그것의 물리적 가정과 마찬가지로 철학적인 가정에 의존하고 있다. 현대과학이 내포하고 있는 철학적 정신을 포용하지 않고서는 현대과학의 진정한 수용은 불가능하다. 그는 하이젠베르크도 "물리학이 철학과 전혀 무관할 수 없고, 현대물리학은 철학에 의한 영향을 받지 않을 수 없다"[43]는 사실에 긍정적임을 밝히고 있다.

또한 이론은 사변적으로 관찰에 선행되며, 그리고 연역적으로 설정되는 것이기 때문에 이론을 통해서만 실험과 관찰이 가능해진다. "물리학의 모든 이론은 사실 자체에 의해서만 형성되는 것이 아니라, 좀 더 물리적이고 철학적인 가정을 내포한 가설 이론의 바탕 위에서 만들어진다. 이런 이유 때문에 모든 이론은 새로운 사변적 증명 방식의 출현과 더불어 수정과 변화를 요구받는다. 더욱이 이 가정들은 그 성격상 철학적인 면을 지니고 있다. 관찰자와는 독립적인 과학적 인식 대상이 있다는 점에서 존재론적이며, 관찰자 혹은 인식자가 항상 그의 인식 대상과 관련된다는 점에서 인식론적이다."[44]

물리학자 보어와 아인슈타인의 철학적 태도에 대한 바이츠재커(C.F. von Weizsäcker)의 이야기는 철학과 과학 그리고 지식에 대한 태도의 연관성을 잘 드러내준다. "아인슈타인은 스스로가 그렇게 묘사했듯이 (…) 스피노자의 후예로서 무엇이 존재하는가에 초점을 두는 위대한 존재론적 전통에 있다." 그리고 "보어는 내가 볼 때, 우리가 무엇을 알 수 있는가라는 질문을 던진 칸트의 후

---

42 加來道雄(미치오 카쿠),『초공간 : 평행우주 시간왜곡 10차원 세계로 떠나는 과학 오디세이』, 박병철 역, 김영사, 2018, 500쪽.

43 W. Heisenberg,『철학과 물리학의 만남 : 현대과학의 혁명』, 최종덕 역, 한겨레, 1987, 10쪽.

44 위의 책, 11쪽 이하.

예로서 그의 질문은 인식론적이고 소크라테스적이다."[45]

과정과 시간, 필연과 우연, 보편과 특수, 철학과 과학의 통합을 시도하고 있는 프리고진(I. Prigogine)의 과학사상은 '포스트 과학(post science)'의 최전선이라 해도 지나친 말이 아님을 보여준다. 프리고진은 비평형과 비가역성은 모든 수준들에서 질서의 근원이며, 그것들은 혼돈으로부터 질서를 가져다 주는 기구라고 주장한다. 평형으로부터 멀리 떨어져 있는 불안정한 비평형 상태에서 미시적인 요동의 효과로 거시적인 안정적 구조로 나타날 수 있는데, 프리고진은 이때 나타나는 안정적 구조를 '소산 구조(dissipative structure)'라고 하고, 이런 과정을 '자기-조직화(Self-organization)'라고 부른다. 소산 구조와 자기 조직화가 바로 혼동으로부터 질서를 가져다 주는 메커니즘이라는 것이다. 프리고진의 과학사상은 전체적으로 볼 때 비결정론적 · 유기체적 · 생태론적인 성격을 띠고 있으며, 동양의 시간 개념과 유사한 측면이 엿보이기도 한다. 프리고진은 존재 그 자체를 시간과 독립된 정해진 현상으로 보는 것이 아니라, 혼돈적인 시간의 흐름 속에서 존재의 본질이 발현된다고 보고 있다.[46]

복잡계(complexity system) 이론에서는 1960년대의 카오스 이론으로서 하나의 문제를 과학과 철학이 함께 다룬다. "이 이론의 모형은 네 가지 요인을 지니고 있다. 첫째, 복합현상 과정은 연속적으로 변화하지 않고 서서히 누적되다가 갑자기 나타난다. 둘째, 복잡계는 아주 많은 수의 자유도(degree of freedom)를 지닌다. 셋째, 복잡계는 고전물리학이 다루는 닫힌 계가 아니라 열린 계이다. 넷째, 복잡계는 비선형계다. 복잡계 이론은 과학과 철학이 하나의 문제를 다루게 되는 공동의 장을 마련한다. 카오스 이론이 존재를 직접 묻는 것은 아니지만, 기존의 경험주의적 인식의 테두리를 붕괴시키고 나온 것임에는 틀림없

---

45 C.F.F. von Weizsäcker, "Heisenberg's Philosophy", *Symposium on the Foundation of Modern Physics: The Copenhagen Interpretation 60 years after the Comp Lecture*, Joensuu, 1987, p.280.

46 임경순 · 정원, 『과학사의 이해』, 다산, 2017, 457쪽.

다."[47] 파이어아벤트(P. K. Feyerabend)는 '통약 불가능성(incommensurability)' 테제를 제시한다. 개념의 의미와 해석, 그리고 그러한 개념을 포함하는 관찰 언명은 그것들이 발생하는 이론적 맥락에 의존한다. 경쟁 관계에 있는 두 이론은 어떤 관찰 언명도 공유하지 않는다. 이러한 경우 이 두 이론에 대한 논리적 비교는 불가능하다.[48]

논리실증주의를 비판한 콰인(W.V.O. Quine)과 비판적 실재론의 창시자인 셀라스(W. Sellars)도 전체론적 입장에서 과학과 철학의 구분을 없앤다. 콰인에 의하면, 분석명제가 경험적 명제인 종합명제와 구분되지 않는다고 하면서 과학과 철학은 다르지 않다고 한다. 소박한 귀납주의의 과학관은 핸슨, 쿤, 파이어아벤트 등에 의해 혹독한 비판을 받는다. 그들은 관찰과 관찰 언명의 이론 의존적 성격을 강조한다. 그들에 따르면 개인의 지각 경험은 관찰되는 대상의 물리적 특성에 의해서만 객관적으로 결정되는 것이 아니고, 관찰자가 이미 품고 있는 기대와 관점, 그리고 이론적 배경에서 상당한 영향을 받는다. "이러한 관찰의 이론 의존성 테제는 두 가지 논변으로 뒷받침된다. 첫째, 어떤 것을 '보는 것'이 아니라, 오히려 '무엇으로서 본다'이다. 관찰자가 보는 것, 즉 그가 어떤 대상이나 장면을 볼 때 얻게 되는 주관적 경험은 망막에 맺힌 상에 의해 결정되지 않는다. 그것은 관찰자의 경험·지식·기대·문화적 배경 그리고 대개는 관찰 당시의 내적 상태에 의해 결정된다. 따라서 우리는 동일한 대상을 보고서 이를 다르게 해석하는 것이 아니고, 처음부터 달리 본다. 둘째, 관찰된 사실을 기록하는 관찰 언명은 이론에 의존한다. 관찰 언명은 어떤 이론의 언어로 구성되어 있으며, 그것이 의존하는 이론적 혹은 개념적 틀이 정확할수록 더욱 정확해진다."[49]

과학철학자 슐리크(M. Schlick)는 진리의 발견을 목표로 하는 과학과 의미의

---

47 김국태, 「근대 과학철학」, 강신익 외, 앞의 책, 175쪽.
48 위의 글, 위의 책, 147~148쪽.
49 위의 글, 위의 책, 143쪽 이하.

발견을 목표로 하는 철학의 차이를 언급하면서도 과학자도 언어를 사용하여 이론을 구성해야 한다고 본다. 그는 과학의 언어는 모두 감각 자료의 언어로 환원될 수 있다는 논리실증주의의 입장에 선다. "앞에서 말한 바와 같이 과학자는 두 가지 일을 한다. 과학자는 명제의 진리성을 밝혀야 하며 동시에 명제의 의미도 밝혀야 한다. (…) 과학자가 자신이 과학을 할 때 사용하는 명제들 속에 숨어 있는 의미를 밝히는 일을 하고 있을 때에는 언제나 과학자가 아니라 철학자이다."[50]

신실증주의 과학철학자인 포퍼와 헴펠(C. Hempel)도 설명과 이해를 분리시키지 않고서 통합과학적 방법을 제시한다. 이것은 모든 학문의 방법이 될 수 있는 '연역—법칙적 프로그램'이다. 포퍼에 의하면 역사학은 특정 사실에 대한 인과적 설명 뿐만 아니라 사상 자체의 서술에도 관심을 갖는다. 역사학은 설명과 이해의 상호 보완적 관점에서 통합되어야 한다. 자연과학이든 역사학이든 설명의 기반 위에 설 수밖에 없고, 다만 역사적 설명은 일반적 설명 이론이 특수한 사실에 적용된 것에 불과할 뿐 설명이기는 마찬가지이다. 이런 점에서 역사학과 자연과학 사이에는 차이가 없다. 포퍼와 헴펠은 공히 인문과학이 자연과학의 설명 이론으로 포섭될 수 있다는 통일과학의 이념을 고수하면서 정신과학의 이해의 방법을 설명의 모델 속에 포섭하여 통합하고자 한다. 파이어아벤트와 로티가 주장하고 있듯이, 구체적인 논증 사이의 우열을 단번에 가려줄 수 있으며 더 나아가 타당한 과학적 논증이 어떤 것인가를 단호하게 말해줄 수 있는 영원한 중립적 기반이 있거나, 혹은 있어야 한다고 생각하는 것은 환상이다. 다시 말해, 우리는 그런 중립적인 영원한 기체에 호소할 수 없다는 것이다.[51]

이 지점에서 우리는 먼저 과학도 인간을 탐구한다는 사실을 통찰할 필요가

---

50 M. Schlick, "The Future of Philosophy"(1932), *Moritz Schlick Gesamtausgabe*. vol.6. F. Stadler, H.J. Wendel(hrsg.), Wien, 2008, 49쪽.

51 R.J. Bernstein, 앞의 책, 145쪽.

있다. 실제로 인간의 올바른 이해를 위해서 과학적 바탕이 필요함은 자명하다. 그리고 과학도 인간의 활동으로서 자연을 이해하고 해석할 뿐만 아니라, 심지어 조작하기도 한다. 따라서 과학과 철학은 기초학문과 보호학문으로서 공동 전선을 펼칠 필요가 있고 협업해야 한다.

우리는 해석학자 리쾨르의 사유와 과학철학자 해킹의 사유가 접점이 있음을 발견한다. 해킹은 2012년『퍼블릭 컬처(*Public Culture*)』저널과의 인터뷰에서, 과학은 항상 역사적으로 만들어지며 현재의 과학이 왜 이렇게 됐는지 이해하기 위해서는 진실하거나 확인됐다는 것만으로는 충분하지 않고, 그 출현의 맥락을 알아야 한다고 했다. 해킹은 과학이 발전하면서 인간의 범주와 분류를 만들어냈다고 본다. 그는 패러다임이 변해도 바뀌지 않는 연속적인 요소들을 '스타일'로 설명한다. 과학에는 수학적·실험적·확률적·분류적·통계적 같은 다양한 스타일이 있고, 이 스타일은 한번 만들어지면 잘 사라지지 않는다. 수학적 스타일은 고대 그리스 시대에 등장했지만 오늘까지 남아 있고, 실험적 스타일과 확률적 스타일은 17세기 과학혁명기에 만들어졌다. 물론 실험과 확률은 오늘날에도 과학의 핵심 방법론으로 사용된다. 인간을 연구하는 과학자들이 원래 없던 범주를 만들고, 이를 통해 사람을 분류하고 계량하면서 원래 없던 인간 유형(kinds of people)들을 만든다. 이렇게 만들어진 사람들은 그것을 자신과 타인을 구별짓는 인식의 방식으로 삼고 그에 맞추어 행동하면서 다시 이론적 개념을 정당화하게 된다. 해킹은 이를 '고리 효과(looping effect)'라고 한다.[52] 결국 "우리는 리쾨르의 해석학적 사유를 통해서, 계몽주의적 차원에서 과학적 지식이나 합리성을 고양하는 권위주의적 과학문화가 아니라, 과학기술을 인간화하고 이야기할 수 있는 새로운 과학문화의 가능성을 발견하게 된다. 그 속에서 비로소 과학기술이 독주를 멈추고, 다양한 계층의 많은 '자기'들의 이야기와 합주를 이룰 수 있는 무대가 마련될 것이고 융합을 지향할 것이

---

52 https://www.chosun.com/economy/science/2023/06/05/TDD7VULWPNAQRH-
COVSJLVEP7DQ

다."[53]

　이상의 논의를 정리하자면, 우리가 가지고 있는 공간에 대한 지식이 항상 부분적이고 주관적이며 불확실하며 조악하고 단순하다는 것을 인식하는 것이 중요하다. 과학과 철학의 기반은 비판적 사고와 반성적 사고이다. 더 나은 이해를 추구하여 새로운 지평을 열고 보다 넓은 시각을 가질 수 있도록 부단히 정진해야 한다. 이것은 공간해석학이 지향하는 과학적 공간 해석과 철학적 공간 해석의 지평 융합을 의미한다.

53　김선하, 「새로운 과학문화를 위한 해석학적 모색 : 설명과 이해의 변증법」, 『철학논총』 제38집, 새한철학회, 2004, 181쪽.

제16장

철학적 공간 해석과
인문 · 사회과학의 공간 해석과의 지평 융합

1. 공간과 인간의 관계

우리가 본질적으로 공간에 속해 있는 한, 우리의 공간 개념은 인간관에 반영될 수밖에 없다. 따라서 공간의 역사를 좇아가다 보면, 인간에 대한 생각의 변화를 필연적으로 만나게 된다. 이런 점에서 공간은 과학에 관련된 주제일 뿐아니라 근본적으로 인간에 관련된 주제이기도 하다.

특히 가다머의 철학적 기획 전체는 인문주의적 학식에 대한 변론이라고 특징 지어질 수 있다. 그가 전 생애에 걸쳐 보여주려 한 것은 인문주의 전통이 올바로 이해될 경우 오늘날 지배적 현상이 된 도구적 기술적 사고에의 몰입과 과학주의에 대해 본질적인 교정제가 될 수 있다는 것이다. 가다머에 따르면, 전승과 정당한 권위에 근거한 진정한 이해는 독특한 유형의 실천적 지식과 실천적 진리를 산출한다. "여기서 전개되는 해석학은 (⋯) 인문학의 방법론 자체가 아니라, 인문학의 방법론적인 자기의식을 넘어선 인문학이 정말로 무엇인지, 또한 인문학을 어떻게 세계에 대한 우리의 경험 총체와 연결시키는지 이해하려는 시도이다."[1] 가다머의 『진리와 방법』은 고전적인 생각을 좀 더 넓은

---

1   H.‑G, Gadamer, *Wahrheit und Methode, Grundzüge einer philosophischen Hermeneutik,*

구도 속에 놓으려는, 따라서 철학의 표준적인 문제의식에 대해서 일련의 해답을 제시하기보다는, 오히려 그러한 문제의식에서 멀리 떨어지려고 노력하는 인간에 대한 제기술이다.[2]

하이데거에 있어서 현존재(Dasein)의 존재는 모든 인식과 의지 이전에, 그리고 인식과 의지의 개시 범위를 훨씬 넘어서 항상 기분(Stimmung)을 통해서 자기 자신에게 개시되어 있다. 기분은 현존재의 존재 양식인 것이다. '기분에 젖어 있는 공간(der gestimmte Raum)'은 실존철학의 맥락에서 사용된 용어이다. 그것은 사람들이 감정적으로 또는 정서적으로 경험하는 공간이다. 따라서 공간을 공간적 경험에 대한 자아의 정서적 반응의 관점에서 볼 때 나타나는 것은 경험적 공간의 한 측면이다. 엄밀히 말하면 사람의 정서적 상황을 외부 세계 또는 공간으로 투영하는 것이다.[3]

무엇보다도 반성철학 · 현상학 · 해석학 · 정신분석학 · 신학 · 문학 · 역사를 비롯해 인문과학 전반을 아우르는 리쾨르 철학의 가장 큰 매력은 다양한 타자와 치열하게 대화하는 폭넓은 사유라는 점이다. 그리고 그러한 대화를 통해 앎을 행동으로 이끄는 실천적 지혜의 길을 모색한다는 점이다.[4] 리쾨르의 철학은 종교현상학 · 언어학 · 인지과학 · 분석철학등 다양한 학문 분야와 폭넓을 대화를 펼친다. 그의 철학을 관통하는 주제는 '할 수 있는 인간(homme capable)', 즉 주체로서의 인간의 가능성이다. 여기서 인간의 가능성이란 자기 삶의 주체로서 '좋은 삶'을 살아갈 수 있는 능력을 말한다. 비록 현재는 자신의 가능성을 온전히 펼치지 못함으로써 고통받을 수 있지만, 인간은 자신의 삶에 대한 성찰과 행동을 통해 자신의 삶을 바꿀 수 있는 능력을 가지고 있다. 그러한 '존재 노력(conatus)'은 인간을 다른 존재들과 구분짓는 가장 큰 특징이다. 따

Tübingen, 1975(이하 *WM*). xiii.

2   R. Rorty, 『철학 그리고 자연의 거울』, 박지수 역, 까치글방, 1998, 385쪽.

3   A. Grosztonyi, *Der Raum. Geschichte seiner Probleme in Philosophie und Wissenschaften* (Orbis academicus I/14, Band 1 und 2), Freiburg i. Br./ München 1976, p.36.

4   김한식, 『해석의 에움길 : 폴 리쾨르의 해석학과 문학』, 문학과지성사, 2019, 32쪽.

라서 그에게 있어서 인간에 관해 말하고 있는 것은 무엇이든 대화 상대자가 될 수 있다.[5] 리쾨르는 하나의 타원 안에 자리 잡은 두 초점, 즉 '비판'과 '확신'이라는 두 개의 초점으로 설정하고 대화와 중재를 시도한다.

리쾨르의 해석학은 기록이나 문헌의 뜻을 밝히는 의미 해석 과정에 대한 철학적 규명에서 시작하여, 이를 언어학, 문학, 역사(학), 인류학, 민속학 등 인문학의 중심영역에 일반적으로 적용할 수 있는 해석학 이론을 수립한다. 더 나아가서 이를 인간 행위의 사회적 국면에 대한 설명에 적용함으로써 해석학의 범위를 사회학, 정치학, 윤리학의 제문제로 확장시키려고 한다.

결국 리쾨르는 해석학을 통하여 '텍스트'에서 언어의 영역을 다루고 나서 인간의 '행동으로'까지 나아감으로써 모든 인간학적 관심사들을 포괄하고 그것들을 종합하려 한다.[6] 여기서 종합은 통합이 아니라 융합에 속한다. "학문의 융합(fusion)은 통합(unification)과 다르다. 그것은 모든 학문이 하나의 기초학문으로 환원되어 통일되는 것이 아니라, 두 개 이상의 학문이 함께 녹아서 새로운 학문으로 탄생하는 것이다."[7] 참다운 공간 이해를 위해서는 공간에 대한 합리적 인식과 함께 파스칼의 표현처럼, '섬세의 정신(l' espirit de finesse)'과 '마음의 인식(perception de le coeur)'이 필요할 것이다. 따라서 공간에 대한 근대과학의 동질적이고 기하학적인 인식과 그것과는 질적으로 다른 인문적인 공간 이해가 지평 융합을 통해 새로운 공간 해석의 창출이 요구된다.

2. 공간 해석의 공통 주제

잘 알려져 있듯이, "괴테(J.W. Goethe)는 자연과학적 세계상에 위축되고 있는

---

5   위의 책, 34쪽.

6   P. Ricœur, 『텍스트에서 행동으로(*Du texte à l'action. Essais d'herméneutique II*)』, 박명수 · 남기역 편역, 아카넷, 2002(이하 *TA*), 441쪽(역해).

7   이한구, 「융합은 시대정신이다」, 『철학과 현실』 84, 철학문화연구소, 2010, 20쪽 이하.

인문적 교양(humaniora)의 한계와 위기를 명백히 인식하고 있었다. 이러한 한계를 극복하기 위해서 자연을 진정한 인문학적 성찰의 대상으로 삼는다. 그는 경계를 설정하는 기존의 인문학적 방식으로는 자연과학의 증폭하는 영향에 직접적으로 대항할 수 없기 때문에 자연과학의 성과를 직접 비판적으로 검토함으로써 그 한계를 지적한다. 그것은 다시금 예술과 인문학의 정당성과 함께 새로운 가능성을 모색하고자 노력한 것이다. 이를 통하여 궁극적으로 인간을 이해하고 변화시킬 수 있는 가능성, 즉 교양(Bildung, 도야)의 기초를 마련하고자 한다."[8] 메를로퐁티는『지각의 현상학』에서 '기하학적 공간'을 '인류학적 공간'과 구분한다. "'실존적 공간'으로서 '인류학적 공간'은 환경과 관계 속에서 본질적으로 위치 지어진 존재의 세계에 대한 관계 경험의 장소이다."[9]

이런 맥락에서 공간해석학도 공간과 인간의 관계와 만남을 전제해야 성립할 수 있다. 그것은 공간에 대한 관점과 맥락 의존성과 공간 해석의 다원성, 그리고 공간의 의미와 가치의 차원을 다룬다. 가다머는 주도적인 인문주의적 개념들인 도야(Bildung), 공통 감각(sensus communis), 판단력(Urteilskraft), 취미(Geschmack) 등을 재평가한다. 그는 해석학의 보편성을 담지하는 근본 명제인 "이해된 존재는 언어이다"[10]라는 것을 강조하면서 객관적 방법론에 의존하여 진리를 발견하고자 한 근대의 학문적 경향과 방법의 이름으로 행해지는 객관주의의 주장들을 비판한다. 이로써 그는 데카르트 이후의 주객 이분법과 과학적 방법론을 넘어서고자 한다. "가다머는 정신과학을 방법으로 축소시키고 학문성(과학성)을 빌미로 근원적 경험의 차원을 도외시한 '방법론적 해석학'의 관점을 비판하면서 해석학적 사유의 보편성을 주창하는 '철학적 해석학'을 제안한

---

8   최성환, 「해석학에 있어서 자연의 문제 : 자연해석학의 정초 시도」, 『해석학연구』 vol. 25, 한국해석학회, 2010, 107쪽 참조.

9   M. Augé, 『비장소 : 초근대성의 인류학 입문』, 이상길 · 이윤영 역, 아카넷, 2017, 100쪽.

10   H.-G. Gadamer, *WM*, p.427.

다."[11]

가다머의 철학적 해석학에서는 역사와 문화 그리고 인륜적 세계로부터 '존재 일반'에로 관점의 전환을 시도한다. "철학적 해석학은 근대의식의 특유한 위선, 즉 과학적 방법과 과학에 대한 익명적 권위의 우상을 지적하고 바로 잡는다. 또한 철학적 해석학은 과제를 전문가에게 양도하는 대신에—자기 자신의 책임 아래 의사 결정을 하는—시민들의 가장 고상한 과제를 다시 회복하는 것이다. 이런 점에서 해석학 철학은 실천철학의 유서 깊은 상속자이다."[12]

이런 점에서 이제 공간해석학과 인문학의 공통된 주제들을 살펴보자. 이로써 과학적 공간관이 결핍하고 있는 인문학적 요소들을 밝혀보고 동시에 인문학적 공간론의 필요성을 부각시켜보고자 한다.

1) 공간과 기억

우리는 언제나 어디서나 '공간에 대한 기억'과 동시에 '기억의 공간' 내지 '기억의 장소'를 말한다. 일찌기 플라톤은 문자가 기억(memoria)을 대체할 수 있기에, 기억을 손상시키는 문자에 대해 비판적이다. 아우구스티누스도 인간의 영혼활동의 핵심으로 기억을 중시한다. 모름지기 기억은 문자로 기록될 수 없는 당시의 분위기와 감정, 그리고 시공간 등과 같은 수많은 공감각적 정보를 제공한다. 기억 내용은 기억 장소와 시간과 관련해 설명되어야 한다. 기억은 그것이 언제 어디서 일어났는지를 살펴야 한다. 기억한 것들은 본질적으로 장소와 연결되어 있다. 의식은 공간을 넘어 장소화된 시간과 지리적 장소의 객관 영역에까지 이르러 확실성을 만들기도 한다.[13] "내가 내 인생의 일부분을 완전

---

11 최성환, 앞의 글, 48쪽.

12 A. Harrington, *Hermeneutic Dialogue and Social Science: A Critique of Gadamer and Habermas*. Taylor & Francis, 2001, 136쪽.

13 정기철, 『폴 리쾨르의 철학 : 철학적 인간학 · 철학적 해석학 · 철학적 윤리학』, 시와진실, 2016, 168쪽.

히 잊어버려 다시는 그것을 기억하지 못할 정도가 되었다고 해보자. 이때 나는 한때 그런 행동을 한 그 인격과 같은 인격인가? 이 물음에서 먼저 '나'라는 말이 어디에 적용되는지 주목해야 한다고 본다. 이때 '나'는 오직 인간(man)만을 가리킨다고 대답할 수 있다."[14]

'기억의 장소'로 목록화되고 분류되고 승격된 이 예전의 장소들은 제한적이고 특수한 자리를 차지한다. "사람들이 산부인과에서 태어나고 종합병원에서 죽는 세상, 호화롭거나 비인간적인 양태를 띤 일시적인 점유와 통과 지점들, 즉 호텔 체인, 무단 점거, 바캉스 클럽, 망명자 캠프, 철거되거나 영영 썩어 들어갈 판자촌이 증식하는 세상, 거주 공간이 되기도 하는 교통수단들의 조밀한 네트워크가 발전하는 세상, 대형 매장, 자동판매기, 신용카드에 익숙해진 사람들이 '소리 없는' 상거래의 몸짓과 다시 관계 맺는 세상, 그리하여 고독한 개인성, 일시성, 임시성, 찰나성이 약소된 이 세상은 인류학자나 다른 연구자들에게 새로운 대상을 제시한다."[15]

무엇보다 경험된 공간은 인간의 추억을 간직한다. 공간마다 다른 추억과 기억들이 얽혀 있다. 이른바 생각은 공간을 부르고, 공간은 생각을 부른다. 기억은 의식의 공간에서 떠오른다. 이러한 예시를 한 사진작가의 다음과 같은 '작가노트'에서 살펴볼 수 있다. 여기서 우리는 작가 본인의 고유한 공간 체험을 통한 기억에 대한 심도 있는 고찰을 엿볼 수 있다.

작가는 어린 시절 바다에서 익사할 뻔했던 기억에서부터 시작한다. 작가는 죽기 직전의 다급한 순간, 넘실대는 수면의 안팎을 드나들며 보았던 아름다운 풍경이 아직도 생생하다고 한다. 이후 바다는 죽음의 공포와 찬미할 만한 아름다움이 공존하는 역설적인 풍경으로 작가의 뇌리에 남게 되었다. 작가는 바다라는 끝없는 공간이 담아내는 무수한 기억의 중첩을 이야기한다. 프랑스 유학 시절 같은

---

14 J. Locke, *An Essay Concerning Human Understanding*, Oxford University Press, 1979, p.2, p.27, p.10.
15 M. Augé, 앞의 책, 97쪽 이하.

건물에 살았던 베트남 난민 이웃에게 바다는 자국을 등지고 생존을 위해 필리핀까지 헤엄쳐야 했던 사투의 공간이었고, 시리아 난민에게 바다는 정원이 초과된 배의 끝자락을 붙잡고 헤엄치던 필사의 공간이었을 것이다. 또한 난민으로 인해 관광산업이 전멸한 바다를 하염없이 바라볼 수밖에 없었던 해안가의 누군가에게 바다는 절망의 공간이었을 것이다. 이처럼 작가는 바다라는 광활하고 추상적인 풍경에 각자의 기억을 대입하여 바라볼 것을 제안한다.[16]

앞서 진술한 바대로, 오늘날 새로운 인공적인 공간 및 사이버공간의 대두는 자연적 공간을 장악하고 그것을 점차 사라지도록 강요하고 있다. 이로 말미암아 인간뿐만 아니라, 또한 모든 존재자들이 지닌 자신의 고유한 장소도 박탈당할 수 있는 위기에 처해 있다. 이로 인해 인간 존재 및 뭇 존재자들이 가상공간의 체험과 '기억의 물화'[17]를 통하여 자신의 존재론적 토포스의 전이를 경험하게 된다. 이런 현상을 우리 시대의 존재론적 재앙으로 표현하기도 한다. "더욱이 오늘날 사이버공간이 우리의 생활공간을 대체하며, 인간의 근원적 존재방식에 도전해 오고 있는 실정이다. 영화 같은 현실, 즉 어쩌면 '기술 신(Deus ex maschine)'이 지배하는 매트릭스의 공간과 실제의 삶의 공간과의 영토전쟁이 불가피할지도 모를 일이다."[18]

인간이 장소성에 개입되는 주된 방식이 기억과 재현이다. 특정 장소를 중심으로 한 사물과 사건이 어떻게 기억되고, 그리고 어떻게 재현되는가에 따라 장소성의 내용은 달라진다. 따라서 사물을 기억하고 재현하는 것은 결코 단순한 작업이 아니며, 거기에는 권력관계, 즉 기억의 정치, 재현의 정치가 작동한

---

16 홍순명, 「비스듬한 기억 : 역설과 연대」, 국립현대미술관 서울, 〈나 너의 기억〉, 2022, 4.8~8.7 전시 해설 참조.

17 이기현, 「정보사회와 매체문화」, 김상환 외, 『매체의 철학』, 나남, 2005. 오늘날 "정보매체가 대행하는 공간의 확장이나 기억의 증폭은 인간의 신체적/인지적 한계를 기술적으로 극복하게 해준다. 하지만 정보매체를 통한 공간의 체험과 메모리의 작동은 모두가 실제적이 아니라는 의미에서 가상적이다. 사이버스페이스의 핵심은 이 전자화된 공간과 기억의 물화에 있는 것이다."(364쪽).

18 김상환 외, 위의 책, 55쪽.

다.[19] 리쾨르는 기억을 다음과 같이 논한다. "역사 아래 기억과 망각이 있고, 기억과 망각 아래 삶이 있다. 하지만 삶을 쓴다는 것은 또 다른 역사(이야기)이다. 미완성."[20] 기억은 결국 죄의식과 책임의 문제로 돌아가고 해석학은 존재론에서 윤리학으로, 정의와 권력의 문제로 넘어간다.[21] 우리는 공간 담론에서 공간의 기억, 그리고 기억의 공간을 다루어야 한다. 공간해석학은 기억 속에 내장된 공간 그리고 공간에 새겨져 있는 기억을 해석할 수 있어야 한다. 그것을 통해 인간성의 중요한 존재론적인 핵심인 공간성을 이해할 수 있게 된다.

2) 공간과 신체

오늘날 사회과학과 인문학 그리고 철학 분야에서 '공간과 신체(space and body)'라는 주제는 주목받고 있다. "공간과 신체는 최근 관심의 중심에 서게 되었는데, 벌써 사회과학의 '지리학적 전환'(W. Berking) 내지는 '신체적 사회'(K. Tumer)라는 말을 하고 있다. 신체와 공간의 무의미성, 신체와 공간의 소멸과 종말이라는 대중적 명제와는 달리 신체와 공간, 이 두 개념들은 사실상 성찰의 중심에 서 있다."[22] 니체는 이제까지 이성에 의해 배제되었던 권력·몸·욕망을 철학적 사유의 중심으로 올려놓음으로써 이성중심주의에 커다란 물음표를 던진다. 메를로퐁티의 '현상의 몸/신체(Leib)', 듀이의 '연속성의 몸', 비트겐슈타인과 리쾨르에서의 '자연의 몸'은 객관주의와 상대주의의 이분법적 대립을 해소할 수 있는 실마리로서 그 중요성을 지닌다.

현상학적 사회학에서 공간과 신체의 연관성은 공간이 신체 없이는 도무지 경험 불가능하다는 가정에서 나온다. "나의 신체는 공간 속의 한 대상물이 아

---

19 부산대학교 한국민족문화연구소 편, 『장소성의 형성과 재현』, 혜안, 2010, 5쪽 이하.

20 P. Ricœur, *La Mémoire, l'histoire, l'oubli*, Paris: Seuil, 2000, p.656.

21 김한식, 앞의 책, 40쪽.

22 M. Schrör, 『공간, 장소, 경계공간의 사회학 이론 정립을 위하여』, 정인모·배정희 역, 에코리브르, 2010, 313쪽.

니라, 생활세계의 공간적인 분절에 대한 내 모든 경험의 조건이다. 어떤 상황에서든 나의 신체는 위아래, 좌우, 앞뒤를 가지고 있는, 세계 내 하나의 조합 중심으로서 작동한다."[23] 발덴펠스(H. Waldenfels)는 공간과 신체의 관계의 다양성을 언급한다. "우리가 머무는 공간은 여러 상이한 유의미성의 지대들을 보여주는데, 이 유의미성의 지대들은 신체의 기관들과 신체의 성감대가 가지고 있는 다양성과 동일하다."[24] 신체는 공간 속에서 개인이 정향을 하기 위해 필요한 출발점을 제공한다. 각각의 '여기'에서부터 다른 모든 신체들이 각각 특수한 간격을 두고 '저기'에 집단화되는 것이다. 그러한 한에서 한 대상물의 객관적으로 규정될 수 있는 각각의 특수한 장소로부터의 그 대상에 대한 지각이 존재할 뿐이다.[25]

후설이나 사르트르(J.-P. Sartre)가 의식의 현상학에 머문 반면에, 메를로퐁티는 지향적 의식을 신체로 대체하며, 육화된 의식으로서의 신체를 지향성의 중심으로 규정한다. 그는 현상학적 입장에서 심신 이분법의 틀을 넘어선 심신 합일을 주장한다. "우리는 우리의 신체에 의해 세계에 내속되고, 우리의 신체에 의해 세계를 지각한다."[26] 여기서 내속(內屬)이란 '세계에 내속한 존재(être au monde)'라는 뜻이다. 그의 출발점은 현상적 신체에 있다. 이 현상적 신체는 '인간 삶의 공간성' 혹은 '체험된 공간(gelebte Raum/lived Space)'으로 해석된다. 그는 있는 그대로의 세계를 일차적으로 만나는 지각에 절대적 우선권을 인정한다. 지각하는 자아는 의식적 경험에 앞서 지각 경험을 익명적으로 수행하는 자아이다. 신체적 주체로서 우리는 이미 신체로서 세계에 거주하며, 이 신체를 통해 세계로 향하며 나아간다. 신체는 그것을 통해 자신을 둘러싼 대상 세계를

---

23 A. Schüz, *Strurukturen der Lebenswelt*, Konstanz, 2003, p.152.

24 B. Waldenfels, *Sinnesschwllen. Studien zur Phaenomenologie des Fremden 3*, Frankfurt a.M., 1999, p.207.

25 M. Schrör, 앞의 책, p.315.

26 丸田一(마루타 하지메), 『장소론 : 웹상의 리얼리즘과 지역의 로맨티시즘』, 박화리, 윤상현 역, 심산, 2011, 87쪽.

체험하기 위한 도구이다. 그러므로 신체는 대상 세계를 체험하는 주체의 한 부분이다. 또한 신체는 그 자신이 대상으로서 체험되는 공간의 하나이기도 하다. 신체는 마음의 향토 공간이라고 하듯이, 신체 자신이 하나의 체험된 공간, 그것도 가장 근원적으로 체험된 공간이라고 말할 수 있다. 그러한 이상 신체는 체험되는 객체 쪽, 즉 환경 쪽에 있다. 이처럼 신체는 양의적이며 순환적인 기능을 갖는 불가사의한 존재이다. 주체와 객체와의 경계에 위치하며 양자를 매개하는 것으로 처음부터 전체적인 관계로서 존재하고 있는 것이다.[27]

슈뢰르(M. Schrör)는 3단계로 나누어 다음과 같이 '공간과 신체'의 관계를 다룬다. "① 신체로서의 공간 : 사회는 공간으로 보인다는 것이며, 이 공간은 하나의 신체라는 것이다. 두 가지 표상이 이미 오래전에 극복해낸 것처럼 여겨지지만 오늘날까지도 이런 생각은 여전히 새로운 모습으로 다시 발견된다. ② 공간으로서의 신체 : 용기-공간으로서의 신체 이미지. ③ 신체와 공간-경계의 위치 이동."[28] 슈뢰르는 이미 '흐름의 공간(space of flows)'에 대해 언급한 것처럼, 이제는 '흐름의 몸(body of flows)'을 이야기한다. 경계의 불명확성과 공간 관계의 증가는 장소화를 어렵게 만들고, 기존의 공간적 배치와 갈수록 들어맞지 않는 신체가 적응하기 힘들게 한다.[29] 르페브르에게서 몸은 무엇인가? "몸은 공간 생산의 주체로서 출발점이자 도착점이다. 몸, 그것은 '다양' 그 자체요, 자연적 신체로서 신진대사를 위해 그 밖의 대상 세계와 감응하는 몸이다."[30] 그리하여 "공간에 의해 생산된 생산물로서의 공간적인 몸은 직접적으로 대칭, 상호작용, 행위의 상호성, 축과 평면, 중심과 주변, 구체적인 대립, 다시 말해서 시간-공간적인 대립 등 공간이 지니는 특성을 고스란히 전달받는다."[31] 또

---

27 위의 책, 88쪽.
28 M. Schrör, 앞의 책, pp.313~337.
29 위의 책, pp.321~322.
30 김경수, 「헤겔의 관념변증법의 공간화 : 앙리 르페브르의 『공간의 생산』 연구」, 『철학탐구』 제39집, 중앙대학교 철학연구소, 46쪽.
31 H. Lefèbvre, 『공간의 생산』, 양영란 역, 에코리브르, 2011, 295쪽; 김경수, 위의 글.

한 "이중적 기계로서 몸은 먼저 밖의 세계에 오감으로 감응하는 존재로 미세 에너지를 주고받으며, 또한 신진대사를 위해서는 대량 에너지를 상호 교류한다."[32] 공간의 변용은 인간을 변화시킨다. 미국의 모더니즘 시인인 스티븐슨(W. Stevens)은 '특별한 여섯 가지 풍경'에서 말한다.

> 사각모자를 쓴 이성주의자들이
> 사각형의 방에서 생각에 잠겨
> 바닥을 응시하고
> 천장을 바라본다.
> 그들은 직삼각형 안에
> 자신을 가둔다.
> 마름모에 들어갔더라면,
> 원뿔, 물결선, 타원에 들어갔더라면,
> 만약 반달의 타원 안에 들어갔다면,
> 이성주의자들도 솜브레로(sombrero)를 썼을 텐데.[33]

인지(cognition)의 본질과 인지가 건축 환경 경험에서 수행하는 역할을 탐구하는 건축평론가인 골드헤이건(S.W. Goldhagen)은 '공간과 신체'와의 관계를 강조하면서 다음의 세 가지를 받아들여야 한다고 주장한다. "첫째, 신체는 인간의 정신적 사고 작용을 형성하고 깊은 영향을 준다. 둘째, 인간의 신체는 그간 살아온 환경에 따라 형성되며 내면의 인지적 삶 대부분은 인간의 의식 수준 아래, 언어 세계 바깥에서 일어난다. 셋째, 이런 요소는 인간이 세상을 살아가는 방식을 다르게 이해하도록 만든다."[34] 이상에서 우리는 공간이 인간의 인지와 행동에 미치는 영향을 확인할 수 있다.

---

32   H. Lefèbvre, 위의 책, 296쪽.

33   W. Stevens, *The Collected Poems of Wallace Stevens*, New York: Vintage Books, 1954 참조.

34   S.W. Goldhagen, 『공간의 혁명 : 행복한 삶을 위한 공간심리학』, 윤제원 역, 다산사이 언스, 2019, 111쪽.

리쾨르에 의하면, 데카르트의 코기토와 칸트의 선험적 주체 그리고 후설의 선험적 직관에 의한 세계 이해는 생각하는 주체를 지나치게 과대평가한 것이다. 의지나 욕망 또는 육체라는 불투명한 경험 영역, 다시 말해서 온전한 의미에서의 실존을 통한 세계 이해를 거쳐야 주체의 모습을 제대로 볼 수 있다는 것이 리쾨르의 지론이다. 따라서 그는 순수의식이라는 환상에 맞서 니체, 마르크스, 프로이트라는 의혹의 거장들과의 대화를 통해 코기토의 가능성과 한계를 드러내고자 한다.[35] 이런 점에서 공간적 장소를 이해하기 위한 왕도를 제공해온 것은 의식이 아니라, 신체라는 것이 새로운 논점이다. 따라서 '공간과 신체'는 다양한 학문 분야의 공통 주제로서 공간해석학에서 계속적으로 탐구해가야 하는 중요한 논제이다.

3) 공간과 언어

서양의 문화사 속에서 호메로스(Homeros)의 서사시로부터 시와 철학 그리고 예술은 존재가 발생했던 장소이다. 언어가 언어로서 일어나는 곳은 바로 진리가 일어나는 언어예술, 곧 시(Dichtung)이다. 하이데거에게서 진리의 토포스가 옮겨가는 과정을 보면, 예술로부터 시를 거쳐 근원적 언어에로 옮아간다. 예술의 근원은 시이고, 시의 근원은 언어이다. 동시에 시와 언어를 동일한 사태로 보기도 한다. 이런 점에서 시는 말에 대한 경의를 최대한 표시하는 예술형식으로 간주된다.

이해와 해석의 대상인 공간은 언어적 특성을 갖는다. 모름지기 해석학의 원천은 언어이다. 하이데거에 의하면 언어는 '존재의 집(Haus des Seins)'이고, '근원적 토포스'이다. 그 언어의 거처 속에 인간은 거주하며, 사유자들과 시인들은 이 거처의 파수꾼들이다. 언어는 존재를 개시하고 품는 장소이다. 언어는 '존재의 집'이기에, 우리는 언제나 이 집을 통과함으로써 존재자에 이르게 되며,

---

35 김한식, 앞의 책, 32쪽 이하.

샘으로 가거나 숲속을 지나갈 때, 우리는 이미 샘이라는 낱말을 통과하고, 숲이라는 낱말을 통과한다.[36] 시인은 그러나 머무는 것(현존자, 존재자)을 건립한다. 그러므로 말이 없이는 사물도 없을 것이라고 단언한다.[37]

언어에 대한 하이데거의 존재론적 해석은 언어를 존재자로서가 아니라, 그것에 의해 모든 것이 존재하게 되는 지평으로 규정한다. 말하자면 언어는 단순히 우리의 생각을 나타내는 수단이 아니라, 존재를 개시하는 지평이다. 언어를 통해 존재는 우리에게 말을 걸어온다. 언어는 '존재의 집'으로서 있음을 있는 그대로 드러내고 보존하는 존재의 사원(寺院), 그리고 시인과 사유자는 그 사원의 사제이다. 모든 사유는 언어 안에서 언어로 이루어진다. 인간은 늘 언어와 함께 언어를 통해 존재하고 있다. 언어에 의해 인간의 인간다운 삶의 공간과 역사적 공간 그리고 거주 공간이 열린다. 후설에게서도 인간의 고향세계는 본질적으로 언어에 의해 규정된다.[38]

하이데거에 의하면, 사물(Ding)은 물리적 연장 공간 안에 존재하는 것이 아니라, 하늘과 땅, 죽을 운명의 인간과 신성함 사이에서 그 관계를 모으며 존재하는 것이다. 사물이란 뜻의 독일어 Ding의 시원을 따라가면 Ding은 원래 thing이며, 이 말에는 원래 모은다(versammeln)라는 의미가 숨어 있다. 따라서 하나의 터로서 지어지는 건축물은 땅에 의해 지탱되고 하늘을 향해 떠오름과 동시에 외부와 내부를 가름(Unterschied)한다. 그럼으로써 비로소 하늘과 땅, 내부와 외부를 관계 지어주는 방식으로 이 모든 것을 모으며 그 의미를 밀집시키는 사물이라는 것이다. 사물은 하늘과 땅의 신성함과 죽을 운명의 인간이 바로 거기에 아우러지는 사방(das Geviert)의 모여듦이다. 따라서 공간은 이미 사물에 앞서 존재하며 사물에 무차별적으로 선행하는 균질적 공간이 아니다. 다

---

36   M. Heidegger, *Nietzsches Metaphysik*(Wintersemester 1944/45), Frankfurt a.M., 2007 (GA. 50), p.310.

37   M. Heidegger, *Unterwegs zur Sprache*(1950~1959), Frankfurt a.M., 1985(GA. 12), p.177.

38   E. Husserl, *Zur Phähnomenologie der Intersubjektivität. Text aus dem Nachlaß*, Dritter Teil(Husserliana XV), The Hague, 1973. pp.224~225.

리가 놓여 있는 공간은 다리라는 사물이 지어짐으로써 비로소 사방이 모이는 장소성을 획득하고 그 장소성을 중심으로 비로소 공간으로서 형태화된다.[39]

그러면 하이데거에 있어서 '말하기'와 '그리기'는 어떤 연관이 있는가? "하이데거에 있어서 이러한 '말하기'는 특히 '그리기(Bilden)'의 근본 특징을 지니고 있다. 즉 「언어와 고향」에서 '말하기'는 '그리기'로서 '이리로 앞에 가져옴(Her-vor-bringen)', 즉 '가리키기'이다. '그리기'는 고고지 독일어 동사 'pilon'으로 소급된다. 이것은 밀치기, 몰아가기, 앞으로 몰기를 의미한다. 그리기는 '이리 앞으로 가져옴', 즉 비은폐성 속으로, 열려 있는 것 앞으로 그리고 은폐된 것과 자기은폐적인 것으로부터 이리로 가져옴이다. 그와 같이 이해된 앞으로 가져온 것, 그려진 것이 형상으로서의 창조물(Gebild)이다."[40] 또한 "'말하기'의 동사의 오래된 의미는 가리킴(Zeigen), 즉 어떤 방식으로 있고 존재하는 바의 것을 나타나게 함이다. 말하기는 근원적으로, 인간의 이리로 앞에 가져옴의 모든 방식들을 나르고, 안내하고, 규정하는 이리로 가져옴, 즉 그리기의 방식이다. 말하기는 통상적인 이야기보다 더 지시적이다. 즉 정도에 따른 것이 아니라, 본질적으로 더 그쪽에서 앞으로 가져오는 것이다. 따라서 '존재의 토폴로지'는 '존재의 장소에 대한 말하기'로서, 존재가 일어나고 존재 진리가 구현되는 장소를 그리고, 가리키고, 나타내 보이고, 이리로 앞으로 가져오는 철학적 기투 행위로 이해할 수 있다. 이것 없이는 장소는 어둠 속에 있게 된다. 이런 점에서 '존재의 토폴로지'는 말하기를 통해 장소를 드러내고 밝히고 그려내는 철학적 작품행위, 즉 철학적 회화이다."[41] 이는 마치 예술작품을 통해 돌의 육중함과 무거움, 나무의 단단함과 유연함, 광석의 견고함과 광채, 색의 빛남과 어두움, 음향의 울림, 낱말의 명명력을 출현시키는 것과 같은 창조적 행위이다.[42]

'존재의 토폴로지'에서 "토포스를 밝히는 것은 근본 낱말들을 밝히는 것이

---

39 M. Heidegger, "Das Ding", *Vorträge und Aufsätze*, Frankfurt a.M., 1978(GA. 7), p.172.

40 위의 책, p.103.

41 M. Heidegger, *Aus der Erfahrung des Denkens*, Frankfurt a.M., 2002, p.103.

42 M. Heidegger, *Holzwege*. Frankfurt a.M., 1972, 2003(GA. 5), p.32.

며, 그 말해진 것 속에 깃들어 있는 은닉된 존재의 말걸어옴을 경청하는 것이다. 근원적 토포스는 언어적 사건이다. 근본 낱말 속에는 학문적인 진술(Aussagen)과는 다른 모종의 말함(Sagen)이 편재되어 있다."[43] 이 낱말들은 형이상학적인 표상 행위를 통해 이루어진 개념들이 아니다. 사유의 근본 낱말들은 말함이 주재하고 있는 토포스이다. 예를 들자면, 존재 진리의 현대적 토포스인 '몰아세움(Gestell)'이란 낱말에서 피시스(Φύσις)와 테시스(θέσις)의 대립, 칸트의 존재를 '정립'이라 한 것까지 읽어내야 한다. 그러므로 서양의 형이상학적 사유 속에서 스스로 알려왔던 기존의 것(낱말들, 명제들)에서 비은폐성이 근거하고 있는 그런 은닉성에 대해 회상하는 것이 중요하다.

가다머에 있어서 우리의 모든 세계 경험과 특히 해석학적 경험이 전개되는 출발점은 언어라는 중심이다.[44] 모든 이해는 곧 해석이며, 모든 해석은 언어라는 매체를 통해 이루어진다. "대화와 마찬가지로 해석이라는 것은 질문과 답변의 변증법을 통해 완결되는 순환적 구조를 갖는다. 그것은 언어를 매체로 수행되는 진정한 역사적 삶의 관계에 해당된다. 따라서 텍스트 이해를 대화에 비견할 수 있는 것이다."[45] 이해가 언어를 매개로 이루어진다는 것은 곧 영향사적 의식이 구체화된다는 뜻이다. 세계 경험의 언어적 특성은 존재자로 인식되고 언명되는 모든 것에 선행한다. 언어와 세계가 근본적인 관계를 맺고 있다는 것은 따라서 세계가 언어의 대상이 된다는 뜻이 아니다. 인식과 언술의 대상이 되는 것은 오히려 이미 언어의 세계지평 속에 포함되어 있다. 진리에 대한 해석학적 경험은 전통뿐만 아니라 언어에 의해 조건 지어진다. 가다머의 철학적 해석학에서 언어에 대한 진리의 관계는 존재와 관련하여 설명된다. 언어는 주로 세계의 존재 또는 의미 있는 질서와 그 안에서 우리가 만나는 사물을 보여주는 매체이다.

---

43 M. Heidegger, *GA*. 9, p.403.

44 H.-G. Gadamer, 『진리와 방법 (2): 철학적 해석학의 기본 특징들』, 임홍배 역, 문학동네, 2022(이하 *WM 2*), 403쪽.

45 H.-G. Gadamer, *WM 2*, 309쪽.

가다머에 따르면, "이미 모든 정신과학과 자연과학에 앞서서 경험된 세계는 하나의 언어적 이해 연관을 형성하고, 그것의 내부에서 우리에게 사물들이 이런저런 방식에 의해 드러난다."[46] 그에게 있어서 "이해된 존재는 언어이다."[47] 우리의 이해와 해석은 역사적 해석학적 상황으로부터 벗어날 수 없다고 본다. 동시에 그는 언어·지평·역사성에 대한 반성을 통해 미적 의식과 역사주의에 대한 비판을 가함으로써 상대주의를 비판하면서 개연성에 의해 도출되는 진리 주장을 옹호한다. 그의『진리와 방법』은 본래 '진리 대(對) 방법'을 의미한다. "근대 의식에 자리 잡고 있는 특수한 위선, 즉 과학적 방법과 과학에 대한 익명적 권위의 우상을 바로잡는 것을 자신의 해석학의 중요한 현안 문제로 설정한다."[48] 그는 해석학이 진리에 이르는 방법이 아님을 선언한다. "해석학적 현상은 방법의 문제가 결코 아니다."[49] 가다머에 의하면 슐라이어마허도 해석학의 문제를 단지 문자 텍스트를 이해하는 것에서 언술 행위 전반을 이해하는 것으로 확장시켰다고 본다.

이상의 논의를 정리해보자. 근원적인 토포스가 언어적 사건으로 파악된다면, 그리고 언어가 공간을 드러내고 밝히는 매체로 이해된다면, 공간과 언어의 관계에 대한 이해는 필수불가결한 것이다. 따라서 공간해석학에서는 '공간과 언어'의 관계를 반드시 중요한 논제로 삼아야 한다.

4) 공간과 이야기

인간은 시간과 공간 속에 존재하기에 인간을 이해하려면 시간 경험과 공간 경험이 문제가 된다. 인간의 다양한 시간 경험과 공간 경험은 이야기로 잘 이해하게 된다. 철학은 종래에는 '진리'에 대해 고찰하였지만, 이제는 철학의 연

---

46 최성환, 앞의 글, 32쪽.
47 위의 책, 427쪽.
48 H.-G. Gadamer, *WM*. p.61.
49 H.-G. Gadamer, *WM*. xi.

구지평의 확장으로 인하여 '이야기(récit, story)'에 관심을 가져야 한다. 왜냐하면 진리는 이야기의 외피가 필요하고, 이야기 속에 진리가 깃들어 있고, 진리는 이야기로 드러날 수 있기 때문이다.

대개 이야기(서사)는 시간성과 연관된 것으로 본다. 그러나 시공이 분리될 수 없기에 '공간과 이야기'도 고려되어야 한다. 공간에 관한 이야기들에서 공간의 본질과 의미를 해독할 수 있을 것이다. 예컨대, 호메로스의『일리아드』와『오딧세이』, 성서의「창세기」, 플라톤의『티마이오스』에서의 데미우르고스의 제작 이야기, 단테의『신곡』등에서 공간에 대한 이야기를 주목해야 한다. 또한 신화는 자신의 서서적 구조를 사용하여 과오의 경험이 가진 극적인 특성을 설명할 수 있다. 신화는 이야기라는 특수한 수단을 사용하여 상징적 기능을 수행한다. 왜냐하면 신화가 의미하는 것은 드라마로 되어 있기 때문이다.[50]

이야기는 인간의 세계관을 담는 도구이고 그것을 전달하는 매개이다. 이야기는 시간적 존재의 조건이 될 수 있고, 공간적 존재의 조건이 될 수 있다. 이야기는 역사적 시간경험을 틀에 맞게 새롭게 만들 수 있다. 이야기에는 문화·사회·역사를 변화시키며 창조하는 힘이 있다. 이야기의 창조성은 과거 사건을 새롭게 구성하고 변형하도록 새로운 형식을 부여한다.[51] 특히 리쾨르는 이야기를 '언어 구조'로 본다. 우리는 이야기 속에서 언어화된 삶의 형식을 말할 수 있는 것이다. 그는 이야기의 여러 유형들과 장르들 간에는 기능적인 통일성이 있다는 가정을 세운다. 그 가정의 근거는 다음과 같다.

> 이야기하는 행위가 여러 가지 형식으로 표시하고, 분절하고 밝혀내는 인간 경험의 공통성은 '시간성'이다. 사람들이 이야기하는 모든 것은 시간 속에서 생겨나고 시간이 걸리고 시간적으로 전개된다. 그리고 시간 속에서 전개되는 것은 이

---

50 P. Ricœur,『해석이론 : 담화 그리고 의미의 과잉(*Interpretation Theory: Discourse and the Surplus of Meaning*)』, 김윤성 역, 서광사, 1998(이하 *IT*), 162쪽.

51 정기철,『폴 리쾨르의 철학 : 철학적 인간학·철학적 해석학·철학적 윤리학』, 시와진실, 2016, 310쪽

야기가 될 수 있다. 그리고 시간과정도 어떤 방식으로든 이야기가 될 수 있는 범위에서만 인식될 수 있을 것이다. 이러한 이야기성과 시간성의 상호성은 '시간과 이야기(Temps et Récit)'의 주제이다.[52]

리쾨르의『시간과 이야기』는 아우구스티누스를 통해, 시간을 규정하려는 철학이 안고 있는 근본적인 아포리아를 재발견한다. 리쾨르의 독창성은 이러한 아포리아를 발견할 수 있는 방법을 시학, 특히 이야기에서 찾고 있다. 서사시, 민담, 전설, 신화, 희곡, 소설에서 실제적인 사건을 기술하는 역사 이야기에 이르기까지 비가시적 시간을 형상화하는 이야기의 특성은 이렇게 설명된다. "시간은 서술적 방식으로 진술되는 한에 있어서 인간의 시간이 되며, 반면에 이야기는 시간 경험의 특징들을 그리는 한에 있어서 의미를 갖는다."[53] 우리는 어떤 사건들을 이야기하는 것이며, 그 사건들은 하나의 줄거리로 엮어 이야기되는 것이다. 은유와 마찬가지로 이야기에 대해서도 의미론적 혁신을 말할 수 있으며, 이는 줄거리가 갖는 대상 지시 기능과 진리 주장의 문제로 이어진다. 줄거리는 혼란스런 시간 경험에 질서를 부여하며, 살아 있는 이야기는 인간으로 하여금 역사적 시간을 가로질러 시적 상상의 세계에 머물 수 있게 함으로써 숨겨져 있던 삶의 가능성을 열어준다.[54] 자기(soi)는 불변의 동일성이 아니며, 그렇기에 변화 속에서 만들어지는 정체성이 문제시된다. 삶이란 매순간 봉착하는 실존적 선택을 통해 자기 이야기를 만들어가는 것이다. 물론 소설의 이야기와는 달리 자기 삶의 이야기의 결말은 알 수 없지만, 결말을 염두에 두고 미래를 향해 자기를 투사하는 것이다. 이처럼 지나간 과거의 삶을 재구성하면서 미래를 예견하고 현재를 살아가는 삶은 이야기 방식을 닮았기에 '이야기 정체성'이라고 부른다. 설명은 이야기에 반드시 포섭되어야 함을 리쾨르는

52　P. Ricœur, *TA*, 2쪽 이하.

53　P. Ricœur,『시간과 이야기 1 : 줄거리와 역사 이야기(*Temps et récit*)』, 김한식 · 이경래 역, 문학과지성사 1999, 25쪽.

54　김한식, 앞의 책, 38쪽 이하.

다음과 같이 역설한다.

> 만일 역사가 이처럼 이야기를 따라가는 우리의 능력에 뿌리를 내리고 있다면,
> 역사적 설명의 두드러진 특징은 우리를 따라오도록 만드는 기본적인 이야기의
> 능력을 도와 그 능력을 전개시키는데 있는 것으로 간주되어야 한다. 달리 말하
> 면, 설명은 독자가 좀 더 따라오도록 도와주는 기능 외에 다른 기능을 갖고 있지
> 않다. (…) 그러므로 설명은 이야기라는 직물의 조직 안으로 짜여져 들어와야 한
> 다.[55]

이야기는 공간이나 장소가 아니라 기억과 함께 시간에 훨씬 더 구체적으로
연결된 것으로서 이해되는 경우가 훨씬 더 많다. 그러나 시간과 공간이 서로
연관된 차원의 형식들로서 함께 이해되어야 마땅한 것처럼, 서사 역시 시간
과 연결될 뿐만 아니라 공간과도 연결된 것으로 이해되는 것이 옳다. 서사가
하나의 공간이나 지역의 일원성을 파악하고 분명히 하는 수단을 제공하듯이,
서사 자체는 그런 공간적이고 지형적인 구조들과의 관계에서만 성취될 수 있
다.[56] 공간과 장소의 질서가 주관성에 대해 갖는 부분적 의존성은 특히 중요한
방식으로 그런 질서에서 서사의 역할에 반영된다. 서사는 비슷한 방식으로 자
아 정체성 자체가 달성되고 확립되는 장소와 풍경들을 구조화하고, 기억과 자
아정체성을 구조화하는 것으로 여겨질 수 있다.[57] 정치철학자 아렌트도 인간
실존의 의미가 세계를 변하게 하는 힘일 뿐만 아니라, 이야기체 담론에서 결
코 잊어버릴 수 없는 중대한 것으로 다시 기억하거나 회상할 수 있는 힘임을
보여주었다. 이야기는 실존적이며 역사적이고, 역사는 이야기를 통해 자기 동
일성을 유지한다.[58]

55　P. Ricœur, 『해석학과 인문사회과학(*Hermeneutics and the Human Sciences: Essays on lan-
　　guage, action and interpretation*)』, 윤철호 역, 서광사, 2017, 492쪽.

56　J. Malpas, 『장소와 경험 : 철학적 지형학』, 김지혜 역, 에코리브르, 2014, 243쪽.

57　위의 책, 241쪽.

58　정기철, 앞의 책, 37쪽.

프랑스 사회이론가인 드 세르토(M. de Certeau)가 『일상생활의 창조』에서 현대 사회의 일상적 실천(everyday practices)을 설명하기 위해 제시한 '공간 이야기(spatial stories)'라는 개념은 걷기와 같은 공간적 실천을 통해 구성되는 담론을 말한다. 모바일 미디어 이용자는 그 자체로 공간 이동을 하는 주체로서, 이동성을 통해 장소를 공간으로 전유하는 것을 넘어 모바일 미디어에 공간 이야기를 기록하고 다른 사람과 공유한다. 그는 "모든 이야기가 여행 이야기, 즉 공간적 실천(spatial practice)"[59]이라고 단언한다. 그는 공간적 실천을 설명하기 위해 장소(place, lieu)와 공간(space, espace)을 구분한다. 장소는 일상적 실천 이전에 존재하는 질서 체계로서, 지도(map)와 같이 '고유한 이름'이 부여된 객관적인 그 무엇이다. 이와 달리 공간은 장소가 일상적 실천에 의해 전환된 그 무엇으로, 여정과 같이 주체에 의해 다양하게 전유된 것을 말한다. 장소가 지도처럼 바라봄의 대상이라면, 공간은 여정처럼 걸어가기의 대상이다. 이야기는 장소와 공간에 따라 각기 다른 요인에 의해 결정된다. 장소 이야기가 그곳에 있는 대상물을 통해 구성된다면, 공간 이야기는 작전(operation), 즉 일상적 실천에 의해 구성된다.[60]

드 세르토에 따르면, 일상적 실천의 하나인 걷기는 한편으로 횡단하는 공간을 분절하게 하고 그 일부분을 선택하며, 다른 한편으로는 연결되는 공간의 부분들을 건너뛰기도 한다. 보행자의 레토릭(walking rhetorics), 즉 공간 이야기는 이와 같이 제유와 환유의 방식으로 공간을 전유하며 구성된 이야기다. 이렇게 걷기는 일상적 실천을 통해 장소를 공간으로 전환하며, 이렇게 공간 이야기들, 즉 담론이 누적되고 통합되어 해당 공간의 역사성(historicity), 즉 드 세르토의 용어로 표현하면, '전설(legend)'을 만들어간다.

드 세르토에게 일상적 실천은 '전략(stratigies)'과 '전술(tactics)'이 구사되는 과정이다. 일상적 실천은 거시적 차원의 권력관계 변화를 만들어낼 수 있다는 것

---

59   M. de Certeau, 『일상생활의 창조』, 장세룡 역, 커뮤니케이션북스, 2016, 115쪽.
60   위의 책, 118쪽.

이다. 이런 점에서 일상적 실천, 특히 공간적인 움직임, 그리고 그것이 만들어 내는 공간 이야기는 큰 의미가 있는 것이다. "리쾨르는 규범적 해석학의 방법론적·인식론적 차원과 현상학적 해석학의 존재론적 차원을 포괄하는 해석의 새로운 방안을 모색한다. 새로운 해석 방안에 대한 접근은 언어의 객관적인 측면과 주관적인 측면, 즉 설명과 이해의 차원을 모두 살펴봄으로써 가능하다."[61]

이런 맥락에서 우리의 공간 논의에 '공간과 이야기'라는 논제를 적용해보면, 공간 설명은 공간 이야기를 도우며 그 안에 포섭되는 요소에 해당한다. 공간의 해석학에서 설명의 맥락과 이해의 지평은 만날 수 있다. 리쾨르는 특유의 변증법적 종합, 즉 '더 많이 설명하는 것이 더 잘 이해하는 것'이라는 명제 아래 역사적 설명과 서사적 이해를 연결하려 한다. 역사란 사건들을 연대순으로 나열하는 것이 아니며, 역사적 사건이라고 부르는 것 자체가 이미 어떤 줄거리 구성을 통해 취사선택된 것이기에 역사적 설명과 서사적 이해는 변증법적 관계에 놓일 수밖에 없다. 나아가 역사적 설명 그 자체가 이미 이야기 형식을 띤 담론 유형이며, 설명은 독자가 역사를 좀 더 잘 이해할 수 있도록 도와주는 기능을 할 따름이다. 이해에서 따지는 '진리' 문제와 주석 분야에서 따지는 '방법'의 문제를 분리시키려는 시도에 맞서야 한다. 따라서 해석은 직관적인 이해로서의 추측과 확인하는 방법을 모두 포함하여야 한다. 결국 어떻게 하면 그 객관 차원과 실존 차원을 연결할 수 있느냐가 문제이다.

---

61 이윤미, 「해석학의 흐름에서 본 갈등과 소통의 가능성」, 『현대유럽철학 연구』 제64집, 한국하이데거학회, 2022, 148쪽.

5) 공간과 권력

　인류의 역사는 공간 소유와 공간 지배 그리고 공간 확장을 위한 투쟁의 역사
이다. 이 투쟁에서 승리한 개인이나 공동체가 공간 권력을 가진다. 전쟁은 대
부분 땅과 영토를 둘러싸고 벌어진 것이다. 일체의 지배와 종속은 공간 권력
과 함수관계에 있고, 자유의 밀도도 공간 권력에 의존한다. 현대에 와서 공간
과 권력의 관계에 대한 연구는 푸코에게서 엿볼 수 있다. 서양의 근대 계몽주
의는 공간과 시간의 합리적 질서와 효율적 관리에 관심을 기울이고 이것을 제
도화해왔다. 이러한 계몽주의적 실천으로 인해 근대사회는 감시와 통제라는
억압을 가져왔다고 진단한다. 우선 단순한 감금에서 감시로 확대된 처벌은 공
간적 제약 및 공간적 격리를 의미한다. 그것은 권력에 의한 개인별 규율의 책
략에 해당한다. 특히 감옥과 수용소(asylum)는 이러한 의미를 간직하고 있다.
이러한 공간은 자연의 공간, 더욱이 진리의 공간과는 거리가 먼 것이다. 그러
므로 이것을 주제화한 푸코는 근대적 인간 존재와 공간의 문제를 고고학적·
계보학적으로 탐색한다.[62]

　소위 '공간의 문화정치학'은 공간·주체·권력이 서로 결합되고 교섭되는
지점을 주요 연구 대상으로 하고 있다. 그것은 공간과 권력의 상호작용 측면
에서는 공간을 생산하고 지배·통제하는 사회권력의 작용을 밝히기 위한 목
적으로 자본주의 도시 공간의 생산 과정을 실질적으로 지배하는 자본과 국가
권력의 다양한 공간 지배 방식 및 그를 통한 공간의 변화 과정을 다룬다. 더욱

62　푸코에게는 『감시와 처벌 : 감옥의 역사』(1975)를 기점으로 하여, 그 이전은 '고고학적
　　방법'으로, 그 이후는 '계보학적 방법'으로 그 연구의 방법이 분리된다. 예컨대, 『말과
　　사물』(1966)과 『지식의 고고학』(1969)에서는 인문과학의 발생을 고고학적으로 탐구하
　　면서 한 시대 지식의 토대와 구조와 지적 담론의 규범과 법칙 그리고 체계에 대한 고
　　고학적 연구를 시도한다. 『감시와 처벌 : 감옥의 역사』(1975)에서는 니체의 『도덕의 계
　　보학』에 영향을 받아 '계보학적 방법'으로 탐구한다. 그것은 역사에서 고정된 본질이나
　　심층적 법칙 및 형이상학적 결론을 지향하는 전통적인 역사 서술의 논리를 부정하고
　　서 그것에 숨겨져 있는 권력의 전략과 지배와 복종 그리고 억압과 전투의 연루 관계의
　　계보를 밝혀나간다.

이 공간의 상품화, 도시 스펙터클 형성, 장소 마케팅, 공적 공간과 사적 공간 등에 대한 문제 삼고 있다.[63]

무페(C. Mouffe)는 공론 영역이 합의보다는 헤게모니를 쟁취하기 위한 '경합의 공간(agonistic space)'이라는 것이다. 그녀는 심의민주주의와의 대결을 통해서 급진적 민주주의 혹은 경합적 민주주의 모델을 제시한다. 모든 질서는 언제나 권력관계의 표현이다. 정치 영역에 있어서 이는 배제 없는 합의의 추구, 완벽하게 화해된 조화로운 사회에 대한 희망을 버려야 한다는 것을 의미한다. "신자유주의 헤게모니에 맞서는 대항 헤게모니 투쟁의 중요한 전투는 포스트 민주주의 전장의 급소인 '소비자'로서의 시민이라는 개인주의적이고 여전히 지배적인 구상을 대체하면서, 시민들이 목소리를 내고, 자신들의 권리를 실천하는 영역인 '공공'을 다시 나타내는 데 있다."[64]

공간은 여전히 많은 이들에게 물리학자나 건축가들을 위한 공통 주제로 여겨진다. 현대 인문지리학에서 공간·장소·권력 연구로 독보적 위치를 차지하고 있는 영국의 급진적 지리학자이자 페미니스트인 좌파 사회주의 정치활동가 매시는 공간을 비판적으로 재인식하는 작업에 몰두한다. 대표작으로는 『노동의 공간적 분업』, 『공간, 장소, 젠더』, 『공간을 위하여』, 『세계 도시』 등이 있다. 그녀는 마르크스주의 지리학, 여성주의 지리학, 문화지리학 등 진보적 지리학의 지평을 넓혀간다. 그녀는 1970년대 이후 공간·장소·권력에 대한 저작은 다음 세대의 지리학자들은 물론 창조적 예술가와 노동조합원 등 많은 이들에게 지속적인 영감을 주고 있다. 매시에 따르면, 공간은 우리가 일반적으로 생각하는 것처럼 저 바깥에 고정적이고 독립적으로 존재하는 '평평한 표면'이 아니다. 시간과 뒤얽혀 사회관계 속에서 늘 역동적으로 변화하는 것이다. 특히 자본과 권력은 매시가 공간을 이해하는 키워드였다. 그녀는 역사적

---

63 이무용, 『공간의 문화정치학』, 논형, 2005, 34쪽.

64 C. Mouffe, 『좌파 포퓰리즘을 위하여(*For a Left Populism*)』, 이승원 역, 문학세계사, 2019, 102쪽.

맥락 속에서 사람, 도시, 일자리, 자본 사이의 공간적 관계를 분석하는 것이 정치와 권력을 이해하는 열쇠라고 주장한다. 이같은 공간의 정치경제학을 기반으로 세계화와 신자유주의 시스템, 불평등과 양극화를 신랄하게 비판하면서 새로운 정치적 공간이 열리기를 갈망한다.

르페브르도 공간의 문제야말로 권력과 관련된 우리 시대의 지배와 저항, 억압과 혁명의 핵심 쟁점이라고 간주한다. 공간과 권력의 문제는 지배와 자유의 문제와 직결된다. 그리하여 우리는 권력에 의한 공간적 구속과 억압, 그리고 그로부터의 공간의 자유와 해방을 논하게 된다.

6) 공간과 젠더

공간과 장소를 이해하는 데 젠더(gender) 관점이 필요하다. 왜냐하면 젠더 이론과 젠더 관점이 공간과 장소가 지성사에서 어떻게 이론화되어왔고, 또 어떻게 재이론화될 필요가 있는지에 대한 성찰 및 대인 모색을 위한 이론적 도구와 관점을 제공하기 때문이다.[65] 공간적 장소와 젠더 문제는 이리가레이(L. Irigaray), 매시, 그로츠(E.A. Grosz)가 이끌어간다.

이리가레이는『다른 여성의 감시경(Speculum of the Other woman)』에서 장소와 여성의 신체에 대해 성찰한다. 여성은 여전히 장소다. 그녀가 자신을 바로 자기 자신으로서 가질 수 없는 그 장소 전체라고 한다. 그녀는 장소와 신체를 융합시킨다. 움직일 수 있는 순수 질료인 신체는 여성의 신체다.[66] 그녀에 의하면, 장소와 젠더 문제를 다루는 것은 새로운 것이 아니고, 성적 정체성에 따라 인간이 장소를 이해하고 경험하는 방식이 달라진다는 고대의 확신으로 돌아가는 것이다.[67] 성적 차이가 장소와 관계 있을 때, 바로 그 성적 차이가 남성과 여

---

65 D. Massey,『공간, 장소, 젠더』, 정현주 역, 서울대학교 출판문화원, 2015, 20쪽.

66 L. Irigaray, *An Ethics of Sexual Difference*, C. Burke & G.C. Gill(trans.), Cornell University Press, 1993, p.90.

67 E.S. Casey,『장소의 운명 : 철학의 역사』, 박성관 역, 에코리브르, 2016, 638쪽.

성의 신체에서 갖는 타당성을 살펴야 한다. "여성이라는 면에서 그녀는 장소다. 그녀가 더욱 더 큰 장소 안에 자기 자신을 위치 지어야만 하는가? 그러나 또한 그녀 자신 안에서 발견하고 또 그 안에 위치 지어야 하는 것은 바로 그녀 자체인 장소다."[68] 그리고 "그녀에게 한 장소에서 다른 장소로 이행하는 일은 여전히 장소의 문제다. 여기서 장소는 언제나 그녀가 유동적으로 구성해가는 맥락 내에서의 장소다."[69] 신체 자체가 곧 장소라는 것, 그리고 장소는 신체 자체가 성적으로 특정되는 것만큼이나 '신체 구속적'이라는 것이다.

> 모성적–여성적인 것은 '자기'의 장소를 박탈당한 채 '자기' 자신의 장소로부터 분리된 장소로 남는다. 그녀는 자기 자신을 그로부터 떼어낼 수 없는 타자의 장소이거나 끊임없이 그와 같은 장소가 된다. 그럴 경우 그녀는 스스로 알지도 못한 채 혹은 그럴 의지가 없음에도, 자신에게 '고유의' 장소가 결여되어 있기 때문에 위협적인 존재가 된다.[70]

매시는 공간을 사회적 관계 속에서 다룬다. 그녀의 관심은 사회적 관계 속에서 공간과 장소를 개념화하는 것이다. 말하자면, 공간을 독립변수로 생각하지 않고 사회적 관계를 통해 구성된다고 본다. 이 주장에 의하면 사회적 현상은 공간 '위'에서 일어나는 것이 아니라, 오히려 사회적 현상과 공간 모두가 사회적 관계를 통해 구성되며 공간적인 것은 사회적 관계가 '확장'된 것으로 인식해야 한다는 것이다. 나아가 그녀는 공간과 장소가 어떻게 젠더와 밀접하고 심오한 관계를 가지는지, 또한 젠더 구성에 어떻게 연관되는지를 밝힌다.[71]

매시는 『공간, 장소, 젠더』에서 공간과 장소를 비판적으로 재사유하고서 이를 젠더의 문제 및 권력의 문제와 연동하여 사고함으로써 이 시대가 던지는

---

68   L. Irigaray, "Place, Interval: A Reading of Aristotle, Physics IV", 앞의 책, p.35.
69   위의 글, 위의 곳.
70   위의 책, pp.10~11.
71   위의 책, 38쪽, 39쪽.

무겁고 불편한 진실을 명료하게 밝히는 데 기여하고자 한다. 개방적인 정체성은 그 내부에서 기원하는 것이 아니라, 장소 바깥에서 작동하는, 장소 내부와 외부를 가로지르는 관계들을 통해 협상된다. 장소를 그간 수동적이고 내향적인 것으로 인식하면서, 도달할 수 없는 이상향이나 일종의 향수로 미화하고 그러한 정체성을 상실하는 것을 경계하는 주류적 접근, 즉 주로 인본주의 지리학 전통과 일부 비판지리학은 장소를 여성성과 동일시하는 남성중심적 장소관에 그 뿌리를 두고 있다는 진단이다. "'지리'와 '젠더'는 매우 깊고 다양한 방식으로 상호 교차하며 영향을 미친다. 각각은 서로의 구성에 밀접히 관련되어 있다. 다양한 이름으로 명명되는 지리는 특정 젠더의 문화적 구성과 젠더 관계에 영향을 미친다. 젠더는 '지리적' 현상의 생산에 큰 영향력을 행사한다."[72]

또한 그로츠는 시간과 공간 구분을 젠더 구성과 연결시킨다. "이것은 아마도 왜 이리가레이가 서구 사회에서 시간은 남성적(내부성으로서의 주체와 존재에 적합한)으로 인식되고, 공간은 여성적(남성에 대한 외부성의 형태로서 여성임)인 것으로 관련되다고 주장하는지를 설명할 수 있다. 여성은 남성을 위한 공간이고, 남성을 위한 공간을 제공하지만, 스스로는 어떤 것도 점유하지 않는다. 시간은 남성 내부성의 투영이며, 개념적이고 성찰적인 것이다. 시간의 내부성은 중재의 핵심과 조정의 축으로서 신(또는 그의 대리자인 남성)의 위치를 통해서만 공간의 외부성과 연결된다."[73]

르페브르도 근대적 공간과 젠더화와 섹슈얼화에 관심을 표명한다. 그에 의하면, 피카소(P. Picasso)의 공간은 근대성의 공간의 도래를 예고한다. 피카소에게서 발견되는 것은 거리낌 없이 시간화된 공간, 눈(시각)의 독재, 그리고 남근의 독재이다. 공격적인 남성적 정력, 황소, 지중해 남성, 성적인 서비스에 있

72　D. Massey, 앞의 책, 315쪽.

73　E. A. Grosz, *Space, Time, and Perversion: Essays on the Politics of Bodies,* Routledge, 1995, pp.98~99.

어서는 의문의 여지없이 천재적이었던 거친 남성다움은 자기 풍자적 측면을 전달하고, 그리고 때로는 자기비판적 측면도 전달한다. 피카소는 육체, 특히 여성의 육체에 대해서는 수천 가지 방식으로 고문하면서 자비라곤 찾아볼 수 없는 캐리커처를 그려냈는데, 이러한 잔인함은 지배적인 공간적 형태를 통해 시각적으로 남근적 접근을 통해 요약하자면 폭력적으로 자행되었다.[74]

젠더의 시각에서의 공간 연구는 참신하고 새로운 관점을 제공한다. 특히 어머니의 품, 고향의 품, 조국의 품이란 용어에서 나타나는 공간 개념은 아늑하고 심원한 여성적이고 모성적인 이미지가 깃들어 있다. 공간에는 높이와 힘을 상징하는 남성적인 이미지도 있고, 깊이와 보살핌을 상징하는 여성적인 이미지도 공존한다. 물론 시대에 따라 성과 젠더에 대한 인식도 달라진다. 그러나 공간 해석은 젠더적 관점을 지니고 있다는 것은 부정하기 어렵다. '공간과 젠더'의 논제도 계속 연구되어야 한다.

3. 서양의 공간 해석과 동양의 공간 해석의 상보성

서양의 공간관과 동양의 공간관의 비교 연구는 유의미하다. 여기서는 양자의 차이에서 오는 충돌과 갈등 지점에 주목하고자 한다. 결국 서양의 분석적 사고와 동양의 전일적 사고가 다르다는 데에서 본질적으로 양자의 차이가 발생한다. 그러나 근자에 와서는 양자가 점점 대화를 하기 시작했거니와 서로의 관점이 가까워지고 있는 것은 사실이다. 이러한 경향은 기존의 동서양의 철학적 사고와 과학적 사고가 변화하고 있다는 사실에 기인한다. 오늘날 서양에서도 화이트헤드의 과정철학이 다시 부활하고 생물학의 발달과 함께 유기체적 전체론(holism)이 등장한다. 이로써 동양의 유기체론과 직관적 세계상이 관

---

74 H. Lefèbvre, *The production of Space*, D. Nicolson-Smith(trans.), Oxford: Blackwell, 1991, p.302.

심의 대상이 되면서 점차 전통적인 서양의 원자론적 환원주의의 한계를 깨닫기 시작한다. 유기체론에 따르면, 세계는 결국 부분의 집합이 아니고, 전체로서의 세계는 결코 부분들로 분해할 수 없다는 것이다. 특히 자연의 생태계 파괴와 환경오염의 문제가 크게 부각됨에 따라 무한한 문명의 진보를 전제로 한 과학적 합리주의의 한계성에 더욱 회의를 품게 된다.

특히 현대의 신과학운동은 '철학의 과학화'에서 '과학의 철학화'를 요구하고 있다. 그것은 서구의 분석적 사고와 동양의 직관적 사고의 종합을 시도하는 단면을 엿보이게 한다.[75] 카프라(F. Capra)는 동양의 힌두교의 브라만이나 불교의 법(法), 도교의 도(道) 등을 '통일장 이론(unified field theory)'에서와 같이 현상세계의 통일장을 나타낸다고 본 것이다. 사실 동양의 대부분의 사상은 주관과 객관, 정신과 물질, 세계와 개물을 별개의 것으로 보지 않고, 전체적인 양면성으로 파악하며 통일적 세계상으로 직관한다. 동양사상의 직관적 세계상은 자연을 정복하는 데 있는 것이 아니라, 자연의 질서와 인륜의 질서를 동일시하여 그 질서의 원천인 도를 닦음으로써 인간을 완성하는 데 있다. 전술한 현대과학의 통일적 세계상은 마침내 자연에서 고립시켰던 인간을 다시 자연과 통합시키려는 일환으로 해석될 수도 있을 것이다.[76] 서양의 분석적 세계관과 동양의 직관적 세계관은 불가공약적인 사유 방법이라 할 수 있지만, 양자역학의 상보성 원리를 확대 원용하여 이 둘을 상호 보완적 차원에서 이해한다면 서양의 과학과 동양의 윤리는 잘 조화되리라는 것이다.[77]

오늘날 기존의 서양적 세계관으로는 지속 가능한 세계의 미래를 담보할 수 없게 되었다. 이제 세계를 보는 시각이 달라져야 한다는 것에 인식을 같이 한다. 이른바 서구 일변도의 유럽 중심적 관점에서 보편 인류 중심적 관점 내지 글로벌리즘(globalism)[78]으로 전환되어야 한다는 공통된 인식과 암묵적 합의가

---

75 김용정, 『과학과 철학』, 범양사, 1996, 99쪽.

76 위의 책, 260쪽.

77 위의 책, 183쪽.

78 A.G. Frank, 『리오리엔트(ReOrient: Global Economy in the Asian Age)』, 이산, 2003, 55쪽.

형성된 것이다. 서양의 문명은 고대 근동 지역(메소포타미아, 이집트)에서 발원한다. 유럽이 세계를 만든 것이 아니라, 세계가 유럽을 만들었다.[79]

유럽은 이집트, 그리스, 기독교에서 공통적으로 사후세계, 이데아의 세계, 눈에 보이지 않는 위로부터 오는 형이상학적 원칙을 중시한다. 이들은 땅과는 관련이 없이 다른 차원의 세상에서 관념적으로 무에서 새로운 법칙을 만든다. 이러한 문화적 특징은 주변의 아무런 영향 없이 내재된 법칙에 의해서 허공에 집을 짓는 벌과 비슷하다. 서양의 공간은 주변과의 관계를 맺지 않고 자족적이고 자기 완결적이기 때문에 벌집처럼 기하학적인 형태로 발전하게 되었다. '피라미드'나 '판테온'도 주변 환경과 상관없이 자족적인 법칙에 의해서 디자인되었다. 그리고 그 법칙은 수학적 논리를 기반으로 한다. 이렇게 서양의 종교적 공간은 기하학적으로 만들어진 것이다.[80]

지금 동아시아에서 벌어지는 현상은 '서구식'으로 '우리'가 해온 것을 그대로 본받으라는, 서구가 금과옥조로 삼아온 '당위적' 원칙에서 하나같이 벗어나 있는 것처럼 보인다.[81] 서양과 동양을 가르는 구분선은 순전히 상상의 산물이며, 이것은 서양인에 의해 구성된 것이다. 그러나 현실세계의 역사는 이 상상의 서양 중심적·오리엔탈리즘적 구분선을 끊임없이 뛰어넘고 넘나든다. 하늘과 땅의 형상에 대한 동아시아 전통 우주론은 기본 세계관이다. 고대 중국에서 '천원지방(天圓地方)'이란 개념은 "하늘은 둥글고 땅은 모나다"는 뜻이다. "고대 중국의 수학 및 천문학 문헌인 『주비산경(周髀算經)』에서, "모난 것은 땅에 속하며, 둥근 것은 하늘에 속하니, 하늘은 둥글고 땅은 모나다"라고 언급되어 있다. 17세기 서양 예수회 선교사에 의해 땅이 둥근 공 모양이라는 지구설이 중국에 알려지자, 천원지방을 모양이 아니라, 하늘과 땅의 도(道) 또는 덕(德)으로 해석하는 입장이 다시금 강조되었다. 지구 중심설을 처음으로 전한 선교사 마

---

79 위의 책, 58쪽, 64쪽.
80 유현준, 『공간이 만든 공간 : 새로운 생각은 어떻게 만들어지는가』, 을유문화사, 2020, 153쪽.
81 위의 책, 63쪽.

테오 리치(M. Ricci)는 천원지방을 회전하는 하늘의 덕과 가운데에 고요히 정지한 땅의 덕을 표현하는 말이라고 해석했다. 이후 지구 중심설을 받아들인 중국과 조선의 여러 학자들이 마테오 리치의 해석에 동의했다. 이러한 해석 때문에 서로 모순되는 듯이 보이는 천원지방의 명제와 서양의 지구 중심설이 공존할 수 있었던 것이다."[82]

서양의 건축 공간은 기하학적이고 수학적인 반면, 동양의 건축 공간은 상대적이고 격자형 기둥 구조와 자유로운 평면 그리고 유동적인 공간을 갖는 것이 특징이다. "사실 현대물리학(예, 양자역학)의 이러한 일련의 역사적 사태 발전은 '~이 아니면 ~이다'라는 흑백의 이치(二値) 논리적 사고를 넘어 물질과 정신의 상보성, 주관과 객관의 상보성, 과학과 윤리의 상보성 등 새로운 사고의 길을 열어주었고, 그것이 동양의 유기적인 직관적 사고와 연결될 수 있음을 알게 해준다."[83] 예를 들면, '즉비(卽非)의 논리'를 추구하는 선(禪)의 역사에는 원칙적으로 경전이라는 것이 없다. 긍정을 뜻하는 '즉'과 부정을 뜻하는 '비'는 단순한 대립의 차원이 아니라, 대립하기에[非] 도리어 대립하는 그대로 동일하다고[卽] 말할 수 있으며, 이러한 사고방식이야말로 불교철학의 정수를 보여준다. "'즉비의 논리'는 서양을 지배해온 형식논리와 존재의 논리를 넘어선다. 아리스토텔레스 이래 서구를 지배해온 형식논리로 보자면 "부정이 부정인 그대로 긍정"이라는 것, "~이기도 하고 '동시에' ~아니기도 한 것"은 불가능하다. 전통적인 서구의 논리학은 "A는 A이다"(同一律)에 근거해 있는 '존재의 논리'이다. 서구의 논리학에서는 기본적으로 A는 A일 뿐이지, 결코 非A(non A)가 될 수 없는 A이다(矛盾律). 따라서 배중률(排中律, principle of excluded middle)에 의하면, A이면서 동시에 非A인 것, A도 아니고 非A도 아닌 그 '중간'이란 없다. 이러한 논리에서 A는 언제나 非A와 불연속적이다. 왜 그런가? 그것은 무엇보다 A를 A되게 해주는 것을 무(無)가 아닌 유(有), 즉 존재에서 보았기 때문이다. A를 A

---

82 https://encykorea.aks.ac.kr/Article/E0068999.

83 김용정, 앞의 책, 176쪽.

되게 해주는 것이 무(無)가 아니고 유(有)인 한, A와 非A는 대립적이다."[84] 무엇보다 선의 역사에는 내려오는 것은 경전이 아니라 이야기다. 예컨대, 『벽암록』이나 『무문관』을 비롯해 선승들의 삶을 생생하게 그린 이야기들이 내려온다.[85]

"동아시아 사유, 특히 노장철학에서 공간이란 만물 존재와 생성의 근원이다."[86] 동양철학에서는 만물을 음과 양 두 개로 나누어서 생각하지만, 두 양을 하나로 일치시키는 데 더 큰 의미를 두고 있다. 동일한 이유로 동양의 건축 공간은 항상 내부와 외부, 자연과 건축물의 융화를 통해서 두 개체 간의 일치를 추구한다. 따라서 동양의 빈 공간은 규정되어 있기보다는 유동적이며 내외부를 관통해서 흐르는 듯한 성격을 가지고 있다."[87]

노자는 빈 곳의 쓸모를 논한다. "진흙을 이겨서 질그릇을 만든다. 그러나 그 내면에 아무것도 없는 빈 부분이 있기 때문에 그릇으로서 구실을 할 수 있는 것이다. 지게문과 창문을 뚫어서 방을 만든다. 그러나 그 아무것도 없는 빈 곳이 있기 때문에 방으로 쓸 수 있는 것이다. 그런 까닭에 있는 것이 이로움이 된다는 것은 없는 것이 쓸모가 있기 때문이다."[88]

노자에 의하면, '빈 공간'은 미래에 채워질 가능성이 충분한 상태라고 보고 있다. 도가(道家) 사상의 영향으로 만들어진 '선(禪)의 정원'에는 모래판 위에 돌들이 여기저기 놓여 있다. 이 정원에서 모래판은 바다를 상징하고, 그 위에 놓인 돌들은 섬을 상징한다. '선의 정원'은 시간이 정지되며 동시에 영원이 시작되는 공간이다. 가능성과 영원이라는 의미를 함축한 동양 건축의 공간 형태는 기둥과 격자 시스템 위에서 만들어진다. 서양에서는 기하학적으로 구성된 공간 안에 조각과 스테인글라스 그리고 그림 등의 상징적 이미지를 추가함으로

---

84 http://jesuslinkglobal.blogspot.com/2012/03/blog-post.html.

85 이정우, 『사건의 철학 : 삶, 죽음, 운명』, 그린비, 2002, 305쪽.

86 이명수, 「공간, 장소 그리고 경계에 관한 노장철학적 접근」, 『동아시아문화연구』 51권, 한양대학교도아시아문화연구소, 2012, 227쪽.

87 유현준, 앞의 책, 145쪽.

88 老子, 『노자 도덕경』, 남만성 역, 을유문화사, 2015, 11쪽.

써 종교적인 공간을 만드는 반면, 동양에서는 비우는 행위를 통해서 종교적 의미의 공간을 만든다. 실질적으로 전통적인 동아시아의 종교적 공간은 노장사상의 영향으로 비움에 더 중점을 두고 있다.[89] 천지만물이 도(道)를 통해 하나가 된다는 '도통위일(道通爲一)'이 그것이다. 장자는 그의 재물론에서 큰 것과 작은 것, 미녀와 추녀를 대립시키는 우를 범해서는 안 된다고 한다. "작은 풀줄기와 큰 기둥, 문둥병 환자와 서시(西施)를 대조해보면, 매우 기이하고 야릇한 것이기도 하지만, 도의 입장에서는 서로 통하여 하나가 된다. 한쪽에서의 분산은 다른 쪽에서는 완성이며, 한쪽에서의 완성은 다른 쪽에서는 파괴이다. 무릇 물(物)이란 완성이나 파괴할 것 없이 다시 통하여 하나가 된다."[90]

포스트모더니즘에 대한 대응은 앞으로 다양하게 제시될 것이다. 특히 동양사상은 포스트모더니즘이 미처 추스르지 못한 부분들까지 역동적으로 담아낼 수 있는 지평들을 함축하고 있다. 극단적 해체주의가 몰고 온 허무주의를 신비주의로 더 몰고 가지 않기 위해서 합리성은 포기할 수 없다. 그러나 서구식 합리주의가 가진 무미건조함만으로 대응하기 힘겨울 것이다. 따라서 동양사상적 대응은 우리에게 주어진 21세기의 철학의 새로운 과제일 것이다.[91] 그러나 동양사상적 대응은 절대적인 것은 아니고, 단지 하나의 대응 방식임에는 틀림없다. 왜냐하면 그것은 서양의 문법으로 대응하지 못한 부분에 대한 하나의 확실한 대안으로서의 가치는 충분하기 때문이다. 따라서 동양도 서양도 공간의 진리를 독점하지 못하고, 서로 상보적인 관점에서 그것에 해석학적으로 접근하는 것이 요청된다.

---

89 유현준, 앞의 책, 142쪽 이하.

90 莊子, 「4장 제물론」, 『장자』, 이석호 역, 명문당, 2020,

91 김영필, 『현대철학의 전개』, 이문출판사, 1998, 238쪽.

4. 공간 해석의 적용과 실천

이제 공간을 이론적 측면에서 바라보는 것에서 물러서서 그것의 적용과 실천의 면에서 살펴보도록 하자. 이를 위해서는 해석학에서 논의되는 적용과 실천의 논점을 참조하여 전유할 필요가 있다. 해석학의 전통적으로 '이해(subtiltas intelligendi)'와 '해석(subtiltas explicandi)' 그리고 '적용(subtiltas applicandi)'의 문제는 중심 요소로서 간주된다. 가다머는 이 세 가지가 독립적인 활동이 아니라, 오히려 내적으로 서로 긴밀하게 연관되어 있다고 한다. 즉 그것들은 모두 이해의 단일한 과정의 계기들이다. 그의 주장에 따르면, 모든 이해 행위는 해석을 수반하고, 동시에 모든 해석은 적용을 수반한다. 그리고 적용은 모든 진정한 이해와 해석의 특징이다. 모든 이해 과정에서 작용하는 '적용'의 능력은 강조된다. "전통적인 텍스트를 다루고 있는 해석자는 그것을 자신에게 적용해야 한다. 여기에서 적용은 예컨대, 기하학을 배워서 얻은 보편적 지식을 구체적 상황에 맞게 적용할 줄 아는 언어능력이다."[92]

가다머는 자신의 해석학이야말로 아리스토텔레스에서 연원하는 '실천철학(philosophia practica)'의 전통에 속해 있음을 명시적으로 밝힌다. 슐라이어마허와 딜타이에 이르는 이전 해석학은 일종의 '제작학(poietike)'의 연장선상에 있다. 그러나 가다머의 해석학은 특정 해석을 위한 '기술론(Kunstlehre)'을 넘어서 실천철학의 위상을 갖는다. "실천철학은 한마디로 기계적 적용이 불가능한 삶의 전 영역에서 가장 현명한 선택을 하기 위한 '실천적 지혜(phronesis, φρόνησις)'를 습득하는 영역이다. 가다머는 이러한 실천철학적 전통 안에 해석학의 중요한 본질이 있다고 본다."[93] 그는 실천적 · 정치적 이성을 옹호한다. 그리고 저러한 프로네시스는 에토스(ethos)가 존재하고 규범이 공유되는 그런 공동체를 요구

---

92 H. −G. Gadamer, *WM*, p.290, p.300.

93 정연재, 「철학적 해석학과 개념사」, 『개념과 소통』 no.9, 한림대학교 한림과학원, 2012, 93쪽 각주 1).

하며, 실천적이고 정치적인 이성은 단지 대화를 통해서만 실현되고 전달될 수 있다.[94]

가다머의 철학적 해석학은 실천철학의 오래된 전통의 계승자이다. "철학적 해석학은 실천철학의 전통의 진정한 상속자에 그치는 것이 아니라. 모든 이해에서 나타나는 판단과 추론의 유형 그 자체가 실천적 지식의 형식인 것이다."[95] 또한 가다머가 보기에 우리 시대의 역사적 상황은 과학에 기초한 기술공학에 의한 사회 지배의 영속적인 위협과 위험, 잘못된 전문가 숭배, 강력한 기술에 의한 여론 조작과 도덕적 정치적 방향성의 상실 그리고 시민들이 책임 있는 결정을 하기 위해 요구되는 실천적 정치적 이성의 심각한 손상을 보여주고 있다. 이에 대한 비판 역할을 할 수 있는 것이 철학적 해석학이라는 것이다.

이 지점에서 우리는 가다머의 '해석과 실천의 변증법적 상호작용'을 살펴볼 수 있다. 가다머의 저서에서 가장 도전적이고 매력적이며 중요한 소재들 가운데 하나는 그의 존재론적 해석학을 실천철학의 전통에 연결 지으려는 노력에 있다. 이때의 실천철학은 특히 아리스토텔레스의 실천과 실천적 지식에 대한 프로네시스 이해에 그 기원을 두고 있는 것이다. "실천이란 스스로 행동하는 것이며, 연대성 속에서 행위하는 것이다. 그러나 연대성은 모든 사회적 이성의 결정적인 조건이며 기초이다."[96] 모든 이해와 해석에서 '이론적인 것과 실천적인 것의 불가분의 연관'이 있다. 해석학적 이해는 우리의 실천적 삶을 형성하며, 그리고 순수하게 무관심한 이론적인 활동이 아니라는 논제를 설명하기 위한 기초 작업을 하고 있다. 이는 가다머가 모든 이해와 해석 속으로 통합하고자 하는 적용의 계기를 가리킨다.[97]

---

94 R.J. Bernstein, 『객관주의와 상대주의를 넘어서 : 과학과 해석학 그리고 실천(*Beyond Objectivism and Relatvism: Science, Hermeneutics, Praxis*)』, 황설중 역, 철학과현실사, 2017, 406쪽.

95 위의 책, 82쪽.

96 H.-G., Gadamer, "What is Practice? The Condition of Social Reason", *Reason in the Age of Science*, MIT Press, 1982, p.80.

97 위의 책, p.267.

리쾨르 역시 텍스트의 이론을 수립한 다음에 이를 행동이론과 역사이론으로 확장시킨다. 텍스트와 행동과 역사를 하나의 이론으로 확장시킨다. "인간의 행동이 의미가 있다고 할 때, 그 의미는 관찰자에 따라 다르고, 그 행동을 한 사람은 자기 행동의 의미를 더 이상 통제할 수 없다. 말하자면 행동은 해방된 것이다. 글쓰기 텍스트가 그 저자와 시공간적 문맥에서 해방되는 것과 같은 방식으로 행동도 해방된다. 그러므로 텍스트의 경우와 마찬가지로 인간행동의 의미를 해석하기 위해서는 설명과 이해의 변증법이 필요하다. 이와 같이 모든 점에서 행동의 의미 해석은 텍스트의 의미 해석과 일대일로 대응한다."[98]

무엇보다 리쾨르의 『텍스트에서 행동으로』에서 반성철학과 현상학에 접목된 해석학적 입장에서 담론의 은유적 기능과 서사적 기능을 설명하고, '텍스트 해석학'에서 '행동의 해석학'으로 나아가는 과정에서 제기되는 이론적 문제들을 검토한다. 그에 의하면, 마르크스주의가 경제적·사회적 과정에 대한 참된 과학임을 인정하는 것은 인간적인 '실천'이 마르크스주의와 더불어 과학적인 지위를 받아들이는 것이고, 과학적인 지위를 받아들이는 것은 사회적이고 정치적인 사람에 대한 모든 개념을 포함하고 있는 상상적인 표상과 대립하는 것이기 때문이다.[99] 잘 알려져 있듯이, 마르크스는 진리를 입증할 수 있는 철학의 실천을 강조한 바 있다. "지금까지 철학은 세계를 해석하였다. 이제 문제는 세계를 변혁시키는 것이다"[100] 또한 "사람은 실천 속에서 진리를, 즉 그의 사고의 실재성과 힘 그리고 현실성을 증명해야 한다."[101]

리쾨르의 『타자로서의 자아』에서는 반성적 사유, 니체적 자기 파괴, 주체의 선택과 같은 문제를 넘어서 이야기의 정체성 개념을 제시한다. 그는 이야기의

---

98   P. Ricœur, *TA*, 446쪽 이하(역해).

99   위의 책, 397쪽.

100 K. Marx, *Thesen über Feuerbach*[Nach dem mit dem Marxschen Manuskript von 1845 verglichenen Text der Ausgabe von 1888], K. Marx & F. Engels, *Ausgewählte Schriften in zwei Bänden*, Band 2, Berlin 1955, 9번.

101 위의 책, 2번.

정체성 개념을 자아에 대한 해석학의 싹으로 생각하면서, 윤리학의 영역을 탐험하고 행동의 문제를 해석학에 포함시킨다. 그는 자기 자신성과 '자아 정체성의 변증법'으로부터 '자기(soi)와 타자(autre que soi)의 변증법'에 도달한 다음에 도덕적 행동 분석의 절정인 실천적 지혜, 즉 철학의 소리와 다른 소리, 행동의 비극을 사유하는 비극적인 지혜의 소리에 이르기까지, 인간의 행동을 열 가지로 탐구한다.[102]

특히 리쾨르는 선한 삶에 대한 목적론과 도덕적 규범에 대한 의무론 그리고 의무론을 목적론과 연결시키면서 상황에 따라 판단하는 실천적인 지혜의 3단계를 '작은 윤리학의 과제'라고 하면서, 도덕적 엄격주의가 만들어내는 갈등들을 극복할 수 있는 능력을 실천적인 지혜라고 해석한다. 그리고 이러한 실천적인 지혜의 소리는 철학의 소리와는 다른 소리이고, 또한 행동의 비극을 생각하는 비극적인 지혜의 소리라고 해석한다. 결국 그는 자아 정체성과 타자성의 변증법적인 관계를 신체(살), 타자의 타자성, 의식의 타자성과 같은 3종의 타자성-수동성으로 귀착시키고, 이 3종의 타자성-수동성을 자기 해석의 존재론적인 의미 속에 포함시킨다.[103]

휴머니즘적 마르크스주의자인 르페브르는 오늘날 공간을 텍스트로 간주하고 기호학적으로 해독하려는 입장에 반대하고, 오히려 '공간적 실천'을 강조한다. "이것은 생산과 재생산, 특화된 장소, 상대적인 응집력을 유지시키는 데 필요한 사회적 훈련 각각이 필요로 하는 고유한 공간의 총체를 모두 아우른다. 이러한 응집력은 사회적 공간과 주어진 사회적 구성원 각자가 공간과 맺는 관계에 있어서 확실한 능력과 이 능력을 실제로 사용하는 수행을 전제로 한다."[104] 그는 공간을 메시지의 차원으로, 독해의 차원으로 깎아내리는 행위는 역사와 실천 모두를 회피하는 것이라고 통렬하게 비판한다. 르페브르에게

---

102 P. Ricœur, *TA*, 439쪽 이하(역해).

103 위의 책. 440쪽(역해).

104 H. Lefèbvre, 『공간의 생산(*La production de l'espace*)』, 양영란 역, 에코리브르, 2014, 80쪽.

공간은 한갓 해석되는 텍스트가 아니라, 현실에서 행동하는 생산적 실천의 장인 것이다. 무엇보다 그에 의하면, 오늘날 자본주의는 전통적인 공간 배열을 파괴하면서 일상의 공간의 축제성을 빼앗아가고, 식민화된 일상성의 공간을 배태한다는 것이다. 특히 자본주의가 공간을 점유하고 공간을 생산한다고 보는 것이 그의 입장이다.

르페브르는 다음과 같이 공간의 사회적 생산을 분석하는 세 가지의 틀을 제시한다. 즉, 첫째, 공간적 실천이다. 한 사회의 공간적 실천은 그 사회의 공간을 분비한다. 공간적 실천은 지배하면서, 또 전유하면서 느리지만 확실하게 공간을 생산한다. 르페브르가 예로 드는 근대적 공간 실천은 도시 변두리에 많이 건설되는 공동 임대주택들이다. 둘째, 공간의 재현이다. 이는 개념화된 공간을 의미한다. 과학자, 도시계획자, 관료들, 사회공학자들의 구상에 의해 개념화된 공간이다. 예시로서 르페브르는 르 코르뷔지에(Le Corbusie)의 건축들을 사례로 든다. 셋째, 재현적 공간이다 이는 이미지와 상징을 통해서 체험된 공간, 즉 작가들과 철학자들의 공간을 의미한다. 재현의 공간들은 비언어적인 상징과 기호들의 다소 일관성 있는 체계화를 지향한다.[105]

오늘날 자본주의 사회에서 공간은 자본의 높은 수익을 보장하기 위한 장이며, 저항과 전복의 가능성을 배제하기 위해 위계적으로 재편되는 곳이다. 하지만 르페브르에 따르면, 공간은 단순히 지배의 공간만이 아니며 전면적으로 통제될 수 있는 곳도 아니다. 19세기에 파리 외곽으로 밀려났던 파리의 빈민들이 '파리 코뮌(The Paris Commune)'을 통해 다시 파리의 주체로 재등장했던 것처럼, 도시는 연대와 소통, 차이와 횡단의 가능성이 구현되는 장소이기도 하다. 르페브르는 공간을 단순히 주어진 것이 아니라 생산물로서, 더 나아가 생산 작용 자체로 파악함으로써, 공간이 지닌 복합성과 활력을 생생하게 보여주고 있다.

과학기술과 새로운 공간의 창출 연구는 다양한 공간들 이에서 이루어지는

---

105 위의 책, 86~88쪽 참조.

창의적인 융합 과정에 대한 연구로 확산될 수 있다. 공간과 관련하여 과학기술·건축·예술 사이의 융합 연구가 필요하다. 피카소와 뒤샹의 모더니즘 예술은 과학기술의 발전과 밀접한 연관을 맺고 발전한 것이다. 아울러 모더니즘 건축운동에서는 과학·기술·예술·건축의 통합적 연결을 시도했다는 것도 널리 알려진 사실이다. 예컨대, 데사우(Dessau)의 '바우하우스(Bauhaus)' 예술가들은 심지어 과학기술 분야에서도 아주 특별한 분야인 논리실증주의 과학철학자들과도 실제로 연결을 갖고 제휴 관계를 유지했다고 한다.

이런 맥락에서 공간에 대한 해석학적 이론과 실천은 상호작용을 하면서 공간해석학을 형성하고 완성함을 엿볼 수 있다. 왜냐하면 이해와 해석 그리고 적용은 공간해석학의 중심요소이기 때문이다. 공간 해석의 적용과 실천은 공간해석학의 지향점, 즉 텔로스(telos)에 해당한다.

새로운 공간 사유를 위한 공간해석학의 의의와 과제

새로운 공간의 시대가 도래하였다. 이제 우리는 '제임스 웹 우주망원경(James Webb Space Telescope)'을 통해 이전에는 상상하지 못했던 새로운 우주 공간의 발견과 4차 산업혁명으로 인하여 하이브리드(hybrid) 공간과 사이버·디지털 공간을 일상에서 생생하게 경험하고 있다. 그리하여 컴퓨터에 의해 구축된 가상공간에서 물리적 거리나 현실공간은 더 이상 유일한 삶의 조건 또는 공동체 생활의 근본 바탕이 될 수 없는 것처럼 보인다. 이처럼 눈부신 과학기술의 발달로 인해 거시공간과 미시공간의 패러다임이 계속 변하고 있다. 대표적인 건축평론가이며, 신경건축학(neuroarchitecture)을 선도하는 골드헤이건(S.W. Goldhagen)은 '공간의 힘'이 인간의 사고와 행동 그리고 삶을 바꾸고 있으며, 특히 건축공간이 우리 삶을 어떻게 변화시키고 지배하는가에 대한 연구를 통해 "당신이 사는 장소가 당신이다"라고 확언한다.[1]

그러나 인간의 궁극적 이상이 실현되는 공간, 즉 진정한 '장소(topos, τόπος)'를 향한 오래된 열망과 동경은 끊이지 않고, 역사 속에서 지속적으로 '유토피

---

1   S. W. Goldhagen, 『공간의 혁명 : 행복한 삶을 위한 공간심리학(*Welcome to Your World: How the Built Environment Shapes our Lives*)』, 윤제원 역, 다산 사이언스, 2019, 제2장, 105~160쪽.

아(u-topia)' 의식으로 남아 있다. 이는 인간이 공간적 존재로서 공간 귀속성을 지니고 있고, 동시에 공간적 구속으로부터 이상적인 공간을 희구하는 '장소애(topophilia)'가 있음을 반증한다. 무엇보다 철학적 공간 개념은 자연 개념과 세계 개념의 성립 근거이다.

공간 이론 분야에서는 근대과학에 의한 '공간의 물화(物化)' 현상이 보편화되고 기속화되고 있다. 또한 근대철학에 의한 '공간의 관념화'도 문제로 지적된다. 물론 반과학적이거나 과학 적대적인 '공간의 재신비화'를 부르짖는 심층생태학적 입장도 공존한다. 근대 이후로 공간 지식의 확실성에 대한 요구가 과학기술 시대의 지배적인 근본 정조이다. 우리는 우선 공간에 대한 객관적인 과학적 지식의 타당성을 존중해야 한다. 동시에 그러한 과학적 공간관의 한계를 넘어선 공간에 대한 해석학적 경험과 이해도 더욱더 그 필요성이 증대된다. 따라서 공간의 과학과 공간의 철학은 상호 비판적이고 상호 융합적인 논의가 필요하다. 양자는 자신의 입장에서 타자를 비판하고, 동시에 자신의 세계에서 나와서 자신을 성찰하고, 나아가 타자의 입장에서 자신을 바라볼 수 있어야 한다. 이런 과정을 통해서 각자의 입장을 수정하고 보완하면서 융합적인 연구를 지향해야 한다. 이것이 바로 공간해석학의 존재 이유와 과제이다.

이 책에서는 공간해석학 논의를 위해서 리쾨르의 해석학과 그것의 논리인 '설명과 이해의 변증법'을 모범으로 삼았다. 리쾨르의 해석학은 철학 내부의 각종 이론들과의 대화를 통해 융합적 해석학을 지향한다. 그러나 철학 외부의 학문, 특히 자연과학과의 대화는 부족하다. 물론 그는 '정신분석학'과의 심층적인 대화를 수행하였다. '설명과 이해의 변증법'이 모순율을 포용하지만, 변증법이 그러하듯이 배중률은 극복하지 못하는 한계를 지닌다. 해석학적 입장에서 융합은 양자의 입장을 견지하면서도 진정한 합의를 이루어가는 변증법적 과정이다. 한편의 선입견을 고집하는 것이 아니라, 다른 한편의 견해에 비추어 다시 해석한다. 상대방의 견해를 단순히 수용하는 것이 아니라, 자신의 견해에 비추어 비판적으로 음미하는 것이 진정한 의미의 해석학적 경험이다.

이제 오늘날 회자되는 ChatGPT는 '공간의 해석학'을 어떻게 정의하고 있는가? 이것은 일반적으로 어떻게 연구되고 이해되고 있는지를 살펴보는 하나의 잠정적 지침이 될 수 있다.

공간의 해석학은 수학과 물리학의 분야 중 하나로, 공간의 구조와 특성을 이해하고 해석하는 데 초점을 둔 학문이다. 이 분야는 현대물리학의 기본 원리 중 하나인 상대성이론과 밀접한 관련이 있다. 공간의 해석학은 주로 공간의 기하학적 구조, 토폴로지, 공간의 차원, 변곡률 등을 다룬다. 예를 들어, 일반상대성이론에서는 중력을 시간-공간의 곡률로 설명하며, 이 곡률을 해석하는 데 공간의 해석학적 도구가 사용된다. 공간의 해석학은 공간을 수학적으로 모델링하고 분석함으로써 자연현상을 설명하고 예측하는 데 활용된다. 이론물리학과 응용물리학, 그리고 일부 공학 분야에서 사용되며, 우주론, 시공간 물리학, 블랙홀 연구 등에 광범위하게 응용된다. 또한 공간의 해석학은 수학적 구조를 연구하고 공간의 특징을 이해하는 데에도 관심이 있다. 예를 들어, 다양한 차원의 공간, 복소수 공간, 다양체 등을 다루며, 수학적으로 추상화된 개념을 공간의 개념과 연결짓는 데 기여한다. 공간의 해석학은 현대물리학과 수학에서 중요한 분야로 인정되며, 우리가 주변의 세계를 이해하고 설명하는 데 필수적인 도구로 사용된다.[2]

위의 설명에서 확인할 수 있듯 지금까지의 공간해석학은 주로 수학과 물리학 분야에서 다루어져왔다. 그러나 이러한 해석학을 포용하면서도, 이를 넘어서고 또한 정초할 수 있는 철학적 공간해석학이 요청된다. 이제 우리의 논의 주제인 공간해석학을 정립하면서 그것의 의의와 과제를 정리해보고자 한다. 이 책의 저술 의도와 목표가 저술 과정과 논의 속에서 어떻게 구현되었는지를 점검하고 확인해야 할 종착점에 도달한 것이다. 이러한 점검과 확인의 작업은 공간해석학의 의의와 앞으로의 과제로 수렴될 수 있다고 여겨진다. 지금까지 논의해온 공간해석학의 의의는 먼저 아래와 같이 요약될 수 있을 것이다.

첫째, 공간해석학은 철학적 공간론 내부의 이론적 갈등을 설명할 수 있는 원

---

2   https://chat.openai.com/?model=text-davinci-002-render-sha

리와 근거를 제시한다. 이를 통하여 철학적 공간론들의 대립과 갈등, 그리고 분열이 발생하는 단서와 그 이유, 그리고 해법의 방법을 설명할 수 있다. 이런 논점은 리쾨르의 '설명과 이해의 변증법'의 논리를 참조한 결론이다. 리쾨르는 설명과 이해의 이러한 변증법을 텍스트 해석에 적용한다. 물론 그의 변증법적 종합은 '미완의 종합'에 머문다. 그러나 미완의 종합은 '중재'와 '의견일치'를 항상적으로 추구하는 것이다.

둘째, 공간해석학은 공간 해석의 다양성·상보성·맥락성·개방성·소통성의 특성을 통해 공간 연구에 대한 융합적 관점을 확보하고자 한다. 공간해석학은 철학적 공간론들의 쟁점 및 충돌 지점을 찾아내어 열린 자세로 대화를 매개한다. 예컨대, 철학적 공간론과 과학적 공간론의 대립은 왜 생기는지에 대한 설명과, 그것을 극복할 수 있는 논리와 방법을 제시한다. 그것은 대립이 아니라 접근시키고, 혼합이 아니라 융합을 시도하고, 그리고 다양성 속에서 통일성과 상보성을 찾는다. 이것은 공약 불가능한 것을 무조건 화해시키거나 단순히 통합시키는 것이 아니다. 이를테면 언어 게임과 삶의 양식, 전통, 패러다임, 이론들 간의 추정된 불가공약성을 무조건 찬성하거나 반대하는 것은 아니다. 여기서는 리쾨르가 강조한 것처럼, 여러 상충된 입장들을 논리적 모순의 지점까지 가져가서 종합과 합의의 생각을 도출하는 과정을 존중한다. 하버마스처럼 상호 이해의 상호 주관성, 공유된 인식, 상호 신뢰, 서로간의 화합으로 귀결되는 합의를 향해 나아가는 것이다. 이런 점에서 공간해석학은 공간에 대한 관성적인 설명과 이해의 이분법적 해석의 프레임에서 벗어나서, 최근의 학문연구의 성과를 반영한 맥락적 공간 해석의 패러다임을 제시한다.

셋째, 공간해석학은 다학제적·통합적 관점을 구성하려는 철학적 매트릭스(philosophical matrix)이자, 동시에 일체의 공간 연구의 학문적 플랫폼이다. 공간 개념이 지니고 있는 중층성·복합성·다의성을 해명하기 위해서는 저러한 플랫폼이 필요하다. 해석학이 영미철학과 대륙철학의 가교의 역할을 할 수 있기에 공간 연구를 위해서는 해석학을 원용할 수 있어야 한다. 그것은 기존의 다양한 공간론을 통합하여 과학적 공간론 및 인문사회과학적 관점과의 내적인 연관을 밝힐 수 있을 것이다. 특히 리쾨르의 해석학은 반성철학의 정신과 분석철학의 방법으로 현대 해석학을 수립하려는 시도이다. 오늘날 공간 활용에 대한 비교 연구에서 자연과학적 지식과 인문학적 사유와 사회과학적 실천을 융합한 방법론이 사용된다. 공간해석학은 과학적 공간해석론과의 지평 융합을 통해 공간 연구의 다원성과 풍요로움을 가져오는 데 기여할 수 있음을 확인하였다.

이제 '공간해석학의 미래의 과제'에 대하여 숙고해보고자 한다. 먼저 공간해석에 있어서 철학과 과학이 함께 갈 수 있는 길을 모색해야 한다. 그 길을 가기 위해서는 융합적 해석학이 요구된다. 양자는 기초학문 및 보호학문으로서 철학과 과학은 공동 전선을 펼쳐야 할 것이다. 공간도 어떤 의미를 함축하는 '의미 형성체'라면, 그것은 설명되고 · 이해되고 · 해석되어야 할 대상으로서 넓은 의미에서 텍스트가 될 수 있다. 공간 이론에 내포되어 있는 철학적 의미를 과학자는 모르고, 철학자는 과학적 공간 이론을 모른다. 공간해석학이 따르는 '설명과 이해의 변증법'의 논리는 과학적 설명과 철학적 이해와 해석 양자의 차원적 다름을 인정하면서도 양자를 아우를 수 있게 한다. 과학도 인간의 활동으로서 철학과 마찬가지로 자연을 설명하고 이해하고 해석한다. 양자를 포괄하는 과학적이면서도 철학적인, 철학적이면서도 과학적인 공간 이해, 즉 과학과 철학의 역동적인 공간 이해가 필요하다. 과학적 공간론과 철학적 공간론은 공간의 해석학으로부터 도출될 수 있으며, 전자는 공간의 해석학의 특수한 사례이다. 양자가 양립 불가능하거나 공약 불가능한 것이 아니라, 오히려 근사성을 가지고 있다. 양자는 모두 부분적이고 불완전하다. 따라서 공간해석학이 지향하는 '설명의 해석학'과 '이해의 과학'의 지평 융합을 계속 수행해 나가야 할 과제를 지니고 있다.

무엇보다 공간해석학은 인문사회과학적인 공간론과 철학적 공간론과의 대화를 매개해준다. "이제 우리는 삶에 대한 자연과학적 개념으로서의 '생명'과 역사적이며 문화적인 '삶'에 대한 해석학적 연구의 결합, 즉 생명에 대한 자연과학의 업적으로 수용하면서도 동시에 그러한 연구가 보지 못하는 형이상학적이며 초월적 측면을 정당하게 부각시킬 수 있는 길을 모색해야 할 것이다."[3] 과학은 인간의 활동이고, 인간을 탐구하며, 인간의 행복한 삶을 추구한다는 점에서 인문학과 차이가 없다. 무엇보다 지구가 인류가 생존할 수 있는 지속 가능한 공간이 되기 위해서 생태친화적인 공간관 확립이 요구된다. 그리고 인류중심적 인간관에서 벗어나서 다른 생명체와 공존할 수 있는 '공생적 인간(homo symbious)'에로의 존재론적 변형이 요구된다. 이와 관련하여 라투르(B. Latour)는 인문학적 성찰이 없는 과학은 맹목적이고 인간성을 저해할 위험이 있다는 뜻에서 "인문학 없는 과학은 인공지능 놀음에 불과하다"는 말과 함께 인문학적 과학을 제안한다. 공간해석학도 이런 노선에 동조하고 공감하는 입장이다.

특히 공간해석학은 새로운 과학문화 창달을 위한 구체적인 공간 실천이 필요하다. 이를 위해 리쾨르가 시도한 것처럼 현상학, 구조주의 및 후기구조주의, 정신분석학과의 만남도 중요하다. 나아가 공간 연구는 자연과학, 예술 및 문학, 인지과학과도 지속적인 열린 대화가 필요하다. 이런 점에서 일체의 공간 연구는 해석학 밖에 있거나, 그것에 대립해 있지 않고, 해석학 안에 있는 것이다. 따라서 공간해석학은 연결되어 있지 않고 서로 떨어져 있는 각종 공간 연구들의 다리놓기(bridge-build)의 역할을 할 것이다.

철학적 공간론은 과학적 공간론의 성과를 받아들이고, 후자도 전자와 협업해야 한다. 공간에 대한 객관적으로 타당한 해석결과의 객관성도 존중되어야 하고, 동시에 공간에 대한 인문적인, 즉 실존적이고 역사적인 의미 부여도 반드시 수반되어야 한다. 둘 중의 하나의 양자택일이 아니라 지평 융합을 통해 보다 나은 공간 이해를 창출하는 것이 필요하다. 말하자면 '설명의 해석학'과 '이해의 과학'이 필요한 것이다. 왜냐하면 설명적 지식을 전제하지 않은 완전한 이해도 불가능하고, 이해를 전제하지 않은 어떠한 충분한 설명도 가능하지

---

3 최성환, 「해석학에 있어서 자연의 문제 : 자연해석학의 정초 시도」, 『해석학연구』 vol. 25, 한국해석학회, 50쪽.

않기 때문이다.

철학적 공간론은 인문학적·사회과학적 공간론과도 소통하며 이해와 해석의 지평을 확장해가야 한다. 이런 작업을 공간의 해석학은 수행할 수 있을 것이다. 따라서 지평 융합에 필요한 것은 개방성과 대화이다. 융합은 서로의 입장을 견지하면서도 진정한 합의를 이루어가는 변증법적 과정이다. 그런데도 현대의 과학과 철학은 실질적으로 그 연계를 상실하고 각자 별도의 길을 걷고 있는 것이 오늘날 학계의 실정이다. 전술한 바대로, 한 시대에 통용되는 다양한 앎을 비판적으로 검토하고 그 내용을 심층적으로 재구성함으로써 바른 삶을 위한 지혜를 제공하는 것이 철학 본연의 자세라고 한다면, 현대철학이 추구해야 할 가장 중요한 과제는 바로 이러한 융합적 관념의 틀을 마련하여야 한다. 이를 바탕으로 공간해석학은 현대과학의 성과를 심층적으로 재구성해내는 작업이라 할 수 있다.

결론적으로 우리가 공간의 존재와 의미를 근원적으로 연구하기 위해서는 공간에 대한 합리적 인식과 함께 해석학적 이해가 수반되어야 한다. 그리고 인간의 사고도 공간의 지배를 받는다는 사실을 인정해야 한다. 우리의 지속가능한 미래문명을 위해서는 공간에 대한 설명과 이해가 심포니(symphony)를 이루어 왜곡된 공간에 대한 선입견과 공간인식이 지속적으로 교정될 수 있어야 한다. 또한 우리 속에 있는 공간적 '장소혼(genius loci)'과 '장소애(topophilia)'를 통해 '자유와 희망의 공간'을 창조해야 한다. 인간의 공간 귀속성에 대한 존재론적 인식과 아울러, 올바른 공간관에 입각한 공간으로부터의 자유의 실천적 조건들을 마련해야 한다. 공간적 실천이란 지배적인 공간관에 문제점을 제시하면서 부단히 대안적 공간 그리고 대항적 공간을 창조해가는 지적 성찰과 실천이다. 이를 위해서 공간과학과 공간철학 및 인문사회과학의 협업이 필요하다. 역사적 현실 속에서 일체의 지배와 종속은 공간 권력과 함수관계에 있고, 자유의 밀도도 공간 권력에 의존한다. 모름지기 미래의 인류는 온갖 공간적 지배와 구속으로부터 벗어나서 아늑한 자유와 해방의 공간에서 거주하고 생활할 수 있는 본래적인 공간의 권리를 향유할 수 있어야 한다.

참고문헌

1. 국외 문헌

1) Ricœur, P. 1차 문헌

Philosophie de la volonté. Tome I: Le volontaire et l'involontaire, Aubier, 1949[『악의 상징』, 양명수 역, 문학과지성사, 1999]

"Structure et herméneutique," *Esprit*, Nouvelle série, No. 322(11) nov. 1963.

De l'interpretation: Essai sur Freud, Paris: Le Seuil 1965[『해석에 대하여 : 프로이트에 관한 시론』, 김동규 · 박준영 역, 인간사랑, 2013]

Le Conflit des interprétations. Essais d'herméneutique I, Paris: Le Seuil, 1969.[『해석의 갈등』, 양명수 역, 한길사, 2012]

La Métaphore vive, Parsi: Le Seuil, 1975.

Interpretation Theory: Discourse and the Surplus of Meaning, Texas Christian Press, 1976.[『해석이론 : 담화 그리고 의미의 과잉』, 김윤성 역, 서광사, 1998]

Hermeneutics and the Human Sciences: Essays on Language, Action and Interpretation, J.B. Thompson(ed. trans.). Cambridge University Press, 1981.[『해석학과 인문사회과학』, 윤철호 역, 서광사, 2017]

Temps et récit I·II·III, Paris: Le Seuil, 1983, 1984, 1985[『시간과 이야기 1 : 줄거리와 역사 이야기』, 김한식 · 이경래 역, 문학과지성사, 1999. 『시간과 이야기 2 : 허구 이야기에서의 형상화』, 김한식 역, 문학과지성사, 2000. 『시간과 이야기 3 : 이야기된 시간』, 김한식 역, 문학과지성사, 2004]

Du texte à l'action. Essais d'herméneutique II, Paris: Le Seuil, 1986.[『텍스트에서 행동으로』, 박명수 · 남기역 편역, 아카넷, 2002]

La critique et la conviction: Entretien avec François Azouvi et Marc de Launay, Calmann-Lévi, 1995[『비판과 확신』, 변광배 · 전종윤 역, 그린비, 2013]

2) Gadamer, H.-G. 1차 문헌

Wahrheit und Methode, Grundzüge einer philosophischen Hermeneutik(1960), 4. Auflage. J.C.B.
　　Mohr, Tübingen 1975(*Hermeneutik 1: Wahrheit und Methode: Grundzüge einer. phi-
　　losophischen Hermeneutik*, Tübingen 1985(Band. 1).[『진리와 방법 1:철학적 해석학의
　　기본 특징들』, 이길우 외 역, 문학동네, 2020.『진리와 방법 2, 철학적 해석학의 기본
　　특징들』, 임홍배 역, 문학동네, 2022]

"Replik", Habermas u.a(hrsg.), *Hermeneutik und Ideologiekritik*, Franlfurt a.M., 1971.

"The Problem of Historical Consciousness", H.-G. Gadamer, special issue, *Graduate Faculty
　　Philosophy Journal*, 5:1, New York, 1975.

"The Universality of the Hermeneutical Problem", *Philosophical Hermeneutics*, David E.
　　Linge(trans. and ed.), Berkeley: University of California Press, 1976.

"What is Practice? The Condition of Social Reason'", *Reason in the Age of Science*, MIT Press,
　　1982.

Griechische Philosophie II, Tübingen, 1985(Band. 6).

"'Platos dialektische Ethik,' — beim Wort genommen", *Griechische Philosophie III: Plato im
　　Dialog*, Tübingen, 1991(Band. 7).

Ästhetik und Poetik II: Hermeneutik im Vollzug, Tübingen, 1993(Band. 9).

Hermeneutik II: Wahrheit und Methode: Ergänzungen, Register, Tübingen, 1993(Band. 2).

Hermeneutik im Rückblick, Tübingen, 1995(Band. 10).

3) Heidegger, M. 1차 문헌

Kant und das Problem der Metaphysik, Bonn: Cohen, 1929. Frankfurt. a.M., 1973.

*Die Metaphysik des deutschen Idealismus. Zur erneuten Auslegung von Schelling: Philosophische
　　Untersuchungen über das Wesen der menschlichen Freiheit und diedamit zusammenhän-
　　genden Gegenstände(1809)* (I. Trimester 1941/Summersemester 1941), Frankfurt a.M.,
　　2006(GA. 49).

Nietzsches Metaphysik(Wintersemester 1944/45), Frankfurt a.M., 2007(GA. 50).

Der Satz vom Grund(WS. 1955/56), Pfullingen, 1957.

Nietzsche I (1936~1946), Pfullingen, 1961.[『니체 I』, 박찬국 역, 길, 2010]

Bemerkungen zu Kunst － Plastik－Raum(Vortrag St. Gallen 3. Oktober 1964), Erker, 1996.

"Bauen Wohnen Denken", *Vorträge und Aufsätze*, Pfullingen, 1967.

Die Kunst und der Raum, St. Gallen, 1969.

Zur Sache des Denkens(1962~64), Tübingen 1969. Frankfurt a.M., 2007(GA. 14).

Holzwege, Frankfurt a.M., 1972. 2003(GA. 5).

Wegmarken, Frankfurt a.M., 1976(GA. 9).

Sein und Zeit, Tübingen, 1979. Frankfurt a.M., 1977(GA. 2).『존재와 시간』, 소광희 역, 경
　　문사, 1998]

Grundbegriffe, Frankfurt a.M., 1981(GA. 51).

Aus der Erfahrung des Denkens (1910~1976), Frankfurt a.M., 1983(GA. 13).

Unterwegs zur Sprache(1950~1959), Frankfurt a.M., 1985(GA. 12).

Phänomenologie des religiösen Lebens, Frankfurt a.M., 1995(GA. 60).『종교적 삶의 현상학』, 김
　　재철 역, 누멘, 2011]

Vorträge und Aufsätze(1936~1953), Frankfurt a.M., 2000(GA. 7).

4) 국외 일반문헌

Algra, K. *Concepts of space in Greek thought*, Leiden : New York, 1995.

Apel, K.−O, *Die Erklären: Verstehen−Kontroverse in transzendental−pragmatischer Sicht*, Frank-
　　furt a.M., 1979.

Aristoteles, *Metaphysics*, W.D. Ross(ed.), 2vols. Oxford : Clarendon Press, 1924.

Aristoteles, *Ars Rhetorica*, W.D. Ross(ed.), Oxford University Press, 1956.

Aristoteles, *Posterior Analytics. Topica*, H. Tredennick & E.S. Forster(trans.), Harvard Univer-
　　sity Press, 1960.

Aristoteles, *Lehre vom Beweis oder Zweite Analytik(Organon IV)*, Übersetzt und mit Anmerkun-
　　gen versehen von Eugen Rolfes, Mit neuer Einleitung und Bibliographie von O.
　　Höffe, Hamburg, 1975.

Aristoteles, *Analytica Priora et Posteriora*, W.D. Ross and Minio−Paluello(ed.), Oxford Univer-
　　sity Press, 1981.

Aristoteles, *Physik, Vorlesung über die Natur. Griechisch−deutsch*, Hans Günther Zekl(hrsg.),
　　Band 1 : Buch I−IV, Hamburg, 1986(Φυσικὴ ἀκρόασις).

Aristoteles, *Topica*, E.S. Forster(trans.), Harvard University Press, 1989.

Aristoteles, *Metaphysik*, Philosophische Schriften, Band 5, Neubearbeitung der Übersetzung
　　von Hermann Bonitz durch H. Seidl, Hamburg : Meiner, 1995.

Aristoteles, "Categories", *Organon*, E.M. Edghill(trans.), The University of Adelaide: eBooks, 2007.

Aristoteles, *Physica*, C. von Prantl and et al.(ed.), Berlin: De Gruyter, 2012(reprint).

Aristoteles, *Poetics of Aristoteles*, Bookk, 2018.

Augé, M., *Le sens des autres*, Paris, 1994.

Baumgartner, H.M., "Natur als Gegenstand der Wissenschaften", *Naturwi−ssenschaft−Philoso−phie−Theologie. Grenzfragen*(Veröffentlichung der Instituts der Görres−Gesellschaft für interdisziplinäre Forschung), L. Honnefelder(hrsg.), Freiburg/München, 1992.

Bauman, Z., "From Pilgrim to Tourist — or a Short History of Identity", *Questions of Cultural Identity*, S. Hall and P. du Gay(ed.), London: Sage, 1996.

Beiser, F.C., *The German Historicist Tradition*, Oxford University Press, 2011.

Benedikt, M., *Cyberspace: first steps*, MIT Press, 1991.

Betti, E., *Hermeneutik als allgemeine Methodik der Geisteswissenschaften*, Tübingen, 1962.

Bollnow, O.F., *Studien zur Hermeneutik*, Bd.1, Freiburg/München, 1982.

Carnap, R., "The Elimination of Metaphysics through the logical Analysis of language", I. Ayer(ed.), *Logical positivism*, Free Press, 1966.

Claesges, U., *Edmund Husserls Theorie der Raumkonstitution*, Den Haag, 1964.

Clarke, S. & Leibniz, G.W., *The Leibniz−Clarke Correspondence: Together Wiith Extracts from Newton's Principia and Opticks*, Manchester University Press, 1956.

Clarke, S. & Leibniz, G.W., *Philosophical papers and letters*, L.E. Loemker(ed.), Berlin, 1989.

Colguhoun, A., *Essays in Architectural Criticism: Modern Architecture and Historical Change*, MIT Press, 1981.

Deleuze, G., *Différence et répétition*, Presees Universiaires de France, 1985.

Deleuze, G. & Guattari, F., *A Thousand Plateaus: Capitalism and Schizphprenia*, University of Minnesota Press, 1978.

Derrida, J., *Writing and Difference*, Alan Bass(trans.), University of Chicage Press, 1978.

Derrida, J. *Dessemination*, B. Johnson(trans.), Chicago: University of Chicago Press, 1981.

Derrida, J., "Philo−sophe, Archi−tecte", a public discussion at Cooper Union, New York, 1988.

Derrida, J., "This Strange Institution Called Literature", interview published in *Acts of Literature*(1991), Routledge, 1992.

Derrida, J., *Spectrs de Marx*, Paris: Galilée, 1993.

Derrida, J. "The Deconstruction of Actuality: An Interview with Jaques Derrida", *Radical Philosophy* 068, Autumn, 1994.

Descartes, R., *Rules for the Direction of the Mind*, The philosophical Works of Descartes, vol.I, Cambridge University Press, 1979.

Descares, R., *Principles of Philosophy*, V. Miller & R. Miller(trans.), Dortrecht, 1984.

Dünne, J. & Günzel, S.(hrsg.), *Raumtheorie. Grundtexte aus Philosophie und Kulturwissenschaften*, Berlin, 2006.

Dilthey, W., "Origine et développement de l'herméneutique(1900)," *Le Monde de l'Esprit*, I, Pairs: Aubier, 1947.

Dilthey, W., "The development of hermeneutics(1900)", G. Delanty & P. Strydom(ed.), *Philosophies of Social Science: The Classic and Contemporary Readings*, Open University Press, 2003.

Droysen, J.G., *Historik: Vorlesungen über Enzyklopädie und Methodologie der Geschichte*, Rudolf Hübner(hrsg.), Darmstadt, 1958.

Dummett, M., "Can analytical Philosophiy be systematic, and ought it to be?", *Truth and other Enigmas*, London, 1978.

Dünne, J. & Günzel, S.(hrsg.), *Raumtheorie, Grungtexte aus Philosophie und Kulturwissenschaften*, Frankfurt a,M., 2006.

Einstein, A., *Relativity: The special and General Theory*, H. Holt and Company(trans.), New York, 1920.

Einstein, A. "Raum, Äther und Feld in der Physik", *Raumtheorie*, J. Dünne & S. Günzel(hrsg.), Franlfurt a.M., 2006.

Elden, S., *Mapping the Present: Heidegger, Foucault, and the Project of a Spatial History*. London; Continuum, 2001.

Euclid, *The Elements: Books I–XIII–Complete and Unabridged*, Sir T. Heath(trans.), Barnes & Noble, 2006.

Faukner, W., "The Jail", *The Portable Faulkner*, M. Thomas Inge(ed.), Cambridge University Press, 2009.

Feyerabend, P., *Against Method: Outline of an Anarchistic Theory of Knowledge*, London, New York; Verso, 2010.

Figal, G., *Gegenständlichkeit: das Hermeneutische und die Philosophie*, Tübingen, 2006.

Foucault, M., *Discipline and Punish. The Birth of the Prison(1967)*, Alan Sheridan(trans.), New York, 1977.

Foucault, M. "Questions on geography", C. Godon(ed.), *Power/Knowledge: selected interviews and other writings*, 1972‒1977, London, 1980.

Foucault, M., "Des espaces autres", Conférence au Cercle d'études architecturales, 14 mars 1967, in Architecture, Mouvement, Continuité, no.5, octobre, 1984.

Foucault, M., "Of other spaces"(1969), J. Miskowiec(trans.), *Diacritics*, vol.16, No.1. Dorthrecht: Spring, 1986.

Furley, D., "Aristotle and the Atomist on Motion in a Void", P.K. Machamer & R.G. Turnbull(ed.), *Motion and Time, Space and Matter*, Ohio State University Press, 1976. pp.83~100

Galilei, G., "Il Saggiatore", *The Controversy on the Comets of 1618: Galileo GHoratio Grassi, Mario Guiducci, Johann Kepler*, Stillma Drake & C.D. O'Malley(trans.), University of Pennsylvania Press, 1960.

Gaudí, A., *Moravánszky Ákos: Antoni Gaudí összes példány*, Budapest, 1980.

Giddens, A., *The consequences of modernity*, Stanford University Press, 1990.

Greisch, J., "Paul Ricoeur", Denis Huisman(ed.), *Dictionnaire des Philosophes*, Paris, 2009.

Groat, L., "Introduction: Place, Aesthetic Evaluation and Home", L. Goat(ed.), *Readings in Enviornmental Psychology: Giving Places Meaning*, London: Academic Press, 1955.

Grosz, E.A., *Space, time, and perversion: essays on the politics of bodies*, New York and London, 1995.

Grosz, E.A., *Architecture from the Outside ─Essays on Virtual and Real Space*, MIT Press, 2001.

Grosztonyi, A., *Der Raum. Geschichte seiner Probleme in Philosophie und Wissenschaften*(Orbis academicus I/14, Band 1 und 2), Freiburg i. Br./ München: Verlag Karl Alber, 1976.

Günzel, S., "Phänomenologie der Räumlichkeit", J. Dünne & S. Günzel(hrsg.), *Raumtheorie. Grundtexte aus Philosophie und Kulturwissenschaften*, Frankfurt a.M., 2006.

Günzel, S., *Lexikon der Raumphilosophie*, Darmstadt, 2012.

Günzel, S., *Raum. Eine kulturwissenschaftliche Einführung*, Bielefeld, 2017.

Habermas, J., "Der Universalitätsanspruch der Hermeneutik", Habermas u.a.(hrsg.), *Hermeneutik und Ideologiekritik*, Frankfurt a.M., 1971.

Habermas, J., "Zu Gadamers Wahrheit und Methode", Habermas u.a.(hrsg.). *Hermeneutik und Ideologiekritik*, Franlfurt a.M., 1971.

Haraway, D.J., "A Manifesto for Cyborgs: Science, Technology and Socialist Feminism in the 1980s", *Socialist Review*, 80, 1985.

Harrington, A., *Hermeneutic Dialogue and Social Science: A Critique of Gadamer and Habermas*, London, 2001.

Hahm, D.E., *The Origins of Stoic Cosmology*, Ohio State University Press, 1977.

Heuner, U., *Klassische Texte zum Raum*, 4. Aufl., Berlin, 2010.

Hiller, B., *Space is the Machine: A Configurational theory of Architecture*, Cambridge University Press, 1996.

Husserl, E., *Erste Philosophie(1923/24): Erster Teil: Kritische Ideengeschichte*, Den Haag, 1956.

Husserl, E., *Crisis of European Sciences and Transcendental Phenomenology: An Introduction to Phenomenological Philosophy*, D. Carr(trans.), Northwestern University Press, 1970.

Husserl, E., *Philosophie als strenge Wissenschaft*, W. Szilasi(hrsg.), Frankfurt.a.M., 1971

Husserl, E., *Zur Phähnomenologie der Intersubjektivität. Text aus dem Nachlaß. Dritter Teil. 1929−1935*(Husserliana XV), I. Kern(hrsg.), The Hague, 1973.

Husserl, E., *Logische Untersuchungen*, Den Haag, 1975.

Husserl, E., *Ideen zu einer reinen Phänomenologie und phänomenologischen Philosophie. Erstes Buch: Allgemeine Einführung in die reine Phänomenologie*(Husserliana III−1), Dortrecht, 1976.

Husserl, E., & Claesges, U., *Ding und Raum*(Husserliana XVI), Vorlesung 1907. I. Kern(hrsg.), Dordrecht, 1973.

Irigaray, L., *An Ethics of Sexual Difference*, C. Burke & G.C. Gill(trans.), Cornell University Press, 1993.

Irigaray, L., "Place, Interval: A Reading of Aristotle, Physics IV", *An Ehics of Sexual Difference*, Cornell University Press, 1993.

Jammer, M., *Concepts of Space: the History of Theories of Space in Physics*, Harvard University Press, 1970.

Janz, B.B.(ed.), *Place, Space and Hermeneutics*(Contributions to Hermeneutics, 5), Dorthrecht, 2017.

Jaspers, K., *Philosophie II, Existenzerhellung*, Berlin, 1956.

Kant, I., *Kritik der reinen Vernunft*, Hamburg: Felix Meiner, 1956.

Kant, I., "Von dem ersten Grunde des Unterschiedes der Gegenden im Raum"(1769), *Gesammelte Schriften*(Akademie Ausgabe), vol.2, Berlin, 1996.

Kant, I, *Logik, ein Handbuch zu Vorlesungen*, T. Pinder(hrsg.), Hamburg, 1997.

Kettering, E., *Nähe, das Denken Martin Heideggers*. Pfullingen 1987.

Koyré, A., *From the closed World to the Infinite Universe*, New York. 1958.

Kuhn, T., *The essential tension: selected studies in scientific tradition and change*, University of Chicago Press, 1977.

Lauden, I., "A problem solving approach to scientific progress", I. Hacking(ed.), *Scientific Revolutions*, Oxford, 1981.

Lefèbvre, H., *The survival of capitalism*, F. Bryant(trans.), New York, 1976.

Lefèbvre, H., *The production of Space*, D. Nicolson–Smith(trans.), Oxford: Blackwell, 1991.

Livingstone, D.N., *Science, Space and Hermeneutics*, University of Heidelberg, 2002.

Locke, J., *An Essay Concerning Human Understanding*, Cambridge, 1996.

Manuel, F., *The Religion of Issac Newton*, Oxford, 1974.

Marx, K., *Thesen über Feuerbach*[Nach dem mit dem Marxschen Manuskript von, 1845 verglichenen Text der Ausgabe von 1888] K. Marx & F. Engels, *Ausgewählte Schriften in zwei Bänden*, Band 2, Berlin, 1955.

Mcnaughton, T.(ed.), *Countless signs: The New Zealand Landscape in Literature*, Auckland: Reed Metheun, 1986.

McLuhan, M., *The Gutenberg Galaxy.. The Making of Typographic Man*, Toronto, 1962.

Merleau–Ponty, M., *The Phenomenology of Perception*, C. Smith(trans.), London, 1962.

Minkowski, H., *The Principle of Relativity*, New York: Dover, 1923.

Neogroponte, N., *Being digital*, London, 1995.

Newton, I., *The Principia: Mathematical Priciples of Natural Philosophy*, University of California Press, 1999.

Peirce, C.S., *Pragmatism and Pragmaticism and Scientific Metaphysics*(Collected Papers of Charles Sanders Peirce, Volumes V and VI), Harvard University Press, 1935.

Popper, K., *Conjectures and Refutations: The Growth of Scientific Knowledge*, London, 1963.

Poster, M., *The Mode of Information,* London: Polity Press, 1990.

Poster, M., *The second Media Age*, London: Polity Press. 1995.

Quine, W.V.O., *Ontological Relativity and other Essays*, New York, 1969.

Rorty, R., *Philosophy and the Mirror of Nature*, Princeton Uni. Press, 1979.

Rothacker, E., *Geschichtsphilosophie*, München, 1934.

Schüz, A., *Sturukturen der Lebenswelt*, Konstanz, 2003.

Schleiermacher, F., *Hermeneutik*, M. Kimmerlé(ed.), Heideglberg, 1959.

Schlick, M., "The Future of Philosophy"(1931), *Moritz Schlick Gesamtausgabe*, vol.6, F. Stadler & H.J. Wendel(hrsg.), Wien, 2008.

Shih-Yi Hsiao, Paul, "Wir trafen uns am Holzmarktplatz", G. Neske(hrsg.), *Erinnerung an Martin Heidegger*, Pfullingen, 1977.

Soja, E.W., *Postmodern Geographies: The Reassertion of Space in Critical Social Theory*, London 1989.

Soja, E.W., Vom "Zeitgeist" zum "Raumgeist", "New Twists on the Spatial Turn", Jörg Döring & Tristan Thielmann(hrsg.), *Spatial Turn: Das Raumparadigma in den Kultur- und Sozialwissenschaften*, Bielefeld, 2008.

Stevens, W., *The Collected Poems of Wallace Stevens*, New York, 1954.

Ströker, E., *Investigations in Philosophy of Space*, A. Mickunas(trans.), Athens: Ohio University Press, 1987.

Taylor, C., *Hegel*, Cambridge University Press, 1975.

Thirring, H., "Urbausteine der Materie", *Almanach der Österreichischen Akademie der Wissenschaften*, Zürich, 1968.

Tugendhat, E., "Phenomenology and Linguistic Analysis", P. McCormick & F.A. Elliston (trans.), *Edmund Husserl: Critical Assessments of Leading Philosophers*, Vol.4, Bernet Rudolf, Welton Donn & Zavota Gina(eds.), London, 2005.

Vattimo, G., *Beyond Interpretation: The Meaning of Hermeneutics for Philosophy*, David Webb (trans.), Stanford University Press, 1997.

Vattimo G. & Rovatti, A.(eds.), *Weak Thougt*, Peter Carravetta(trans.), SUNY Press, 2013.

Vesely, D., *Architecture in the Age of Divided Representation: Question of Creativity in the Shadow of Production*, Cambridge: The MIT Press, 2004.

Waldenfels, B., *Sinnesschwllen. Studien zur Phaenomenologie des Fremden 3*, Frankfurt a.M., 1999.

Weizsäcker, C.F.F. von, "Heisenberg's Philosophy", Symposium on the Foundation of Mod-

공간의 철학, 그 해석학적 해명

ern Physics, The Copenhagen Interpretation 60 years after the Comp Lecture, Joensu, 1987.

Wetz, F.J., "Hermeneutik der Natur–Heremneutik des Universums", *Philosophia Naturalis. Archiv für Naturphilosophie und die philosophischen Grenzgebiete der exakten Wissenschaften und Wissenschaftsgeschichte*, Jg. 32, Frankfurt a.M., 1995.

Whitehead, A.N., *Science and the modern World*, New York, 1925.

Whitehead, A.N., *Process and Reality*, Free Press, 1985.

Wilke, H., *Atopia: Studien zur atopischen Gesellschaft*, Frankfurt a.M., 2001.

Witten, E., "Interview", *Superstrings: A Theory of Everything?*, P.C.W. Davies & J.R. Brown(ed.), Cambridge University Press, 1988.

Wittgenstein, L., *Tractatus logico-philosophicus, Logisch-philosophische Abhandlung*, Frankfurt a.M., 2003.

Young, I.M., "The ideal of community and the politics of differnce", *Social Theory and Practice*, 12(1), Florida State University Department of Philosophy, 1986.

2. 국내 문헌(저서와 논문)

1) 역서

Aristototeles, 『자연학(*phusike Akroasis, Φυσικὴ ἀκρόασις*)』 허지현 역, 허지현연구소, 2022.

M. Augé, 『비장소 : 초근대성의 인류학 입문』, 이상길 · 이윤영 역, 아카넷, 2017.

F. Bacon, 『신기관(*novum organum*)』, 진석용 역, 한길사, 2016.

A.-L. Baraba'si, 『링크 : 21세기를 지배하는 네트워크 과학』, 강병남 역, 동아시아, 2002.

R. Barth, 『텍스트의 즐거움(롤랑 바르트 전집 12)』, 김희영 역, 동문선, 1997.

J. Baudrillard, 『시뮬라시옹』, 하태환 역, 민음사, 2001.

R.J. Bernstein, 『객관주의와 상대주의를 넘어서 : 과학과 해석학 그리고 실천(*Beyond Objectivism and Relatvism: Science, Hermeneutics, Praxis*)』, 황설중 역, 철학과현실사, 2017.

J. Caputo, 『포스트모던 해석학 : 정보 시대에서의 사실과 해석(*Hermeneutics: Facts and Interpretation in the Age of Information*)』, 이윤일 역, 도서출판b, 2020.

E.S. Casy, 『장소의 운명 : 철학의 역사』, 박성관 역, 에코리브르, 2016.

M. de Certeau, 『일상생활의 창조』, 장세룡 역, 커뮤니케이션북스, 2016.

S. Clarke & G.W. Leibniz,『라이프니츠와 클라크의 편지』, 배선복 역, 철학과현실사, 2005.

E. Clement 외,『철학사전 : 인물들과 개념들』, 이정우 역, 동녘, 1996.

W.H. Davidow,『과잉 연결 시대 : 일상이 된 인터넷 그 이면에선 어떤 일이 벌어지는가』, 김동규 역, 수이북스, 2011.

G. Deleuze,『의미의 논리(*Logique du sens*)』, 이정우 역. 한길사, 1994.

G. Deleuze,『차이와 반복(*Différence et répétition*)』, 김상환 역, 민음사, 2004.

G. Deleuze,『프루스트와 기호들(*Proust et les signes*)』이충민 역, 민음사, 2004.

G. Deleuze,『주름, 라이프니츠와 바로크(*Le Pli: Leibniz et le Baroque*)』, 이찬웅 역, 문학과지성사, 2004.

G. Deleuze & F. Guattari,『천개의 고원 : 자본주의와 분열증 2(*Capitalisme et Schizophrénie 2. Mille Plateaux*)』, 김재인 역, 새물결, 2001.

J. Derrida,『Anywhere/공간의 논리』, 정지성 편역, 현대건축사, 1998.

J. Derrida,『글쓰기와 차이(*L'Écriture et la différence*)』, 남수인 역, 동문선, 2001.

R. Descartes,『철학의 원리(*Principia philosophiae*)』, 원석영 역, 아카넷, 2012.

R. Descartes,『방법서설(*Discours de la méthode*)』, 이현복 역, 문예출판사, 2022.

J. van Dijk,『네트워크 사회』, 배현석 역, 커뮤니케이션북스, 2002.

W. Dilthey,『정신과학과 개별화(*Geisteswissenschaften und individuation*)』, 이기흥 역, 지식을만드는지식, 2011.

W. Dilthey,『체험 · 표현 · 이해』, 이한우 역, 책세상, 2020.

J. Döring & T. Thielmann 편,『공간적 전회(*Spatial Turn*)』, 이기숙 역, 심산, 2015.

A. Einstein,『상대성의 특수이론과 일반이론(*Relativity: The Special and General Theory*)』, 이주명 역, 필맥, 2020.

M. Foucault,『광기의 역사』, 김부용 역, 인간사랑, 1999.

M. Foucault,『지식의 고고학』, 이정우 역, 민음사, 2000.

M. Foucault,『감시와 처벌 : 감옥의 역사』, 오생근 역, 나남, 2003.

M. Foucault,『말과 사물』, 이규현 역, 민음사, 2012.

V. Flusser,『코무니콜로기 : 코드를 통해 본 커뮤니케이션의 역사와 이론 및 철학』, 김성재 역, 커뮤니케이션북스, 2006.

A.G. Frank,『리오리엔트(*ReOrient: Global Economy in the Asian Age*)』, 이산, 2003.

J. Gleick,『카오스 : 새로운 과학의 출현(*Chaos: Making a New Science*)』, 박래선 역, 동아시아, 2013.

S.W. Goldhagen, 『공간혁명 : 행복한 삶을 위한 공간심리학(*Welcome to Your World: How the Built Environment Shapes our Lives*)』, 윤제원 역, 다산사이언스, 2019.

J. Grondin, 『현대해석학의 지평』, 최성환 역, 동녘, 2019.

C. Gordon, 『권력과 지식 : 미셸 푸코와의 대담』, 홍성민 역, 나남, 1991.

I. Hacking, 『표상하기와 개입하기 : 자연과학철학의 입문적 주제들(*Representing and intervening: introductory topics in the philosophy of natural science*)』, 이상원 역, 한울아카데미, 2020.

E. Hall, 『숨겨진 차원 : 공간의 인류학(*The Hidden Dimension*)』, 최효선 역, 한길사, 2013.

N.R. Hanson, 『과학적 발견의 패턴 : 과학의 개념적 기초에 대한 탐구(*Patterns of Discovery*)』, 민음사, 1995.

M. Heidegger, 『세계상의 시대』, 최상욱 역, 서광사, 1995.

M. Heidegger, 『존재와 시간』, 소광희 역, 경문사, 1998.

W.K. Heisenberg, 『철학과 물리학의 만남 : 현대과학의 혁명』, 최종덕 역, 한겨레, 1987.

W.K. Heisenberg, 『물리와 철학 : 근대과학의 혁명(*Physics and Philosophy: The Revolution in Modern Science*)』, 조호근 역, 서커스, 2019.

W.K. Heisenberg, 『부분과 전체(*Der Teil und das Ganze: Gespräche im Umkreis der Atomphysik*)』, 유영미 역, 서커스, 2022.

H.-P. Hempel, 『하이데거와 禪』, 이기상 · 추기연 역, 민음사, 1987.

M. Jammer, 『공간 개념 : 물리학에 나타난 공간론의 역사』, 이경직 역, 나남, 2008.

I. Kant, 『순수이성비판 1』, 백종현 역, 아카넷, 2021.

S. Kern, 『시간과 공간의 문화사(1880-1918)』, 박성관 역, 휴머니스트, 2006.

T. Kuhn, 『과학혁명의 구조』, 홍성욱 역, 까치, 2013.

G. Lakoff & M.M, Jonson, 『삶으로서의 은유』, 노양진 · 나의주 역, 박이정, 2006.

B. Latour, 『브뤼노 라투르의 과학인문학 편지 : 인간과 자연, 과학과 정치에 관한 가장 도발적인 생각(*Cogitamus. Six lettres sur les humanités scientifiques*)』, 이세진 역, 사월의책, 2012.

H. Lefebvre, 『공간의 생산(*la production de l'espace*)』, 양영란 역, 에코리브르, 2011.

J. Locke, 『인간지성론 1』, 추영현 역, 동서문화사, 2017.

J. Malpas, 『장소와 경험 : 철학적 지형학(*Place and Experience: A Philosophical Topography*)』, 김지혜 역, 에코리브르, 2014.

K. Marx, 『독일 이데올로기』, 김대웅 역, 두레, 1989.

D. Massey, 『공간, 장소, 젠더(*Space, Place and Gender*)』, 정현주 역, 서울대학교 출판문화원, 2015.

D. Massey, 『공간을 위하여(*For Space*)』, 박영환 역, 심산, 2016.

A. Merrifield, 『매혹의 도시, 맑스주의를 만나다』, 남청수 외 역, 이후(시울), 2005.

M. Merleau-Ponty, 『지각의 현상학』, 류의근 역, 문학과지성사, 2002.

C. Mouffe, 『좌파 포퓰리즘을 위하여(*For a Left Populism*)』, 이승원 역, 문학세계사, 2019.

I. Newton, 『프린키피아 : 자연과학의 수학적 원리』, 이무현 역, 교우사, 2012.

I, Newton, 『프린키피아 1 : 자연과학의 수학적 원리』, 이무현 역, 교우사, 2018.

C. Norberg-Schulz, 『實存·空間·建築(*Existence, Soace and Architecture*)』, 김광현 역, 태림문화사, 2002.

C. Norberg-Schulz, 『場所의 魂 : 건축의 현상학을 위하여(*genius loci*)』, 민경호 외 역, 태림문화사, 1996

R. Penrose, 『황제의 새마음 : 컴퓨터, 마음, 물리법칙에 관하여(*The emperor's new mind: concerning computers, minds, and the laws of physics*)』, 박승수 역, 이화여자대학교 출판부, 1996.

Platon, 『티마이오스(*Timaios*)』, 박종현·김영균 역주, 서광사, 2000.

Platon, 『국가·政體』, 박종현 역, 서광사, 2000.

Platon, 『편지들(*Epistolai*)』, 강철웅·김주일·이정호 역, 이제이북스, 2010.

Platon, 『메논(*Ménōn*)』, 이상인 역, 이제이북스, 2014.

M. Poster, 『제2미디어 시대』, 이미옥·김준기 역, 민음사, 1995.

R. Palmer, 『해석학이란 무엇인가?(*Hermeneutics: Interpretation Theory in Schleiermacher, Dilthey, Heidegger, & Gadamer*)』, 이한우 역, 문예출판사, 2001.

E. Relph, 『장소와 장소 상실』, 김덕현 외 역, 논형, 2005.

G.D. Romanos, 『콰인과 분석철학(*Quine and analytic Philosophy*)』, 곽강제 역, 한국문화사, 2002.

H. Rombach, 『살아 있는 구조 : 구조존재론의 문제들과 해답들』, 전동진 역, 서광사, 2004.

R. Rorty, 『철학 그리고 자연의 거울(*Philosophy and the Mirror of Nature*)』, 박지수 역, 까치글방, 1998.

C. Rovelli , 『만약 시간이 존재하지 않는다면 : 인간의 시계로부터 벗어난 무한한 시공간으로의 여행』, 쌤앤파커스, 2021.

M. Schrör, 『공간, 장소, 경계공간의 사회학 이론 정립을 위하여』, 정인모·배정희 역, 에코

리브르, 2010.

H.J. Silverman, 『데리다와 해체주의 철학과 사상』, 윤호병 역, 현대미학사, 1998.

C.P. Snow, 『두 문화(*The Two Cuktures*)』, 오영환 역, 민음사, 1996.

E.W. Soja, 『공간과 비판사회이론』, 이무용 외 역, 시각과언어, 1997.

Thales 외, 『소크라테스 이전 철학자들의 단편선집(*(The) fragments of presocratic philosophers*)』, 김재홍 · 김인곤 역, 아카넷, 2012.

Y.-F. Tuan, 『토포필리아 : 환경 지각, 태도, 가치의 연구』, 이옥진 역, 에코리브르, 2011.

M. Wertheim, 『공간의 역사 : 단테에서 사이버스페이스까지 그 심원한 공간의 문화사(*(The) pearly gates of cyberspace: a history of space from Dante to the Internet*)』, 박인찬 역, 생각의나무, 2002.

A.N. Whitehead, 『과학과 근대세계』, 오영환 역, 서광사, 2008.

A.N. Whitehead, 『과정과 실재(*Process and Reality, An Essay in Cosmology*)』, 오영환 역, 민음사, 2021.

E. Wilson, 『통섭 : 지식의 대통합』, 최재천, 장대익 역, 사이언스북스, 2005.

L. Wittgenstein, 『논리철학 논고(*Tractatus Logico-Philosophicus*)』, 이영철 역, 책세상, 2020.

G.H. von Wright, 『설명과 이해(*Explanation and understanding*)』, 배철영 역, 서광사, 1995.

老子, 『노자 도덕경』, 남만성 역, 을유문화사, 2015.

莊子, 『장자』, 이석호 역, 명문당, 2020.

中村雄次郎(나카무라 유지로), 『토포스(Topos) : 장소의 철학』, 박철은 역, 그린비, 2012.

李孝德, 『표상공간의 근대(*Modernity as Representation*)』, 박성관 역, 소명, 2002

丸田一(마루타 하지메), 『장소론 : 웹상의 리얼리즘과 지역의 로맨티시즘』, 박화리, 윤상현 역, 심산, 2011.

加來道雄(미치오 카쿠), 『초공간 : 평행우주 시간왜곡 10차원 세계로 떠나는 과학 오디세이』, 박병철 역, 김영사, 2018.

2) 저서

강신익 외, 『과학철학 : 흐름과 쟁점, 그리고 확장』, 창비, 2018.

강영안, 『일상의 철학』, 세창출판사, 2018.

강학순, 『존재와 공간 : 하이데거의 존재의 토폴로지와 사상의 흐름』, 한길사, 2011.

권순홍, 『유식불교의 거울로 본 하이데거』, 길, 2008.

김경수, 「헤겔의 관념변증법의 공간화 : 앙리 르페브르의 『공간의 생산』 연구」, 『철학탐구』 제

39집, 중앙대학교 철학연구소, 2015.

김경재,『해석학과 종교신학』, 한국신학연구소, 1994.

김동규,『하이데거의 사이 : 예술론』, 그린비, 2009.

김상환,『예술가를 위한 형이상학』, 민음사, 1999.

김성환 외,『장소 철학 I : 장소의 발견』, 서광사, 2020.

김성환 외,『장소 철학 II : 장소와 윤리』, 서광사, 2021.

김영필,『현대철학의 전개』, 이문출판사, 1998.

김용석,『문화적인 것과 인간적인 것』, 푸른 숲, 2010.

김용정,『과학과 철학』, 범양사, 1996.

김우창,『풍경과 마음』, 생각의나무, 2008.

김한식,『해석의 에움길 : 폴 리쾨르의 해석학과 문학』, 문학과지성사, 2019.

김형효,『하이데거의 마음의 철학』, 청계, 2001.

김형효,『하이데거와 화엄의 사유 : 후기 하이데거의 자득적 이해』, 청계, 2002.

김효명 외,『근대과학의 철학적 조명』, 철학과현실사, 2006.

김훈,『자전거 여행』, 문학동네, 2014.

도승연 외,『현대철학과 사회이론의 공간적 선회』, 라움, 2011.

박영욱,『필로아키텍처, 현대건축과 공간 그리고 철학적 담론』, 향연, 2009.

박이문,『이성은 죽지 않았다』, 당대, 1996.

봉일범,『프로그램 다이어그램(지어지지 않는 20세기-08)』, 시공문화사, 2005.

부산대학교 한국민족문화연구소 편,『장소성의 형성과 재현』, 혜안, 2010.

서울시립대학교 도시인문학연구소 편,『도시 공간의 인문학적 모색』, 메이데이, 2009.

소광희,『시간의 철학적 성찰』, 문예출판사, 2001.

소광희,『자연 존재론 : 자연과학과 진리의 문제』, 문예출판사, 2008.

소광희 외,『철학의 제문제』, 벽호, 1993.

신승환,『해석학 : 새로운 사유를 위한 이해의 철학』, 아카넷, 2016.

안용성,『현상학과 서사공간』, 새물결, 2018.

양해림,『해석학적 이해와 인지과학』, 집문당, 2014.

유현준,『공간이 만든 공간 : 새로운 생각은 어떻게 만들어지는가』, 을유문화사, 2020.

윤성우,『폴 리쾨르의 철학』, 철학과현실사, 2004.

이기상,『하이데거의 존재 사건학』, 서광사, 2003.

이남인,『후설의 현상학 현대철학』, 풀빛미디어, 2006.

이남인,『현상학과 해석학 : 후썰의 초월론적 현상학과 하이데거의 해석학적 현상학』, 서울
　　　대학교 출판문화원, 2022.

이동언,『근대건축과 하이데거』, 산지니, 2021.

이무용,『공간의 문화정치학』, 논형, 2005.

이정우,『사건의 철학 : 삶, 죽음, 운명』, 그린비, 2002.

이종관,『공간의 현상학, 풍경 그리고 건축과학 : 건축 현상학의 심층횡단을 통한 인간의 미
　　　래 거주 방향 모색』, 성균관대학교 출판부, 2012.

이진경,『근대적 시공간의 탄생』, 푸른숲, 2002.

이한구,『역사학의 철학 : 과거를 어떻게 재현할 것인가?』, 민음사, 2007.

이현재 외,『공간에 대한 철학적 이해』, 라움, 2016.

임경순 · 김춘식 편저,『과학기술과 공간의 융합』, 한국학술정보, 2010.

임경순 · 정원,『과학사의 이해』, 다산, 2017.

장용순,『현대 건축의 철학적 모험』, 미메시스, 2010.

장회익,『장회익의 자연철학 강의』, 청림출판, 2020.

정기철,『폴 리쾨르의 철학 : 철학적 인간학 · 철학적 해석학 · 철학적 윤리학』, 시와진실,
　　　2016.

최무영,『과학, 세상을 보는 눈 : 통합학문의 모색』, 서울대학교 출판원, 2020.

최병두,『근대적 공간의 한계』, 삼인, 2007.

한국철학사상연구회 편,『철학의 명저』, 새길, 1993.

한국철학회 편,『현대과학과 철학의 대화』, 한울아카데미, 2021.

3) 논문 및 기타

강동수,「근대의 자연공간과 인식공간」,『철학연구』116, 대한철학회, 2010.

강학순,「하이데거에 있어서 실존론적 공간 해석의 현대적 의의」,『존재론연구』14권, 한국
　　　하이데거학회, 2006.

강학순,「하이데거에 있어서 ‘존재의 토폴로지’에 관하여」,『존재론연구』23권, 한국하이데거
　　　학회, 2010.

강학순,「네트워크 공간의 ‘존재론’ 탐구 : ‘존재의 장소론’과 ‘구조존재론’을 중심으로」,『존재
　　　론 연구』29권, 한국하이데거학회, 2012.

강학순,「‘사이’의 미학과 정치」, 아시아경제 칼럼, 2018.07.10.

권오혁,「현대과학의 공간 개념과 인문사회 학문에의 함의」,『대한지리학회지 vol.53, no.3,

대한지리학회, 2018.

김경수, 「헤겔의 관념변증법의 공간화 : 앙리 르페브르의『공간의 생산』연구」,『철학탐구』제
39집, 중앙대학교 철학연구소, 2015.

김국태, 「합리론과 과학탐구의 방법」, 김효명 외,『근대과학의 철학적 조명』, 철학과현실사,
2006.

김국태, 「아인슈타인의 상대론적 시간과 공간 개념」, 강신익 외,『과학철학 : 흐름과 쟁점, 그
리고 확장』, 창비, 2011.

김국태, 「근대 과학철학」, 강신익 외,『과학철학 : 흐름과 쟁점, 그리고 확장』, 창비, 2018.

김동윤, 「구조주의 서사학과 현대 해석학의 변증법적 만남 가능성 연구 : 폴 리쾨르의 텍스
트 서사 이론과 해석학을 중심으로」,『텍스트언어학』27권, 한국테스트언어학회,
2009.

김병선, 「정보기술의 존재론 : 인공지능은 현존재가 될 수 있는가?」,『사회과학논총』26권 1
호, 2007.

김상환, 「정보화 시대의 해체론적 이해」, 김상환 외,『매체의 철학』, 나남, 2005.

김상환, 「매체와 공간의 형이상학」, 김상환 외,『매체의 철학』, 나남, 2005.

김선하, 「새로운 과학문화를 위한 해석학적 모색 : 설명과 이해의 변증법」,『철학논총』제38
집, 새한철학회, 2004.

김성환, 「자연의 해석학」,『인문학연구』32집, 중앙대학교 인문과학연구소, 2001.

김세균, 「통합적 학문연구와 통섭의 기본방향 : '해석학적 비판과학'으로의 학문 통합을 위하
여」,『뉴래디컬 리뷰』제41호, 진보평론, 2009.

김세균, 「자연과학과(인문)사회과학의 만남 : 해석학적 비판과학으로의 학문 통합을 위하
여」,『한국사회과학』통권 31권, 서울대학교 사회과학연구원, 2009.

김재철, 「공간과 거주의 현상학 : 볼노우의 공간 이해를 중심으로」,『철학논총』56집, 새한철
학회, 2009.

김재철, 「하이데거의 슐라이어마허에 대한 해석」,『현대유럽철학연구』6권, 한국하이데거학
회, 2001.

김재홍, 「아리스토텔레스의 '토포스'란 무엇인가?」, 7월례발표회 학술대회자료, 한국수사학
회, 2005.

김종욱, 「하이데거의 무(無)와 불교의 공(空)사상」,『현대유럽철학연구』제6권, 한국하이데거
학회, 2001.

김휘택, 「구조적 사고와 폴 리쾨르(1) :「구조와 해석학(Strukture et herméneutike)」」,『프랑스

문학예술연구』제74집, 프랑스문화예술학회, 2020.

김효진, 「공간에 대한 인문학적 사유와 유아교육에의 함의」, 『유아교육논집』제24권 제5호, 한국영유아교원교육학회, 2020.

노양미·이찬, 「들뢰즈(G. Deleuze)의 탈주이론과 공간특성」, 『한국디자인학회 학술발표대회 논문집』, 한국디자인학회, 2004.

류의근, 「메를로퐁티의 공간분석과 그 의의」, 『철학과 현상학 연구』제10집, 한국현상학회, 1998.

마동원, 「뉴미디어, 일상생활, 사회이론 : 마크 포스터의 포스트 철학을 중심으로」, 『한국사회와 언론』제9호, 1997.

박서현, 「하이데거의 해석학적 순환에 대하여」, 『철학』vol.101, 한국철학회, 2009.

박순영, 「사회문화의 해석학적 지평 : 해석학적 방법론과 사회역사 연구」, 『해석학 연구 1』, 한국해석학회, 1995.

박영민·김남주, 「르페브르의 공간변증법」, 국토연구원 편, 『공간 이론의 사상가들』, 한울 2006.

박유정, 「하이데거와 건축의 해석학 : 하이데거의 해석학을 통한 현대건축의 이해」, 『철학연구』96, 철학연극회, 2012.

박찬국, 「하이데거와 동양사상의 대화가능성과 필연성」, 『존재론 연구』7집, 한국하이데거학회, 2002.

서도식, 「공간의 현상학」, 『철학논총』54권 4호, 새한철학회, 2008.

서명수, 「서양의 건축 역사 및 이론의 교육에 있어서 '해석학' : 조셉 리쿼트, 달리보 베슬리, 알베르토 페레즈-고메즈를 중심으로」, 『대한건축학회논문집』35권 10호, 대한건축학회, 2019.

서명수, 「건축논의에 있어서 해석학」, 『건축』, 제61권 제9호, 대한건축학회, 2017.

서명원, 「리쾨르의 악의 상징에 대한 체험주의적 해명」, 『범한철학』제85집, 범한철학회 2017.

서명원, 「설명과 이해의 자연주의적 해석 : 리쾨르 해석학에서의 몸의 문제」, 『철학연구』145권, 대한철학회, 2019.

서우석, 「앙리 르페브르가 바라본 공간」, 『월간 국토』218호, 국토연구원, 1999.

송항룡, 「철학노트 : 공간에 대하여」, 『철학과 현실』, 철학문화연구소, 2002.

신문수, 「장소 인간 생태적 삶」, 『문학과 환경』vol.6 nr.1, 문학과환경학회, 2007.

안호영, 「공간은 어떻게 인식되는가? : 철학과 과학에서 본 공간」, 『새한영어영문학회 학술발

표회 논문집』, 새한영어영문학회, 2007

유재민, 「아리스토텔레스의 장소론 : 『자연학』과 『범주론』을 중심으로」, 『서양고전학연구』 23
　　　권, 23호, 서양고전학회, 2005.

유재민, 「두 종류의 공간 개념 : 아리스토텔레스에게 독립적 공간과의 성립가능성을 중심으
　　　로」, 『철학연구』 120, 철학연구회, 2018.

윤병렬, 「후설 현상학에서의 세계 이해 : 보편지평으로서의 세계」, 『철학』 62집, 봄호, 한국철
　　　학회, 2000.

윤유석, 「표상주의, 변증법, 역사성 : 헤겔의 경험 개념에 근거한 표상주의 비판」, 『철학사상』
　　　61호, 서울대학교 철학사상연구소, 2016.

이광래, 「데리다의 해체주의」, 『과학사상』 19호, 범양사, 1996.

이기현, 「정보사회와 매체문화」, 김상환 외 저, 『매체의 철학』, 나남, 2005.

이동성, 「후기구조주의에서의 의미의 문제 : 들뢰즈의 사건을 중심으로」, 『東西言論(Journal
　　　of East-West Communication Council)』 vol.10, 동서언론연구소, 2006.

이명수, 「동아시아 사유에 나타난 로컬리티의 존재와 탈근대성」, 『한국사상과 문화』 제45호,
　　　한국사상문화학회, 2008.

이명수, 「공간, 장소 그리고 경계에 관한 노장철학적 접근」, 『동아시아문화연구』 제51집, 한
　　　양대학교 동아시아문화연구소, 2012.

이상봉, 「서양 중세의 공간 개념 : 장소에서 공간으로」, 『철학논총』 62, 새한철학회, 2010.

이석환 · 황기원, 「장소와 장소성의 다의적 개념에 관한 연구」, 『국토계획』 91호, 대한국토도
　　　시계획학회, 1997.

이윤미, 「해석학의 흐름에서 본 갈등과 소통의 가능성」, 『현대유럽철학 연구』 제64집, 한국
　　　하이데거학회, 2022.

이종훈, 「후설 현상학에서 실증적 객관주의 비판의 의의」, 『철학과 현상학 연구』 55권 55호,
　　　한국현상학회, 2012.

이중원, 「아인슈타인의 시공간과 유물론」, 『철학연구』 제31집, 철학연구회, 1992.

이태수, 「아리스토텔레스의 공간 이해」, 『인간 · 환경 · 미래』 제11호, 인제대학교 인간환경
　　　미래연구원, 2013.

이한구, 「비판적 합리주의의 중심 주제와 쟁점들」, 『철학과 현실』 54, 2002.

이한구, 「융합은 시대정신이다」, 『철학과 현실』 84, 철학문화연구소, 2010.

이희용, 「편견에 대한 해석학적 성찰」, 『현대유럽철학연구』 52, 한국하이데거학회, 2019.

임민택, 「질 들뢰즈의 '차이'를 기반으로 한 공간의 비표상성에 관한 연구」, 『한국공간디자인

학회 논문집』, vol.13 no.03, 한국디자인학회, 2018.

임연정, 「유클리드 기하학과 플라톤 기하학을 구분 짓는 증명으로서의 '질문'에 대한 가다머의 해석」, 『감성연구』 23권, 전남대학교 호남학연구원, 2021.

임춘성, 「이민과 타자화 : 상하이 영화를 통해 본 상하이인의 정체성」, 『중국현대문학』 37, 한국중국현대문학학회, 2006.

전동진, 「도와 존재 : 노자와 하이데거의 근본사상 비교」, 『수원대학교 논문집』 15권, 수원대학교, 1997.

정연재, 「철학적 해석학과 개념사」, 『개념과 소통』 no.9, 한림대학교 한림과학원, 2012.

정은해, 「하이데거 사상과 동아시아 전통의 비교연구」, 『철학과 현상학 연구』 제43집, 한국현상학회, 2009.

최백선, 「자하 하디드의 해체건축에 나타난 노마디즘의 존재론적 해석 : 들뢰즈의 존재론을 중심으로」, 『인문과학연구』 28호, 강원대학교 인문과학연구소, 2011.

최병두, 「자본주의 사회에서의 장소성의 상실과 복원」, 『도시연구』 vol.8, 한국도시연구소, 2002.

최상욱, 「거주하기의 의미에 대하여 : 하이데거를 중심으로 한 탈근대적 거주하기의 의미」, 한국하이데거학회 편, 『하이데거 연구』 제4집, 한국하이데거학회, 1999.

최성환, 「해석학에 있어서 자연의 문제 : 자연해석학의 정초 시도」, 『해석학연구』 vol.25, 한국해석학회, 2010.

최재천, 「모든 학문의 길은 생물학으로 통한다」, 김광웅 편, 『우리는 미래에 무엇을 공부할 것인가 : 창조사회의 학문과 대학』, 생각의나무, 2009.

홍순명, 「비스듬한 기억 : 역설과 연대」, 국립현대미술관 서울, 〈나 너의 기억〉, 2022. 4.8-8.7 전시 해설.

4) 인용 관련 링크

https://www.jstor.org/stable/j.ctv4v327m.2

https://doi.org/10.1007/978-3-211-33116-3_22

https://terms.naver.com/entry.naver?docId=2098121&cid=44413&categoryId=44413

https://blog.naver.com/hamggeham_24/222441560824

https://doi.org/10.1515/9781474470919-062

https://esprit.presse.fr/article/paul-ricoeur/structure-et-hermeneutique-32947

https://elikakurniadi.wordpress.com/2011/11/14/the-difference-between-euclidean-and-non-euclidean-geometry/

https://i.stack.imgur.com/ZJoiX.png

https://v.daum.net/v/20230713153014596

http://www.seehint.com/print.asp?no=13424

https://greenacademy.re.kr/archives/13263.

https://terms.naver.com/entry.naver?docId=5961663&cid=40942&categoryId=31612

http://jesuslinkglobal.blogspot.com/2012/03/blog-post.html

https://www.jstor.org/stable/29543519

https://encykorea.aks.ac.kr/Article/E0068999

https://terms.naver.com/entry.naver?docId=388363&cid=41978&categoryId=41985

https://www.chosun.com/economy/science/2023/06/05/TDD7VULWPNAQRHCOVS-
JLVEP7DQ/

https://ko.wikipedia.org/wiki/%EC%A2%85%EB%AC%98

https://chat.openai.com/?model=text-davinci-002-render-sha

https://www.jstor.org/stable/24268723

공간의 철학, 그 해석학적 해명

용어

공간의 철학, 그 해석학적 해명

인물

공간의 철학, 그 해석학적 해명